中国纺织工业年鉴

ALMANAC OF CHINA'S TEXTILE INDUSTRY

1 9 9 2

《中国纺织工业年鉴》编辑委员会　编

The Editorial Board of the Almanac of China's Textile Industry

纺织工业出版社

China Textile Press

中　国　北　京

Beijing　China

·中国纺织工业年鉴 1992·

《中国纺织工业年鉴》编辑委员会 编

编 辑 说 明

一 《中国纺织工业年鉴》是一本反映我国纺织工业生产建设历程的资料性工具书，本期为1992年刊，内容以1991年的资料为主。全书共分10篇，计102万字。

二 第一篇介绍了1991年纺织工业简要情况，以及产品质量、对外贸易、经济技术合作、科学技术、劳动工资、经济效益、体制改革、安全生产、环境保护和节约能源等方面的情况。

第二篇为行业篇，介绍了棉纺织、毛纺织、印染、化纤、非织造布、纺织机械器材、乡镇纺织工业及1990～1991年度棉花等方面的概况。

第三篇介绍了各省市自治区纺织工业和大型纺织企业的情况。除此之外，本期新增加了总后勤部军需纺织服装工业概况。

通过以上三篇，读者可以从不同角度了解1991年我国纺织工业的基本概貌。

第四篇为重要文件汇编，主要辑录了1991年纺织工业法规性文件，及纺织工业部部领导在有关会议上的讲话。由于受篇幅限制，收录到年鉴里的纺织工业法规性文件仅是一部分，为弥补这方面的不足，本年鉴对于没有收录的1991年其他纺织工业法规性文件，列了一个目录，并注明文号，以便读者需要时可去查找原文。

第五篇为调查研究资料，本期共收六篇文章。有关于如何加强纺织工业全行业管理，如何增强国营纺织企业活力，如何发展纺织高新技术，如何深化外贸体制改革。对于棉纺织企业的技术改造，染化料及助剂的产销和今后发展等也有文章加以论述。我们希望通过这部分资料，能对读者有所帮助和启发。

第六篇为双文明建设、科学技术，刊载了纺织工业劳动模范和先进工作者，国家一、二级企业，质量奖、科技进步奖等内容。

第七篇为1991年纺织工业大事记。

第八篇为国内外统计资料。在保持资料的准确性和连贯性前提下，本篇在国外资料部分里增加了巴基斯坦出口日本棉纱质量水平、国外纺纱公斤成本比较、各国织布总成本费等资料，以便企业领导和有关生产部门加以比较。此外，还增加了纺织品及服装的国际工业品标准代号和外贸品标准代号对照表，世界主要国家（地区）货币对美元汇率（年平均价）等。

第九篇为纺织工业企、事业名录。

第十篇为附录。本期新增加了纺织工业部机构设置及负责人名单和全国各省、市、自治区以及计划单列市的纺织（轻、丝绸）工业厅（局、公司）负责人的名单。除此之外，今年对附录中的各部分内容都作了校对。特别是纺织行业有关管理和经营机构，在各省市自治区有关部门的协助下，全部重新校对了一遍，此部分资料所列的单位、地址、电话、邮政编码等，到目前为止是比较准确的，这一定会给读者带来方便。

三　为了便于国外读者查阅，第八篇统计资料采用中英文对照。

▲国家主席杨尚昆 1991 年 9 月 15 日视察青岛衬衫厂。图为杨尚昆主席为该厂题词“争创国际名牌” 青岛衬衫厂 供稿

▲国务院总理李鹏 1991 年 6 月 9 日视察安庆纺织厂。图为李鹏总理参观气流纺车间 刘效林 摄

▲国务院副总理朱镕基 1991 年 5 月 25 日来纺织工业部听取吴文英部长汇报工作，并对纺织工业的发展作重要指示　　徐国营　摄

▲吴文英部长视察天津东亚毛纺厂　　纺织工业部办公厅　供稿

▲季国标副部长考察济南涤纶工程

▲杜钰洲副部长在国际羊毛局中国分局“羊毛的年代”纯羊毛标志产品展览会上

此页照片均由纺织工业部办公厅　供稿

▲王曾敬副部长考察河南省洛阳棉纺织厂

▲刘珩副部长考察国外纺织机械厂

此页照片均由纺织工业部办公厅　供稿

▶山东省济南第四棉纺织厂挡车工、1991 年全国“五一”劳动奖章获得者王静侠

王继学　摄

◀江苏省扬州纱厂后纺车间工段长、1991 年全国“五一”劳动奖章获得者吴丽明

蒋贵海　摄

▼四川省乐山丝绸厂缫丝工、1991 年全国“五一”劳动奖章获得者徐跃　　古永林　摄

▲河北省石家庄第二印染厂厂长兼党委副书记崔志才，1991 年 3 月被中共石家庄市委、市政府授予“焦裕禄式的好干部”光荣称号

石家庄第二印染厂　供稿

▲上海第二纺织机械厂厂长（现上海中国纺织机械股份有限公司董事长兼总经理）黄关从，1991 年荣获上海市十大标兵、上海市劳动模范光荣称号

上海中国纺织机械股份有限公司　供稿

1991年6、7月间，安徽、江苏、河南、湖北、湖南、贵州等省发生特大洪涝灾害，损失巨大。在大灾面前，纺织战线领导和职工奋起抗灾，生产很快得到恢复。

▲ 以上两张为吴文英部长深入安徽省重灾区，视察灾情，慰问奋战在抗洪救灾第一线的广大纺织职工

纺织工业部办公厅　供稿

▲ 江苏省纺织工业厅厅长林庆生(左第2人)深入受灾现场，察看灾情

▼ 苏州纺机厂领导在组织指挥排水

◀ 苏州市纺织工业公司领导在抗洪第一线组织抗洪救灾工作

苏州市纺织工业公司　供稿

浙江制丝一厂是全国最大的缫丝生产企业之一，1991 年被评为国家一级企业。

浙江制丝一厂　供稿

▲ 立缫车间

▲ 丝针织服装车间

上海飞达羽绒服装厂生产的羽绒服，出口量约占全国出口量的十分之一，1991 年被评为国家一级企业。

上海飞达羽绒服装厂　供稿

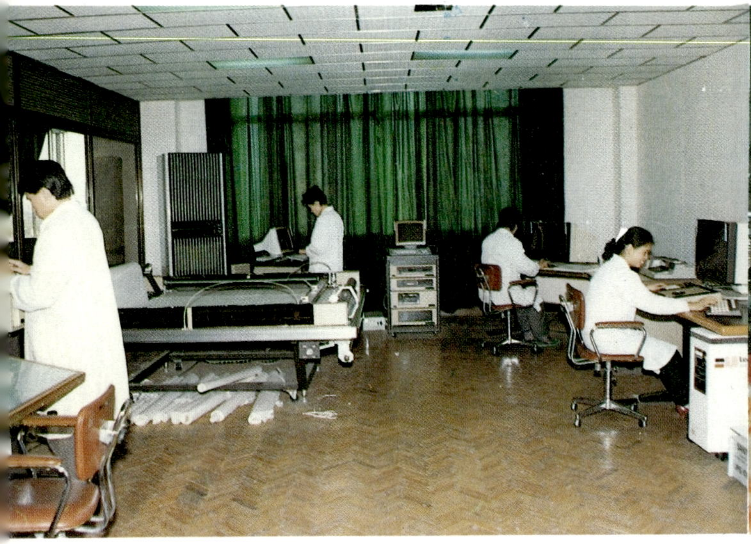

▲ 服装电子计算机辅助设计系统

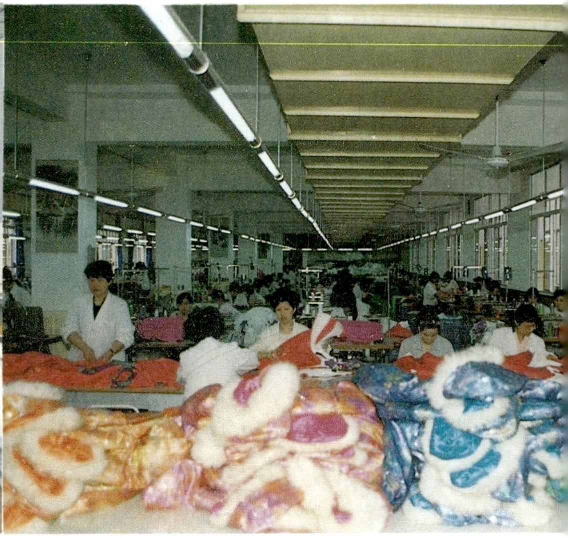

▲ 生产车间

▶ 郑州纺织机械厂生产的 GA301型系列浆纱机，1991 年获我国纺机行业第一个国优金奖

纺织工业部技术装备司
供稿

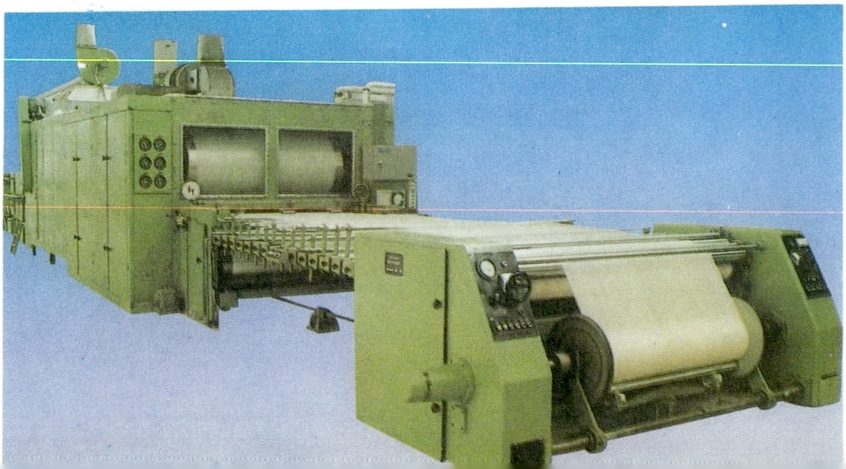

无锡第二棉纺织厂为适应市场变化的要求，有计划地进行技术改造，促进了生产经营的良性循环，1991年被评为国家一级企业。

无锡第二棉纺织厂　供稿

▲厂前区概貌

▲片梭织机群

吉林化学纤维厂不断深化企业改革，调动了全厂职工的生产积极性，产品质量稳步提高，1991年被评为国家二级企业。

吴永仪　摄

▲厂区一角

▲长丝后加工车间

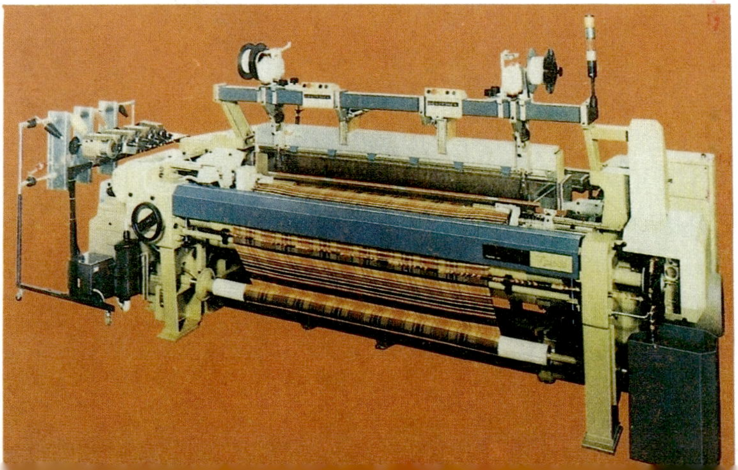

◀中国纺织机械厂与意大利SMIT厂合作生产的TP500/Ⅱ型剑杆织机具有80年代末世界先进水平，筘幅2～4.4米，最高入纬率1000米/分

纺织工业部技术装备司　供稿

1991年5月29日至6月4日在成都举行了四川省首届服装节，这是一次以服装为中心，集生产经营、文化艺术和旅游活动为一体，充分展示四川服装文化的盛会。

▲服装节会场　　　　刘锦宁　摄　　　　▲服装节期间模特方队进行街头表演

四川省纺织工业厅　供稿

◀山东省泰安大麻纺织实验厂是我国第一家大麻试验厂。图为该厂大麻纤维系列产品

山东省纺织工业厅　供稿

▼兰州第三毛纺织厂是我国毛精纺综合企业之一，年产精纺呢绒500多万米，针织绒600吨

甘肃省轻纺工业厅　供稿

1991年9月20日至22日第一届中国国际丝绸会议在苏州举行，中国、日本、澳大利亚、瑞士、法国、英国、南朝鲜、香港等国家和地区的183位代表出席会议，会上共宣读论文28篇，交流论文9篇。

▶ 开幕式会场　　高明　摄 ◀

▶澳大利亚拉·卓尔伯大学农学院院长约翰·奎尔克博士在会上宣读论文

◀日本蚕丝学会长、信州大学教授嶋崎昭典在会上宣读论文

本页照片由
苏州丝绸工学院党委宣传部　供稿

1991 年 10 月 7 日中国纺织大学举行建校 40 周年庆祝大会。40 年来，中国纺织大学对我国的纺织工业和纺织教育事业作出了重大贡献。

▶庆祝大会会场

◀ 校庆报告会会场

▶ 新教学大楼

本页照片由纺织工业部教育司供稿

目　录

CONTENTS

第四篇 重要文件汇编

Chapter 4 Important Articles

第五篇　调查研究资料
Chapter 5　Reports and Information of Research

第六篇　双文明建设、科学技术
Chapter 6　Twin-Civilization Construction, Science and Technology

第七篇　纺织工业大事记
Chapter 7　Chronicle of Events in the Textile Industry

第八篇　统计资料
Chapter 8　Statistical Data

第九篇　企业名录
Chapter 9　Names of Enterprises

第十篇　附　录
Chapter 10　Appendixes

第一篇　纺织工业概况

Chapter 1　The Summary of China's Textile Industry

1991年中国纺织工业概况

纺织工业部办公厅

1991年纺织工业战线广大职工解放思想、转变观念，努力克服生产经营中的困难，深入开展"质量、品种、效益年"活动，下功夫进行控制总量、拓展市场、调整结构和技术改造工作，取得一定成绩。

纺织工业是传统产业。解放以来，在解决人民穿衣，为国家积累资金，出口创汇等方面做出重大贡献。但是，由于纺织行业长期以来实行产品经济、统购统销，商品经济观念比较淡薄。改革开放以来，虽然观念上有所改变，但遇到问题，往往习惯用老的观念、产品经济观念去认识、去研究，提出来的措施和办法，也常以产品经济观念为指导，这很不适应当前深化改革，扩大开放的形势要求。为了增强全国纺织工业战线职工的有计划商品经济的观念，克服纺织工业面临的困难，把生产经营搞活，吴文英部长在5月份召开的全国纺织工业政治思想工作会议上提出，要进一步解放思想、转变观念，努力开创纺织工业新局面，并组织在全行业开展了大讨论活动，在天津、青岛、江苏、安徽等地的工作视察、调研中，亲自在纺织基层企业负责人大会上做动员报告。吴文英部长要求各级纺织工业部门和所有纺织企业，要坚决从产品经济的观念转变到商品经济的观念上来，要牢固树立市场观念、竞争观念、信息观念、质量观念、服务观念和效益观念，抓好设计人员队伍和销售人员队伍，并注意处理好治标与治本等几个关系。这场大讨论在全国纺织工业战线深入进行，并引起强烈的反响，促进了纺织工业进一步深化改革、扩大开放。

一、主要纺织产品产量

1991年纺织工业生产，由于产品结构的调整，依据市场变化进行的限产压库等原因，主要纺织品的产量与上年相比，有增有减。1991年化学纤维完成191.04万吨，比上年增长15.91%，其中粘胶纤维24.01万吨，增长10.98%，合成纤维167.03万吨，增长16.65%；纱完成460.75万吨（2566万件），比上年减少0.4%；布完成181.75亿米，比上年减少3.73%，其中纯棉布108.57亿米，比上年增长0.35%，涤纶混纺布47.52亿米，比上年增长1.85%；印染布完成99.47亿米，比上年增长8.64%；针棉织品（折纱）完成94.82万吨，比上年减少1.24%；呢绒完成3.11亿米，比上年增长5.55%；毛线完成28.25万吨，比上年增长18.73%；麻袋完成6.51亿条，比上年减少12.03%；纺织机械完成44.85万吨，比上年增长0.97%；丝完成6.07万吨，比上年增长7.24%；丝织品完成24.06亿米，比上年增长40.54%；练染印丝织品完成16.41亿米，比上年增长11.7%；服装完成33.84亿件，比上年增长6.59%。

二、产品质量品种

根据纺织工业的实际，纺织工业部提出质量品种工作要"抓四率、攻五关、增六效、开发七个系列产品"的统一部署。各地以出口产品质量为重点，从强化质量和品种意识入手，攻难点、抓关键、上水平，使产品面貌发生较大变化。一是产品实物质量有改善，如印染布纬斜疵布率下降20%，色差疵布率下降15%，针织缩水合格率平均达90%左右；二是产品质量稳定合格率有提高，部重点考核的17类主要纺织品综合质量稳定提高率为94.1%，同比提高14个百分点；三是12类出口纺织品的综合质量指标高于1990年的水平。据不完全统计，1991年有1万多种新产品陆续投放市场。9月份，召开了第二届全国纺织系统设计人员代表大会，22名设计人员被授予最佳创作设计工作者称号，125名被授予优秀创作设计工作者称号。

三、限产压库，国内销售

年初，纺织工业明确提出要把结构调整、总量平衡作为战略重点来抓。全国棉花工作会议后，坚决贯彻国务院限产压库工作的指示，全年少生产近200万件纱。产成品资金占用，12月末比6月末压缩37亿元。年末工业库存比年初有下降，其中布总计减少800万米，涤纶混纺布减少5700万米，呢绒减少428万米，毛线减少2664吨。六大类纺织品国内销售比1990年有增长，其中布总计销售97.95亿米，增长9.25%；棉布销售 58.78 亿米，增长 5.57%；涤纶混纺布销售 29.80 亿米，增长 14.35%；丝织品销售 17.38 亿米，增长 40.96%；呢绒销售 21912 万米，增长 21.23%；毛线销售 17.6 万吨，增长 15.06%。

四、基本建设和技术改造

根据这几年纺织工业生产能力增长过快，低水平延伸问题严重的情况，1991 年一方面加强了对棉纺、毛纺和化纤抽丝能力发展的控制，另一方面加强了企业的技术改造工作。全年固定资产投资完成 123.21 亿元，比上年增长 15.72%，其中基本建设项目投资增长 2.53%，技术改造项目投资增长达 24.15%。

1991 年纺织工业进一步明确了要把技术进步放在一切工作的首位，要下力气抓好技术改造、技术引进、技术开发。11 月份，正式下达了 1992 年淘汰 100 万枚落后旧纱锭的指令性任务。进行了压贷挂钩改造项目规划工作。确定了把纺织机械制造工业摆在突出的位置来抓，以自动络筒机和无梭织机为重点加快发展新型纺织机械，适应纺织工业技术改造的需要。

五、纺织品出口和利用外资

1991 年纺织工业出口创汇达 167.4 亿美元，比上年增长 20.84%。全年纺织纤维及制品出口净创汇达 113.6 亿美元，比上年增长 10.28%。出口纺织品中，深加工、精加工产品比重显著增加，其中服装出口达 89.98 亿美元，比上年增长 31.42%，占全部纺织品出口的 53.8%，首次突破 50%，取得可喜的成果。服装、工业用纺织品和装饰用纺织品等最终产品出口创汇的比重达 63.04%。

从 1979 年到 1991 年纺织工业被批准利用外资金额达 32.19 亿美元，共有 2790 多家企业。三资企业大部分集中在广东、福建、上海、江苏、山东、浙江、北京、天津、辽宁和湖北等省市，基本以服装业和棉针织、毛针织等深加工出口型为主，近两年化纤、丝绸、印染行业发展较快。1991 年纺织行业被批准的利用外资金额为 9.13 亿美元，比上年增长 33.3%，企业个数为 981 个，比上年增长 1 倍。

由于各种原因，纺织行业目前有对外自营出口权的企业还不多、规模不大。到 1991 年底，经过核准的有自营出口权的企业 82 家。由于这些企业真正走向了国际市场，产销见面，促进了产品水平、经营水平、管理水平的提高，取得了可喜的成绩。

六、科技教育

据统计，1991 年纺织工业取得各类科技进步奖 98 项，其中国家发明奖 4 项，科技进步奖 10 项，企业技术进步有了加强，工艺技术水平和产品开发创新能力有了提高。纺织教育坚持全日制教育与职工教育并举的方针，积极开展教育改革，培养“四有”合格人才，取得一定成绩。许多院校在提高办学效益、增强综合办学能力，积极为社会服务等方面进行了新的探索。

七、经济效益

纺织系统企业的经济效益不断下滑是纺织工业 1991 年存在的主要问题。1990 年全国纺织系统实现利税比 1989 年下降了 39%，1991 年又比 1990 年下降 28.3%。全年实现利税总额只有 73.8 亿元（包括服装），其中利润 12.6 亿元。企业销售利税率仅为 4.14%，资金利税率（净值）为 5.25%。企业亏损进一步加剧，亏损面比上年增长 4%，亏损额则增长 26%。造成经济效益滑坡的主要原因：一是纺织原材料价格提高，工业生产成本上升，如 1988 年以来，棉花价格上涨幅度为 110%，而同期纺织品价格仅提高 77%，而且还不到位，几年来仅原料一项就影响税利近 200 亿元；二是纺织工业生产能力发展较快，总供给与总需求失衡，部分纺织产品积压；三是国营企业素质提高不快，包括企业税赋重、留利少，自我发展能力不强。由于企业技术装备、工艺水平落后，结构调整比较缓慢。国营企业参与市场竞争的意识也有待提高。

（执笔人：陈树津）

纺织工业的产品质量

纺织工业部生产协调司质量处

国务院确定1991年为全国“质量、品种、效益年”，一年来，纺织战线广大职工积极响应国务院的号召，努力克服纺织生产中的严重困难，针对出口纺织产品质量中纱疵、横档、色差、纬斜、缩水五个突出问题，按照纺织工业部“抓四率、攻五关”的统一部署，以技术进步为手段，抓重点产品带动全行业，深入开展“质量、品种、效益年”活动，使纺织工业的质量工作得到了进一步深化。

一、“抓四率、攻五关”

各地在抓纺织产品质量时，通过“抓四率”，即从抓出口合格率和综合质量稳定提高率着眼，从抓入库一等品率和下机一等品率入手，把考核指标同管理指标结合起来；把质量工作深入到生产现场，深入到机台，并与加强现场管理、基础管理密切结合，做到“工艺上车、管理上车”。

针对出口纺织品的纱疵、横档、色差、纬斜、缩水五大质量关键问题，制定目标、提出要求，组织专家集中力量进行攻关；把抓纺织品内在质量同抓实物外观质量紧密结合起来。突出抓了三项工作：一是在现有的络筒机和织布机上，采取加装空气捻接器和定位刹车技改措施，这对实现无结头纱生产，减少纱疵、横档产生较好的效果，投资少、上马快、质量好，得到了国务院生产办的支持，安排了695万元的技改优惠贷款和80万元专项资金；二是印染、针织行业，总结生产实践中的有效措施，制定出减少色差、纬斜、降低缩水的主要措施和要求，取得较好效果；三是国家专业质检机构和各地纺织产品质检中心进一步加强了对纺织产品质量监督抽查工作，扩大了覆盖面，增加了抽查批次，并及时通报抽查情况，对不合格产品及生产企业敢于揭短、曝光。

坚持以国内外市场为导向，以提高经济效益为中心，限制生产总量、提高产品质量，继续抓好调整产品结构，努力开发高档次、高质量、高附加值的新系列产品，以适应市场需求。

二、强化基础管理，提高产品质量

由于纺织战线广大职工的共同努力，1991年纺织工业的质量工作有声势、有目标、有重点、有成效，发生了可喜的变化。

广大纺织职工对提高产品质量的重要性和紧迫感的认识有了进一步提高，“质量是生命、质量出效益”和“质量第一、用户至上”的思想逐步深入人心，全行业初步形成了群众性抓产品质量的好风气。各级纺织工业主管部门比以往任何时候都更加重视质量工作，一把手亲自抓，层层动员、广泛发动，制定具体规划、目标和措施，使产品质量工作落到了实处。

企业基础管理得到全面加强，全面质量管理已覆盖到企业的产品设计、生产和售后服务等各个环节，初步形成了一个有明确任务、职责权限、相互协作、相互促进的质量管理体系。1991年先后举办了全国棉纺织布机教练员操作培训班，全国针织（汗布）台车挡车工、毛精纺细纱挡车工、床单织机挡车工和服装衬衫操作能手大赛，制定了棉织机保全、保养操作比赛办法等。群众性技术操作岗位练兵活动蔚然成风，并逐步向制度化、规范化、经常化方向发展。这些活动进一步提高了纺织一线工人的操作技术水平，激发了广大职工学技术、争先进、比贡献的工作热情。

据25个省市统计，精梳涤棉纱常发性纱疵比1990年降低25%左右；本色布单匹横档符合率达二档以上水平约占40%左右，比1990年提高20%；印染布纬斜和色差疵布量分别下降20%和15%；针织缩水合格率平均达到90%左右。化纤、丝绸、服装、纺机行业的质量攻关，都取得了比较明显的成效。由于纺织产品、特别是出口产品质量的改善、提高，1991年纺织品（含服装）出口继续保持增长势头，创汇达167.32亿美元，比1990年增长20.8%，占全国出口商品总值的23.3%，为历史最好水平。

1991年17项主要纺织产品综合质量指标稳定提高率达94.1%，比1989年提高5.21个百分点；棉纱、棉布、印染布、针织品入库一等品率和布下机一等品率都比1989年有较明显的提高。经国家技术监督局多次抽查，内销印染布、针织品、精梳毛织品和粗纺呢绒的合格率均达到全国平均先进水平，其中针织品和精梳毛织品的合格率分别比1989年提高20.3和8.8个百分点。出口产品实物质量稳定提高，1991年纯棉布、棉混纺及化纤布、针织衫裤三大类产品，出口合格率分别达到83.46%、84.96%和94.35%，比1989年提高4～5个百分点，并涌现出一批质量优秀企业、出口质量信得过企业和出口免检产品。

三、继续深化质量工作

在1991年"质量、品种、效益年"活动中，我们突出抓纺织产品的质量攻关，抓在了实处，抓出了成效，但是也应当清醒地看到，我们纺织产品的质量水平还是不高的，还存在一些问题和差距。主要表现在各地质量工作发展不平衡，各项统计指标及产品质量对比分析数据需要进一步规范化、制度化。由于技术装备的落后，我国出口纺织品和服装档次普遍低，深加工、高技术、高附加值产品难以启动。与国际水平相比，相当一部分纺织产品有较大差距，特别是出口商品质量还没有从根本上得到改观，国际竞争能力不强，纱、布出口价格低于国际价格，吨纤维出口创汇值约6000美元，只及国际水平的二分之一或三分之一。因此，必须不断深化纺织工业的质量工作，持之以恒地把纺织产品质量抓上去。

（执笔人：高文信）

纺织工业的对外贸易

纺织工业部生产协调司出口工作处

1991年我国纺织工业由于原材料价格持续上升，产成品价格不到位，资金紧张，外贸公司实行自负盈亏，控制换汇成本，造成一些纺织品出口下降。国际上经济区域集团化的步伐加快，导致贸易保护主义加强，贸易摩擦加剧，竞争激烈。原苏联和原经互会国家局势动荡，也影响到同他们的经贸合作。这一切给纺织工业生产和出口带来极大的困难。

纺织战线全体职工在党中央、国务院的领导下，在有关部委和各级政府的支持下，与外贸部门通力合作，挖掘内部潜力，降低生产成本，努力提高出口产品质量，调整产品结构，积极开拓出口渠道，扩大适销对路产品出口，使1991年纺织品出口继续保持较大幅度增长。

一、纺织品出口情况

据海关统计，1991年我国纺织品和服装出口总额为167.32亿美元（不含纤维，下同），占全国出口商品总值719亿美元的23.3%，比上年增长20.8%。其中纺织品类出口77.34亿美元，比上年增长10.5%，服装类出口89.98亿美元，比上年增长31.4%。

从出口大类品种中，棉纱、棉布、涤棉布、人棉布、呢绒和织物制服装的出口量和出口值均比上年增长。出口棉纱103万件，计4.6亿美元，同比分别增长6.1%和17.8%；出口棉布23.72亿米，计17.39亿美元，同比分别增长6.7%和8.5%；出口涤棉布13.41亿米，计7.98亿美元，同比分别增长16.6%和18%；出口人棉布4.67亿米，计3亿美元，同比分别增长40%和34.7%；出口呢绒1328万米，计7641万美元，同比分别增长36%和29.5%；出口织物制服装（不包括毛皮服装）31.9亿件，计76.82亿美元，同比分别增长31%和34.6%。

出口比上年下降的大类品种有人棉纱、人丝织物、真丝绸缎。人棉纱出口量下降26.3%，出口值下降24.1%；真丝绸缎出口量下降13.6%，出口值下降17.6%；人丝织物出口量增长3.6%，但出口值下降27.8%。

在去年"质量、品种、效益年"中，各地努力扩大优、深、精、高的纺织品出口，提高出口纺织品的附加值，1991年服装类出口额达89.98亿美元，比上年增加21.5亿美元，增长31.4%，大大超过纺织品出口值，打破长期以来我国出口以纺织品为主的格局，成为我国纺织出口创汇的第一大支柱产品。从服装出口结构看，梭织服装大于针织服装，外衣大于内衣，女装大于男装。从出口金额看，梭织服装54.31亿美元，占服装出口总额的60.4%；针织服装23.06亿美元，占25.6%；服饰4.18亿美元，占4.6%；非纺织服装8.4亿美元，占9.3%。

二、纺织品进口情况

据海关统计，1991年纺织品及服装进口总额为37.50亿美元（不含纤维），比上年27.96亿美元增长34.2%，占全国进口商品总额的5.9%，其中进口纺织品36.89亿美元，同比增长34.2%，进口服装6105万美元，同比增长27.1%。

从进口的大类品种看，纱线类21.9万吨，计7.46亿美元，占进口额19.97%；织物类13.60亿米，计29.06亿美元，占77.5%；进口室内、工业用纺织品7.47亿美元，占19.9%。

三、纺织品出口主销市场

目前我国纺织品出口销往150多个国家和地区，主销市场是香港、日本、美国、欧洲共同体及东欧一些国家，我国纺织品对这些国家和地区出口额占出口总额的80%。1991年对主销国家和地区出口额在1亿美元以上的有15个。其中对香港出口77.39亿美元，占出口总金额的43.3%，居首位；对日本出口26.35亿美元，占14.8%，居第二；对美国出口16.86亿美元，占9.4%，居第三；对德国出口8.98亿美元，占5.0%，居第四；对原苏联出口5.43亿美元，占3%，居第五。以下依次为意大利（4.46亿美元、占2.5%），澳大利亚（2.83亿美元、占1.6%），加拿大（2.70亿美元、占1.5%），新加坡（2.69亿美元、占1.5%），英国（2.58亿美元、占1.4%），沙特阿拉伯（2.12亿美元、占1.2%），法国（1.97亿美元、占1.1%），阿联酋（1.82亿美元、占1.0%），荷兰（1.73亿美元、占1.0%），澳门（1.46亿美元，占0.8%）.

四、出口纺织品交货情况

1991年出口纺织品交货总值为563.66亿元，比上年出口交货增加78亿元，同比增长15.97%。其中纺织交货值为408.85亿元，同比增长17.95%；丝绸交货值为78.57亿元，同比增长3.57%；服装、鞋帽交货值为76.24亿元，同比增长19.94%。交货总折纱为964.89万件，同比增长6.44%。

从交货的大类品种看，纱交货量为215.96万件，增长17.8%；布交货量为60.8亿米，增长4.89%；毛线交货2.9万吨，增长31.8%；呢绒交货量为2754万米，增长33.3%；毛针织折用纱量7218吨，增长11.7%；纯麻布3394万米，增长46.5%；成衣服装4.1亿件，增长11.7%。

1991年人棉纺织品出口交货下降，与上年同期比较人棉纱下降43.2%，人棉布下降5.6%，人棉针织品下降78.4%。

从地区看，交货值在15亿元以上的有10个省、市（包括计划单列市），占全国交货总值的82.8%，依次为江苏（119.30亿元）、上海（75.15亿元）、浙江（48.78亿元）、河北（34.60亿元）、辽宁（32.00亿元）、湖北（30.09亿元）、四川（23.6亿元）、北京（15.49亿元）。

1991年沿海12个出口基地市纺织品交货总值为212.2亿元，比去年同期193.9亿元增长9.4%，低于全国6.57个百分点，占全国纺织品交货总值的37.6%。12市交货总折纱为356.6万件，占全国交货总折纱的36.9%，比上年的369.1万件减少3.3%。其中纱交货41.70万件，减少10.5%；布交货为25.8亿米，增长4.8%；针棉织品折纱为69.3万件，减少9.5%。12市出口交货总折纱虽然比上年减少，但深加工纺织品的交货量仍有不同幅度的增长，并占全国较大比重。如成衣服装增长13.7%，占全国的比重为63.45%；毛线增长24.4%，占全国52.2%；针棉织品折纱和毛针织折纱分别占全国的40.7%和56.1%。

五、调整产品结构，努力扩大出口

针对纺织工业面临的严峻形势，纺织战线全体职工，坚持“坚定信心，开拓市场，扩大出口渡难关”的指导思想，在深入开展“质量、品种、效益年”活动中，勇于克服原料涨价，资金不足的困难，努力提高产品质量，大力调整产品结构，使1991年纺织品出口有较大幅度增长。

1. 迎难而上，坚持以出口为主的方针。1991年由于原料持续涨价，产品价格不到位，加上外贸实行控亏，使出口工作困难重重。国内市场疲软，加工能力过剩，如果不向国际市场进取，纺织工业将日趋萎缩，因此必须坚定搞出口的信心。如大连市纺织工业管理局，上下统一思想，统一认识，千方百计把出口搞了上去，1991年出口交货值达8.23亿元，比上年增长34.7%。

2. 适应国际市场需要，及时调整产品结构。国际市场的竞争，实际上是产品的竞争，生产的产品要适销对路。各地区根据国际市场需求和棉花资源情况，积极调整产品结构。无锡市纺织工业局出口棉纱向两头发展，一头向高细精梳发展，纯棉精梳纱最高到120ˢ；一头向粗支气流纺发展，气流纱比上年同期增长约28%。南通市纺织工业局增加深加工、高附加值产品的出口，如针织服装比上年增长29.4%，毛巾系列增长5倍。

3. 从实际出发，实行全方位多口岸的出口策略。1991年外贸实行自负盈亏的经营机制，对高于核定换汇成本的纺织品，少出口或不出口，对工业采取不收购或压价收购。在这种形势下，各地纺织厅局积极采取措施扩大出口。上海市纺织工业局打破按双线对口承包专业外贸代理出口的作法，鼓励企业在抓住原有外贸主渠道的同时，通过局内自营出口集团及外口岸出口，自营出口和三资企业出口比重由1990年的15%上升到34%。北京市纺织工业总公司组织工业参加市里在香港举办的出口产品洽谈会，以及在深圳举办的贸易洽谈会，两次洽谈会工业直接接出口合同2500万美元，结识了一大批新客户，拓宽了销售渠道。

4. 自营出口企业发挥工贸一体化优势，取得长足发展。在国际市场竞争激烈，国内市场疲软，国内纺织原材料和能源价格普遍上涨，可变成本猛增的困难条件下，自营出口企业、企业集团、公司的广大职工奋力拼搏，协同作战，不畏强手，勇于创新，凭借生产经营一体化的优势，出口贸易不仅没有萎缩，反而个个都站稳了脚跟，较快地适应了“外贸自负盈亏”的新机制，取得了可喜的成果。青岛、上海、天津、广州、大连、宁波、福州7个纺联公司，1991年出口创汇22932万美元，比上年增长12.2%。如上海华申纺织集团，1989年成立时年创汇仅275万美元，1991年出口创汇达2138万美元，增长7.8倍。上海申达纺织集团1989年出口183万美元，1991年出口创汇1916万美元，增长10.4倍。另外象北京达美、三环集团，天津仁立毛纺织厂，杭州通达纺织印染集团等都有长足发展。

5. 在“质量、品种、效益年”中，努力提高产品质量，提高出口产品在国际市场的信誉。大连第七服装厂生产的出口服装，客商提出有质量问题，该厂决定停产整顿，宁肯产量受影响，也要保住产品信誉。经过整顿，产品质量提高了，客商很满意，不但没撤回订单，反而又增加了订货量，并提出对该厂的产品进行包销。

我们有一批出口骨干企业，面对竞争激烈的国际市场，始终坚持质量第一。上海嘉丰棉纺织厂生产的出口棉坯布，在国际市场上享有盛誉。1991年香港10余家客商联合与该厂签订了出口棉坯布3年包销合同，且售价高于国内同类产品5%，1991年9月该产品被国家商检局批准实行出口免验，成为全国首家获出口商品免验的企业。

（执笔人：刘志芳）

纺织工业的安全生产、环境保护和节约能源

纺织工业部生产协调司安全处

在全国安全生产委员会、国务院环境保护委员会等有关单位的指导和配合下，经过广大纺织职工，尤其是从事安全生产、环境保护和节约能源工作的同志们的艰辛努力，1991年纺织工业这三方面工作均取得了较好的成绩。

一、安全生产

1. 开展创“三无”企业活动 1991年全系统实现“三无”企业9386个，比1990年增加了57个。因工死亡54人，重伤228人，分别比1990年下降了14.3%和26.9%。1991年是全系统开展“三无”活动的第十年，和1981年相比，虽然职工人数增加了200万，但“三无”企业的百分比提高了11.2%，因工死亡和重伤人数分别减少了30人和696人。10年来，纺织系统争创“三无”活动蓬勃开展，深入人心，对全系统的安全生产起了很大的推动作用，涌现出许多先进集体和先进个人。

2. 建立健全安全生产条例规定 1991年先后下发了“纺织工业企业制线织带、丝绸、亚麻、苎麻设备安全检查要点”，修定了“三无”企业火灾考核标准，使安全工作有章可循，有法可依，为实现安全生产、劳动保护工作的科学化、制度化和规范化创造条件。

3. 开展目标管理、落实安全生产责任制 各地根据纺织工业部和地方政府提出安全生产的任务和要求，并结合“企业升级安全考评”的规定，分极签订了安全生产合同书，确定了安全生产的年度目标，并把目标和控制指标分解下达，做到厅（局、公司）、企业、车间、班组层层有指标，人人有安全责任。将目标管理与企业升级和经济利益挂钩，定期检查，认真考核，奖罚兑现。

4. 安全检查 各地根据自己的具体情况采取定期和不定期相结合，重点和普遍相结合，白天和夜间相结合，自查和互查相结合等多种方法进行检查。各地还加强了对安全检查工作的领导，由主要负责人带队，边查边帮助基层解决问题，消除隐患。特别加强了对易燃易爆等重点部位的检查，查出问题，限期解决。在各地自查的基础上，纺织工业部还组织了对江苏、山东、江西、湖北等省市的安全检查。

5. 存在问题 第一，生产建设急功近利的倾向没有得到根本克服，有的领导缺乏科学管理生产的观念

和经验，在认识上，对速度、效益和安全三者关系的理解片面，片面追求产值效益，忽视安全。第二，企业的承包经营责任制不够完善，有的企业存在严重的短期行为，为完成经济指标，拼人力、拼设备，超负荷运转，破坏了安全生产的正常秩序。第三，缺乏对改善安全生产条件的计划指导和相应的技术经济措施。近年来，老企业的技术改造跟不上，安全生产劳动保护的措施不落实。有相当多的企业，没能按规定提取劳动保护的措施费用，使本来就不多的安全技术改造费用未能专款专用。

二、环境保护

1. 积极治理废水污染 1991年纺织工业需治理量（不包括空调等废水）为7.9亿吨/年，治理率为70%，其中印染废水占74%、治理率为68%，在全国几个主要治理废水污染行业中处于较为先进的水平。

2. 加强污染治理技术的研究 “七五”期间，在强化管理的同时，加强了污染治理技术的研究，并取得了较大进展。由纺织工业部设计院、中国纺织大学等单位承担的“七五”科技攻关项目印染废水治理技术，已于1990年底通过鉴定。其中包括：厌氧——好氧——生物处理系统、生物铁法、优良脱色菌和PVA降解菌的筛选和应用、新型高效混凝剂、高压脉冲电解法等。有些工艺流程已被生产单位采用，取得了较好的效果。

3. 综合利用 把预防、回用、治理结合起来，在生产过程中减少或消灭污染，并加强综合利用，变废为宝。洗毛废水在采用循环用水或闭路循环后，每吨原毛的洗毛用水从30吨左右下降到10吨，并可提取大量的羊毛脂。印染废水中的PVA很难处理，从美国引进了PVA起湿回收装置，回收后的PVA可直接用于生产上浆，现已通过鉴定。凝结法回收PVA的定型设备，也于1990年在北京印染厂鉴定验收。

4. 存在问题 有的企业生产规模扩大，而废水处理能力没有相应增加，致使处理效果下降。有少部分单位的领导对环保工作还不够重视，没有将其摆在基本国策的位置上。有的省厅甚至没有专人负责环保工作。

三、节约能源

1. 强化能源科学管理 认真贯彻了国务院发布的《节约能源管理暂行条例》、《关于进一步加强节约用电的若干规定》等，加强了节约能源的科学管理工作。

①建立健全了能源管理体系。年耗标准煤5000吨以上的企业，都有健全的节能机构，建立了三级节能网，完善了能源管理制度。

②在能源计量、统计、测量方面，健全了能源统计台帐和报表，完善能源计量手段，进行热平衡、电平衡和水平衡测试等。

③开展了能源技术培训和技术交流、咨询服务、节能宣传等活动。

④开展了企业节能升级（定级）活动。从1987～1990年，共评审出国家级节能企业359个，占全国纺织系统大中型企业的20.84%。其中国家一级节能企业89个，国家二级节能企业270个。

⑤制订了能耗计算办法和能源定额指标，推行能源承包责任制。纺织工业部先后制订了棉纺、印染、丝绸、化纤、毛精纺、纺织机械等行业能耗计算办法和能耗指标，较好地解决了企业产品能耗计算的统一性和可比性，并使企业节能降耗工作有明确的目标。

⑥树立典型、表彰先进。1991年在全系统开展了节能先进单位和先进个人的评选表彰活动，评出全国节能样板企业4个，全国节能先进集体2个，全国节能先进个人18名，纺织系统节能先进个人37名。

2. 加快节能技术进步步伐 近年来，纺织工业节能技改工作取得了一定成绩，实现节能技改和基建项目2200多个，总投资7亿多元，推广了一批能耗低、工艺水平高、效果好的节能新技术、新设备，提高了能源利用水平和经济效益。

①利用余热余压发电。近10年共上热电联产项目101个，投资3亿多元，建成热电机组40万千瓦，节约60万吨标准煤。

②蒸汽供热系统改造。从节能和安全的目的出发，近几年共改造陈旧锅炉、供热设备共600多项，投资2亿元。

③改造空调设备。纺织空调能耗约占生产总能耗的15%～20%，主要改造措施是采用高效风机、水泵、交流电机调速、溴化锂制冷等。

④采用高效节能电机。先后开发了专门用于织布、细纱、梳棉等工序的专用电机及稀土永磁同步电机，效率均在92%以上。

⑤印染后处理热源以煤代电。

3. 存在问题 各地区、企业之间发展不平衡，有些地区和企业的领导对节能降耗工作认识不足，重开发、轻节约，重速度、轻效益，重产量、轻物耗，忙于生产经营，放松节能降耗工作。个别省市节能工作无专人负责，处于无人管理状态。

（执笔人：毕国典）

纺织工业的经济效益分析

纺织工业部经济调节司

1991年是纺织工业进一步转变观念，深入开展“质量、品种、效益年”活动的一年。一年来，纺织工业部在国务院的领导和有关部门的支持下，采取切实有效的措施控制总量、压缩产成品库存，使纺织工业产销矛盾有所缓解，抑制了经济效益更大幅度的滑坡，为促使纺织工业经济效益的逐步回升创造了条件。

一、全国纺织工业经济效益

1991年实际完成数：工业总产值1876.58亿元（按1990年不变价），比上年增长5.52%；销售收入1670.70亿元，比上年增长10.13%；利税合计68.82亿元，比上年下降28.25%，其中税金57.17亿元，下降2.09%，利润11.65亿元，下降68.06%；企业亏损面41.91%，比上年增加4个百分点；企业亏损额43.41亿元，比上年增长32.27%；产成品资金221.86亿元，比上年下降1.90%，其中国营企业179.43亿元，下降4.60%；定额资金周转天数138.9天，比上年增加8.52天；资金利税率（净值）5.25%，比上年减少3.25个百分点；销售利税率4.12%，比上年减少2.2个百分点。

在全系统12个主要行业中，有印染、复制、单织色织、毛纺、麻纺、针织（包括毛针织）6个行业是全行业亏损，其中印染行业是1991年新出现的，棉纺行业盈利比上年减少了近81%。值得注意的是，毛纺行业亏损比上年减少了近40%。全国29个省、自治区、直辖市中，辽宁、吉林、安徽、湖南、广西、四川、贵州、青海、宁夏等9个省、自治区是全行业亏损。在14个计划单列市中，除宁波、深圳、厦门3市外，其他11个单列市也都是全行业亏损。

造成纺织工业经济效益下降的主要原因是：

1. 受1990年9月份开始的棉花调价翘尾的影响，成本升高，而纺织品价格却不能相应提高，造成棉纺织行业经济效益大幅度下降。1991年棉纺行业销售成本比上年增加15.6%，而销售收入只增加10%，两者相差5.6个百分点，影响棉纺织行业经济效益25亿元。纺织品价格之所以不能相应提高，首先是纺织品供过于求。1991年全系统和棉纺织行业的产销率分别是93.45%和96.8%，产大于销，在市场规律的作用下，必然是商品的平均价格低于其平均价值。其次是1991年4月出台的商业、外贸削价处理200亿元商品，严重冲击了工业的正常生产和销售。削价用库的商品中有相当部分是纺织品，而其中有相当数量是工业正常生产的产品。削价超幅严重，有些处理商品的售价低于工业生产成本，使年初以来本已逐步上升的产品价格出现了回落，三季度末棉纺织品出厂交货价比二季度初下降了5%。再就是在压缩产成品资金工作中，削价处理了多年来的库存积压，使潜亏变成了明亏，影响了当年的经济效益。从1991年三季度开始的限产压库工作，对控制总量、减少产成品资金占用、促进产品结构调整起了很大的作用。在压库中，一方面削价处理了部分多年积压的库存产品，使压在企业身上多年的包袱卸下了一部分，但另一方面却影响了当年效益14亿元，另外还有挂帐17亿元。

2. 部分地区落实搞好大中型企业政策，对增强企业发展的后劲是十分有利的。过去企业没有提足折旧、补充自有资金，而是靠吃企业的老本，久而久之，连简单的再生产都难以维持，实现的利润有一部分是虚盈的。提足应提费用后的效益，才是实实在在的效益。1991年加速折旧、增补企业自有流动资金，提取技术开发费共计9亿元，影响了当年的表面经济效益。

3. 由于纺织工业代行了部分社会商品储备职能和受三角债的影响，因而流动资金占用增加，利息支出比上年增加了7亿元。

4. 部分地区严重的自然灾害影响了经济效益。江苏省因水灾损失3亿元，其中直接影响成本1.22亿元。

以上主要是从客观上分析效益下降的原因，从主观上看，一些企业商品经济观念不强，市场竞争意识差，内部管理不严，“跑、冒、滴、漏”现象严重，也是导致纺织工业经济效益下降的重要因素。

二、发挥经济调节作用，缓解纺织行业困难

为了抑制和扭转纺织工业经济效益连续两年大幅

度滑坡的局面，纺织工业部以深入开展“质量、品种、效益年”活动为中心，充分发挥经济调节作用，缓解纺织行业面临的特殊困难。

1. 纺织工业继1990年开展“品种质量年”活动后，1991年初，即动员全国纺织战线广大职工认真贯彻国务院关于开展“质量、品种、效益年”活动的通知。根据财政部对全国工业企业关于提高经济效益的要求，纺织工业部制定了经济效益的奋斗目标，下发了《关于加强企业经营管理，提高纺织工业经济效益的通知》。3月初，召开了纺织系统百家企业、企业集团经济效益座谈会，向全国推广了这些企业以市场为导向，重视经营管理，依靠技术进步，经济效益稳步提高的经验。接着又召开了扭亏现场会。在全国纺织战线广大职工的艰苦努力下，上半年全国纺织系统经济效益呈现了逐月回升的势头。

2. 根据国务院下达纺织工业压缩产成品资金46.7亿元的指标，纺织工业部迅速把压缩产成品资金和压货挂钩指标分解落实到各地，同时对全国国营企业产成品资金的统计由季报改为月报，并按月在《中国纺织报》上公布。部里也多次派有关人员到重点地区、企业帮助落实。在各级政府的领导和综合部门的支持配合下，经过各地纺织工业主管部门和企业的努力，全国国营纺织工业企业在极其困难的条件下，压缩产成品资金37亿元，完成压缩指标约80%。

3. 1991年5月和9月，国家先后在部分国营大中型骨干企业中采取了加速折旧、免交“两金”和按销售收入1%提取补充流动资金的措施。在确定的896户实行加速折旧、加速折旧免交“两金”的企业中，纺织工业企业有359户，占40.7%；在全国一千余户实行按销售收入1%提取补充流动资金的企业中，纺织工业企业有170户，约占17%。

4. 1991年国家适度提高了原油价格，有关部门提出化纤原料价格也准备随之上调。考虑到纺织工业目前的困难，纺织工业部多次与国务院秘书局、国家计委、石化部门、物价部门协商，阐述了纺织工业面临的困难，并经李鹏总理亲自过问，决定化纤原料调价暂缓出台。

为了支持我国羊毛事业发展，鼓励多用国产羊毛，纺织工业部向国务院有关部门反映，适度调低使用国产羊毛的毛纺产品的税负。初步议定，对国毛比例较大的毛纺产品，由各地根据具体情况，适当降低增值税税负。

单织、复制行业减半征收增值税的政策，是一年一定，今年经与税务部门反复协商，继续对这两个行业实行上述政策，并对毛纺产品中含化纤原料较多的产品减征增值税。

5. 在国务院领导的直接关怀下，经过多方努力，国家在财力十分困难的情况下，决定拿出10.7亿元用于补贴主要纺织品出口生产企业。1991年我国纺织品出口创汇达167亿美元，比上年增加21%，占世界纺织品贸易总额的7%左右。纺织品出口专项补贴发挥了重要作用。

国家税则委和海关总署决定纺织工业部实行统一组织进口、定额归口办理减税方案。这一方案的实施，起到了平抑国际市场化纤及化纤原料价格作用，使企业得到了实惠。国家税则委、海关总署为缓解纺织工业的困难，临时减少化纤原料、化学纤维进口关税，减税额占全国临时减免税额的31%，有力地支持了国营大中型企业。

6. 国家清理“三角债”的重点是固定资产在建项目的拖欠问题。为了减轻纺织工业“三角债”的沉重包袱，纺织工业部积极向有关部门反映，在全国清欠会议上，争取到15.2亿元棉花清欠资金，并取得国务院清欠办、人民银行、工商银行的大力支持，同意在省市范围内，先在纺织工业系统内部连环清欠，再还供销社棉花款。20个有条件的地区在不同程度上搞了内部连环清欠，减少纺织工业应付款20.4亿元，应收货款5.4亿元，在系统内投入资金收到1：1.6的效果，若包括减少供销社的应收款，至少也收到1：2.5的效果。通过清欠，不但加速了资金周转，缓解了纺织企业资金紧张的状况，减轻了“三角债”负担，而且有利于压缩三项资金，促进“压贷挂钩”的实现。

7. 1991年根据纺织工业部领导关于“开辟多种渠道，为企业解决调整产品结构、提高产品竞争能力所需资金来源”的精神，取得了工商银行、交通银行等金融机构的支持，为企业解决了1.2亿元专项资金，戴帽下达给急需的有条件的企业；通过中国华诚财务公司为各地纺织工业解决流动资金贷款15亿元；为减少国产羊毛积压，鼓励企业多用国毛，部帮助企业筹措了一部分资金，支持企业购买国毛，并在国务院生产办的大力支持下予以部分贴息。

（执笔人：张　昕）

纺织工业的科学技术

纺织工业部科技发展司

1991年是我国国民经济和社会发展十年规划及“八五”计划开始执行的第一年。纺织科技工作在党中央“科学技术是第一生产力”的方针指引下，坚持改革，围绕“以科技进步来提高纺织工业技术水平和经营管理水平；以提高纺织品质量，增加品种来提高经济效益”这一主题，努力开展工作，在企业技术进步、科技攻关、新技术开发、消化吸收引进技术、科技成果推广等多方面取得了新的成绩。

一、推进企业技术进步

按照国家制定的十年发展规划和“八五”计划的要求，1991年纺织工业部在依靠技术进步实现纺织经济增长和效益提高，加快企业技术进步步伐方面，突出“优、深、精、高”产品加工技术和装备技术现代化这两个重点，采取措施，统筹规划各个层次的技术改造、技术引进、技术开发和技术攻关，把企业作为技术进步主战场，促进纺织工业技术进步。

1. 经过“七五”科技攻关和各项科技工作，我国纺织工业在化学纤维、新型纺纱和织造、非织造布、服装、染整、丝绸新技术等方面取得了重大的进展。研制成功了一批差别化、功能化化学纤维新品种和一批新型纺织机械设备；纺织工艺技术水平有了较大进步，纺织企业技术力量和装备水平有所提高，开发出了一大批多样化、新颖化、高档化纺织新产品。

2. 1991年纺织工业仍面临严峻困难，纺织工业各级管理部门根据国务院搞好国营大中型企业的有关精神，抓住时机，努力把推进企业技术进步与搞活国营大中型纺织企业相结合。纺织工业部进一步完善了纺织企业技术进步考评办法。由于国务院采取了限产压库、压贷挂钩等重大改革措施，企业的技术更新、改造技术和产品开发有所加强，提高了纺织企业技术装备水平和产品品种质量，增加了企业产品竞争能力。涌现出了一批象上海第二纺织机械厂那样紧紧抓住深化企业内部改革、推行科技兴厂，以市场为导向、科技为后盾，不断开发新产品，加速技术改造，使企业有较大发展，经济大幅度提高的好企业。上海二纺机近年来利润年均递增19.85%；上交利税年均递增23.6%；出口总值年均递增190%。

3. 根据“质量、品种、效益年”要求，纺织工业部提出攻克纺织品“纱疵，横档，色差，纬斜，缩水”五大难关，并为此专门成立攻“五关”领导小组。各地纺织厅、局（公司）也成立了相应机构，纺机纺器、化纤、服装、丝绸等行业也提出了相应的攻关目标，广泛开展调查研究、交流和评比活动，组织企业进行技术革新和改造，使企业进一步明确以科技进步来提高本身技术水平和经营管理水平，从而提高产品质量，增加品种，提高经济效益这一发展方向。企业技术水平和产品品种、质量有较大提高。

4. 确定纺织工业技术改造、技术开发、引进技术的目标、重点和任务，以促进我国纺织工业整体技术水平向前发展。“八五”纺织工业技术改造重点从行业来说，要突出一个基础（纺机），抓住两个主导（棉纺织行业和最终成品加工行业）；从企业来说，主要是纺织品出口企业和国营大中型骨干企业；从产品来说，主要是“优、深、精、高”纺织品和重大关键技术装备。技术开发重点是产品技术进步，主要包括开发新产品，改造老产品，发展新工艺，改造和完善老工艺，使产品技术不断推陈出新。引进技术工作以增强一批国营大中型企业的国际竞争能力为基点。实现局部和整体、硬件和软件、重大关键技术设备和消化吸收、老设备改造和加快电子技术应用等的有机结合。

二、落实“八五”各项科技攻关、技术开发计划，完成“七五”重大科研成果的鉴定、验收和奖励工作

根据党中央提出的“科学技术必须面向经济建设，经济建设必须依靠科学技术”的战略方针，纺织工业部在总结“七五”科技工作的基础上，制定了“八五”纺织科技发展规划，1991年，“八五”纺织科技攻关等项计划已经启动并组织实施。

由国家计委下达纺织工业部的“八五”科技攻关

项目有3个大项，共69个专题；列入国家科委“八五”科技攻关计划的项目有2项，共12个专题。目前，各专题合同已大部分签订，开展了工作。国家重点企业技术开发计划在1991年内已完成了应开题专题的论证和落实工作。1991年纺织科技3项费用计划增加了指导性计划，改进了管理，提高了效率。

1991年是“七五”国家科技攻关、技术开发、重点工业性试验等科技项目全面验收、总结的一年。由纺织工业部主持，391个单位、2600多人参加的包括化学纤维、新型纺纱、织造、非织造布、服装、染整、丝绸新技术等方面共5项“七五”科技攻关项目（17个课题，92个专题），经过5年的努力，目前已全面完成，建成试验（中试）基地、数据库、生产线118条（个），取得了较好成绩。据不完全统计，这批项目已创产值8.83亿元，利税7809万元，创汇节汇1.4亿美元，已取得成果186项，部分成果达到了80年代中期和当前国际水平。此外，纺织工业部所承担的，由国家科委主持的新材料攻关项目中的15个专题也已完成了研究任务，其中填补国内空白的成果有18项，达到国际领先水平的成果有8项，为国防重点武器型号的研制及重大工程提供了一批急需的关键新材料。

1991年纺织工业部部级成果共128项，其中属于“七五”科技攻关成果47项，工业性试验成果1项，技术开发成果19项，推广项目成果2项，三项费用项目成果59项；纺织工业科技成果获奖项目98项，其中国家发明奖4项，国家科技进步奖10项，纺织工业部科技进步奖84项。国家和纺织工业部均组织了对“七五”国家科技攻关优秀成果和有突出贡献的个人的表彰：由纺织工业部推荐，国家计委、国家科委和财政部表彰了纺织工业部组织的10项优秀科技攻关成果，6名有突出贡献的先进个人；纺织工业部表彰了优秀成果38项，先进个人44名，表扬科技成果35项。

三、纺织标准继续进行清理整顿，计量工作进一步加强

1991年纺织标准、计量工作紧紧围绕纺织工业质量、品种、效益这一中心任务，进一步深入宣传、贯彻“标准化法”和“计量法”，继续清理、整顿现行纺织标准，继续建立和健全各项规章制度，纺织标准、计量工作得到进一步加强。

根据国家技术监督局要求，1991年纺织工业部共完成394项现行国家标准的清理整顿工作。清理、整顿结果是继续成为国家标准的257项，占原国家标准的65%，其中强制性国标130项（占50.6%），推荐性国标127项（占49.4%），调整为行业标准的有89项，废止标准31项。此外，1991年纺织工业部还对836项行业（包括局批企标）标准进行了清理，为1992年全面完成清理整顿工作打下了良好基础。

1991年纺织工业制定并开始实施“八五”计量检定规程制修订计划，共下达29种仪器检定规程计划并落实了起草单位和协作单位，审核发布了电容式条干均匀仪、条干标准仪、织物风格仪、毛羽仪、卷曲仪等8种仪器的检定规程，开展了企业计量升级及各地计量部门申报的16家一级计量企业的考核工作。

目前纺织工业部已建立起一批省市纺织计量中心（站）。纺织计量国家站、国家计量分站的筹建工作目前正按计划进行。全国已建立纺织计量中心（站）并授权开展计量检定工作的省市从原来的4个发展到江苏、河南、上海、北京、河北、湖北、浙江、内蒙等8个省市，新疆、宁夏、云南等边远地区也开始筹建纺织计量站。

四、纺织科研院所改革向深层次方向发展

1991年纺织科技体制改革继续坚持和贯彻“1985年中共中央关于科技体制改革的决定”和“科学技术是第一生产力”的指导思想，着重加强纺织科研院所内部机制的调整和改革，继续建立和完善各项改革配套政策和措施，促使科研机构在改革中求发展，在发展中深化改革，朝着改革深层次方向发展。

1. 随着改革的深入，纺织科研院所增强了自身发展能力，对行政主管部门的依附性相对减弱，一些已逐步发展成独立的科研经营实体。在这种情况下，纺织工业部于1990年起开始考虑建立一套纺织科研院所绩效考评办法，目前这一考评办法已基本完成，拟1992年开始试行，以对科研院所工作有一个比较客观的评价，在宏观上指导纺织科研机构的发展。

2. 1991年，全国132家纺织科研院所实行专业技术聘任制的已有127家，占96.2%；实行院所长负责制的有100家，占75.8%；完全自立的纺织科研机构有77家，占58.3%。许多科研院所把面向经济建设主战场作为科技工作的首要任务来抓，主动积极地进行自我调整，把改革与生存、改革与发展结合起来，进一步完善院所管理体制和各种承包经营责任制，实行优化科研生产要素组合的招聘制、聘任制等改革措施，强调发挥整体优势，以多种形式长入经济，为振兴纺织工业作出贡献。

（执笔人：俞亦政）

纺织工业的劳动工资

纺织工业部人事劳动司

1991年，纺织工业劳动工资工作，认真贯彻党中央和国务院关于进一步深化改革的指示，按照劳动部有关工作安排和要求，结合纺织工业的实际，在劳动用工、工资分配和保险制度等改革中进行了积极的探索和有益的尝试。劳动用工制度改革围绕引入竞争机制和增强企业活力这个中心，在完善劳动合同制的同时，进行全员劳动合同制试点工作。目前，全国纺织工业系统劳动合同制工人已达182万人，约占全国纺织职工人数的26.5%。据不完全统计，全国纺织系统已有50多个企业进行了全员劳动合同制的试点工作，全员劳动合同制职工约15万人。在积极贯彻棉纺织行业产品用工标准的同时，抓紧修订其他纺织行业产品用工标准工作。根据国务院提出的限产压库的任务，调查研究纺织企业开班工时制度，并按照纺织工业部提出的“调整结构、限产压库、加速技术改造”的要求，总结推广纺织企业有关的开班工时制度。按照劳动部的要求继续搞好纺织行业工人技术标准的修订工作。特别是在改革企业基本工资制度方面有了新的进展，并取得了一定的成效。

一、研究制定纺织企业岗位技能工资制方案

根据劳动部劳薪字（1991）4号文件《关于岗位技能工资制方案》（征求意见稿）精神，为认真贯彻落实“八五”计划和十年规划中提出的在全民所有制企业逐步实行以岗位技能工资制为主要形式的内部分配制度的要求，结合纺织企业实际情况，有组织、有计划、有步骤地研究编制了《棉纺织行业岗位技能工资制方案》。在各省、市纺织工业厅、局、公司劳动工资人员、有关专家和纺织工业劳动学会的积极配合下，广泛听取各方面的意见，经过多层次和全方位的讨论研究，现已修改形成第七稿。每次修改的方案，都委托岗位技能工资制试点企业进行测算试套，尽可能把方案研究得充分一些，使其更科学合理，更符合纺织工业生产的特点。《棉纺织行业岗位技能工资制方案》是从纺织企业职工的实际出发，既要和全国实行的岗位技能工资制相衔接，又要保持纺织工业生产和劳动的特点。纺织行业岗位技能工资是多元结构，主要由5个单元组成：岗位（职务）工资；技能工资；年功工资；特殊工资；效益工资。前2项为基本工资，后3项为辅助工资。对于年功工资劳动部目前不倾向普遍建立，但考虑到多数职工的愿望和部分企业已经建立的具体情况，方案中争取建立，但实际试行中可由企业自行决定。对于作为基本工资的岗位（职务）工资和技能工资，应根据企业各类人员的劳动特点及其对生产的作用，应有所不同，岗位工资和技能工资的比重应各有主次，有所侧重。目前纺织行业岗位技能工资制方案在纺织企业试点单位进行试套、测算，以便发现问题，进行补充完善。

二、做好纺织岗位技能工资制的基础工作，搞好纺织企业劳动岗位测评

劳动岗位测评是岗位技能工资制的技术基础，对于岗位测评纺织工业是有基础的，过去制订纺织运转生产工人的岗位工资制，就是运用岗位测评，对各工种的劳动量进行分析测算，综合评估，再归类定岗。纺织工业部在原有的基础上，委托河南省纺织工业厅负责编制棉纺织企业干部和工人劳动岗位测评标准，委托河北省纺织工业总公司负责编制纺织企业干部和工人技能测评标准，经纺织工业部组织审议后，工人劳动岗位测评标准由3要素12因素35个子项组成，干部劳动岗位测评标准由3要素8因素27个子项组成，干部和工人技能测评标准由1要素4因素14个子项组成。纺织企业劳动岗位测评标准前后修改了3稿，发到试点企业试用。为保证测评质量，保证岗位技能工资制的完整性，纺织各行业各类人员的测评工作由部委托有关省、市统一进行。受委托的省、市纺织工业厅、局主管部门组织了有关专业干部经过短期培训，选择试点企业进行统一测评，做到测评人员认识一致、标准掌握尺度一致，测评结果符合标准要求。承担测评任务的单位分别对技术、辅助和后勤工人的196个岗位，干部336个岗位进行了认真测评。采用计时测定

法，仪器鉴定法，统计分析法，评估类推法，打分评分法等搞好测评工作。这是一项技术性、专业性较强的工作，测评一个岗位要计算上百个数据，对所有的岗位全部测评要计算统计几万个数据。经过3个多月的辛勤劳动，完成了分工负责的测评任务。1991年12月召开有关省、市纺织工业厅、局劳动处长和部分企业代表参加的平衡审议会议审议通过了“标杆典型代表岗位”，对其他岗位测评结果也进行了分析。经会后进一步审议，确定了棉纺织企业干部岗位和技能各202个顺序，技术工人岗位157个、技能62个顺序，辅助生产、后勤服务工人岗位和技能各31个顺序，同时研究了岗位顺序、技能顺序与岗位技能工资方案中工资标准的衔接问题。目前已将有关意见请纺织岗位技能工资制试点企业进行试套，征求意见，待成熟后进行最后审定。

三、搞好纺织企业岗位技能工资制试点准备工作

（一）选择有条件企业进行岗位技能工资制试点。

岗位技能工资制是企业内部工资制度的改革，要认真做好，既要积极又要稳妥，不能一哄而起。在制订好制度方案，做好测评工作的基础上，可选择少数既有代表性又有一定条件的企业进行试点。试点企业的条件必须是实行工效挂钩的企业，经济效益较好，企业基础管理较强，并有一定的积极性。试点企业需多次按照《棉纺织企业岗位技能工资制方案》进行试套工作，并制订具体的实施细则。同时，针对本企业实际，搞好企业内部特有的职务岗位和工种的测评工作。

各试点企业应按照纺织工业部人劳司编写的棉纺织企业岗位技能工资制宣传提纲，向广大职工宣讲岗位技能工资制的内容、目的、意义等，取得企业职工的理解和支持，以搞好试点工作。

（二）举办纺织企业岗位技能工资制培训班。

为培训业务骨干，1991年12月在嘉兴市举办了第一期纺织企业岗位技能工资制培训班，纺织试点企业劳动工资科长都参加了培训，并请劳动部工资司和纺织行业有关部门的同志为学习班授课。内容包括岗位技能工资制度的确定，劳动岗位测评的方法等。大家一致反映收获很大，将会推动纺织岗位技能工资制试点工作的进一步开展。

四、修订和审定纺织各行业工人技术标准工作

根据劳动部要求，在编写纺织各行业工种目录的基础上，认真搞好修标工作。纺织各行业共组织了19个修标小组，有500多人参加了修标工作，运用典型引路的方法，以棉纺织行业作为修标的标杆行业，纺织其他行业都参照棉纺织行业进行修标。召开有关省市的修标负责人会议，由棉纺织修标组提供9个工种标准给其它行业参照。在此基础上在青岛召开了棉纺织行业工人技术标准的审议会，此后毛纺织、麻纺织、丝绸等行业都召开了审议会。在有关地区认真补充、完善的基础上于1991年7月份召开了纺织各行业工人技术标准平衡审议会议。按照既要搞好本行业各工种技术标准的纵向平衡，又要搞好行业之间各工种技术标准横向平衡的原则，对每个工种从“四个”方面（技术标准的水平要先进合理、等级要平衡恰当、工种设置要规范科学、条文要简明准确）进行平衡审议，会后又组织有关纺织行业的专家再次进行了认真审核。编写的技术标准初稿先后2次印发各地征求意见，完成了纺织系统33个行业，2700多个工种的修标工作。

五、贯彻棉纺织行业产品用工标准，修订其他纺织行业产品用工标准工作

重新修订的棉纺织行业产品用工标准，经纺织工业部颁发以后，各地纺织主管部门都非常重视，进行了认真贯彻，有的地区和企业将它作为企业上水平、增效益的重要考核指标。全国已有21个省、市纺织工业厅局举办了贯彻棉纺织产品用工标准的学习班，从实践情况来看，凡是认真采用标准的单位，管理水平都有所提高，促进了企业经济效益的提高。经劳动部和国家标准委员会同意，在中国劳动学会成立十周年庆祝大会上，棉纺织行业产品用工标准被评为中国劳动学会优秀成果劳动管理科学技术发展奖，并颁发了奖杯和证书。黄麻行业产品用工标准已经修订审议完毕，交付印制颁发。其他行业产品用工标准，有关单位也在抓紧修订。

（执笔人：许吉祥、张世昌）

纺织工业的对外经济技术合作

纺织工业部国际合作司司长　贝聿泷

1991年世界经济发展迟缓，美国等西方国家加强了贸易保护措施，对我纺织品出口带来了一定的困难。同时，由于世界经济结构的转移，日本、香港、台湾等国家和地区的服装业向我国内地转移趋势明显，服装出口势头良好，因此1991年我国纺织品出口仍有明显增长。另外，随着改革开放的深化，我国纺织业的进口也有大幅度增长。

1991年我国纺织工业仍然十分困难。为走出困境，一方面要增强改革的力度，使企业面向市场，在竞争中求进步、求发展、求效益；另一方面要加快技术进步，调整产品结构，进一步扩大对外经济技术合作，适应国内外两个市场的需要。

一、纺织品进出口同步增长

据海关统计，1991年我国纺织品和服装出口的总金额为167.32亿美元，比1990年增长了20.84%。同年我国纤维品进口也有明显增长，进口总金额达59.5亿美元，比1990年增长了19.7%，显示了进出口同步增长的好势头。

在纺织品和服装的出口中，服装出口更快。1991年纺织品出口额为77.34亿美元，比上年增长10.51%，而服装出口额达89.98亿美元，比上年增长31.42%。服装出口比例已达53.8%，首次超过了纺织品的出口。预计今后服装出口还会有较大幅度增长。

就进口而言，1991年增长幅度亦很大，纤维原料进口达22.05亿美元，比去年增长19.8%；纺织品进口达37.5亿美元，比去年增长36%。化纤原料进口约9亿美元。

二、三资企业发展势头良好

纺织业大多属劳动密集型，由于中国劳动力便宜，外商在纺织领域内的投资积极。到1990年底纺织业三资企业已达2192家，投资金额约为19.64亿美元。1991年三资企业发展更快。仅1991年设立的三资企业就达972个，协议投资金额为8.57亿美元，就企业数而言，相当于1990年前三资企业总数的44%，这些三资企业的建设在弥补国内资金不足，引进先进技术及先进管理经验、熟悉国际市场，增加出口创汇等方面均有积极作用。

在三资企业中服装业最为引人注目，但这些企业大多仍属于加工类型，由于中方缺乏外销渠道，合资企业的销售大多由外方掌握，因此企业虽能生存但获利不丰。这些企业如何由加工型往经营型转变还有待中外双方的共同努力。

在化纤领域内去年有所突破。1991年10月广州市纺织工业公司和美国康泰斯公司、日本丸红公司签署了合资建设年产6万吨聚酯工厂的合同。

根据纺织工业的产业政策，我们欢迎外商在化纤、纺织深加工、精加工领域以及纺织机械制造业进行投资。

三、技术进出口步伐加快

西方国家纺织技术进步十分迅速，虽然这些国家劳动力昂贵，但由于用人大幅度减少，产品质量明显提高，致使仍沿用传统设备、工艺生产的纺织品竞争力下降，我国纺织业在国际竞争中面临着严重的挑战。

科技是第一生产力，纺织业的技术进步是一项紧迫的任务。我国纺织业基数大，虽然改革开放以来已引进了一些先进设备，但从总体上看设备还很落后，先进设备所占比例还不到10%；在软技术的开发方面和发达国家相比也有相当的差距。这种状态难以满足当前纺织结构调整以及不断变化的市场要求。

为解决燃眉之急，我们一面继续引进必要的先进设备和技术，1991年我国进口纺织机械已超过15亿美元，比1990年增长了42%；另一方面我们必须加紧纺织机械制造业的技术改造，尽快使我国自制的纺织机械产品接近世界先进水平，以满足国内大量纺织厂技术改造的需要。纺织工业部领导对此项工作十分重视，经过近1年的反复研究，纺机制造的技术引进重点将放在自动络筒机、无梭织机、清钢联及精梳设备4大类，大量的前期准备工作已经展开，预计1992年会有所突破。

其他如化纤仿真技术以及装饰用、工业用纤维制造及纺织加工的技术引进工作也很活跃。

在技术出口方面，中国技术进出口公司和巴基斯坦签订了一个出口1万吨粘胶短纤维的成套设备合同，技术和设备将由纺织工业部设计院及宏大集团公司提供，这是我国第一个化纤成套设备的出口项目。

1991年8月，中国纺织机械和技术进出口公司、中国机械进出口总公司与印尼卡尼度集团签订了由我国出口24万纱锭成套设备的合同，并探讨了3千吨粘胶长丝及印染设备的出口。

四、重大国际活动

1991年5月王曾敬副部长率团参加了在德国科隆举办的国际服装机械展览会。1991年10月刘珩副部长率团参加了在汉诺威举办的第11届国际纺织机械展览会（ITMA′91)。在展览期间，王副部长和刘副部长分别和外国主要厂商的负责人广泛交换了意见，探讨了今后合作的途径，中国参展的产品也越来越受到外国纺织界的重视。

1991年9月由纺织工业部主办在苏州丝绸工学院召开了第一届中国国际丝绸会议，有来自9个国家和地区的201名代表参加了会议，大会共发表了28篇论文，从蚕茧培育、缫丝、织造以及印染加工等各个领域进行了广泛的讨论，会议收到了较好的效果。

1991年9月由纺织工业部和中国国际贸易促进委员会主办的第二届中国国际服装机械展览会(CIGME′91)在北京展览馆举行。来自中国、日本、德国、法国、美国和香港等国家和地区的120个厂商参加了展览。展出面积8000平方米，展出设备包括服装CAD/CAM系统，裁剪、缝纫、熨烫、包装、快速反应系统，电脑绣花机等共280台（套），参观人数达3万人次，展览期间还举办了7场技术交流，展品留购60余万美元，期货贸易额达600余万美元。

五、扩大国际交往，促进贸易多元化

随着改革开放的深化，纺织业界的国际交往日益频繁。根据贸易多元化的要求，我们不但和发达国家往来，更加强了和第三世界的交往。

1991年10月吴文英部长率团访问了南太平洋岛国斐济，受到了斐济政府的热烈欢迎和热情接待，并决定在斐济合资创办针织面料厂及服装厂。

1991年我们也特别注意了第三世界来访团组的接待。

1991年4月，根据中古（巴）科技合作委员会第一次会议会谈纪要，以古巴纺织联合会主席贝得罗·德斯利发特为首的考察团先后考察了北京和西安的纺织厂，双方加深了了解，愿意进一步扩大科技和经济方面的合作。

1991年10月，应吴文英部长的邀请，孟加拉国纺织国务部长阿卜杜尔·曼南一行对我国进行了友好访问。代表团先后访问了北京、上海、广州，与我有关方面就发展双边贸易，扩大经济合作交换了意见。孟方对中国的纺织机械表示出浓厚的兴趣。

1991年11月，应吴文英部长邀请，乌拉圭外交部副部长爱德华多·梅基拉先生和农业部副部长费里斯·派切柯先生率领的乌拉圭羊毛代表团一行20人对我国进行了友好访问。代表团先后参观了北京、南京、无锡、上海、杭州等地的工厂，了解了乌拉圭羊毛在华的使用情况，并和有关部门就中乌羊毛贸易的发展及产品开发交换了意见。钱其琛外长接见了乌拉圭羊毛代表团。季国标副部长与乌拉圭外交部副部长梅基拉签署了访问备忘录。

除此之外，我们还接待了朝鲜、泰国等代表团来访，加强了和印尼、南朝鲜等国纺织界的联系。这些活动对今后贸易多元化将起积极的作用。

纺织工业的体制改革

纺织工业部体制改革司副司长　马玉良

在党中央制订的“治理整顿”和“深化改革、扩大开放”的方针、政策指引下，经过纺织行业800万职工的共同努力，克服了原料、资金、销售和体制方面的巨大困难，使纺织工业1991年的深化改革工作，取得了较好的成绩，有了一定的进展。

一、解放思想、转变观念

今年是转换机制、深化改革、使纺织行业走出困境的关键一年。深化改革要求进一步破除产品经济集中统一管理体制对企业的束缚，树立起社会主义商品经济分层次管理体制的框架，让企业能在自主经营中，实现自负盈亏、自我约束和自我发展。这就要求全行业的职工必须尽快实现思想观念的转变。

吴文英部长6月10日在镇江召开的“全国纺织系统思想政治工作会议”上，首次向纺织行业的职工提出“解放思想、转变观念”的号召。7月10日在吉林省延吉市召开的“全国纺织厅局长座谈会”上，又进一步提出了纺织企业要适应市场经济发展的要求，培养、树立六个观念，发展建设两个队伍。通过在全行业掀起的“解放思想、转变观念”的大讨论，促进了六大观念的树立，两支队伍的建设，加快了纺织产品商品化的进程。

一是树立市场观念，使纺织企业的产品品种和数量，更接近于市场的需要，努力做到以市场为导向，按用户的订单组织生产。这是对产品经济“以计划为龙头”体制的根本性转变，“三资”和“乡镇”纺织企业已基本实现了这一转变，目前国营纺织企业这一转变处于开始阶段。

二是树立竞争观念，使国营纺织企业逐步从行政主管部门的束缚中解脱出来，以竞争为动力，靠竞争求生存、求发展。“铁交椅、铁饭碗、铁工资”，“大锅饭”的思想受到了冲击，竞争中“优胜劣汰”的激励机制开始形成。

三是树立效益观念，使纺织企业广大职工进一步关心企业的效益，认识到创造更大的效益，才是企业一切活动的中心，没有效益就没有企业的发展。

四是树立质量观念，使广大纺织职工明确，谁的产品质量好、能盈得消费者的信誉，谁就兴旺发达。看到了产品质量与企业兴衰的重要关系。

五是树立信息观念，增强职工对科技信息、经济信息在发展商品生产和对外开放中重要性的理解。

六是树立服务观念，使职工明确“官商”不适应商品生产与交换要求的道理，只有树立把用户当做“上帝”的商业思想，才能赢得用户，取得企业的发展。

为了开发适销对路的产品，压缩库存产品，大部分纺织企业都加强了产品开发队伍和产品销售队伍的建设，并取得了一定的经济效果。

思想观念的转变是深化纺织企业改革和扩大开放的前提，尽管1991年“转变观念”的大讨论尚处于起步阶段，但毕竟是对产品经济旧观念的一次重大冲击，取得了新的突破。

二、搞好国营大中型企业

今年深化改革的重点是深化企业改革，而深化企业改革的中心又是围绕着搞好国营大中型企业进行的。

第一，各地普遍提出了搞好国营大中型企业的具体规定。

全行业职工认真学习中央工作会议关于搞好国营大中型企业的精神，按照国务院《关于进一步增强国营大中型企业活力的通知》的要求，各省市区纺织厅局都结合本地的实际情况，提出了提取新产品开发基金、增提设备折旧，减免税费等项具体的优惠政策和规定。8月份纺织工业部也印发了《纺织工业部关于贯彻国务院“进一步增强国营大中型企业活力的通知”的意见》，提出了7个方面55条具体的落实意见。为国营纺织企业参与市场平等竞争，迈出了重要的一步。

第二，抓了一批国营纺织企业深化改革的试点。

据上海、北京、沈阳、重庆、武汉、大连、哈尔滨、青岛、南京、宁波、湖北、陕西、四川、山西、浙江、安徽、河南、江苏、山东等19个省市的不完全统计，确定为放开经营、利税分流、全员劳动合同制、股份制、打破“三铁”、完善承包、投入产出总承包、一厂两制、转换经营机制等项改革的试点单位就有191个，平均每个省市10个。如上海第二毛纺织厂放开经营的试点；上海纺机专件厂、上海第七印染厂、上海二十四漂染厂、上海化纤公司、上海申达集团、上海华丰毛纺厂等税利分流，税后还贷的试点；上海第二纺织机械厂、上海嘉丰纺织厂、上海联合毛纺厂股份制的试点；上海第一纺织机械厂、上海第十印染厂、上海第二十八棉纺织厂劳动、人事、分配制度改革的试点等，都率先打开了深化改革的局面。

第三，探索转换企业经营机制。

在深化纺织企业改革中，普遍感到一般的放权、利改税、承包、税利分流，解决不了国营企业受制于主管部门的体制问题，而转变企业经营机制，实现企业完全的自主经营，已成为广大纺织企业的普遍要求。

今年国营企业转换机制是在仿照“三资”企业、乡镇企业的模式中，在试点企业开始突破的。如上海第十印染厂，通过厂内办合资厂的“一厂两制”的办法，引进了三资企业的运行机制；上海第二十五棉纺织厂改造后的毛纺车间，采用“仿羊皮”的办法，仿照“三资企业”进行转换机制的试点，实行精简机构、放开经营、多劳多得、打破“三铁”，使该厂高档的针织绒纱占领了上海市场，产品供不应求。

国务院拟订的“国营工业企业转换机制条例”反映了广大国营职工的普遍要求，纺织企业欢迎这个《条例》的制订，并为《条例》的形成进行了改革探索。

三、进行中的其它几项改革

经济体制改革，是一个复杂的系统工程，具有很强的配套性，要求政府职能的转变和企业机制的转轨同时进行。

第一，部机关和省、市、区纺织厅局的职能转变。

部机关各司局和各省、市、区纺织厅局，在“解放思想、转变观念”的大讨论中，提出了从微观管理向宏观管理转变；从直接管理向间接管理转变；从管企业的“产、供、销，人、财、物”向为企业提供优质服务方面转变的“三转变”要求。部机关在仪征化纤工业联合公司6月份进入55个集团、首批在国家实行计划单列的新形势下，进一步向仪化公司下放了部分管理权限。并开始考虑对部直属的宏大纺织机械制造集团等21个直属企业下放部分人事、计划、分配权的问题。各省、市、区的纺织厅局也开始转变职能，对下属企业下放权力。各级机关已开始由对下属企业的直接管理向负责“规划、协调、服务、监督”的行业管理方面转变。

第二，争取企业自营出口权。

外贸体制改革的一个重要内容是在改革收购制、完善代理制的同时，发展企业的自营出口。经过清理整顿，在原批准的98家纺织自营出口企业中，经贸部确定保留55家。在朱镕基副总理和国务院生产办的支持下，又恢复了27家，9月份又批准了5家，至1991年年底纺织国营企业有自营出口权的企业已达87家，自营出口额约占全国纺织品当年出口创汇167亿美元的十分之一，成为重要的出口基地。如上海华申纺织印染集团公司1991年自营出口额2400万元，比1990年的400万元猛增5倍。由于出口的费用低，加上直接把产品推向非配额的国际市场，做到产销直接见面，因而具有很强的生命力。

第三，抓管理、上等级。

由于有物耗在纺织产品成本中占80%左右的特点，纺织工业部按照不同类型纺织企业的不同情况，实行分类管理，对棉纺、印染、毛纺、色织、复制、针织、麻纺等不同行业，分别制订了物耗管理的办法。

8月份部机关草拟了“纺织工业企业管理规范”，用以引导纺织企业逐步实现管理的规范化、标准化和制度化。

申请批准了31个纺织企业进入国家二级企业行列，4个纺织企业进入国家一级企业行列，进一步促进了这些企业管理素质的提高。

9月份在北京召开了中国纺织工业企业管理协会第四次年会暨成立十周年纪念大会，中国企协会长袁宝华到会作了重要讲话，吴文英部长作了“振奋精神，作好工作，为实现纺织工业企业管理现代化而奋斗”的报告，为纺织企业进一步解放思想、振奋精神、深化改革、搞好管理，开创纺织行业的新局面，起到了重要的推动作用。

四、中国纺织企业集团的发展

1991年年底，纺织行业的企业集团、集团公司、企业联合组织已发展到205个，占全国2000个企业集团的十分之一。初步测算，企业集团的年产值约占全行业的四分之一，出口创汇占三分之一。纺织行业的企业集团已发展成为具有较强经济实力的企业群体组织，在发展外向型和国际化经营方面迈出了较大步伐，发挥了重大作用。

一年来纺织企业集团发展和完善的实践证明，紧密型的企业集团更有利于生产要素的优化组合和形成新的生产能力；更有利于调整纺织行业的产品结构，实现企业组织结构的合理化；也有利于发挥企业群体的优势，提高集团在国内外市场的竞争实力。

纺织企业集团在改革中发展，在发展中完善，目前已出现20几家结构、功能日趋完善，运行机制逐步形成，群体效益逐步提高的典型企业集团。如中国仪征化纤工业（集团）公司，按照“完善结构、发育成型”的要求，通过“兼并、租赁、收买、承包”4种形式，形成了以扬州合成化工总厂，无锡第三合成纤维厂、深圳无纺布厂、常州第四棉纺织厂等4厂的紧密层，在2月份的“全国集团工作座谈会”上介绍了经验，并被列为首批国家计划单列集团的试点。再如西北五棉实业有限公司（集团）的紧密层企业有资产1.8亿元，实现利税6179万元，并采用境外办厂等形式扩大棉纺、针织、麻纺、制线、服装的出口，全年出口创汇达2282万元。

1991年5月21日在宜昌召开的《全国纺织工业企业集团工作会议》上正式成立了“中国纺织企业（集团）公司联合会”。并聘请国务院生产办张彦宁副主任为名誉顾问，纺织工业部杜钰洲副部长为名誉会长。

中国纺织企业（集团）公司联合会是国务院各部门中第一个成立的企业（集团）联合组织。它吸收了纺织系统的67家企业集团、集团公司参加了联合会，占全系统集团总数的81%。它的宗旨是推动纺织企业经济体制改革和以企业联合为主体的横向经济联合；促进企业（集团）公司的完善和发展；搞好会员单位之间的信息流通和交流；努力加强为集团企业和政府的双向服务；起到企业集团之间的桥梁和纽带作用，为振兴我国的纺织工业作出贡献。

纺织工业出版社
1992年出版的部分新版图书

化纤异质丝的生产和应用
毛衣世界丛书——爱心编织
毛衣世界丛书——长袖装
牛仔布生产技术
傅斐卿最新设计上海棒针编结花样600例
室内装饰织物
中国丝绸史（通论）
新中国丝绸大事记（1949～1988）
当代消费者心理剖析
化学纤维产品目录（1991年）
地毯
古今中外服装珍闻趣话
纺织品过滤材料
金属热喷涂技术及其应用
毛衣世界丛书——女装
实用时装大全——中年装
实用时装大全——日常装
实用时装大全——新编衬衫
实用时装大全——新编夏装
职业女性时装
毛衣世界丛书——短袖装
新型粗纱机理论与实践
袜品花色效应设计与生产
长筒袜编织与后加工
羊毛衫加工原理与实践（下册）
花布时装（二）
服装结构设计原理及技巧
新趋势女装
新感觉女装
实用时装大全——倩女装
高技术纤维
明星服饰——生活中的刘德华、黎明
服装设计基础
织布（第二版）
染整工程（四）
丝织准备机械保全
机械基础教程
纺织检测技术与仪表
服装美术
制丝化学（第二版）
“万紫千红”优秀童装画册
纺织品功能整理（上）
毛纺引进设备
织疵预防与处理
春夏裙装
实用时装大全——新编春秋装
扎染技法
并条（第二版）
络筒（第二版）
中小学生保健
外贸英语应用文写作手册
超新女装
第二届陈维稷优秀论文奖论文汇编
现代名牌服饰丛书——蒙妮莎时装
英汉纺织工业词汇（正续编合订本）
现代名牌服饰丛书
纺织品大全（合订本）
棉纺织厂技术改造

第二篇　纺织工业分行业概况

Chapter 2　The Survey of Major Textile Sectors

棉纺织工业概况

胡伯陶

棉纺织工业是我国纺织工业规模最大、基础较好、历史悠久的主要行业，1991年工业总产值801.8亿元(按1990年不变价)，占全国纺织工业总产值的46%以上(不包括印染业)。在纺织品出口中占有相当比重。棉纺织行业的纤维加工量占纺织工业纤维加工总量的80%左右，其纱、布产品直接影响着棉印染、色织、复制、针织及其最终纺织品的发展。如果从旧中国1890年兴建第一家棉纺织厂算起，棉纺织工业到1991年已经经历了101年。目前棉纺织行业职工人数约208万人。

1991年是国内棉纺织行业面临严重困难的一年。国际纺织品市场竞争激烈，国内市场不景气，价格上涨，资金短缺。江苏、安徽等省遭受百年不遇的特大水灾，使纺织生产受到一定程度的影响。在这种情况下，棉纺织行业广大职工万众一心、抗洪抢险、恢复生产，深入开展"质量、品种、效益年"活动，解放思想、转变观念，为使纺织产品质量有较大提高，维护我国两纱、两布在国际市场上的信誉，增强我国纱、布出口竞争能力，不断扩大和拓宽国际市场，多出口、多创汇作出了应有的贡献。

1. 市场形势 1991年国际纺织品贸易市场的竞争十分激烈。发达国家产业结构、产品结构向技术密集型和高档次方向调整，纱及棉织物输出逐步转移到亚洲地区。国际纺织品市场，供给进一步大于需求，对纺织品由数量需求转到质量、档次的需求上，其结构向高层次发展。发达国家在纺织品数量相对饱和状态下，人们的消费追求趋向于个性化、时尚化、高档化。现在面临一个用新技术改造传统纺织工业的转折点，随着高科技在新型纺织机械上的应用，给传统的棉纺织行业带来了巨大的冲击。工业化国家凭着高科技和雄厚的资金实力，在加速实现纺织工业由劳动密集型向资金和技术密集型产品的转移。同时，贸易保护主义又重新抬头，亚洲"四小龙"及东南亚新兴纺织品出口国迅速崛起，我们的棉纱、坯布在香港和其它世界市场上日益受到来自巴基斯坦和其它国家的挑战。我们原来依靠原料资源和廉价劳动力两大优势正在削弱，从而使我国棉纺织品出口面临着严峻的形势。

内销棉纺织产品自1988年以来，同其他纺织品一样开始由旺转淡，到1991年底，这种状况仍未好转。大多数企业产品积压、处境困难。1991年商品销售和1990年同比，布销售量下降16.66%，其中棉布下降18.33%；涤棉混纺布下降14.55%。市场供过于求，销售不畅，造成工商库存膨胀。

在总销量中，工业自销比重继续上升，超过总销量的半数。1991年工业自销比重与上年相比，布总计上升10.31个百分点，其中棉布上升9.34个百分点；涤棉混纺布上升9.46个百分点。商业销售的销量及所占比重均下降。

今年棉纺织行业比较重视研究市场、开拓市场。山东省纱布市场、佛山南方纱布市场、华东纺织纱布原料市场等一批纱布市场陆续建成开业，已开始在地区之间、企业之间互通有无，调剂余缺，提供信息，加强协作等方面显示其作用。市场的吸引力越来越大，工业营销队伍建设有了比较显著的进步。

1991年总量问题仍未解决，产销矛盾突出。加之受商业、外贸处理200亿元商品和四季度工业压库的影响，致使纺织品价格下跌。

2. 纱、布质量 国务院确定1991年为"质量、品种、效益年"。棉纺织行业广大职工积极响应国务院的号召，按照纺织工业部提出的"抓四率、攻五关、增六效、开发七个系列产品"的统一部署，以出口产品质量为重点，从强化质量和品种意识入手，开展了对纱疵、横档质量关键的攻关，带动了全行业，使产品质量面貌发生了较大变化。

棉纺织业采取在国产1332M型络筒机上加装空气捻接器，在1511、1515型织机上加装定位刹车等短、平、快技改措施，以硬件先行，加强软件管理，对生产无结头纱，减少纱疵、横档取得了投资少、上马快、质量好的效果。1991年FG304型空气捻接器销售1140多头，销售使用覆盖面达15个省、3个市的123家企业，定位刹车使用2.65万台。

据25个省市纺织主管部门统计，攻关后常发性纱疵进入二档以上水平有17个省市，其中一档水平占到30%～80%的有13个省市。精梳涤棉常发性纱疵比1990年降低25%左右，10万米纱疵普遍降低10%～60%。单匹横档符合率全国综合水平，攻关前为35%，处在档外，攻关后提高到62.1%，达到二档水平。全省综合水平，攻关前二档水平有6个省市，三档水平有4个省市，一档水平没有，攻关后各省水平都有提高，5个省达到一档水平，11个省市达到二档水平，4个省市达到三档水平。通过攻关，44%的省市进入二档水平，比1990年提高20%。

1991年4季度，纺织工业部委托国家棉纺织产品质检中心对9个省市32家棉纺织企业的纱疵攻关情况进行了抽查，在抽检的25批涤棉纱中，达到1989年乌斯特公报50%以上水平的占32%，达到75%水平的占64%。对山东、上海、河北、天津等地区进行横档符合率抽查，10批本色坯布中，横档符合率进一档水平5批，进二档水平3批，三档1批，进档合计占抽样的90%。这说明通过攻关，纱疵、横档符合率水平都有明显改善。

1991年各省、市级纺织产品质检中心对纱线、坯布进行质量监督抽查。纱线共抽检1605批产品，坯布共抽检840批产品，抽查合格率总的情况与1990年相比大体持平。纱线的主要问题是重量不匀率和棉结杂质，坯布主要问题是因外观漏验率降等。

3. 限产压库 1991年9月，国务院生产办、国家计委和纺织工业部联合召开全国纺织工业限产压库电话会议。棉纺织行业按国家计划严格控制棉纱生产，压缩产成品库存。1991年工商合计库存比1990年同比下降10.09%，其中棉布下降10.31%；涤纶混纺布下降8.49%。1991年全国棉纱共生产2565.69万件，比限产前预计的全年产量少生产110余万件。各地对棉纱限产、控制总量工作十分重视，采取了增加停台数、减少生产班次、调低车速等项措施，取得较为显著的成效。

1991年各地纺织工业从调整产品结构着眼，限制一批积压滞销没有市场的产品生产，扩大一批"优、精、深"产品的生产。经过限产压库，1991年产销形势有所好转，为纺织工业良性发展创造了有利条件。

4. 出口创汇 许多企业在市场竞争中逐步学会了驾驭市场的本领。一些取得自营出口权的企业和企业集团积极研究营销战略，调整营销政策，竞争能力有了进一步增强。一些纱、布出口骨干企业以产品质量为突破口，高起点、高标准，积极参与国际市场竞争，向"品种档次高，产品质量优、出口创汇多、经济效益好"的外向型企业发展，对出口品种制订了高于国家标准的企业内控标准，严格组织生产，使生产效益和经济效益稳步提高。

1991年虽然国内外市场不景气，香港市场上巴基斯坦棉纱大增，巴基斯坦纱质量较优，卖价竞争性强，直接对我出口棉纱造成威胁，加之水货冲击市场，外贸价格不到位，使企业出口受到很大影响。但据海关统计，棉纱、绵布、涤棉布、人棉布出口仍保持稳步增长趋势，其中人棉布增幅较大，出口量比1990年增长39.82%，出口额增长34.70%。棉纱、棉布、涤棉布的出口升势平稳，棉纱的出口量比1990年增长18.29%，出口额增长17.63%；棉布出口量和出口额分别增长1.14%和3.37%；涤棉布出口量和出口额分别增长12.05%、15.46%；涤棉纱出口量下降35.16%，出口额增长16.38%；合纤纱线出口量下降43.47%，出口额增长22.83%。

人棉纱的出口一直处于低谷，出口量和出口额持续下降。

5. 技术经济指标 产量指标中，纱、布单产水平与1990年同期相比略有下降，每千锭时平均产纱量（折合数）年累计为38.02公斤，比1990年降低0.93公斤；棉布每台时折合单产4.60米，同比略降0.05米。

质量指标中除细纱千锭时断头同比略增1根外，其它指标均好于1990年。年累计布下机一等品率为47.75%，同比提高3.21个百分点，有15个省市达到或高于全国平均水平，有10个省市在50%以上，其中广东为75.46%、北京70.97%、云南66.16%。布漏验率（混合数）为2.04%，好于1990年0.33个百分点。

纱、布原材料消耗同比均上升。年累计每吨纱统扯净用棉量（包括化纤）为1071公斤，同比多用棉2公斤；每百米布用纱量16.74公斤，同比每百米多用纱0.65公斤。

每吨纱折标准品基本生产用电量，年累计为1144度，同比吨纱用电少13度；每百米布折标准品基本生产用电量为13.37度，与去年同期的13.36度基本持平。

1991年下半年，由于限产压库、电力供应不足等原因，全年棉纺设备运转率为90.29%，同比下降1.16个百分点；设备利用率为89.53%，同比下降1.1个百分点；棉织设备运转率为91.44%，同比下降0.87个百分点；设备利用率为89.33%，同比下降3.03个百分点。

1991年平均纱支为20.85号，与1990年同期的20.19号基本持平。

6. 存在问题

①我国目前棉纺织业基本上仍然是"千人纱、万人布"的状况，多工序、多机台、多环节、多班轮换、多人操作，任何一个环节的疏漏都可以给最终产品留下"伤疤"。由于技术装备严重老化，限制了产品质量档次。不少优质原料只能加工成普通产品，而发达国家则用先进技术追求产品的高附加值。所以要进一步加快企业的技术改造和技术进步。

②国际上要求无结头纱，工业化国家自动络筒机使用率达30%，而我国只及7.5%；浆料不能做到规范化、系列化，没有专门从事纺织工业用浆料的科研机构和综合性专业化浆料厂。在浆料配方上，由于资

源限制，较普遍现象是有啥用啥，科学性不够，致使浆料配方较多，浆料组织结构多样化，用浆较为混乱，不利质量。

③设备折旧期长，不利更新改造。国外棉纺织设备折旧期一般都是10年。世界先进工业国家大多采用高折旧政策，而我国按国家规定棉纺织设备折旧年限16年，据1988年统计，80万台棉型织机中有25万台超过16年。

④队伍不稳，招不进、留不住现象仍很严重。有的企业农民合同工占到70%～80%，流动性很大，造成职工素质下降。我国纺织技术人员的人数占职工总数的2%，专业科技人员不到1万人，远远低于发达国家纺织工业部门和国内其他工业部门的水平。

⑤生产辅助设施差，劳动生产率低。全国棉纺织业有危房300万平方米，今后每年还有165万平方米厂房进入超龄、危房行列。棉纺厂的空气含尘量一般达到15毫克/立方米左右（国家标准为10毫克/立方米），车间噪音一般均在104分贝左右（国家规定新厂为85分贝，老厂为90分贝）。吨纱可比用工一般在30工左右，大大高于国际平均用工水平。

毛纺织工业概况

李椿和

1991年，我国毛纺织工业广大职工克服1989年下半年开始的市场疲软、生产下降、效益滑坡等困难，努力开展“质量、品种、效益年”活动，苦练内功，加强售后服务，增强了商品的竞争能力，使毛纺织工业生产得到平稳发展。

1. 产量 1991年末，毛纺织工业完成和超额完成了呢绒、绒线的压库指标，出现了减亏的好势头。企业淡化了产值、速度的考核观念，强化了以市场为导向、以效益为中心的观念。1991年毛纺织工业（含毛纺织、毛针织，下同）实现产值180.21亿元，比1990年增长约6%，占纺织工业总产值的10.67%，净产值占毛纺工业产值的28.1%，居纺织业前列。1991年全行业拥有毛纺锭303.02万枚，其中精梳毛纺锭114.58万枚、粗梳毛纺锭70.98万枚、绒线锭111.07万枚（包括针织绒精梳毛纺锭82.75万枚），另有气流纺和自捻纺锭子；毛织机3.51万台，其中精梳毛织机1.52万台、粗梳毛织机1.34万台，另有长毛绒织机、提花织机等；系统内毛针织横机6.74万台；毛针织圆机0.25万台。1991年生产呢绒31143万米（纯毛5502.56万米、毛混纺24450.78万米、纯化纤17590.19万米），其中精纺呢绒14536万米（纯毛3854万米）、粗纺呢绒15614万米（纯毛1368万米），另有长毛绒和半精纺呢绒等；绒线28.25万吨（纯毛4.77万吨、毛混纺5.50万吨、纯化纤17.98万吨），其中粗绒线10.45万吨、细绒线2.46万吨、针织绒线15.34万吨(腈纶针织绒9.95万吨)；毛毯2400.33万条（纯毛234.33万条、腈纶1688.69万条、人造毛271.52万条），其中提花毛毯1321.47万条（纯毛211.50万条）、簇绒毛毯167.43万条、经编毛毯406.01万条。此外，还有羊毛衫类毛针织品，人造毛皮，装饰用品，产业用毛纺产品等。

2. 结构 毛纺织品、毛针织品是比较高档的衣着和装饰用消费品，目前我国毛纺产品的出品量在国际市场总贸易量中所占比例还很小。调整产品结构和提高质量必须立足于市场的需求，争取少用羊毛、多用化纤、开拓新的原料，使产品原料向多样化发展。产品结构向两头发展：一头向高档品发展，要利用好我国盛产的特殊动物纤维；另一头扩大毛混纺产品及纯化纤绒线和毛毯，做到纯毛、毛混纺和纯化纤产品并举。1991年生产毛混纺呢绒占总产量78.38%，纯化纤绒线占总产量63.68%，扩大了化纤原料的比重。重视发展高支纱轻薄型毛纺产品，除传统的凉爽呢、凡立丁等夏令呢绒外，有高支纱双经单纬、单经单纬、施罗纺纱和施罗纺双组分纱等织成的精纺面料，这些产品手感柔软、滑爽、富有弹性；有在质地、毛纹上进行精加工使织物具有新潮感的印花呢绒、提花呢绒；有高支纱、细针距轻薄型羊毛衫等毛针织品；有防蛀、防缩、经阻燃处理的毛纺产品。不少企业建立质量保证体系，制订和完善质量责任制和奖惩制度，推行“质量否决权”、“质量工资”等行之有效的办法，大大促进了产品质量提高。

3. 技改 在严格控制毛纺产品生产能力的前提下，紧紧围绕市场对产品和质量要求，努力改善加工工艺装备水平，注意工艺部件与关键机台的改造，重视引进设备并发挥配套作用的综合效能。重点放在特殊动物纤维深加工，开发轻薄型毛纺织品和毛针织品，发展低毛混纺产品，改进毛纱线条干均匀度和降低纺、织、染疵点，提高实物外观质量并增强毛型感等方面。主要是：适应纺高支纱和改善毛纱条干改造纺纱工序设备，改革并捻筒传统工艺为筒并倍捻新工艺或筒并捻筒改造型工艺，以期生产无接头纱或减少纱线接头和去除纱疵；改造整经机使经纱张力均匀和液体上蜡（上油）工艺；改造有梭织机和选用无梭织机并举；改造毛针织横机和大圆机以扩大其功能；改造染色工艺扩大筒子染色和采用染化料配料自控系统；加强起毛、剪毛设备现代化和提高工艺技术水平；推广整纬装置和卷呢包装设备等。据统计，1991年毛纺织行业技改项目投资6.12亿元，为纺织业年度技改总投资的9.9%。

4. 市场 1991年，毛纺织工业在认真贯彻治理整顿、深化改革的方针指引下，努力开拓市场。内销市场销售呢绒比1990年增长21.23%，其中工业自销同比增长52.59%；销售绒线比1990年增长15.06%，其中工业自销同比增长17.37%。企业走向市场促进了销售。上海第二、第三毛纺织厂、北京毛纺织厂和清河毛纺织厂等企业，努力提高产品质量和档次，增加花色品种，更好地适应国际市场需求和变化，提高了出口创汇。

丝绸工业概况

孙和清

1991年，我国丝绸工业认真贯彻治理整顿、深化改革的方针，深入开展“质量、品种、效益年”的活动，狠抓企业管理，努力提高产品质量，调整产品结构，开拓国内外市场，千方百计克服原料、资金、市场等诸多困难，克服部分主产区洪涝灾害带来的严重影响，保持了丝绸工业的持续发展。

1. 概况 1991年丝绸生产持续保持较高速度的增长，丝和丝织品的产量都创历史最好成绩。全国丝产量已达6.07万吨，比1990年增长7.24%，其中桑蚕丝产量为4.85万吨，同比增长12.83%；丝织品产量达24.06亿米，比1990年增长40.54%，其中真丝织品产量5.4亿米，同比增长9.66%，人造丝织品产量3.96亿米，同比增长25.73%，合纤丝织品增加最多，产量已达14.7亿米，同比增长62.51%。真丝针织品生产1254吨，同比增长17.86%。丝绸服装的生产亦有较大增加。

1991年丝绸出口也持续增长，出口创汇21亿元，比1990年增长7.9%。厂丝出口9300吨，同比增长6.3%；桑蚕丝绸出口1.1亿米，同比增长0.6%；桑蚕绢丝国际市场看好，出口量达2000多吨，同比增长142%；丝绸服装出口也保持良好的势头，全年出口1亿件以上，同比增长43%。

1991年，我国纺织品市场仍然疲软，但丝绸销售情况较好，很多丝绸企业自销活跃，内销仍有较大增加。全年国内销售17.4亿米，比1990年增长41%，其中通过商业批发渠道的3.2亿米，只占总销量的18%，工业自销14.2亿米，占总销量的82%。

2. 产品质量 1991年，在“质量、品种、效益年”活动中，各地丝绸工业部门和企业，成立了质量攻关领导小组，制订了攻关计划，坚持质量第一，完善质量责任制和质量监督体系，克服了原料质量不稳定的影响，使丝绸产品的质量稳定提高。全年桑蚕丝正品率为99.19%，比1990年提高0.32个百分点；桑蚕丝平均等级为$2A^{84}$，与1990年持平；丝织品入库一等品率为85.14%，比1990年提高1.12个百分点。

各地在抓质量的过程中，采取了各种有效的措施。江苏、浙江、上海等省市从抓现场管理着手，对所属企业逐个进行检查验收，从而加强了各厂的企业管理；四川、浙江等省，广泛开展各种形式的操作练兵和技术竞赛活动，提高了职工的技术水平；重庆丝纺厂等企业，通过技术合作，引进了先进的技术设备，优化了生产工艺；苏州光明丝织厂等企业，推行了“一等品工资制”、“质量双向否决制”等制度，把质量和工资挂起钩来。通过各种措施的贯彻，促进了丝绸产品质量的不断提高。

一年来，不少企业由于质量好，在国内外赢得较好的声誉。上海第七丝绸印花厂的金三杯真丝印花绸和杭州东风丝绸印染厂的金翅雀真丝绸服装，获得国际精品组织颁发的质量金星奖；在国内质量奖的评比中，有7个产品荣获国家质量金质奖，6个产品获银质奖，有127个产品获部优质产品的称号。有一家企业获国家级优秀QC小组奖，9家企业获部级优秀QC小组奖。

3. 产品开发 1991年，我国丝绸工业根据国际、国内两个市场的需求和原料供应的情况，大力调整产品结构，积极开发新产品，加快产品的升级换代。突出表现在：一是各地丝绸企业认识到开发品种工作的重要性，重视国内外丝绸市场的客观需要，根据地区、企业自身的特点，在保持原有拳头产品的基础上，积极调整产品结构，压缩滞销产品，开发出一批质量高、销路好的产品，如砂洗印染绸、仿真丝绸、真丝针织绸等，扩大了市场占有率。二是丝绸的产品开发工作已从少数企业的行动逐步发展为全行业的积极行动；从低档、单一逐步向深加工、系列化方向发展；从以面料为主逐步向面料、服装、针织品、复制品综合发展；从趋同、模仿为主的阶段逐步向创新、地区特色、拳头产品为主的阶段转化。三是丝绸产品中高、精、尖等技术含量高的深加工产品的比例已在逐步扩大。在原料采用方面，出现了真丝包芯丝产品、丝麻交织产品、真丝与羊绒交织产品等；在印染整理技术方面，出现了朦胧染、冰纹染、深浅印以及香云纱砂洗等新产品。由于采用了新工艺、新技术，使这些产品的品质、性能、风格发生了变化，身价倍增。四是随着我国丝绸服装的迅速发展，丝绸产品的结构根据服装的需求，及时进行了调整，今年丝绸花色花样多而新，变化快，质量好，批量小，交货及时，各丝绸印染企业产品供不应求，受到消费者和客户的欢迎。

4. **技术进步**　1991 年丝绸工业的科学研究工作，重点抓了国家“七五”科技攻关项目的收尾和“八五”项目的安排落实。对“七五”项目中的 6 个课题 27 个专题共 60 个合同，逐项进行了鉴定验收，其中 80％的专题完成了合同规定的任务，共形成中试基地或生产线 46 个（条），部分成果已达到国际 80 年代先进水平，取得了明显的经济效益和社会效益。一批科技成果受到国家和纺织工业部的表扬。其中“真丝绸星形架精练工艺及设备”和“高档丝绒产品及染整技术”受到国家的表彰，另外还有 9 个专题受到纺织工业部的表彰。在国家科技进步奖评选中，“丝绸新型印花糊料”和“阔幅高档真丝印花绸”分别获得国家科技进步二等奖和三等奖，还有 7 个项目获纺织工业部的科技成果奖。对“八五”科技攻关项目的预选、可行性研究的论证和项目的审定，共有“新型蚕丝加工技术及产品研究”等 7 个课题 39 个专题列入“八五”攻关计划，年内已有 37 个专题签订了合同并开始启动，这为丝绸工业“八五”科技攻关项目的顺利展开打下良好的基础。

丝绸工业的技术改造工作主要是做好“七五”技术改造结转项目和“八五”技术改造规划的落实。目的是要把我国丝绸工业从粗放经营型转向集约经营型，从速度效益型转向质量效益型，把丝绸工业的技术装备水平、产品水平和劳动生产率提高到一个新的高度，使丝绸工业整体水平上一个台阶。根据这个要求，丝绸工业在“深、精、高最终纺织品出口专项”、“发展新型纺织原料及其产品专项”和“新型纺织机械国产化专项”等三个技改专项中共安排 151 个项目，1991 年已审批 81 个项目，包括推广自动缫丝机 2.56 万绪，剑杆丝织机 350 台，喷气、喷水织机 1100 多台，改进印染设备 45 台（套）。这些项目完成后，将为丝绸工业进一步调整产品结构，提高产品质量，扩大出口创汇起到积极的作用。

5. **经济效益**　近几年来，我国丝绸工业企业中出现了不少技术进步扎实，产品结构调整较快，产品质量优良，始终保持产销两旺，经济效益好的企业，但也有不少企业受到外部环境和内部因素的影响，特别是原料价格上涨、资金匮乏、利息负担过重、市场疲软的影响，导致经济效益下降，亏损面和亏损金额增大。据 802 个国营丝绸企业的统计，1991 年产品销售 200 亿元，与 1990 年相比增加 71％，但亏损企业的面却达到 27％，同比增加 6 个百分点，亏损金额 3 亿元，同比增加 1.2 亿元。由于亏损增加，全年工业利润只有 4.6 亿元，同比下降 40％。在 19 个丝绸重点市中，全行业亏损的市有 3 个。

丝绸企业经济效益下降的另一个表现是工业库存增大，产成品资金增加。据统计，1991 年丝绸的年初库存为 1.69 亿米，年末增加到 2.04 亿米，增加了 20.7％，期末产成品资金已达 28 亿元，同比增加 7％，定额流动资金周转天数也从 124 天延缓到 131 天。

回顾 1991 年，丝绸工业是喜忧参半。生产、内销和出口都有一定增长，质量基本稳定，品种开发得到重视，企业管理得到加强，技术进步有了新的进展，但产品销售没有与生产同步增长，一些地区和企业产成品库存增大，亏损企业和亏损额上升，工业利润下降，经济效益不好，这就要求在新的一年里，要进一步适应商品经济的发展，拓展市场，加快技术进步的步伐，搞好产品结构的调整，大力提高经济效益，使我国丝绸工业持续、健康地发展。

印染工业概况

卢润秋

1. 概况　1991年全国印染企业280个，工业总产值236.8亿元，比1990年206.6亿元增加30.2亿元。印染生产能力147.7亿米（其中系统内116.5亿米），比1990年132.3亿米增加15.4亿米。印染布产量99.5亿米，比1990年91.6亿米增加7.9亿米，其中漂白布23.8亿米，占23.9%；染色布52.1亿米，占52.4%；印花布23.6亿米，占23.7%。1991年出口交货量（纯棉和涤棉印染布）24.2亿米。在280个企业中，亏损企业132个，占47.14%，盈亏相抵后利润为－3.5亿元，出现全行业亏损。据21个省市统计，1990年有8个省、市全行业亏损，1991年增加到14个省、市。全国印染布库存量居高不下，出口率徘徊不上，转内产品压价销售，原料、能源价格上涨，内、外销产品售价下降，管理费用成倍增长，使产品成本不断提高，效益明显下降；三角债未能根本解决，商贸拖欠款严重，造成流动资金周转失灵，给企业带来极大困难，形势十分严峻。同时，地区之间、企业之间的情况也不平衡。在全国印染行业经济效益滑坡的情况下，也有部分地区和企业尚保持较好的效益，如上海市是个老印染基地，1991年26个印染企业只有3个亏损，未出现全行业亏损，并取得较好的经济效益。又如潍坊第二印染厂、石家庄第二印染厂、无锡漂染厂、佛山南方印染厂、金华印染厂等都有较好效益。他们根据各自的实际情况，积极转换企业经营机制，建立较为合理的分配办法，强化销售工作，根据市场的需要，不断开发适销对路的新产品，努力提高产品质量和各项服务质量，减少转内产品，增加出口创汇，因此任务比较饱满，处于良性循环的状态。

2. 技术经济指标　1991年棉印染布入库一等品率为87.11%，比1990年平均水平提高0.28个百分点；精梳涤棉印染布入库一等品率为86.58%，提高1.96个百分点；纯棉漂白布出口合格率为87.68%，提高2.04个百分点；纯棉染色布出口合格率为80.35%，提高2.57个百分点；纯棉印花布出口合格率为80.30%，提高0.87个百分点；棉混纺及纯化纤漂白布出口合格率为85.25%，提高3.38个百分点；棉混纺及纯化纤染色布出口合格率为79.30%，提高2.43个百分点；棉混纺及纯化纤印花布出口合格率为80.43%，提高3.35个百分点；印染布漏验率为2.57%，下降了0.38个百分点。

1991年每百米印染布用煤量为45.29公斤，比1990年的44.17公斤增加了1.12公斤；每百米印染布用烧碱量为2.10公斤，比1990年的1.99公斤增加了0.11公斤，以上两项耗用指标均呈上升趋势。

1991年按照国务院关于开展“质量、品种、效益年”活动的要求，根据我部对质量工作的部署，在印染行业积极开展了减少色差、纬斜的质量攻关活动，重点放在提高出口服装面料的外观质量。随着印染布消费的情况变化，由过去供应匹头、消费者买布制衣到现在的服装厂成批加工，因而对印染产品的质量提出了更高的要求。这次攻关活动，从部直至各厅局、企业都成立了相应领导班子和专业攻关小组，认真开展攻关活动。1991年7月，在山东省潍坊第二印染厂召开了全国印染产品质量攻关经验交流会，总结归纳了减少纬斜、色差的主要措施及要求共26条，以会议纪要形式下发各地，并结合本地区及企业的具体情况，加以推广。经过这一年的努力，此项活动取得了较好的效果。按19个省、市统计，有17个较好地完成了攻关目标，4季度对12个省、市的30个印染企业、58个主导产品进行了突击性质量抽查，纬斜符合率为98%；左、中、右色差符合率平均为99.8%。虽然如此，但对纬斜、色差仍然不允忽视，同时，对三渍、绉条、缩水等疵病各印染企业也需高度重视。

3. 出口　1991年全国服装出口值为89.98亿美元，同1990年比增长31.4%，创历史最好水平。在出口服装中，织物制服装出口额为76.82亿美元，同比增长34.64%，占服装出口额的85.37%，其中梭织服装为54.15亿美元，同比增长37%。

1991年纯棉及涤棉印染布出口交货量为24.21亿米。

从上述数字看，我国的服装出口增长较快，占了相当大的创汇值，是印染产品增加间接出口的一个重要渠道，应高度重视和关注。但还必须看到，我国直接出口印染布的吨纤维创汇值还不高，说明我们的印染出口产品档次较低，有的印染产品卖价仅接近坯布。但同时也说明扩大印染布出口以及在争取服装面料市场方面还有较大潜力。

4. 技术进步 1991年获纺织工业部部级科学技术进步奖9项，其中有一定影响的项目有：LMH085低张力强状练漂联合机，低甲醛DP功能整理，常温常压大容量卷染机的研制及工艺试验和MA209-200型大卷装卷染机。

1991年获国家级科学技术进步奖3项：高速高效R汽蒸箱平幅练漂机的研制及生产试验，新型印花糊料和阔幅高档真丝绸印染技术。

1991年国家通过纺织工业部下达技改投入中印染行业共43项，总投资6.40亿元，外汇7170万美元(不包括地方自行安排的项目)。

近年来从国际发展趋势看，印染设备除了不断提高适应性、功能性，努力开发小批量、多品种的设备，保证工艺的重演性，提高劳动生产率，节能降耗，注意安全及环保之外，明显的特征是向机电一体化、高度自动化方向发展，已由计算机监测的初级层次逐步发展到具有决策功能的双向通讯、“人机对话”、“专家系统”等高层次水平。在德国汉诺威举办的1991年国际纺机展上，德国蒙福茨推出的MATEX-COLOR轧染机配有在线测色系统，并能自动调节控制左、中、右逆差，电子分色、激光制网、自动色浆配制等设备均有新的发展。展览上还展出了德国蒂斯公司的筒子染色过程无人计算机自控车间模型，机械手也得到普遍应用。这些都说明了印染行业在国际上也明显地向技术密集型方向发展。

5. 染化料 近10年来，我国染化料生产发展很快，染料产量由1980年的6.5万吨增加到1990年的13.6万吨，翻了一番，平均年递增7.1%，现在已超过美国，居世界第2位；助剂产量也由同期的10万吨发展到23万吨，增长1.3倍。1981年我国染料进口6000多吨，用汇1亿多美元，进口量占当年消耗量的13%，以后逐年下降。现在仅占5%左右。染料品种数也由70年代的300多个增加到目前的18大类800多个；助剂由138个增加到500多个。染料企业目前已达上千家，其中相当数量是乡镇企业，生产能力已远远超过国内总需求。从染料产品结构看，硫化约占50%，酸性、分散、阳离子三大合成染料占总产量不足25%，进口品种大多是分散和酸性染料。染化料、助剂生产过程中存在生产能力盲目发展、低水平延伸，国产染化料品种少、质量性能差、质量不稳定，新品种开发能力弱，生产装备落后、技术水平低、检测手段不足，产销之间缺乏衔接协调，流通秩序混乱等问题。因此，对于满足不了出口印染产品特殊要求的染化料，仍需适当进口。除此之外，企业对进厂的染料都应严格把关，不能只求价廉而放松对质量的要求，要加强染化料市场的管理，防止水货进口。各地还应加强与化工部门的衔接协调，信息交流。

6. 问题 当前，全国印染行业经济效益滑坡的问题主要反映在下面几个方面：

①生产能力过大，三分之一的设备未得到发挥。1991年全国印染行业的生产能力为147亿米(其中系统内为116亿米)，实际产量为99.47亿米，是生产能力的67.66%，而全国主要印染地区之一的上海市只占57.97%。内销市场十分疲软、外销市场也不景气，外贸货单少，有的易做而赚钱的货单给了外贸的自营厂，也是造成任务减少的因素。特别是一些大中型印染企业，其装备适宜获取规模效益，一般任务要达到70%以上才能开始有利，而目前仅达40%～50%左右。

②出口转内损失严重，而出口率的高低直接影响转内数量。目前全国各地外转内价格只有出口价的60%左右，以平均收购价3.64元/米计算，则转内产品每米降低1.46元。上海全行业1991年出口率为80%，如提高一个百分点，就可减少转内产品约640万米，增加效益930万元。但要在短时间内较大幅度地提高出口合格率也有相当难度。同时，庞大的库存中还存在着更大的隐亏。

③三角债没有根本解决、内外贸拖欠款严重、库存量大等原因，使企业普遍存在流动资金不足，实际是商贸占用了工业资金还要工业背利息。有时有了任务没有钱，向银行贷款也要背利息，企业压力很大。

④由于内销市场疲软、外销任务不足，配额又不在工业手上，使售价不断下降。同时企业之间在价格上也激烈竞争，为了维持生产，只好就低销售。上述种种原因，使价格远远不到位，影响了企业效益。

⑤由于消费观念的变化，传统的买布制衣已变成由服装厂成批加工，而所用面料很大一部分是进口的。近年来服装款式不断翻新，如何使出口服装面料国产化，是对纺织加工业提出的新挑战。但是，当前我国的外贸体制使大多企业不能直接与客户见面，无法使企业真正置身于国际市场，了解信息，因而也难于做到使产品适销对路。

印染工业目前虽然困难重重，但只要下功夫，还是可以摆脱困境的。例如加强宏观调控，严格控制总量；开发新产品，提高新产品利润在企业总利润中的比重；抓好国内外两个市场，扩大销售渠道，发展多种经营；加速技术进步，引进科技人材，积极采用高新技术等。

化纤工业概况

王佐才

1. 概况 我国化学纤维工业历经30多年的发展，在党中央、国务院的领导和各省、市、自治区的重视下，在广大化纤战线职工努力下，化纤工业取得了较大的成就。1981年全国化纤产量为52.7万吨，至1991年已达191.03万吨，10年间产量增加了138.33万吨。在产品质量上由于起点较高，大类的品种质量已接近或达到世界水平，成为世界主要化学纤维生产国之一。化纤工业的发展为我国纺织工业及其他行业做出了积极的贡献。

随着我国人口的继续增长和粮棉争地的限制，发展化学纤维仍是我国的基本国策。如何进一步发展我国的化学纤维，这是当前大家很关注的一个问题。尤其是当产量达到一定的数量时，就更应该考虑品种、质量、效益，以适应发展中的市场需求。尽管我国化纤工业的发展走过崎岖不平的道路，但发展还是比较迅速的。随着生产的不断增长，产品的需求矛盾也接踵而来。1991年下半年，化纤生产也面临严峻的局面，出现了部分产品滞销、经济效益滑坡的现象。

1991年是化纤行业贯彻党中央一系列会议精神、稳定生产速度、进行产业结构和产品结构调整的一年，也是加强基础管理、进一步调动广大职工积极性、不断提高经济效益的一年。全行业以“提高质量、开发品种、增加效益、发展原料、积累后劲”为指导思想，努力贯彻积极稳妥的精神，不断增加自我消化因素，在完成经济指标难度较大的情况下，充分发挥了广大职工的主观能动性和应变能力，克服了一个又一个困难，保持了稳定的经济发展势头。

1991年化纤产量为191.03万吨，超额完成年度计划11.3%，其中人造纤维24.01万吨、合成纤维167.02万吨。合成纤维中涤纶121.62万吨（其中长丝53.46万吨）、锦纶14.86万吨（其中长丝13.71万吨）、腈纶13.24万吨、维纶6万吨、丙纶10.78万吨、氯纶0.12万吨、其他0.4万吨，化纤原料中化纤浆粕24.02万吨、聚乙烯醇18万吨、涤纶聚合体100.1万吨，其中DMP1万吨。

1991年化纤新增能力8.75万吨，其中腈纶3万吨、锦纶1万吨、粘胶1万吨、涤纶3.75万吨。

总的来说，1991年化纤工业在各方面的努力下，生产形势是较好的，但化纤市场的变化，还存在令人担忧的局面。一些以前供不应求的粘胶长丝、锦纶帘子布等产品出现积压；紧俏产品涤纶长丝、粘胶短纤维由旺转平；化纤织物，尤其是涤纶长丝织物积压现象比较突出，化纤发展中仍存在着低水平延伸和布点分散的问题。

2. 产品开发 1991年是“质量、品种、效益”年，根据市场的情况，国务院对纺织行业及时提出了“限产压库”的要求，纺织工业部对此作了统一布置，及时下发了“在质量、品种、效益年活动中的意见”，积极做好“限产压库”工作，取得了一定的成绩。

组织了“七五”纺织优秀新产品、仿毛产品的展评工作，展示了低比例和纯化纤仿毛织物精品，取得积极效果，引起了广泛的重视。进一步确立了“低比例”达到“中比例”和“高比例”毛织物的化纤仿毛战略，体现了提高档次、上水平的开发目标。

“七五”期间部里抓的“一条龙”开发项目已全部鉴定验收完毕，共完成各类仿真丝合纤绸2070万米，各种仿毛精粗纺呢绒230万米，各类仿毛新型纤维及多功能毛条制品达3000多吨。通过一条龙的组织开发，加快了科技转化成生产力的进程，推动全行业产品开发水平的提高。

为适应纺织和丝绸工业的发展，进一步组织涤纶细旦丝及仿真丝织物的生产和开发。1991年涤纶细旦丝的产量已超过万吨，生产的仿真丝绸超过亿米，对促进仿真丝绸技术水平的提高，振兴丝绸工业发挥了重要作用。

3. 质量攻关 围绕化纤大中型骨干企业等级品率达到或接近国家二级企业质量标准的奋斗目标，提出了质量攻关的“四减少（超长、倍长、疵点、不匀率）、一提高（染色均匀性）”的要求，努力提高化纤产品的实物质量水平。

1991年抽查了聚酯切片等化纤原料3大品种54只样品，抽查符合率为66.67%；抽查化纤产品4大品种214只样品，符合率为83.64%。原料和纤维平均抽查符合率为80.22%。全国平均水平达到年初提出的抽查符合率80%的要求。

化纤行业中，有相当部分大中型骨干企业的产品质量接近或达到国家二级企业的指标。全国涤纶长丝与1990年同期相比，正品率提高1.5%，一等品率提高 1.9%；粘胶长丝正品率提高 1.0%，一等品率提高 0.99%；粘胶短丝正品率提高 0.7%，一等品率提高 0.95%；涤纶短纤维正品率提高 0.31%，一等品率提高 0.09%。

1991 年对 38 个化纤标准进行了清理整顿，审批了 8 个标准和 13 个国标试方法，完成了丙纶烟用束丝标准的征求意见稿及浆粕标准的调研，为制订丙纶烟用丝束的标准和浆粕标准的修订做好基础工作。

4. 企业管理 为提高化纤行业的管理水平，提高企业的经济效益，积极推行了 GB/T10300“质量管理和质量保证”系列标准。1991 年有 8 家化纤企业获部优 QC 小组，1 家获国优；有 4 家化纤企业：吉林化纤厂、山西涤纶厂、黑龙江涤纶厂、鞍山合纤厂被评为国家二级企业。

在纺织行业 13 家“双保”企业中，化纤行业占 10 家。1991 年对化纤“双保”企业建立了定期跟踪检查，及时帮助企业解决生产中的问题。与 1990 年同期相比，行业中涤长丝的切片单耗、粘胶纤维的浆粘消耗等都有所下降，全行业的效益除涤纶短纤外，大都盈利。

5. 加强政策研究 根据“化纤工业发展的有关方针政策及实施意见”，确定了充分利用老厂发展化纤、原则上不分布新点、新建和扩建项目要选择合理经济规模、涤纶生产工艺要尽可能采用直接纺、涤纶长短丝的比例根据市场的实际需要及时进行调整、将原规划发展涤长丝 10 万吨提高到 18～20 万吨、涤纶短纤维从 20 万吨降到 10 万吨等重大原则，努力贯彻在具体工作中，并注意在实践中逐步完善。

有重点地对行业中各大品种的发展进行专题研究，先后召开了涤纶长丝、维纶、腈纶、涤纶短纤、锦纶的生产与发展研讨会；重点对粘胶纤维的发展进行了多次研究，明确发展的思路和要求。在研讨的基础上，进行了系统总结，归纳整理，完成了专题报告初步意见，指导行业的稳步发展。

抓好化纤原料的发展，对化纤原料 PTA 和聚酯项目积极扶持，并对粘胶短纤维、涤纶工业用丝、涤纶长丝等基建项目认真审查并及时上报各有关部门，以推动各项目的进展。

非织造布工业概况

马 丽

我国的非织造布工业自 80 年代初迅速崛起，现已形成 13～14 万吨生产能力，8 万吨产量，产值十几亿元的一门新型行业。经过 1984 年和 1989 年的两起两落，自 1990 年下半年开始，由于棉花价格上调和服装出口大幅度上升，非织造布从低谷又开始回升。1991 年生产形势很好，除内销外，出口量增加并打开了东欧市场。在当前纺织市场疲软的情况下，非织造布市场却很活跃，企业的经济效益普遍较好。

纵观非织造布工业近年的发展，已不再一味追求建新厂、扩大生产能力、引进设备，而是以科技进步带动企业的生产与管理，逐步从“速度型”向“效益型”转变。

1. 产品质量 粘合衬是非织造布的一大类产品，由于“西服热”一哄而上，形成 100 多家粘合衬生产厂，生产能力达 4 亿平方米。由于一些厂原材料、技术、市场不配套，质量低，产品滞销，总开工率仅 30% 左右。近几年粘合衬生产厂注重抓产品质量，从底布抓起，到热熔胶浆料的配方、配置及涂胶工艺，减少了较落后的撒粉、热熔工艺，增加浆点、粉点涂层工艺。新制定的衬布国家标准从 1990 年 4 月 1 日起实行，促进了粘合衬品质稳定和提高。

在众多的喷胶棉生产中，凡是产品质量好的工厂供不应求。效益最好的企业人均利税高达 2 万元以上，全国 20 个企业年出口喷胶棉 3500 万平方米左右，而质量差的企业产品滞销。同样的产品差别如此之大，使企业真正懂得了任何时候都必须把产品质量放在首位。

在注重产品质量的基础上，抓住量大面广的产品升级换代，提高其附加值，出现了一些较为热门的产品。主要的有以下几种：

①中高档热熔衬。1991 年试制成功，并已批量生产。中档衬年产量 500 万平方米，可节汇 190 万美元，年税利达 200 万元。高档衬也已形成 300 万平方米生产能力，若以此计算年产值为 900 万元，可节汇 150 万美元，经济效益十分显著。中高档热熔衬的质量均达到国外同类产品的水平，尤其是高档热熔衬，是精纺或粗纺全毛西装最为理想的大身粘合衬和小部位粘合衬，在外贸出口服装中用量很大。

②纺粘法非织造布。虽然我国起步较晚，但发展势头很快，现已建成三条能力各为1000吨/年的纺粘法生产线，1991年实际产量为2000多吨。丙纶纺粘法生产的非织造布，强力高、耐酸碱、无毒、透气性好，用于卫生保健、家具装饰、农业、土建等。所制成的卫生保健用品充分发挥纺粘产品纵横向强力高、均匀、透气、无菌等特点，得到国内医疗卫生部门的肯定，并大批量出口香港、美国。

③太空棉。太空棉又称金属棉，是一种带有金属反衬层的新型高效保暖材料。它源于美国NASA宇航局专为宇航员研制的一种抗温防寒新材料。80年代中期引入我国，经过消化吸收，近几年生产设备和原、辅料均已国产化。近年全国各地纷纷转产太空棉，仅上海纺织科学研究院南方测试中心就承接了61个生产厂的样品测试。上海某衬衫厂三个月销售太空棉服装20万件，产值达1000多万元。对于太空棉的保暖性能目前看法尚有分歧，还待进一步研讨。但有一点必须指出：要以科学态度对太空棉所具有的保暖性和适用范围进行全面测试分析与评价，而不应被眼前的经济效益所惑，盲目地一哄而上。一些厂粗制滥造，消费者也感到并不象宣传的那样“神乎”，太空棉销售已呈跌势，值得引起我们深思。

④防水油毡基胎。长期以来，我国的建筑防水材料以纸胎沥青油毡为主。但由于它要进行三油二毡的热施工，存在劳动强度大，环境污染严重，使用寿命短等弊病，已不适应现代化高层建筑的施工要求。目前已出现许多新型的防水材料，而用聚酯纤维非织造布作胎基，经涂敷改性沥青而成的新型油毡，由于其断裂强力高于纸胎油毡和玻璃纤纸胎油毡，延展性好，使用寿命长及耐刺穿性能好等优点，在防水材料中已取得重要地位，使用量及应用面日益扩大。

⑤驻极超细纤维非织造布。熔喷法生产的聚丙烯超细纤维非织造布是一种新型的过滤材料。具有高滤效、低阻力、柔软、纤网自身缠结和粘合等许多明显的优点，近期被世界各国广泛应用。我国自70年代开始研究，目前约有30条生产线，但生产规模很小，均为20吨/年左右。绝大部分是非连续式的，喷头宽度在250mm以下。常熟合成皮革厂与四川抗菌素工业研究所共同研制的熔喷法聚丙烯空气过滤毡，阻力低，容尘量大，寿命长，成本低，价格仅为原超细玻纤滤毡的五分之一，值得推广应用。

⑥废纤非织造布衬垫材料。通常把纺织加工过程中产生的废料分为“软质”废料和“硬质”废料。前者无须过多的处理即可回用于纺纱生产中；而后者多指合纤生产过程的废丝、紧捻纱线、服装边角料及旧衣服等，必须经过特殊的加工处理才能利用。非织造布加工技术可将这些品质及可纺性极差的再生纤维原料制成具有多种功能的衬垫材料、复合材料以及模压制品。国际上以非织造技术手段加工而成的各类废纤衬垫材料正作为一种吸声、隔热、隔震新材料广泛应用于汽车、船舶、家具、包装、建筑等行业。据统计每年我国纺织工业产生的棉毛织物边角料超过14亿米，化纤废丝不下10几万吨。废纤非织造布产品的开发对于充分利用这种“二次资源”具有重大的社会效益和经济效益。

2. 信息交流　非织造布由于前几年的盲目上马，造成产品撞车，相互杀价，让港商和中间商从中渔利，这些教训使企业领导体会到沟通信息的重要性。在这方面由纺织工程学会非织造布专业委员会筹建的非织造布技术协会、全国粘合衬热熔胶协会和非织造布工业科技情报站起到很好的牵线搭桥作用，在生产、应用、原料、产品质量标准、市场等方面提供信息，加强沟通。两个协会都已发展到15个部属系统的近300个企事业单位参加，弥补了非织造布跨行业跨部门难以协调的不足。1991年协会组织了第二次全国引进设备交流会、纺粘法非织造布技术研讨会，并举办了企业管理培训班、第二届全国粘合衬、粘合机双向应用研讨班等活动，受到会员单位的欢迎，效果很好。

除了行业协会外，不少企业还通过与外商进行业务联系、订阅国外纺织杂志、出国考察等方式及时掌握国外非织造布生产发展动态与趋势。如金州无纺布厂根据日本客商提供的资料，组织科技人员开发胸绒产品，率先登上国内外市场，年销售达1000多万元。有些企业则经常与省市外贸和国内客户保持联系，了解用户需求。当然，也有个别企业得到一点信息不加分析，不根据自身条件盲目追随，也吃了一些苦头。

3. 技术改造　我国已引进100多条非织造布生产线、单机600多台（套），并逐步熟悉其性能、结构，近几年加强了对引进设备的消化吸收。首先对一些零部件、备品备件，如轴承、喷枪、尘笼等实现国产化，不再依靠进口；第二步对进口设备进行必要的改造，将单机填平补齐联成生产线，甚至一分为二，将一条线变成两条线，使产量翻一番；第三步就是实现国产设备生产线成龙配套，如仪征纺机厂成功地研制了性能仿国外NL9/5针刺机的BG311-260型预针刺机；仿K12样机的BG121型成网机。在主要单元机的基础上组成联合机形成浸渍法、针刺法、热轧法生产线。如金州无纺布厂与航天部606所合作，集各引进设备之所长，自行研制一条1000吨/年喷胶棉生产线，包括成套设备、生产工艺软件及国产浆料的配置。

4. 产品开发　由于我国化纤品种较少，适用于非织造布的差别化纤维更少，在一定程度上限制了我国非织造布行业的发展。“七五”期间加强了这方面的研制工作，1991年一批非织造布专用化纤问世。

①ES纤维。ES纤维是聚烯烃复合的低熔点热粘结纤维，因其熔点低，用于热粘结非织造布可降低能耗，并可取代粘合剂，加工方便，无三废污染，应用广泛。现已在上海和浙江慈溪形成两条200吨/年生产

线，1991年已使用20多吨。

②低熔点涤纶。熔点在190～210℃的低熔点涤纶，主要也是作热粘结纤维用，用于非织造布可降低其热粘结温度，改善手感。现已在辽宁瓦房店化纤厂形成1000吨/年短纤维生产能力，1991年试生产76吨。

③三维卷曲中空涤纶纤维。用该纤维生产的喷胶棉弹性好、手感好、保暖性好，是喷胶棉的理想原料。过去要靠进口，现在仪征化纤公司已投产，能力为4000吨/年，上海十三化纤厂自行研制，也已形成3000吨/年生产能力。用该纤维制作的绗缝被经英国伊丽莎白女王使用，受到好评，被誉为“女王被”。1公斤涤纶中空三维卷曲纤维可代替3公斤棉花，这种新型差别化纤的问世可大大推动喷胶棉的发展。据预测全国非织造布行业需三维卷曲纤维达1万多吨，其发展前景是可观的。

纺织机械器材工业概况

纺织工业部技术装备司

1991年纺织机械器材工业进一步解放思想、转变观念，在深入开展“质量、品种、效益年”活动的基础上，努力进行结构调整，使纺机行业在生产经营、产品质量、产品开发、企业管理等方面都取得一定的成效，为“八五”计划的实施创造了良好的开端。

1. 产品质量 1991年纺机器材行业陆续贯彻了《关于1991年纺织机械器材行业加强质量工作意见》、《纺织器材企业产品质量考核办法》等法规，从宏观管理的角度指导了全行业“质量、品种、效益年”活动的深入展开，全员质量意识得到进一步强化，涌现出一批群众性QC活动先进集体，全年共有10个QC小组被评为部级优秀QC小组，17个被评为行业级优秀QC小组。

据对1991年7月纺织机械器材行业质量大检查的结果统计，大部分产品的合格率均在75%以上；行业内83家重点企业的综合质量系数达0.998，比1990年上升了1.63个百分点。随着“质量、品种、效益年”活动的深入展开，一批名优产品脱颖而出，郑州纺织机械厂的GA301型浆纱机获行业第一个国家质量金奖；经纬纺织机械厂的FA506型细纱机、上海纺机专件厂的罗拉、常州喷丝板厂的圆柱孔喷丝板获国家质量银奖，上海二纺机厂的KV441型高速纺丝机、无锡纺织机械厂的FK6-700型高速弹力丝机、白银纺机针布厂的MC28/2 480、400盖板针布、上海纺织机电厂的FTY-120-4、180-4T、550-4永磁同步电动机等9个企业的11个品种获部优质产品奖。

2. 结构调整 为更好地适应纺织工业的发展，特别是严格控制纺织工业技术装备的低水平延伸，纺织机械器材工业把调整结构摆在突出的位置来抓。1991年10月公布了《关于下达第二批纺织机械淘汰产品的通知》，七大类44种能耗高、用材多、性能落后的纺织机械产品淘汰生产，有效地促进了纺织工业的技术进步。

1991年纺织机械器材工业在经过大量市场调研与分析以及参考国际纺织机械的发展动向后，及时修改完善了“八五”时期的行业发展战略目标，确定了自动络筒机、无梭织机、清梳联合机和新型精梳机为“八五”重点攻关项目。

1991年纺织机械器材行业结构调整的另一重大步骤是遵循“限产、压库、控能、技改”的战略方针，作出了严格控制棉纺、毛纺生产能力和加强管理化纤纺丝生产能力的决定，先后下发了（91）048号和（91）053号文件，并派出监销员对“三大能力”设备的生产企业实行监督销售，截止1991年底，棉、毛纺细纱机的生产与销售已控制在国家合同订购计划之内，控能初见成效。

3. 产品开发 1991年纺织机械器材工业围绕行业“八五”规划的“五个方面12条龙”攻关项目，联合军工、机械、电子等行业技术力量，完成新产品试制项目20个、鉴定项目42个（包括地方鉴定部批型号项目），其中GD004-210型轴向络丝机、FA402型粗纱机、TP500-Ⅱ型剑杆织机、KV505型牵伸加捻机、FB504型针织绒细纱机、MA442-280型轧光机、YG503型摩擦式滑动试验仪等达到国际80年代水平；列入国家重点攻关项目的自动往复式抓棉机已投入试生产，填补了国内空白；清梳联合机及自调匀整装置已通过部级鉴定；国产化率已达90%的LMA331型圆网印花机投入批量生产，销路很好。纺织器材工业配合纺织工业1991年五大攻关课题（即解决纱疵、横档、纬斜、色差、缩水等关键性问题），进行新产品的开发也取得了可喜成绩。如上海五金二厂研制的空气捻结器，经试用其接头率和强度分别达到95%和85%以上，改善纱疵效果很好；又如新型针布（含刺条）的研制成功，使生条和成纱杂明显降低，生条棉结可降低30%～50%、成纱棉结可降低30%～60%；另外，配气流纺的高速轴承、各式样的剑杆头、带等纺织器材的研制成功，配合了纺织机械新产品开发的同步发展，较好地满足了纺织工业技术装备水平提高的需求。

在加速新产品开发的同时，纺织机械器材行业有计划、有重点地安排进行了技术改造和基本建设，1991年完成行业技术改造项目45个，总投资为1.83亿元；基本建设项目20个，总投资为4805万元，有效地改善了一部分企业的技术现状，增强了企业的后劲。

4. 生产经营　1991年全行业完成纺织机械产品产量42.9万吨，比1990年减少2.27%，实现工业总产值63.85亿元（按1990年不变价计）；完成国家合同订购任务12.8万吨，占年计划的106.55%，比1990年增加3.85%，产值为24.48亿元（按1990年不变价计）；实现利税9.95亿元，比1990年提高7.24%。

1991年纺织机械工业为纺织行业提供棉纺细纱机5364台，精、粗毛纺细纱机共653台；棉精梳机893台，毛精梳机368台；棉织机46915台，无梭织机1576台；化纤纺丝机168台。在1991年计划下达的十五大类纺织机械产品中，人造纤维、棉纺织、丝纺织、非织造物、染整、纺机专配件等六大类产品完成了国家合同订购任务；棉、毛设备中的精纺设备以及织机中的新型无梭织机的国家合同订购增加幅度较大，适应了纺织工业深加工、精加工、提高纺织品附加值的发展需求。

1991年纺织机械产品出口创汇1.17亿美元，比上年减少3.8%。

1991年纺织器材完成主要产品的情况是：木梭1157.7万只、塑料管10307万只、钢筘186.5万米、金属针布2868.7吨、丁氰产品2.98亿只；实现工业总产值16.6亿元（按1990年不变价计）、利税1.8亿元。

5. 企业管理　1991年纺织机械器材行业结合“质量、品种、效益年”活动，在全行业的企业管理中继续以“狠抓工艺纪律、加强工艺管理、提高工艺技术”为突破口；同时在行业内试点推行以加强生产第一线的管理为主题的“现场管理模式”，使行业的企业管理水平又上新台阶。

截止1991年底，纺织机械器材行业有上海第二纺织机械厂和经纬纺织机械厂2个企业获国家一级企业称号；有郑州纺织机械厂、天津纺织机械厂、上海第一纺织机械厂、上海中国纺织机械厂、青岛纺织机械厂等33个企业跻身于国家二级企业行列。这一批内部机制较健全、基础性管理扎实、具有较强技术经济实力的国家一、二级企业的崛起，带动了全行业企业整体素质的提高，同时在新形势下，他们也成为行业内企业转换经营机制、深化内部改革的“生力军”。

（执笔人：黄尺木）

乡镇纺织工业概况

李　侠

1. 概况　1991年是纺织工业比较艰难的一年，一方面国内纺织品产大于销，国务院下令限产压库；另一方面，部分产品又供不应求。乡镇纺织企业认真贯彻国务院的通知，限制积压产品生产，并根据市场需求，调整产品结构，开发适销对路新产品，紧紧依靠科技进步，加紧技术改造，使乡镇企业出现较好势头，进入一个新的发展时期。1991年乡镇纺织企业5.42万个，比1990年增加600个；就业职工498.2万人，增加38万人；工业产值1260.7亿元，增加310亿元，增长32%。乡镇纺织行业中发展最快是化学纤维行业，其次毛纺、针织、服装行业，棉纺织行业发展较慢。

化学纤维工业，1991年拥有企业658个，职工就业人数7.06万人，工业产值38.77亿元，比1990年增长74%。

毛纺织业拥有企业数3202个，比1990年增加87个，就业人数49.20万人，增加3.89万人，工业产值171.45亿元，比上年增加48%，其中江苏91.75亿元，浙江28.18亿元，上海15.64亿元，山东13.79亿元，广东7.61亿元。这5个省市毛纺织行业产值占乡镇毛纺织工业总产值的91%。

针织业拥有企业数7635个，比1990年增加238个，就业人员63万人，增加4.1万人，工业产值147.07亿元，增长44%，其中江苏43.88亿元，浙江

36.42亿元，广东19.13亿元，上海12.4亿元，山东11.74亿元，北京6.57亿元，天津4亿元。这7个省市针织业产值占全国乡镇针织工业总产值的88%。

缝纫业拥有企业2.42万个，比1990年减少4854个，就业人数170.52万人，增加14.9万人，工业产值302亿元、比上年增长31.8%，其中服装231.74亿元、增长31%，制帽业2.48亿元、增长8.3%，制鞋业42.69亿元、增长37.3%。缝纫业中广东51.27亿元，江苏49.57亿元，浙江36.08亿元，上海34.77亿元，福建23.30亿元，天津22亿元，北京20.57亿元，山东18.47亿元，湖北10.46亿元，辽宁10.22亿元，这10个省市缝纫业的产值占全国乡镇缝纫工业总产值的92%。

棉纺织业拥有企业1.01万个，职工130.54万人，工业总产值356.41亿元，比1990年增长17.5%，其中江苏144.4亿元，山东57.45亿元，浙江33.51亿元，上海33.88亿元，广东19.98亿元。这5个省市棉纺织业产值占全国乡镇棉纺织工业总产值的81%。

1991年全国乡镇纺织企业的产品产量是：丝27496吨，增长1.2%；丝织品76799万米，下降3.8%；棉布359928万米，下降10%；服装39亿件，增长50%。

2. 结构调整 积极开发新品种。随着我国纺织工业迅速发展，纺织品市场竞争越发激烈，乡镇企业厂长充分调动技术人员积极性，加紧新产品的研制和开发。如无锡江阴县精毛纺厂近年来开发各种流行彩色毛面料上百个品种，打破了毛纺面料黑、灰、蓝的老面孔，产品深受消费者的欢迎，被毛纺专家称为毛纺行业新突破。又如苏州雅鹿服装厂摆脱了服装厂按面料来设计生产服装的老路子，采取面料与服装款式“一体化开发”。由于面料批量专供，使其它企业不易模仿，因而争得了市场主动权，使产品供不应求。

3. 技术改造 1991年是乡镇纺织企业技术改造投入最多的一年，仅江苏省和苏州市乡镇纺织业投入技术改造的费用就分别为16.9亿元和8.7亿元。乡镇纺织技改有两个较明显特点：第一是技术改造单项投资规模较大，投资相对集中；第二是技术密集型项目增多。不少厂引进喷水织机、剑杆织机、电子绣花机等进口设备。如武进常州市第二合纤厂，投资1903万元，用汇183万美元引进设备，用于生产丙纶高强度工业丝。

4. 对外贸易 1991年乡镇纺织外贸收购额为239亿元，比上年增长37%，其中江苏72.3亿元，广东45.8亿元，浙江45.13亿元，上海41.12亿元，山东10.3亿元。这5个省市外贸收购额占全国乡镇纺织收购额的90%。随着对外经济发展，乡镇纺织企业开始发展边境贸易，纷纷到边境考察，洽谈贸易。还有部分企业积极到国外寻找合作伙伴，准备到国外办厂，发展更高层次的外向型经济。

1990～1991年度棉花概况

黄蕴玉

1. 概况 1990～1991年度棉花播种面积为8382.2万亩，总产量450.7万吨，亩产53.8公斤，收购404.2万吨，分别比1989～1990年度增加7.4%、19%、10.3%和27.4%。其中北方播种面积5760.2万亩、占总面积68.72%，产量289.36万吨、占总产量64.2%，亩产50.2公斤，收购256.652万吨、占总收购63.50%；南方播种面积2573.7万亩、占总面积30.71%，产量158.615万吨、占总产量35.19%，亩产61.6公斤，收购145.28万吨、占总收购35.94%，分散产区的播种面积为48.3万亩、占总面积0.57%，产量2.8万吨、占总产量0.61%，亩产58公斤，收购2.275万吨、占总收购0.56%。种植面积、产量、收购量最多的是山东，以下是河北、河南、新疆、湖北、江苏、安徽。亩产最高为甘肃，其次是湖北。全国平均商品率为89%以上，其中南方商品率为91.59%、北方为88.70%，商品率最高为新疆。

2. 品级、长度 1990～1991年度全国棉花收购平均品级为1.97级，比1989～1990年度的1.95级低0.02级，下降1%，其中北方平均品级1.55级，南方平均品级2.68级，分散产区为1.43级。品级最高的是新疆、为1.38级，其次是河北1.40级、河南1.59级、山东1.68级、湖北2.43级、江苏3.04级。全国1～2级比例占76.13%，3级占11.68%，4级占5.39%，5级及以下占6.8%。其中北方1～2级占87.73%，3级占5.58%，4级占3.15%，5级及以下占3.54%；南方1～2级占56.9%，3级占21.77%，

4 级占 9.11%，5 级及以下占 12.22%；分散产区 1～2 级占 88.28%，3 级 6.06%，4 级及以下 5.66%。

全国棉花收购平均长度为 28.99 毫米，比上年度 28.86 毫米增加 0.13 毫米。北方平均长度为 29.21 毫米，南方为 28.64 毫米，分散产区为 28.31 毫米。其中 31 毫米以上的占 20.58%，29 毫米的占 67.08%，27 毫米的占 7.57%，25 毫米的占 0.54%。纤维平均长度最长的省份是河南，为 29.85 毫米，其次是河北 29.25 毫米，新疆 29.03 毫米，湖南 29.01 毫米。平均长度在 27～28 毫米的有上海、浙江、辽宁、甘肃。

3. 使用和调拨 本年度共消费棉花 441.72 万吨，其中纺棉 365.25 万吨，民用絮棉 28.59 万吨，军用絮棉 0.83 万吨，其它用棉 26.75 万吨，损耗 20.3 万吨。止 1991 年 8 月底库存 52.1 万吨，比期初库存增加 22 万吨。消费量加库存增加量比当年收购 404.2 万吨多出 59.52 万吨，我们分析这多出的部分是由中央外汇净进口棉 0.5 万吨、国家储备棉 7.05 万吨，以及地方外汇进口棉花和国家未收购上来的棉花组成。

省间调拨，按调出方统计，完成 88.5 万吨，约为调出计划的 82%。按调入方统计，纺棉完成 79.52 万吨、占计划 83.4%，絮棉完成 14.3 万吨、占计划 76.7%，其它用棉完成 92%，跨下年度计划 10.87 万吨。七省省间调出包干计划 93.5 万吨，实际完成 60.23 万吨，完成 64.41%。

第三篇　各地纺织工业和大型纺织企业

Chapter 3　The Survey of Textile Industry in Some Areas and Some Main Textile Enterprises

北京市纺织工业

北京市纺织工业总公司

1. 生产概况 1991年,北京市纺织工业系统广大职工,进一步解放思想,振奋精神,转变观念,转换机制,克服困难,取得了比预料要好的成绩。一年来,各生产企业逐步由按生产能力安排生产转到按市场需要组织生产上来,坚持以销定产,以销促产,产大于销的矛盾逐步缓解。进入8月份以后,全系统开展了限产压库工作,生产总量得到控制,成品库存逐月降低。工业总产值完成45.6亿元,比上年下降0.42%;销售收入完成39亿元,比上年增长3%;全民预算内企业三项资金年末占用6.45亿元,其中产成品资金占用2.82亿元;棉纱产量和棉布、呢绒、毛线等成品库存均完成纺织工业部下达的限产压库目标。

2. 外贸出口 由于外贸全面实行自负盈亏,减少出口合同,压低收购价格,给纺织品出口带来很多困难。各出口生产企业在坚持主渠道出口的同时,积极扩大多渠道出口,出口产品交货值仍有较大增长。出口产品交货值完成14.4亿元,比上年增长12.8%;通过本市专业外贸公司出口的比例由上年的80%下降到65%,多渠道出口比例由上年的7%增加到18%,其中印染布达40%以上;7个自营出口企业和企业集团创汇额达4000万美元,比上年增长60%以上,其中三环毛纺针织集团公司和达美纺织集团公司均突破1000万美元。

3. 经济效益 1991年一季度出现行业性亏损后,开始抓扭亏工作。4月份当月扭亏,5月份累计扭亏。下半年,根据北京市部署,把扭亏增盈工作作为重中之重来抓。棉纺织、服装、化纤和机械器材等盈利行业继续作出贡献,毛纺织行业亏损额逐月下降,清河毛纺织厂、北京毛纺织厂、北京长毛绒厂先后扭亏为盈。全民预算内企业实现利税1.69亿元,比上年增加29.7%,其中实现利润5300万元,比上年增加99.8%。上交利润2878万元,扣除控亏企业及改革试点企业,完成承包目标。

4. 产品质量 北京市考核主要产品质量稳定提高率为100%。北京市监督抽查合格率为94.1%,比上年提高11.1%。国家级抽查合格率为100%。棉纺织、印染、针织等行业进行纱疵、横档、色差、纬斜、缩水等质量攻关取得阶段性进展,产品内在质量有所提高。棉纱主要品种细节、粗节大幅度下降,棉布横档合格率达75.5%,印染布色差降等、纬斜降等减少了29%和22%,针织缩水合格率达92.8%。

5. 结构调整 1991年的产品结构调整,以市场为导向,变季度调整为动态调整,涉及面广,工作量大。全年适应性调整15项,翻改布机1000多台,批量投产新产品14项,纯棉防羽绒布、双面绉呢、轻薄毛纺织品、高比例化纤毛混纺产品、针织外衣、高支高密床单、维纶牵切纺篷盖布、聚胺酯衬输水输油带等新产品形成批量生产能力;预研制新产品7项,其中901改性维纶纤维、永乐纤维、超大牵伸粗支维纶牵切纱、涤纶长丝遮阳产业用布、高强涤纶工业丝等具有开发前景。纺织工业部组织全国服装设计"金剪奖"大赛,共设6枚金牌,北京服装二厂和童装二厂各得一枚。

6. 技术改造 1991年是"八五"计划第1年,继续完成"七五"结转项目,着重启动"八五"重点项目。全年完成工作量1.7亿元,比上年增加4.6%。重点项目竣工24项,新增固定资产1.33亿元,其中提高质量的7项,发展品种的13项。这些项目竣工投产对于调整产品结构、提高产品质量,扩大出口创汇、增加经济效益将发挥重要作用。同时,在吸引和利用外资方面也有进展,中外合资、合作项目立项8个,已经开业3家,协议金额768万美元,直接吸引利用外资290万美元。

7. 人材培训 为弥补人材断层,共引进各类专业技术人材820名,其中从外省市引进各类中青年干部200名,接收大、中专毕业生550名,从外系统调入专业干部70名。对5000多人次专业技术干部进行了继续教育、学历教育和岗位培训,并开始探索培养机、电、仪一体化复合型人材。同时,培训厂级领导干部136人、中层干部731人、班组长963人、中级技术工人381人、全面质量管理培训1084人。

8. 双增双节 各企业把双增双节作为扭亏增盈的重要工作来抓,制订了具体目标和措施,层层分解,落实到人,并和奖励挂钩。加强了成本控制和分析,开展了清仓查库、整章建制、反对浪费、防止盗窃等工作，进行了效益审计和效能监察，加强了公费医疗和劳保医疗的管理，压缩开支，堵塞漏洞。全系统通过提高质量、降低消耗、调整产品结构、降低可变费用等增加效益2800万元。各企业还积极压缩非生产人员，职工总数比上年减少1%。

9. 存在问题 由于纺织品总量过剩问题没有根本解决，纺织工业仍面临很多困难和矛盾。

①库存积压仍较严重，外转内产品积压居高不下，资金占用结构失衡，企业利息负担沉重；

②亏损企业较多，全民预算企业亏损15户，占32.6%，亏损额达4741.4万元；

③部分企业生产一代产品发生危机，有28个企业处于停产、半停产状态。

④技术改造欠帐较多，部分引进设备没有充分发挥作用，产品结构调整困难，更新换代缓慢，企业后劲不足。

（执笔人：刘秉悌）

天津市纺织工业

天津市纺织工业局

1. 生产概况 天津市纺织工业已有70多年的历史，是较老的沿海纺织工业基地之一。1991年底，全局共有棉纺、毛纺、毛针织、印染、色织、针织、装饰、产织、丝绸、化纤、机械器材等11个行业，所属企、事业单位236个，其中全民所有制企、事业单位174个；集体所有制企事业单位62个，联办企业4个，中外合资合作企业6个。拥有纺织、针织、毛纺、化纤、丝绸、装饰、器材7个研究所，大、中专、技校14所，共有职工18.33万人。其中工程技术人员8454人，占职工总数的4.61%；拥有固定资产原值23.4亿元，固定资产净值14.33亿元，定额流动资金年末占用14.44亿元。现有棉纺锭87万锭，毛纺锭6万枚，气流纺8856头，棉织机1.7万台，毛织机1208台，针织台车396台，大圆机178台。1991年实现工业总产值52.78亿元，比上年下降11%；出口收购值完成10.41亿元，比上年下降11%；销售收入完成34.7亿元，比上年下降3.96%；实现利税1.6亿元，比上年下降31.99%；实现利润5000万元，比上年下降41.21%；上缴利润完成1640万元，以利还贷完成2500万元，产成品资金占用年末为6.12亿元，完成了天津市下达的压库2.17亿元的任务。

2. 经营管理 在经济体制改革不断深化的形势下，年初在棉纺行业推行了以放开纱、布管理为重点的生产经营机制的改革，变指令性计划为指导性计划，变计划衔接为合同衔接，调动了前后部企业自主经营的积极性。1991年，全局召开了4次纱、布衔接会，合同衔接订货已初具纱、布市场的雏形。同时，在原料管理上，价格管理上，出口渠道上也都做了调整。如根据外贸体制改革的新情况，实行全方位、多口岸发展出口的经营方针。先后举办了外口岸订货会3次，成交额3.49亿元，全年外口岸出口额比上年同期增长1.6倍。

3. 促销压库 由于纺织品市场内销疲软，外销控亏价格不到位，使生产经营极度艰难。一季度末，全局产成品资金突破8亿元，比年初增加1.76亿元，面对这一严峻局面，天津纺织工业局把促销压库作为走出困境的关键来抓。一是加强经营销售工作的组织领导，充实调整经销队伍。成立了由主管局长挂帅的经营领导小组，下设经营办公室具体抓。全年组织大型经销活动50余次，销售额达7.2亿元。二是实行销售风险承包，调动销售人员积极性。在全系统推广了天津织袜三厂等企业对销售人员实行全额风险承包的经验，激发了广大销售人员的积极性。从二季度开始，全局基本实现当月尽产尽销，产成品资金逐月回落，年底完成了市下达的压库任务。三是以市场为导向，狠抓产品结构的适应性调整，明确提出要突出抓好产品的适应性、外向性、优化性和开发性4个调整。一年来，全局压缩了一批档次低、效益差、不适销对路的产品，开发了一批档次高、创汇多、附加值大、销路好的产品。全年开发新产品200个，新品种新花色12500个，分别投产120个和9000个。

4. 企业内部机制改革 局党委组织全系统党政领导干部开展了解放思想、转变观念的大讨论，统一各级领导的思想，提高对搞好改革重要性和迫切性的认识，增强了各级领导的“市场、竞争、信息、质量、服务和效益”六个观念。举办了企业领导干部经营管理研讨班，局领导亲自讲授成本管理、产品开发、经营战略等5个专题，为企业内部分配制度、劳动管理制度、干部人事制度和机构的改革，奠定了思想和理论基础。据10个行业的135个企业统计，实行机构改革的企业有20个，占14.8%，实行干部聘任制的企业83个，占61.8%。全系统79个织厂有66个推行了一等品质量工资制，总结摸索出十几种适合自身特点的新做法、新模式，使一等品质量工资制的内容更加丰富和完善。

5. 扭亏增盈 扭亏工作是天津纺织工业局1991年工作的重头戏。年初以来，连续3个月出现亏损，累计亏损额达3478万元。为尽快扭亏，狠抓了两大关键：一是加强领导，落实责任，成立了扭亏领导小组，局领导分工负责包1至2个亏损大户，并带领有关处室，分8条线深入亏损企业抓扭亏。4月份，全局即止亏见盈利，到8月份，摘掉了亏损的帽子，实现了扭亏为盈。二是制定奖罚政策，促进扭亏增盈。为了调动企业扭亏增盈的积极性，制定了与效益挂钩的扭亏增盈奖罚办法。凡减亏的企业，按比例返还工资差额，增亏的企业，按比例扣减核定的工资基数，收到了明显效果。全局亏损企业，由1990年的37户下降为35户，亏损额由6700万元下降为4400万元，下降34.5%。

6. 其它工作 一年来，天津纺织工业局还狠抓了“八五”纺织振兴规划的制定和起步工作。下力量搞好人才的开发，先后举办各种类型的培训班1600多个，培训干部职工9万多人次，占职工总数的44%。在“八五”科技成果攻关和推广方面，全年完成61项，其中已鉴定41项，科技成果转化率达80%。在应用微机技术、改造老企业、提高现代化管理水平等方面也取得了一定的进展。涌现出一批经营搞得活、效益好、信誉高的企业。

在搞好经济工作的同时，还围绕着理顺职工情绪，稳定生产，搞活经济，加强了领导班子建设和干部队伍廉政建设，各项廉政制度进一步落实。年初确定的为职工办10件实事的安排全部落实。解决了人均2.5m² 以下的住房困难户1134户，购置和新建职工住房42000m²，组织职工换房3603户，新建、改建浴室1156m²，更衣室1075m²，增建职工医院一所，建家庭病床1740张。全年杜绝了死亡事故，重伤事故仅发生3起。

（执笔人：王淇敏）

河北省纺织工业

河北省纺织工业总公司

1. 概况 在纺织工业本来就十分困难的情况下，1991年又受到了外贸体制改革和商业甩库处理积压产品的冲击。第三季度又迎来了“控产压库”的艰巨任务，使纺织工业的处境更加艰难。经过全省纺织职工的积极努力，河北纺织工业生产仍保持了增长势头。全年实现纺织工业总产值111.66亿元，同比增长5.75%。纺织品出口继续发展，全年完成出口交货值34.59亿元，同比增长18.19%，其中，服装出口交货值3.65亿元，同比增长10.43%。控产压库初见成效，全年棉纱产量179.7万件。到1991年末，全省国营纺织企业产成品资金为8.07亿元，已低于1990年末水平（8.1亿元），比1991年6月末的12.8亿元降低了4.73亿元，超额完成了国家下达的4.7亿元的压库指标。在各种不利因素的影响下，全省305个企业（财务口径）实现利税2.56亿元，同比下降53.7%。

2. 基本建设、技术改造 1991年河北省纺织工业基本建设、技术改造工作有两个特点：一是落实项目多。全年共落实基建项目5个，其中包括唐山2万吨粘胶纤维等大型化纤项目。安排了4批共30个国家专项技改项目，包括4个国家限上项目，总投资27567万元。确定了33个“压贷挂钩”项目，总投资52749万元和10项“压锭挂钩”项目，总投资14876万元。利用外资和技术引进项目也较多，共签约引进项目41项，投资30977.5万元，用汇4495.62万美元。共签约利用外资项目39项，投资30931.32万元。二是当年基建、技改项目进度快。全年完成基本建设投资44565万元，仅次于山东；完成技改投资61743万元，仅次于上海。尤其是大型项目——秦皇岛3万吨腈纶工程进度很快，到年底，聚合纺丝车间、总变电站、热电站土建工程已基本完成，部分设备已安装调试。

3. 工贸合作 1991年在外贸进行体制改革，实行自负盈亏的情况下，河北纺织工贸双方继续坚持“协商共事，互惠互利，促进出口，有利发展”的原则，巩固、发展出口。年初，省外贸测算，如完成省政府下达的出口创汇5.1亿美元的任务，收购价按“825价格”全部到位，外贸将损失2亿元。外贸为了保证不亏或少亏，1、2月份大量压缩对纺织品的收购量，纺织企业面临着前面原料紧，后面销售难两头受夹的困难。为缓解这一矛盾，保住经营多年的国际市场，在省政府有关部门的协调下，经省外贸、物价、纺织部门共同协商，工业采取让利措施，在“825价格”的基础上，下调了纱、棉坯布、化纤混纺布的价格。第4季度，为了完成控产压库任务，工业又主动向外贸让利3000万元。虽然工业减少了销售收入，但保证了全年收购任务的完成，缓解了企业销售难的矛盾。

4. 控产压库 为理顺纺织品供求关系，解决纺织品总量过大的问题，根据国务院统一安排，从8月份开始在全省范围内开展了“控产压库”工作。国家对我省控产指标是全年产纱不得超过146.6万件，压库指标是国营纺织企业产成品资金要从6月末12.8亿元降到1990年末8.1亿元的水平，压缩4.7亿元。在执行控产计划中，考虑到河北省棉纱国家计划偏低，加上前8个月已经完成了134.4万件，如果按146.6万件控产，后4个月将出现全省全面停产问题。经济损失巨大，影响安定团结。因此，省政府提出，对控产工作一要坚决，二要慎重。按照省政府要求，对后4个月的棉纱产量，严格按照保出口、保军需、保商业特需、保“三资”企业（外销部分）的原则安排生产，把年产纱量限制在180万件之内。按这一原则控产后，全省棉纱月产水平从前8个月月平均16.8万件，压缩到10万件左右，全年棉纱产量为179.7万件。在压库过程中，层层分解指标，明确任务，狠抓落实。省、地、市各级领导积极支持纺织压库工作，制定了相应的政策和措施，为压库创造了宽松条件。省政府还动员外贸、商业、供销社和工商行政管理部门帮助纺织工业完成压库任务，到1991年末，国营纺织企业产成品资金降至1990年末水平，完成了国家下达的压库指标。

5. 质量、品种、效益 在提高质量方面，一是加强原料管理，把住原料检验关，使产品质量稳步提高。纺织工业部和省考核的14项质量指标，稳定提高率达到92.86%。二是组织质量攻关。按照纺织工业部提出的质量攻五关的要求，全省推广利用了各类型的空气捻结器33台，各类布机定位刹车装置2000台，各类印染布正纬器72台，这些措施对降低纱疵、横档、纬斜起了很大作用。据对大中型骨干企业检测，纱疵一档水平合格率由攻关前46.43%提高到86.21%；横档残合格率由攻关前55.33%提高到65.7%；色差疵点疵布率由攻关前1.74%降低到0.53%；纬斜疵布率由攻关前0.39%降低到0.22%；针织品缩水合格率提高了一个档次。三是实物质量提高。13/13涤富印花细纺荣获国家金质奖，19.6/16纯棉印花布荣获国家银质奖。30个产品荣获部优质产品称号。全年共开发新产品207项，其中投产182项，实现产值7.48亿元，利税1亿元，出口创汇1620万美元。是近几年开发产品最多的一年。

6. 经济效益 由于原料价格高，产品价格不到位，产品积压，控产压库，消化潜亏等一系列原因，1991年全省纺织工业经济效益一直下滑。全省305个企业（财务口径）实现利税比去年同期下降53.7%，其中195户国营纺织企业下降35.87%。亏损企业增加到127个，比去年（111个）增加14.41%，亏损面达到40%以上，亏损额上升到2.63亿元，同比增加57.3%。

（执笔人：孙家宝）

辽宁省纺织工业

辽宁省纺织工业厅

1. 概况 1991年是“八五”计划第一年，辽宁省纺织工业的生产经营形势仍然十分严峻。中共辽宁省委、省政府的领导同志对此十分重视和关怀。1991年全行业工作的指导思想是：深入贯彻党的十三届七中全会精神，以市场为导向，以扭亏增盈为中心，狠抓产品质量，加快产品结构调整，发展外向型经济，强化企业管理，深化企业改革，奋力走出行业谷底。广大纺织职工振奋精神，开拓求实，增强紧迫感，千方百计克服困难，基本维持了正常生产。1991年全行业工业总产值118.5亿元（1990年不变价），同比增长0.4%；预算内全民企业的销售收入74.5亿元，同比增长4%；出口交货值32亿元，增长24.7%。

在改革开放的新形势下，为了推动转变思想观念，把立足点建立在“眼睛向内挖潜力，眼睛向外找市场”，省纺厅采取了“看、比、找”办法。

“看”就是看市场，开展市场调研活动。省厅市局领导带队，多次组织企业领导和有关人员，走向省内、市内市场，亲身到柜台考察了解商品销售情况，到全国闻名的海城市西柳服装市场了解省内外商品竞争信息；还组织到省外广州、深圳、石狮、上海、绍兴等商品经济发达地区考察调研，开扩眼界，查找差距，增强商品经济意识。

“比”就是同三资企业、乡镇企业比。省厅邀请大连杨树房实业总公司李桂莲总经理到局长会议上介绍经验。这个由85名农村妇女靠脚踏缝纫机起家，10年发展成一个拥有12个直属企业的外向型服装企业集团，其中包括6个中外合资、工贸企业，1个日商独资企业。大连、鞍山市局领导，都带领国营大中型企业厂长，到三资、乡镇纺织企业考察对比，了解到“老外”、“老乡”的商品经济意识、市场观念、效益观念、严格管理、灵活经营机制等长处，增强了转变观念，引入三资、乡镇企业经营机制的自觉性。

“找”就是找对口学习榜样。采取横向比、纵向找的方法，每个行业都树立了学赶先进企业对象，以进一步推动全厂职工的观念转变。

2. 质量、品种、效益 在“质量、品种、效益年”里，突出把“质量是企业的生命”放在首位。实物质量有了改善，涌现出一批名牌和获奖产品。如大连第三呢绒服装厂“九星”牌西服，荣获全国西服行业中第一枚国家金质奖。今年着重抓了①增强质量意识教育，采用展评和曝光等有效方式，增强紧迫感和责任感；②强调一把手亲自抓质量，并充实质量检测监督队伍；③开展质量攻关和跟踪活动，强化基础管理；④有效地开展TQC活动，强化质量管理；⑤发动和依靠群众，提高技术操作水平，会同省轻纺工会、省劳动局组织开展10大工种操作能手大奖赛，评选出130名省操作能手，其中10名荣获省“五一”劳动奖章。

为了有效地从质量求效益，选定了以推行“质量否决型效益工资制”为操作点，在全行业大力推广了鞍山针织总厂和鞍山纺织厂的经验，全省推广面50%，其中鞍山市纺织行业已全面推广，形成三种形式：①质量系数否决型效益工资制，适用于自动化、连续性强的企业；②联质金额无限计件质量否决型效益工资制，适用于单机单人作业岗位；③全面质量否决型效益工资，同岗位差别工资制、技能差别工资制和一流工作质量工资制配套。鞍山纺织厂推行以后，成效显著，坚固呢出口合格率由上年26.9%提高到81.1%，促使出口交货值增长3.1倍，利税比上年增长1.22倍。

辽宁纺织行业本着“四上一创”（上质量，上档次，上花色，上款式，创名牌）的要求，坚持以市场为导向，积极调整产品结构，开发品种。营口染织厂充分发挥特阔幅印花设备的优势，不断开发更新印花席梦思床罩；铁岭色织总厂采用中长和弹力丝、网络丝为原料，开发仿毛涤产品及精仿毛花呢等物美价廉产品；朝阳毛纺织厂不断创新，开发用料合理、色泽流行的“朝阳蓝”、“朝阳紫”等时新呢绒，畅销省内外市场。

围绕市场导向和品种前提，抓紧了“八五”技术改造的起步工作。当年完成技改投资额约4亿元。有一批技改项目竣工投产，如鞍山合成纤维厂的仿真丝细旦长丝生产线，鞍山彩蕾服装工业公司引进的风雨衣吊挂生产线等相继建成投产，并开始收益。

3. 经营销售 针对纺织品市场供大于求的特点，采取了开拓国内国际两个市场的方针。各级都加强了营销工作的组织领导，理顺各部门关系，健全机构，充实队伍，完善和落实销售承包责任制（含销售额、销售利润、回收货款）。不少企业重视市场调研，分析市场形势，研究销售策略，如采取“滚动式销售策略”，分层次转移销售热点；把销售重点从沿海转向内地，从大城市转向县镇；将新品种最先投放到沿海开放城市，创销售高潮，接着滚动到经济比较发达的内陆地区，再滚动到不发达地区。通过举办“91辽宁纺织产品展销会”、第三届大连国际服装节、沈阳国际秧歌节和“沈阳一毛杯”等展销交流活动，提高了产品知名度，扩大了销售。大连纺织行业参加本届大连服装节，共成交285万件（套），成交额2.3亿元，比上届增加1亿元。此外，还组织开展纺织系统销售人员大奖赛，评选表彰了100名能手，有效地调动了积极性。

进入下半年，特别是9月以后，全行业加大了“控产、压库、促销”工作的力度，至年末取得成效。三项资金由最高的8月份35.2亿元，压缩至29.8亿元，压缩了15.4%，其中产成品资金由15.58亿元，压缩至10.5亿元，压缩了33%。

为减轻内销市场的压力，瞄准国际市场，发挥沿海开放地区的优势，千方百计扩大出口创汇，在充分依靠本省外贸主渠道的同时，还采取多口岸出口、工贸结合和自营出口等多渠道，出口增幅较大，11个市都有增长。全行业于10月末提前完成全年出口交货值计划，全年同比增幅24.7%，“两纱”、“两布”的增幅分别达33.8%和19.6%，呢绒增幅更大，达65%。

4. 扭亏增盈 省厅市局都加强了对扭亏增盈工作的组织领导，采取了厅长带队蹲点扭亏责任制，组织局长参加现场拉练活动，边看边听边议。为了强化管理，全行业贯彻执行了纺织工业部制定的《纺织工业现场管理基本要求》,介绍推广了沈阳纺织厂严格现场管理经验。全行业扭亏增盈工作取得一定成效，出现了鞍山棉染厂等一批扭亏转盈企业，以及一批减亏的市局。

5. 存在问题 总的来看，辽宁纺织行业经济效益滑坡问题仍然十分突出，成为影响行业形象、威胁行业生存和发展的关键。1991 年是第二个全行业亏损年度，预算内全民企业帐面净亏 3.04 亿元，同比增亏 72.7%，亏损面 60%，第一次出现利税负值。分析其原因，除了棉花价贵上调，以及增提“三金”，处理挂帐等政策性因素外，主要内因是：①有些产品不对路，档次低；②管理滑坡，造成质量差、用工多、消耗高；③资金占用多，利息支出高；④“七五”技改投入产出效益差；⑤思想观念落后，商品经济意识不强，在实际工作中对行业管理指导不力，抓得不实。

（执笔人：胡尔寿、彭 克）

吉林省纺织工业

吉林省纺织工业厅

1. 概况 1991 年，吉林省纺织工业系统的广大干部职工认真贯彻中央工作会议、国务院棉花工作会议、纺织工业部在吉林省延吉市召开的全国纺织工业厅局长座谈会精神，坚持“一个中心、两个基本点”，依靠工人阶级办企业，狠抓技术进步，推动结构调整，转换经营机制。在全行业和全厅范围内开展了“解放思想、转变观念、真正把企业搞好”的大讨论，引导广大职工自觉地树立市场、竞争、信息、质量、服务和效益观念，查找本行业、本地区、本企业与沿海开放地区、发展较快省市在思想认识上和行动上的差距，让思想适应商品经济发展的需要。广大职工团结奋斗，坚持两个文明一起抓，使生产建设、限产压库、技术进步等工作稳步发展。全年完成工业总产值 34 亿元（1990 年不变价），比上年增长 1.16%；出口交货额 49166 万元，比上年增长 27%；92 户预算内国营工业企业实现销售收入比上年增长 4%。由于全国纺织工业“总量过剩、结构失调”两大矛盾尚未缓解，加上一些企业经营机制未能按有计划的商品经济要求实行转换等多种因素影响，全行业经济效益大幅度下降，预算内工业企业实现利税比上年下降 90%；全行业出现亏损，棉纺行业和毛纺行业亏损额占总亏损额的 75%。吉林省纺织工业走向了谷底。

2. 质量、品种、效益 吉林省纺织工业厅响应国务院关于开展“质量、品种、效益年”活动的号召，按照纺织工业部和吉林省政府的部署，成立了活动年领导小组，下设工作办公室和竞赛办公室，制订了活动方案、实施细则和局级立功竞赛活动方案，采取“统筹规划、目标管理、分级负责、分类指导、分布实施”的方法，按思想发动、组织实施、考核验收和总结表彰四步进行。把这项活动作为纺织行业中心任务去抓。2 月 4 日，吉林省纺织工业厅召开了全省纺织工业工作会议，将各项指标层层分解到各市局和有关企业，调动他们积极性。选择重点行业和重点企业，开展 10 个纺织产品、3 个服装产品的质量攻关活动，以带动面上工作。经过攻关，产品质量普遍提高，纱条干 CV 值平均降低 2.37%，棉结减少 69.9 个，布横档减少，针织产品缩水率合格率由三档水平升入二档水平；产品质量稳定提高率达 100%；国家对吉林省纺织品抽查合格率达 100%；省抽查合格率为 92.3%，比上年提高 3.3 个百分点。通化市人造毛皮厂仿貂皮产品、吉林市羊毛衫厂纯毛三平女开衫、吉林化纤厂粘胶短纤维等 3 个产品创国家优质产品，实现了零的突破。吉林省纺织工业厅和省服装鞋帽工业公司注重设计人员队伍建设，组织了全行业织物组织结构、染织图案和服装设计评比。举办了吉林省第二届天池杯服装设计大奖赛；召开了全省设计人员代表大会，表彰了一批优秀设计人员。2 名同志分别获全国最佳和优秀设计人员光荣称号。全省开发新产品 220 项，创产值 3.66 亿元，利税 5100 万元。在抓经济效益上，一方面抓利税大户的增盈，另一方面深入基层，到亏损额 100 万元以上的企业调查研究，争取当地政府给予政策扶持。厅长带队五次去厅包点的白城地区乾安县，协助制定 1991 年至 1995 年全县财政发展规划，协调乾安亚麻厂和上海毛麻公司联合开发亚麻产品。

3. **限产压库、扩大销售** 1991年8月，吉林省纺织工业厅召开紧急工作会议，部署限产压库工作。领导挂帅，实行责任制，将指标落实到各市地局和有关企业，落实到具体产品品种。按“停产滞销产品、限产平销产品、增产畅销产品”的原则，合理安排生产。减少了纯棉纱、高档人造毛皮、民用袜、粗纺呢绒等产品生产，增加了低档人造毛皮、装饰绒织物、人棉布、军用系列产品等畅销产品生产。在压库方面，重点抓产品销售，充实销售队伍，用好用活政策，推销积压产品；在外销方面，坚持多形式、多渠道、多口岸，利用吉林省地理位置，开展边境贸易，基本打开了对朝鲜、俄罗斯及东欧的出口渠道。1991年下半年出口量明显增加，品种也由原来的羽绒服、三内衣、浴巾等扩大到羊毛衫、运动服、旅游鞋、床单等。全年压缩产成品资金17676万元，超部计划34%。

4. **技术进步** 吉林省纺织工业厅一直重视技术进步工作，并把技术改造作为一项重要内容努力去抓，集中力量编制了吉林省纺织工业“八五”计划和十年规划，修改完善了《吉林省纺织工业“八五”科技计划和十年规划》，确定了吉林省纺织工业长远发展战略，即发展纺织原料以“天然纤维和化学纤维并举，以化学纤维为主”的方针，重点发展化纤纺织印染的后整理、产业用纺织品、装饰用纺织品和服装等加工业，把吉林省纺织工业建设成为省内出口创汇支柱产业。着重抓了吉林化纤厂3万吨腈纶、开山屯化纤浆厂2万吨粘胶短纤维和四平、辽源、东丰3个2000吨化纤项目的前期准备工作。1991年技术改造项目进展较快，完成固定资产投资18333万元，比1990年增加25.6%，为年计划的77.6%，超额完成省政府下达70%的计划指标。完成科研项目15项，多数成果已投入批量生产，形成了生产能力。

5. **企业管理** 1991年6月和11月，吉林省纺织工业厅总结了通化市第四服装厂和吉林化纤厂的经验，分别在这两个厂召开了现场会，推广他们从严治厂、强化管理、班组建设等经验，号召纺织服装企业结合实际认真学习。辽源市第二针织厂创部质量管理奖；吉林化纤厂、长春市第三服装厂晋升国家二级企业，8户企业晋升省级先进企业；全省有2人获纺织工业部操作能手称号，10人获吉林省操作标兵称号。

10月份，吉林省纺织工业厅召开了全省纺织系统政工会暨政研会第六次年会，总结交流了经验，表彰了8个双文明企业。还举办了吉林省纺织系统“人民公仆、企业主人”事迹报告会，为庆祝中国共产党建党70周年，又举办了全系统《经纬之声》文艺调演，讴歌中国共产党的丰功伟绩。

（执笔人：叶　伟）

上海市纺织工业

上海市纺织工业局

1. **概况** 上海纺织工业以上海市纺织工业局所属企事业单位为主体。1991年末，全局共有企业494家。其中，全民所有制企业397家，集体所有制企业67家，国集合营企业6家，中外合资企业24家。

1991年末，全局职工总数535319人，其中全民所有制企业职工489908人，集体所有制企业职工32113人，国集合营企业职工4252人，中外合资企业职工9046人。

全局共有各类专业技术人员50853人。其中工程技术人员23574人，经济、会计、统计人员16011人。高级工程师1383人，工程师6198人；高级经济师38人，经济师879人；高级会计师17人，会计师413人；高级统计师4人，统计师77人；其他具有高级职称的人员329人，中级职称的人员2797人。

全局工厂占地面积818.17万平方米，建筑面积950.73万平方米。固定资产原值74.9305亿元，固定资产净值46.8367亿元。主要专业设备有：棉纺锭236.34万锭，气流纺21744头，织布机54386台，毛纺锭18.46万锭，毛织机2497台，床单织机1759台，绢纺精纺锭12744锭，丝织机5875台，印染布生产能力14.73亿米。

1991年，建造职工住宅26.6万平方米。

2. **工业产品** 1991年生产棉纱174.02万件。比1990年下降1.58%，棉布111469万米、下降8.51%，印染布83518万米、下降6.31%，针棉织品折用纱82963吨、下降9.05%，呢绒2823万米、下降3.65%，毛线16274吨、增长29%,麻袋30万条、下降62.5%,麻布78万米、下降35%,丝织品9858万米、下降1.73%,化学纤维72391吨、增长1.5%(粘胶23229吨、增长1.85%、合纤49162吨、增长1.35%),帘子布8168吨、增长17.4%,服装8875万件(条)、下降2.04%。

1991年,全局以市场为导向,产品结构调整面达49.56亿元,占全局总产值23.6%;优先发展产品产值61.24亿元,比1990年增长18%,占全局总产值27.41%。

3. 经济效益 工业总产值:1991年210.05亿元,比1990年增长2.47%。

利润和税金:1991年14.71亿元,比1990年下降3.17%,其中利润7.39亿元,下降2.59%。

出口收购金额:1991年75.15亿元(现行价),比1990年增长1.50%。

资金利税率:1991年15.67%,比1990年下降2.09个百分点。

全员劳动生产率:1991年40503元,比1990年增长3.27%。

4. 技术进步 1991年,全局完成市下达新产品开发、试制计划29项,完成局开发、试制计划83项,完成率分别为93.5%和94.3%。此外,全局还开发了一批市场适销的新产品,共计开发新品种1400只,新花色24500只。完成市、局新产品试产计划共248项;新产品试产产值达到16.17亿元。在1990年组织跨行业、发挥大纺织优势的13条龙协作配套开发的基础上,1991年又新组建了"细旦高支和粘胶仿绸产品"、"产业用纺织品"及"服装面料"三条龙。粘胶仿绸等是当今国际市场非常流行的一些品种,相继开发成功,受到了国内外市场的欢迎。

1991年,有10个产品获国家优质产品奖,其中金质奖3个,银质奖7个;有31个产品获上海市优质产品奖称号,108个产品获纺织工业部优质产品奖称号。

1991年共完成国家"七五"重点科技攻关项目29项。获科技成果126项,其中3项获国家级科技进步奖,19项获部级科技进步奖,10项获市级科技进步奖。"高档真丝印花砂洗绸"获市科技一等奖。

1991年开始实施压缩纺织生产能力,全年共压缩了9.6万锭(枚)陈旧落后棉纺锭,以及相应配套的1000台织造设备和2050万米印染生产能力;压缩7884枚毛纺锭。结合压缩,还进行了技术改造。全局共落实51项贴贷项目,贴贷资金达到5.09亿元,全年已完成2.56亿元。压贷挂钩项目4项,压贷贷款达4224万元。技术改造重点突出了改造棉纺关键设备、化纤、纺机纺器和针梭织服装等四大行业,一年中新批项目达49项,总投资7.37亿元,分别占全局立项数的65.3%和总投资的75.5%。1991年,全局固定资产投资完成7.55亿元,完成计划的104.9%。全局竣工项目计划37项,实际完成45项。这些项目,当年新增产值5.94亿元,利税0.74亿元,节创汇4649万美元。全年完成噪声治理项目实际竣工37项,完成计划的148%。

5. 质量管理 1991年,围绕"质量品种效益年"活动,加强质量管理,广泛进行群众性的质量意识教育,开展国家质量管理标准试点工作,制订了经理、厂长质量意识考核办法,并组织了全局性质量意识考试。在具体方法上,从"逆向管理"转向"顺向管理";健全了企业质量体系;开展了关键工序一次合格率、降低废次品率活动;建立了19个质量攻关组,进行行业第一位疵点攻关,努力提高产品实物质量。如印染行业与1990年相比,纬斜下降了40%,色差下降37.78%;针织产品缩水合格率达到98.9%。同时对全局三资企业,制订了"加强三资企业产品质量管理办法",把三资企业最终成品监督纳入行业归口管理渠道,外转内销产品按内销产品标准进入市场;对三资企业经营的不合格产品,同样实施黄牌警告和质量否决权。在企业内部,开展了各种形式的质量工资制,如"A级坯工资制"、"一等品工资制"、"合格品工资制"等等。1991年,全局对市下达考核的38项质量指标完成率为100%;质量稳定提高率为97.22%,比1990年提高了2.93个百分点;商检检查不合格批次比1990年减少了143批,下降了44.45%。

6. 企业改革 1991年,全局以搞好大中型企业为重点,加大改革力度。首先,在全局进行解放思想,转变观念的教育。先后召开上海第二毛纺织厂经营策略研讨会和二纺机改革成果研讨咨询,以先进企业的典型经验,来推动各级领导的思想观念从计划转向市场。同时,还举办经理、厂长市场营销策略系列讲座,借鉴外系统企业的成功范例,帮助和引导企业树立新的企业观,加深对企业"本质"的再认识,摆脱"附属"地位,切实成为自主经营、自负盈亏、自我发展、自我制约的商品生产者和经营者。

按照市政府搞活企业的七条政策,结合纺织工业实际,努力改善企业的外部环境,积极放宽企业自主经营的自由度,采取了行之有效的11条放权搞活企业的政策措施,减少了指令性计划,扩大了市场调节成分,进一步把企业推向市场。为了启动生产,年初作出风险决策,降低原料供应价,在原料供应上坚持实行以销定产;在出口方式上,鼓励企业多渠道、多方位出口;强化经营,加强营销,鼓励企业采取各种办法扩大销售,使全局生产和出口保持了稳定发展。

全局还加快企业内部运行机制改革,激发企业活力,特别是理顺职工与企业的关系。1991年,局逐步推行了以全员劳动合同制、上岗合同制和岗位技能工资制等内容的劳动、人事、分配、保险制度的改革,把职工利益与企业经营好坏、本人贡献大小密切结合起来,形成"岗位靠竞争、收入靠贡献"的激励和制约机制。二纺机、第十印染厂、上棉二十八厂、一纺机实行了全员劳动合同制，其中二纺机是市第一家实行全员劳动合同制的企业。

1991年，全局继续发展规模经济，组建产品发展有前途、企业组织结构合理的紧密型企业集团。在浦东新区内，组建了上海八达纺织印染服装（集团）公司。八达集团是一家打破行业界限、以最终产品为龙头的企业集团，集棉纺织、毛纺织、印染、针织、服装为一体。改组原康达联合公司，重组为康达纺织印染服装（集团）公司为紧密型集团公司。扩大申达纺织服装（集团）公司，上棉八厂、第二印染厂进入申达集团紧密层。对全局已组建的企业集团公司，完善经营机制，实行计划单列。

1991年，全局有4家企业进入国家级企业行列，其中国家一级企业1家，国家二级企业3家。

（执笔人：周良才、卢　勇）

江苏省纺织工业

江苏省纺织工业厅

1. 概况　1991年末，江苏纺织工业系统共有工业企业803个，职工71.76万人，其中工程技术人员2.51万人，占职工总数的3.5%。全系统固定资产原值平均金额86.98亿元，主要设备有：粘胶纤维能力1.21万吨，合纤能力28.91万吨，棉纺锭577.07万枚，气流纺3.49万头，精梳机1366台，自动络筒156台。布机14.87万台（其中，无梭织机2784台，占织机总数的1.87%），棉印染能力19.41亿米，毛纺锭78.8万枚，毛织机7026台，红黄麻纺锭2.96万枚，巾被织机8089台，经编机及纬编大圆机2792台，台车及棉毛车8856台。1991年全系统实现工业总产值（1990年不变价）239.83亿元，比上年下降3.69%；实现工业净产值47.40亿元，下降5.5%；完成出口产品收购值96.82亿元，增长27.8%，其中省口岸61.81亿元，增长19.03%；按海关口径统计，创汇13亿美元，增长17.75%；实现税利7.46亿元，下降41.19%，其中利润1.39亿元，下降76.19%，亏损企业232户，亏损额达3.68亿元。人均实现税利1214元，人均利润227元，全民企业全员劳动生产率37539元/人，县属大集体以上企业全员劳动生产率27094元/人。

2. 限产压库　由于前几年经济过热的影响，导致纺织工业面临着棉纺加工能力过大与棉花供应短缺，纺织产品生产总量相对过多与现有条件下市场需求不足两大矛盾。全省安排纺棉计划31.95万吨，约占实际能力的45%，加之棉花流通领域秩序混乱，品级、长度不符，价高质次，销区计划调拨执行率仅70%左右。库存产品由年初的17亿元逐月上升到8月份的21.65亿元。特别是6、7月份特大洪涝灾害的袭击，使全省311个纺织企业一度被迫停产、半停产，56万平方米厂房受损，其中倒塌、部分倒塌2万平方米，需拆除重建23万平方米；原材料受损1.29万吨，产成品受损1.12亿元；总计直接经济损失3.56亿元，间接损失2.8亿元。

面对这些严峻困难，全省纺织系统广大干部、职工奋力拼搏，使生产基本稳定。全年主要产品产量：化学纤维23.81万吨，比上年同期增长26.88%；棉纱56.20万吨，下降19.1%；布27.01亿米，下降6.67%；针棉织品折纱13.42万吨，增长9.45%；涤纶针梭织品1.69万吨，增长6.16%；印染布13.91亿米，增长3.16%；呢绒8719万米，增长19.08%；毛线12.17万吨，增长46.35%；毛毯269万条，增长22.88%；麻袋3596万条，下降62.52%；服装3.3亿件，增长18.29%。特别是下半年开始，根据国务院、纺织工业部的要求，在全系统开展限产压库工作，严格按国家下达我省棉纱平均每月4.14万吨的计划为最高限额组织生产，棉纱产量由6月份的5.66万吨逐月下降到12月份的3.32万吨；产成品资金由8月末的21.65亿元降至年末15.47亿元。

3. 控能　1991年，棉纺生产能力进一步得到控制，全省没有新开工纱锭项目，结转项目也均建成投产。全年用于新建、扩建的固定资产投入仅2.03亿元，占总投资的比重由上年的38%下降到22%。

对全省235个万锭以下小棉纺企业（计105.6万锭）进行整顿。经过初步整顿，关停了一批企业，如无锡县纺前棉纺厂、张经棉纺厂、常熟华达棉纺厂等；兼并了一批，如常熟市鸽球印染集团兼并了常熟第四棉纺厂，扬州大华市被集团兼并江都纺织厂；停建了一批棉纺项目，如停建中外合资常新纺织有限公司1

万头气流纺，减建常州针织总厂1万锭环锭纺；提高了一批企业，如盐城小棉纺厂均配备了空调、除尘、检测等设施，并使设备完好率从30%提高到62%，棉纱一等一级品率达到72.2%，比上年提高27个百分点。至此，全省小棉纺厂主机装备中较先进的设备约占40%，一般水平设备占36%，陈旧落后设备占24%。

与此同时，针对全省棉纺行业有陈旧落后纱锭101万枚的状况，根据国务院、纺织工业部的要求，编制3年淘汰、更新、改造棉纺锭的规划及1992年淘汰解放前老纱锭20万枚的计划，并要求相应减少规模，从1992年开始实施。

4. 外经 全年完成出口总折纱30.06万吨，占纱产量的53%，比上年减少1.12万吨，其中省口岸出口折纱19.68万吨，减少2.37万吨。主要产品出口情况：棉纱4.74万吨，比去年下降12.5%；布12.28亿米，下降6.59%，针棉织品折纱5.12万吨，增长7.54%；呢绒508.45万米，增长64.16%；毛纱1.68万吨，增长25.6%；毛毯5.81万条，下降36.22%；毛衫502.76万件，增长2.94%；麻袋320万条，增长344.44%；服装1.05亿件，增长10.77%；纺机纺器创汇达2340万美元，增长10.32%。

年出口在100万美元或出口比例55%以上的企业有260多个，其中年创汇500～1000万美元以上的企业26个，1000万美元以上的企业18个。三个自营出口企业自营创汇达1207万美元，其中协新毛纺厂自营创汇543万美元，苏纶纺织厂352万美元，苏州针织总厂312万美元。

今年新批“三资”企业133个，总投资3.39亿美元，注册资本2.52亿美元，其中利用外资1.04亿美元。全省“三资”企业出口创汇达1.52亿美元，创汇100万美元以上的纺织“三资”企业44个。

5. 品种 品种进一步向深、精、高发展。全省平均纱号20.35号，在全部纱产量中，粗号纱9.52万吨，占16.9%，中号纱18.33万吨，占32.6%，细号纱27.69万吨，占49.3%，特细号纱0.66万吨，占1.2%。生产无结头纱3万吨，占纱产量的5.3%；精梳纱8.73万吨，比上年减少0.3万吨，精梳纱占棉纱总量的比重由上年的13.01%提高到15.5%。百米布用纱16.62公斤，生产无梭布1.11亿米，占布产量的4.1%；印染布比重由上年的46.63%提高到51.6%。服装用布（按2米/件测算）占棉布总量的比重由上年的19.28%提高到24.76%，占印染布、色织布的比重由上年的31.31%提高到40.49%。针棉织品折用纱占纱总产量的23.9%，比上年增长6.2个百分点。全省差别化纤维产量7.74万吨，增长33.4%，占化纤产量的比重由上年的30.9%提高到31.9%。卡其、灯芯绒等19只产品出口创汇在1000万美元以上。全省全年耗用纤维85.7万吨，比上年减少7.16万吨，其中耗用天然纤维54万吨，减少7.1万吨；用化学纤维31.7万吨，与上年持平。

全年开发省级新产品268只，市级新产品357只，新产品产值28亿元，利税约2.7亿元，分别占全省纺织工业的11.67%、36.19%，其中无锡漂染厂开发的纯棉高密印染横贡缎防羽布，南通县东纱纺织厂的非棉新型强力基布等均取得较好的经济效益。

在全国纺织复制品优秀花型图案评比中，扬州大华棉织厂的满刮底割绒印花“烛光”枕巾、“沙漠驼铃”浴巾等17只花型获得一等奖，25只获二等奖，53只获三等奖，获奖总数为全国之冠。为贯彻《纺织产品设计工作条例》，在纺织工业部统一部署下，评出省级优秀设计人员30名，先进设计人员38名。如皋染织厂的朱燕获“全国最佳设计工作者”称号，常熟被单厂的方明琪、无锡印染厂的唐钺等13人被命名为“全国优秀设计工作者”。

6. 质量 一是在各行业开展质量攻关活动。棉纺行业确定22个攻关课题，组织60个企业进行攻关，从而使产品质量明显改善，精梳45支纱的偶发性纱疵、常发性纱疵均下降30%以上，坯布横档由百米15条下降至11.5条，单匹符合率由54%上升到67%；印染行业色差疵布、纬斜疵布率均下降30%左右；针织行业13个大中型企业的缩水合格率全部达到部颁二档及以上水平。二是围绕提高质量、积极推广短平快项目，使全省重点出口产品的电子清纱器使用覆盖率达95%左右，全省推广使用空气捻结器80套。三是在常州、无锡、南通、扬州的棉纺织行业试行质量后道采样办法，促进提高质量真实水平。去年，全省14类产品的出口合格率平均比1990年提高2.3个百分点；出口商检批次合格率98.2%。

7. 投资 在连续两年全省纺织工业固定资产投资大幅度下降后转向回升，全年拨入固定资产投资资金11.01亿元，比上年增长55%；完成投资额9.38亿元，增长34%，其中完成技术措施投资8.12亿元，增长52%。全年施工项目687个，增长65.5%，其中新开项目432个；竣工投产项目411个，投产率提高8.7个百分点；未完工程资金占用率由40%降为33%；平均建设周期由3年缩短为2.5年。

从完成固定资产投资的行业分析，印染9123万元、毛纺织5671万元、缝纫8609万元、化纤9172万元、纺机行业3581万元，分别比上年增长45%、90%、156%、92%、42%，均高于全系统平均增长速度；棉纺织行业完成36456万元，增长15%，低于全省平均增长速度，但其中技术措施仍增长42%，特别是全民企业完成的技术措施投资额增长91%；针织行业完成7048万元，基本与上年持平；麻纺织行业完成381万元，在上年下降42%的基础上继续下降66%。特别是基础行业——化纤行业占完成投资的比重由上年的14.2%上升到20.4%；龙头行业——服装缝纫行业完成投资的比重由4.8%上升到9.2%，资金拨入量达

9409万元，增长280%；先导行业——纺机纺器行业的资金拨入量达4670万元，增长85%。

从投资的地区分析，1991固定资产资金拨入量及完成投资额最多的是无锡，分别达2.32亿元、1.93亿元；其次是苏州，分别为1.66亿元、1.46亿元；镇江最少，分别为0.20亿元、0.15亿元。

8. 科技 全年有43只项目通过省级以上鉴定，如苏州纺机厂的绕性剑杆织机通过30台中试鉴定，常州纺机厂SGA004型自动络筒机，省纺研所的涤纶复合帘子线及产品、防静电胶鞋、化学改性高收缩涤纶切片、粗细针复合经纬机，无锡县纺织设备厂的SGA321型双浆槽浆纱机等均通过鉴定。特别是国家"七五"攻关项目——小批量连续轧染设备、工艺与产品，通过南通印染机械厂、江都纺机厂、常熟印染厂的联合攻关，已顺利通过鉴定；省纺研所承担的抗静电无尘衣后整理技术及其与常熟印染厂共同开发的国产电子测配色系统也均通过鉴定。至此我省承担及参加的20项"七五"国家攻关项目均通过鉴定，并全面通过国家级验收。

1991年度全省获得国家级科技进步奖1项（射阳纺机厂GA121型整经机获三等奖）；部级科技进步奖4项（其中盐城市纺织机械厂的GA332型大卷装浆纱机、常熟机械总厂的粗纺梳毛机工艺设备改进工艺、吴江县梅堰曙光化纤厂的低熔点共聚酯等均获三等奖，金坛县纺织机械总厂的SHY301型自调匀整装置获四等奖）；江苏省科技进步奖17项；省厅增设厅级科技进步奖，获奖项目26项。此外，有16项"七五"国家攻关项目获国家攻关优秀项目表彰，省纺研所陈日藻同志荣获国家"七五"科技攻关先进个人光荣称号。

1991年，全行业微机技术应用向前推进了一步。省电子振兴办公室与纺工厅通过联合调研确定以印染行业为重点，以常熟印染总厂为示范点，对印染车间生产现场微机监测和管理进行总体设计，并突出布匹管理与能耗管理两大主题，进行应用性研究。国家"八五"攻关项目无锡第一色织厂的"筒子染色车间生产过程微机监控及车间现代化管理"年底已完成实验室模拟调试，1992年将逐步分阶段进入生产现场。无锡人造毛皮厂与总参56所开发的"人造毛皮花型微机制备系统"，无锡县针织厂自行研制AZD90-40型电脑横机，常州第一织布厂的"棉织生产工艺微机辅助设计"、无锡第二棉纺织厂的"计算机企业管理信息系统"等均获成功，具有较高的推广价值。

（执笔人：林庆生、张石莉）

江苏省丝绸工业

江苏省丝绸总公司

1. 概况 江苏是全国茧丝绸生产和出口的主要基地之一，丝绸生产具有悠久历史。1984年江苏省人民政府批准成立农工商贸合一的省丝绸总公司，为江苏丝绸的全面振兴创造了新的契机。公司成立以来，在党的基本路线指引下，充分发挥"贸工农"一体化优势，加强茧丝绸统一经营管理，以提高经济效益、扩大出口创汇为主要目标，不断深化内部改革，大力推进结构调整和技术进步，促进了贸工农协调发展和综合经济效益的显著提高，增强了我省丝绸行业参与国际市场的竞争力和应变能力，开创了江苏丝绸事业持续、稳定、协调发展的新局面。目前，江苏丝绸行业已初步形成了制种、种桑、养蚕、缫丝、绢纺、织绸、印染、丝针织、绸服装、制成品以及纺机纺器、科研教育等较为配套的茧丝绸生产、出口、科研和服务体系，丝绸工业达到相当规模和水平，成为江苏国民经济的优势产业和出口创汇的支柱产业。到1991年底，全省共有桑田186万亩，蚕茧产量230万担，收购蚕茧203万担，比1984年分别增长37.4%、77%和57%，其中蚕茧产量平均年递增12.5万担。

全省丝绸系统内企业144家，其中全民企业72家，集体企业69家，全民与集体合营企业2家，中外合资企业1家，职工14万人。工业生产能力：全省拥有缫丝机65.75万绪，比1984年增长155%，其中自动缫丝机8.45万绪，增长188%；绢丝精纺锭38288锭，增长180%；䌷丝精纺锭5520锭，增长11.2%；丝织机39230台，增长90%，其中喷水织机1663台，剑杆织机354台，片梭织机288台；练染印能力6亿米，增长220%，涤纶抽丝能力10000吨。

1991 年丝类产量 14359 吨，比 1984 年增长 99%，其中白厂丝产量 11544 吨，绢丝 2289 吨，分别增长 94%和 258%；丝织品产量 47293 万米，增长 79%，其中真丝绸 12773 万米，增长 172%；练染印丝织品 76163 万米，增长 307%。主要经济指标：1991 年，系统内丝绸工业总产值（按 1990 年不变价，下同）55.82 亿元；工业净产值 12.28 亿元；工业销售收入 56.19 亿元；实现利税 3.52 亿元，其中利润 1.76 亿元。

2. 双向承包、出口创汇 根据省政府的决定，我省丝绸实行“双向承包”，即由省丝绸总公司向省政府承包出口计划、上缴中央外汇和上交省外贸出口综合运筹基金三项指标，各市、县政府向省政府承包厂丝货源计划。由于“双向承包”及配套政策出台较晚，加之遭受严重洪涝灾害的影响，货源任务下达初期落实较为困难，面对时间紧、任务重、茧丝调拨不畅等重重困难，省丝绸总公司充分发挥贸工农一体化优势，实行统一经营管理，加强综合运筹，积极采取措施，调动了各地完成承包任务的积极性，使“双向承包”任务得以顺利完成。

在狠抓出口货源落实的同时，省丝绸总公司还积极做好丝绸出口工作，大力开拓国际市场，不失时机扩大履约成交。各出口业务部门还在人手紧、任务重的情况下，在开拓市场、开发品种、灵活贸易、开展出口代理业务等方面进行了积极有效的尝试。

1991 年全省丝绸出口创汇 45305 万美元，占全省出口创汇总额的 13.1%，比 1984 年增长 132%，平均年递增 12%，其中省丝绸总公司创汇 43136 万美元，完成年计划的 109%，比上年略有增长，上缴中央外汇 16518 万美元，上交省外贸出口综合运筹基金 1.4 亿元。苏州、无锡、南通三市丝绸自营出口 2169 万美元。各市、县也基本完成了向省政府承包的 9200 吨厂丝货源计划。全省丝绸 8 年累计出口创汇 26.23 亿美元。

3. 蚕丝生产 1991 年春夏季节，我省相继遭受了低温、阴雨和百年未遇的特大洪涝灾害，蚕桑生产损失相当严重，春期蚕种减产 45 万张，春茧质量明显下降，全省桑田受淹面积达 132.8 万亩，其中 69.7 万亩桑田严重受渍，16 万亩新植桑苗被毁，蚕室倒塌，蚕种冷库受淹。据不完全统计，直接经济损失 2.17 亿元，间接经济损失 3 亿元以上。在大灾面前，省丝绸总公司一方面及时下拨蚕桑救灾资金 750 万元、化肥 1300 吨，帮助灾区恢复生产；同时积极组织蚕区加强桑田管理，突击清沟理墒，及时施肥，尽快恢复桑树长势。另一方面，精心组织蚕区开展“秋补秋超”工作，根据各地灾情实行分类指导，合理调整养蚕布局和蚕种生产计划，增养秋蚕。1991 年三秋发种 245 万张，比上年同期增加 10 万张。由于全省蚕桑系统广大职工的共同努力，加之饲养期气候适宜，秋茧产量创历史最高水平，茧质和单产普遍高于春茧，也好于上年同期水平，蚕种和蚕茧产量超额完成全年生产计划。蚕桑基础设施和服务体系建设也得到进一步加强。

4. 产品质量 面对激烈的市场竞争，省丝绸总公司针对我省丝绸行业的质量状况，提出把提高产品质量，提高江苏丝绸产品信誉作为一项突出工作来抓。①制订了全行业提高产品质量的目标和措施，提出了在全行业开展“科技、质量、品种、效益年”活动的意见，各市丝绸工业主管部门将省公司下达的指标进行了分解落实，对各企业制定了具体考核和奖惩办法，使各项工作落到实处，强化了企业的质量意识。②在各地丝绸企业继续推行全面质量管理，建立质量保证体系，在生产上围绕提高产品质量，加强各项基础管理，开展岗位练兵和选拔操作能手的活动，着重开展优化现场管理工作，推动了企业管理规范化、制度化建设，使企业管理水平上了一个新台阶。③组织力量对丝绸生产中的关键性质量问题，如：生丝切断、缫丝水质、绢丝支不匀、丝织纬档多和码折印等问题进行了攻关。绸缎是江苏丝绸出口商品中的大宗商品，为此我们与商检、计经委等部门联合成立了“绸缎质量把关领导小组”，指导全省的绸缎质量工作，确定专题进行攻关，定期分析，提出措施，同时为确保出口绸缎质量，对库存绸缎按“八四标准”进行翻仓，重新检验。④采取一系列经济措施和办法对产品质量实行倾斜，如制定了生产和调出优质蚕茧的奖励办法和出口厂丝内控和特控标准；调整了织绸用丝的丝级差金；全面推行“质量否决权”制度；按照质量水平实行择优安排；对重点产品如对出口欧洲、日本的厂丝、绸缎、双 A 级绸缎实行专厂定点生产等，从而使我省丝绸产品质量和对外信誉不断提高。

5. 技术改造、结构调整 根据省委、省政府提出的“调整工业结构，扩大对外开放”的方针，省丝绸总公司结合行业实际，按照国家产业政策，坚决控制“小丝绸”的盲目发展，对各类“小丝绸”的加工能力进行重新核定、分类指导，引导“小丝绸”企业进行联合、改组、改造，走专业化协作的道路。同时按照丝绸行业以“出口为主、真丝绸为主、印花后整理为主”的技改方针，把技术改造的重点放在提高丝绸产品的质量、档次和深加工水平上。1991 年落实技改项目 20 项，总投资 27709 万元，当年投资 18659 万元，贷款 3780 万元，用汇 2681 万美元，有 8 个项目获纺织工业部技术改造优秀项目。

在产品结构调整上，省公司一是根据市场需求及客户要求，及时反馈信息，迅速调整产品、品种的生产计划，择优安排组织生产。对市场走俏、出口创汇高的产品、品种实行鼓励政策；对质量不合要求、花色品种陈旧、市场滞销的产品采取限产、减产，甚至停产的措施。二是瞄准国际市场，大力开发新品种。1991 年开发出绸新品种 91 只，成交 12 只，数量 174.14 万码，创汇 994.04 万美元；开发提花新花样 327 张，成交 302.5 万码。在 1991 年全国丝绸系列产品展评会中，我省荣获“金丝杯”大奖7项，单项奖12项。三是大力发展深加工高附加值产品的生产，增加深加工产品的出口比重，并在任务安排、面料供应、资金等方面采取一系列措施给予支持。1991年全省印染绸的生产量有较快增长，增幅在30%以上，丝绸服装和制成品出口额比上年增长22%，出口金额达1.3亿美元，在全部丝绸商品出口中，其比重由上年的23.7%上升到29%。

在科技工作方面，1991年全省共承担省级以上丝绸科技项目102项，鉴定42项，其中获国家级科技成果奖1项，部、省级科技成果奖12项，有32个项目获江苏省技术推广“金牛奖”。

（执笔人：王牛一）

南京市纺织工业

南京市纺织工业公司

1. 概况 1991年，南京纺织系统广大干部职工面对总量过剩、竞争激烈的纺织市场，克服资金、价格、出口等经济矛盾及洪涝灾害的影响，抓观念、明方向，抓重点、促效益，抓改革、求实效，抓限产、压库存，在十分艰难的困境中，经过十分艰辛的努力，使企业在强化商品经济意识、搞活经营、推动技术进步方面开始向健康方向转化。

公司系统企业1991年完成工业总产值104181万元，较上年－11.2%；出口交货值25961.38万元，较上年－7.07%；销售收入97419万元，较上年＋5.2%；税利－2361.3万元，较上年－184.91%；利润－5032.5万元，较上年－5370.2万元；亏损总额6841万元，增亏4299万元；亏损企业数28户，增亏9户。突出的效益指标落差较大，主要是受到几个方面的影响：一是贯彻纺织工业限停产方针，能力放空，少了一块；二是压缩产成品，削价处理，让了一块；三是暴露往年虚盈实亏，挤出水分，消化了一块；四是落实增加企业活力政策，提取了一块；五是受洪涝灾害影响，损失了一块。

2. 转变观念，强化商品经济意识 思想观念转变的突出效果表现在：①从重产值、重速度转向了重效益、重营销。从1991年下半年起，纺织公司将产销率列入了对企业的考核内容，明确产值指标不做硬性要求，坚决扭转单纯追求完成产值，甚至边生产边积压的状况，使企业生产经营的主要精力放到了提高经济效益和产销平衡上。②从找政府、找经理转向找市场、找产品。许多企业的领导一改以往产品销不动找政府、没有资金找经理的被动消极的“等、靠、要”经营思想，而用商品经济观念来认识市场、适应市场，改变在“市场疲软”面前束手无策的状况，积极参与竞争，努力开发产品、开拓市场，实现了积极进取的行为飞跃。③从急功近利、短期行为转向务实求效、发展后劲。通过更新观念，企业逐步明确了实事求是、科技是第一生产力的思想，全年消化、暴露了数年的虚盈实亏水分，同时又充分利用政策、提取技术开发费等近2000万元，为企业技术改造提供了实力。

3. 调整存量，搞活资金 1991年纺织公司始终将调整存量、搞活资金作为经济工作的重点，采取了压缩三项资金与工资奖励挂钩、压库指标分解落实到企业按进度考核及压贷挂钩等切实有效措施。坚持增畅、停滞、限缓，使三项资金尤其是产成品资金的压缩取得了显著的成效。年末三项资金占用为19109.5万元，产成品7140.4万元，较全年占用最高的8月份分别下降7744.5万元和4227.6万元，均低于年初占用水平，全面完成部、省、市下达的压缩计划。三项资金的压缩使得纺织生产的资产存量得到改善，既卸掉了包袱，又搞活了资金，也增添了后劲，一举三得。

4. 销售经营 随着纺织产品总量过大，市场竞争愈加激烈的形势，大多企业已能够从等客户上门，转为主动出击，开拓市场。并从改革经营机制入手，加强对营销工作的组织，努力开创搞活营销的“小气候”。一是抓好机构的调整和销售力量的加强，建立了生产计划、销售订货、财务催款三位一体的营销体系，突出了重点；二是推行以承包责任制为主要内容的营销奖惩考核，将销售额、回收货款与工资、奖金挂钩，调动了经销人员促销压库的积极性，取得了实效；三是部分企业开始兴办经营性公司，在沿海特区开窗口，以贸补工，推动了生产。

纺织公司为给企业创造宽松有利的市场竞争条件，一方面明确了放开手脚搞活经营的政策尺度，打消企业领导和销售人员的顾虑，鼓励大家参与竞争；另一方面牵头举办春、秋季纺织产品订货会，参与有关部门在外地搞的展销活动，组织了“金秋金羊”纺织产品大联展及节庆期间的优惠销售，有效地将企业推向市场。长期营销滞后的局面开始出现好转，8～12月较上年同期增销3642万元，增销9.4%。

5. 技术改造 1991年系统企业开发试制新产品52项；试制新花色、新款式1773个；新品产值达1.52亿元，新品产值率为14.6%。全年的产品开发工作一是注重了开发设计的水平，有19个新产品、花型、设计获部省奖；二是注重了开发、生产、销售的结合，新品投产率达到83.6%，当年开发、当年投产、当年收效的产品较多；三是注重了实效，对市中小学校服改革、汽车纺织产品装饰配套等产品，都组织了纺、织、染、服装、装饰成品一条龙的配套开发，取得了较好的经济效益和社会效益。全年还在棉纺织印染、针织行业推广了15项短平快科技成果，充分发挥了科技进步对提高产品质量的作用。全年固定资产投入3144万元，完成工作量2165万元，其中技术改造投入2782万元，占总投入的88.5%；技改竣工项目18个，实现了固定资产增量投入向技术改造的倾斜。

6. 深化改革、转换机制 1991年纺织公司系统在这方面也做了一些努力。①年初南京服装集团成立，并随即进入正式运转，这对提高服装行业的生产组织能力起到了作用。②由工贸总公司实施了对特困企业针织二厂的“解体整顿、兼并发展”综合治理，现各个分厂已陆续恢复了生产，经营状况逐见好转，企业呈现出新的生机和活力。③在部分企业开始了用人、用工、分配制度的改革：推行一等品质量计件工资制，实行由厂内退休、厂内待业制度，探索了工人合同上岗，干部招聘使用，考核上岗办法等。

（执笔人：冯　骏）

浙江省纺织工业

浙江省轻工业厅

1. 概况 1991年，浙江省纺织工业认真贯彻治理整顿，深化改革和打基础、上水平、增效益的指导方针，积极开展“质量、品种、效益年”活动，转变经营思想，增强企业活力，特别是大中型企业的活力，使生产建设取得了较好的成绩。

年末统计资料表明，全省系统内纺织企业共367家（不含丝绸，下同），比上年增加9家，其中国营大中型企业85家。以行业分：化纤21家、纺织236家、服装71家、纺织设备制造29家、其他10家。职工24.26万人，其中工程技术人员6400人。

浙江纺织工业1991年面临的形势是严峻的。突出的是年初原棉不足，资金短缺，接着市场继续平淡，价格不到位；下半年又实行了限产压库，企业负担很重。为了稳定生产，渡过难关，在省政府的支持下，利用地方外汇进口原棉2万吨，连同上年结转6000吨，共2.6万吨，弥补了原料不足，同时积极争取兄弟省市支持，做好采购调运工作，使多数企业生产得以维持。针对市场销势平淡，各地和企业都充实销售力量，走南闯北，扩大推销。中央提出限产压库后，通过分析排队，对滞销积压产品实行限产，年底部分棉纺企业停产。通过限产压库，产成品资金下降，从7月份的8.6亿元，年末降为7.6亿元，完成了限产压库的任务。经过广大职工的艰苦努力，全年完成工业总产值90.36亿元（按1990年不变价），比上年增长14.59%。按照财务口径统计的249家企业（不含服装），全年完成销售额73.4亿元，比上年增加22.91%；实现税利3.6亿元，比上年减少9.94%，其中利润1.09亿元，比上年减少42.41%。

产品产量：化学纤维121266吨，其中粘胶纤维24354吨、合成纤维96912吨；纱203097吨、比上年增长0.9%，其中棉纱113633吨、比上年下降9.5%，混纺纱30899吨、比上年下降1.4%，纯化纤纱58565吨、比上年增长31.9%；布135270万米、比上年下降13.6%，其中棉布60723万米、比上年增长18.1%，棉混纺布34353万米、比上年增长69.5%，纯化纤布40194万米、比上年下降52.6%；印染布170388万米，比上年增长78.5%；毛线23006吨，比上年增长9.1%；服装（归口）11211万件；纺织机械51397吨，比上年增长11.5%。

2. 对外贸易 浙江从省情出发，发展外向型经济是必由之路，并坚持多渠道、多口岸扩大纺织品出口。在“七五”期间出口持续增长的基础上，1991年又有较大幅度增长，出口产品外贸收购值达27.27亿元，比上年增长30.26%。出口产品交货值已占产品销售总额的30.18%。出口对浙江纺织工业的发展已具有举足轻重的作用。

1991年主要出口产品的交货量：纱30191吨，布34533万米，棉毛类衫裤33万打，绒布类衫裤76万件，汗布类衫裤82.9万件，呢绒167万米，毛衫124万件，麻袋594万条，毛巾197万打，手帕175万打，床单115万件，袜子436万双，服装1738万件。

工业企业自营出口成绩显著。据6家企业统计，1989年创汇265万美元，1990年增到589万美元，1991年达1300多万美元，每年都成倍增长，发挥了环节少、品种多、交货快的优势。

3. 结构调整 1991年是浙江纺织工业近几年产品质量提高得最快、结构调整步子迈得最大的一年。在开展“质量、品种、效益年”活动中，各地和企业进一步加强了质量管理，提出了奋斗目标，针对存在的问题，制订质量攻关和产品开发计划。全省树立了浙江涤纶厂、余姚第一棉纺织厂、平湖第一针织厂、宁波人丰布厂、湖州毛纺织总公司、杭州富强服装厂等6家企业为排头兵企业，组织经验交流，开展对口学习，组织力量帮助后进企业。同时，狠抓基础管理，加强监督检测，举办技术培训班，开展操作比赛等活动，收到了良好的效果。据统计，省考核的棉纱一等一级品率、布入库一等品率等30项主要质量指标，比上年稳定提高的有29项，质量稳定提高率为96.66%，每项指标的平均值达93.14%，这是过去所没有的。产品的实物质量受到好评，在经贸部组织的全国涤纱评比中，浙江产品总分名列第一，13块奖牌中获得4块。浙江的“双龙牌”棉纱在香港已小有名气，被誉为“金双龙”，受到了港商青睐。上虞棉纺织厂、舟山纺织厂等企业生产的棉纱，外商要求包销。

产品结构调整加快。全省着重抓了8个重点产品开发和推广，8个新产品一条龙，取得较好的效果。全社会差别化纤维产量达2.17万吨，比上年增长28.66%，占化纤总产量的19.1%。开发了异形丝、空气变形丝、复合超包芯喂丝、涤纶长丝仿毛面料、细支大提花贡缎、印花呢绒、高支毛纱等新产品，其中通过省级以上鉴定的新产品有39个。对滞销积压产品，如粗支平布、夹幅布、毛巾、针织三衫等实行了限产。扩大了市场适销的中高支精梳纱、针织用纱、化纤混纺布、高支高密羽绒布、细条灯芯绒、色织印花牛仔布、仿腊花布、装饰用布等产品的生产，对促进销售，提高效益起了积极作用。

4. 技术改造 在总结“七五”经验教训，研究和制订“八五”发展规划时，浙江主管部门认识到纺织工业必须加快技术改造和发展原材料生产。1991年建设步子加快，为实施“八五”计划开了一个好头。全省系统内企业完成投资工作量3.45亿元，财务数4.82亿元，分别比上年增加1倍和1.5倍。同外商达成21个引进设备和技术项目，用汇额达4370万美元。全年有43个项目建成投产，形成的能力主要有：粘胶长丝1000吨，丙纶烟用丝束2000吨，化纤毛条900吨，涤纶毛条1500吨，毛精纺1200锭，粗毛纺1080锭，兔毛纱180吨，棉纺1.5万锭。

重点建设项目进展顺利。浙江腈纶厂3万吨腈纶短纤项目，已完成投资4900万元，财务数12980万元，1992年将进入全面施工阶段。联合国资助的纺织工业部服装技术开发中心建设项目，已完成土建，进入内外装修，明年可交付验收使用。其他列入省重点的“八五”技改和原材料项目，如浙江涤纶厂的6万吨切片、杭州第二棉纺织厂的改造5.5万锭及引进96台无梭织机、杭州化纤厂推广“管中成形法”纺织新技术等项目，前期准备工作进展都较顺利。

5. 经济效益 被人们称为“摇钱树”的纺织工业，如今已摇不出多少钱来了。浙江纺织工业过去经济效益一直是比较好的，为国家上缴了大量财政收入。由于近几年的“气候”不宜，“摇钱树”呈萎缩状态。1991年按财务口径249家（不含丝绸、服装）企业统计，工业总产值80.33亿元，比上年增长16.64%；销售收入74.3亿元，增长22.91%；实现税利3.6亿元，比上年下降9.94%，其中利润盈亏相抵仅1.09亿元，下降42.41%。产值利润率仅1.36%。

从亏损面来看，249家企业中亏损企业达105户，比上年增加7户，占总户数的42.17%，亏损总额达1.31亿元，比上年增加52.7%。

从具体行业分析，除化纤行业无亏损外，其余都有亏损企业，而盈亏相抵后全行业亏损的有：麻纺织亏损1456万元，针织品业亏1853万元，毛纺织业亏528万元。要扭转纺织工业经济效益连年滑坡，迫切需要政府部门采取措施，调整政策，加以扶持。

（执笔人：章庆荣）

浙江省丝绸工业

浙江省丝绸联合公司

1. **生产经营** 1991年我省丝绸行业深入开展“质量、品种、效益年”活动，深化丝绸外贸体制改革，主动调整产品结构，积极参与国际市场竞争，取得了良好成绩。蚕茧生产收购量分别达到11.88万吨和10.3万担，比上年增长3.75%和10.05%。全省丝绸工业总产值（按1990年不变价）为63.06亿元，比上年增长9.37%。1991年完成丝类产品总量12586吨，比上年下降1.24%，其中白厂丝10248吨，比上年减少2.26%；完成丝织品总量26481万米，比上年增长7.05%，其中桑蚕丝织品12149万米，比上年增长11.26%；完成练印染绸总量26438万米，比上年增长3.11%；完成丝绸服装总量909万件，比上年增长18.95%；完成真丝针织品496吨，比上年增长23.73%。省丝绸公司全年出口创汇3.91亿美元，完成年计划3.7亿美元的105.68%，与上年持平。其中丝类产品出口13190万美元，比上年增长1.46%；绸缎出口16892万美元，比上年下降6.2%；成品出口7408万美元，比上年增长8.63%。各地自营出口有较大增长，达4786万美元。除宁波市外，全省共计出口4.39亿美元。

2. **深化改革** 1991年丝绸实行新一轮承包。省政府根据国务院《关于进一步改革和完善外贸体制改革若干问题的决定》精神，改进了丝绸外贸承包经营办法，由公司向省政府承包出口创汇、上缴中央外汇和外贸出口运筹基金三项指标。由各市、县政府向省承包上交丝量。为使新一轮外贸承包方案的科学制订和顺利实施，我公司在承包兑现、基数测算、计划衔接、考核办法以及建立商品流转计划等方面进行认真细致的工作，为使“双向承包”的外贸承包经济责任制落到实处提供了良好基础。在国际市场疲软，客户对品种要求集中，对质量要求高的情况下，以市场为导向调整产品结构，坚持“以销定产”的原则，运用计划调节和经济倾斜等办法努力增加适销品种生产。在厂丝和绸缎货源收购中采取了季度计划体现调整和根据市场临时需要增加下单任务等方式，如三季度临时增加24/26出口丝，四季度调整27/29织绸用丝、增加140N普级绢丝和减少120N普级绢丝生产。绸缎紧俏的绉类和提花织物四季度比一季度计划分别增加175%和55%。为满足客户对特殊和高难度产品要求，省公司多次与工厂协商，落实了对印度低等级丝，对苏62103花软缎，以及筒装绢丝、䌷丝生产，较好地满足了客户需求。发挥经济杠杆作用是保证货源收购的重要一环。省公司根据要货数量、交货时间、原料、生产难易和运输能力，按季进行适销品种补贴。如1991年10月份对21只绸缎品种实行临时经济补贴，较好地调动了市县公司和生产企业积极性，促进了产销对路，提高了出口履约。

3. **丝绸品质的综合治理** 抓住“质量、品种、效益年”活动的大好时机，多次分析我省丝绸产品质量状况和面临的严峻形势，利用各种形式，各种场合进行宣传发动，宣讲印度、越南、巴西等国家大力发展蚕桑对我国的挑战，以及我省蚕茧质量下降对丝绸产品质量带来的危害，使广大干部职工深刻认识到提高产品质量的紧迫感和责任感。同时，牢固树立质量综合治理观念，从改良蚕品种，改进生产工艺和严把质量检查关等方面入手，一个环节一个环节地抓紧抓好。针对1991年春茧存在的一茧丝长短、解舒差、纤度细、次茧多的弱点，召开专业分析研究会，明确了主攻方向。在缫丝行业中开展“二提高、三消灭”（提高工艺设计绝对符合率，提高等级率，消灭大糙、野纤度、长结）的攻关活动，在丝织行业中开展操作比赛，选拔操作能手，提高职工技术水平。同时在全行业内深入开展全面质量管理，重点抓了对市场影响大的和服绸、印染绸和深加工产品质量突破。如抓印染绸缎质量，公司与杭州印染厂和杭州练染厂先后举行四次业务研讨会，提高质量整改方向，解决绸缎色差、色牢度、纬斜、印花搭印等质量问题。并促成二家厂实施卷筒包装，对重点客户和重点品种实行挑战，确保高档服装加工的面料质量。还对成本砂洗和面料砂洗质量从工艺、配方、流程、包装等方面提出10条改进措施，取得显著成效。白厂丝、和服绸等产品质量稳步提高，赢得了市场的信任。全年白厂丝正品率为99.95%，比上年提高0.12%；平均品位3A+20，比上年3A+19提高0.01；丝织品成品一等品率为83.20%。1991年我省有74只丝绸产品评上纺织工业部优质产品，5只丝绸产品评上经贸部部优产品。杭州东风丝绸印染厂的凯地牌115/114真丝印花双绉，杭州春雷丝织厂和杭州红雷丝织厂的保俶塔牌38/37×1真丝和服绸获国家金质奖；湖州丝绸印染厂和湖丰绸厂的真的美牌92.5/91真丝染色双绉，杭州丝绸印染厂、临安丝绸总厂和桐乡石门丝厂的保俶塔牌116/114真丝染色花绉缎素绉缎获国家银质奖。

4. 科技进步 “八五”期间的第一年，我省对丝绸技术改造工作十分重视，全年报列新开项目有14只，总投资为2.98亿元，其中用汇4248万美元，实际完成投资额7500万元，财务用款8600万元，是历年来最多的一年。在基建方面，下达新项目4只，续建项目2只，总投资1999万元。去年不少丝绸企业技术改造积极性较高，纷纷引进喷水织机、剑杆织机等先进设备，对增强行业后劲具有深远影响。10月下旬，江泽民总书记视察了杭州东风丝绸印染厂，对该厂KBC项目及一系列先进设备十分满意，并鼓励丝绸企业通过技术改造增加效益和竞争力。到1991年止，我省丝绸行业基本完成“七五”期间国家科技攻关项目，共获省以上科技成果奖29项。为使这些成果转化为生产力，在有关部门支持下，组织召开扩大推广应用会议，如星形架精练设备、D301A型自动缫丝机等。杭丝联的星形架新工艺自去年8月投产以来，练白真丝绸质量得到大幅度提高，彻底解决了斜类织物“吊绉”病疵，大大减少了精练油渍、纺类织物“头灰”，开剪率从原来的4.4%下降到0.44%以下，大大提高了经济效益。同时，我省丝绸行业有13个重点项目正式列入“八五”国家科技攻关项目，6项列入省科委“八五”重点攻关项目，争取到经费680余万元。在品种开发上，以“不断扩大高品质、深加工、努力增加新品种对市场覆盖率”为指导思想，与科研、工厂合作报样的外销新品种成交20只，织花新花样设计300只，印花新花样1580只，三项共成交4409万美元。我省获新产品一等奖4只，二等奖9只。新开发的森林之影、防雨处理、保色砂洗等新工艺及绢毛纺、绢丝牙签呢、丝棉四维呢等深加工新产品以崭新姿态展示在客户面前。第70届秋交会我省丝绸有300只服装新款式新工艺上墙展览，使客户产生浓厚兴趣。

5. 外贸出口 国际丝绸市场疲软对我省丝绸出口造成不利影响。西方经济处于不景气状况，国际市场主要丝绸品种和主销市场需求明显下降，丝绸供过于求的局面逐步显露，使丝绸出口十分困难。经公司多次研究，决定把丝绸出口战略重点放在开发多元品种、多元市场、改进对外服务、提高出口声誉上，主要采取以质取胜、以新取胜、扩大推销、拓宽市场等措施，使丝绸成交和出口依然保持良好势头。为提高浙江丝绸知名度，公司先后在美国、日本等39家杂志8种报刊刊登广告215版。5月25日与香港洲际美术广告公司、台湾《商业周刊》联合举办了《两岸联线、幸运佳偶、丝绸之旅》活动，取得了圆满成功，引起了国内外关注。在扩大推销拓宽商路方面，重点做好经销商和老客户稳定工作，同时采取请进来，走出去相结合的方法，主动向客户发价报盘，争取多成交。为提高出口声誉，省公司各业务部门努力改进服务态度，提高服务质量，按质按量按期交货。在秋交会上由于和服产品质量过硬，客户放心，提高了卖价，仅纶子花缎一只品种就多创汇4万美元。又如一家美国客户到处询价，到省公司只有25天的交货余地，为了争取客户，成品业务部门接受了9.5万条印花裤子计46万美元的合同，各部门积极配合，加班加点，从面料印花、缝制、包装等道道把关，服装加工时间从20天压缩到10天，终于使客户满意，年底又订了第二批20万件的合同。

6. 行业管理 重点抓“质量、品种、效益年”活动。分期分批组织了市县公司经理和企业厂长质量学习班，宣讲GB/T10300质量管理和质量保证标准，组织全省丝绸系统质量知识大奖赛，使广大干部职工增强质量意识，严格质量管理。为加强“质量、品种、效益年”活动的领导，从省公司到各生产企业均成立了活动领导小组，制订工作目标，开展了卓有成效的工作。1991年主要按照纺织工业部、经贸部统一部署，帮助自1987年以来评上省级、国家二级企业的单位，完善基础管理与专业管理，加强企业现代化管理与现场管理，特别是突出抓好现场管理，促使企业巩固和保持先进企业称号。对浙丝一厂、杭州红雷丝织厂进行国家一、二级企业考评，对岱山丝织厂等6家进行省级先进企业考评。1991年还参与丝绸行业国家级档案升级考评，共有档案国家一级企业1家，二级4家。1991年以来进一步推进了电子计算机运用，并与各市分公司建立统计联网。行业有关部门编写的《浙江丝绸简报》、《浙江丝绸财会通讯》、《浙江丝绸管理信息》和《浙江丝绸政工信息》对反馈国际市场信息，交流各地区经验，促进行业生产发展起指导推动作用。

（执笔人：李琴生）

江西省纺织工业

江西省纺织工业局

1. 概况 1991年全省纺织企业奋力拼搏，主动出击，克服了原料紧张、市场平淡、资金短缺等重重困难，胜利地实现了省政府下达的目标管理工作要求。系统内纺织企业完成工业总产值31.02亿元，销售收入23.38亿元，出口交货值5.28亿元，分别比上年增长6.28%、11.73%和1.4%。产成品资金比上年同期下降2.47%。预算内国营企业在消化减利因素1.2亿元的基础上，实现利税1.07亿元，比上年下降16.63%，比全国纺织平均降低7.91个百分点。全年利税上升的地市有3个，企业有13户，扭亏为盈的企业有7户，还有一些企业实现了当年不亏。

2. 质量、品种、效益 质量稳定提高率达到100%，是近年来最好的纪录。主要技术经济指标有30.1%升档，有64.3%比上年有进步。全年开发重点新产品有109项完成了鉴定，创部优产品13个，省优45个，行优84个，是近年来创优质产品最多的一年。全行业强化基础管理工作，制定了基础管理评分细则和主要技术经济指标升档标准。加强现场管理，对棉纺织印染、化纤、麻纺、针织、毛纺5个行业进行了评分细则的贯彻落实，促使企业基础管理逐步提高，经济技术指标逐步升档。开展了纱疵、色差、色花、纬斜、缩水五大质量攻关。1991年底全省棉纱一等一级以上品率、棉布入库一等品率、印染布入库一等品率分别比上年提高0.62%、1.58%和1.21%。全行业还开展了岗位操作练兵，先后组织了毛纺、针织复制、布机保全、细纱保全操作运动会。

3. 转换经营机制 部分大中型企业开始享受有关优惠政策，企业的活力得到增强。所有企业结合第二轮承包，进一步完善了经济承包责任制，并在转换经营机制，改革劳动、人事及分配制度方面作了有益的探索。精简机构、人员，动态优化组合，公开招聘干部，工资浮动，一等品工资制，计件工资等新机制已在一些企业运行并取得了令人鼓舞的效果。占系统内企业户数11.05%的大中型企业，总产值占59.1%，实现税利占82.55%。

4. 技术进步 年初提出推广13项新技术，已有11项在企业中得到应用，技术改造起步较快、起点较高。去年新开项目19个，连同续建共39个，共完成技改投资9000万元，已完成11个项目，有9个已投入生产。基本建设有5个项目立项，4个项目竣工验收，5个项目建成投产，共完成基建投资1.5亿元。新增缫丝能力0.8万绪，适应了桑蚕工程的发展。引进外资有一定进展，有4户中外合资企业经批准开业。

5. 宏观调控 一是多渠道采购原料。全年计划棉88万担，实际用棉120万担，除借用6万担，其余26万担都是企业自已采购。二是限产、压库。全年比省计划减产纱6900件，布5642万米，印染布4334万米，毛线912吨，麻袋730万条，先后有34个企业进行了停产整顿。在限产的同时，增加了适销产品如化纤、麻棉、纱布、丝绸、化纤长丝面料及服装的生产。三是扩销促销。全年销售收入比上年增长11.73%，产成品资金比上年同期下降2.47%。四是清欠盘活资金。清理“三角债”有了一个好的开端，行业内部完成销售货款清欠3880万元，固定资产投资清欠1902万元，棉花拖欠款2960万元，三项共计8742万元。五是严格控制三大生产能力。“八五”期间不再增加一枚棉纺锭，制止一般后加工能力的低水平延伸。

6. 存在问题 “八五”计划的开局是不错的，但一些指标的增长是在1990年低水平基础上的回升，能生产的没有销路、有销路的又不能生产的被动局面还没有明显好转，还有相当一部分企业仍处于困境之中。亏损企业达40户，亏损面为43.48%，亏损额为4738.9万元，尚不包括挂帐隐亏。一些盈利大户经济效益下降。调整结构，转换企业经营机制，增强企业发展后劲还有大量工作要做，这些都是在新的一年里必须着力研究解决的问题。

（执笔人：肖浮兰）

山东省纺织工业

山东省纺织工业厅

1. 生产经营 1991年山东省纺织工业一方面受生产资料大幅度涨价的影响，生产总成本失控，经济效益大量向外转移；另方面社会产出总量过大，市场有限，销售不畅，销价难以到位；再一方面纺织工业内部结构、素质等，同国内外市场需求存在明显的不适应，开拓进取的难度很大，因此全行业处于低速低效运行。

头8个月预算内企业亏损额达2166万元，但全省65万纺织职工按照“稳定、改革、提高、发展”的指导思想和“内练苦功、外争宽松”的总要求，坚决执行“保优、限产、压库、控能、开发、增效”的十二字方针，终于使纺织工业持续8个月的亏损局面出现转机。自9月份扭亏为盈，逐月回升，年底实现利润逾1亿元。

1991年全行业实现工业总产值171.24亿元（按1990年价计算），比上年增长2.7%；实现税利（预算内企业）5.36亿元，比上年下降8.45%；销售收入116.58亿元，比上年增长5.74%；出口创汇6.54亿美元，比上年增长9.13%。

主要产品产量：化学纤维完成5.29万吨，比上年增长29.69%；纱（含混纺纱）60.42万吨，比上年下降6.01%；布（含涤纶混纺布）21.13亿米，比上年下降2.34%；印染布（含涤纶混纺印染布）8.67亿米，比上年增长3.06%；针棉织品折用纱线量11.08万吨，比上年下降0.06%；服装（系统内）4999万件，比上年下降15.53%；毛毯430万条，比上年增长3.61%；毛线2.63万吨，比上年增长9.44%。

2. 基本建设 由于“七五”建设时期，纺织经济过热，总量过大，“八五”期间山东纺织工业进入收缩期。按照国家产业政策要求，固定资产投资转向化纤原料工业，主要保国家重点建设的化纤项目，其次用于国营大中型企业的技术改造，全年完成固定资产投资19.2亿元。

基建项目共安排82个，总投资计划为97262万元，全年实际完成113495万元，完成年度计划的117%，其中经营性基本建设项目14个，投资计划为76333万元，占基建总投资计划的78.5%，实际完成82067万元，占基建总投资实际完成额的72%，国家重点建设项目济南涤纶和淄博腈纶工程、省重点建设项目潍坊粘胶工程总投资65305万元，占经营性基本建设总投资计划的85.5%。济南涤纶工程历经3年时间，以较好的工程质量基本建成一个四套主装置的大型化纤企业，并投料试车成功。此外，轻纺出口合作项目共12个，投资2547.75万元；省自筹基建项目3个，投资920万元；限上技改项目1个，按基建统计投资5036万元，分别占基建总投资计划的3%、1%和5%。年内新增对二甲苯氧化7.5万吨，聚酯6.6万吨，化纤抽丝3.93万吨，其中涤纶民用长丝1.8万吨、短纤1.5万吨、涤纶工业丝0.2万吨、锦纶工业丝0.15万吨、粘胶长丝0.28万吨、涤纶帘帆布浸胶能力0.2万吨，使全省化纤抽丝能力达到10万吨，其中涤纶工业丝、粘胶长丝和浸胶带帆布的生产增补了省内空白。

技术改造项目共347个，总投资78496万元，完成年度计划的93%，其中部专项技术改造29个，完成投资19623.2万元；省技改项目68个，完成投资23071.8万元，重点改造了棉纺行业关键工序和提高服装行业装备水平。全年批准立项引进清钢联5套、自动络筒机120台、牵伸改造19.8万锭、无梭织机664台、圆网印花机5台、高速平缝机1951台、电脑设计和电脑绣花机7套、21台。

1991年国家批准“八五”期间建设山东东营年产14万吨乙烯工程（投资296970万元，其中外汇32262万美元）和潍坊化纤厂扩建年产2万吨粘胶短纤维工程（投资49326万元，其中外汇3913万美元）。

3. 科技进步 科学技术是第一生产力，依靠技术进步，摆脱纺织工业困境，已成为全行业的共识。开发研究化纤原料、天然纤维深加工等方面的新工艺、新技术、新产品及研制新型纺机、器材取得了进展。在全国首次评选技术进步先进企业活动中，潍坊第二印染厂获国家级“企业技术进步奖”；德州棉纺织厂等9家企业获省级“技术进步先进企业”称号。

全年完成国家、部、省科研项目共23项，其中：高速高效R汽蒸箱平幅练漂机的研制及生产试验、毛下脚料再生利用研究、腈纶高收缩纤维获国家科技进步奖。由泰安市大麻纺织科学研究所承担的国家重点工业性试验项目“大麻纺织技术开发”，于1991年10月17日通过国家级鉴定验收。项目规模为年产大麻纱线400至500吨、各类大麻纺织品90至120万米，总投资 2980 万元。经过 3 年的试验，实现了大麻原料的纺织现代化生产，并成为我国第一家大麻试验工厂。

1991 年共计完成技术开发项目 43 项，开发新产品 187 个，投产率达 86.1%。实现新产品产值 113422 万元，潍坊第二印染厂十笏园牌 J T/C 13×13 印花府绸荣获国家金质奖；威海毛纺织厂鸣球牌 65771 腈纶立绒提花毯、淄博合成纤维厂宝蕾牌腈纶 6.66 分特有光毛型纤维获银奖；获部优、省优产品分别为 53 个和 122 个。

4. 外经外贸 1991 年批准兴建中外合资经营企业 20 家，总投资 6960 万美元，其中外商直接投资 1500 万美元。自党的十一届三中全会以来，共兴办外资项目 166 个，利用外资达 1.98 亿美元，其中中外合资经营企业 77 家、合作经营企业 2 家，共吸收外资 6388 万美元；租赁项目 40 个，吸收外资 4714 万美元；利用外国政府、国际金融机构贷款项目 16 个，贷款金额为 3984 万美元；补偿贸易项目 31 个，吸收外资 4778 万美元。据对已投产的 62 家“三资”纺织企业统计，1991 年出口创汇 5733.3 万美元，占全省“三资”企业创汇总额的 14.3%。补偿贸易和租赁项目大部分取得较好的经济效益，出口创汇达 3716.8 万美元，全省外资纺织企业 1991 年创汇总计达到 9450.1 万美元，成为山东纺织工业外向转移的一支生力军。

1991 年纺织品出口遇到了新情况、新问题，由于外贸企业取消财政补贴、实行自负盈亏后，对高亏商品减少收购。工业在成本上升 30%以上，而产品销价增幅仅能到位 9%的情况下，致使大多数纺织企业处于“出则亏损，不出则停产”的两难境地。为此，工贸双方多次衔接，研究对策，密切配合，强化协调，努力搞活经营，采取了共同为出口高亏产品找出路的措施。凡国际市场好销的、换汇成本在 6.5 元以上的产品，外贸实行无偿代理，并采取合作或合资等形式共同建设一批小批量、多品种、快交货为特点的出口专车间。工业亦在调整出口产品结构，上档次、上质量、上水平和确保本省口岸出口货源的前提下，大力推行多渠道、多形式、多口岸出口，使外贸交货总值达到 42.07 亿元，比上年增长 16.47%，其中，通过省外口岸的出口交货值达 70281 万元，占总值的 16.71%，比上年增长 88.18%，全年出口总折纱量达 18.6 万吨，创历史最好水平。

5. 质量、品种、效益 按照纺织工业部“抓四率、攻五关、增六效、开发七个系列产品”的统一部署，以出口产品质量为重点，从强化质量和品种意识入手，攻难点、抓关键、上水平，使产品面貌发生了较大变化。

“四率”指标稳定提高：质量稳定提高率达到 85.71%；纯棉布出口合格率由上年的 78.13%，提高到 81.92%；棉混纺及化纤布出口合格率由上年的 83%，提高到 85.89%；针织衫裤出口合格率由上年的 94.92%，提高到 95.67%。“五关”任务亦攻克：出口纱基本达到 1989 乌斯特公报 50%的水平；出口坯布横档合格率由攻关前的 50%提高到 87%；色差疵布降等率全省平均由上年的 0.486%降为 0.416%，比上年降低 14.4%；纬斜疵布降等率全省平均由上年的 0.154%降到 0.108%，比上年降低 29.87%；针织综合缩水合格率由上年的 85%，提高到 91.62%。

大类产品结构调整取得一定进展：平均纱支达到 27.5 支；精梳纱比重提高 3.88 个百分点，达到 12.5%；混纺布比重由上年的 32.7%提高到 35.7%；印染布占布总量 42.4%，比上年提高 3.5%；针棉织品折纱占纱比重为 14.7%，出口印染布占出口布比重为 37.1%，分别比上年下降 2.56%和 0.6%，品种结构也发生较大变化，促进了销售和全行业效益回升，据对 22 类纺织品统计，畅销、平销的分别占 25%和 45%，滞销的仅占 30%。

6. 限产压库 国务院生产办、国家计委、纺织工业部于 1991 年 9 月 21 日召开了全国纺织行业限产压库电话会议，省政府在第 88 次省长办公会议上对此作了专门研究，并于 9 月 26 日召开全省紧急电话会议进行了传达贯彻和动员部署，要求全社会所有纺织企业都要围绕“保优、限产、压库、控能、开发、增效”的方针，采取以下措施：原料保重点，即保出口、保新品种开发；把限产同压库结合起来，对边生产、边积压的企业不供应棉花，停产整顿；集中精力着重研究产品开发，改善内部经营机制，组织职工大力推销产品；对平销产品适当限产，把超出年初库存量压下来；对全省 1 万锭以下小纱厂暂停产整顿。自 9 月份始，棉纱月产水平由 5.3～5.7 万吨，减少到 2.6～3.2 万吨，虽然因 8 月份已超额完成国家计划，到年底超国家计划 40.67%，但棉纱总产量低于上年水平的目标得以实现，由于棉纱产量后 4 个月逐月减少，为布类、针织品等后加工产品限产压库打下了基础，到年底主要产品库存量接近或达到年初水平。产成品资金由 8 月末的 22.67 亿元压缩到年末占用 15.98 亿元，比年初仅高出 0.58 亿元，其中预算内国营企业比年初高 0.19 亿元。

（执笔人：訾德祯）

山东省丝绸工业

山东省丝绸公司

1. 概况 1991年山东省收购桑蚕茧18752吨，完成年计划116.2%，比上年增长53.1%；工业总产值完成17.17亿元，完成年计划104%，比上年增长10.3%。主要产品产量：丝完成2502吨，完成年计划103.41%，比上年增长2.80%；丝织品完成8625万米，完成年计划102.68%，比上年实际持平；利税总额完成7858万元，比上年增长5.64%；外贸收购总值60850万元，完成年计划100.69%，比上年增长9.6%；出口创汇8151万美元，完成省计划101.89%，比上年增长6.02%，出口经营基本做到盈亏持平。

2. 蚕桑生产 1991年省公司认真执行“稳定面积，提高单产、主攻质量、增加效益”的蚕茧生产指导方针，把工作重点转移到加强基础管理，强化质量意识，提高经济效益上，集中精力抓植桑养蚕和收烘工作的规范化管理和新技术的推广应用，突出抓了以下5个方面的工作。

第一，研究制定了《蚕茧生产收烘管理基础工作实施意见》、《蚕茧质量管理工作意见》等4个管理标准，进一步强化了基础管理，增强了抗灾能力。

第二，制定出《有计划地发展我省蚕茧生产的意见》，把蚕桑发展重点放在基地县建设上，并且经过论证，全省有17个县（市）已具备逐步建设成蚕茧基地县的条件，这些基地县桑园面积已达29.699万亩，占全省桑园面积的63.5%，产茧量占全省总量的72%。其中文登市丝绸公司已在1991年建成了全省第一个蚕茧基地县，桑园面积达到3万亩，收购鲜茧量达到1648吨。1991年对农业和基地县的建设共投入4748万元，比1990年增加48.75%。

第三，贯彻科技兴茧方针，强化质量管理，大力开展群众性科普工作活动。1991年在桑园专用复合肥、幼龄、桑快速丰产、经济养蚕法、系列化消毒、小蚕共育和方格簇规范化使用等实用技术，得到进一步推广普及。全省小蚕共育、联户育达6155个，共育蚕种数量占养蚕总量的51%。推广使用方格簇2500万片以上，普及率超过75%。全省推行预约收购、售前初验、评台抽样、密码验级、仪测定价“五位一体”的收购方法。在经营机制上，进一步完善承包责任制，分配工效挂钩，并实行质量否决权。1991年茧质稳定提高，全年平均生产上茧率83.32%，比上年提高2.47%；茧丝长1095.8米，比上年增加46.7米；鲜茧出丝率4.23%，比上年提高1.04个百分点；解舒率64.65%，比上年下降2.76个百分点；核定毛茧出丝率34.5%，比上年提高1.17%；干上茧试样价3148.32元/百公斤，较上年提高51.60元，张种单产创历史最高水平，平均张产26.7公斤，比上年增产3.5公斤。

第四，进一步加强蚕茧市场管理，稳定收购秩序，特别在苏鲁边界地区，落实县、乡、村收购责任制。省公司内部也进一步严肃纪律，对个别跨地区收购的违纪问题及时进行了查处，有力地保证全省蚕茧市场的稳定，1991年全省超额16.4%完成了收购计划，44个县受到省政府的表彰奖励，奖励总额721.87万元。

第五、加强蚕种场内部挖潜，预防微粒子病，圆满完成了全年制种任务。1991年生产原原种17600蛾，原种26000张，普通种100余万张，分别增长28%、38%和69%。

3. 承包经营 在第一轮承包经营期满基础上，进一步完善以提高经济效益、提高产品质量为主要内容的第二轮承包经营和工效挂钩办法，推动工业企业走质量效益型的内涵发展道路。为改善调控职能，省公司对淄博、烟台、青岛、临沂等四个市（地）公司实行了地区工效总挂试点。为减少价格、市场等外部条件对工效挂钩的影响，对部分企业试行复合指标挂钩。承包基数实行限额环比，解决鞭打快牛问题。新增效益工资按分档递减法计提，以控制总量。建立储备金制度，以丰补欠，避免短期行为。总结推行淄博丝织一厂、二厂的一等品质量工资制，既把企业内部分配与质量否决权更好地结合起来，又体现了分配向一线挡车工倾斜。从1991年7月1日起，各蚕种场、省丝绸工业学校也由结构工资制改为企业工资制，理顺了全行业工资制度。1991年我公司工效挂钩单位106个，占单位总数87%，职工3.2万人，占职工总数96%。

4. 基础管理 1991年省公司按照纺织工业部生产现场管理考核细则，在国家级企业和省级先进企业中树立样板，推动了两个文明建设。在强化企业全面质量管理的同时，加强关键工序的质量控制，健全产品质量“一条龙”保证体系。还抓了原料、工艺、半成品、操作、设备、空调、成本、财务等各项基础管理制度的补充修订。举办各种专业技术培训班、研讨会、交流会；组织设备管理知识普及竞赛活动，普及面达86.91%；举行缫丝、丝织操作运动会，命名表彰省级以上操作能手，并组织操作能手巡回表演。通过这一系列活动，对提高企业素质和技术水平起了积极作用，缫丝骨干企业基本达到无切断降级和偏差1.2D以下的攻关目标；真丝绸一等品百米评分数降低30%的目标也基本达到；成品绸外观质量和练整效果也都有不同程度的提高；外商反映比较强烈的练白素绉缎的经柳、折痕、病疵等质量问题，经过专项攻关，也基本得到控制。1991年共创优质产品32个，其中国优1个，部优16个，省优15个。优质产品产值率达到23.92%。1991年新产品开发成果突出，共开发新产品130项，投产率80%，实现新产品产值8200万元，利税800万元。在全国性纺织、流行色、丝绸产品展评销会上，有32个产品获奖。

5. 限产压库 1991年省公司始终把转变企业经营机制、限产压库、强化销售、开拓市场作为提高经济效益的关键来抓，在保证真丝绸出口的前提下，允许企业自销真丝绸，并将省公司供销经理部更名为山东省丝绸供销公司，负责组织协调真丝绸内销经营。与此同时改革销售体制，加强销售队伍建设，完善销售承包，采取在中心城市设立销售点辐射扩散等办法，开发不同消费层次的市场，搞活经营。在限产压库方面，通过产品分类排队，坚决限制或停止滞销积压产品的生产，工业产成品资金1991年底已压缩到16576万元，比1991年6月底减少6.86%，比1990年底减少0.53%。

6. 出口创汇 1991年是新的外贸体制改革取消补贴，自负盈亏的第一年，而国际市场丝绸持续疲软，出口丝价下跌15%，我省的劳动绸等出口拳头产品变成了滞销产品，外贸出口面临极大困难。为完成1991年出口创汇任务，我们做了以下工作：①紧紧跟踪国际市场的变化和需求，及时调整出口产品结构和提高出口产品质量，大力抓好“短平快”技改项目和新产品开发，增产国际市场适销产品和深加工新产品，并且在快交货上下功夫。全年开发新产品130个，投产率82%，其中已出口成交的新品种有29个，如90支桑绢丝、锦华绉、丝带、丝毛巾、丝棉针织品、砂洗绸服装、高级时装等。深加工产品创汇额达2388万美元，占创汇总额的29.3%，比1990年增长12%。②实行多元化市场战略，狠抓成交率。1991年山东丝绸在巩固扩大港澳、日本市场，发展东南亚、欧共体市场方面取得了新的成绩，在加拿大多伦多开辟了新的窗口，香港华鲁丝绸有限公司的业务活动有了较大发展。1991年组团出国25个，进行推销商品、考察市场，共成交金额10360万美元。1991年合同履约率达90.6%，比1990年提高17个百分点。③加强进出口公司的目标管理，把创汇、收汇、盈亏以及压库等主要经济指标分解落实到业务科室，按月进行检查考核。1991年换汇成本为5.62元，费用水平为10.77元，每美元费用0.75元，每美元占用资金为5.16元，推销库存商品1080万美元，处理转内产品4752万元，年底外贸库存比年初有所下降。

（执笔人：杨企新、张荣华）

河南省纺织工业

河南省纺织工业局

1. 生产概况 河南纺织工业系统内企业520家，其中服装143家，大中型企业61家。棉纺、印染、化纤、毛纺等主体行业生产能力具有相当规模：棉纺312万锭，其中系统内256万锭，印染90872万米，化纤8.3万吨，毛纺10.4万锭。

各地纺织企业按照“质量、品种、效益年”和限产压库的要求，及时调整生产节奏，逐步使各类产品的生产趋向市场的需要。针对生产经营中遇到的难点，各地纺织工业主管部门加强计划指导和生产调度，组织原料，筹措资金，理顺价格，落实进一步搞活大中型企业的政策，使生产朝着预定的目标发展。全年完成工业总产值99.41亿元，比上年增长1.31%，13大类产品中，化纤用浆粕、化学纤维、锦纶帘子布、呢绒、毛线、麻袋和丝等7种产品的产量保持了一定的增长幅度，分别比上年同期增长0.23%、6.19%、0.03%、1.44%、8.42%、0.67%和6.3%。纱、布、针棉织品折用纱量，以及印染布、毛毯和丝织品的产量分别比去年同期下降1.61%、7.89%、18.71%、4.62%、10.31%和1.3%。

2. 产品质量 以出口产品为重点，从强化质量意识入手，对纱疵、横档、色差、纬斜、缩水5个关键问题组织攻关，采取了许多技术措施，取得了明显效果。印染布色差疵布率为0.41%，同比下降56%，纬斜疵布率为0.24%，同比下降22.58%，针织品缩水合格率由攻关前的85.7%提高到95.7%，坯布商检合格率达到98%。纯棉布出口合格率达到80%，同比提高5.26个百分点，混纺布出口合格率达到78%，同比提高3.26个百分点。

创优工作也得到进一步加强，取得了较好的成绩。郑州棉纺织五厂的“兰雀”牌靛蓝防缩牛仔布、郑州纺织机械厂的GA301型浆纱机荣获国家金质奖，新乡印染厂的纯棉印花泡泡纱、河南第二印染厂的纯棉印花府绸荣获国家银质奖。同时，还有35个产品获得部优称号，54个产品获省优称号。

3. 出口创汇 面对国内市场供大于求和西方国家对我实行制裁的压力，许多出口企业积极研究营销战略，调整营销政策，加强工贸协作，广开出口渠道，千方百计适应“小批量、多品种、高质量、快交货”的要求，使更多产品进入国际市场。全年出口交货值达到13.57亿元，与上年基本持平。预计全年本口岸创汇达到2.92亿美元，比上年增长1.48%。特别是一批大中型出口创汇企业参与国际市场交换的意识增强，普遍实行了多渠道、多口岸出口，有的企业还与周边国家建立了贸易联系，进一步增强了竞争能力，拓宽了销售市场，在全省出口工作中发挥了骨干作用。大中型企业的出口创汇比重达到60%以上。

4. 技术改造 1991年安排技术改造项目60项，总投资2亿元，其中引进项目16项，用汇额度2061万美元，许多企业在技术改造中坚持两条腿走路的方针，既搞国外引进，又搞自主开发；既搞整机、全流程的改造，又搞关键部件、关键装置的改造，取得了很好的效果。引进外资进一步发展，已完成和正在进行的外资项目7项，投资总额2920万美元，投产的外资企业新增产值6000万元。

5. 基础管理 为了适应质量、品种的需要，许多企业基础管理工作越做越细，正在向高标准、严要求、制度化、规范化方向发展。管理水平较高的企业还加强了现场管理，并组织试套考核，促进了整个管理水平的提高。有2个企业晋升为国家二级企业，11个企业晋升为省一级企业。

6. 限产压库 通过深入学习国务院关于对纺织产品进行限产压库的决策精神，提高了认识，统一了思想；及时向地方政府、经济综合部门及银行汇报情况，争取得到他们的理解和支持；抓住突出问题，进行具体指导；组织调查研究，进行检查督促；实行目标责任制，对任务重的大户实行分级管理；深化承包，强化销售；调整产品结构，开发适销对路产品，压缩长线，增加短线；将限产压库与技术改造紧密结合，因此较好地完成了纺织工业部下达的限产压库任务。3.3亿元产成品资金压缩指标全部完成。年末，产成品资金下降到10.87亿元，比上年同期下降7.9%。棉纱产量全年达到158.84万件，虽然超过国家计划7.32%，超过省计划2.47%，但还是比上年实际产量减少了16.66万件。

7. 科技教育 科技工作被放在重要位置。大中型企业都建立了科技开发机构，有17家企业建立了科研所，41家企业建立了科研室和产品开发室。按照科技攻关、新技术推广、新产品开发计划，组织进行了无梭织机、电子送经装置等4项较大的科技攻关；组织推广了间歇式染色微机控制系统等6项新技术；共开发省级新产品57个，其中7个达到国内先进水平。增加新品种、新花色5000个以上。

教育工作不断加强。采取举办培训班、专题讲座等形式，使全省纺织系统50%的车间主任受到岗位职务培训，30%以上的班组长受到了行为管理培训，一批科技人员接受了机电一体化、科技外语、新工艺等培训，拓宽和更新了知识。特别是以进一步解放思想转变观念为主题，深入开展了有计划商品经济思想理论教育，推动了全行业思想观念的转变。采用多种形式进行了社会主义、爱国主义、集体主义和形势教育，使职工队伍在生产任务压缩、收入减少的情况下，保持了稳定。

8. 存在问题 1991年经济循环不畅的问题比较突出。全省预算内纺织企业实现利税33590万元，比上年同期下降31.46%。10个行业中除化纤、棉纺织、纺机纺器微利外，其余7个行业全部亏损。211户企业中有93户亏损，亏损面达44.08%，亏损企业比上年同期增加25个，亏损额达到2.05亿元，为上年同期的1.06倍。与全国相比，经济效益处中等水平。

（执笔人：高　旭、王丽红）

湖南省纺织工业

湖南省纺织工业厅

1. 生产概况 1991年湖南纺织工业渡过了更为艰难的一年。全行业444家企业，完成工业总产值50.17亿元(1990年不变价)，比上年的50.29亿元下降0.24%。全行业连续第二年亏损，利税相抵亏损1.38亿元，比上年的3576万元增加2.86倍，其中利润负2.48亿元，比上年亏损1.3亿元，增亏99.77%。全行业完成固定资产投资3.2亿元，比上年增长4%，其中技术改造2.1亿元，基本建设1.1亿元。

2. 品种质量 全行业积极开展“质量、品种、效益年”活动，加强质量攻关和产品开发工作，使纱的条干CV值达到75%，棉布横档、印染布色差、纬斜减少，针织内衣缩水率稳定在80%以上。13类主要产品质量稳定提高率达到77%，比上年提高8%。有6个产品评为纺织工业部优质产品、43个评为湖南省优质产品，有4个产品获得北京第二届国际博览会金奖和银奖，优质产品产值率为13.78%。新开发产品通过省级鉴定的46个，地市级鉴定的120多个，新产品产值率为7.7%。

3. 经营销售 为求生存、求发展，企业进一步加强了经营销售工作，全行业全年实现销售收入35.47亿元，比上年的29.91亿元增长18.59%。全行业外贸出口交货值达到8.42亿元，比上年增长29.49%，其中增幅最大的是麻棉混纺纱，出口交货值为1.44亿元，比上年增长149.55%。全省纺织品仍然供大于求，纺织品价格到不了位，如棉纱售价只到位90%～95%，坯布到位85%～90%，印染布到位80%～85%。处理积压产品削价幅度很大，形成价格倒挂。苎麻纺织品以往盈利水平很高，1990年掉价以后，1991年的价格继续下降，卖的愈多亏的也愈多。省属3个大型苎麻纺织厂1991年的销售收入比上年增长了34.57%，而亏损额却增加5060万元。

4. 限产压库 1991年8月以后，全行业全面开展了限产压库工作。省纺织工业厅召开了控制棉纱超产、压缩产成品资金、减少库存积压的会议，按地市、重点企业、大宗产品分别下达了限产压库指标，层层分解落实。湖南省经委于1991年10月29日对全省14家大中型纺织企业(棉纺织印染5家，麻纺7家，毛巾1家，纺织机械1家)分别下达了限产或停产令，强令停止积压产品的生产。自9月份起，棉纱产量逐月下降，12月的产量比9月份下降6.45%，全年棉纱实际产量比计划产量减少1.16%。年末产成品资金比8月份下降10%。国营预算内企业年末产成品资金比年初下降9.21%。省内最大的纺织企业湘潭纺织印染厂自1989年下半年以来，库存印染布始终保持在1000万米左右，1991年上半年，商业与外贸削价处理纺织品，使其印染布库存量大增，7月份达到1441万米，产成品资金达3800万元，7月以后限产促销，纺织生产能力只开70%，印染生产能力只开45%，销售力量增加了100多人，销售方式更加灵活，使8月以后的月平均销售收入比前8个月的月均销售收入增加280多万元，年末印染布库存量比7月份减少300多万米，产成品资金下降21%。

5. 经济效益下滑 131家国营预算内企业有94家亏损，占71.76%，比上年高9.82个百分点；盈利企业的利润总额为5791万元，比上年减少22.65%；亏损企业亏损总额为2.38亿元，比上年增长47.83%。41家国营大中型企业有29家亏损，占70.73%，盈亏相抵亏损9044万元。全省14个地市仅湘潭、怀化、零陵盈利，其他11个地市全行业亏损。亏损严重的原因：一是自1990年9月份起棉花价格由每担272元上涨到324元(不包括省内加价40元)，1991年共用棉216万担，比1990年多用涨价后的棉花160万担，增加成本8320万元；二是产品积压仍很严重，国营预算内企业产成品资金、发出商品、应收货款等3项资金占用达到13.88亿元，流动资金贷款从上年的17.56亿元上升到21.18亿元，增长20.62%，全年共支出利息1.84亿元；三是产品价格不到位，特别是苎麻纺织品由经济优势转化为劣势，对全省纺织工业经济效益滑坡影响很大。

湖南纺织工业陷入严重困境引起了省党政领导的关注。1991年上半年，省政府召开省长办公会议讨论纺织工业问题，对省产棉花每担增加的40元由省财政、地方财政分担，补偿给纺织企业，全省共补偿6000万元；为了促进纺织工业的技术改造，在3年内每年给予贴息贷款1000万元。中共湖南省委常委于1991年9月14日专门召开会议讨论纺织工业面临的问题，这是以往没有过的。会上提出了在“限产、压库、调整、改造、开发”10个字上做文章，争取3年翻身，步入良性循环轨道。湖南省纺织工业厅据此制订了《湖南省纺织工业苦战3年翻身规划》。省党政领导的关注，对缓解纺织工业的困难起到了积极的作用，年末企业的亏损面比一季度下降了10个百分点。

（执笔人：蒋子云）

广东省纺织工业

广东省纺织工业总公司

1. **简述** 1991年,广东省纺织工业完成工业总产值133.67亿元，比上年增长29.57%；完成出口交货值41.96亿元，比上年增长55.76%；实现税利3.985亿元,比上年同期增长14.35%(据财务口径对284个纺织企业统计)。

2. **质量、品种、效益** 1991年，广东省纺织工业系统广泛、深入开展“质量、品种、效益年”活动。根据纺织工业部关于重点抓好出口纺织品存在的纱疵、横档、色差、纬斜、缩水5个质量关键，重点开发产品和质量攻关。据对全省棉纺行业部分主要出口企业统计，按乌斯特1989年公报50%水平考核，有85%的产品达到要求；针织行业缩水率稳定提高，据对10个重点企业统计，1991年针织产品缩水合格率平均达到94.29%，较上年提高4.2%。全省纺织工业产品质量稳定提高率达到91.7%，高于上年84.6%的水平。新产品开发，围绕化纤仿毛、仿丝绸、仿棉、低比例含毛、麻产品、高档棉织印染产品、高性能功能化等7大类产品开展，取得显著效果。1991年，全省纺织工业系统开发“四新”产品11500个，获国优4个，其中：佛山南方印染厂的“南方牌”纯棉高密装饰印花布；广州第一染织厂的“天鹅牌”纯棉高支府绸；鹤山毛纺织总厂的“美雅牌”拉舍尔双层腈纶毛毯等3个产品获金牌；恩平广联泰纺织有限公司的“八达牌”靛蓝牛仔布获银牌，首次实现获金牌“零”的突破。获部优质产品42个，较上年增加14个；获省优质产品95个，较上年增加54个。

3. **扭亏增盈** 1991年,省纺织工业系统切实把工作重点转移到提高经济效益上来。制定提高经济效益的措施。一是抓盈利大的化纤行业，要求继续保持较好的经济效益；二是调整产品结构，优化品种，提高经济效益；三是深入开展双增双节，挖掘企业潜力，节能降耗增加效益；四是狠抓亏损企业的扭亏增盈，对长期亏损，产品不适销，资不抵债，复苏困难的企业，实行关、停、并、转，促进产业结构的调整。1991年全省纺织工业系统亏损企业户数比上年下降2.59%。

4. **限产压库** 1991年,全省纺织工业按照国家的部署，结合全省纺织工业的实际情况，制订了限产压库的三条措施：第一，严格按照国家计划安排生产，已超产的企业，没有内、外合同的要坚决停产，边生产边积压的产品要立即停止生产，产品库存超过2个月的企业，要立即停产；第二，凡未经省批准的棉纺企业立即停产整顿；第三，凡是生产原料的企业，包括切片、化纤、纱等，要抓紧库存产品的促销工作，采取有力措施将产成品资金降下来。据统计，全省国营预算内纺织企业产成品资金占用率比上年下降11.99%。

5. **纺织品出口** 1991年,全省纺织工业调整了出口经营策略，由过去偏重于多接订单保证工厂开工转为提高附加值，增加经济效益。扩大盈利高的产品，缩减微利产品，根据市场需要改变规格、品种、花色及款式，提高产品档次，集中精力研制生产国际市场上有竞争力的产品。化纤行业为了拓展国际市场，使全省化纤产品出口有新的突破，锦纶长丝及产品的出口量逐步扩大，创汇663.7万美元。为增强在国际市场的竞争力，不少企业内部调整了出口纺织品质量的考核办法，逐步推行国际标准，实行了“两个转向，两个适应”，即把出口产品的质量，由达到部颁标准转向达到国际标准，适应市场变化；把单纯考核质量的生产型转向满足客户要求，适应客户需要。目前，全省纺织工业中有相当一部分企业已研究与外国客户合作生产国际名牌产品，提高知名度和竞争力。在出口体制方面，全省纺织工业系统已逐步形成多渠道、多层次、多形式出口的格局，适应了我省出口口岸多和起运点多、小批量、多品种、快速交货的要求。1991年，全省纺织工业出口交货值占总产值的31.4%。出口结构上也发生了较大的变化，广州市纺织品出口，外贸专业公司占25%，“三资”企业和工贸自营出口占33%，代理和其他渠道占42%；佛山市的纺织品出口，工贸占交货值的50%以上，外贸专业公司占20%，其他渠道占30%左右。

（执笔人：芦继峰）

深圳市纺织工业

深圳市纺织工业公司

1. 概况 1991年深圳市纺织工业公司以质量、品种、效益为中心，深化改革、强化管理、灵活经营，生产出现了平稳发展的好势头。全年工业总产值完成57044万元，与上年相比增长9.6%；出口产值完成47271万元，增长4.5%；销售收入完成82612万元，增长8.6%；出口创汇10722万美元，增长14.4%；利润总额完成2540万元，增长13.9%。

2. 扭亏增盈 1991年上半年，深圳市纺织工业公司1～6月利润与上年同期相比下降31.3%，亏损企业比上年增加6家，占企业总数的36.4%，亏损金额达669.9万元。为扭转经济效益大幅下滑的被动局面，公司一方面发动职工学“石化”、找差距、查原因、订措施，另一方面向亏损企业亮“黄牌”警告，限期扭亏增盈。对产品无销路，管理水平差，而又扭亏无望的4个企业，实行关停并转处理；对经营不善，经济效益差的企业，充实领导班子；对亏损严重，且虚报利润的企业，就地免其经理职务。公司为强化管理，于1991年11月份成立了财务结算中心，短短两个月就存贷金额3000万元，支持企业解决资金2000万元。1991年，深圳市纺织工业公司亏损企业降为8家，比上年同期降低33.3%，减亏金额633.1万元，实现利润总额2540万元。

3. 限产压库 南方纺织有限公司，认真贯彻执行国家“限产压库”指标精神，坚决关停用料多、能耗大、成本高的气流纺纱，并根据市场需求，努力扩大用料少、档次高的环锭纺精梳纱，年产量比上年同期增长66.45%。这个公司仅品种结构改变一项就减少亏损340万元，1991年比上年共减亏600多万元。中冠印染有限公司努力开拓国际市场，一方面在内地建立坯布生产供应基地，另一方面在日本大阪设立分公司。该公司用优质坯布和先进染整工艺在深圳生产的直贡缎、细条斜纹布等品种，成功地打进了日本市场，卖到了高价，1991年实现利润1500万港元。

4. 新优产品 面对纺织品市场疲软，竞争加剧的形势，深圳市纺织工业公司大力开展“质量、品种、效益年”活动，挖掘生产潜力，依靠科技进步，使产品再上新台阶。中冠印染有限公司生产的19.4×19.4花平布、14.5×14.5花府绸和13×13T/C花布被评为1991年度纺织工业部优质产品。深沪针织有限公司开发的“胺纶包芯丝连裤袜”具有弹性高、穿着舒适、光吉平滑等特点，并通过了省级新产品鉴定，是国际市场上十分流行的高档新产品。深圳嘉丰纺织有限公司生产的“纯棉精梳斜纹布”布面光洁、手感柔软、服用性能舒适滑爽，并通过了市级新产品技术鉴定。1991年“深纺”公司一共开发新产品、新品种43个。

5. 多元化经营 中冠印染有限公司股份化改造工作，经过一年努力，已获准在深圳发行股票上市交易。根据招股书——“中冠”公司首次发行新股3520万股（其中向全国发行1200万股）筹集资金7000万港元，占总股本的27.7%。计划稍后再发行B股2000万股，占总股本的15.74%。

“中冠”公司发行销售新股所得的收入将主要用于技术改造、更新设备、发展品种，并参股纺织厂和制衣厂；小部分股金计划参与深圳证券市场调节基金。该公司的目标是多元化经营，使单一生产印染布增至纺纱、织布及深加工成品，同时逐步发展为跨国公司。目前该公司已在日本大阪、新加坡、澳洲等地开设了子公司或销售点，以摆脱对美市场的过分依赖。

6. 其它 深圳市纺织工业公司自建的深纺配套大楼，于1991年1月21日动工兴建，总投资5554万元，建筑总面积48000平方米，将为深圳纺织工业的发展，改善投资环境，吸引外来投资起重要作用。此外深纺工业大厦已于1991年10月竣工，总面积20000平方米，是深圳市目前最高档的工厂大夏。

（执笔人：袁志鸿）

海南省纺织工业

海南省纺织工业局

1991年，海南省纺织工业在大改革、大开放、大建设方针的指导下，以提高经济效益为中心，深化企业改革，加快技术进步，促进了企业整体素质的提高，实现了1988年建省以来连续三年超常规发展的目标。

1. 主要经济指标 1991年末，全省有纺织企业51家（不含服装）其中全民所有制企业29家，集体所有制企业12家，中外合资企业3家，内联企业7家；职工总数13500人，固定资产4.6亿元。1991年全行业实现工业总产值5.73亿元，比上年增长9.42%，实现利税9673万元，比上年增长40%，其中利润3883万元，比上年增长81.9%。局直属企业实现工业总产值1.36亿元，比上年增长15.84%，实现利润1644万元，比上年增长10.65%，分别占全行业的24.7%和42.3%。全省主要产品产量化学纤维16491吨，比上年增长7.13%；布412万米，比上年增长100%；针织品折用纱线量349吨，比上年增长129.6%。建省4年，累计实现工业总产值19.3亿元，利税2.33亿元，其中利润9865万元，分别比建省前10年的总和还高178%、369%和411%。1991年人均纤维分得量2.98公斤，比建省前的1987年提高了1.13公斤，增长60.2%。

2. 化纤行业高速发展 1983年前海南没有化纤行业。80年代中期，海南在纺织工业的发展规划中，开始了以大抓化纤项目为重点的行业结构和产业结构的战略性调整。1984年至1987年，投资2.6亿元，引进国外先进设备和技术，先后兴建了琼海涤纶厂、海德涤纶厂、海南化纤厂等3个现代化的化纤企业。1986年全岛化纤产量只有566吨，1991年猛增到16491吨，增长28倍。3个化纤厂1991年实现工业总产值3.52亿元，比上年增长2.9%；上交税金3926.8万元，比上年增长133%，利润4684.6万元，比上年增长27.8%。产值和税金分别占全行业的63.1%和40%，实现利润占全省盈利企业利润总额的95%，从而奠定了化纤行业在全省纺织工业中的主导地位。海南化纤厂1989年被评为全国250家人均利税最佳企业、我国化纤行业50家最大经营规模及最佳效益工业企业和1990年全国纺织工业100家利税大户；琼海涤纶厂被评为1991年全国300家最大“三资”企业；海德涤纶厂深入开展“质量、品种、效益年”活动，生产迈了一大步，完成产值1.23亿元，比上年增长23.6%，实现利润1122万元，比上年增长106.8%，人均综合经济效益进入全国同行业先进行列。化纤行业的迅速发展，极大地促进了海南纺织工业的技术进步，加速了结构调整，实现了纺织工业的历史性飞跃，进而成为全省重要的支柱产业之一。

3. 产品质量 全局在对现行的化纤、纱、布、针织、苎麻和服装的6大类产品标准进行清理整顿的基础上，各企业还结合实际制订了严格的内控质量标准，并普遍建立了多层次的质量管理网络、贯穿生产全过程的质量检查、奖罚、质量否决制度和“一等品工资制”。琼海涤纶厂全员质量培训面达95%。海德涤纶厂的DTY合格品率比上年提高7.71%，一等品率比上年提高10.39%。海口纺织印染厂努力克服原料紧张和棉花质量不稳等不利因素，强化一条龙跟踪管理，使棉纱的一等一级以上品率达到99.95%，比上年提高0.52%。

4. 产品开发 涤纶长丝在150D、100D粗旦丝和75D细旦丝的基础上，又根据用户需要相继开发出68D、50D、45D等细旦丝新品种。海德涤纶厂根据市场预测，把以往生产白丝为主改为全部生产色丝，并做到一色多品，满足了不同客户的需求。为适应原料市场，提高加工深度和精度，海口纺织印染厂先后开发出涤棉混纺、涤粘混纺、纯涤、纯粘中高支纱，增加了珍宝呢、铁路制服呢、涤棉府绸及涤粘平细布等新产品。万宁纺织厂自筹资金进行技改，开发了8个新品种，使濒临停产的企业扭亏为盈。文昌毛纺厂、宏德纺织公司生产的多种毛绒面料和优质牛仔布也十分畅销。

5. 基本建设和技术改造 1991年，海南纺织工业又掀起了新的投资热潮。省“八五”重点项目投资3.5亿元的7000吨锦纶帘子布和7000吨锦纶丝、投资1.8亿元的60000吨聚酯切片、投资3200万元的琼海涤纶厂前后纺改造、投资1100万元的海山织造厂100台喷水织机改造等工程相继奠基或动工实施，当年完成投资4451万元。这批项目建成投产后将新增产值6.95亿元，新增利税1.52亿元。届时，海南纺织工业将发生战略性的改观。

6. 深化改革 ①企业内部经营机制转换加快。通过招标推选经营者，风险抵押，以及减亏包干分成等多种形式进一步完善了承包经营责任制；在市场竞争中有5家企业关停，2家企业被拍卖；三项制度改革稳步进行，企业的竞争、激励、风险机制增强；生产技术指挥系统得到强化，并针对纺织品市场变化快、周期短的特点，健全了市场信息、产品调研的反应体系；进一步充实营销力量，科学制订营销策略，多层次、多渠道地拓展了内外市场。海口纺织印染厂调整原料结构，大抓来料加工，出口创汇350万美元。②股份制改革取得突破。1991年9月，海南化纤厂作为全省第一批股份制改革试点单位之一，在全省工业企业中率先改组为股份制企业，首次发行内部股票1900万股(每股1元)，为全行业的股份制改革摸索了经验。③行业管理得到加强。1991年9月，海南省纺织工业局正式成立，与省纺织工业总公司合属办公，实行“一套人马，两块牌子”。通过深入工作和两次全省规模的行业调查，初步理顺了关系，摸清了全行业的基本情况，行业指导也在一定范围内展开。以适应市场经济的宏观调控、综合平衡、协调服务为主要内容的行业管理职能已开始走上轨道。

7. 精神文明建设 各企业根据其性质、管理方式、劳动制度的差异及职工的思想、行为、需求等复杂的实际情况，紧密围绕生产经营和深化改革，全心全意依靠工人阶级，坚持两个文明一起抓。12月5日海南省纺织工业职工思想政治研究会成立，全行业各级政研会纳入系统轨道。职工“双基”教育、企业精神教育、“创先争优”、“讲理想、比贡献、做主人”等活动的开展，有效地发挥了广大党员的先锋模范作用和职工的积极性、创造性。多种形式的劳动竞赛、岗位培训、文娱体育活动搞得有声有色，促进了“四有”职工队伍的壮大。许多企业还注意解决引进人才及职工的住房、夫妻两地分居、子女入托入学就业、职工体检及社会保险等实际问题，增强了企业的凝聚力，推进了精神文明建设的不断深入。1991年一批先进企业和先进个人也在改革中涌现出来，海南化纤厂荣获纺织部授予的“全国纺织工业双文明先进企业”称号，总经理卢劲松荣获全国“五一”劳动奖章和《半月谈》思想政治工作创新奖；海德涤纶厂被评为省“思想政治工作先进企业”和“双文明建设先进单位”，党委书记甘春祥被评为“全国纺织工业优秀政工干部”。

(执笔人：卞大中)

四川省纺织工业

四川省纺织工业厅

1. 概况 1991年，四川纺织生产经营工作在纺织工业部和省政府的关心支持下，经过全省纺织职工的共同努力，保持了生产速度、销售收入和出口交货的较大幅度增长。

1991年全省纺织系统共有企业614个，其中全民系统单位202个，集体系统单位412个。职工人数(包括计划外用工3.6万人)为28.83万人，比1990年的26.39万人增加2.44万人(主要原因是集体企业和外商投资合作项目)。全民企业职工人数为20.4万人，比1990年的19.77万人增加0.63万人；集体企业职工8.43万人，比1990年的6.62万人增加1.81万人。

1991年工资总额为54796万元，比1990年的48224万元增加6572万元，其中全民增加2949万元，集体增加3623万元，计划外用工减少243万元。职工平均工资1901元，比1990年增加102元，提高10.57%，其中全民增加82元，提高4.16%，集体1434元，增加155元，提高12.11%。全民企业全员劳动生产率（不包括计划外用工）22328元，比1990年的22234元增加94元。

1991年工业总产值59.4亿元，比上年的56.2亿元增长5.69%；销售收入37.24亿元，比上年的33.89亿元增长9.88%；利税合计亏9559万元，比上年盈7917万元下降221%，其中利润亏18780万元，比上年的亏3617万元下降419%；产成品资金6.81亿元，比上年的7.38亿元下降7.72%；出口交货值77576万元，比上年的51914万元增长49.43%。1991年生产纱15.89万吨，比上年的14.4万吨增长10.35%；布7.08亿米，比上年的6.99亿米增长1.93%；针棉织品折用纱量2.23万吨，比上年的2.51万吨下降11.15%；呢绒514.25万米，比上年的460万米增长

11.79%；毛线1809吨，比上年的2322吨下降19.94%；毛毯15.61万条，比上年的19.14万条下降18.44%；麻袋4088万条，比上年的3758万条增长8.78%；苎麻布1921万米，比上年的1260万米增长52.46%；化学纤维3.28万吨，比上年的2.11万吨增长55.59%；服装4967万件，比上年的4727万件增长5.08%；纺织机械3142吨，比上年的3090吨增长1.7%。

2. 质量、品种、效益 去年省纺织厅认真组织质量攻关和稳定提高质量水平等活动，对产品质量特别是军用布和出口产品质量严重下降的企业予以通报和点名批评，对质量下降的针织复制企业予以黄牌警告，使企业逐步强化了质量意识。8月份全省纺织产品出口质量合格率有显著提高，其中染色布合格率达到100%，受到有关领导的肯定和表扬。全年全省纺织产品质量稳定提高率由年初的80%上升到90%。川康毛针织厂生产的"海洋风情"系列5件套羊毛女装在全国第四届服装设计"金剪奖"大赛中获金奖；简阳棉纺织厂生产的纯棉大提花贡缎和大提花工艺，在全国"七五"星火计划博览会上，双双荣获金奖；成都涤纶厂生产的167D涤纶低弹网络丝，在纺织工业部1991年产品研讨会上，以99.34分荣获总分第一。

3. 基础管理 结合纺织工业部和省政府有关会议精神，省纺织厅在自贡纺织厂和内江棉纺织厂召开了全省纺织工业企业管理现场经验交流会，以典型引路，培育重点企业。各主管局和多数企业普遍加强了基础管理工作，制订了具体的实施方案，并将指标分解、落实到车间、班组和个人，与经济责任制挂钩，取得了比较明显的效果。

4. 经营销售 1991年5月底6月初举办了四川省首届服装节，在各级政府、有关部门和企业的共同努力、团结协作下，办得轰轰烈烈。省纺织厅作为主要承办部门之一，为办好服装节作了大量工作。据对几个展销场地统计，总成交额突破4亿元。服装节还评出了名牌服装、设计创新奖和名模特。

结合全省第十届纺织产品交易会，召开了销售工作经验交流会，表彰了1990年销售工作先进集体23家、先进个人132名，并明确地提出了"销售工作也是第一线"的观点。使销售人员受到了启发和鼓舞，较好地端正了思想，提高了认识，增强了搞好工作的信心，对全年销售收入有较大增长起了积极作用。

5. 科学技术 1991年10月召开了全省纺织科技进步大会，大力宣传"科学技术是第一生产力"和"科技人员是新的生产力的开拓者"的观点，表彰了在纺织战线从事技术工作30年以上的纺织工程学会会员850名、获得部、省科技成果奖的科技人员106人。

6. 限产压库 根据纺织工业部关于限产压库的要求，省纺织厅及时向下传达，把指标分解落实到各地市和系统内企业。在省政府、计经委和生产委的支持、帮助下，经过全省纺织系统职工的共同努力，使限产压库工作进展比较顺利，年末产成品资金和三项资金比年初均有下降，受到上级领导部门的表扬。

为了给企业改进外部环境，政府和综合部门对纺织行业给了一定的照顾。纺织厅组织了两次清理"三角债"活动，共投入资金1.09亿元，清理拖欠资金2.88亿元。

7. 存在问题 必须清醒地看到，四川纺织经济工作还存在不少困难和问题，主要表现在经济效益下降趋势尚未扭转，亏损企业亏损金额和亏损面逐渐上升；提高质量、开发品种等工作和外省纺织行业比，还存在较大差距，出口产品合格率比较低；基础管理工作有待加强，等等。1992年，全省纺织系统干部职工决心继续抓紧结构调整、品种开发和质量提高工作，研究经营战略，转变经营机制，深化企业内部改革，积极开拓多元化出口市场，抓好扭亏增盈工作，使经济效益得到显著提高，为纺织工业在3年内打翻身仗而努力工作。

（执笔人：吴以源）

云南省纺织工业

云南省纺织工业局

1. 概况 1991年，云南纺织工业系统在省政府和纺织工业部的领导下，围绕贯彻党的十三届七中全会关于"把全部经济工作切实转移到提高经济效益的轨道上来，力争工业生产的质量、品种、效益有一个明显进步”的精神和国务院关于开展“质量、品种、效益年”活动的通知，积极开展各项工作。

全年共完成工业总产值155418万元，比1990年增长0.28%。10种主要产品的产量，比上年增长的有化学纤维、纱、印染布、麻袋、丝、服装等6种；布、呢绒、毛线、丝织品等4种均比上年减少。

全系统共实现产品销售收入167914万元，比1990年增长29.77%；实现利税6291万元，比上年下降51.71%，其中产品销售税金3856万元，下降25.8%；利润总额2435万元、下降68.9%。亏损企业由1990年的56个增加到85个，亏损面达32.8%；亏损总额3157万元，比1990年上升145.5%。流动资金年末占用达121483万元，比上年增加44.09%，其中产成品资金上升37.52%。可比产品总成本比1990年上升14.37%。

2. 质量、品种、效益　1991年4月25日至27日，省纺织工业局召开了重点地区和重点企业负责人会议，传达、学习、贯彻国务院和省政府的通知精神，结合全省情况，对在全系统如何迅速开展“质量、品种、效益年”活动，从组织领导、奋斗目标、措施落实等方面作了具体的安排和布置。各地主管部门和企业联系自已的实际，认真加以贯彻。在提高认识的基础上，分别成立了开展“质量、品种、效益年”活动领导小组。各级领导亲自挂帅出征，带头深入基层，调查研究，现场办公，总结经验，帮助研究和解决各种具体问题，从各方面努力推动这一活动的开展。

纱疵、横档、纬斜、色差、缩水，这是影响纺织产品质量的五大关键疵病。在开展“质量、品种、效益年”活动中，全系统按照纺织工业部的要求，把解决五大疵病作为重点工作来抓。具体做法有以下六个方面：①成立全省棉纺织、印染、针织、丝绸等行业的质量攻关领导小组，负责组织、协调、检查、督促各项工作，总结交流经验；各有关企业也成立了相应的机构，有关领导直接分管，使质量攻关有组织有领导地进行。②揭露矛盾，找出差距，进一步强化全体职工的质量意识，提高抓产品质量的自觉性。③把质量攻关同职工的工资、奖励挂起钩来，调动大家的积极性。④加强现场管理，严格各种制度，做到有章必循，违者必纠，奖惩分明，按劳分配。⑤调整工艺，改进设备状况。⑥组织操作竞赛，提高一线工人的技术素质。

通过采取以上措施，五大关键疵病的攻关收到了明显的效果，从而带动了整个产品质量的提高。列入省经委考核的12项产品质量的稳定提高率达到83.33%；内销和出口产品的抽查合格率分别为78.26%和90%～100%。全系统共有2个产品评为部优，19个评为省优。

全年共开发新产品55种，新花色490个，新规格140个，新增产值5080.76万元，新增利润139.85万元。精细纯棉、涤棉装饰布、风格独异的人棉布、仿丝印花布、轻薄织物巴厘纱等一批有竞争力的新产品相继问世，畅销市场，获得了较好的社会效益和经济效益。

3. 限产压库　1991年8月下旬，纺织工业部紧急召开全国厅局长会议。朱镕基副总理代表国务院到会作了“整顿棉花供应秩序，坚决控制生产和压缩库存，把压下来的产成品资金用于技术改造”的指示。为了把限产压库工作落到实处，省纺织局于9月上旬和10月上旬先后两次召开重点地区、重点企业负责人会议，根据纺织工业部和省政府的要求，将压贷任务具体落实到各个地区，明确提出了“畅销产品努力增加生产，可销产品适度控制生产，积压产品坚决停止生产”的方针。经过大家的共同努力，收到了一定的效果。1991年，全省纺织系统共产纱23.2万件，为年度计划的85.92%，在一定程度上控制了盲目生产的势头。各企业把组织生产和提高效益结合起来考虑。在剧烈的市场竞争中，涌现出了如昆明市第二针织厂、云南涤纶厂、曲靖丝绸厂、丽江毛纺织厂等一批产值、销售收入、利润税收同步增长的企业。

4. 其它　基建技改工作完成情况也比较好。全年共安排投资项目36个，总投资8155万元，实际完成9431万元，为年计划的115.64%。其中基建项目7个，完成2620万元，占年计划的105.94%；技改项目29个，完成6811万元，为年计划的119.86%。

企业管理工作在原来的基础上又前进了一步。5个企业分别晋升为省二级和省一级企业。档案管理，通过深入贯彻实施《档案法》，全系统共有13个企业升为省级先进，3个升为国家二级。

职工教育重点转移到岗位培训。全年共完成各类干部的培训任务为：大中型骨干企业领导班子50%左右；车间主任40%；小型企业领导50%以上；班组长85%。

1991年，在各方面的条件都更加困难的情况下，全省纺织系统的广大职工作出了十分艰苦的努力，各方面都取得了一定的成绩。但经济效益严重下降，亏损企业和亏损金额大幅度上升等问题，需要认真对待，尽快加以解决。

（执笔人：侯开伦）

陕西省纺织工业

陕西省纺织工业总公司

1. **概况** 1991年，陕西纺织业广大职工，团结拼搏，克服原料缺乏、能源不足、资金紧缺、市场疲软、价不到位等困难，取得了较好成绩，全行业共完成工业总产值58.56亿元(按1990年不变价格，下同)，比上年增长3.6%；乡以上独立核算工业实现销售收入49.85亿元，比上年增长11.7%；实现利税3.34亿元，比上年下降41.6%。其中全省纺织工业系统内完成工业总产值53.49亿元，比上年增长2.2%；实现利税1.26亿元，比上年下降63.68%，实现利润61.3万元，比上年下降99.69%。全省纺织系统出口创汇比上年有较大幅度增长，全年共完成出口交货值14.02亿元，居全国29个省市中第11位，比上年增长36.12%，列全国第4位，其中纺织品出口交货12.79亿元，丝绸出口交货1.16亿元，分别比上年增长37.8%和10.5%；出口创汇2.01亿美元，比上年增长4.7%，占全省出口创汇的33.2%，其中本省口岸出口创汇1.56亿美元。

1991年末，全省拥有乡以上独立核算纺织工业企业459个，纺织职工22.59万人，年末固定资产原值32.69亿元。其中纺织系统内共有企业271个(全民企业101个，集体企业166个，中外合资企业4个)，职工20.39万人(省直属企事业单位职工11.72万人)，年末固定资产原值29.52亿元，净值17.97亿元，分别比上年增长10.8%和15.4%。全省共有棉纺锭149.51万枚(其中系统内135.12万枚，乡镇企业10.11万枚，农垦系统4.27万枚)，气流纺15296头，棉织机31381万台(其中新型无梭织机1458台)，印染能力5.72亿米，化纤能力2.97万吨，毛纺锭54264枚，毛织机915台，苎麻纺锭6952枚，缫丝能力4.19万绪，丝织机1538台。

1991年是“八五”计划的第1年，也是全国改革开放的第13年。13年的改革开放，使陕西纺织工业发生了巨大变化，取得了长足的发展。同改革开放前的1978年相比，全省纺织工业总产值增长80.8%，出口创汇增长了1.42倍，固定资产原值增长3.64倍。生产规模和能力也成倍增加，棉纺锭增加77.6%，布机增加53.3%，新型布机从无到有发展到1458台，化纤能力增长58倍，毛织机、针棉织折纱量及缫丝能力分别增长2倍左右，丝织机增加4倍多。到1991年底，全省共有74个纺织及服装企业获得出口商品质量许可证(其中纺织企业54个，服装企业20个)，占全省获出口质量许可证企业总数的62.2%。全省有西北国棉一厂、二厂、四厂、五厂、七厂、省纺织器材厂、省纺织品公司、榆林毛纺织厂等八家企业进入国家二级企业行列。

2. **产品质量** 1991年全省纺织系统深入开展“质量、品种、效益年”活动，省纺织工业总公司成立了领导小组和各行业攻关小组，按照纺织工业部“抓四率”(即：质量稳定提高率、坯布、印染布、针棉织品出口合格率)、“攻五关”(即：纱疵、横档、色差、纬斜、缩水)的目标要求，制定了全行业产品质量奋斗目标。全系统以纱布质量为重点，强化基础管理，分行业组织攻关。纺织工业部考核的15大类产品质量稳定提高率达到86.7%，比部订目标高6.7个百分点，纯棉布、棉混纺及化纤布的出口合格率超过部订目标，针织汗布类的出口合格率比上年提高2.9个百分点，丝织成品绸的出口合格率达85.41%，创历史最高水平。棉纱的纱疵、印染布的色差和纬斜均达到部颁标准，棉布单批横档符合率达95.5%，为部颁一档水平，针织缩水合格率达到部颁三档水平。

1991年，全省纺织行业普遍健全和完善了工艺检查管理办法，落实了棉纺织行业机械纱疵、织疵的考核，做到了凡有机械波的不能开车，条干CV值超标不能开车，布机平车、检修机台无机械横档才能交车，通过严格检查，全省无机械横档合格率达到88.2%，运转操作开车无稀密路合格率达83.4%。在全国巾被行业首届床单挡车工操作比赛中，西安黄河棉织厂贾惠萍获总分第一名，并荣获纺织工业部操作能手称号；在西北5省区操作比武中，陕西棉、毛纺织行业操作比赛均获优异成绩。

全行业积极推行GB/T10300《质量管理和质量保证》系列标准，使各出口企业进一步重视和完善了质量体系，通过质量攻关，大中型出口企业的13号精梳涤棉纱条干CV值都达到25%的国际先进水平。1991年末，全省直属企业共注册QC小组3434个，其中西北国棉四厂织布甲班10组QC小组，西北国棉七厂织部攻关QC小组、西北国棉一厂细纱乙班团支部QC小组荣获全国优秀QC小组称号。陕西渭南针织厂荣获陕西省质量管理奖。

3. 产品开发 1991年在内销市场疲软、外销竞争激烈的情况下，全省纺织企业普遍重视和加强了产品开发工作，组织设计、生产、销售人员，对不同地区、不同层次的需求，进行广泛的市场调研，确定了产品开发的方向和重点。全行业按照"扶畅、砍滞、限平"的原则，大力调整了产品结构，棉纺织的精梳纱比重由上年的18.3%提高到19.2%，生产出了一批高支高密防羽绒布、府绸、线绢及特宽装饰用布和床上用品；印染行业向化纤、仿毛、仿丝绸方向发展，生产了一批中长仿毛印花呢、人棉绸、涤素缎以及涤麻混纺布、阻燃布等适销产品；针棉织行业开发并生产了较高档次的螺旋缎档和纯棉提花锦缎织物及牦牛绒针织衫；毛纺行业调整了部分大路产品，开发生产了高支单面花呢、单面提花时装呢、低比例毛混纺、花式毛涤啥味呢等轻薄织物；化纤行业开发生产了差别化纤维，如三叶型网络涤纶丝，高强低伸涤纶中长纤维等，全省纺织产品的档次明显提高，为国内外市场提供了一批名、优、特、新产品。

1991年全行业开发新产品170项，其中投产45项，新产品的产值率达到5.1%，比上年提高1%。全省有23项新产品荣获陕西省优秀新产品称号。西北第一印染厂孟新明，咸阳第二服装厂张建萍，西安黄河棉织厂张志平，陕西第一针织厂苗淑梅荣获全国纺织系统"优秀创作设计工作者"和银质奖。在第70届秋季广交会上，纺织工业部组织10个省（市）参加了纺织交易团的新产品展销，共展出549种纺织新产品，其中陕西三印的印花人棉绸、陕西一毛的时装呢及汉中丝织印染厂的锦丝/人丝提花丰华缎、人丝/棉新潮纺等新产品受到与会国内外客商欢迎，销路较好，陕西参展的新产品总成交额达50多万美元，占纺织总成交额276.25万美元的18.1%；新产品图案花样展销中，陕西共出售印花图案14张，名列全国榜首。1991年全省纺织系统荣获国家银质产品奖1项（西北第一印染厂羚羊牌特种工业用109本色细平棉布），部优质产品奖12项，省优质产品奖45项（其中服装7项），占全省优质产品奖总数的13.3%，全行业优质产品覆盖率达到32.9%。

4. 出口创汇 1991年全省纺织行业把扩大出口作为摆脱困境的主要出路，在原料、能源的供应上优先保证出口产品，对出口任务的考核，也由过去的分品种、分口岸考核交货量，改为只考核交货值一个指标，鼓励企业全方位、多渠道扩大出口。为了有效利用和落实国家为解决纺织品生产和出口企业困难拨给的纺织品专项补贴资金，省纺织工业总公司结合全行业出口生产情况，制定了7条具体补贴办法，以鼓励企业多出口，提高出口产品质量，增加深加工、精加工、高附加值产品的出品。加强与省内各外贸部门密切联系，在重点保证省内出口的同时，积极与京、津、沪等老口岸联系，加强业务往来，同时还开辟了浙江、宁波等新的外贸口岸，拓宽了本省纺织品的出口渠道。1991年全行业出口纺织品的交货口岸及外贸单位由过去11个增加到46个，出口交货值比上年增长36.1%，出口创汇比上年增长4.7%。

5. 科技进步 1991年陕西省纺织业认真组织了"八五"计划时期纺织专项技改项目的实施工作，全年完成固定资产投资32146万元，其中基建投资7650万元，技改投资24496万元。建成投产项目36项，其中技改项目28项。引进日本、意大利自动络筒机58台、日本喷气织机427台，更新并粗设备200台、细纱牵伸20万锭，配套新型D型整经机3台，投产清钢联2套。同时结合危房改造，陕西第二棉织厂开工扩建了高档巾类织物生产线；渭南针织厂引进大圆机，填平补齐了高速罗纹机高档针织服装生产线；宝鸡床单厂漂染车间、宝鸡一针针织服装线以及省服装鞋帽工业公司出口服装车间等改造项目都完成了前期准备工作。西北国棉一厂粘胶分厂主厂房、锅炉房、碱站等工程已完成主体，中心试验室、浆粕库区等工程已经完工。

1991年陕西纺织业组织开发并实现新原料、新工艺、新技术的科技攻关项目25项，完成了4项引进设备关键部件的国产化研制，即自动络筒机的电子清纱器，新型织机钢筘及钢筘胶，喷气织机气流测试器等。全年共荣获19项科技成果，其中部、省级6项；获省优秀新产品奖5项。在全国第六届发明展览会上，陕西获得7项金奖，其中省纺织系统获金奖2项，即陕西省纺织科研所李振忠发明的钢丝圈安装器及排列器。

6. 限产压库 1991年9月至12月，按照省政府和纺织工业部的工作部署，全省纺织系统集中力量开展了"限产压库"工作。省纺织工业总公司先后5次召开了全省地市局长、直属企业厂长会议，通报情况，落实任务，同时制定了限产压库的3条原则（即没有内外销合同的不能生产，虽有销路但库存超量的不能生产，出口合格率较低的产品不能生产），从源头上解决了边生产边积压的问题。总公司还抽出21名处以上领导和23名业务骨干组成6个工作组，深入基层，调查研究，重点帮助7户压缩产成品资金任务在千万元以上的企业，解决有关限产压库中出现的问题，并及时向省有关部门反映情况，取得了上级的支持。省政府先后对陕西第一毛纺织厂、陕西第三印染厂、陕西第九棉纺织厂和陕西省纺织品公司等重点企业召开了省长现场办公会，从政策上给予支持并解决了企业一些具体问题。通过上下的共同努力，全行业限产压库取得了阶段性成果。到年底，23户直属和2户部属企业的产成品资金比上年末下降了5825万元，发出商品和应收销货款两项资金比6月末减少了715万元，均完成了省政府下达的"三项资金"压缩任务；全省75

户国营纺织企业的产成品资金比纺织工业部下达的2.2亿元压缩任务超压了6456万元。在省政府通报表彰的全省1991年完成限产压库任务的获奖单位中，省纺织工业总公司荣获一等奖。

1991年全省纺织工业是在各种矛盾交织的困境中渡过的，虽经艰苦努力取得了一定成绩，但仍存在许多问题，经济效益下滑的趋势并未遏制，扭亏增盈仍将是全行业的一项重要任务。

（执笔人：张　辉）

甘肃省纺织工业

甘肃省轻纺工业厅

1. **转变经营机制**　为了转换企业的经营机制，1991年4月全省体改工作会议之后，甘肃轻纺工业厅按照省政府的要求，先后选择了兰州维尼纶厂、兰州三毛厂和兰州一毛厂等3户大型企业参加省“放开经营、配套改革”的试点。对试点企业一方面减税让利，增提新产品开发基金、折旧基金，补充流动资金，给企业从外部注入活力；另一方面转换企业内部经营机制，精简机构，打破“三铁”，实行严格的内部经济责任制。经过半年多时间的努力，到年底，3户试点企业除个别辅助指标未完成试点目标外，大多数主要指标都完成了试点任务，甚至超额完成了目标。据统计，3户企业完成工业总产值45040万元，比承包目标、试点目标分别超额24%和2%，比1990年提高21%；实现利润1917万元，比承包目标、试点目标分别超额22%和8%，比1990年提高25%；上交所得税780万元，承包目标和试点目标均已完成，比1990年增长30%。

在努力抓好改革试点的同时，甘肃轻纺行业各级主管部门还全力扶持特困企业，尽快实现扭亏的突破。自1990年全省毛纺工业出现生产滑坡、产品积压、效益下滑的严重困难以来，省轻纺工业厅、兰州市轻纺工业局先后多次派工作组，到兰州毛条厂、甘肃毛纺厂、兰州二毛厂、兰州四毛厂等企业帮助工作，制定扭亏方案，提出奋斗目标和企业内部深化改革，转变经营机制，强化管理，进行技术改造，提高企业素质的措施。经过1年的努力，毛纺行业亏损户比上年减少1户，亏损企业的亏损金额减少379万元，减亏21%。整个毛纺行业由上年亏损204万元，扭转为当年盈利357万元。当几户棉纺、针织企业因原棉大幅度提价，产品价格不到位，产品滞销积压时，各级主管部门一方面深入企业，与企业广大职工干部一道研究对策，把损失减少到最低程度；另一方面积极向各级政府反映情况，争取各方面的政策扶持，使这些企业比较顺利的渡过了难关。全年全行业产品销售收入比上年增长2.3%，并继续盈利，无一亏损。

此外，对部分纺织企业进行了横向经济联合，使资产存量合理流动。如兰州三毛厂与兰州毛针织厂联合经营，初步扭转了兰港毛衫有限公司产品积压，半停工停产，效益下滑的被动局面。

2. **质量品种**　1991年初，甘肃省轻纺工业厅制订下发了《关于开展“质量、品种、效益年”活动的安排》，明确了质量、品种、效益等方面的奋斗目标和措施，并专门成立了“全省纺织行业质量攻关领导小组”，对纺织行业质量攻关工作进行统一部署，具体指导。过去，甘肃的羊毛衫无论质量，还是品种，与其他省市相比差距较大。1991年初，省攻关领导小组，把全省13家重点毛针织企业召集到一起，从原料、织片、缝制、洗缩、熨烫、检验到包装装璜，一个环节一个环节研究，找差距，订措施。经过半年的努力，到9月份提供的羊毛衫品种达230余种，比年初提供的57种样品增加3.5倍。纯羊毛衫、牦牛绒衫、兔毛衫等高中档产品占60%以上，羊毛衫质量明显改进。庆阳毛纺厂腈纶绣花女开衫被评为部优产品，突破了我省多年来为零的记录。经过一年的努力，其它产品质量也有了明显的提高。针棉织品缩水合格率超标问题长期没有得到解决，经过质量攻关，现在稳定在85%以上，接近纺织部规定的二档水平。棉纺坯布下机一等品率、坯布出口合格率分别由年初的55.89%和22.65%，提高到61.06%和75.34%。毛精纺成品结辫率由年初的0.5%，降低到0.45%。厅属企业重点考核的35种产品质量稳定提高率为91.4%，创部优4个，省优11个，省级以上优质产品率达32.1%。

针对纺织产品品种单调、花色陈旧的现状，全省大多数纺织企业还进行了大范围、深层次的市场调研，并积极开发新产品。仅兰州三毛厂一年开发新产品170种以上，新花色250个，基本完成了适应性调整的任务。由于产品花色品种多，适销对路，该厂提前两个月完成了全年的利润计划906万元。据不完全统计，到年底全省纺织系统开发新产品355个，其中有13个获甘肃省优秀新产品新技术成果奖，新产品批量投产率达到50%。

3. **限产压库** 纺织行业是最早感受市场冲击的，特别是1989年以来的两年多，纺织产品由总体上的畅销变为总体上的销势平淡，产品积压的包袱越背越重，相当一部分企业有被库存产品压垮的危险。纺织工业部根据国务院指示，提出限产压库的措施，甘肃纺织系统积极响应。经过艰苦工作，到年底3项资金占用比年初减少4.72%，其中产成品资金减少了4.3%。资金积压的势头有所减缓，限产压库收到了初步的成效。

为了加强产品销售，减少产品库存积压，各企业尽量扩大省内外市场的销售网点和力量，把销售任务与经销人员的收入挂钩，举办各种展销会、订货会，实行有奖销售、易货贸易、物资串换，开“大篷车”送货下乡等。省厅也先后组织省内纺织品进京“赶考”，举办迎春、夏令商品展销和农村商品订货会。这些措施和办法，不仅扩大了影响，促进了销售，同时也调研了市场，为产品开发提供了信息。

4. **存在问题** 1991年是甘肃纺织工业形势最为严峻的一年。最突出的问题：一是在相对的总供给大于总需求的经济环境下，产品结构难以与市场消费需求变化相适应，滞销积压相当严重。据统计，47户纺织企业年末产成品资金占用达35153万元，3项资金合计77604万元，分别占当年工业总产值（现行价）的38%和84%。二是由于产品滞销积压、三角债困扰和原辅材料特别是原棉大幅度调高价格，产品价格不到位，使生产与效益继续下滑。工业总产值比上年下降2%，同比实现利润下降48%。其中棉纺织行业实现利润下降85.6%。甘肃最大的兰州棉纺织印染厂1990年实现利润1300多万元，1991年因原棉提价，增加支出1800万元，在甘肃省政府的减税等优惠政策照顾下，才实现利润36万元，否则将滑入亏损的行列。

（执笔人：马贞俊、李　明）

宁夏回族自治区纺织工业

宁夏回族自治区纺织工业厅

1. **概况** 1991年，宁夏纺织工业在认真总结1990年轻纺工业工作的基础上，分析了1991年面临的形势和任务，明确提出了“以市场为导向，以改革为动力，以效益为中心，积极开展‘质量、品种、效益年’活动，推动技术进步，调整产品结构，开发新产品，提高产品质量，强化科学管理，使宁夏轻纺工业持续、稳定、协调向前发展”的指导思想。围绕这一基本思路，广大职工振奋精神，开拓前进，努力工作，取得了一定成绩。纺织工业产值完成3.66亿元（按1990年不变价计算），比上年下降5.3%。纺织工业出口比上年下降46%，下降主要原因是毛毯、亚麻等纺织品出口受阻；纺织全民企业完成销售收入2.77亿元，比上年增长7%。

2. **经营销售** 宁夏轻纺工业厅把销售列为工作重点之一，要求各企业把强化营销工作当作转变观念、促销促产的头等大事来抓。一年来，各企业不同程度地加强充实了销售队伍，党政工团都来关心本厂产品占有市场的情况，调查市场、掌握市场信息，使职工树立了忧患意识，认识到企业的兴衰关系到自己的切身利益。因此，在促销活动中，想方设法巩固、扩大销售网点。为搞活经营，把产品推向市场，轻纺系统的许多单位积极筹组开设了银川轻纺商场、平凉联销公司等，扩大了宁夏轻纺产品对外宣传的窗口，有利于把宁夏轻纺产品推向周边地区，扩大流通范围，并为今后占领广阔的中小城镇和农村市场准备了条件。

近两年来，轻纺企业的正常生产经营活动陷入困境的一个重要原因是产品销售不畅，产成品大量压库，资金沉淀，周转阻滞。1991年下半年，根据国务院、轻纺两部关于限产压库的统一部署，厅里采取了果断措施。经过努力，限产压库工作已见成效，库存积压下降，企业开始复苏，给今后的新产品开发、技术改造等工作奠定了一定的基础。

3. **品种、质量、效益** 质量是企业的生命，有了过硬的产品质量，企业才能在激烈的竞争中站稳脚跟，赢得较好的经济效益。在去年的“质量、品种、效益年”活动中，各企业为了保持和提高产品质量，做了大量工作，建立相应机构，狠抓薄弱环节，落实各项质量攻关目标计划。职工群众的质量意识得到了增强。经过一年努力，主导轻纺产品的实物质量比上年有了明显提高，棉纱一等一级品率已由 77.11%提高到 82.45%，棉布入库一等品率在93%以上；精纺呢绒百米织疵降等由平均 500 厘米降到 200 厘米以下；粗纺呢绒、毛毯因粗细纱档造成的降等比率平均下降 3 个百分点；毛线条干均匀度有所改善，因逃捻降等的比率减少 2 个百分点，三级色纱合格率提高 0.33%；亚麻布入库一等品率达到 86.2%。

在抓产品质量的同时，加快了新产品开发步伐。一年来，全区共开发轻纺新产品 62 个，直属企业新产品产值率达到 7.3%。较有影响的新产品有：利用中卫山羊成年毛研制成的长顺马海毛大衣呢、牦牛绒啥味呢、高级系列男女牦牛绒衫、轻薄羊绒衫、仿马海毛绒线、混纺马海毛绒线、二毛皮系列产品、亚麻印花布、细旦异型丝、涤麻绸、仿真丝绸等。这些产品以其质量上乘、颜色自然、价格适中占领市场。实践证明，过硬的产品质量、新颖美观的花色品种是占领市场的先决条件。宁夏轻纺企业大多是传统产业，工艺装备陈旧落后，技术改造任务很重。近年来，大多数企业都开始重视企业的技术进步，增加企业的技术投入和提高产品的技术含量，并引进了一批诸如电脑绣花机、复合包装生产线、高强涤纶工业丝生产线等先进装备。银川棉纺厂用国产新型先进的前纺设备，来改造旧的生产线，以及采用气流纺设备等，对稳定生产、提高质量起到了很好的作用。

4. **精神文明建设** 在社会主义精神文明建设中，以进一步解放思想、转变观念为主题，深入开展社会主义计划商品经济的思想理论教育，推动了全系统思想观念的转变，对制约轻纺工业发展的主要矛盾取得了共识；结合形势，认真进行了党的基本路线、马克思主义基本理论和党的基本知识教育，进一步坚定了共产主义、社会主义信念；认真抓了“三个条例”教育，明确了“充分发挥企业党组织的政治核心地位、加强和完善厂长（经理）负责制、全心全意依靠工人阶级”是办好企业的重要保证；在女职工中开展了“巾帼建功”活动，调动了积极性。通过上述教育活动，使广大职工在企业面临重重困难的情况下，思想相对稳定，排除万难，开拓前进。

（执笔人：高广珍）

新疆维吾尔自治区纺织工业

新疆维吾尔自治区纺织工业局

1. **基本情况** 1991 年是纺织工业空前困难，继续在低谷中徘徊的一年。新疆纺织工业认真贯彻调整、改革、开放的方针和各项政策，扎扎实实的开展“质量、品种、效益年”活动，严格控制生产总量、调整产品结构，压缩库存，加强管理，发动全体职工迎战困难，努力创造本企业的良好效益，使全疆纺织工业生产仍然取得了较好的成绩。

1991 年末，全疆纺织工业有系统内企业 83 家（其中全民所有制 57 家、集体所有制 19 家，中外合资企业 7 家），职工 11.08 万人（含行政事业单位人数），拥有棉纺 96.83 万锭，气流纺 7904 头，棉织机 11603 台，印染生产能力 11900 万米，毛纺 10.34 万锭，毛织机 1516 台，缫丝机 13600 绪，丝织机 668 台，亚麻纺 6494 锭，涤纶纤维生产能力 2000 吨。

1991 年完成工业总产值 27.55 亿元（按 1990 年不变价计算），比上年增长 4.74%。12 种主要产品中纱、呢绒、毛毯、生丝、丝织品、亚麻纱等 7 种比上年增长。布、印染布、毛线、服装、涤纶长丝等 5 种下降。增长幅度最大的是生丝，下降幅度最大的是印染布。

1991 年，全区纺织品出口交货值 37776 万元，比上年增长 8.15%。提供的主要产品有棉纱线 11771 吨（64689 件），棉针织折用纱（线）量 2181 吨，呢绒 30 万米，布 967 万米，厂丝 81 吨，丝织品 20 万米，成衣服装 11 万件。上述出口产品中除棉纱线、棉针织品比上年增长外，其余均比上年减少。

按财务口径对75个企业统计，全年完成销售收入261858万元，比上年增长10.51%；实现税利19463万元，比上年下降23.13%，其中利润5307万元，比上年下降50.13%。亏损企业24户，占总数32%，比上年增加6户；亏损金额7626万元，比上年下降5.92%；丝绸、化纤行业利税增加，毛纺行业扭亏为盈，棉纺行业利税减少，针织、印染出现全行业亏损。

2. 质量、品种 在"质量、品种、效益年"活动中，以现场管理为突破口，开展企业达标升级活动，练内功，挖潜力，全面提高企业管理水平。1991年，有9个企业分别达到自治区纺织企业一、二级标准，3个企业升为自治区二级企业，新疆七一第二棉纺织厂晋升为国家二级企业。至此，全疆纺织工业共有国家二级企业3个，自治区一级企业13个，二级企业7个。

组织企业开展技术协作，与内地先进企业"攀亲结友"，挂靠名优产品，引进技术和人才；召开各种形式的质量分析会、评比会、QC成果发布会、新产品汇报交流会等，强化质量品种意识，取得了较好的效果。1991年纱、布、印染布、毛线、毛毯、丝织品等6类产品的质量比上年均有提高，呢绒、生丝质量与上年基本持平。42个产品评为自治区优质产品，9个产品评为部优产品，天山针织一厂的24/2羊绒单面V领开衫，荣获国家银质奖。共开发新产品124个，新品种、新花色、新款式1500多个，其中新疆七一第二棉纺织厂100支特高支纱、石河子第二毛纺织厂的影花（扎染）呢绒等6个产品获自治区优秀产品金马奖。

3. 固定资产投资 1991年，自治区纺织工业共完成固定资产投资16097万元，其中基本建设投资8456万元，技术改造投资7641万元。新增固定资产21428万元，新增生产能力：棉纺13.5万锭，气流纺504头，毛粗纺2400锭，织绸机100台。在新建和改造中，采用最新技术，引进一批先进设备和关键部件。新疆七一第一和第二棉纺织厂分别引进德国INA-V牵伸装置各2万锭，从日本引进自动络筒机各2台，新疆服装装饰用品厂从日本引进多头绣花机1台。部分工程项目已开始发挥效益，由橡胶厂改建的白云棉纺织厂（3.3万锭），试生产以来，已实现利润180万元，出口创汇50万美元，使多年亏损的橡胶厂起死回生，扭亏为盈；新疆七一第二棉纺织厂扩建的出口专纺车间，自7月份开工生产以来，已实现利润160多万元，出口创汇90万美元。

4. 扭亏增盈 "质量、品种、效益年"活动一开始，自治区纺织工业局就成立了"质量、品种、效益年"和"扭亏增盈"领导小组。小组以效益为中心，结合新疆实际，制定下发了12项奋斗目标和8项具体管理措施。企业将生产、经营、管理、销售等环节的指标分解到车间、班组和个人，层层落实，并开展"双增双节"和合理化建议活动，挖掘内部潜力；主管部门为企业排忧解难，搞好行业服务，对资金、价格、运输等本行业难以解决的问题，积极向上级反映建议，争取领导支持，给企业创造宽松的外部环境，取得了一定成效。毛纺行业实现扭亏为盈，由上年亏损1738万元转为盈利1837万元，亏损企业由上年12户减为7户，亏损企业的亏损金额由上年6193万元减少到3207万元，减亏幅度为48.22%，丝绸行业实现利税1727万元，比上年增长60.54%。

5. 限产压库 为切实贯彻国务院、纺织工业部及自治区关于"严格控制总量，压缩库存"的指示精神，纺织局在8月下旬召开的全疆纺织工业厂长会议上，及时作了传达，并开展了"解放思想、转变观念"的大讨论，使企业领导认清形势，从传统的产品经济观念转变到以市场为导向的有计划的商品经济上来，在统一认识基础上，安排并下达了全疆各纺织企业限产计划及压库指标。局领导还亲自带队，组成检查小组，分赴南北疆纺织企业检查、督促，将检查情况和发现的问题，及时通报各企业，对滞销产品坚决停止生产。

各企业坚决贯彻指示精神，有的少开机台或减少班次，有的降低车速，还有9个棉纺织厂在12月停产整顿；有的企业调整产品结构，开发适销对路产品；有的加强了推销工作。由于各企业共同努力，纺织品总量得到有效控制，棉纱基本控制在自治区人民政府要求的75万件；库存成品从10月份起逐月下降，12月末与9月末比较，棉纱库存减少2438吨，下降22.8%；棉布减少2451万米，下降43%；印染布减少884万米，下降45.4%；呢绒减少54.4万米，下降16.7%；丝织品减少41万米，下降22%。

6. 存在问题 1991年，由于产量过剩，限产压库任务紧迫繁重，以及局本身应变能力差，管理与技术薄弱，缺乏有效的行业管理调控手段，使一些困难和问题未能得到及时解决。压库工作进展缓慢，没有达到规定目标；年底全疆纺织企业占用成品资金45041万元，发出商品52764万元，应收货款55771万元，三项共占用资金153576万元，超出限额23.34%；企业效益继续下滑，亏损企业增多，盈利仍在下降；铁路运力不足，产品运不出去，资金回收缓慢，使企业步履艰难；企业管理水平低，特别是经营管理，与当前经济发展的要求不相适应。所以加快转换企业内部经营机制，已成为深化企业改革的突出问题。

（执笔人：陈修身）

总后勤部军需纺织服装工业概况

中国新兴（集团）总公司

1. 基本情况 总后军需纺织服装行业，担负着全军被装的生产任务，是军队被装供应体系中的一个重要组成部分，隶属中国新兴（集团）总公司直接管理。现有服装、装具、印染、纺织、服饰、针织、棉复制、化纤等行业共31个工厂（或附属车间），均为全民所有制企业，分布在全国16个省和计划单列市。1991年末，职工总人数6.9万人，其中各类工程技术人员1700人。固定资产原值13.1亿元，净值9.1亿元。主要专业设备有：各类缝纫机13700台，印染能力3.5亿米，棉纺锭数18万枚，气流纺12台（2608头），精梳机16台，织布机2300台，提花织机90台，平网印花机4台，圆网印花机3台，大圆机25台，针织台车155台，棉毛机25台。

"七五"期间，军需纺织服装行业共投资3亿多元，用于调整产品结构、提高产品质量、增强系统内部供需配套能力，取得了一定的成效。五年间，共创产值（按1980年不变价）89.28亿元，年均递增速度为10.73%；创利税12.87亿元，年均递增速度为7.89%。1991年实现产值（按1990年不变价）40.42亿元，利税3.35亿元，分别比上年增长7.88%和1.46%。

2. 生产和销售 军需企业遵循"保军转民，军民结合"的原则，在保障军品（含武警、公安）生产供应的同时，大力发展民品和外贸产品的生产，特别是13家大型被服厂，发挥了全过程流水生产、专业化程度高、设计制作精细、质量可靠、适合大批量、多型号生产的优势。近年来，归口生产了民航、高检、高法、工商、税务、铁路、邮电、经济民警等行业制式服装，还开发了高档西服、衬衣、牛仔服、夹克、真丝砂洗系列服装等。系统内部配套的纺织原材料主要有纯化纤、纯棉、混纺纱，棉布、混纺布，各种色布、印花（迷彩）布，涤纶短纤维，纯棉、纯涤纶缝纫线，各类钮扣等。1991年主要产品产量：各类服装4934.66万件（其中毛料、仿毛料服装1400万件，革皮服装6.2万件），纱28298吨，布6497万米，印染布2.8亿米，针织服装折用纱7550吨，巾被折用纱2350吨，涤纶短纤维6524吨。各工厂严格执行了国家关于限产压库的政策，顾全大局，平抑速度，特别是纺纱生产较上年有一定幅度的下降。

1991年实现销售收入36.89亿元，比上年增长2.53%，其中3502、3503、3506等工厂连年进入全国500家大企业行列（按销售额计），并在国内同行业中名列前茅。在市场销售不景气的情况下，各工厂在内部确定了以销售为龙头，生产供应为销售服务的原则，在外部建立、扩大了四通八达的经销网点，稳定了客户，提高了市场覆盖率。各工厂还把国际市场作为主攻方向，有的工厂设立了独立的外贸产品生产车间和生产线，从成本核算、报价、承接合同、材料供应、组织生产直到交货、结算等，全部实行专门机构或专人"一条龙"式管理，从中摸索、总结出了进一步拓宽外贸市场和组织协调外贸生产的经验。1991年实现外贸产值17300万元，比上年增长40%，产品行销40多个国家和地区，其中直接出口外军军服近100万套（件）。由于销售情况较好，年末的成品资金占用基本保持了1990年的水平。在军品任务仅占三分之一、且全国纺织行业普遍效益下滑的情况下，军需纺织服装企业做到了生产不滑坡，效益不下降。

3. 质量和技术进步 各企业在"质量、品种、效益年"活动中，首先把提高产品实物质量作为突破口，狠抓质量管理工作：恢复和健全各项行之有效的质量管理制度，注重抓工艺上车和提高实物质量，确定几大类产品质量问题的重点攻克目标，如服装的制作水平和一次下机合格率，染整的色差、折条、斑渍，纺织的纱织疵、横档及棉结杂质，针织产品的缩水率等；广泛开展了群众性质量竞赛活动，如身边无废品竞赛，同工序排头兵评选，不良品减半和万件产品无返修等活动；有重点地试行了GB/T10300"质量管理和质量保证"系列标准，并进行了标准化考核和培训；切实实行产品质量否决权办法。采取这些措施，促进了产品质量的提高，如被服产品质量调检中，一类品率为87.76%，比上年提高6个百分点，军品质量指标完成率达到99%。

加快了技术进步，如3506工厂成功地改进了服装吊挂流水生产线，60%的服装厂采用了电脑辅助设计，成品熨烫全部采用进口整烫设备，所有服装厂都建立了原材料和成品的理化检测实验室。6个工厂从日本引进了功能先进的电脑刺绣机。

产品创优也有所进展，1991年度3506工厂的87陆士兵夏常服，3510工厂的人造丝帽风带获国家银质奖，23种产品获全军优质产品奖。目前所属企业纺织、服装产品共获国家金质奖 1 个，银质奖 13 个。

4. 企业管理 一是开展以现场管理为中心的定置管理和目标管理，使生产现场洁净整齐、置放规范、物流有序、设备完好；二是加强了财务管理和企业内审工作，认真清理三角债，共回笼外部长期拖欠货款4600多万元；三是继续抓好双增双节工作，进行清产核资、清仓利库，共处理库存积压物资2130万元。截止1991年，已有23个企业进入国家二级企业行列，占全行业企业数的74%。

5. 企业改革 ①改进和完善企业“工效”挂钩办法。1991年在总结第一期挂钩经验的基础上，对非劳动因素形成的效益进行适当剔除，把指标一定几年不变的办法，调整为环比增长的挂钩办法。②试行职工工资正常升级制度。企业对每个岗位的工作责任、劳动复杂程度、劳动条件等因素进行科学合理的评价，确定不同的岗位系数，定期进行量化考核。企业根据自身的实际情况，采取计件、质量、定额、浮动、结构工资等多种分配形式，把职工的劳动报酬与劳动贡献挂起钩来，以解决职工升级“齐步走”的问题。1991年在7个实行“工效”挂钩的企业进行了正常升级试点。结果表明，这项改革措施对激发广大职工的积极性和企业效益的增长、劳动生产率的提高，都起到了积极的作用。

（执笔人：张玉俊、李学成）

河南嵩岳纺织工业集团

河南省郑州市位于伟大祖国的中原腹地，是京汉、陇海两大动脉铁道干线的交汇之地，是全国纺织、印染工业重要发展基地之一，是河南省最大的纺织工业中心。

以中国五岳之一的中岳嵩山命名的河南省嵩岳纺织工业集团，在纺织工业部、河南省人民政府、郑州市人民政府的关心支持下，于1991年10月23日正式成立。

嵩岳集团是在已有5年历史的原郑州嵩岳纺织染服装联营公司的基础上，组建起来的经济实体，实行独立核算、自主经营、自负盈亏、照章纳税，具有法人资格。集团归郑州市政府领导，同时接受省纺织工业厅的行业管理。

嵩岳集团是以纺织、印染等大中型企业为骨干的大型企业集团。是以郑州印染厂、郑州国棉一厂、三厂、四厂、五厂、六厂、郑州色织印染厂、郑州纺织实业公司等8家企业为紧密层（实行产供销、人财物六统一）。集团的紧密层企业建厂初期的固定资产原值为1.75亿元。1990年底，固定资产原值达6.32亿元，流动资金4.6亿元，资产总额为10.92亿元。在生产经营正常情况下，向国家上缴的税金和利润，均为全市预算内工业企业的20%左右。30多年来，集团紧密层上缴的税利是同期国家投资的33.6倍。集团紧密层企业现有职工人数5.2万人。拥有纱锭48万枚，织机14000台，印染生产线13条。年生产能力为：棉纱9.38万吨，占全省总量的37.4%；坯布3.89亿米，占全省总量的36.6%；印染布1.55亿米，占全省总量的37.5%；色织布500万米。集团有6家企业的资产在1亿元以上，均为大型企业。其中有5家被评为国家二级企业；有3家为年创汇超1000万美元的创汇大户。集团紧密层企业中，有1个产品获国家金质奖，7个产品获银质奖，94个产品获纺织工业部或河南省优质产品称号。

嵩岳集团属“强强联合”模式，被国家体改委和纺织工业部列为“强强联合”试点。经河南省人民政府批准，嵩岳集团的计划在省计划中单列。集团的紧密层，由集团一个头对郑州市人民政府总承包，统一对市财政结算，统一实行国有资产管理，统一对银行借贷，统一出口创汇，统一任免、管理厂级干部。鉴于集团紧密层成员企业年出口创汇额已达6000万美元，当前正按照国家有关规定申报外贸进出口自营权。

嵩岳集团成立后，在纺织工业部，省、市政府的支持扶植下，积极探索“强强联合”的路子，增强凝聚力、吸引力，不断发展壮大，使之成为实力强大、完善成型的综合性企业集团。为了把自己的事情办好，集团正在继续深化改革，并以搞好成员企业为重点，以提高经济效益为中心，落实“三个狠抓”（狠抓思想观念的转变；狠抓调整结构，技术改造；狠抓转换企业经营机制，企业管理）、“三个加强”（加强政治思想工作，加强职工队伍建设，加强廉政建设），振奋精神，奋力拼搏。依照《企业法》和国家、省、市政府赋予集团的经营自主权及优惠政策，努力拓展生产经营活动；统一制定和实施“八五”技术改造规划，加快技术改造步伐；落实经营承包，转换企业经营机制，贯彻各项改革措施；积极调整产品结构，发展深加工、精加工产品；提高产品质量、增加适销对路产品，增强市场适应能力、竞争能力；发挥整体优势，提高规模效益；扩大出口，增加创汇，努力提高经济效益，为振兴郑州纺织工业做出贡献。

（执笔人：韩庆喜）

第四篇　重要文件汇编

Chapter 4　Important Articles

一、纺织工业法规性文件

针织设备安全检查要点

（1991年1月纺织工业部发布）

[91] 纺生字第21号

第一章 总 则

为了提高设备的安全系数，加强设备日常管理，从而减少和避免工伤事故的发生，按照国务院《工厂安全卫生规程》和纺织工业部颁发试行的《纺织系统劳动安全卫生工作暂行条例》的有关规定，特对针织设备易发事故的危险部位提出检查要求，要求各针织企业和各主管部门加强检查，并及时采取措施，消除不安全因素，做到有轮必有罩、有轴必有套、有台必有栏、有洞必有盖、有轧点必有挡板、有特危必有联锁，确保职工在生产过程中的安全和健康。

针织行业的生产品种复杂，规格繁多，设备类型日趋复杂，所以对行业中目前较普遍采用的设备中的主机设备及安全问题较为突出的辅助设备、通用设备，以及行业中设备的共性特点，一并考虑制订针织设备安全检查要点，确保安全检查工作的顺利开展。

第二章 针织设备安全检查要点共性部分

1. 凡与操作者可能接触的传动部件外露部分，都必须装有牢固可靠的安全防护装置。

2. 凡有压力的轧辊设备，有轧点前必须装有安全防护挡板（杆）或其它防护设施。

3. 电气设备的安装，必须符合电气安全规程的规定。金属外壳必须有良好的保护性接地或接零的措施，在同一供电系统中，保护接地与接零不能同时混用；电器导线必须固定，绝缘必须良好，导线不得裸铜（铝）、破损、老化；电气箱体必须完整和安全设置，各信号装置必须灵敏有效。（注①、②）

4. 凡属《漏电保护器安全监察规定》范围内的设备、场所，均应安装漏电保护器，并按《规定》使用、安装和管理。（注③）

5. 各种仪器仪表均应灵敏有效。压力表、安全阀、爆破片（膜）的安装必须符合《压力容器安全监察规程》的规定。压力表表盘上应标有最高工作压力红线，安全阀的排气能力必须大于容器的安全泄放量，排气孔应朝无人走动侧。（注④、⑤、⑥）

容器的液面计、温度计、切断阀等安全附件必须保持齐全、灵敏、可靠。

6. 凡有坠落可能的作业处，都应设平台。平台的敞开边缘应设高度不低于1050毫米的防护栏。扶梯及栏杆应牢固可靠，平台与扶梯踏板均应牢固、防滑。

各地沟、孔洞必须有平整牢固的盖板或防护栏。

7. 起重设施（行车）的制动器、限制器（缓冲器）必须安全可靠。限制器必须能保证吊钩上下到极限位前即自行停止；电缆和钢丝绳的卷筒应设有保证整齐卷绕装置；吊钩上应有防脱钩装置。钢丝绳、吊钩、链条、链轮应符合劳动部《起重设备安全管理规定》的有关规定；起重设备应有明显的载重标志。

8. 空压机的报警装置必须灵敏有效；电磁阀自停装置应灵敏可靠。

9. 各管道设施应有符合规定的色标，标明气、液体的流向，管道的连接点、阀门不得跑、冒、滴、漏；架空管道的托、吊架必须牢固；热（冷）源管道必须有隔温措施；对易燃易爆的管道应采用接地保护措施，其法兰和阀门的联接处应有导线跨接。

10. 各机台的危险部位均应有国家规定的安全标志。

11. 凡各类设备有涉及本章"针织设备安全检查要点共性部分"条目的，均按本章有关条目标准检查，在第三章"针织设备安全检查要点"中一般不再复述。

第三章 针织设备安全检查要点

一、内衣类

（一）针织

1. 槽筒车

①车头箱门开闭良好。

②手板离合开关灵敏、可靠。

③各槽筒的防护板完整可靠。

2. 菠萝锭

主轴磨擦盘护栏板完整良好。

3. 罗纹机

①机台伞架稳定、牢固。

②托纱盘、输线架螺丝齐全并紧固。

③机上工作灯应使用安全电压。

4. 台车

①卷布架上的连杆保险架牢固。

②卷架上的油盘牢固。

③辊轴螺丝、弹簧保险牢固。

④各制动开关灵敏、有效。

5. 棉毛机

①伞架稳定牢固。

②手轮完整无损。

③卷布机构运转平稳。

④各制动开关灵敏、有效。

⑤装有落布门与电器联锁装置的作用良好。

⑥机上工作灯应使用安全电压。

6. 大圆机

①输线架稳定牢固。

②落布门与电器联锁装置灵敏完好。

③各类制动开关灵敏、有效。

7. 验布机

①照布台面玻璃完好。

②照布灯安全可靠。

③送布滚筒机架稳固。

8. 整经机

①经轴起落装置安全可靠。

②安全门或安全杆牢固可靠。

③贮纱装置限位开关灵敏、有效。

④静电消除器安全有效。（注⑦）

⑤制动开关灵敏、有效。

9. 经编机

①经轴夹头应紧固不得松动。

②牵拉辊的传动及送经装置传动链防护罩完好。

③提花机构防护罩完好。

④提花链块销子防脱落挡板完好。

⑤各齿轮箱盖齐全完好。

⑥机架各部件稳固牢靠。

⑦各类开关灵敏、有效。

⑧经轴吊装机构安全可靠。

（二）染整

10. 翻布机

①机架稳固。

②导布环应固定、无摆动。

③皮带搭扣不得松动并无缺损。

11. 常温煮练锅

①进、出布装置运转平稳。

②启盖装置完好，钢丝绳牢固。

③锅体、锅盖无变形、无裂纹、无泄漏。

④锅盖紧锁装置齐全完好，防松销有效。

⑤气动部件灵敏可靠并保持有效的工作压力。

⑥冷却泵完好，无泄漏。

12. 坯布丝光机、碱缩机

①机架传动部件运转平稳。

②液碱盘二侧应有防溅液挡板。

③轧辊的气动部件灵敏，并保持有效的工作压力。

④前后车信号装置有效。

13. 氯氧联漂流水线

①机架牢固。

②各进出布机构运转平稳。

③气动部件灵敏可靠，并保持有效的工作压力。

④酸碱溶液的盛器、管道无泄漏，并有安全防护设施和醒目的警示标记。

⑤离工作地面 2 米以下的照明灯应使用安全电压。

14. 煮漂流水线

①机台运转平稳。

②蒸汽箱密封好，排汽孔安全有效。

③蒸汽箱的观察孔玻璃完好密封，扳手灵活牢固。

④进、出布机构运转平稳。

15. 亚漂流水线

①机架应牢固。

②进、出布机构转动灵活平稳。

③轧辊的气动部件应灵敏可靠，并保持有效的工作压力。

④罐盖的密封圈粘合牢固平整，无泄漏。

⑤罐盖和罐体的紧锁扣齐全有效。

⑥罐的观察孔玻璃密封好，无泄漏。

⑦氯气在处理前的排放系统畅通无外泄。

⑧双氧水盛器及盖完整无破损。

⑨排风装置有效。

16. 常温常压染色机

①机台运转平稳。

②箱体无裂纹、内槽无泄漏。

③箱体上的玻璃门（上下各半合启）开关灵活、密封良好。

④排风装置有效。

17. 高温高压染色机

①机台在运转中平稳。

②筒体、热交换器无变形、无裂纹、无泄漏。

③门盖开关灵活，门封垫料完好无泄漏。

④门盖与筒体的紧锁装置完好可靠。

⑤主泵密封无泄漏，运转平稳。

⑥导布机构运转平稳。

18. 高温高压经轴染色机

①打卷机构支架牢固、运转平稳。

②机台安装牢固，运转平稳。

③门盖、筒体无变形、无裂纹、无泄漏。

④门盖开关灵活，门封垫料平整无泄漏。

⑤门盖与筒体的紧锁装置完好可靠。

⑥主泵密封无泄漏且运转平稳。

⑦气动部件灵活可靠，并保持有效的工作压力。

19. 脱水机

①外壳坚固，各紧固螺丝不得缺少或松动。

②内胆无裂纹，边缘不能有毛刺。

③主轴螺帽、底脚螺帽及盖帽不得松动。

④制动器有效。

⑤应有安全防护盖，盖与电器联锁装置灵敏可靠。

⑥有送布机构的，送布手轮完好无损。

20. 柔软真空脱水机

①机架完好、稳固。

②进、出布机构运转平稳。

③真空抽水泵运转平稳。

④气动部件灵敏可靠，并能保持有效的工作压力。

21. 松式烘干机

①烘箱门扣完好有效。

②玻璃观察孔完整密封。

③内胆应光洁无裂纹。

22. 剖幅机

①机台、支架、导布辊运转平稳。

②剖幅刀防护罩完好。

③扩幅器工作灵敏。

23. 经编剖幅机

①刀带防护罩完好。

②砂轮应定位好，运转平稳。

③各限位开关灵敏可靠。

24. 湿扩幅机

①导布辊、斗运转平稳。

②撑板与导布轮松紧调节装置不得自由松动。

③盛布盘转动灵敏平稳，内外沿光洁平整。

25. 扩幅预缩机

①机架完好，稳固。

②进出布机构运转平稳。

③气动部件灵敏可靠，并保持有效的工作压力。

④超喂装置完好，撑板与导布轮的松紧调节装置不得自由松动。

⑤排风装置有效。

26. 预缩机

①进布、折布装置灵活，安装牢固。

②气动部件灵敏可靠，并保持有效的工作压力。

③排风装置有效。

27. 轧光机

①机架稳固。

②运转平稳。

③制动开关灵敏有效。

④轧点前应装有防护挡板或其它防护设施。

28. 超喂轧光机

①支架稳固。

②蒸气箱防护罩完整可靠。

③电加热轧辊接点、绝缘必须良好。

④电热辊的温度控制装置性能应良好。

⑤轧辊气动部件灵敏可靠，并保持有效的工作压力。

⑥撑板与导布轮松紧调节装置不得自由松动。

⑦排风装置有效。

29. 圆网烘燥机

①箱门密封，完好。

②鼓风、排风装置完好有效。

③进、出布机构运转平稳。

④烘箱内无积聚油灰和花衣毛。

30. 圆筒热定型机

①箱体封门的开闭、排风风门的调节灵活。

②超喂装置应灵敏、调节有效。

③落布系统运转平稳。

④电加热系统各接点接触良好。

⑤机内过滤网完整、孔目畅通。

⑥热风循环以及排风装置良好。

⑦鼓风和电热联锁装置作用有效。

⑧电源总开关，电热开关（手、自控）灵敏有效。

⑨机内各润滑系统不准渗油、泄漏。

⑩风道及机内外无积聚的油污和花衣毛。

⑪静电消除器安全有效。

31. 平幅热定型机（蒸汽、电热、油热、煤气液化气、汽油气化、加热）

①剖幅、切边刀的安全防护装置完整可靠。

②箱体封门、排风风门开闭灵活。

③电源总开关、各电器控制系统性能良好。

④送布超喂系统、剥边和探边装置灵敏可靠。

⑤螺纹扩幅导布辊与挡板机械电器联锁灵敏有效。

⑥落布系统运转平稳，防回转装置灵敏有效。

⑦前后车信号设施有效，传动联锁装置可靠。

⑧机内过滤丝网完整，孔目畅通。

⑨热风循环及排风装置工作良好。

⑩鼓风和热能联锁装置有效。

⑪机内各润滑系统不得渗油漏油。

⑫气动部件动作灵敏可靠，并保持有效的工作压力。

⑬同位素克重仪防护层必须完好，并设有明显的警示标志。

⑭静电消除器安全有效。

⑮机内外及风道无积聚的油污和花衣毛。

⑯使用电加热的，电热系统各接点接触良好。

⑰使用油加热的，导热油管不应泄漏；油锅炉应工作稳定，温度自控、手控装置灵敏可靠。

⑱有蒸汽灭火管的，喷气孔应保持畅通。

⑲凡采用煤气、液化气、汽油气化加热的设备，均按《纺织企业烧毛机、焙烘机、热定型机、汽化室防火防爆安全技术管理规定》有关规定检查。

32. 呢毯定型机

①超喂装置灵敏牢靠。

②出布装置运转平稳。

③热辊筒导热油无泄漏。

④电加热装置绝缘良好。

⑤温度控制装置灵敏有效。

33. 转盘印花机

①转盘外周光滑、无毛刺。

②转盘转速不能大于规定转速。

34. 台式筛网印花机

①制动开关灵敏可靠。

②紧急停车开关灵敏有效。

35. 辊筒、布动印花机

①刮印器联杆处有套或罩。

②制动开关灵敏有效。

③排气装置有效。

④橡胶衬布受压小导辊应装安全防护圈或防护托网。

⑤进布侧应装有反光镜。

⑥差动箱、万向轴前后的防护门与电器联锁装置灵敏可靠。

36. 高温刷花、烫花机

①机械传动箱箱门应完好。

②气动装置应灵敏可靠。

37. 煤气烧毛机

①煤气、空气计量显示仪灵敏可靠。

②煤气点火装置安全可靠。

③喷火口保护转向联动装置必须灵敏可靠。

④气动部件灵敏可靠，并保持有效的工作压力。

⑤蒸汽喷管气孔畅通，并保持有效的蒸汽压力。

⑥车速调节开关灵敏正确。

⑦调节撑板松紧的手轮不得自由松动。

⑧排风装置有效。

⑨按《纺织企业烧毛机、焙烘机、热定型机、汽化室防火防爆安全技术管理规定》有关规定检查。

38. 平幅起绒机

①起绒进布有防护罩。

②各联锁保护和急停装置灵敏可靠。

39. 起毛机

①拉毛墙板脚应垫减震橡皮。

②离合器作用良好。

③储尘室出风面积应大于墙面积的 1/5。

④储尘室的容积应大于 8 立方米。

⑤储尘室应达到一机一室。

⑥储尘室必须有安全泄爆口，并加装喷淋灭火管。

⑦储尘室内不应安装任何电器。

⑧静电消除器安全有效。

⑨金属飞花管道外壳接地良好。

40. 平幅剪毛机

剪毛刀、清洁棍装有完整有效的防护罩。

41. 磨毛机

①手触碰停保险装置灵敏有效。

②出布处防护网完好。

③调速箱门完好。

42. 双折卷板机

①送布木滚筒平整牢固。

②卷布铁板条在限位槽内必须稳固。

③卷布板条离合器有足够的推力，不使卷布铁板条在卷布时离槽飞出。

④离合器装置应灵敏可靠。

43. 折布机

①机架完好、牢固。

②导布装置运转平稳。

（三）成衣

44. 剪（翻）罗纹机

①指示灯完好。

②制动装置灵敏可靠。

45. 切领布（直、横条）机

①直条切布圆盘滚刀应有可靠的防护罩。

②刀片的固定螺母无松动。

③指示灯完好。

46. 钳式落料机

①钳板运动应平稳，板上无尖物毛刺外露。

②验布台面玻璃无破裂。

③紧急制动开关灵敏可靠。

47. 铡刀落料机

①上刀吊簧牢固。

②刀架（或台面）升降机构平稳牢固。

③刀柄牢固、光滑无毛刺。

48. 手推裁剪机

①电源线应装在架子上。

②压脚（保护架）灵敏可靠。

49. 钢带裁剪机

①不工作部分的钢带应有防护罩。

②停机时工作部分的钢带应有护刀架。

③磨钢带砂轮应有防护罩。

50. 钢带焊接机

①机上电流、电压表必须完好正确。

②调压手轮应是绝缘制品，并完好无损。

51. 缝纫机（单机传动）

①设备运转平稳。

②针轧头紧固螺丝必须紧固。

③手动轮紧固螺丝不得松动。

④制动装置灵敏可靠。

52. 缝纫机（集体传动）

①总轴出头处有防护轴套。边极传动处有可靠的防护设施。

②总轴上各皮带轮紧固螺丝不得缺损松动。

③联轴器安全牢固。

④有空车位必须有防护栏和警示牌。

⑤其它同 51。

53. 熨斗烫衣机

①导线或软管应悬吊在操作台上方。

②放置熨斗的耐火架完整有效。

③指示灯完好。

④熨斗与导线（或软管）接头牢固。

⑤附属小锅炉内水位不低于水位线。

54. 机械烫衣机

①制动开关灵敏可靠。

②衬板光滑平稳。

55. 植绒上浆机

①上浆箱的箱体、盖应完好。

②排气装置有效。

③传动部件运转平稳。

56. 植绒机

①操作处地面有绝缘垫。

②指示灯完好。

③植绒机盖板完好无损。

57. 植绒烘燥机

①电热接点，接触良好。

②排风装置有效。

58. 压烫机

绝缘应良好。

二、袜子、手套类

（一）织造

1. G191 型纡子机

①传动地轴两头外露部分防护装置齐全可靠。

②车后防护板完好。

③传动皮带搭扣和销子不得超过皮带宽度。

④制动装置灵敏可靠。

2. 60 型橡口罗纹机

①运转时摇手柄不得随机转动。

②皮带搭扣及销子不得超过皮带宽度。

③车门牢固完整。

④制动装置灵敏可靠。

⑤集体传动罗纹机有空车位必须有防护栏和警示牌。

3. 单针筒织袜机

①袜机运转平稳。

②车门牢固完整。

③运转时摇手柄不得随机转动。

④抬高帽子盖的保险部件齐全有效。

⑤皮带搭口及销子不得超过皮带宽度。

⑥制动装置灵敏可靠。

⑦有空车位，必须有防护栏和警示牌。

4. 双针筒袜机

①袜机运转平稳。

②运转时摇手柄不得随机转动。

③线筒架稳固。

5. 缝合机

①集体传动轴必须装好防护挡板。

②传动皮带搭扣安全牢固。

③制动装置灵敏可靠。

④应备有刺盘防护罩。

6. 直线式缝合机

①送缝机构、大小针架偏心轮、履带的防护罩必须齐全有效。

②机架后盖完好。

③制动装置灵敏可靠。

7. 罗索式缝合机

①刺盘下围裙防护罩完整有效。

②制动装置灵敏可靠。

8. 多头拷缝机

①机台运转平稳。

②自停装置灵敏可靠。

9. 半自动横机（手套机、织领机）

①传动轴及轴座装置完好，不得松动。

②各联接部件完整、牢固。

③机头三角板和针床走针平稳。

④铁铊定位正确牢固。

10. 全自动横机

①整机运转平稳。

②链销等各联接部件完整、牢固。

③机头三角板和针床走针平稳。

④起针磁铁和动作磁铁运行正常。

⑤车头开关箱、电子计算机系统箱完好，能防尘、散热、防潮。

11. 翻手套机

①机台稳固底脚完好。

②拉簧可靠有效。
③拉簧拉头钩无松动。
④滑轮、滑轮轨无松动和缺损。
⑤筒管无松动和有磨损裂口。
（二）染整
12. 高温高压煮纱锅
①锅盖开闭装置牢固，升降灵活，左右不晃动。
②锅盖密封垫料无泄漏。
③锅盖与锅体的紧锁装置完好可靠。
④锅盖、锅体无变形、无裂纹、无泄漏。
⑤气源前的减压阀有效。
13. 纱线丝光机
①紧急制动保护装置灵敏可靠。
②液碱盘升降时平稳不溅液。
③液压系统不泄漏。
④电磁阀灵敏有效。
14. 高温高压染丝机
①盖与筒体无变形、无裂纹、无泄漏。
②盖与筒体的紧锁装置牢固可靠。
③密封圈完好无泄漏。
④吊胆螺丝应拧紧、钩牢。
15. 压丝机
①摇臂在 360 度内能任意转动。
②定位板同活塞杆应垂直。
③活塞杆升降灵活平稳。
④装丝胆完好、无变形，中心能保持垂直。
⑤气动部件、开关灵敏可靠。
16. 绷丝机
①部件、螺丝无缺损，无松动。
②按钮动作灵敏可靠。
17. 烘纱机
①鼓风、排风装置牢固、作用良好。
②箱体有完整的隔热设施。
18. 袜子清洗机
①踏臂各销子螺丝母紧固，无缺损。
②马达支架稳固，电机运转平稳。
③制动按钮灵敏可靠。
19. 底边浆染袜机
①往复连杆销、螺母、支架固定螺丝应紧固，无缺损。
②整机运转平稳。
20. 滚筒式染袜机
①变速齿轮箱运转平稳。
②整机运转平稳。
③门扣完整可靠。
21. 罗纹定型机
①机身无裂纹、无变形、无泄漏。
②上盖固定螺丝齐全、牢固、可靠。
22. 回转式袜子定型机
①机身无裂纹、无变形。
②报警装置灵敏可靠。
③紧急停车装置灵敏可靠。
23. 立式袜子定型机
①机身无裂纹、无变形。
②密封圈平整无泄漏，密封锁片作用良好。
③提升装置安全可靠。
24. 卧式袜子定形机
①机身无裂纹、无变形。
②密封圈平整无泄漏，密封锁片作用良好。
③风机、水冷却工作正常、牢靠。
④真空泵工况正常，水冷却畅通。
25. 蒸汽烫袜机
①烫袜板应在一条直线上，袜板的左右距离相同。
②烫袜板与蒸汽管连接处必须用耐高温高压橡皮，并完整无缺和不漏汽。
③烫袜板的压板螺丝不缺不松动。

三、其它设备

装备有上述 83 种型号以外的针织设备，由地区或企业补充制订安全检查要点。

注

①电气安全规程规定：参见国家标准《电气装置安装工程施工及验收规范》(CBJ232—82) 中有关安全方面的规定。

②接地：凡装有 36 伏以上用电设备的机架都有明显的接地点。保护性接地系统和接零系统禁止混用。接地线和接地电阻必须符合水利电力部颁发的《电力设备接地设计技术规程》(SDJB—79) 中的规定。

③漏电保护器安全监察规定：参见劳安[1990]16 号劳动部发的《漏电保护器安全监察规定》中的有关规定。

④压力表：参见《压力容器监察规程》的下列规定：

第 94 条　低压容器上装设的压力表精度应不低于 2.5 级……。

第 95 条　压力表的表盘刻度极限值应为容器最高工作压力的 1.5 至 3 倍，最好取 2 倍。压力表刻度盘上应划有红线，指出容器最高工作压力。

第 96 条　压力表与容器之间应装设三通旋塞或针型阀，并有开启标记，以便校对与更换。盛装蒸汽的容器，在压力表与容器之间应有隔离缓冲装置。

第 97 条　未经检验合格和无铅封的压力表均不准使用。在使用过程中如发现压力表指示失灵、刻度不清、表盘玻璃破裂、泄压后指针不回零位、铅封损坏等情况，均应立即更换。

第 98 条　压力表的装设、校验和维修应符合国家计量部门的规定，压力表应有铅封和检验合格证。

⑤安全阀：参见《压力容器安全监察规程》的下列规定：

第 84 条　安全阀的开启压力不得超过容器设计压力。

安全阀的排气能力必须大于容器的安全泄放量……。

第 85 条　杠杆式安全阀应有防止重锤自动移动的装置和限制杠杆越出的导架；弹簧式安全阀应有防止随便拧动调整螺丝的铅封装置；静重式安全阀应有防止重片飞脱的装置。

第 92 条　安全阀应定期校验，每年至少一次。

⑥爆破片（防爆膜）：参见《压力容器安全监察规程》中的下列规定：

第 88 条　容器上装有爆破片时，必须保证爆破片爆破时使容器内的压力迅速泄放。爆破片的爆破压力不得超过容器的设计压力。

第 92 条　爆破片应定期更换，每年至少一次。对于超压未爆破的爆破片应立即更换。

⑦静电消除的作用良好，是指手触布面不发生麻电现象。

⑧以上各条如国家有新规定颁布，按新规定执行。

关于继续试行《纺织器材企业产品质量考核办法》的通知

（1991 年 1 月 31 日纺织工业部发布）

［91］纺技监字第 035 号

根据我司（90）纺技字第 32 号文的要求，各省（市）纺织器材企业主管部门组织企业试套了《纺织器材企业产品质量考核办法》（以下简称《方法》）。为了总结经验、发现和解决问题；进一步完善该《办法》，我司在上海地区进行了试套情况调研，并于今年 1 月 24 日至 26 日在河南三门峡市召开了《办法》试套情况总结交流会，组织部分纺织器材企业主管部门和纺织器材厂讨论修改了《办法》。现决定将修订后的《办法》发给你们，并通知如下：

1. 各纺织器材企业主管部门要组织所属企业继续开展《办法》的试套工作，并在试套中不断总结经验，发现问题及时向我司反映。

2. （90）纺技计字第 205 号文中表号：纺技 3 号请按新《办法》附表 2《纺织器材企业产品质量考核情况表》修改，1991 年季报和年报按修改后的表上报。

3. 参加《办法》试套情况总结交流会的纺织器材厂除按规定统计上报省（市）纺器主管部门外，试套的报表同时报我司一份。

附件：《纺织器材企业产品质量考核办法》（试行）

附　　件

纺织器材企业产品质量考核办法（试行）

为了考核企业产品质量水平，鼓励企业不断开发具有先进质量水平的产品，稳定提高产品质量，多生产优等品，满足市场需要，特制订本办法。

一、考核的形式与要求

（一）本《办法》规定对企业产品质量采用综合质量系数 Q 指标的考核，其组成内容和统计系统图见附图。

（二）对考核品种中各单一品种的产品质量按《纺织器材产品质量分等办法》中各产品对应的质量等级要求进行全面评定考核。

（三）企业产品质量的考核品种由企业依据生产、销售的产品品种结构自报。考核产品品种的产值，大批量生产企业应占总产值的 60%以上，多品种中小批量生产企业应占总产值的 50%以上。

二、考核资料的有关规定

（一）企业全部考核产品的综合质量系数 Q 值和考核资料应由企业质量管理部门根据各部门上报数据，按本《办法》中规定的方法统计计算，按时填表上报省（市）纺织器材行业主管部门。

（二）考核资料上报的程序。

1. 企业应于每年 12 月 20 日前向省（市）行业主管部门上报下一年度的考核资料（报表见附表 1），由省（市）行业主管部门汇总于次年 1 月 10 日前集中上报纺织工业部技术装备司。上报资料包括：

①下一年度计划生产的考核产品品种。

②考核品种的计划产量。

③考核品种的不变价格和其中新产品的销售价格。

④产品标准和说明产品标准水平的对比资料（上年已上报的不必重复上报）。

⑤自评和认证的产品标准系数 Q_{Bi}。

⑥预计或计划总产值。

⑦Q 系数的指标值。

2. 企业产品质量的考核品种由上级批准下达后作为本年度的考核产品，企业每月要组织考核产品制造质量系数 Q_Z 的自查，按季统计后上报省（市）行业主管部门（报表参见附表 2），由省（市）行业主管部门汇总于每季次月 10 日前集中上报纺织工业部技术装备司。

3. 企业全部考核产品的综合质量系数 Q 值的年报应在年终进行统计计算后上报省（市）行业主管部门（报表见附表 2），由省（市）行业主管部门汇总于次年 1 月 10 日前集中上报纺织工业部技术装备司。

4. 产品售后服务质量系数 Q_Y 和产品当量产值率系数 Q_D 每年统计一次随年度综合质量系数 Q 值一起上报。

（三）企业生产计划变动影响考核品种产值占有比例时，可在年内 9 月底前向主管部门申请调整考核产品。

（四）纺织工业部技术装备司可以组织或授权省（市）行业主管部门对企业的综合质量系数 Q 或单一品种产品用突击检查的形式进行质量抽查。当企业的自查数据与突击抽查数据不符时，以检查组的数据为准，上级部门抽查某一产品 Q_{Zi}的数据与自查数据有差额时，所有考核产品的 Q_{Zi}都以相同的差额进行修正。

（五）已上等级企业的综合质量系数 Q 指标按上等级规定的相应指标值考核，未上等级企业的综合质量系数 Q 指标每年由企业自报，经省（市）行业主管部门批准下达后作为考核指标值。上级部门质量抽查时的检查结论对企业等级有否决权。

（六）企业自查时要按规定的办法进行计算，报表中未报统计数字的系数不得分。

三、考核的方法

（一）综合质量系数 Q 的计算公式：

$$Q=\frac{15Q_B+40Q_Z+20Q_Y+25Q_D}{100} \tag{1}$$

（二）统计计算时的数据处理。

1. 上报的 Q 值取小数点后二位数，第三位数四舍六入。

2. 组成 Q 系数的各种小系数取小数点后三位数，第四位数四舍六入后进行计算。

四、产品标准水平系数 Q_B 的有关规定、评分和计算方法

（一）产品标准水平系数 Q_B 的计算公式：

$$Q_B=\frac{\Sigma Q_{Bi}}{n} \tag{2}$$

式中：Q_{Bi}为各考核产品标准水平系数；n 为考核产品品种数。

（二）产品标准水平的评分系数和水平对比。

1. 产品标准水平按年代划分评定系数。

产品标准水平	Q_{Bi}系数
产品标准相当于近 5 年国内外先进水平	1.20
产品标准相当于 6 至 13 年国内外水平	1.00
产品标准相当于 14 至 22 年国内外水平	0.85
产品标准相当于 23 年前国内外水平	0.75

2. 对比产品水平是指已投入批量生产，且受用户广泛欢迎，技术比较先进，在国际市场适销对路的产品（而不是国际展览会的展品和样品）的水平。

3. 产品标准水平对比的主要内容如下：

①使用质量指标。

②技术性能指标。

③经济效益指标。

（三）产品标准水平系数 Q_B，先根据上表评出每一品种的 Q_{Bi}后，按公式（2）计算。Q_B 仅年度统计一次。

（四）产品标准水平系数 Q_B 由企业设计、研究部门自评提出，经纺织工业部有关产品的标准化技术归口单位认证。认证时企业必须附上与之相对应的国内外同类产品水平的对比资料。考核产品标准水平应报纺织工业部技术装备司备案，部装备司对各品种的产品标准水平系数 Q_{Bi}在必要时可作修正。

五、产品制造质量系数 Q_Z 的有关规定，考核内容及计算方法

（一）产品制造质量的检查按纺织工业部技术装备司颁发的《纺织器材产品质量分等办法》、《纺织器材产品质量检测规范》或相应的产品标准中有关条款

进行。

（二）产品制造质量系数 Q_Z 的计算公式。

1. 单一品种产品制造质量系数 Q_{Zi} 的计算公式：

$$Q_{Zi}=\frac{35Z_{控i}+45Z_{成i}+20Z_{箱i}}{100} \quad (3)$$

式中：$Z_{控i}$ 为单一产品制造过程工艺、质量控制系数；$Z_{成i}$ 为单一产品（成品）质量系数；$Z_{箱i}$ 为单一产品装箱、包装质量系数。

2. 企业全部考核产品制造质量系数的计算：

$$Q_Z=\frac{\Sigma Q_{Zi}}{n} \quad (4)$$

式中：Q_{Zi} 为各考核产品制造质量系数；n 为考核品种数。

（三）产品制造过程工艺质量控制系数 $Z_{控}$ 的计算。

序号	$Z_{控}$ 的计算方法	不合格质量水平	检查工序主要项目数	得分
(1)	考核产品主关工序主要项目不合格质量水平 RQL 值，按 GB2829—87《周期检查计数抽样程序及抽样表》中判别水平Ⅱ抽样考核（注） $Z_{控}=\frac{a+0.9b+0.8c+0.7d+0.5e}{a+b+c+d+e+f}$ (5)	RQL＝12 RQL＝15 RQL＝20 RQL＝25 RQL＝30 RQL＞30	a b c d e f	1.0 0.9 0.8 0.7 0.5 0
(2)	应用 CP 值考核主关工序主要项目 $Z_{控}=\frac{a+\sum_{i=1}^{n}CP_i}{a+n}$ (6)	CP 值≥1 CP 值＜1	a n	1.0＝ CP 值

注 考核的周期、样本大小的确定和抽样方案的选择由企业自定。

（四）产品（成品）质量 $Z_{成}$ 的计算。

$Z_{成}$ 的计算方法	合格质量水平	检查项目数	得分
考核项目的合格质量水平，按 GB2828—87《逐批检查计数抽样程序及抽样表》中正常检查一次抽样方案一般检查水平Ⅰ进行考核 $Z_{成}=\frac{a+0.9b+0.8c+0.6d+0.5e}{a+b+c+d+e+f}$ (7)	AQL＝1.0 AQL＝1.5 AQL＝2.5 AQL＝4.0 AQL＝6.5 AQL＞6.5	a b c d e f	1.0 0.9 0.8 0.6 0.5 0

（五）产品装箱与包装质量 $Z_{箱}$ 的计算。

$Z_{箱}$ 的计算方法	合格比	评分系数
库存中抽查 5 箱，按产品标准和附表 3《纺织器材产品装箱和包装质量检查细则》检查评分，实际得分折算成合格比 合格比＝$\frac{实际得分值}{20}\times100\%$ (8) $Z_{箱}$＝对应合格比的评分系数值（注）	＞95% ＝90% ＝80% ＜80%	1.0 0.85 0.75 0.4

注 合格比值为中间数时，系数按插入法计算。

（六）每种考核产品在各季度都生产时，都必须按季统计计算，但年终汇总 Q_Z 时不能按季累计平均计算，应当将各个产品分别作全年平均后，再综合全部考核产品的 Q_{Zi} 值算出 Q_Z 值。

（七）Q_Z 由企业质量检验部门负责汇总统计，报企业质量管理部门，其中 $Z_{控}$ 的计算由企业工艺技术部门负责，质量检验部门配合进行。

六、产品售后服务质量系数 Q_Y 的有关规定，考核内容和计算方法

（一）产品售后服务质量系数 Q_Y 的计算公式：

$$Q_Y=\frac{y_1+y_2}{2} \quad (9)$$

式中：y_1 为用户意见处理完成率系数；y_2 为差错缺损件处理完成率系数。

（二）产品售后服务质量系数 Q_Y 的考核内容和评分系数。

项目	考核内容	检查结果	评分系数
y_1	用户意见处理完成率 $W_1=\frac{完成数}{意见数+A}\times100\%$ (10)	＞95 每降低 1%	1.0 扣 0.04
y_2	差错缺损件处理完成率 $W_2=\frac{处理完成次（批）数}{差错缺损件总次（批）数+B}\times100\%$ (11)	100% ＝90% ＝80% ＜80%	1.0 0.8 0.5 0

注 ①A 为在处理期限内未完成的用户意见数，每超过一个月算一个意见。

②B 为在处理期限内未完成的差错缺损件次（批）数，每超过二个月算一次（批）。

③W_2 在中间数时，评分系数按插入法计算。

（三）用户意见处理完成率 W_1 的主要内容参照《纺织器材产品质量分等办法》中质量管理第 6 条第 19 款，企业应努力做到条条意见有答复。在 Y_1（W_1）

的统计工作上，要将用户意见的来源、日期、意见性质、反馈路线和处理日期等情况编制汇总表，意见的原始资料要编号存档，使汇总表对原始资料有跟踪性，以利企业的内部考核和上级检查。

（四）差错缺损件处理期限为二个月，自制造厂确认用户意见之日算起，确认期不得超过二周，处理期限以托运单为依据，确认期以用户意见为依据，如因运输等客观困难无法及时托运者，可以交库单为依据，但要查对入库实物是否按用户包装完毕。

（五）W_2 以差错缺损件的次（批）数计算，每次差错缺损件要按确认量全部补偿才作缺损件处理完成。

（六）用户意见和差错缺损件处理的完成情况，在处理期不完成时，要进行连续跟踪考核直至完成。

（七）产品售后服务质量系数 Q_Y 每年计算一次，不分品种按全年产品混合计算，统计工作由企业的计划、经营部门（或质量检验部门）负责，并由企业质量管理部门汇总上报。

七、产品当量产值率系数 Q_D 的有关规定及计算方法

（一）为奖励企业多生产量大面广的优质品，努力开发新产品，及时淘汰落后产品，在计算 Q_D 时，特规定采用不同的计算系数 C_i。

（二）产品当量产值率系数 Q_D 的计算公式：

$$Q_D=\frac{\Sigma C_iM_i}{4\Sigma M_i} \qquad (12)$$

式中：C_iM_i 为各产品当量产值；M_i 为各产品产值。

（三）产品当量产值的计算。

产 品 等 级	产品产值	计算系数	当量产值
国优	M_1	8.0	$8M_1$
部优	M_2	6.0	$6M_2$
省（市）优（直辖市）	M_3	5.0	$5M_3$
新产品	M_4	5.5	$5.5M_4$
一等品	M_5	4.1	$4.1M_5$
合格品	M_6	3.5	$3.5M_6$
检查时被确认为不合格品	M_7	−3.5	$-3.5M_7$

（四）新产品需符合纺织工业部技术装备司颁发的《新产品管理条例》的有关规定，计算期限为三年（指通过生产鉴定后算起）。

（五）计算产品产值，已有不变价格的考核产品按最新的部定不变价计算，无不变价的新产品按销售价计算。

（六）新升等创优的产品其 Q_D 自通过之月起按各自的 C_i 计算，该月前仍按原来等级的 C_i 计算，产品降等时则全年皆按下降的 C_i 计算，恢复等级时其 Q_D 按新升等创优产品的计算方法。

（七）产品当量产值率系数 Q_D 每年计算一次，由企业计划部门负责，并报企业质量管理部门，Q_D 的统计工作要依据企业统计报表建立台帐，台帐对原始资料要有跟踪性。

八、附 则

本办法解释权属纺织工业部技术装备司。

附 图

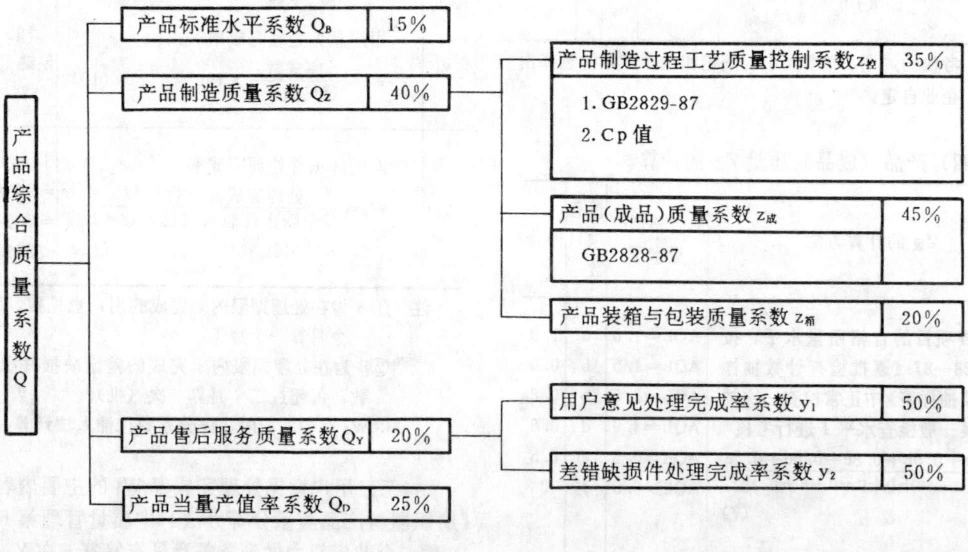

附表 1

纺织器材企业考核产品申报表

企业名称：　　　　　　　　　　　　　　　　　　　　　　　　　　　　一九九　年度

序号	考核产品型号及名称	质量等级	产品标准号	Q_{Bi}		对比资料		不变价	年产量	年产值
				自评	认证	名称	数量			
$Q_B=\frac{\Sigma Q_{Bi}}{n}$		自评	$Q_B=$		预计或计划年总产值			自报Q值		
		审定	$Q_B=$		考核产值率＝考核产品产值/总产值×100%＝					

企业负责人：　　　　质量管理部门负责人：　　　　填表人：　　　　年　月　日

附表 2

表　　号：纺技 3 号
制表机关：纺织工业部
文号：(90) 纺技计字 205 号
季后 10 日前报出

一九九　年第　季度纺织器材企业产品质量考核情况表

企业名称：

序号	产品型号及名称	产品标准水平系数 Q_{Bi}	制造过程工艺质量控制系数 $Z_{控i}$	产品(成品)质量系数 $Z_{成i}$	产品装箱与包装质量系数 $Z_{箱i}$	产品制造质量系数 Q_{Zi}	用户意见处理完成率系数 y_1（完成数/意见数）	差错缺损件处理完成率系数 y_2（完成次数/差错缺损件次数）	计算系数 C_i	产品产值 M_i	当量产值 $C_i\ M_i$	产品等级
							A＝	B＝				
n		ΣQ_{Bi}	$Q_{Zi}=\frac{35Z_{控i}+45Z_{成i}+20Z_{箱i}}{100}$			ΣQ_{Zi}	$W_1=$	$W_2=$		ΣM_i	ΣC_iM_i	
							$Y_1=$	$Y_2=$				

产品标准水平系数 $Q_B=\frac{\Sigma Q_{Bi}}{n}=$

产品制造质量系数 $Q_Z=\frac{\Sigma Q_{Zi}}{n}=$

产品售后服务质量系数 $Q_Y=\frac{y_1+y_2}{2}=$

产品当量产值率系数 $Q_D=\frac{\Sigma C_iM_i}{4\Sigma M_i}=$

企业产品综合质量系数 $Q=\frac{15Q_B+40Q_Z+20Q_Y+25Q_D}{100}=$

企业负责人：　　质量管理部门负责人：　　填表人：　　填表日期　　年　月　日

附表 3

纺织器材产品装箱和包装质量检查细则

项目	检查内容	评分方法	标准分（共20分）
装箱和包装质量	箱内产品缺损情况	对照装箱单点件查量。每错、漏装（包括装坏）1件或总量的每1%扣0.2系数，无紧固、松装每件扣0.1系数	8
	内包装装卡方法合理牢固，摆放层次排列整齐，并有防震措施	结合开箱检查（同上）下列情况每发现1处扣系数0.1 （1）装卡不合理，未压紧有松动 （2）忌震产品和易损件没有防震措施 （3）排列不整齐	3
	箱内实物有防锈、防潮措施	下列情况每发现1处，扣系数0.2 （1）易锈器材产品没防锈措施 （2）密封包装漏放吸湿剂	3
	包装设计合理，制箱符合质量要求，箱外标志和产品标记正确清晰	包装设计不合理，制箱不符合要求，箱外标志漏刷项目或刷字刷错、潦写等，每发现1处，扣系数0.1	3
	装箱单或产品合格证齐全、正确	漏装箱单或缺页，无产品合格证，每件扣系数0.2；装箱单涂改，无负责人签字，产品合格证无检查部门签章，每件扣系数0.1	3

加强部直属全民所有制企业（公司）国有资产管理的暂行规定

（1991年2月20日纺织工业部发布）

〔91〕纺经字第10号

为切实加强全民所有制企业（公司）国有资产管理，依据国家有关法规、政策，特作如下规定：

一、所有全民所有制企业（公司），都要切实加强国有资产管理，建立健全国有资产管理制度，严格保护国有资产的权益不受侵犯，努力提高国有资产经营效益，实现国有资产的保值和增值。

二、本规定所称的国有资产是指国家依据法律，或由于国家资金投入，资产收益所取得的固定资产、流动资产和其他形态的固定资产。所有企业（公司）都必须按规定界定国有资产，遇有不同意见时，需首先报纺织工业部国有资产管理部门审定。

三、企业（公司）法定代表人是经营、使用国有资产的责任人。必须严格履行保护国有资产的职责。非经我部国有资产管理部门批准，任何企业（公司）的国有资产产权都不得自行转让。

四、企业（公司）开业登记、变更登记或年检时填报的国有资金，都必须先经我部国有资产管理部门确认资金来源，并到国有资产管理局办理国有资产登记，才能到工商行政管理部门办理开业注册登记或年检手续。

五、企业（公司）经营中发生盘盈、盈亏、报废和其他损失时，不得自行冲减国家基金，凡涉及核销国家基金时，需首先报我部国有资产管理部门审核，再报国家国有资产管理局和财政部审批。

六、企业（公司）撤销、兼并、合并、划转，除按规定报有关部门审批外，国有资产产权变化必须报我部国有资产管理部门审核或审批，并报国有资产管理局审批或备案；企业（公司）撤销、兼并、合并、划转必须按规定进行资产评估，资产评估后方可出售、拍卖；企业（公司）兼并、合并、划转需办理国有资产转移手续；企业撤销需办理资产结清手续。

七、企业（公司）经有关部门批准参股经营，必须首先对参股经营文件（协议）中指定的参股资产进行资产评估，并出具资产评估后的证明。

八、凡涉及资产评估的企业（公司），资产评估工作按国家国有资产管理局颁发的国资工字（1989）第

3号文《在国有资产产权变动时必须进行评估的若干暂行规定》办理。

九、企业要按规定向我部国有资产管理部门报送各种会计报表，有关规定将另行通知。

十、按国务院国发（1990）38号文的有关规定，国有资产管理部门将在“八五”期间组织力量进行全国范围的清产核资。各企业（公司）自接到本文之日起，要认真做好相应的准备工作，及时掌握本企业国有资产的存量、增减变化及经营效益情况。

十一、本规定自文到之日起执行。

十二、如国家颁发了全民所有制企业（公司）国有资产管理规定，以国家规定为准。

关于设立纺织工业部行政复议委员会的通知

（1991年4月17日纺织工业部发布）

［91］纺政字第03号

《中华人民共和国行政诉讼法》已于1990年10月1日起施行，《行政复议条例》已于1991年1月1日起施行。《行政诉讼法》和《行政复议条例》的制定和施行，是我国社会主义法制建设的一件大事，也是我国社会主义民主政治建设的一个重要步骤。它对于保护公民、法人和其他组织的合法权益，促进行政机关依法行使职权，提高行政管理水平，加强廉政建设，都有重要意义。

为了做好行政复议和行政应诉工作，按照国务院［1990］2号文件“关于贯彻实施《中华人民共和国行政诉讼法》的通知”和国法字［1991］1号文件“关于贯彻实施《行政复议条例》的通知”的要求，结合我部实际情况，经1990年第26次部长办公会议决定，我部成立了行政复议委员会。

行政复议委员会组成如下：

主　任：吴文英　部长

副主任：杜钰洲　副部长

委　员：林乃基　办公厅主任

周玉成　政策法规司司长

顾　佩　人事劳动司副司长

方玉根　机关党委副书记

胡　桐　监察局局长

韩锡贞　审计局局长

李万新　政策法规司法规处处长

行政复议委员会下设办公室，设在部政策法规司法规处。

各级纺织工业主管部门接到本通知后，要结合本地区、本部门的实际情况，认真组织研究，尽快制定贯彻实施《行政诉讼法》及《行政复议条例》的措施。复议工作中遇到的问题，取得的经验及有关情况，请及时告纺织工业部政策法规司。

纺织工业部直属单位机构编制管理暂行办法

（1991年4月29日纺织工业部发布）

［91］纺人字第016号

第一章　总　　则

第一条　为贯彻全国机构编制工作会议精神，巩固和完善机构改革的成果，加强机构编制的控制、管理和法规建设，根据国务院有关规定，制定本暂行办法。

第二条 本办法适用于纺织工业部直属企业、事业单位。

第三条 机构编制的管理工作实行部统一领导和人事劳动部门归口管理。

第四条 机构的设置和编制的执行，应坚持精简统一、高效和促进纺织工业发展的原则。

第五条 直属单位机构的设立、合并、撤销、更名、改变隶属关系和编制的配备，都必须严格履行报批手续，各单位不得以任何借口不经批准随意增设或变相增设机构，增加编制。

第二章 机构编制的设置和管理

第六条 直属单位机构的规格、待遇，应根据其单位的规模、隶属关系、承担的工作任务、所起的作用并考虑历史沿革等情况由部确定。

第七条 直属单位一般实行两级管理，即相当局级单位只设相当处级，不设相当科级机构；相当处级单位只设相当科级职能机构。

第八条 直属单位及其分支机构的成立、撤并、更名、改变隶属关系等，须报部征得同意后由人事劳动部门报国务院或有关部门审批，办理程序如下：

1. 向部提出论证报告。其内容包括：申报理由，单位名称，性质，任务，职责范围，人员编制，内部机构设置，经费来源等情况。
2. 人事劳动司征求部内有关司局意见。
3. 经部同意后报国家有关部门批准。
4. 批准成立、撤并、更名的单位，按规定及时办理注册等手续并开展工作。

第九条 直属单位的内设机构总数由部根据有关规定，结合各单位工作性质和职责范围研究确定，各单位在部核准的机构设置总数内设置机构或调整机构，需征得人事劳动司同意后实施，确因工作需要增设内设机构，必须提出论证报告，报部批准。

第十条 直属企业编制由部根据国家有关规定核定。直属事业单位编制由部审核，报国家人事部审批后下达。直属单位内设机构的编制由各单位在总编制内根据各部门的职责范围、人员结构比例等情况合理安排。

第三章 附 则

第十一条 凡以前我部制定的机构编制管理办法与本办法不一致的，均以本办法为准。

第十二条 本办法由部人事劳动司负责解释。

第十三条 本办法自发布之日起施行。

关于印发《纺织工业企业现场管理基本要求》（试行稿）的通知

（1991年5月27日纺织工业部发布）

［91］纺体字第27号

生产现场是企业生产经营活动的基础，良好的现场管理是企业管理最起码的要求。目前有相当一部分企业普遍存在着现场管理混乱的问题，这也是产品质量差、物质消耗高、经济效益低、安全事故多的一个重要原因。为彻底改变这种管理落后的状况，同时也为贯彻我部“质量、品种、效益年”的部署，我们将以抓现场管理作为创优质、争效益的突破口，花大力气对企业的生产现场进行综合治理。为了使企业对生产现场管理抓出成效，我部在多次征求有关方面的意见的基础上，特制订了《纺织工业企业现场管理基本要求》（试行稿），现印发给你们。请组织学习、宣传、贯彻。

《纺织工业企业现场管理基本要求》（试行稿）在制订中，根据纺织工业生产的特点，突出了生产、基础管理、关键工序等几方面，使企业抓现场管理方向更明确，对整个纺织工业企业具有普遍的指导意义。各行业也可根据行业自身的特点进行补充、修订。各单位在贯彻、实施过程中要提高思想认识，针对各自存在的薄弱环节、自我完善、自我提高。真正做到环境整洁、物流有序、设备完好、纪律严明、信息准确，实现均衡生产、文明生产、安全生产。要求国家一级企业要成为行业现场管理的样板厂；国家二级企业要在一年内达到基本要求；其他企业要在三年内达到基本要求，通过加强现场管理，使纺织工业企业生产现场管理显著改观，进而促进纺织工业企业整体素质的全面提高。

附件：《纺织工业企业现场管理基本要求》（试行稿）

附　　件

纺织工业企业现场管理基本要求（试行稿）

类别：设备管理　　200分

项目名称	基　本　要　求	标准分	检　查　方　法
生产设备	各种设备运转正常，无缺件、无发热、无异响、无振动等现象	20	现场检查，发现问题每项扣1分
	各种设备自动（自停）装置灵敏有效	15	现场检查，发现不灵，每处扣3分
	各种零部件符合工艺要求，确保工艺上车	10	现场检查，发现问题，每件扣2分
	各机台清洁装置作用良好	15	现场检查，发现失效，每处扣1分
	各机台半制品机械通道光洁	10	现场检查，发现问题，每处扣1分
	现场目测检查，无对半成品、成品质量影响的机械因素	30	各行业根据实际情况订出具体项目，检查发现问题，进行评分考核
供能设备	电气设备（含线路）符合规定要求	10	发现问题，每处扣1分
	供水、热、汽设备，无跑冒滴漏	20	现场检查，发现跑冒滴漏，每处扣1分
	供能设备操作现场整洁、安全	10	根据现场检查情况，按分档系数评分
空调设备	空调设备运行正常，操作现场整洁、安全	10	根据检查情况，进行分档系数评分
	各部门温湿度符合生产要求	15	根据检查情况，按分档系数评分
计量器具	在用计量器具都要有合格证（应在有效期内），正确使用、保养	10	检查有问题，每件扣5分
工位器具	工位器具符合工艺要求，定位有效	15	根据检查情况，按分档系数评分
润滑管理	按规定加油，做到不漏加，不缺油，不溢油，不塞眼	10	检查有问题，每处扣1分

类别：工艺管理　　150分

项目名称	基　本　要　求	标准分	检　查　方　法
工　艺	常用工艺实行显示管理，便于工人掌握	20	根据现场检查执行情况，进行分档系数评分
	各生产工序都有工艺卡或参数表，并要有严格的工艺检查	20	根据现场检查执行情况，进行分档系数评分
	关键工序应设置工序管理点，标志明确，控制有效	30	根据设点情况和有效程度，进行分档系数综合评分
	现场目测，对半制品、成品质量有影响的工艺设计项目	50	根据各行业实际情况订出具体项目，进行检查评分
	严格工艺纪律，保证工艺上车	30	根据现场检查情况，进行分档系数评分

类别：操作管理　　100分

项目名称	基 本 要 求	标准分	检 查 方 法
操作	各工种操作人员都要执行操作规程	60	现场抽查，发现问题，每人次扣2分
	认真做好清理整洁工作，要求四定：定工具、定内容、定方法、定标准	40	现场抽查，不按规定执行者，每人次扣1分

类别：运转管理　　200分

项目名称	基 本 要 求	标准分	检 查 方 法
班组管理	实行同职对口交接	10	现场检查，根据交接程度，进行分档系数评分
	交接班做到五定：定时间、定地点、定路线、定内容、定检查。交接班记录齐全	10′	现场检查，根据执行程度，进行分档系数评分
	班组活动台帐齐全，记录正确清晰	10	现场检查，根据活动情况进行分档系数评分
劳动纪律	按时上班，无迟到早退	15	现场抽查，发现违纪人员，每人次扣2分
	无串岗、闲聊，不做与生产、工作无关的活动	15	现场抽查，发现违纪情况，每人次扣1分
质量追踪	实行固定供应	15	现场检查，根据实行程度，进行分档系数评分
	各工序半制品，成品都要有责任标记	15	现场检查，根据实行程度，进行分档系数评分
均衡生产	半制品要做到先做先用，适度存量，均衡生产	30	现场检查，根据执行情况，进行分档系数评分
容器管理	存放不同品种的容器要有不同的标记	15	现场检查，发现有一处不符合要求，扣1分
	各种容器要完整无损，保持清洁	10	现场检查，根据执行程度，进行分档系数评分
文明生产	运输车辆、各种容器和工具箱应实行定置管理	10	现场检查，发现有不执行定置管理的，有一处扣2分
	高空、地面、机台保持清洁	10	现场检查，根据执行程度，进行分档系数评分
	车间内不乱挂、乱放衣物	10	现场检查，发现有不执行的，有一件扣1分
原始记录	生产现场的有关原始记录要正确、齐全	25	现场检查，根据执行程度，进行分档系数评分

类别：原材料管理　　120分

项目名称	基 本 要 求	标准分	检 查 方 法
检验	原材料进厂应检量、检质、检验原始记录齐全、准确、规范	20	根据检查情况，按系数档次进行评分
存放	在制品、半制品、成品应在工位器具内存放	10	抽查现场执行情况，按系数档次评分
	原材料、在制品、半成品、成品定位存放整齐	10	现场检查，根据实行程度，进行分档系数评分
流转	原材料、在制品按工艺要求流转、领用，转移手续齐全，记录清晰、准确、规范	20	现场检查，根据执行情况，按系数档次评分
仓库管理	原材料、成品入库应建帐、设卡，并做到三相符	10	现场抽查，发现不相符情况，每笔扣2分
	仓库内各种物品做到定区、定架、定位	10	现场检查，根据执行情况，进行分档系数评分
	仓库内各种物品存放根据需要应有防潮、防霉、防变质、防盗窃、防变形、防火等措施	20	现场检查仓库，根据实施情况，按系数档次评分
	仓库管理应推广应用ABC分类管理法	10	根据检查情况进行评分，不推广不得分
废次品管理	废次品分类分级管理，按不同情况分别做好合理处理	10	根据检查情况，按系数档次进行评分

类别：安全管理　　100分

项目名称	基　本　要　求	标准分	检　查　方　法
安全生产	各岗位的操作工，按规定要求，正确使用劳保用品	20	检查生产现场操作工，不执行者每人扣2分
	消防设施齐全，定位放置，周围无堆积物，定期检查，处于良好状态	15	根据现场检查情况，按分档系数评分
	要害部门应有有效的防范制度和设施。对易燃易爆有毒有害物品要加强管理	20	根据现场检查，按分档系数评分
	厂区通道、车间、仓库等禁烟点标志醒目，无违反现象	15	检查现场，根据做到程度，按分档系数评分
	加强安全防范措施，做到轮有罩、轴有套、洞有盖、台有栏、有特危必有连锁，有扎点必有挡板，危险部位有明显标志	30	检查现场，发现一处扣5分

类别：环境生活管理　　130分

项目名称	基　本　要　求	标准分	检　查　方　法
厂容厂貌	制订有本企业特色的企业精神，并在醒目处反映	5	现场检查，根据执行情况，进行分档系数评分
	企业有年度方针目标，并层层展开，有条件的可在醒目处反映	10	现场检查，根据实行程度，按分档系数评分
	宣传栏、黑板报排列整齐，定期更换，内容新颖，无空白	5	现场检查，根据实行程度，按分档系数评分
	通道畅通，无垃圾，无杂物，无污水，无烟蒂	10	现场检查，根据实行程度，按分档系数评分
	各种车辆，分类停放，排列整齐	10	现场检查，根据实行程度，按分档系数评分
	各种标语、公告、通知必须定位张贴，常换常新	5	现场检查，根据实行程度，按分档系数评分
办公室	办公室地面、四周门窗整洁，办公用品放置合理，排列整齐	5	现场检查，根据实行程度，按分档系数评分
环境	各厂因地制宜，尽可能扩大绿化覆盖面	10	现场检查，根据实行程度，按分档系数评分
	绿化区内无垃圾、杂物，并经常铲除杂草	10	现场检查，根据实行程度，按分档系数评分
	三废治理达到规定要求	10	现场检查，根据实行程度，按分档系数评分
生活后勤	生活后勤部门环境整洁，无污物积水，通道整洁	10	现场检查，根据执行程度进行分档系数评分
	食堂内灶具、餐具存放整齐，严格执行食品卫生法，无食物中毒事故发生	10	检查现场，根据食品卫生法执行情况，按分档系数评分，发现食品中毒一起不得分
	集体宿舍、招待所环境整洁、安静，生活用品放置合理，整齐卫生	10	现场检查，根据执行程度进行分档系数评分
	托、幼、教寝室、活动室环境清洁，并有安全装置，无责任事故发生。	10	现场检查，根据执行程度进行分档系数评分
	浴室、厕所、卫生室保持整洁，无恶臭、污垢、积水	10	现场检查，根据执行程度进行分档系数评分

检查评分说明：

1. 上表要求，进行生产现场随机、动态、瞬时检查，发现有严重问题的，可扩大抽样检查。
2. 凡现场检查能计数的项目，按计数评分进行考核，如发现问题，每处（每件）扣若干分，扣完为止。
3. 凡现场检查按实际执行情况考核的项目，可根据综合评价，按档次系数进行考核。如：

　档次：　好—1　　较好—0.8　　一般—0.6　　较差—0.4　　差—0

　一级企业总分900分以上，二级企业850分以上，省级企业800分以上。

关于实施《纺织工业系统法制宣传教育第二个五年规划》的通知

（1991年6月5日纺织工业部发布）

［91］纺政字第06号

《纺织工业系统法制宣传教育第二个五年规划》已经部领导审定，并报中共中央宣传部、司法部审核同意，现印发给你们，请结合本单位的实际情况，制定具体规划，组织实施。

实施法制宣传教育第二个五年规划，是社会主义民主与法制建设的一件大事。各单位要加强对这项工作的领导，广泛深入地发动和组织全体干部、职工，特别是各级领导干部、行政执法人员积极参加普法学习。通过法制宣传教育，提高干部、群众的法律意识和民主意识，促进依法办事，依法管理，依法治厂各项工作，为实现“八五”计划和深化改革创造良好的法制环境，为纺织工业的发展提供保证。

请各单位于8月底前将贯彻本通知的情况和本单位的普法领导小组及办事机构情况，一并报部政策法规司。

附 件

1. 中央宣传部、司法部司发（1991）056号《关于同意冶金工业部等十五个系统“二五”普法规划的通知》（略）

2. 中央宣传部、司法部《关于同意纺织工业部系统“二五”普法规划的复函》（略）

3. 纺织工业系统法制宣传教育第二个五年规划

4. 纺织工业法制宣传教育领导小组成员名单

附 件

纺织工业系统法制宣传教育第二个五年规划

为贯彻七届全国人大常委会第十八次会议通过的关于深入开展法制宣传教育的决定，继续深入普及法律知识，增强纺织工业系统干部、职工的社会主义法律意识和法制观念，促进纺织工业“八五”计划和十年发展规划的顺利实施，为改革、开放创造良好的法制环境，促进国家的政治稳定、经济振兴和社会发展，根据中共中央、国务院《关于批转〈中央宣传部、司法部关于在公民中开展法制宣传教育的第二个五年规划〉的通知》的要求，结合纺织工业部门实际，制定本规划。

一、指导思想与要求 按照中共中央、国务院对全国普法工作的统一要求，在各级纺织工业部门党委、行政的领导下，围绕党和国家的中心工作，深入学习宪法，有针对性地学习国家基本法律知识，有计划、有步骤、分层次地学习专业法律知识，重点学习有关纺织工业的法规和行业管理规章，进一步提高纺织工业系统干部、职工的社会主义法律意识，增强法制观念，促进依法管理，依法治厂，把纺织工业法制建设提高到一个新的水平。具体要求是：

（一）在纺织工业系统干部、职工中，继续深入普及宪法和有关法律常识，提高维护宪法尊严、保障宪法实施的自觉性，坚持四项基本原则，反对资产阶级自由化，促进纺织工业持续、稳定、协调发展。

(二)纺织工业各级主管部门和企事业单位领导干部，既要学习掌握与纺织工业有关的基本法律知识，还要学习社会主义法制理论，树立依法办事的观念，提高依法决策，依法管理的自觉性和能力。

（三）不同行业、不同管理职能部门的干部要熟悉本行业、本部门负责执行的以及同自己工作密切相关的法律法规，自觉依法办事，掌握依法管理本职工作的本领。

（四）广大职工群众要掌握学习的基本法律知识，特别应了解同自己工作、生产和生活密切相关的法律知识，做到依法行使公民的权利和依法履行公民的义务。

（五）纺织大、中专院校要开设法制教育课程，增强学生的法制观念。

(六)坚持理论联系实际，学法用法相结合的原则，做到边学边用，边检查执行情况，边纠正不符合法律规定的规章制度和行为，树立一批依法行政、依法治厂的先进单位和先进个人。

二、普法对象　这次法制宣传教育的对象是全国纺织工业部门的干部和职工。重点对象是：

(一)各级纺织工业主管部门和纺织企事业单位领导干部，特别是企业厂长和机关处级以上的领导干部；

(二)各级纺织工业主管部门行政执法人员和企事业单位管理工作人员；

（三）广大青年职工；纺织大、中专院校学生。

三、主要内容　以学习宪法为核心，有针对性地学习国家基本法律知识为基本内容，以学习与纺织工业有关的专业法律、法规为重点，按不同纺织行业、不同管理职能部门、不同层次安排具体内容。

（一）继续深入学习宪法。认真学习全国人大、全国普法主管机关确定全体公民学习的法律。要以宣传、学习《宪法》为核心，认真学习《行政诉讼法》、《义务教育法》、《集会游行示威法》、《国旗法》、《婚姻法》、《残疾人保障法》，以及地方政府确定学习的法律、法规。全体干部还要学习“社会主义法制建设若干问题讲话”和“中华人民共和国宪法讲话”两本书。

（二）根据纺织工业部门的实际，认真学习有关专业法律、法规，《全民所有制工业企业法》、《全民所有制工业企业职工代表大会条例》、《全民所有制工业企业承包经营责任暂行条例》、《工业产品质量责任条例》、《企业职工奖惩条例》、《女职工劳动保护规定》、《涉外经济合同法》、《中外合资经营企业法》、《中外合作经营企业法》等专业法规。

（三）根据本部门、本单位、本行业的实际需要，重点选学同工作、生产密切相关的纺织工业法规和规章，《纺织工业企业设备管理制度》、《纺织行业监督抽查产品质量的规定》、《出口纺织品质量管理办法》、《实行出口纺织品生产及质量许可证规定》、《纺织系统劳动安全卫生工作暂行条例》、《纺织工业国家秘密及其密级具体范围的规定》、《纺织工业部贯彻标准化法实施细则》、《纺织机械产品质量责任条例实施细则》、《纺织机械产品生产许可证实施细则》、《化纤工业设备暂行工作条例》、《化纤工业设备暂行管理制度》，以及国家税收方面的法律法规。专业法规学习以纺织工业部政策法规司汇编的《纺织工业部法规性文件汇编》为主要参阅教材，不同行业、不同部门可有针对性地选学有关法规规章。

（四）各类专业人员，按照各专业主管部门学习规划要求，根据本职工作需要学习与业务有关的法规。

（五）新颁布的与纺织工业生产管理有关的法律、法规、规章，应作为普法内容及时组织学习。

四、步骤

(一)准备工作。1991年底以前主要做好以下几方面工作。

1. 制定规划和具体计划。制定纺织工业部门开展法制宣传教育的第二个五年规划；各省、自治区、直辖市纺织工业厅（局、总公司）、丝绸公司及直属企事业单位根据本规划的要求，制定本地区、本部门、本单位普及法律知识的五年规划和具体年度计划，报部和当地普法主管机关备案。

2. 进行思想发动。做好思想发动工作，大力宣传普及法律知识的重大意义，动员纺织工业部门广大干部、职工积极参加普及法律、法规知识活动。

3. 编写辅导教材。部由领导小组组织有关司局编写普及纺织工业有关法律、法规知识的辅导教材。

4. 培训普法宣传骨干。培训骨干分批、分层次进行。纺织工业部负责培训各省和部分大中型企业的普法工作宣传员；各省组织培训本地区、本部门的普法宣传员。

5. 抓好试点。部选择1至2个省市纺织工业厅（局）进行试点。各省、自治区、直辖市和计划单列市纺织工业主管厅（局、总公司）、丝绸公司，也应组织二至三个企事业单位进行试点，摸索总结经验。

（二）组织实施。按本规划和本单位的具体规划要求，有计划、有步骤、分层次、分期分批地组织实施。实施中，根据实际情况，创造条件，采取不同形式上法制课，组织定期讲课，在职、在岗学习，脱产或半脱产的短训班。努力做到普法教育与党课教育、企业领导干部、中层干部、职工岗位培训，继续工程教育相结合。充分发挥各种宣传舆论工具的作用，广泛运用各种为群众喜闻乐见的文艺形式开展法律知识的普及活动，寓法律知识的宣传教育于各种娱乐活动之中。

各级纺织工业主管部门和企事业单位可根据实际

情况，灵活安排学习进度。凡全国普法主管机关要求普遍学习的法律、法规，按所在地区普法主管机关安排的进度组织学习；本系统干部、职工学习纺织工业相关的专业法律、法规，从 1992 年起，每年学习 3 至 4 个法规。全部法制宣传教育内容在 1994 年底前完成。

（三）考核验收。每学完一部法律都要进行考核。全面考核验收在 1995 年第 2 季度开始进行。要求全体公民学习和各地根据实际需要选学的其他法律、法规，可按当地普法主管机关规划，进行考核验收；纺织工业部对专业法律法规的学习，进行督促、检查、指导，配合当地普法主管机关，按照规定的考核标准，分别进行考核。

各级纺织工业主管部门领导干部、企事业单位厂（经理）级领导干部考核标准：对规定学习法律知识比较熟悉，经考核合格；能够运用所学的专业法律知识，管理自己业务范围内的工作，并有一定成效；掌握一定的马克思主义法学基本理论。

专业执法干部考核标准：对规定学习的法律知识比较熟悉，经考核合格；熟悉并掌握与本专业管理工作密切相关的法规，经考核合格；运用所学专业法律知识，做好本职工作。

职工考核标准：对规定学习的法律常识基本了解，经考核合格；初步了解如何正确行使公民权利和自觉履行公民义务。

单位考核标准：普法工作有规划、计划，有组织领导机构，有骨干队伍，有效果；参加法律知识学习并经考核合格人数达到应参加学习考核人数的 80%以上；本单位的各项工作基本走上了依法管理的轨道。

考核验收采取互检验收和自检验收相结合的方法。1995 年第 2 季度，各省、自治区、直辖市纺织工业厅（局、总公司）和部直属企事业单位要组织所属单位进行自检验收。同年第 3 季度，部组织各单位间的互检验收，部还将组织抽查验收。

在全面考核验收、总结评比的基础上，部将对纺织工业系统法制宣传教育取得显著成绩的单位和个人进行表彰。

五、组织领导 为保证纺织工业系统二五普法规划顺利实施，各级纺织工业部门党委、行政主管部门，必须加强领导，“实行统一管理，分别实施，条块结合，以块为主，分类指导”的原则，充分发挥普法机构的作用，密切配合，精心组织实施。

（一）思想重视，加强领导。实施纺织工业系统法制宣传教育的第二个五年规划，是加强社会主义法制建设的组成部分，是一项十分重要的工作。各级纺织工业部门党委、行政、企事业单位领导要高度重视，切实加强领导，采取相应措施，当作一件大事抓紧抓好，保证顺利实施。

（二）建立法制宣传教育组织机构。纺织工业部成立全国纺织工业法制宣传教育领导小组，由主管法制工作的部领导任组长。办事机构设在政策法规司。部机关在京直属单位普法工作由部直属机关党委组织实施。

纺织工业部统一负责制定纺织工业系统干部、职工学习专业法律、法规和纺织工业规章的规划并组织实施；编写教材；总结经验，培养典型，召开有关会议；对各地普法学习进行督促、检查、指导；向全国普法主管机关通报情况；配合各地普法主管机关，对专业法的学习进行考核验收。

（三）各省、自治区、直辖市及计划单列市纺织工业厅（局、总公司）、丝绸公司，应成立普法领导小组，确定专门办事机构，负责本部门、本系统的普法工作。制定具体规划并组织实施；培训普法宣传骨干；对所属单位的普法学习进行检查督促；向部和当地普法主管机关汇报学习情况；组织考核验收。

各部门、各单位普法所需经费和必要的宣传教育设备应给予安排落实，提供必要的工作条件。

纺织工业法制宣传教育领导小组成员名单

组　长　吴文英（纺织工业部部长）
副组长　方玉根（纺织工业部直属机关党委副书记）
　　　　栾忠信（纺织工业部政策法规司副司长）
成　员　金　余（纺织工业部办公厅副主任）
　　　　顾　佩（纺织工业部人事劳动司副司长）
　　　　梁　善（纺织工业部教育司副司长）
　　　　吴国强（纺织工业部生产协调司副司长）
　　　　柳仁德（纺织工业部技术装备司副司长）
　　　　陈冠庆（纺织工业部化纤工业司副司长）
　　　　谢应安（纺织工业部科技发展司副司长）
　　　　薛庆时（中国纺织报社副总编）

纺织系统女职工劳动保护细则

(1991年6月8日纺织工业部发布)

[91] 纺生字第25号

第一条 根据国务院《女职工劳动保护规定》，为切实保护女职工在生产劳动中的安全和健康，发挥她们在发展纺织工业和社会主义各项事业中的重要作用，促进计划生育和优生优育，提高人口素质，结合纺织系统实际情况，制订本细则。

第二条 本细则适用于纺织系统机关、企业、事业单位（以下统称单位）的女职工。

第三条 本细则所称女职工包括：固定职工、合同制职工、临时职工。

第四条 各单位必须根据女职工的生理特点和所从事工作的职业特点，通过技术改造、工艺改革、设备更新等各种途径，在发展生产的同时，改善劳动条件，加强对女职工的劳动保护。

第五条 各单位必须严格执行国家和纺织工业部有关女职工劳动保护的法律、规定，确定负责女职工劳动保护工作的机构和人员，加强行政管理。

第六条 禁止安排女职工从事国家规定的第四级体力劳动强度的劳动和其他女职工禁忌从事的劳动。

第七条 禁止安排怀孕和哺乳期的女职工，从事影响胎儿、婴儿健康的有毒有害作业，及国家规定的第三级体力劳动强度的劳动。

第八条 各单位要宣传、普及女职工劳动卫生保健知识，加强女职工劳动保护教育，建立健全女职工在经期、怀孕期、产期、哺乳期、更年期的保健制度。

第九条 各单位要建立女职工月经卡，发放一定数量的卫生用品。

女职工在月经期间，所在单位不得安排其从事高空、低温、冷水和国家规定的第三级体力劳动强度的劳动。

第十条 女职工在怀孕期间，不得在正常劳动时间以外延长劳动时间。原从事容易引起流产、早产的工作，以及经医务部门证明不宜从事原工作的女职工，应暂时调做其他工作或予以减轻劳动量。

对怀孕反应特别严重的女职工，不能坚持正常工作，经医务部门证明应照顾轻工作或休息，休息期间享受病假待遇。

对有过两次以上流产史又无子女的女职工，怀孕期应照顾轻工作或休息给予保胎。休息期间享受病假待遇。

第十一条 女职工在怀孕期间，应按有关规定进行产前检查。确需在劳动时间进行产前检查的（事先经有关部门批准）可算作劳动时间。

第十二条 怀孕七个月以上（含七个月）的女职工，不得安排其从事夜班劳动；在劳动时间内应每天给予工间休息一小时。

怀孕满七个月的女职工上班确有困难，经本人申请，且工作许可，领导批准，可请产前假。

第十三条 对符合计划生育规定的女职工，其产假按下列情况分别确定：

（一）正常生育者，给予产假九十天，其中产前休息十五天，产后休息七十五天。

（二）提前生育者，按产假九十天计算，超期生育者，应保证产后休息七十五天。

（三）难产者增加产假十五天；多胞胎生育者，每多生育一个婴儿，增加产假十五天。

（四）女职工怀孕不满四个月流产时，应当根据医务部门意见，给予十五天至三十天的产假；怀孕满四个月以上流产时，给予四十二天产假。产假期间，工资照发。

第十四条 有不满一周岁婴儿的女职工，其所在单位应当在每班劳动时间内给予其两次哺乳（含人工喂养）时间，每次三十分钟。多胞胎生育的，每多哺乳一个婴儿，每次哺乳时间增加三十分钟。女职工每班劳动时间内的两次哺乳时间，可以合并使用。哺乳时间（含人工喂养）和在本单位内哺乳往返途中的时间，算作劳动时间。

第十五条 女职工在哺乳期内，所在单位不得延长其劳动时间，不得安排其从事夜班劳动。

若有困难且工作许可，由本人提出申请，经单位批准，可请哺乳假，但最多不得超过九个月。

第十六条 婴儿满周岁后，经医务部门确诊为体弱儿的，哺乳期可适当延长，但最多不得超过六个月。

第十七条 对经医务部门确诊患更年期综合症的女职工，应暂时调做其他适当工作或酌情减轻工作量。

第十八条 女职工在国家规定的产假期间工资照发（实行岗位工资的按岗位工资，实行等级工资的按等级工资），产前假和哺乳假的工资不低于本人工资的80%（实行岗位工资的按岗位工资，实行等级工资的按等级工资）。

符合计划生育政策的女职工，按国家有关部门规定，休产前假和哺乳假不影响调资晋级，并连续计算工龄。

第十九条 女职工怀孕，在本单位的医疗机构或者指定的医疗机构检查和分娩时，其检查费、接生费、手术费、住院费和药费由所在单位负担，费用由原医疗经费渠道开支。

第二十条 各单位要按国家有关规定结合本单位实际情况建立保护设施，包括：

（一）最大班女职工在一百人以上的车间，应设置女职工卫生室，且不得与其它用室合并使用。

最大班女职工不满一百人的车间，可设置简易的温水箱及冲洗器。

对流动、分散的单位，可发放单人自用冲洗器。

（二）女职工浴室要符合卫生要求，应使用淋浴。女职工厕所应为蹲式。

（三）女职工较多的单位要设孕妇休息室，其地点应方便一线女职工。

（四）有哺乳婴儿五名以上的单位，应建立哺乳室。室内应有洗手设施，乳母不得穿工作服进入哺乳室。

（五）女职工较多的单位，应按国家有关规定，以自办或联办的形式，建立有专人管理的托儿所、幼儿园。

第二十一条 各单位的女职工劳动保护和卫生保健部门应与有关医疗机构相互配合，每两年至少对女职工进行一次妇科检查。

第二十二条 女职工劳动保护的权益受到侵害时，有权向所在单位主管部门或上级劳动部门提出申诉。

第二十三条 对违反本细则，侵害女职工劳动保护权益的单位、负责人及其直接责任人员，其所在单位的主管部门，应当根据情节轻重，给予行政处分，并责令该单位给予被侵害女职工合理的经济补偿；构成犯罪的，由司法机关依法追究刑事责任。

第二十四条 各级工会有权对本规定的执行进行监督。

第二十五条 女职工违反国家有关计划生育规定的，其劳动保护应当按照国家有关计划生育规定办理，不适用本细则。

第二十六条 本细则由纺织工业部生产协调司负责解释。

第二十七条 本细则自公布之日起施行。

关于在服装企业一线生产工人中试行新五岗工资制的通知

（1991年6月18日纺织工业部发布）

［91］纺人字第024号

《国务院批转国家经委等五个部门关于改善纺织丝绸工人工资待遇的请示的通知》（国发［1986］39号）下发后，对调动纺织、丝绸企业一线工人的积极性，稳定一线队伍，加强企业基础管理，提高企业经济效益起了积极作用。1987年服装行业划归纺织系统后，在调查研究制定服装行业生产工人劳动规范的基础上，于1990年选择8个地区的20多个服装企业进行了新五岗工资制试点工作，效果较好。据此，经研究同意在服装企业一线生产工人中试行新五岗工资制，并提出以下意见，请贯彻执行。

一、根据国发［1986］39号文件精神，结合实际情况，可以先在生产效益较好，管理工作较扎实等具备条件的服装企业，有计划、有步骤地在一线生产工人中试行新五岗工资制。各工种的岗位顺序要严格按照纺织工业部颁发的《服装企业一线生产工人劳动规范》的规定执行。有关各岗工资标准、过渡期限和上下岗工资处理办法等，按照国发［1986］39号文件和劳动部劳薪字［1991］32号《关于调整企业职工工资标准的通知》以及纺织工业部［1986］纺生字第34号《纺织丝绸企业生产工人新五岗工资制实施办法》文件等有关规定执行。试行中要坚持按劳分配原则，注意妥善处理好企业内部各类人员的工资分配关系，充分调动职工的积极性。

二、要加强劳动工资基础管理工作。在服装企业一线生产工人中试行新五岗工资制，要和计件工资结合起来，更好地把工资收入与其本人劳动成果挂起钩来。要按照纺织工业部颁发的《服装企业一线生产工人劳动规范》中定员定额组织生产，严格考核。不断减少用人，提高劳动生产率，走出一条投入少，产出多，效益高的新路子，为更好的实现服装行业“八五”计划而努力。

三、加强领导，精心组织。各地劳动和纺织部门，要加强领导，共同研究，认真负责地做好服装一线生产工人试行新五岗工资制的工作。

纺织工业部直属高等学校监察工作若干规定（试行）

（1991年8月24日纺织工业部发布）

［91］纺监字第2号

为了加强我部所属高等学校监察工作，保证院（校）监察机构正确、有效地履行职责，改善行政管理，提高行政效能，促进学校行政部门及其工作人员廉洁奉公、遵纪守法，优化育人环境，根据《中华人民共和国行政监察条例》特制定本规定。

一、领导体制

1. 部属高等学校监察机构是学校内设机构，受院、校长直接领导，其监察业务工作受纺织工业部监察局领导，接受所在省、市教委（或地方）监察部门的指导。

2. 院（校）监察机构的设立、合并和撤销，以及主要负责人的任免和调动，应征得纺织工业部监察局的同意并上报备案。

3. 院（校）监察机构应向院、校领导和纺织工业部监察局请示和报告工作，及时汇报重大案件及其他重要事项。

二、机构设置和监察人员

1. 部属高等院（校）应设置监察机构，配备专职人员，行使监察职能。各院（校）按照《中华人民共和国行政监察条例》第十三条关于对监察人员工作、纪律要求规定，根据干部总人数的多少而定。配备专职监察人员3人左右，其编制由学校内部调剂解决。

2. 院（校）监察机构内设置行政领导职务、专业行政职务（包括：正处、副处、正科、副科级监察员，各级专业行政职务均为实职）；在监察机构中工作的专业技术干部，应按有关规定评定专业技术职称。

3. 为了使监察工作有广泛的群众基础，院（校）监察机构应在系、部、处、馆、所、厂等院（校）直属单位设兼职监察员，也可聘请工会、民主党派等方面的代表担任特邀监察员。

4. 院（校）可根据监察工作的特点，对工作成绩突出、办案有功的监察部门与人员应给予奖励。

三、监察对象

1. 按照分级管理的原则，院（校）监察机构的监察对象是学校各行政职能部门及其行政工作人员和由院（校）任命聘用的其他行政领导干部；院（校）级行政领导干部由纺织工业部监察局负责监察。

2. 教师、科技干部和其他人员违反政纪的，由有关部门调查处理；属于违反法纪政纪的重大案件，院（校）监察部门可以直接调查处理。

四、职权范围

1. 院（校）监察机构具有检查权、调查权、建议权和一定的行政处分权。

2. 监督检查监察对象贯彻执行国家法律、法规、政策和教育方针的情况，并依照国家法律、法规和政策，保护监察对象依法行使职权；

监督检查监察对象贯彻执行上级政府部门及本院（校）制订的规章、制度、决议、决定的情况。

3. 受理对监察对象违反政纪行为的检举、控告；受理监察对象不服政纪处分的申诉。

4. 调查处理监察对象违反国家法律、法规、政策，上级政府部门及本院（校）的决议、决定、规章、制度的行为。根据有关规定，院（校）监察机构有权对监察对象提出处理建议或做出处分决定。

对院（校）任命的处级职务人员，需要给予撤职以下（含撤职）政纪处分的，应先报院（校）批准，然后下达处分决定；对应给予撤职以上处分的，可以向院（校）提出处分建议，并向纺织工业部监察局报告。对科级以下（含科级）职务的人员，可以直接给予撤职以下（含撤职）处分；对应给撤职以上处分的，可以建议所在单位或部门处分，并向纺织工业部监察局报告。

5. 协助院（校）领导及有关部门对监察对象进行遵纪守法、履行职责，为政清廉的教育，对廉洁奉公的优秀干部予以宣传和表彰，对典型违纪案件予以通报。

6. 参加院（校）对处、系统监察对象的考核、评议工作。院（校）对处、系级行政领导干部的任免，应事先征求监察部门的意见。

7. 院（校）监察机构的负责人列席研究学校重大问题的院（校）务委员会会议、院（校）长办公会议等；监察人员可以列席被监察部门有关的会议。

8. 完成院（校）长、上级监察机关及有关部门交办的监察任务。

五、监察工作程序

1. 院（校）监察机构根据国家法律、法规和政策以及上级监察机关和学校的要求，制订监察计划及实施方案。

2. 监察机构确定进行检查的，应当在检查前书面通知被检查部门和有关人员；认为需要立案调查的，在报主管院（校）长批准后，应当通知被调查部门的主管领导或者被调查人员的所在部门。有关部门和人员应当提供检查和调查必需的工作条件。

3. 监察机构在调查中应当全面收集证据听取被调查人的陈述和辩解。根据需要可以聘请有关部门的人员和具有专门知识、技术的人员参加检查、调查工作。

4. 监察机构在检查、调查活动终结后，对被检查、调查的部门和人员或者事项做出监察决定，提出监察建议。重要的监察决定和监察建议，应当报经院（校）长和上一级监察机关同意；做出的监察决定或监察建议，应当以书面形式送达有关部门或者有关人员。

5. 有关部门和人员在收到监察决定或监察建议次日起十五日内，应将执行，采纳的情况通报院（校）监察部门。对监察决定不服或对监察建议有异议的，按有关规定办理。

6. 院（校）监察机构对已受理的问题，经过初步审查，认为有违法违纪行为，需要给予行政处分的，应予立案。重要案件的立案、结案、销案应报经院（校）主管领导批准后，报部监察局备案。立案查处的过程中，必须严格执行办案程序和审理程序。

7. 被监察对象对其主管部门作出的行政处分决定不服的，可以向院（校）监察部门提出申诉。申诉人对院（校）监察部门的复审决定仍不服的，可向纺织工业部监察局申请复核，部监察局的复核决定为最终决定。

对于构成犯罪的，移送司法机关依法处理。

六、工作条件

1. 院（校）领导要把监察工作列入重要议事日程，加强领导，定期听取汇报，对每个时期监察工作的重点作出指示和指导。

2. 院（校）领导及有关部门要为监察工作创造一定条件，根据工作需要，应在工作用房、用车及办案工具等方面予以保证。

3. 监察工作经费应列入学校预算，办案经费如有困难，应予以特批。

4. 院（校）领导要关心和解决好监察干部的职称及福利待遇等问题。

5. 院（校）监察机构应同纪检、审计、人事、保卫等有关部门搞好工作中协调与配合，必要时可通过联席会、碰头会等形式协调工作或联合办案。

本规定自发布之日起施行；本规定如与上级规定有不一致的，以上级规定为准；本规定的解释权在纺织工业部监察局。

关于颁发黄麻纺织企业可比用工标准的通知

（1991 年 8 月 28 日纺织工业部发布）

[91] 纺人字第 036 号

现将新修订的黄麻纺织企业“可比用工”标准印发给你们贯彻执行，作为黄麻纺织企业考核生产工人实物劳动生产率水平的一项技术经济指标，也是考核企业生产、技术、经营管理水平方面的综合性指标。

新修订的黄麻纺织企业“可比用工”标准，由纺织工业部于 1989 年 12 月份委托浙江省轻工业厅负责修订工作。在1979年“可比用工”版本的基础上，随着深化企业改革的需要，为贯彻国务院《女工保护》规定，根据黄麻纺织企业原料、生产、设备、品种等情况的变化，考虑到今后发展方向等因素，先后两次发调查提纲征求了16个黄麻企业比较集中的省、市纺织工业厅（局、公司）的意见。经过反复测算分析、认真修改、补充后，于1990年11月编写出“可比用工”标准初稿。然后，分别在安徽、河北等地召开了南北片座谈会议，并选择有条件黄麻企业进行了试套，在进一步修改和完善初稿的基础上，于1991年4月中旬在浙江省召开了16个省、市纺织工业厅（局、公司）和有关企业代表参加的平衡审议会，审议确定了新修订的黄麻企业“可比用工”标准。实践证明，黄麻企业“可比用工”标准，对加强企业基础管理，推行承包经营责任制，进一步完善“工效挂钩”办法，按标准法测定工资总额基数，调动企业和职工积极性，减少单位产品用工，减少用人，提高劳动生产率和经济效益等都起了积极作用。为认真贯彻新“可比用工”标准工作，发挥更好的效果，特提出以下意见。

一、新修订的黄麻纺织企业“可比用工”标准水平，是国内黄麻纺织企业先进合理水平。大多数企业经过努力都能达到的水平。对个别企业有的工序或工种现行用工水平高于“可比用工”标准水平的应执行现行用工水平，不能下降，以保持先进水平。对少数企业现行用工尚未达到“可比用工”标准水平，应积极采取措施，认真研究改进“用工”多的问题，切实加强生产、技术、劳动等方面的管理工作，搞好设备更新和技术进步，提高工人操作技术水平，减轻劳动强度，不断提高产品质量，制订目标计划，限期达到“可比用工”标准。

二、要做好执行新标准和老标准衔接工作，执行新“可比用工”标准的企业，要严格按新的标准进行考核，切不可新、老“可比用工”标准同时在企业应用。在贯彻新“可比用工”标准时，可以先行试点，总结经验，积极稳妥逐步推开。与此同时，要正确处理好“三三制”与“四三制”的关系、“可比用工”与“劳动规范”的关系。

三、在执行新“可比用工”标准中，要加强职工群众的政治思想工作，教育职工树立主人翁责任感，自觉地执行“可比用工”标准，不断减少产品用工，为提高劳动生产率而努力工作。

四、希望各地区、各企业经常总结贯彻执行新“可比用工”标准的经验，并将有关情况和问题与部人事劳动司联系。

纺织工业部评聘专业技术职务工作的暂行规定

（1991年8月29日纺织工业部发布）

［91］纺人字第229号

为深化职称改革，完善专业技术职务聘任制度，使专业技术职务评聘工作转入经常化，根据人事部人职发（1990）4号文件《企事业单位评聘专业技术职务若干问题暂行规定》的精神，对我部企事业单位经常性的专业技术职务评聘工作做如下暂行规定：

总　则

第一条　专业技术职务聘任制是专业技术人员管理工作的一项制度，各单位经常性的专业技术职务评聘工作，应严格按照中央《关于改革职称评定，实行专业技术职务聘任制度的报告》（中发［1986］3号）、《关于实行专业技术职务聘任制度的规定》（国发［1986］27号）、《企事业单位评聘专业技术职务若干问题暂行规定》（人职发［1990］4号）和各专业技术职务试行条例等文件规定的原则进行。

第二条　专业技术职务评聘工作在部党组织领导下，由人事劳动司负责统一部署、组织实施和协调检查；各单位要严格执行部统一制定的政策、规定及实施办法。如需根据所在地区特殊情况安排评聘工作和执行当地特殊政策规定，需报经部人事劳动司批准。

岗位设置及数额

第三条　专业技术职务岗位设置是开展经常性专业技术职务评聘工作的基础与前提。要遵循精简、效能、因事设岗的原则，设置和调整专业技术职务岗位。

第四条　设置专业技术岗位要在部批准的人员编制和下达的专业技术职务结构比例及工资总额内，根据本单位性质、规模、任务及专业技术工作的实际需要进行。

第五条　专业技术职务岗位设置必须首先保证教

学、科研、生产第一线工作的需要，有利于鼓励专业技术人员到第一线去工作，保证主系列专业技术职务岗位的需要，其它系列专业技术职务岗位的比例不得超过主系列。各单位应依据所担负的工作任务确定1～2个主系列。

第六条 设置专业技术职务岗位要严格按照各系列专业技术职务试行条例规定的范围，不得随意扩大范围及靠用专业技术职务系列。要严格掌握经济专业职务岗位的设置范围。

第七条 各专业技术职务岗位要制定明确的岗位职责、工作标准和任期目标，便于实施和考核。

第八条 各单位要按照部的统一部署编制专业技术职务岗位设置方案报人事劳动司审核批准。由人事劳动司批准专业技术职务岗位设置方案并下达岗位数额及增资指标。

由于事业发展，工作任务或组织机构变化需增设专业技术职务岗位或对岗位职数进行调整时，要报部批准，不得突破所下达的职务数额。

第九条 专业技术职务岗位的设置要逐步做到科学合理。要掌握、运用职位分类的科学原理，依据专业技术岗位的工作性质、责任轻重、难易繁简程度和所需资格条件，建立对专业技术职位的调查、分析、评价和职位分类标准及后续管理等科学体系，并在实践中逐步完善。

任职条件及评审程序

第十条 评审专业技术职务任职资格必须坚持试行条例规定的能力、业绩、资历、本专业（或相近）学历和相应外语水平等任职条件，严格推荐、考核、评审等程序，保证评审质量。

第十一条 申报评审专业技术职务任职资格，应具备专业技术职务试行条例中的规定学历，学历以国家教委承认的本专业学历为准。各种培训班颁发的结业证书或专业证书不作为评聘专业技术职务的学历依据，但可作为反映被评审人专业知识水平的因素加以考虑。

第十二条 专业技术职务任职所需专业资历应从取得规定学历之后从事本专业工作算起。取得学历前的专业工作年限可作为考察其业务水平的因素而不作为专业资历年限计算。

第十三条 评审专业技术职务必须坚持专业技术职务试行条例中所规定的外语条件要求，按照《纺织工业部专业技术职务评聘工作中外语考试办法》(见附件）进行外语水平考试。外语水平考试原则上按评审管理范围组织进行，凡符合部规定的免试条件的必须提供免试证明，并对免试人员认真考核。

第十四条 对不具备规定学历的专业技术人员申报初、中级专业技术职务，应要求他们通过正规的成人教育取得相应的学历，或参加所在省、市、自治区、直辖市组织的资格考试，但不得以参加学习、培训为由影响正常工作。

第十五条 各单位要组织本单位有关专业人员参加所在地区组织的全国统一的资格考试。今后，凡实行全国统一的资格考试的专业职务不再进行任职资格的评审。考试合格者颁发全国统一的《专业技术资格证书》，全国有效。作为受聘相应专业技术职务的必备条件之一。

第十六条 评审专业技术职务应报送以下材料：

1. 申报专业技术职务人员资格审查表
2. 专业技术职务任职资格评审表
3. 外语考试卷及成绩单或免试证明
4. 专业技术工作总结
5. 反映和代表申报人最高学术水平的论文、著作、译著（均应正式出版或发表）和科研、设计、技术、专业报告，高等院校中高教、科研系列需附专家鉴定意见
6. 学历证明
7. 科技成果鉴定材料和受奖证明等
8. 专业技术人员业务考绩档案、年度考核登记表
9. 拟聘专业技术岗位的岗位职责（岗位说明书）

第十七条 评审程序：

1. 单位推荐：人事、职改部门根据岗位职务空缺情况和专业技术人员年度、任期考核结果推荐被审人员；

2. 个人提交评审所需材料：推荐后的专业技术人员填写《专业技术职务任职资格评审表》，并提交业务技术总结和代表作等；

3. 基层单位初步审核：确认个人所提交的材料的真实、准确性，并对被评审人的思想、工作、业务技术水平作出鉴定意见由领导签字后上报；

4. 人事部门审查与考核：要对被评审人的学历、资历、外语水平等是否符合条例规定进行审查，填写资格审查表，根据需要组织对被评审人进行考核，被评审人在单位作述职报告或民意测验；

5. 推荐评审：单位领导综合审定向评审委员会推荐评审，需报部评审或委托其他单位评审，要经本单位评审委员会初审推荐；

6. 评审：评审委员会进行评审，并根据需要可要求被评审人答辩或由单位介绍情况，评审以无记名方式投票表决；

7. 审批、备案：高级专业技术职务任职资格经评审后，须报部人事劳动司审查批准，上报的审批材料包括：《专业技术职务评审报批人员名单》、《申报专业技术职务人员资格审查表》、《专业技术职务任职资格评审表》（均一式 2 份）；中、初级专业技术职务任职资格评审结果由单位人事部门审查批准报部备案。

第十八条 凡经部组建或批准组建的评审委员会评审的专业技术职务任职资格，未改变工作专业，在

部系统内均有效；由外单位调入部或在部系统内变更工作专业，需在新的专业技术岗位工作1年，经考核对能履行相应岗位职责的重新确认专业技术职务任职资格。

第十九条 对达到离退休年龄的专业技术人员，除个别确因工作需要，按有关文件规定延缓办理离退休手续的以外，不再评审专业技术职务任职资格。

评审委员会

第二十条 根据人事部人职发[1990]4号和人职发[1991]8号文件的精神，按照《纺织工业部专业技术职务评审委员会组织条例》组建各级评审委员会。

第二十一条 批准授予专业技术职务评审权限的具体条件是：本单位专业岗位设置方案和专业技术职务岗位职数已经部批准，建立评审制度，健全组织领导，专业技术队伍数量较大，素质较好。有足够的评审委员会委员人选。

第二十二条 部属高校教授评审权的授予：学校申请，经部审核报国家教委批准；副教授评审权的授予：学校申请，由部征得国家教委同意后批准。

第二十三条 在京各不具备组建评审委员会条件的单位，可以委托部属在京其他具有相应评审权的单位评审。由单位人事部门提出委托。个别专业如需委托部系统以外的单位评审，必须向部人事劳动司提出申请，人事劳动司出具信函委托评审。

第二十四条 部属院校需委托评审的各专业系列职务由部人事劳动司统一向所在省、市高教局进行委托。京外其他直属企事业单位的非主系列如需委托当地的有关评委会评审，高级职务由单位提出，部人事劳动司出具委托函；中级职务由单位人事部门出具委托函委托评审，个人委托无效。

职务聘任与管理

第二十五条 聘任专业技术职务要根据本单位专业技术职务的岗位设置方案和职数，在经评审批准的具有专业技术职务任职资格的人员中择优聘任。

第二十六条 高教、科研、设计等事业单位的行政领导原则上不兼任专业技术职务，根据工作需要确需兼任的，必须符合相应的任职条件，履行相应的职责，按干部管理权限办理聘任手续。

第二十七条 企业单位行政领导不兼任专业技术职务。具备担任专业技术职务的能力、业绩、资历、本专业（或相近专业）学历和相应的外语水平等基本任职条件的，可按规定评审程序评审专业技术职务任职资格。

第二十八条 聘任专业技术职务，须经单位行政领导批准签发聘书，签订聘约聘期一般不超过3年，特殊情况可与负责的科研项目（课题）周期相同。聘期不能超过专业技术人员的离退年龄。

第二十九条 国家教委承认的全日制正规大中专院校毕业生（包括硕士生、博士生、不含“五大”毕业生），在本专业或相近专业技术岗位上工作见习期满，经考核符合任职条件的，可根据专业技术职务试行条例的规定，直接认定专业技术职务的任职资格，并根据需要聘任相应的专业技术职务。具体规定是：中专毕业，见习1年期满，可认定为“员”级；大专毕业，见习期满，再从事本专业技术工作2年，可认定为“助师”级；大学本科毕业，见习1年期满可认定为“助师”级；硕士学位获得者，从事本专业工作3年，可认定为中级；博士学位获得者可认定为中级。

第三十条 在专业技术岗位上工作的从工人中聘用的干部，在本单位专业技术岗位数额和增资限额内，可以评聘专业技术职务。

第三十一条 专业技术职务在什么范围内聘任，就在什么范围内有效，专业技术人员调离任职岗位或本单位，原聘任的专业技术职务自行免除。

第三十二条 建立聘后管理制度，对聘任专业技术职务的人员要实行年度考核和任期考核制度。认真执行《纺织工业部专业技术人员考核制度》(见附件)。

第三十三条 凡受聘担任专业技术职务人员的职务工资从聘任之下月起计发。

第三十四条 在聘期内或聘期满，经考核不能履行岗位职责，不能完成岗位任期目标的人员，应予解聘，按本人条件和工作需要另行聘任适当职务，享受新任职务的工资待遇。对解聘、低聘的人员，可按其晋升专业技术职务所增加的工资至少降低一级的办法处理。

破格评聘

第三十五条 评聘专业技术职务要注重工作实绩，不搞论资排辈，积极为优秀中青年脱颖而出创造条件。为此，对不具备学历、资历规定条件，但确有真才实学，成绩显著，贡献突出的，可根据专业技术工作需要破格评聘专业技术职务。破格评聘条件和办法另发。

第三十六条 破格申报高级专业技术职务需先报经部人事劳动司审核批准后送交评审委员会评审。破格申报中级专业技术职务，需先报经上一级人事部门审核批准后送交评审委员会评审。

部属院校按所在省、市高教局规定进行评审，评审结果报部备案。

第三十七条 本规定由部人事劳动司负责解释，并自发布之日起实行。1988年部发《纺织工业部实行专业技术职务聘任制度若干问题的规定》（[88]纺人字第217号）文件停止执行。

附 件

纺织工业部专业技术职务评聘工作中外语考试办法

根据人事部《关于在专业技术职务评聘工作中严格掌握外语条件的通知》（人职发［1991］4号）的精神，为保证专业技术职务评聘质量，提高专业技术人员的外语水平，特制定专业技术职务评聘工作中关于外语考试的办法如下：

一、评聘专业技术职务，必须按照专业技术职务试行条例所规定的外语条件，对各专业技术系列和各职务层次的外语条件即要严格要求，又要区别对待，实事求是。

二、根据专业技术职务岗位的要求采用外语考试和考核的办法。

各专业技术系列拟评聘高、中级职务的人员均需参加外语考试；拟评聘初级职务人员要进行考核。

确已具备较高外语水平人员可予以免试，进行认真的考核。

三、确已具备较高外语水平的专业技术人员应经认真考核，并由单位出具免试证明参加专业技术职务评审。

免试条件：

1. 参加出国留学人员外语水平考试成绩合格者（成绩有效期两年）；

2. 出国留学、进修、访问学者1年以上者；

3. 有公开出版、发表的译著或3万汉字以上译文者。

四、外语考试原则上按评审管理范围组织进行。

部属院校应按所在省、市、直辖市教委规定的外语考试办法进行。

其它部属企事业单位由部人事劳动司分专业系列统一组织命题、统一时间组织考试。

拟评聘初级职务的专业技术人员外语考核由本单位制定具体办法组织实施。

五、需参加外语考试的专业技术人员应由单位在考试前统一向人事劳动司报考。非免试人员不参加外语考试，不得参加专业技术职务评审。

六、外语考试必须严格纪律，严密组织，加强民主监督，坚持杜绝一切形式主义，弄虚作假的行为。凡发现有弄虚作假、循私舞弊的单位和个人，将停止该单位的专业技术职务评聘工作或取消本人申报评审专业技术职务的资格。

纺织工业部专业技术人员考核制度

专业技术人员考核制度是专业技术人员管理的重要措施，也是开展经常性的专业技术职务评聘工作的一项重要工作，它对于保证专业技术职务评聘工作的科学性和客观性，合理选拔、使用人才，调动专业技术人员的积极性，激励他们认真履行岗位职责具有重要意义。现就建立专业技术人员考核制度做如下规定：

一、专业技术人员考核制度包括年度考核和任期考核、定期考核和不定期考核。

年度考核即每年对专业技术人员进行一次考核，一般结合年终（或学年）总结进行。

任期考核即当专业技术人员任职期满后，对整个任期进行的全面考核。

定期考核指年度考核与任期考核相结合；

不定期考核指对专业人员参加学习、培训，完成某项临时性任务等及时进行的考核鉴定。

二、考核权限及组织：

专业技术人员的考核工作，按干部的管理权限进行，各单位由人事部门根据考核工作需要组成有专业部门参加的综合或分专业系列的考核组，负责具体考核工作。

三、考核内容：

主要考核思想政治表现和工作业绩，能力及水平两部分。

思想政治表现主要包括：政治立场、思想品德、工作态度，团结协作精神等。

工作业绩，能力及水平包括履行岗位职责或完成任期目标工作中所完成任务的数量、质量、取得的工作实绩，成果及反映出的专业技术水平和能力。

四、考核程序：

专业技术人员考核工作，主要分以下几个阶段：

1. 个人准备　由专业技术人员提交年度（或任期）总结，及反映本年度（或任期）内工作主要实绩的成果、奖励、技术鉴定、发表的论文、论著、或起草制定的重要专业技术工作报告、规划计划及培养专业技术人员和参加培训等有关材料。填写《专业技术人员考核登记表》。

2. 组织考核　基层单位对个人提交的总结材料的真实性进行核实确认。

考核组对考核材料进行审阅，按考核内容、考核标准进行定量测评。

3. 考核组对考核情况进行综合评价，做出考核鉴定意见，意见要客观真实，既肯定成绩，也指出不足，并将考核结果按优秀、称职、基本称职、不按职分为四个档次，填入《专业技术人员考核登记表》。

4. 反馈考核意见　将考核意见反馈给专业技术人员本人，以促进专业技术人员发扬成绩，克服不足，不断提高。

5. 考核材料整理归入专业技术人员业务考绩档案。

五、制定科学的考核办法：

要实行定性与定量相结合的考核办法；各单位应根据不同的岗位性质、特点制定一套科学的、规范的考核内容、指标和标准。对不同系列、不同职务层次的专业技术人员应有所区别和侧重，制定具体的考核办法并报人事劳动司备案。

六、考核结果的应用：

把考核结果与作用、晋升，奖惩结合起来，优秀者可作为晋升专业技术职务的人选，称职者可续聘，基本称职者可提出具体要求，限期提高、改进，不称职者解聘或低聘。

七、建立健全专业技术人员业务考绩档案：

要认真做好专业技术人员业务考绩档案的审查，鉴定、归档、立卷工作，使每个专业技术人员的业务考绩档案准确完整，成为评聘专业技术职务重要的第一手资料。

业务考绩档案范围：

1. 业务考绩类　《科技干部业务考绩档案》、《专业技术人员考核登记表》、业务工作总结；

2. 专业技术职务评聘类　《专业技术职务任职资格评审表》(或呈报表)、《初聘专业技术职务呈报表》、《专业技术职务聘任呈报表》、《专业技术资格登记表》；(均为复印件)

3. 业务技术成果类　出版发表的著作、论文、译文证明材料、科技成果鉴定书、获奖证书(复印件)等；

4. 业务学习、进修类毕业、结业证书（复印件)、学历证明、培训证明、考试成绩单等；

5. 其它类　如学术团体兼职证明等。

业务考绩档案在专业技术人员调转工作时应与人事档案一并移交。

八、每年专业技术人员考核工作完成后应及时向人事劳动司上报考核工作总结。

关于纺织工业部行政法规、规章发布办法的通知

（1991年10月8日纺织工业部发布）

［91］纺政字第07号

制定与发布规章，是宪法赋予国务院各部门的一项重要职权，也是实现国家管理职能的重要手段。为了提高纺织工业部规章的权威性和时效性，根据国务院《关于改进行政法规发布工作的通知》的精神，现就纺织工业部发布行政法规、规章的办法通知如下：

一、经国务院批准，授权纺织工业部发布的行政法规，由部长签署发布令。

二、纺织工业部根据法律、行政法规，在权限内发布的规章，由部长签署发布令。

三、经国务院批准，授权纺织工业部与国务院其他部委联合发布的行政法规；纺织工业部与国务院其他部委在其权限内联合制定的规章，由纺织工业部部长与其他部委主要负责人共同签署发布令。

四、行政法规、规章发布令包括批准机关和发布机关、序号、行政法规或者规章名称、通过或者批准日期、生效日期和签署人等项内容。

五、行政法规、规章发布令由政策法规司归口管理，各司局代部拟订的规章，送政策法规司审核会签后，出具《纺织工业部法规性文件审查意见书》，报部长签署发布令。

六、经纺织工业部部长签署发布的行政法规、规章，在符合保密原则的情况下，可由《中国纺织报》全文刊载。同时印发正式文本，下达主要机关和单位。

纺织系统"八五"期间继续教育规划及实施意见

(1991年10月14日纺织工业部发布)

[91]纺教字第42号

一、纺织工业现状和发展对人才的需求

经过40年建设,纺织工业已成为一个门类比较齐全,具有一定生产能力和科技、管理水平的重要工业部门,在积累资金、创汇、吸收就业及满足人民日益增长的衣着需要等方面,做出了重要贡献,纺织工业已成为我国重要的支柱产业之一。但在国际上新技术飞速发展的形势下,我国纺织工业与国际先进水平相比,还存在着较大差距,而且有些方面差距在不断拉大。主要差距是:纺织工业设备陈旧、落后情况还较严重,技术和产品结构不够合理,新技术的覆盖面很小,企业技术进步的运行机制不够完善等。因此,纺织工业发展和技术进步的任务还十分艰巨,难度也很大。我部关于"八五"纺织工业发展规划,提出1995年纺织工业总的目标为总产值达到2550亿,出口创汇达到150~175亿美元;以国内外两个市场为导向,调整产品结构;以提高质量、增加品种、扩大深加工为重点;以提高经济效益,提高劳动生产率为中心;积极采用新技术、新装备,努力实现技术、装备和管理现代化。要在总产值和创汇中大力提高技术进步因素所占比重,占总产值增长的25%左右,占出口创汇增长的40%左右。大中型企业主要设备和技术水平达到国际上七十年代末、八十年代初的先进水平,主要纺织品40%的质量达到国际水平,深加工新产品新品种产值率达到10~15%,劳动生产率提高15%以上,劳动条件和环境保护有明显改善。

为了实现"八五"发展规划振兴纺织工业,缩小与世界先进水平的差距,不仅需要解决原材料、资金不足、技术设备落后等问题,还需要有一支数量上、质量上相适应的专业技术队伍,在开拓国际市场、扩大出口创汇方面,迫切需要一批具有开拓精神,有预见性和应变能力,精通一门外语,懂得国际金融和法规的高级专家和既懂技术、又懂经营、善于捕捉市场信息的复合型经营管理人才,在消化吸收引进新技术、发展国产化的新技术新装备、加快老厂技术改造方面,需要一批有坚实的基础知识和专业知识,了解国内外发展动态的技术开发人才和技术带头人;在开发纺织新产品、提高产品质量,加强生产技术管理、用好新设备方面,需要一大批既懂工艺又懂设备,具有丰富的分析解决生产过程中实际问题的技术骨干和纺织产品开发人才。以上人才单靠普通教育是培养不出来的,要靠继续教育和实践培养,即在实践经验的基础上,通过有计划有目的的继续教育,提高现有专业技术人员的整体素质,并从中培养各类高级专家和学科带头人,为实现纺织工业发展目标作好人才上的准备。

二、专业技术人员和继续教育现状分析

(一)专业技术人员现状分析。

根据对38个省、市、自治区、计划单列市的统计,共有专业技术人员48万余名,占这些地区职工总数668万余人的7.2%。

专业技术人员的结构分布如下:

文 化 结 构

总计	本科以上		大 专		中 专		其 它	
	人数	%	人数	%	人数	%	人数	%
483780	60725	12.6	106826	22	131720	27.2	195329	40.4

年 龄 结 构

合计	30岁以下		31~40岁		41~50岁		51~60岁	
	人数	%	人数	%	人数	%	人数	%
483253	119570	24.7	158944	32.9	128718	26.6	75319	15.6

职 务(称) 结 构

合计	高 级		中 级		初 级		未 定	
	人数	%	人数	%	人数	%	人数	%
484128	15225	3	93326	19.3	310448	64.1	65129	13.5

高级技术人员的年龄结构

合计	31～40岁		41～50岁		51～60岁	
	人数	%	人数	%	人数	%
14139	152	1	3259	23	10873	76.9

从以上统计和调查可以看出，专业技术人员的素质与结构存在以下问题：

1. 从学历层次看，具有大专以上学历的，占34.6%，而不具备中专以上学历的，占40.4%，这些人多数具有较长时间的实际工作经历，经验较多，但由于文化水平和专业理论基础水平较低，学习、消化新理论知识的能力较差，因此在发展上局限性较大。

2. 高级专业技术人员数量太少，只占3%。而且其中76.9%的高级专业技术人员年龄在51岁以上。今后10年内，他们将陆续以至全部退出工作岗位，高级专业技术人才的缺乏，势必将十分突出。

3. 从职务结构看，三个层次的比例为：高级职称：中级职称：初级职称（含未定职称）为1：6.4：25.8，整个队伍的职务结构重心层次较低，这与文化结构层次低是一致的，在一定程度上反映了专业技术水平偏低的现实。

4. 根据调查了解，中年以上的专业技术人员知识急需更新、补充和提高，相当一部分人外语不过关。年轻的专业技术人员基础理论和外语都较好，但缺乏实践经验，动手能力差。

5. 高级专业技术人才的成长处于自发状态，现有的高级技术专家年事已高，青黄不接，对后备梯队的培养缺乏计划。

6. 缺门人才比较突出，适应生产装备自动化控制技术需要的机电一体化人才及扩大国际市场需要的复合型经营管理人才基本是空白。

（二）继续教育开展状况。

1. 近几年来，结合生产技术工作的需要，对专业技术人员开展了各种短期的、专题性的及应急培训，收到了较好效果，但继续教育的面不够广，对新理论新技术和相关知识的学习不普遍，培训的计划性和培训目标不够明确。

2. 各高等院校、学术团体、企业发挥积极性，举办了继续教育培训班，但从全行业看，还没有建成比较完善的、功能较强的继续教育基地，高等院校师资、设备的优势还没有发挥出来。

3. 有相当数量的领导人缺乏“终身教育”观念，不重视专业技术人员的培养、提高，舍不得抽骨干、抽时间组织培训，舍不得投资。

4. 继续教育工作缺乏激励与约束机制，没有走上制度化经常化的轨道。

三、继续教育规划目标与主要任务

制订继续教育规划必须遵循“社会主义建设必须依靠教育，教育必须为社会主义建设服务”的方针，根据专业技术人员的现状、继续教育施教的能力以及生产科技发展规划的需要，坚持从实际出发，把当前与长远发展的需要结合起来，既要立足当前，又要有一定的超前培养；贯彻理论联系实际的原则，加强针对性，实用性；把普遍提高与重点培养结合起来，在普遍提高的基础上，抓好重点人才的培养，使全体专业技术人员通过继续教育，改善知识能力结构，提高知识水平、业务能力和开发创造能力，提高政治素质与职业道德修养。

“八五”期间继续教育的总目标为：造就一支与纺织工业经济、科技发展规划较适应的、群体结构得到改善、素质较好的专业技术队伍，同时建立一个比较完善的、多层次、多规格、功能齐全的继续教育体系，为2000年建成一支高水平的、具有相当数量的高级技术人才为骨干的群体结构优化的纺织专业技术队伍打好基础。

“八五”期间继续教育的主要任务与要求是：

（一）继续教育的对象是具有中专以上文化程度或初级以上技术职务，从事技术、管理、科研、设计、教育及其他技术工作的全体在职专业技术人员（含见习期未定职务、职称的大中专毕业生），这支队伍已有48万多人，在今后五年内，还将有近10万大中专毕业生充实专业技术人员队伍。因此必须对这支宏大的队伍普遍实施各种形式的继续教育。

要根据专业技术人员的不同层次、水平和业务能力要求，区别对待，按需施教。

1. 新毕业的大中专毕业生，必须进行一年见习期的教育，加强思想政治锻炼，熟悉生产，熟悉管理，经受专业技术人员的基本技能训练，提高动手能力、组织能力与管理能力，为独立工作奠定基础。具体要求与办法，按我部“关于大中专毕业生见习工作的规定”施行。

2. 初级专业技术人员，应以提高本职工作能力为主，加强实际工作锻炼，尽快掌握与本职工作有关的专业知识技能，提高独立工作的能力。对已具有初级以上技术职务（职称），但不具备学历或基础理论知识不系统、不扎实的人员，应进行补习。

3. 中级专业技术人员要结合本职工作，学习新理论、新技术、新方法、培养其独立解决复杂专业技术问题的能力，了解本专业发展水平与最新动向，成为本单位的技术业务骨干。

4. 高级专业技术人员要学习和掌握本专业、本学科的最新知识，把握其发展动向，成为本行业的业务专家和技术带头人。

（二）在普遍进行继续教育的基础上，重点培养中高级技术人才。纺织工业生产、科技发展及水平的高低，取决于是否有一支强大的技术骨干力量和技术带头人，继续教育应把培养中高级技术人才作为重点，对现有中年的中、高级技术职务的人员进行重点培养，通过学习、考察、课题（项目）攻关等，较大地提高他们的专业技术水平。并从中择优培养1000－2000名各专业的高级技术专家，他们应是掌握本专业最新技术、近代测试技术、计算机应用技术及技术经济分析的高级技术人员，作为纺织行业技术带头人的第二梯队。

（三）加强对青年技术人员的培养，使他们尽快成长，对其中特别优秀的，要采取措施强化培训，如在职研究生和脱产学习课程攻关等方式使之成为纺织行业技术带头人的第三梯队。

（四）适应生产及出口创汇需要，从现有专业技术人员中大力培养各类复合型人才和缺门人才。

1. 培养一批熟悉现代财政金融、国际贸易、定价政策、成本预算、管理会计的高级会计师。“八五”期间培养500名左右。

2. 从工程技术人员中选拔一批优秀的中轻年干部，培养成熟悉国内外纺织品市场、善于开拓经营、既懂技术又懂经济的高级经济师。“八五”期间培养500名左右。

3. 从工程技术人员中选拔一批优秀的中轻年干部，培养成懂得外贸实务、市场营销、国际金融和对外经济法规的工业外贸人员。“八五”期间培养900名左右。

4. 从纺织和纺机专业技术人员中，培养500名懂得纺织工艺、纺织设备及自动控制技术的机电一体化人才。

（五）建设继续教育基地，提高施教能力。纺织高等院校、成人高等学校要成为行业继续教育的基地，大型企业培训中心也要成为本企业的继续教育基地，具体要求是：

1. 部属普通高校要在“四定”的基础上，确定成人教育的规模与任务，根据本校专业教学与科研的优势，确定继续教育的主体专业，逐步建成功能齐全，比较完善的继续教育基地，其任务是负责组织纺织行业中高级人才的培训工作，对企业及其它教育中心开展继续教育工作给以指导，组织编写教材，进行继续教育理论研究。

部属高校继续教育基地的师资队伍在专业结构与能力层次结构上能满足继续教育的要求，除院校专职教师外，还要从生产科技管理工作中聘请一批有丰富实践经验的专业技术人员担任兼职教师，形成一支专兼结合的、高水平的师资队伍；有懂得继续教育规律、特点、又会管理的专业技术人员负责组织管理工作；实验实习基地能够提供继续教育使用，能提供文字教材和声像教材；有必要花力量开展继续教育理论研究。

部属成人高校也应按上述要求建成继续教育和岗位培训的基地。

2. 省市属纺织高校和职工大学，要根据本地区的特点、需要和教学能力，开展继续教育，逐步形成有本地区特点的继续教育基地，职工大学要把重点转移到继续教育和岗位培训上来。

3. 大型企业的继续教育中心（培训中心）要配备能力强、专业技术水平较高、会管理的专职管理干部，负责选择课题、设计课程、聘请教师、准备教材、制订教学计划、组织教学、考核、跟踪成果及信息反馈等工作。要有比较先进的实验（实习）设备、有专兼职结合，以厂内厂外兼职教师为主的师资队伍和必要的场地，保证必要的经费开支。

四、实施继续教育规划的组织与措施

（一）继续教育是职工教育的重要组成部分，也是科技开发、生产开发的前期准备工作之一，是管理工作的第一道工序，各级领导必须把继续教育视为战略产业来抓，列入重要议事日程，纳入生产、科技、教育规划，作为科技人事管理的重要内容。

企业必须纳入厂长任期目标责任制，实行目标管理，每年应有1/3的人完成继续教育计划（可以折算）。要做到生产、技术、智力开发一起抓。企业主管部门要把继续教育成绩作为考核厂长（经理）的重要条件之一。

（二）各省市纺织厅、局和企业要根据本地区纺织工业发展和技术队伍状况，制定本地区、本企业的继续教育规划，研究制订贯彻有关继续教育的方针、政策、规定的具体措施。企业要建立起科技人员接受继续教育的制度，有计划的安排进修培训和选拔重点培训对象。要有教育机构和专职人员负责继续教育工作。

（三）接受继续教育是科技人员的权力和义务，要切实保证继续教育的时间。中、高级专业技术人员，每年接受继续教育的时间不少于12天，初级专业技术人员不少于7天，每3年为一个周期，在一个周期内的学习时间可分散使用，也可以集中使用。如果连续3年得不到安排，本人可向上级主管部门反映，要求上级主管部门责成所在单位给以安排。企业科技人员在规定的脱产进修期间，待遇不变。

（四）建立继续教育考绩和登记制度，专业技术人员进修科目及成绩，应记入继续教育手册，作为人事部门考核干部、评聘职务、职称的参考依据。

（五）广开学路，调动多方面的积极因素，开展继续教育。除纺织高等院校、职工大学、大型企业等继续教育基地以外，还要充分发挥各专业协会、学会、省以上科研设计单位及其他学术团体联系广大专家、学者的优势，开展继续教育。学术团体、科研设计单位开展继续教育工作，也要有专人进行组织管理、切实保证教学质量。

（六）继续教育要因地制宜、灵活多样、多种形式办学，通过举办培训班、研修班、讲座、考察、组织国内外学术会议，开展函授、电化教学以及有计划、有组织、有考核的自学等，还可以结合产品开发、重点项目、消化引进设备、同步组织培训。对高级专业技术人员，提倡多组织研修班，把研修与专题讲授、咨询、撰写论文等结合起来。根据专业技术人员工作忙的特点，提倡短期脱产培训和函授教育，推广电化教学手段。提倡学校与企业结合，送教到企业。

（七）为了保证继续教育的质量，凡举办全国性高级专业技术人员研修班和复合型人才、高级技术人才的培养，由部里统筹规划办学点，在与有关单位协商及摸索经验的基础上，逐步建立相对固定的培训基地。

（八）继续教育的师资一般应由在本专业技术领域内具有较高水平的人员担任，也可以由具有丰富实践经验的其他人员担任。中级以上专业技术人员有义务担任兼职教师和编写教材，并根据工作量大小给予适当报酬。各单位要大力支持有关人员参与继续教育工作，对热心继续教育并做出显著成绩的人员，要给予表彰与奖励。

（九）搞好继续教育的课程设计与开发。

确定继续教育课目采取两种方法，一是由教学单位提供施教课程目录(菜单)，供学员单位及学员选择；二是由学员单位根据需要提出要求学习的内容，由企业与办学单位共同设计，由办学单位实施。部里将组织力量，制订继续教育科目指南。

（十）教材是开展继续教育的必不可少的手段，要发动专家和骨干教师，积极编写各种不同类型的继续教育教材，发挥省、市和高校的积极性，多种渠道组织出版文字、声像教材，为继续教育提供有效服务。由于当前教材是薄弱环节，应采取奖励措施，鼓励多出教材、出好教材。

（十一）继续教育费用应在职工教育经费中开支，企业还可以按照国发（1985）21号文件的规定：“企业培训技术业务人员的费用，可摊入成本。为某个产品创优、技术开发、技术引进、技术改造项目的培训费用，包括出国培训费用，可在项目资金中开支。大型企业兴建的培训中心或城市行业为中小企业服务兴建的培训中心，首先由自筹资金安排，还可以使用返回的折旧资金及地方机动财力予以适当补助”。企业还可在包干结余、税后留利中开支。

关于“八五”期间开展纺织职工岗位培训的意见

（1991年10月14日纺织工业部发布）

［91］纺教字第42号

根据国务院批准的《关于改革和发展成人教育的决定》精神，全国纺织职工教育工作会议决定，把岗位培训作为纺织职工教育工作的重点，我部于1987年下发了《关于改革和发展纺织职工教育的决定》，《关于大中型企业领导干部岗位职务培训工作方案》，《关于大中型企业中层干部岗位职务培训的实施意见》，《关于技术工人技术等级培训的意见》以及《关于大中专毕业生见习工作的规定》等文件，组织了岗位规范的制定、岗位培训教学计划的制定及教材编写工作，各地进行了岗位培训试点，积累了不少经验，取得了比较明显的效果，岗位培训工作有了良好的开端，发展是比较健康的。

为了深入贯彻《关于改革和发展成人教育的决定》以及国家有关部门的要求，在纺织系统积极地、有步骤地开展岗位培训，为建立和完善岗位培训制度打好基础，现对1991年至1995年岗位培训工作提出以下规划和实施意见。

一、岗位培训的指导思想、目的与要求

岗位培训是对纺织职工按照岗位工作的需要和岗位规范的要求，在相应文化基础上进行的以提高职工履行岗位职责能力为中心的定向培训。包括为取得上岗、转岗、晋升等的资格培训和根据企业生产技术发展、经营及改革的需要而进行的各种适应性、专项培训。

岗位培训要以马列主义、毛泽东思想为基本指导思想，坚持以经济建设为中心，坚持四项基本原则，坚持改革开放，努力提高职工的政治业务素质。

岗位培训要从实际出发，理论联系实际，面向企业，面向生产，加强针对性、实用性和效益性。要认真贯彻按需施教、学用结合的原则，注重能力培养，加强思想政治教育和职业道德教育。

岗位培训要坚持质量第一，注重实效，严格管理，精心教学，严格考核，逐步做到制度化、规范化。

岗位培训要区分不同情况，突出重点，有计划有步骤地实施。

二、目标与任务

五年内，通过培训，改善和提高纺织职工的政治、文化、技术、业务素质，逐步建设一支能坚持四项基本原则，有改革创新精神，善经营、会管理、善于学习吸收先进技术、能适应纺织工业发展需要的干部队伍和操作技术精湛、技术等级结构合理、热爱纺织的工人队伍。具体要求是：

1.1992 年底以前，完成大中型企业厂级领导干部的岗位培训，凡经过国家厂长经理统考合格的，脱产学习一个月；没有经过国家统考的，脱产学习三个月。学习合格的，发给岗位培训合格证书。小型企业厂级干部应在 1993 年底前培训一遍。

2.1994 年底以前，完成大中型企业主要技术业务岗位中层干部的岗位培训，包括企管办主任、财务科长、计划经营科长、供销科长、技术科长、设备科长、劳动工资科长、人事科长、教育科长等；车间主任岗位培训应在 1992 年底完成。

3. 其它各类专业技术干部、政工干部和行政管理干部，要在 1995 年底前普遍进行一次岗位培训。

4. 后备干部要实行先培训后上岗制度，任职前要先安排进行岗位培训。

5. 对 45 岁以下、尚未达到中专（高中）文化程度的干部，一般应先进行文化补课，取得相应的学历。

6. 对技术工人进行以技术等级标准要求为主体内容、以技能为核心的岗位培训，加强职业责任、职业道德的教育。要在通过技术级考核、摸清现有技术水平的基础上，开展培训，达到技术水平与工作等级相符。

7. 培训高级技工人数占技工人数的 3%～5%，其中约 10%达到技师水平。在本等级培训的基础上，使约 30%的初级技工达到中级技术水平。

8. 班组长要在 1992 年内轮训一遍。

9. 大力开展操作练兵，提高挡车工人的技术水平，1995 年内要轮训一遍。

10. 对新工人要抓好上岗前培训，做到先培训后就业。技术工人上岗前培训要达到初级技术等级标准的要求，从非技术工种转到技术工种，要先培训合格再上岗。挡车工要经培训达到本岗位的规范要求后再上岗。

11. 大力开展适应性、应急的培训、一事一议培训。

三、岗位培训的基础建设工作

1. 补充、制定、完善岗位规范。有行业特点的企业职工岗位规范，由部组织制定和颁发。部里没有制定的通用岗位的岗位规范，可以使用当地有关部门制定的岗位规范。企业是开展岗位培训的主体，有权根据上级（部、省局）制订的岗位规范或指导性意见制定本企业标准。

2. 补充、修订岗位培训教学计划、教学大纲，编选教材。

岗位培训要围绕岗位必备知识与能力的要求（包括政治理论、法规政策、职业道德、专业知识、实际技能等方面），以“消差”为目标，制订教学计划，编写教学大纲，编选教材。

大中型企业领导干部岗位培训主要根据国务院生产办公室统一制定的教学计划、教学大纲和教材组织教学，结合纺织工业的需要，补充具有行业特点的教学计划、大纲与教材。

企业主要技术业务科室中层干部的岗位培训，主要根据部里制定的教学计划、大纲和教材组织教学，有些通用性强的岗位，可以采用归口部门（或归口行业）编写的教材。

其它各类专业技术干部、政工干部、行政管理干部的岗位培训，要根据归口部门和部里制订的指导性教学计划、教学大纲和教材组织培训。上级主管部门尚未制定的，各单位可根据本地区、本企业的实际情况，自行制定教学计划和教学大纲，经各单位培训考核机构审定后试行。

技术工人培训可按部里已发的初、中、高三个等级培训的指导性教学计划、教学大纲和教材进行组织。

挡车工培训教学计划、大纲和教材，主要由各省市和企业分工负责组织制定和编写。

教材要强调针对性、实用性、科学性、突出能力、技能的训练内容和政治思想、职业道德、劳动纪律方面的内容。

四、组织领导与分工

岗位培训以行业为主进行管理，组织实施，实行统一规划，分工负责、分级培训、分级管理的办法。

1. 岗位培训分级组织实施，大中型企业厂级干部培训由部与省（市）经委统一安排培训，小型企业厂级干部由各省市局负责安排，中层干部、专业技术干部、高、中级技术工人培训由省市局或二级地市局负责安排培训，一般干部、工人由各企业自行安排培训。

2. 各省市纺织局及企业的人事劳动管理部门，要把规划、组织、动员现职干部、工人、推荐后备干部参加培训，作为人事劳动管理工作的重要任务之一。各专业管理部门要参与培训、组织考核工作。教育部门负责培训的组织实施工作，落实培训基地、组织编制培训教学计划、组织教学经验交流、检查培训质量。

3. 分级建立考核组织，负责对所分工承担的岗位培训，进行培训考核与质量评估，考核组织要吸收本专业的专业技术人员及用人部门参加。考核组织可以直接组织考核工作，也可以通过对办学资格的审定，授权办学单位进行考核。

4. 开展岗位培训要充分利用现有的教育设施，各级各类纺织院校、培训中心和职工学校要积极承担岗位培训任务，认真落实。职工院校要把工作重点转到岗位培训上来。

承担岗位培训的学校，必须拥有与教学要求相适应的专兼职教师和必要的教学设施，要充实技能培训的设备及手段，有健全的管理机构和管理制度。承担大中型企业领导干部岗位培训的院校，由部教育司审核后报国家生产办干教局备案。承担小型企业领导干部及大中型企业中层干部和其它人员岗位培训的学校，由省市主管局或企业的考核组织审定办学资格后、方可承担培训任务。

部属成人高校可在全系统范围内举办干部岗位培训班，办班计划须报部教育司审核同意后方可执行。

5. 要选择政治素质好、教学水平高、熟悉企业、有一定实践经验、能理论联系实际的教师、领导干部、专业技术人员和技术工人，组成专兼职教师队伍，选派得力的管理干部、教师负责教学组织工作。要加强教师的培训提高，有计划地组织教师参加生产实践。

五、发　证

建立培训考核与发证制度是保证岗位培训质量、促进育人与用人结合的重要环节，岗位培训合格证书是上岗、任职、晋升、提级的重要依据之一。

1. 大中型企业厂级干部及后备干部，经培训考核合格者，颁发经济管理干部国家培训考试指导委员会统一印制的岗位培训合格证书。

2. 企业中层干部岗位培训合格证书，由部统一印制、省市局负责颁发，其他人员的培训证书由各省市局负责作出规定。

六、政策与措施

1. 建立岗位培训的目标责任制，企业要根据国家体改委《关于把企业干部、职工培训工作纳入厂长任期目标责任制》的规定，制定本企业各类人员岗位培训规划，提出培训要求和量化指标，纳入任期目标责任制，严格执行，层层落实。主管局要把岗位培训作为对企业领导人政绩、业绩考核的内容之一，建立检查、汇报制度，逐年考核培训任务的落实情况，对完成任务好的要表扬奖励，对完不成培训任务的要追究企业经营者的责任。

2. 在企业经营自主权范围内，制定培训与考核、使用、分配、奖励和职称评定相结合的规定，逐步实现育人与用人的一体化，充分调动职工学习的积极性。

3. 建立岗位培训登记制度，要按干部管理权限，由人事劳动部门会同教育部门，制定岗位培训情况登记表，归入本人档案。

4. 职工参加岗位培训期间，其工资、奖金、福利待遇不变。

5. 建立健全教育机构，充实人员、加强管理。各省市主管局要加强充实教育管理力量，大中型企业要有独立的教育机构，配备得力的人员，有健全的管理制度。

6. 保证教育经费。企业占工资总额 1.5%的教育经费应由教育部门掌管使用，财务部门监督。进一步充实、完善教育设施和教育手段，改善办学条件。

7. 加强师资队伍建设，调整师资结构，充实有技术、管理工作实践经验的专职教师，选聘兼职教师，建立一支能满足岗位培训需要的专兼职结合的师资队伍。

七、组织试点、交流经验、开展岗位培训理论研究

岗位培训要在试点、总结经验的基础上，积极、稳妥地推开，部、省都要抓典型，以点带面。要利用各种有效方式组织省内、协作区的经验交流，加强岗位培训的理论研究工作。

八、提高认识，加强领导

开展岗位培训，是现代化建设发展的必然要求，对于巩固社会主义制度、发展经济、建设有中国特色的社会主义强国有十分重要的意义，各级领导务必要十分重视，要解决在一部分企业负责人中存在的“短期行为”、“重物不重人”的问题，加强对岗位培训的领导，使职工队伍素质有明显提高，更好地为纺织工业发展服务。

部属纺织院校职工教育管理规定

（1991 年 10 月 28 日纺织工业部发布）

［91］纺教字第 44 号

第一章 总 则

第一条 为加强部属院校职工教育管理，保障职工教育健康、协调发展，根据国家教委有关规定，特制定本规定。

第二条 职工教育主要是指对纺织系统已经走上生产、工作岗位的在职人员进行的教育，包括成人学历教育、岗位职务培训、继续教育以及其他内容的培训。

第三条 纺织职工教育是整个纺织教育事业的重要组成部分，对造就一支宏大的有社会主义觉悟、有科学文化知识和专业技术、技能的职工队伍，促进纺织科技进步及社会发展具有举足轻重的作用，各院（校）要把职工教育作为一项基本任务，发挥优势，统筹规划，精心组织，保证质量。

第四条 纺织院校面向本系统举办的职工教育要适应职工生产、工作需要及成人特点，按需施教，学以致用，坚持针对性、实用性，多种形式、多种渠道、多种层次、有步骤、有计划地进行，直接有效地为纺织工业双文明建设服务。

第五条 举办职工教育要坚持坚定的社会主义方向，坚持德、智、体全面发展的培养方针，加强马列主义、毛泽东思想理论、职业道德和基本国情教育，培养德才兼备、又红又专的社会主义建设人才。

第六条 举办职工教育要在搞好学历教育的同时，把岗位职务培训和继续教育作为重点，努力提高从业人员本岗位需要的工作能力和生产技能，并逐步做到规范化、制度化。

第二章 领导与组织机构

第七条 纺织普通高等院校要切实加强对职工教育工作的领导，将职工教育列入院校领导议事日程，建立、健全各项规章制度，有布置、有检查、有总结，把职工教育作为评估院校工作和考核领导干部任期目标的重要内容。

第八条 普通高校要把职工教育纳入学校总体规划，做好定工作任务、定发展规模、定人员编制、定经费分配原则的“四定”工作，为职工教育提供必要的条件。

第九条 普通高校要有一名院校长分管职工教育，有关部、系要有一名主任抓职工教育，教务、后勤等部门要通力协作，密切配合，共同做好工作。

第十条 普通高校应根据职工教育的任务与学校的实际，建立、充实成人教育管理机构，配备一定的专职教学、管理人员，负责各类职工教育的教学组织与管理工作。

第十一条 普通高校职工教育工作由学校职教部门统一安排、归口管理，没有设职教专门机构的，由教务处统一归口管理。各系、部、处及其他机构不得以各自名义自行举办或与外单位合办职工教育。

第十二条 开展职工教育是纺织成人高等学校的中心任务，要抓好规划、制度建设，不断充实、改善办学条件，因地制宜，扬长避短，保证教学质量。成人高校与普通高校要密切配合，合理分工，互相协调，提高职工教育整体效益。

第三章 计划审批

第十三条 学历教育招生计划由招生院校在头年的 9 月底以前提出，由部教育司根据国家教委批准的招生计划综合平衡后下达。

第十四条 已经批准招生的函授、夜大学等学历教育的学校，拟新增专业或改变科类，要在每年第 3 季度以前向部提交申报材料（一式 3 份），由部审批，并报国家教委备案。

凡拟新办函授、夜大学的学校，于每年 8 月底前向部教育司提交申报材料（一式 3 份），由部审核后报国家教委批准。

第十五条 学校在制定学历教育招生计划时，应进行调查研究，了解人才需求，在确有生源的基础上，提出招生及招生分配计划。

第十六条 学校接受用人部门委托举办专业证书班，应根据国家教委、人事部的有关规定办理，经批准后才得以列计划开班。

第十七条 学校举办非学历教育，应确为经济、社会发展所需要，不得以赢利为目的。必须提供能保证教学质量、与办学规模相适应的人力、物力。

面向本系统举办非学历教育的，凡脱产学习在3个月以上、业余学习半年以上以及资格性岗位培训、高级专业技术人员继续教育的办学计划，应向部教育司提出申请(填写办班申请表见表1)，批准后方能招生。其他各类短训班的办班计划应向部教育司备案。

第十八条 学校面向社会举办非学历教育，其办班计划应按学校所在省市教育主管部门的有关规定办理。

第十九条 举办高等教育自学考试辅导班应向有关部门办理审批手续，接受当地教育行政部门的管理和自学考试机构的指导。

第二十条 举办非学历教育的办班申报材料包括办学形式，招生学员的地区、对象，人数，学习期限，教学计划，使用教材，师资投入，收费标准及可提供的教学设施及用房等。

第二十一条 学校举办非学历教育发布招生简章或招生广告，应按国家有关规定办理手续。

第四章 教学管理

第二十二条 教学计划、教学大纲是实现培养目标和组织教学过程的依据，举办各类职工教育都必须有符合成人教育规律和实际需要的教学计划、教学大纲；要根据不同的对象与要求，确定教学内容与课程设置。

第二十三条 举办学历教育及专业证书班按部及国家有关部门的要求，制订教学计划、教学大纲，经部教育司批准后组织实施。

岗位职务培训按部及有关部门制定的岗位规范、教学计划、教学大纲组织教学。

接受部、省、市纺织主管部门交办的非学历教育

表1 办班申请表

办班名称		办班地点	
招生地区		总学时数	
招生人数		收费标准	
办班日期		办学形式	

<table>
<tr><td colspan="2">招生对象：</td></tr>
<tr><td colspan="2">主要设置课程（并附教学计划、使用教材）：</td></tr>
<tr><td colspan="2">任课教师情况：</td></tr>
<tr><td>申请学校：

负责人签名　盖章</td><td>教育司审批意见：

年　月　日</td></tr>
</table>

的教学计划，应分别报部教育司或省、市纺织主管部门审核同意后组织实施。

第二十四条 加强师资队伍建设是保证教学质量的关键。要选择热爱职工教育事业，教学业务、学术水平与办班要求相适应的、经验较丰富的教师担任教学工作。学校要组织和鼓励教师了解企业生产实际，为其掌握国内外新理论、新方法、新技术和增强动手能力创造条件。

第二十五条 举办职工教育要根据培训对象及学习内容的需要，重视从管理部门、企业聘请实践经验丰富的专业技术人员担任兼职教师。

第二十六条 学校要充分发挥人才荟萃、学术力量雄厚、设备先进的优势，组织编写出版教材，为职工教育提供方便。对热心职教并做出显著成绩的人员，要给予表彰与奖励。

第二十七条 学校要组织教师及成人教育管理干部，积极开展职工教育理论的研究，探索职工教育发展规律，不断总结经验，提高为纺织经济建设服务的适应能力与应变能力。

第五章 发 证

第二十八条 大专、本科毕业证书使用统一印制的证书，验印工作遵循学校或学员所在地省市教育主管部门的规定进行办理，由学校颁发。

第二十九条 由部批准举办的专业证书班，使用部统一印制的证书，由学校颁发，经学员所在省、自治区、直辖市、计划单列市纺织（轻、丝绸）工业厅（局、公司）验印后有效。

第三十条 学校举办大中型企业厂级干部岗位培训班，使用经济管理干部国家考试指导委员会统一印制的“岗位职务培训证书”；举办企业中层干部岗位培训班，使用我部统一印制的“岗位职务培训证书”，由学校盖印；对专业技术人员进行继续教育使用我部印制的继续教育证书或省市科技干部主管部门印制的有关证书由学校盖印。

第三十一条 其它培训由学校发给结业证明。结业证明应注明学员姓名、性别、年龄、学习起止年月、修学性质、课程及考核成绩，学校成人教育机构印章、发证时间及编号。每学年结束后，应向部报办班情况一览表（见表2，一式3份）。

非学历教育不得颁发毕业证书、结业证书、肄业证书等易和学历教育相混淆的证书或文凭。

第六章 附 则

第三十二条 国家教委及有关主管部门如有新规定，按国家教委及有关部门规定执行。

第三十三条 各院校可根据本条例制定具体规定和实施细则。

第三十四条 本条例由纺织工业部负责解释。

表2 年度办班情况一览表

办班名称	层次	形式	起止时间	人数	办班地点	共收费	审批单位	发证单位	证书编号	备注
总计										

办班意见：

学校盖章　　年　月　日

关于下达第二批纺织机械淘汰产品的通知

（1991年10月30日纺织工业部发布）

［91］纺技字第036号

为贯彻“质量、品种、效益年”的活动，促进纺织工业的技术进步，严格控制纺织技术装备低水平发展，提高社会经济效益，现公布第二批能耗高，用材多，性能落后的纺织机械淘汰产品（见附件）。为做好这批纺织机械产品淘汰工作，特通知如下：

一、从公布的淘汰日期起，所有企业必须停止投料生产淘汰产品。淘汰产品的图纸、工装、模具等一律不得转让。在公布的淘汰日期前签订合同的，除已有的成品和在制品可继续装配出厂外，生产企业要主动与用户协商，用推荐的新型产品替代。因产品淘汰造成的在制品、半成品、成品等净损失，发生在公布的淘汰日期之前的，可分期分批摊入生产成本；发生在淘汰日期之后的，由企业留成利润负担。

二、在进行纺织厂工艺设计时，各设计院、所不准采用淘汰的纺机产品。否则，应视为劣质设计，要追究设计、审批人员的责任。

三、对本通知公布的淘汰产品，在使用企业设备更新之前仍应继续提供维修配件。

四、国外厂商有需求，确需出口淘汰产品机型的，须经纺织工业部批准后方可生产。

五、经与国家计委商妥请各省、自治区、直辖市、计划单列市计委、经委、工商行政管理局和纺织工业主管部门，对第一、二批纺织机械淘汰产品的执行情况，每年要认真进行检查。从公布的淘汰日期起，除上述允许继续生产、销售的维修配件外，应严格制止生产厂销售产品，制止使用单位购买淘汰产品。对违反规定生产、销售、购买淘汰产品的单位，应按国家有关规定给予制裁。

六、禁止为淘汰产品做广告。违者，由工商行政管理机关依法处理。

附件：第二批淘汰产品项目表

第二批淘汰产品项目表

序号	淘汰产品型号名称	淘汰理由	淘汰日期	推荐替代产品型号名称	替代产品生产厂家
	化纤机械				
1	VC473B型低弹力丝假捻机	牵伸速度低，温控精度低，结构落后	91.12.31	FK-6型高速弹力丝机	无锡纺机
2	YC331型牵切粗纱机	传动结构落后	91.12.31	YC331A型牵切粗纱机	天津纺机
3	VD403-1700型螺杆挤压机	效率低，工艺质量差，能耗高，电气自控可靠性低	91.12.31	HV416-90×24、HV416-120×24、HV416-150×24型螺杆挤压机	邵阳二纺机
	VD405-0200型螺杆挤压机		91.12.31		邵阳二纺机
	VD406-0100型螺杆挤压机		91.12.31		邵阳二纺机
	棉纺织机械				
1	A513型系列细纱机	机型陈旧，已停止生产	91.12.31	FA502、FA502A、FA503、FA506、FA509型细纱机	上海二纺机、经纬纺机厂等
2	A036、A036C、A036BC、A036CS型开棉机	机型陈旧，使用性能不佳	91.12.31	FA106、FA106A、FA107、FA107A型开棉机	郑州纺机
3	A076、A076A、A076B型成卷机	易损坏，维修不便	91.12.31	FA141型成卷机	郑州纺机

续

序号	淘汰产品型号名称	淘汰理由	淘汰日期	推荐替代产品型号名称	替代产品生产厂家
4	A092A、A092AS 型双棉箱给棉机	机型陈旧，产品质量差	91.12.31	A092AST、FA046 型双棉箱给棉机	郑州纺机
5	AU522 型皮辊加油机	机型陈旧，操作不便	91.12.31	FU242 型皮辊加油机	北京三纺机
6	G181 型结经机	机型陈旧	91.12.31	GA471 型结经机	青岛二纺机
7	AU052-50 型布袋滤尘器	占地面积大，对环境二次污染，阻力高，系统能耗高，过滤效率低	91.12.31	FU031A 型滤尘器	邯郸纺机
8	1511M-105 型织机	市场无需要	91.12.31		中国纺机厂
9	A453F 型粗纱机	锭速低，结构落后，适用范围小	91.12.31	A456E、A456D、A454E 型粗纱机	天津纺机
	A453MA 型粗纱机	锭速低，结构落后，适用范围小	91.12.31	A454G、A456C 型粗纱机	天津纺机
	A456MA 型粗纱机	锭速低，结构落后，适用范围小	91.12.31	A456G 型粗纱机	天津纺机
10	1332SD 型络筒机	结构较落后，系列化程度低，防叠装置可靠性差	91.12.31	GA012 型络筒机	天津纺机
	1332M 型络筒机	结构较落后，系列化程度低，防叠装置可靠性差	91.12.31	1332MD 型络筒机	天津纺机
	1332P 型络筒机	结构较落后，系列化程度低，防叠装置可靠性差	91.12.31	1332PD 型络筒机	天津纺机
	毛纺织机械				
1	NO63 型重型缩绒机	装机容量小，效率低，缩绒落毛率高 能耗高，自动化程度低，操作不便，占地面积大	91.12.31	MB271 型重型缩绒机	东台纺机
2	BC272、BC272B 型分条梳毛机	出条速度慢，结构较落后	91.12.31	BC272D、BC272E、BC272G 型分条梳毛机 BC272F、BC272P、BC272Q 型分条梳毛机	上海四纺机 胶南纺机 常熟机械总厂
3	B702A 型针织绒线摇绞机	结构落后，满绞计数不准确，成绞质量差，劳动强度大，产量低	91.12.31	FB801 型针织绒线摇绞机	邯郸纺机
4	B701A 型绒线摇绞机	结构落后，仅用于粗绒，不适用于细绒，劳动强度大，产量低	91.12.31	FB801A 型绒线摇绞机	邯郸纺机
5	B311C 型毛精梳机	结构性能落后，精梳质量差	91.12.31	B311D、FB251A 型毛精梳机	上海一纺机
6	B311C(CZ)型毛精梳机	结构性能落后，精梳质量差	91.12.31	B311D(CZ)型毛精梳机	上海一纺机
7	B311C(DJ)型毛精梳机	结构性能落后，精梳质量差	91.12.31	B311D(DJ)型毛精梳机	上海一纺机
	丝绸机械				
1	K251、K251A 型丝织机	结构性能落后，品种适应性差	91.12.31	K251G、K251GP 型丝织机	咸阳纺机
2	BC272B (DJ) 型绢纺梳毛机	结构落后，梳理性能差	91.12.31	BC272E (DJ) 型绢纺梳毛机	上海四纺机
3	FY13-15 型煮茧机	操作困难，能耗高	91.12.31	FD301 型煮茧机	成都纺机
4	ZD647、ZD721 型自动缫丝机	结构落后，适应性差	91.12.31	D301A 型自动缫丝机	杭州纺机
5	ZD681 型立缫机	结构落后，能耗高	91.12.31	D203 型立缫机	绍兴纺机

续

序号	淘汰产品型号名称	淘 汰 理 由	淘汰日期	推荐替代产品型号名称	替代产品生产厂家
6	D112GT 型复摇机	机械性能落后，操作不便，产量低	91.12.31	D113 型复摇机	佛山纺机
	针织机械				
1	Z114 型小提花机	性能、结构均落后	91.12.31	Z114A 型提花双面圆机	上海七纺机
2	Z484 型合缝机	性能、结构均落后	91.12.31	GE681 型羊毛衫合缝机	张家港针机
3	GE186 型提花毛圈机	性能、结构均落后	91.12.31	GE186A 型提花毛圈机	宜昌纺机
4	Z151 型小罗纹机	产量低，结构落后，使用不便	91.12.31	Z151B 型小罗纹机	广州针机
5	Z303A 型经编机	产品适用性不广，效率低，性能、结构较落后	91.12.31	KS2 GE271-84×2 型经编机	常德纺机
	Z303-3 型经编机		91.12.31	KS4 GE271-84×2 型经编机	常德纺机
	Z303C 型经编机		91.12.31	KS2 GE271-84×2 型经编机	常德纺机
	Z303B-3 型经编机		91.12.31	KS4 GE271-84×4 型经编机	常德纺机
6	Z103 型灯芯罗纹机	性能、结构均落后	91.12.31	GE011 型罗纹机 GE015 型罗纹机	上海七纺机 绍兴柯桥轻纺机械厂
7	Z261 型人造毛皮机	性能、结构均落后	91.12.31	GE141 型人造毛皮机	上海七纺机
8	Z241 型多三角纬编机	性能、结构均落后	91.12.31	GE162 型四跑道单面机 GE161 型四跑道单面机	宜昌纺机 上海七纺机
	印染机械				
1	LMH551 型平网印花机	机型落后，效率精度均低	91.12.31	LMH552 型 180、220、280 平网印花机 LHM5V 型平网印花机	上海印机 郑州纺机
2	LMH571-180 型圆网印花机	机型落后，效率精度均低	91.12.31	LMH571A-180 型圆网印花机 LMA331-180 型圆网印花机 LMA331-200 型圆网印花机	上海印染机械厂 黄石纺机 黄石纺机
3	LMH303-160 型 LMH303B-160 型 LMH304-160 型 LMH304B-160 型热熔染色机		91.12.31	LMH304DJ-140 型 LMH304DJ-160 型 LMH304DJ-180 型 LMH304MJ-140 型 LMH304MJ-160 型 LMH304MJ-180 型热熔染色机	上海印染机械厂
4	LMH734-160 型热风布夹拉幅机	烘房温度低，拉幅效果不好	91.12.31	LMH731A-140 型 LMH731A-160 型 LMH731A-180 型热风拉幅机	邵阳二纺机
5	LMH722M-180 型短环烘燥定型机 LMH722D-180 型短环烘燥定型机	占地面积大，性能落后，能耗高	91.12.31	LMH724AM-180 型 LMH724AD-180 型 LMH724Y-180 型短环烘燥定型机 LMH722Y-180 型短环烘燥定型机	邵阳二纺机 昆山纺机

续

序号	淘汰产品型号名称	淘汰理由	淘汰日期	推荐替代产品型号名称	替代产品生产厂家
	纺织仪器				
1	YT501型光电检测头	抗干扰能力差，电源消耗大，可见光技术落后	91.12.31	YT522-B型红外光电检测器	太仓纺仪
2	YT601型光电继电器	抗干扰能力差，电源消耗大，可见光技术落后	91.12.31	YT522-B型红外光电检测器	太仓纺仪
3	YT502型光电检测头	抗干扰能力差，电源消耗大，可见光技术落后	91.12.31	YT521-B型红外光电检测器	太仓纺仪
4	YT602型光电继电器	抗干扰能力差，电源消耗大，可见光技术落后	91.12.31	YT621-B型红外光电控制器	太仓纺仪
5	Y561型织物透气量仪	量程小，已停止生产	91.12.31	YG461型织物中压透气量仪	宁波纺织仪器厂

关于印发纺织工业部“八五”立法规划的通知

（1991年11月28日纺织工业部发布）

［91］纺政字第09号

根据国务院法制局（1991）2号文——《关于做好编制〈国务院“八五”立法规划〉工作的通知》要求，我部在调查研究、广泛征求意见的基础上，经过集思广益，讨论修改，编制了《纺织工业部“八五”立法规划》，业于1991年9月7日部长办公会议讨论通过。现印发给你们。

纺织工业部“八五”立法规划是我部法制建设的一项综合工程，是一项很重要的工作，它的制定与实施有很重要的意义，必将把我部的法制建设提高到一个新的水平。各地应予以高度重视，积极配合，并在当地政府的领导下，结合本地区、本部门的实际，研究、制定本行业的立法项目。条块结合，共同努力，为在“八五”期间建立和完善纺织工业法规体系，保障和促进纺织工业持续、稳定、协调发展，创造一个良好的法制环境。

附件：1. 关于纺织工业部“八五”立法规划的意见

2. 纺织工业部“八五”立法规划项目

附　　件

关于纺织工业部“八五”立法规划的意见

为进一步搞好我国纺织工业立法，提高立法工作的科学性和计划性，使纺织工业法制工作更好地为发展纺织工业服务，根据国务院法制局（1991）2号文——《关于做好编制〈国务院“八五”立法规划〉工作的通知》要求，结合我部职能，经调查研究，广泛征求意见，提出纺织工业部“八五”立法规划：

一、关于制定纺织工业部“八五”立法规划的必要性和重要性

我国纺织工业经过四十多年的发展，已经成为一个门类齐全，具有相当规模的重要的工业部门，为我国的社会主义现代化建设作出了重大贡献。根据国民经济和社会发展十年规划和“八五”计划的总要求，纺

织工业在实现现代化建设的第二步战略目标中，肩负着十分繁重、艰巨的任务。

按照《国民经济和社会发展十年规划和第八个五年计划纲要》提出的“加强政府法制建设，使政府管理活动逐步做到规范化、法制化”的要求，根据国务院法制局关于做好编制“八五”立法规划的精神，为实现纺织工业在现阶段主要任务和适应部机关职能的转变，“八五”乃至“九五”期间，纺织工业政府法制工作应成为深化纺织工业改革，改善和加强我部对纺织工业宏观调控方式的主要内容之一，大量的纺织立法应当在这个时期完成。

我国纺织工业的法制建设，在部领导的重视、关怀下，经过各级主管部门、业务部门的共同努力，在“七五”期间得到了加强，有了一定的基础，为纺织工业改革和发展提供了必要的法律保障和法律服务，逐渐成为政府法制工作的一个组成部分。初步统计，到1990年末，纺织工业部门制定的法规规章有200多个。但从整体上看，纺织工业立法工作，还显得比较薄弱，立法层次较低，进展比较缓慢，远远不能适应纺织工业发展和加强纺织行业管理的需要。因此，加快纺织工业的立法工作，扭转“缺法少规”的局面，使纺织工业的各项工作有法可依，有章可循，是我们面临的一项十分重要的任务。

二、指导思想和目标

指导思想：坚持四项基本原则，坚持社会主义法制原则，坚持改革开放，紧紧围绕发展纺织工业“八五”期间发展战略目标这个中心，与我国社会主义法制建设相适应，以建立和完善与有计划的商品经济，与计划经济和市场调节相结合的经济运行机制相适应的法制机制为目标，促进和保障纺织工业持续、稳定、协调发展。要充分发挥各级纺织工业主管部门、教学科研单位和广大企业的积极性，调研与立法相结合，循序渐进，逐步建立和完善纺织工业法规体系，促进纺织工业行政管理、行业管理、宏观调控，逐步走上规范化、法制化的轨道。

具体目标是：在现行有效的纺织工业法规、规章的基础上，与国家“八五”期间颁布实施的各种经济、行政法律、法规相适应，研究制定纺织工业基本法律、法规、规章，初步建立一个面对全行业，门类齐全、功能齐备、互相配合的经济法规体系和行政管理、宏观调控法规体系，使我国纺织工业从各级行政主管部门到企事业单位，从管理到生产，从宏观调控到微观搞活都职责分明，有法可依，有章可循，创造一个良好的内、外部法制环境，为振兴纺织工业提供法律保障与法律监督。

三、框架结构和基本内容

构思设计纺织工业“八五”立法规划，要从保障和促进纺织经济发展需要的规范性规定出发，以纺织工业部门行政管理职责范围为基本内容，结合改革发展的需要，逐步形成彼此相互联系，相互配合、相互补充的金字塔形结构。大致有四个层次，第一个层次是由国家最高权力机关，即全国人大或人大常委会制定颁布的纺织工业方面的法律；第二个层次是由国家最高行政机关、即国务院制定颁布的行政法规；第三个层次是由纺织工业部或纺织工业部与有关部委联合制定发布的部门规章；第四个层次是由各省、自治区、直辖市制定发布的地方性法规、规章。由于地方法规和地方政府规章，是各地因地制宜自行制定，差异较大，不便统一规划，我部“八五”立法规划暂不列入。

基本内容包括：由我国人大或人大常委会颁布实施的纺织工业法律；国务院颁布实施的纺织工业行政法规；根据国家法律、法规授权制定的纺织工业部门行政规章；纺织工业部门制定的部门规章；纺织工业部与其他部委联合发布的部门规章；纺织工业部对已制定的规章，根据形势的变化，经过补充、修改、完善，重新颁布的规章。基本框架结构与基本内容的紧密结合，共同构成纺织工业完整的立法体系。

四、方法措施

（一）加强领导，成立纺织工业部立法协调领导小组。研究制定实施纺织工业部“八五”立法规划，是纺织工业法制建设的一项综合工程，涉及面广、工作量大、时间长，必须加强领导，全面规划，统筹安排，分工负责，才能顺利完成。为此，我部成立纺织工业部立法协调领导小组，对“八五”立法规划的制定实施，进行组织协调，保证顺利完成。

（二）建立《中国纺织工业立法体系规划研究》课题组，列入纺织工业部“八五”科研规划，开展工作。运用马克思主义法学理论，从目前纺织工业客观实际出发，深入研究“中国纺织工业立法体系规划”的有机构成和基本内容及主要立法项目。深入调查研究，进行严谨科学论证，提出制定与不制定，设立与不设立的客观理论依据，带动全纺织行业的立法工作。

（三）依靠和发挥各业务主管部门作用，采取行业主管部门、教学科研单位、企业三结合方法，组织制定实施。要加强组织、协调、配合，本着先简后繁、先易后难，急需先立，循序渐进的原则，研究与立法并进，研究制定法律、法规与制定部门规章并进。在研究制定中，搞好立法协调，理顺内、外部关系。凡列入纺织工业“八五”立法规划的项目，按职责分工，由有关业务主管部门具体负责。要严格按照《纺织工业部法规性文件拟定程序的暂行规定》和《法规规章备案规定》，认真做好纺织工业法规、规章拟定的组织、协调、审核、报批、发布、备案和汇集、编纂工作。涉及两个或两个以上部门的立法项目，经协调明确牵头部门，具体分工，共同配合制定；涉及国务院有关部委的立法项目，应由主管业务部门负责，认真征求意见，注意协调好不同部门关系；对国务院有关部委制定的规章，涉及我部职责权限，要认真提出建议和意见，充分反映纺织工业部门的利益和要求。要实行以部长令形式发布行政法规、规章的制度。我部颁布重要的规章，一律以部长令形式颁发，强化行政法规的严肃性、权威性。

（四）广泛搜集、积累有关立法调研资料，做好立法预测。加强对国外纺织工业立法调查研究，有计划地引进、借鉴、吸收、消化国外纺织工业的立法经验和理论研究成果。要积极创造条件，加强与国际纺织工业法律界人士的联系、交流与合作。

（五）加强纺织工业"八五"立法规划的舆论宣传。充分调动各部门、各行业、各企事业单位、教学科研部门对该项工作的重视、关心和支持，保证其顺利制定实施。

纺织工业部"八五"立法规划项目

一、拟报全国人大审议通过的立法项目

项目名称	起草单位	完成时间
中华人民共和国消费品法	纺织工业部 轻工业部	1992～1995年

二、拟报国务院审议通过的行政法规项目

项目名称	起草单位	完成时间
中国纺织工业行业管理办法	纺织工业部 农业部	1991～1995年
中国纺织工业振兴条例	纺织工业部 国家计委 国务院生产办 财政部 中国人民银行	1992～1995年
出口纺织品质量管理条例	经贸部 纺织工业部 商检局	1992～1995年
出口纺织品生产许可证条例	经贸部 纺织工业部 商检局	1992～1995年
纺织原料、产品和服装进口管理条例	经贸部 纺织工业部 商检局	1992～1995年
纺织天然纤维原料管理条例	纺织工业部 商业部 农业部	1992～1995年
纺织化学纤维原料管理条例	纺织工业部 中国石化总公司	1992～1995年
纺织工业部组织条例	纺织工业部	1992～1995年

三、纺织工业部制定行政规章项目

项目名称	起草单位	完成时间
行政组织		
纺织工业部直属单位机构编制管理暂行办法	人事劳动司	1991年
纺织工业部机关工作人员管理办法	人事劳动司	1993年
行政程序		
纺织工业部档案管理办法	办公厅	1992年
纺织工业部公文运转程序规定	办公厅	1992年
纺织工业部机要文件管理办法	办公厅	1992年
纺织工业部法规性文件拟定程序暂行规定（修订）	政法司	1992年
计划生产基建		
纺织工业产业政策实施办法	计划司	1992～1995年
纺织工业基本建设项目管理办法	计划司 建设规划院	1991～1992年
纺织工业部优质工程奖评奖办法	计划司	1992～1993年
纺织系统劳动安全卫生工作暂行条例（修订）	生产司	1992～1993年
纺织工业企业生产许可证实施办法	生产司	1992～1993年

续

项目名称	起草单位	完成时间
纺织工业勘察设计单位全面质量管理达标验收细则	计划司	1992～1993年
纺织工业优秀工程勘察设计奖评选办法	计划司	1992～1993年
纺织工业工程设计资格分级标准	计划司	1991～1992年
行业管理		
棉纺织行业管理办法	生产司 体改司	1992～1993年
毛纺行业管理办法	生产司 体改司	1992～1993年
麻纺行业管理办法	麻纺协会 体改司	1992～1993年
丝绸行业管理办法	丝绸公司 丝绸协会 体改司	1992～1993年
印染行业管理办法	生产司 体改司	1992～1993年
化纤行业管理办法	化纤司 体改司 化纤协会（筹）	1992～1993年
服装行业管理办法	服装公司 服装设计中心 体改司	1992～1993年
纺机器材行业管理办法	装备司 纺机协会	1993年
针织行业管理办法	生产司 体改司 针织工业协会	1992～1993年
复制行业管理办法	生产司 体改司 复制行业协会	1992～1993年
纺织军工配套工作管理办法	科技司	1992～1994年
乡镇纺织企业管理办法	计划司 生产司 政法司	1992～1994年
服装模特表演管理暂行办法	服装中心	1992年

续

项目名称	起草单位	完成时间
纺织工业部报刊管理办法	政法司 办公厅	1992年
纺织工业部新闻宣传管理办法	政法司 办公厅	1992年
纺织工业部直属企业、公司管理暂行办法	体改司 经调司	1992年
纺织工业行业协会管理办法	体改司	1992年
科技管理		
关于进一步推进纺织工业企业技术进步的若干规定	科技司	1991～1992年
纺织工业科技计划管理办法	科技司	1992～1993年
纺织工业“八五”国家重点科技项目（攻关）计划管理实施细则	科技司 经调司	1991年
国家重点企业技术开发计划管理办法	科技司	1991年
国家级重点新产品试产计划管理办法	科技司	1991年
纺织工业采用国际标准实施细则（修订）	科技司	1992～1993年
纺织产品设计工作条例（修订）	生产司 人事劳动司	1991年
纺织工业科技成果推广办法	科技司	1991～1994年
服装设计奖评审管理办法	中国服装研究中心	1992～1993年
纺织工业部科技成果鉴定办法（修订）	科技司	1992～1993年
纺织工业部科技进步奖励办法（修订）	科技司	1992～1993年
经济管理		

续

项目名称	起草单位	完成时间
纺织工业部预算外资金管理办法	经调司	1992～1994年
纺织工业产品成本管理办法	经调司	1992～1994年
纺织工业价格管理办法	经调司	1992～1994年
纺织工业财务管理办法	经调司	1992～1994年
纺织科技三项费用管理办法	经调司 科技司	1992～1994年
纺织工业国有资产管理办法	经调司	1992～1994年
纺织工业境外国有资产管理暂行办法	经调司	1992～1994年
质量、标准		
纺织工业产品质量管理办法	生产司 丝绸总公司 服装工业总公司	1992～1993年
纺织工业贯彻计量法实施细则（修订）	科技司	1992～1993年
纺织品质量标准和质量检测工作管理规定	生产司 科技司	1991～1992年
纺织工业产品质量认证办法	生产司 丝绸工业总公司 服装工业总公司	1992～1993年
纺织工业企业质量管理评审管理办法	生产司	1992～1994年
企业管理		
纺织工业行业企业管理工作规范	体改司 经调司	1992年
纺织工业企业集团管理办法	体改司	1992年
纺织工业企业岗位技能工资制度改革办法	人事劳动司	1991～1992年
纺织工业企业产品用工标准与办法	人事劳动司	1992年

续

项目名称	起草单位	完成时间
纺织职工劳动岗位测评标准与办法	人事劳动司	1992年
纺织工人技术等级标准与考核办法	人事劳动司	1992年
纺织工业企业设备管理制度（修订）	生产司	1992年
纺织机械		
纺机器材工业工艺工作管理办法（修订）	装备司	1993年
加强纺机器材工业产品设计工作规定（修订）	装备司	1993年
出口纺机产品质量许可证管理办法	装备司 国家商检局	1991年
纺织器材企业产品质量考核办法	装备司	1992年
纺织器材产品质量分等办法	装备司	1992年
纺织机械器材企业设备管理规定	装备司	1992年
纺织器材优质产品管理办法	装备司	1992年
纺织机械新产品管理办法	装备司	1995年
纺织教育		
纺织院校成人教育管理办法	教育司	1991年
纺织工业部成人教育管理办法	教育司	1992年
国际合作		
纺织工业部外事工作管理规定	国际合作司	1992～1993年
纺织工业部国际技术合作管理办法	国际合作司	1992～1993年
法制监察		
纺织工业部行政复议工作规划	政法司	1992年
纺织工业部法规规章备案规定	政法司	1992年

续

项目名称	起草单位	完成时间
纺织工业企业经济合同管理办法	政法司	1992年
纺织工业企业法律顾问工作管理办法（修订）	政法司	1992～1995年
纺织工业企业依法治厂工作暂行办法	政法司	1992～1994年
纺织工业部行政法规执法检查办法	政法司	1992～1994年

续

项目名称	起草单位	完成时间
纺织工业部高等学校监察工作若干规定	监察局	1991年
信息统计		
纺织工业部统计工作管理办法	计划司	1992年
纺织工业部信息工作管理办法	经济中心	1992年

关于棉、毛细纱机，化纤纺丝机生产、销售、报废的管理办法

（1991年12月10日纺织工业部发布）

［91］纺技字第053号

为了更好地贯彻国务院领导同志指示和纺织工业部关于严格控制棉纺、毛纺行业生产能力和加强化纤行业生产能力管理的决定，做到控制总量、优化存量，现根据棉纺细纱机、毛纺细纱机和化纤纺丝机（以下称“三大能力”设备）必须“凭证生产、凭证销售、监销有证、逐案审查”的要求，特制订如下管理办法：

一、凭证生产、凭证销售、监销有证、逐案审查

1. 任何企业生产“三大能力”设备，必须具有纺织工业部颁发的生产许可证，没有许可证的单位一律不准生产。

2. 需要更新“三大能力”设备的项目，均需由省、自治区、直辖市、计划单列市（以下简称各省、市）计经委及主管部门审批，符合下列条件的报我部综合计划司核批。

①已办理可行性报告批复（或实施方案）。

②已办设备更新报废表。

经我部综合计划司核批的项目，于每年6月下旬前向我部综合计划司提出设备需要申请。综合计划司将全国设备需要申请汇总表交给技术装备司，作为下年度安排生产计划和分配设备的依据。

3. 我部技术装备司根据综合计划司批准的“三大能力”项目，下达纺织工业部国家合同订购纺织机电产品分配单，供需双方凭分配单进行产需衔接。没有分配单，供需双方一律不准购销“三大能力”设备。

4. 更新下来的旧设备，企业不得继续留用，更不允许扩散和转卖。为了做到“监销有证”，新设备到厂后，拆除的旧设备必须在三个月内报废，并按要求出具“纺织旧设备报废证明”，报我部综合计划司备案。计算报废台数以更新下来旧设备的全套关键部件为准，按以下条件核计，缺件不能计台，不予出具报废证明。

①棉、毛纺细纱机的车头、车尾及全部龙筋车面、机架等计。

②化纤纺丝设备以挤压、抽丝部分及卷绕部分等计。

更新替换下的旧设备，由当地废品回收单位协助报废回收，报废鉴证工作由各省、市纺织主管部门负责，新设备到厂后，监督工厂及时报废旧设备，并按要求填报“纺织旧设备报废证明”上报。我部技术装备司根据设备生产厂的交货报表，定期反馈我部综合计划司核查。

各省、市纺织主管部门对更新报废工作必须进行

严格监督，设备更新报废企业必须严格执行本规定，如发现有更新下来的“三大能力”旧设备在本厂或转移到他厂继续使用的，立即停止该省、市的更新项目，并将情况上报国务院有关部门，予以全国通报并由有关部门通知地方停止该企业贷款。

援外出口需要棉纺、毛纺细纱机国家给当年计划指标的，凭对外合同影印件，由纺织工业部技术装备司下达分配单。

二、对“三大能力”设备在生产、订货、供货方面一些具体问题的处理意见

1. 1990年以前由纺织工业部分配的棉、毛细纱机指标，双方迄今尚未执行合同的，一律停止执行，合同作废。根据国家产业政策，合理调整产业结构和产品结构后，原合同单位仍认为需要，可按手续重新通过省市主管部门向我部综合计划司申请重新分配设备，重新订货。

2. 根据纺织工业部1991年10月21日[91]纺技字048号文精神，棉、毛纺细纱机从1991年9月份开始，不准计划外销售，已签订计划外供货合同的一律作废无效。

今后对纺纱能力设备的销售，由省、市主管部门、纺机（集团）公司、军工生产民品的主管部门专派驻厂监销员监督销售。监销员对派出单位负责，各企业主管部门对纺织工业部负责。

3. 生产“三大能力”设备的企业，要统一纳入纺织工业部全国计划内择优安排生产。纺织工业部没有安排生产计划的企业，一律不得安排计划外生产。各省、市主管部门、纺机（集团）公司、军工生产民品部门无权安排生产计划。

三、违反上述规定，擅自生产销售和购置“三大能力”设备的，必须追究责任，按情节轻重处理

1. 属于无证生产“三大能力”设备的生产企业，应立即取缔，并通报全国。

1991年9月以后生产销售的设备，由省、市主管部门、纺机（集团）公司、军工生产民品部门，负责处理追回已销售的设备，全部设备货款上缴当地银行没收。

2. 1991年11月1日后，属于有证生产企业供计划外设备的，一经发现，通报全国点名批评。情节严重的撤销其生产定点单位，吊销生产许可证。属于骨干重点企业的还要追究该企业主要负责人的责任。

3. 设备使用单位1991年9月后继续向无生产许可证单位订货的，或1991年11月以后继续向有证单位订购计划外设备的，一经发现，通报全国点名批评，并停止银行贷款，已付贷款，由银行无条件追回。

4. 属于援外出口单位向无生产许可证单位订货的，发现后报告国务院出口办公室处理。

四、生产销售报表制度

1992年1月1日起，凡生产棉纺、毛纺细纱机和化纤纺丝机的企业，必须执行每月向纺织工业部技术装备司填报月度生产数量、销售对象、交货数量等内容的汇报制度。

印发“纺织工业部关于贯彻《国务院进一步增强国营大中型企业活力的通知》的意见”的通知

（1991年12月10日纺织工业部发布）

[91]纺体字第50号

搞活企业，特别是搞活国营大中型企业，是党中央、国务院的一项重大战略决策，是深化改革，加快我国社会主义现代化建设的重大部署。为了全面贯彻国务院《进一步增强国营大中型企业活力的通知》精神，解放思想、转变观念，按照有计划商品经济的要求，搞活大中型纺织企业，推动我国纺织行业商品经济的发展。我们现将“纺织工业部关于贯彻《国务院进一步增强国营大中型企业活力的通知》的意见”发给你们，请结合各地的具体情况参照执行，并请将执行中的具体意见及时反馈给纺织工业部体制改革司。

附件：纺织工业部关于贯彻《国务院进一步增强国营大中型企业活力的通知》的意见

附　件

纺织工业部关于贯彻《国务院进一步增强国营大中型企业活力的通知》的意见

国营大中型纺织企业是纺织工业振兴与发展的主力军，在国计民生中居举足轻重的地位。进一步增强大中型纺织企业的活力，对于提高纺织工业的整体素质与应变能力，满足人民的消费需要，提高人民的生活水平，实现十年规划和“八五”计划，推进我国的社会主义现代化建设，具有重大的政治、经济意义。遵循党的十三届七中全会精神，根据国务院《进一步增强国营大中型企业活力的通知》（国发［1991］25号）的要求，结合纺织工业的实际，提出纺织工业部关于贯彻《进一步增强国营大中型企业活力的通知》的意见如下：

一、增强大中型企业活力的指导思想

1. 增强企业活力，要从加强企业内部管理和改善外部环境两个方面采取有力措施，但从纺织工业的实际出发，当前各级管理部门要确立“公仆”的思想观念，贯彻“政企分开、两权分离”的原则，积极协调、努力疏通，为大中型企业创造一个轻松的外部环境，这是增强企业活力的重要前提。

2. 坚持贯彻《企业法》，认真落实国务院国发［1991］25号文件精神，指导、帮助企业用好、用足各级政府有关搞活企业的各项政策规定。

3. 面向国内外两个市场，进一步解决思想，以商品观念和市场竞争观念为指导，控制总量与调整结构相结合，搞好宏观调控，推动社会主义有计划商品经济的发展。

4. 增强大中型企业活力的根本出路在于深化改革、健全机制、完善体制和科技进步，但当务之急是提高企业经济效益。各级管理部门必须认真改进工作方法和工作作风，切实减轻企业负担，真正为企业排忧解难，搞好服务，帮助企业提高经济效益。

二、进一步落实大中型企业的自主权

1. 认真检查清理国家赋予大中型企业的生产经营自主权的兑现情况。部机关各职能部门和各级管理部门，都要认真清理本部门下发的文件，对凡不符合《企业法》有关搞活企业的规定和政策的，应立即颁文更改或取消。并将清理情况于1991年10月底前报体制改革司。

2. 在国家计划指导下，企业有权自行安排生产社会需要的产品或为社会提供服务，有权接受或拒绝任何部门和单位在指令性计划外安排的生产任务（国务院限控产品除外），有权自行选择供货单位购进生产需要的物资。

3. 在逐步减少指令性计划的前提下，凡列入国家指令性计划的产品，生产企业可在品种、质量、交货期、服务等方面开展竞争，对国家定价必须严格执行；但生产周期在1年以上，因国家价格改革政策出台的影响，经生产企业努力消化仍难以承受时，可报国家定价主管部门审批后调整合同价格。指令性计划以外的其它产品，按国家物价局、纺织工业部、商业部［1990］价轻字825号通知中的有关规定，由企业自主作价。

4. 企业有权自主决定机构设置、人员编制，凡部机关有关部门要求企业对口设置的各种机构、人员配置及级别待遇等，不符合《企业法》规定的，应立即纠正；各级管理部门所作的类似规定，亦应予以纠正。

5. 落实企业的用工自主权，同时加强全行业劳动人事分配改革的宏观指导，分类帮助企业开展优化劳动组合，推行厂内上岗合同制和全员劳动合同制；完善工效挂钩等分配办法，帮助企业创造条件逐步实行岗位技能工资制，以进一步落实企业的人事与分配自主权，健全激励机制，调动广大职工的生产工作积极性与创造性。

6. 各级管理部门要把积极协调、努力疏通、指导帮助企业落实国家赋予的各项自主权作为一项重要职责，认真、开拓地工作；对下属部门违反有关规定、妨碍企业行使正当自主权的行为，追究责任、严肃处理。

三、加强行业管理，搞好宏观调控

1. 各地要树立大纺织全行业管理的观念，采取必要措施，以实现统一规划，统一指导，统一协调，强化行业管理。

2. 全行业都要认真贯彻“以市场为导向、以效益

为中心”的方针，端正经营思想，加强市场调研，积极调整产品结构，努力生产适销产品，真正做到“以销定产”，防止新的积压。

3. 坚决贯彻《国务院关于严格控制企业继续生产积压产品的通知》精神，要取得地方政府的领导和支持，在全行业范围内，加强对棉纺、毛纺、化纤生产能力、生产总量的严格控制，防止生产能力的盲目发展和低水平延伸。各级管理部门，要认真执行部关于控制生产总量、提高经济效益的措施和意见，不准以任何理由向企业压产值、产量指标，并对继续生产积压产品的企业采取必要的政策措施，在原料能源供应、银行贷款等方面严格限制，必要时还要追究有关领导的责任。

4. 各地要加强销售机构，建立、充实销售队伍，花大力气去重视市场、关心市场、研究市场、开拓市场、研究促销政策与策略，取得驾驭市场的主动权，这是纺织行业的一项长期战略任务。

5. 遵循商品经济的规律，借鉴生产资料市场与集市贸易市场发展过程中的成功经验，探索建立纱布原料纺织品市场，并逐步把纱布市场办成具有广泛辐射能力和良好秩序的、开放而繁荣的社会主义市场。

6. 帮助企业解决生产资金短缺和周转呆滞的困难。一方面，要积极配合国务院开展清理“三角债”工作，并以此为动力，推动纺织行业内部“三角债”的清欠；另一方面要建立补充生产流动资金的正常渠道。

四、积极推动纺织品外贸体制改革，继续发展纺织品出口

1. 充分发挥已经赋予自营出口经营权的大中型企业和企业集团的作用，要加强同经贸部门的协作，坚持外贸体制改革的方向，积极反映自营出口企业急需解决的困难，帮助落实现汇立户、出国审批等配套措施；已获外贸自主权的企业和企业集团，要在国际化经营方面继续努力，率先建立和完善快速反应机制，更好地参与国际竞争。根据国务院有关文件精神，还要选择一些有条件的大中型企业和企业集团，积极争取赋予自营出口权。

2. 要完善外贸出口代理制，真正发挥纺织企业在纺织品出口外贸中的主导作用。

3. 要以国际市场需求为导向，努力做到多品种、小批量、高质量、快交货，积极发展中、高档产品，扩大精、深加工产品出口，在提高吨纤维制品创汇水平和出口产品附加值上下功夫；还要打破“条块分割”，加强工贸合作，重视工贸公司、合资经营、“三来一补”，以及各地开发区的出口渠道，努力实现多口岸、多渠道的出口。

4. 在各级政府的支持下，与经贸和体改部门密切配合，加强配额管理，积极探索出口利益的合理分配办法，进一步调动工贸双方的出口积极性，不断开拓国际市场，增加出口创汇。

5. 严格遵照国务院和部的有关规定，把国家提供的专项补贴全部用于纺织品出口企业，任何部门不准以任何理由挪作它用。

五、大力推进科技进步，提高纺织工业劳动生产率

1. 全行业各级领导都要确立“科学技术是第一生产力”的指导思想，充分认识科技进步的迫切性和重要性，采取切实有力的措施，把纺织经济真正转移到依靠科技进步和提高劳动者素质的轨道上来，用高新技术来改造传统的纺织工业，开发高档次、高质量的纺织产品。

2. 对于技术改造任务繁重而资金不足的大中型纺织老企业要积极扶持，给予贴息或低息贷款，并以税前还贷为宜；对于经济效益较好、企业积累较多的企业，可在有关部门指导下试行税后还贷。

3. 有计划地逐步在老企业中开展固定资产评估工作，并选择一些有条件的企业试行提高固定资产折旧率，由目前的5%，1991年提高到5.75%；1992年提高到6.5%，增提的折旧费免交“两金”，专项用于技术改造。

4. 为支持企业技术改造，除了三大能力控制的项目外，要简化立项审批手续，适当下放企业自主立项的审批权限。对出口创汇企业和危房改造，要予以重点支持。各级管理部门应与当地有关的主管部门协调后另行制定细则，组织实施。

5. 全行业都要尊重知识、尊重人才，因地制宜地制定具体的鼓励政策，进一步加强各类人才的培训开发，充分调动科技人员的积极性；还要注重全员培训，努力提高劳动者的素质。同时还要依靠和发动广大职工，深入持久地开展合理化建议活动。

六、优化企业的组织结构，完善、发展企业集团

1. 继续贯彻“治理整顿、深化改革”的方针，在完善承包经营责任制的同时，要加快企业组织结构的调整，优先支持具有综合优势的大中型企业，通过各种途径发展、壮大企业集团，优化组织结构、优化资源配置，发挥规模效益。要鼓励优势企业承包、兼并、租赁劣势企业，各级管理部门应会同当地政府部门和有关部门制订具体细则。

2. 要在政策上重点扶持一批企业集团。这些企业集团应当以大中型企业为骨干，围绕着有利于产品开发、技术改造、开拓市场的目标，根据“自愿互利”的原则扬长补短，发挥整体的综合优势，打破行业、地区、所有制和隶属关系的限制，探索多种模式的企业集团试点，做到“初、深、精加工配套，科研、生产、流通、外贸集于一体”。有条件的要向境外开拓发展，

近期内要扶持发展几个跨国纺织工业集团公司，以更好地参与国际竞争，并指导全行业的发展。

3. 企业集团要一业为主，多种经营，在搞好本行业生产经营的基础上，向其他领域渗透扩张，把企业集团办成多功能、多层次、多专业、多方位的联合体，推进经济效益不断提高，从而增强科技进步与生产发展再投入的能力。

七、改进工作方法和工作作风，纠正行业不正之风，切实减轻企业负担

1. 继续抓好治理"三乱"工作。部机关各单位、有关事业单位及各类行业协会、学会、研究会、中心等社团组织，都要在9月底前对现行各种收费项目和标准进行彻底清理。在清理的基础上，按照财政部、物价局联合颁发的［1991］价费字216号《关于审定行政事业性收费的若干问题的通知》要求，根据行业实际情况制订具体管理办法。对继续以出书、办班、展览等多种名义向企业乱收费、乱摊派、乱拉赞助的部门和单位，要追究领导的责任。

2. 严格控制名目繁多的评比检查，实行评比检查审批制度。各类各级协会、学会等社会团体，今后不再组织（受部内有关业务部门委托的除外）评比检查；部机关各业务部门组织的评比检查，要从严掌握，并要提前一个季度向部长办公室提出申请，经统一协调后方可进行。对国家要求必须进行的，要尽量简化手续，方便企业；对部内各业务部门确定的各种评比考核，要清理整顿，能不搞的坚决不搞；对明显与《企业法》有抵触的，要立即停止，不准再搞。任何部门和单位，未经申报批准，擅自对企业进行检查评比等，要严肃处理。

3. 在各级纺织工业主管部门组织的各类产品质量监督、评比工作中，坚持"以高代低"的原则，即国家和纺织行业组织的生产质量监督、抽查、等级评定、发放生产许可证和出口质量许可证等，凡在有效期内适用于各方要求的，一律不得另行组织检测。质量检测要严格按国家有关规定标准合理收费，不准在标准外另行收费。

4. 各级管理部门要不断改进工作方法和工作作风，立足于为搞活企业做好服务工作。部机关各职能部门在计划安排、原料分配、资金投向等方面要经常听取各地和企业的意见与要求。各级管理部门每年要为大中型企业办几件实事，并列入年度工作计划，切实帮助企业解决问题、搞好协调服务。

5. 各级管理部门要深入实际，调查研究，总结经验，抓好一、二个依靠自身努力搞活企业的先进典型，有针对性地组织交流，指导、推动搞活大中型企业的工作。

在认真贯彻落实本意见的同时，大中型企业要眼睛向内，加强内部管理，推动科技进步，加强职工培训，注重人才开发，开展有效的思想政治工作，切实抓好"质量、品种、效益年"活动，实施提高经济效益的各项措施，优化内部小环境，增强自身活力。还要在深化企业内部改革上多下功夫，逐步健全各项机制，不断完善民主管理，努力加强领导班子建设，增强企业凝聚力，进一步提高广大职工为搞活企业而共同奋斗的积极性。

纺织工业部直属企事业单位聘用制干部管理暂行规定

（1991年12月17日纺织工业部发布）

［91］纺人字第048号

第一章　总　　则

第一条　为加强对部直属企事业单位聘用制干部的管理，根据党和国家有关政策，制定本规定。

第二条　本规定所称聘用制干部是指从全民所有制工人（包括合同制工人）中聘用到干部岗位上任职工作的人员。

第三条　对直属企事业单位聘用制干部实行计划管理，各单位必须在编制和干部计划内，根据工作需要聘用干部。

第四条　聘用制干部与所在单位在职干部在工作、学习、晋职升级、评聘专业技术职务等方面享有同等权利。

第二章　聘用条件和程序

第五条　直属企事业单位聘用干部必须严格按照

党的干部路线和政策，坚持德才兼备标准，贯彻公开、择优的原则。

第六条 聘用制干部应具备以下条件：

1. 坚持四项基本原则，坚持改革开放，拥护党的方针政策。

2. 思想品德端正，遵纪守法，廉洁奉公，事业心强。

3. 具有高中（中专）以上文化程度和拟聘职务所要求的基本知识及工作能力。

4. 有3年以上工龄。

5. 首次聘用的年龄一般在35岁以下。特殊需要的，经部人事劳动司批准，年龄可适当放宽。

6. 身体健康。

第七条 聘用程序：

1. 公布聘用岗位、条件、聘期和聘用方法。

2. 领导提名、民主推荐或公开招聘。

3. 领导集体讨论、拟定聘用人选，报部人事劳动司审批。上报材料为：《聘用制干部审批表》一式3份，聘用干部表现情况。

设有党委或分党组的单位可直接审批，报部人事劳动司备案，附《聘用制干部审批表》1份。

4. 首次被聘用的要有半年以上试用期。

5. 签订《聘用合同》。

第三章 聘用合同的签订、变更、终止和解除

第八条 聘用制干部聘期一般为3至5年（包括试用期）。聘用期满如工作需要，经考核合格后可以续聘。

第九条 首次聘用和续聘，用人单位与被聘用人员必须签订聘用合同。聘用合同一经签订，即有法律效力，双方应严格遵守。

第十条 聘用合同的内容应包括：

1. 工作岗位、职责和任务。

2. 工资、保险福利待遇。

3. 聘用期限。

4. 变更合同的条件及双方违反合同应承担的责任。

5. 解除或终止聘用合同的条件。

6. 双方认为需要规定的其它事项。

第十一条 在下列情况下，用人单位可解除或终止聘用合同：

1. 聘用制干部在聘期内不能履行合同的。

2. 由于患病或非因公负伤等原因，连续6个月不能坚持正常工作的。

3. 违法乱纪和失职、渎职的。

4. 企业宣告破产或者濒临破产处于法定整顿期间的。

5. 自费出国或自动要求离开聘用岗位的。

第十二条 聘用制干部在聘期内被开除、劳动教养以及被判刑的，聘用合同自行解除。

第十三条 在下列情况下，用人单位不得解除或终止聘用合同：

1. 聘期未满，又不符合第十一、十二条所列款项的。

2. 妇女在孕期、产期和哺乳期的。

3. 符合国家规定条件的。

第十四条 在下列情况下，聘用制干部可以解除或终止聘用合同：

1. 用人单位不能履行聘用合同。

2. 按国家规定考入普通高等、中等专业学校或应征入伍的。

3. 被招考或选调到国家机关工作的。

第十五条 在聘期内，关键岗位的主要负责人和生产技术骨干提出解除或终止聘用合同，需经用人单位批准。

第十六条 用人单位与被聘用人员中一方要求解除或终止聘用合同，都必须提前2个月通知对方，并对履行合同的善后事宜作出妥善处理。

第十七条 解除或终止聘用合同，用人单位须报部人事劳动司备案。

第四章 聘期内及解聘后的待遇

第十八条 聘用制干部在聘期内享受所在单位同岗位干部的工资、保险福利待遇。

第十九条 因工作需要由组织调动，受聘时间可连续计算。

第二十条 聘用制干部解聘后，不再保留聘用期间的待遇。单位按其新安排工作岗位同等人员的待遇予以确定。

第五章 退休、退职

第二十一条 聘用制干部受聘10年(本规定颁布之前已被聘用的，可连续计算）并在聘用岗位上退休、退职的，可按《国务院关于安置老弱病残干部的暂行办法》办理退休、退职手续；根据本人自愿，也可以按《国务院关于工人退休、退职的暂行办法》办理退休、退职手续。

第六章 组织管理

第二十二条 聘用制干部在聘期内纳入干部统计，按干部管理权限进行管理。

第二十三条 用人单位依据合同要求，对聘用制干部进行定期考核。考核结果作为奖惩、晋升、续聘、解聘的依据。

第七章　附　　则

第二十四条　本规定由部人事劳动司负责解释。

第二十五条　本规定自颁布之日起施行。以前有关规定，凡与本规定不一致的，以本规定为准。

1991年纺织工业部各司局颁布的其它法规规章目录

司局名称	文　　号	法规规章名称
综合计划司	[91] 纺计字第64号	关于颁发试行《亚麻纺织工业企业工艺设计技术规定》的通知
综合计划司	[91] 纺计字第142号	关于报送纺织工业1992～1993滚动计划（草案）的通知
综合计划司	[91] 纺计字第143号	颁发《黄麻纺织工业企业工艺设计技术规定》的通知
生产协调司	[91] 纺生字第8号	发布2个标准的通知
科技发展司	[91] 纺科字第12号	关于实施《机织树脂墨炭衬布行业标准》的函
科技发展司	[91] 纺科字第16号	批准发布"袜子"行业标准的通知
科技发展司	[91] 纺科字第17号	关于批准发布《涂层织物等10项行业标准》
科技发展司	[91] 纺科字第18号	关于实施"织物透湿量"等2项国家标准的通知
科技发展司	[91] 纺科字第19号	发布"涤棉床单"等5项行业标准的通知
科技发展司	[91] 纺科字第22号	关于"纺织品耐洗牢度"等5项国家标准实施的通知
科技发展司	[91] 纺科字第23号	发布"非织造布定义"等5项行业标准的通知
科技发展司	[91] 纺科字第25号	发布《亚麻纱》等2项行业标准的通知
科技发展司	[91] 纺科字第29号	关于发布"精梳毛针织绒线"等17项行业标准的通知
科技发展司	[91] 纺科字第36号	发布《毛纺织品中防虫蛀剂化学分析方法》等2项行业标准的函
科技发展司	[91] 纺科字第42号	发布《电容式条干均匀度仪等八项纺织仪器检定规程》的通知
科技发展司	[91] 纺科字第43号	《特种工业用桑蚕丝打字纲行业标准》
科技发展司	[91] 纺科字第44号	发布《纺织品过氯乙烯干洗尺寸变化的测定法》等5项推荐性行业标准的通知
人事劳动司	[91] 纺人字第045号	纺织工业部驻外人员管理暂行规定
人事劳动司	[91] 纺人字第047号	纺织工业部因公出国人员审查规定
技术装备司	[91] 纺技字第19号	高速弹力丝机作价办法的函
技术装备司	[91] 纺技字第24号	对A456/E型粗纱机等2种新产品价格的批复
技术装备司	[91] 纺技字第22号	对FA506型棉纺细纱机等13种新产品价格的批复
技术装备司	[91] 纺技字第29号	发布《纺织机械产品包装》等29项纺机纺器行业标准的通知
技术装备司	[91] 纺技字第51号	关于批准发布《一般公差、未注公差尺寸的极限偏差》等34项纺机纺器行业标准的通知
技术装备司	[91] 纺技字第39号	关于批准发布《纬编机单面圆型纬编机》等2项行业标准的通知
技术装备司	[91] 纺技字第55号	关于批准发布《针织用针分类、术语及产品代号编法》等16项行业标准的通知

续

司局名称	文号	法规规章名称
技术装备司	[91] 纺技字第 58 号	发布《挠性剑杆织机》等 3 项行业标准的通知
化纤工业司	[91] 纺化字第 04 号	关于批准发布《锦纶短纤维》3 项行业标准的通知
化纤工业司	[91] 纺化字第 05 号	关于报批《合成短纤维取样方法》等 13 项国家标准的函
化纤工业司	[91] 纺化字第 12 号	关于批准发布《涤纶牵伸网络丝》等 5 项行业标准的通知
服装公司	1	关于报批《服装号型》国家标准的函
服装公司	3	《中山服》等两项国家标准的函
服装公司	4	《睡衣套》等 6 项行业标准的函
服装公司	5	关于批准发布《连衣裙裙套》等 3 项行业标准的函
丝绸公司	[91] 纺丝字第 002 号	关于发布《桑蚕䌷丝织物》等 3 项行业标准的通知
丝绸公司	[91] 纺丝字第 003 号	关于报批《桑蚕经纬捻线丝》国家标准的函

二、纺织工业重要会议文件

杜钰洲副部长在全国第一次纺织工业信息工作会议上的讲话（摘要）

开幕式上的讲话

（1991 年 3 月 6 日）

我谈三个问题。

一、充分认识信息工作在纺织工业发展新时期的重要地位

首先，在社会主义商品经济条件下，现代信息技术的运用，已经成为新时期纺织工业宏观和微观管理工作的效能大小、效率高低的决定性因素。这因为，在新体制下，行业管理的对象改变了。由过去清一色公有制经济转变为以公有制经济为主，全民、集体、个体、合营、三资以及各种联合体并存的多种经济形式。同时，企业的地位也改变了，从作为政府附属物的地位转变为自负盈亏、自我约束、相对独立的商品生产者。这一变化就要求我们从过去的部门管理转向行业管理，因而要求信息工作应该大加强。

在新体制下，行业管理的内容改变了。由过去单一计划经济条件下直接管理企业的微观活动，统一计划，包产包供包销，转变为宏观管理为主。目前，一方面计划外的比重日益增加，纺织工业计划外的工业产值已占全社会纺织工业总产值的三分之一。另一方面，国家计划已从指令性计划为主，转变为指导性计划为主。在这种情况下，行业管理的内容，已经把计划调节和市场调节结合起来，运用两种机制。不仅要掌握纵向关系的动态，还要掌握横向关系的动态。只有从纺织工业与国民经济和社会发展的总体以及各相关产业的数量经济关系作出动态分析，才能研究作出行业的决策。不仅要研究计划，还要用大量时间、精力研究市场，研究经济杠杆的作用，自觉运用价值规律来调控经济。决策的科学性、原则性和预见性都是以信息工作为支持的。

在新体制下，行业管理的方式改变了。由过去高度集中的产品经济，自上而下按指令性目标层层分解，半开环的程序化控制，转变为多层次、多目标，充分注意中央和地方两个积极性的系统决策。新形势的宏观决策虽然不能囊括一切，但它的影响力必须覆盖整个纺织行业。在新体制下，正确的决策，必须建立在比较确切地、及时地、全面地掌握生产的、市场的、社会的、环境的各种信息，决策过程伴随着收集信息、加工处理信息、使用信息的过程。同时在计划决策的实施进程中，还要加强跟踪监测，根据各种反馈信息及随机干扰信息，适时运用经济、法律、行政手段调控运行，校正偏离。这就需要编织一个遍及全部经济活动空间的信息网络。信息技术的应用又必然带来管理结构的简化和上下关系的改变。信息网络将冲破部门的界限，同时可以把较低管理层次的职员和较高层次的决策者，联系在一起，就某一个经济决策问题进行对话，而无需经过很多中间环节。

在新体制下，由于企业地位发生变化，企业的微观行为也发生了重大改变，已经从单一生产型转为生

产经营型。纺织工业中，除化纤工业企业还有较多的指令性计划，广大的纤维加工企业，愈往下游，愈是以销定产，直接参与市场竞争，承担着优胜劣汰的风险。在统一市场的前题下，企业掌握外部信息以及宏观整体趋势，对于企业经营者的决策起着至关重要的作用。企业是社会大系统中的一个小系统，它同社会其他的小系统保持着经常密不可分的联系，企业经营者的任务就是尽可能更好地为社会服务。面对市场调节力的无情作用，企业的信息视野已从过去的眼睛向上为主，转为面对全方位，加强对市场感知的灵敏度，“一叶落而知天下秋”。我们行业出现的一大批优秀企业家和优秀企业，就是在社会主义商品经济条件下，适应了新的形势，改变了管理思想和管理方法产生出来的。

第二，信息技术高度发展，并且比任何其他科学技术都更密切、更普遍地影响人们的生活和人类社会，所谓“水银泻地，无孔不入”。信息和支持信息的技术将构成纺织工业的新型生产力，成为未来纺织工业发展的因素。

信息技术作为生产要素的价值，在于它大大改变了生产的时空界限，随着时间和空间的缩小，创造财富的范围在扩大。马克思在《资本论》中讲过，时间的节约是最大的节约。“时间”已成为现代企业的策略要点，空间的缩小最终也表现为时间的节约。节约时间创造了强大的竞争优势，模拟技术的发展缩短了研制新产品的时间，用钻木取火的办法来搞新产品，当然会失去时间。现代信息技术、远程传送手段，使设在不同地区，甚至不同国家的单位之间，传递设计信息。产品制造数据的数据库，能同公司之外的承包商联接。在设计加工实现自动化的条件下，电子技术能不断调整产品设计，把这些数据送回并控制实际制造过程。当代竞争要求，产品的设计、生产、销售、服务都讲究时效，企业要在竞争中取得成功，越来越需要依靠对速度的掌握，而掌握速度的方法之一就是在企业内部及企业与合作对象之间，建立完整的计算机通讯网络，国外不少学者对这个问题都有很多分析。

在商品经济条件下，生产率还越来越依靠消费者所作的贡献。捕捉消费的趋势，对于企业来说，将成为制订长远战略，左右今后发展的关键，这也是信息系统的功能。这一点我们深有体会，我们纺织工业是消费品工业，市场调节对纺织工业的发展所起作用，比对其它上游工业要大得多。反思一下，近几年来纺织工业结构地区趋同现象，几次盲目建设的流行热（如毛纺热、涤纶长丝热、棉纺热）和低水平地重复攻关、重复引进、重复建设、隔裂市场、产品积压、品种单一，以及阻碍企业向社会化发展的种种保守思想和体制转变中的问题，不正是从反面反映出我国纺织工业向良性发展中信息所起的作用吗？

第三，在国际市场日趋全球化的条件下，信息技术的应用，将在很大程度上决定中国纺织工业的竞争能力。

纺织工业在“八五”和今后10年都是我国国民经济参与竞争、扩大出口创汇的重要产业。完成这项重要的历史任务，我们经常提到的措施是提高出口纺织品的加工深度、质量档次和设计水平，为此要加速对出口重点企业的技术改造和提高管理水平，通过深化改革、改善企业的外部环境和内部素质，为企业直接进入国际市场创造条件。这些都无疑是必要的。但是我们不能忽视适应当代国际竞争的一个重要因素——信息技术的应用。

世界纺织品市场的需求结构正向高层次发展，趋向于个性化、时尚化、高档化，以及小批量、多品种、短周期。随之而来的竞争特点是，生产供应的快速反应机制。在这种情况下，我国过去依靠大宗初级产品和廉价劳动力的优势正在被削弱。竞争的要素，越来越转向技术水平、装备水平、管理能力和快速反应上来。

信息技术的发展进一步促进生产销售体制的改变，整个世界贸易40%左右是属于公司内部的商品周转，这是一种变化。它是通过国外子公司销售产品更迅速地打入国际市场，更加有效地掌握和控制产品的生产与销售活动。美国的一个纺织品公司——利米特公司，每天通过销售点的终端电脑，了解消费者喜欢什么产品，然后将附有图解的订货单，通过卫星传送到美国各地、香港、南朝鲜、新加坡和斯里兰卡的供应商。几天之内，来自那些遥远地方的服装便陆续集中到香港，一架波音747包机每周大约4次，把这些服装运到该公司在俄亥俄州的调拨中心，中心在48小时内将商品订好价格，然后运送到商店。这样的速度比起我们当然不知要快多少倍，然而这个公司的董事长还说，这种速度对90年代来说还不够快。日本在去年首次成功利用电视卫星中转，直接在美国的大型百货商店完成了对日本消费品的个人订货的试验，这还不是公司批发。

面对国际竞争严峻挑战的形势，我们必须充分认识，信息对提高我国纺织工业竞争力的重大意义。信息工作水平，直接反映出我国纺织工业的整体素质。加强信息工作是生产社会化和技术进步的需要，是深化改革、扩大开放的需要，是纺织工业在新时期从困境转入良性循环，提高经济效益，实现持续稳定协调发展的需要。我们发展企业集团、加强行业内外协调，掌握国际国内消费趋势，加速我国出口和内销产品的适应速度，就必须提高对信息系统的认识加快建立现代化的信息基础设施。

二、纺织工业信息工作的发展成就和面临的问题

党的十一届三中全会以来，信息工作对宏观与微

观管理越来越至关重要。适用于单一计划经济的传统人工信息系统，对社会主义有计划商品经济下的纺织工业，已远远不能适应。无论是宏观管理还是微观管理，都不仅需要来自行政系统的信息，而且需要国内外市场和环境的信息；不仅需要统计信息，而且需要预测信息；不仅要排除信息噪声，而且要使信息有序；不仅要提高信息流速，而且要健全信息网络。根据这种客观形势的需要，全国先后涌现出五十多种纺织工业信息刊物，分别在不同领域发挥出信息导向的作用。尽管它们受历史条件的局限，信息收集和加工的手段，信息载体的形式，信息后处理的能力都比较落后，但是他们抓住了纺织工业发展中的热点和难点问题，创造性地工作，为宏观决策支持和微观决策导向作了不少有益的工作。

但是随着信息社会的发展，信息量越来越大，大量的这类文件性信息载体，被塞进越来越多的文件分类架中，使它们增多到难以理解的程度。当今变化出现的步伐极快，超过了传统管理系统的应付能力。

高性能微型计算机大量投放市场，计算机网络技术，尤其是局域网技术的兴起，以及非过程化数据库查询语言的迅速发展，为新一代信息系统的建设创造了条件。它能使人越过文件分类架的障碍，去直接寻找信息，使我们思考、分析、综合和表达信息的方式，发生了深刻的变革。这样，在我们纺织工业的人工信息系统的汪洋大海中，越来越多地显露出计算机信息系统“岛”目前，这些“岛”虽然基本上还是孤立的，但建设计算机信息系统的客观需要已明显地提到日程，并形成不可逆转的趋势了。

与其他工业部门比较，纺织工业应用计算机辅助企业管理起步较早。七十年代中期，纺织部设计院在北京第一棉纺织厂、上海纺织科学研究院在上海第六织布厂率先开发了配棉和织机监测项目。由于这两个突破口选定得好，很快便在大面积上得到推广。1983年、1985年纺织部两次组织力量制定发展纺织工业计算机应用的“六五”“七五”计划，1986年召开了全国纺织工业第一次计算机应用工作会议，都对计算机技术进入纺织企业的管理领域起到了指导推动作用。

在纺织行业中，计算机辅助管理在计算机应用领域里所占的比例比较大，约为70%，而在其他行业，这个比例约为40%左右。

应用计算机辅助管理，各地在十余年的探索中，创造出很多好的经验，概括起来，大约有以下几点。

1. 领导重视和积极参与是关键。凡是得到领导重视的企业单位，那里的计算机信息工作就能够扎扎实实地开展下去，取得成效。重视程度有三种，第一种是给钱、给人，自己基本上没有直接参与，大多数企业的领导都属于这种情况。第二种是积极地参与。北京第一棉纺织厂、山东临沂棉纺织厂、河北石家庄第一棉纺织厂以及其他很多企业的领导积极参与规划和系统分析，同时在建设过程中及时协调检查。第三种是在应用计算机信息系统的基础上，大胆地对传统管理模式进行改革。目前，纺织系统内已有少数企业的领导同志根据有限合理性原则，正试图按经济活动的内在联系和现代化管理的要求，对传统的管理系统作改进、优化和重新设计的尝试。

在这里不能不指出，相对地说，我们有些行业管理部门的领导对于计算机信息系统的重视程度是落在许多基层企业领导的后面，需要尽快赶上去。

2. 脚踏实地，根据客观条件，选好“入手”项目。凡是应用较好的企业，其“入手”项目都选择得当，因而效益显著，后劲很大。比如配棉管理、仓库管理、能源管理、质量管理等。这些项目管理信息量大，受外界影响小，相对独立，投资少，效益大，比较成熟。

3. 从实用出发，开发软件。纺织企业信息系统的软件开发有3种方式

——自行开发。这种方式开发系统容易协调，同时实用性强。但由于绝大多数纺织企业尚不具备用户为主开发信息系统的能力，因而开发过程中往往走弯路，造成不应有的损失，开发的结果大多数水平不高，基本上只是人工系统的机械复制。

——完全委托开发。这种方式由于企业介入少，甚至不介入，使系统实用性差。

——合作开发。这种方式要求企业的管理人员和系统开发专业人员自始至终地合作，在系统建设的同时，培训队伍，建立信息服务机构。这种方式比较好。

4. 在推行科学管理的基础上建设行业或企业的计算机辅助管理。计算机管理信息系统只有在具备了合理的管理体制、完善的规章制度、稳定的生产和工作秩序、科学的管理方法和准确及时的原始数据的基础上，才可能产生预期的效益。

5. 有了一支好的信息工作骨干力量。许多信息工作搞得好的单位和企业正是有一批骨干力量，以一种坚韧不拔的顽强精神，克服了重重困难，把信息工作搞得有声有色，取得了效益，创造了经验。同时他们也以自己的出色成绩得到了广大职工和领导的赞扬和支持。这次会议表彰的先进单位和先进个人便是他们的代表。

由于建设信息系统在我国没有太多的经验可循，在纺织系统的信息工作中也还存在一些困难和问题，等待我们去解决。

首先信息工作的管理体制不完善，缺乏统一领导，在分散、割裂的状态下，难以适应信息工作的进一步发展。在一些企业或行业管理部门中，信息管理部门没有被放在适当的地位，发挥不出良好的作用。

其次覆盖全行业的信息系统建设规划，起步较迟，影响了现有硬件和软件资源整体效益的发挥，使积极性高的地区和企业感到无所适从，而大批认识不足的地区或企业，便裹足不前，因循守旧。造成了纺织工

业信息工作发展的不平衡。

第三是缺少专门人才。一是缺少具备较深厚的经济理论根底和信息技术的高级系统分析人才，二是缺少懂得信息经济、信息技术知识的信息管理人才，致使目前的一些地方信息队伍不稳，流失严重。

最后是资金不足，又缺少正常渠道。有些地区或领导在进行基本建设和技术改造时，对建设信息系统方面注意不够。有的即使愿意买计算机，但却舍不得花钱搞软件的开发。资金来源没有保证，使信息系统的开发和建立困难重重。

纺织工业的信息工作确实已经发展到一个关键时刻，我们必须认真对待，总结经验，克服困难，研究出一条搞好纺织工业信息工作的路子来。

三、制订规划，分布实施，加快纺织工业信息系统的建设

纺织工业信息系统是一项技术密集、知识密集、资金密集的大型系统工程，它不仅涉及到当代高新技术的应用，管理体制的改革和完善，而且需要投入大量资金和人力。我国纺织工业地域分布辽阔，科技力量分布不平衡，管理基础有差异，资金投入的能力不同。因此，编制好信息系统的建设规划，便是十分紧迫的战略任务。这次会上将要提出系统的总体规划纲要，请大家研究讨论，提出修改和补充的意见。会后，我们将组织力量，进一步研究编制好纺织工业信息系统建设总体规划。同时，我们也要求各地区、各企业，按照这次会议的精神，根据具体情况，分层次地编制本地区、本企业的信息系统建设规划。

规划的总目标是：在四统一，即统一领导、统一规划、统一标准规范、统一软硬件环境的原则下，用五年或稍长一点时间，基本建成由部、省厅、地市局、企业四级组成的具有宏观决策支持、微观信息导向和为社会提供经济信息服务的纺织工业信息系统。

关于规划的具体内容，会上将有专门的报告，下面我对规划的制订谈几点意见。

1. 加强统一领导，落实措施，把纺织工业信息工作提搞到新水平。信息系统的整体性、层次性、结构性和开放性决定了统一领导的重要性。国外有学者用“棒球队”和“堆积如山的汽水瓶”来比喻“系统”和“非系统”。从堆积如山的汽水瓶中拿走一个或增加一个，仍是一堆汽水瓶，没有什么影响；而棒球队中九个人各司其职，多一个人或少一个人都不行。这个比喻说明了系统是从整体上形成的组织体，而不是散乱元素的堆积。

统一领导主要是抓好 3 件事，就是规划、决策、落实。

去年年初成立了纺织部信息管理领导小组，就是为了统一领导部机关和全系统的信息管理工作。现在这个小组和它的办公室正在逐步理顺关系，开展工作。各省市自治区的厅、局、公司应由一位负责同志统一领导这项工作，并指定一个业务部门归口管理。在信息工作中，不要令出多门。如果有必要，也可以成立信息管理领导小组。企业的信息中心或计算中心应是厂长（经理）直接领导下的信息管理职能机构，而不应再简单从属于某一个具体的业务科室。各部门、各地区的系统建设，应该报部领导小组，并争取纳入纺织工业信息系统的规划和建设计划。

2. 信息系统的建设必须强调符合中国的国情，从实际出发，强调提高经济效益。建立信息系统不是一朝一夕的事情，计划经济与市场调节相结合的经济体制和运行机制的建立和健全需要相当长的过程。纺织行业的四万多个企业无论在管理上、技术生产力上都有相当大的差距，因此做这项工作的时候，要从我国的国情出发，把需要和可能、理论和实际结合起来，注重实效。既要使系统具有一定的先进性和较长的生命周期，又要坚持勤俭节约的方针，不盲目追求大而全，一步到位。国家计委对国家经济信息系统的建设有一个 16 字方针，即“审慎论证，积极试点，分批实施，逐步完善”。这也完全适用于我们行业经济信息系统的建设。

我们在开发信息系统的指导思想上，要采取有限目标以及多种手段结合的方针。

所谓有限目标，就是任务先行。系统建设需要一个总目标，各级系统也都要有自己的目标。要实施总目标，就应该把它分解为若干有限目标，以应用开发某一项具体任务来带动系统建设。部信息领导小组办公室开发的部长办公系统和部机关办公自动化系统，就是按这个思想进行的。当前，可以从有重点地建立几个直接为宏观调控服务、又具有经常性信息流的管理信息系统着手，比如“主要纺织用原料平衡和分配管理系统”、“纺织工业计划综合管理系统”等等。

所谓多种手段结合，是指在抓紧建设计算机信息系统的同时，不能忽视利用现有的人工信息系统。对目前还不具备条件应用计算机技术的地区和单位，仍须加强和完善传统手段下的信息管理，活跃信息工作，同时创造条件，引入计算机技术。

信息系统的建设必须强调提高经济效益。计算机信息系统的经济效益有它自己的特点，一是它的经济效益在很大程度上是通过管理决策的科学化体现出来的。二是信息系统经过系统性开发和应用后产生的整体效益。单项的开发应用只是在局部产生一些效果，而整体功能必须是在总体规划的基础上，分布实施，而且覆盖面达到一定规模时，其效果才会显现出来。

为了提高信息系统建设过程中的经济效益，要强调对动态信息的收集、加工处理和快速反馈。通过在理论上运用数理分析方法，在技术上运用计算机和现代通讯技术，有目的地选择具有强动态特点或在行业中举足轻重的关键信息源建立直接的、稳固的联系，努

力构成一个对大小环境都十分敏感的信息神经网络，做到月晕而知风、础润而知雨。国家第一步计划直接采集550个关系国家经济命脉的大型骨干企业的信息，我们各级信息系统也应根据情况作出相应的安排。

3. 抓好信息工作队伍的建设。信息工作队伍的建设是系统建设的保证。一是在教育系统、全日制高等学校和中等专业学校都要加强信息技术、系统分析能力的培养，作为学生的基本功。同时加强在职队伍的继续教育，岗位培训。

要教育从事信息工作的同志把坚定正确的政治方向放在首位，坚持四项基本原则，树立为建设四化、振兴中华而奋斗的责任心和使命感，深刻认识中国国情，发扬务实、开拓、拼搏精神，刻苦钻研、精益求精。

加强业务培训，各地区、各单位都要制订出切实可行的培训计划，分阶段、分层次、有针对性地进行各种培训，在这方面，纺织机械行业协会和浙江丝绸总公司做得比较好。部信息领导小组办公室准备和高等院校合作举办两种类型培训班，一种是系统分析人员培训班，要培养既懂经济又懂信息技术的人才。从长远看，要特别重视在具有管理理论知识和实践经验的业务人员中培养计算机信息系统的中坚和骨干。另一种是大型企业厂长（经理）培训班，建立一套信息骨干队伍全员轮训制度。

开展考核、评比、表彰活动。这次会上将表彰一批过去几年在信息工作中取得成绩的单位和个人，这个活动我们要坚持下去。同时希望各地也开展这项工作，鼓励和肯定这些同志的业绩，做好信息工作。

4. 信息系统的建设要和体制改革、企业升级结合起来，加强对基层建立信息系统的管理和指导。对行业和企业来说，体制改革和建立信息系统是互相促进的，必须密切配合。体制改革、行业管理体制的改变、企业扩大自主权和内部的深化改革，都迫切需要建立信息系统，而建设信息系统又要对原有的管理系统产生冲击，促进体制改革，这种互相促进，循环发展，一定能加快技术进步和加快管理现代化的步伐，大幅度提高经济效益。

企业升级是企业综合水平的反映。管理现代化，建立信息系统是企业升级的重要措施。二者的目的是完全一致的，因此必须把建立信息系统规划和企业升级计划放在一起来考虑。要制订信息系统具体的验收标准。采取有效形式开展宣传、咨询、指导、交流、教育等活动。

5. 纺织工业信息系统的建设要纳入行业建设计划的轨道。国家计委1990年发布的《关于加强经济信息工作的意见》，规定把信息系统的建设纳入基本建设计划，这对于我们各级信息系统的建设是一个巨大的支持。信息系统建设的投资经费是长期以来困扰我们的问题，也是大家十分关心的问题。根据计委的精神，纺织工业信息系统的建设要作为各级基本建设或技术改造计划的组成部分，在按一般建设项目上报程序审批的同时，还要上报部信息管理领导小组审批有关信息系统的问题。

设计部门今后在设计新项目时应该同时考虑信息系统的特殊要求，把信息传输设施作为设计任务的一部分。

6. 要充分发挥纺织企协、计划统计学会、各行业协会等群众组织的作用，解决好统一协调问题。这次会上，还要研究筹建中国纺织工业信息协会，通过协会的工作，加强与各方面的横向联系。

闭幕式上的讲话

（1991年3月9日）

下面我准备就“增强信心，抓住时机，脚踏实地”这三句话，稍稍展开一点。

一、要增强信心

通过会议，给我第一个感受，便是信心增强了。现在，纺织行业中，利用现代化技术加强信息工作，藉以改善我们的行业管理和企业管理，已经不是星星之火，而是正在形成燎原之势。有这么多的企业和这么多的厅局在重视信息工作，有了很好的开端，反映出纺织行业应用现代信息技术，已有了一定的气候，有了比较广的应用面。这是增强信心的第一个依据。

第二，我们已经有了一支在实践中成长起来的非常年轻的队伍，这也是我们增强信心十分重要的依据。我们召开各种行业的会议，象这次平均年龄这样低是不多见的，这反映出我们行业的一种生气，我们纺织工业生产力进步的一种生气。这支队伍热心于纺织工业信息工作的发展，热心为纺织工业的行业管理和宏观决策服务，热心为提高纺织品市场竞争力服务，这是非常可贵的。

我们要趁一批有经验的老同志还都在岗位上的时候，让年轻的队伍更快更好地成长起来，把现代信息技术和传统产业有机地结合，促进传统产业的改造。

使我们增强信心的第三个依据是我们看到了信息工作取得了初步成效。了解纺织行业的人都知道我们当前的困难是很大的，他们同时知道我们行业的贡献也很大。我国纺织品市场一直很繁荣，这也是中国改革形象的一个成功标志。纺织工业取得这样辉煌成绩，当然也和我们千方百计地推动行业的技术进步有关。在同样困难的条件下，一些企业效益下降，而另一些企业的效益却仍在提高，他们市场抓得准，产品积压少，这跟他们的信息工作有关，这些企业的决策是建立在应用现代信息技术的基础上，或者说这些企业的决策层具有现代信息观念。从我们对12省市的调查和这次会议汇报的情况看，应该说，在信息工作中，我们已经取得了一些成绩，这是我们进一步发展的基础，也是我们树立信心的基础。只要我们进一步统一思想认识，抓好四个统一，抓好系统建设，加强领导、纺织工业的信息工作一定会取得更大的成绩。

也有一部分同志在怀疑，他们说抓了信息工作，难道真的能提高纺织工业水平？希望大家回去多宣传那些成功的经验，让大家普遍都知道加强信息工作确实是促进纺织工业发展的一个重要因素，信息确实是生产力，而且是新的生产力。会上交流的许多实实在在的经验，都是很有说服力的。

二、要抓住时机

我们现在面临的时机，一个是调整的时机。我们正在经受着调整的痛苦。由于科技进步的作用大，周期加快，调整是世界性的。新型技术的应用推广需要大量的投入，发展中国家的经济实力不如发达国家，调整对于发展中国家显得更沉重、更困难些。要使有限的投入，取得最大的效益，只能靠巧干，蛮干是不行的。巧干必须利用信息，必须加强信息工作。比如，产业结构怎么调整？产品结构怎么调整？地区布局怎么调整？这些都需要有大量准确有序的信息，不然的话，调整会迷失方向。

另一个是技术改造的时机。过去搞技术改造，钱花得不少，由于缺少系统的观点，成龙配套不够，前面改造了，后面不改造，这个企业改造了，那个配套企业不改造，结果形成的力量比较单薄。八五期间可用于技术改造的钱仍然不足，需要分析研究，作优化要有一个系统的、宏观的决策，这里面既有企业决策，也有行业部门的决策和块块的决策。必须通过信息工作运用有限的财力，加快技术改造步伐，提高技术改造效益。

再一个是竞争的时机。科技进步对我们在国际竞争中的劳动力廉价的优势带来威胁。发达国家的劳动力昂贵，而当纺织工业大量引入新技术以后，劳动力在成本中比重下降了，产品的档次提高了，更换品种的周期变短了，出现了无人车间、无人工厂。很显然，这使我们劳动力便宜的优势相对下降。但现在，无人车间、无人工厂还没有大量发生，大批产品还是靠发展中国家，我们还有竞争力，只是这个时机有限，千万不要错过。不仅发达国家，后起的工业化国家对我们的挑战很激烈。必须提高我们的管理水平，决策水平，加强信息工作，提高效益，使我们在国际竞争中立于不败之地。

面对严酷的竞争，我们必须加强信息工作，要以只争朝夕的精神，尽快把可以利用的信息技术应用好，把人的聪明才智发挥出来。信息工作的水平代表着我们聪明才智发挥的程度，应用好了，便会创造财富。

调整、技术改造，抓住市场时机，都要体现一个“快”字。我们搞信息工作的同志要把这些作为自已义不容辞的历史任务承担起来，加倍努力，创造条件，把工作做得既快又好。

三、要脚踏实地

在会上大家提出不少很好的意见，有对规划纲要的，有对信息管理体制的，关键是要干，脚踏实地地干。程振华同志讲了具体工作的要求。有些我再强调一下。

1. 要把提高各级决策的认识，当作一件大事来抓，这包括我们自己在内。我们要改变领导机关落后于基层、落后于企业的被动局面。这次会议不少厅局长来了，也有的派了代表，请你们回去以后，要组织研究，传达会议精神，一定要对信息工作重要性的认识上有一个飞跃，而且不是一两个人的认识，而是整个决策层的认识。

在计划经济与市场调节相结合的经济体制和运行机制下，再因循于过去那一套产品经济的管理方式是不行了。比如搞产品评优，专家评优也是需要的，主要还应该是消费者评定，不然评出来优质产品，老百姓不一定接受，只是一块牌子，不见效益。这就需要各方面的信息反馈了。评优是好事，但是标准应该是适应时代的变化、体制的变化，最近部里体改司就正在研究这个问题。再比如大家喊得很久的文山会海，这并不是谁就一定喜欢搞文山会海，只是信息工作处在很落后的情况下，不开会、不发文件，上级、下级和左右之间就很难沟通，工作效率不高，领导艺术不强。国家提出廉政建设的一个方面便是:克服文山会海，提倡现场办公。但是现场办公也必须建立在现代信息的基础上，综合各方面的信息，抓住关键，否则的话，就是天天现场办公，也不一定解决系统上的问题。所以决策层的认识必须要迅速提高。今年是质量品种效益年，怎样才能抓出效果，不提高信息工作的水平是不行的。

有一种误解，似乎提出应用现代技术，加强信息工作，人工信息工作就不重要了。这是不对的，在新的形势下，决策的空间领域大了，决策的时间跨度大了，决策所要考虑的因素多了，决策所允许占用的时间短了，电脑是人脑的延长，这是社会发展的必然趋势。前一次工业革命，发明了各种机器，机器是人手的延长，现在是电子时代，电脑是人脑的延长。机器扩展了人手的功能，同样地，电脑扩展了人脑的功能，机器和电脑无论如何先进，都只不过是人类改造自然，改造社会的工具。

2. 要加快信息系统的建设。下棋的人有两句话："善奕者谋势，不善者谋子"。谋势是谋一种取胜的趋势，孤立地谋子是不行的。我们的行业管理就和下棋一样，看你怎样谋势。纺织工业肯定要发展，客观需要纺织工业发展，按小康水平，我们远远不够，按创汇水平，我们也远远不够，我们纺织工业的潜力很大，我们单位纤维加工制品的创汇值只是发达国家的一半。问题是怎样发展，是谋势还是谋子。

通过这次会议，大家都有一个共同的认识，要立足于自己的工作，置身系统的环境、争取系统的优势。前一段，部里对于信息工作统一规划抓得晚了一点，纺织工业信息的大系统还没有建立，虽然各地出现了不少岛式的小系统，但是信息系统的整体的优势发挥不出来，因此大家希望大系统尽快建立，表达出愿为大系统的建设作贡献的愿望，这是很好的势头。

建立系统要克服先进生产力和落后的管理习惯的矛盾。落后的管理习惯有一条便是划分势力范围，这是你的，那是我的，划地为牢，鸡犬之声相闻，老死不相往来。这是与系统的观点相违背的，系统只有开放才有活力，开放就要不断和外界进行交换，不断新陈代谢。

建立大系统也不是许多小系统简单地加起来的结果。仅仅把人体各部位的物质加在一起，而没有神经系统、循环系统、消化系统等综合运行，就不能成为一个活人，因为这不是一个统一的系统。要加强对各个小系统的宏观领导，加强统一工作。这样做，不是要削弱这些小系统，恰恰相反，是使他们在大的系统环境中互相渗透，互相支持，提高效率，大家回去以后，要成立领导小组，成立办公室，把骨架搭起来，能够和部里的领导小组、办公室上下沟通。

3. 经费问题。我要强调的是应该眼睛向内。我们用来建设信息系统的费用占整个支出费用的比例还是很小的，关键是把它摆在什么位置上。如果摆在重要的位置上，你就会节约一点其他方面的开支，用于信息系统的建设。有些企业，比如北京一棉，投资很大，但这不是一年的投资，是一年一年投下去的。另外，企业建立了信息系统都希望上一级机关的信息系统早日建立起来，使得自己的系统发挥更好的作用，我们鼓励一些大企业、效益好的企业支持你们上级厅局的系统建设，大家出力，每个企业分担不了多少。值得注意的是必须优化对信息系统建设的起步投资，要在一个好的规划下分步实施。

4. 人才问题。一个是招才，一个是成才，招才当然需要，我们要引进新技术、新知识、新观念，不经过系统学习，不经过传授，不经过灌输也不行，但对成才不能忽视。我们大量的企业都需要转变原来的管理方法，使用信息技术，要实践，要解决问题。有这么一句很有道理的话：为了解决问题会把人推向科学的前列。所以要加强岗位培训，培养能解决企业实际问题的信息工作者。

5. 系统建设的几边问题，即边建设、边培训、边开发、边应用、边改进。首先要把骨架搭起来，把有条件的企业，有条件的厅局先联起来，由于先有下面的系统，条条的系统，现在建立大系统，就避免不了调整，大家要有思想准备，要局部服从全局。

其次要强调的是强化软件工作，要通过人的智慧来弥补硬件机型杂乱的不足，在生产领域里，仅仅强调硬件，忽视软件。在信息系统建设中，忽视软件使硬件发挥不了作用的教训是很多的。尤其是现在，要建设综合的系统，必须要抓软件工作，要集中一些力量，基层也要参加。企业需要什么样的宏观指导，企业最大的矛盾是什么，企业最清楚，而从宏观角度需要解决什么问题，我们宏观管理部门最清楚，上下结合，才能研究出好的系统结构。强化软件、发挥现有设备的作用，不轻易淘汰设备，这就是节约，中国人的聪明才智就是财富。

建立模型，大的模型也好，小的模型也好，也要组织大家做，建立模型是一项大的工程，不是靠一两个专家就能够建立起来的，要大家分析研究，如果下面不研究，光是上面怎么能研究？要重视人的智慧的发挥，少走弯路。

还有一点，就是常规手段的信息管理和新技术支持下的信息管理，要能并容并存，各地条件不一样，不可能齐步走，只能逐步过渡。生产力的进步不是一个早晨就能完成的。

解放思想 转变观念
努力开创我国纺织工业新局面

吴文英部长在全国纺织工业厅局长座谈会上的讲话

(1991年7月10日)

今年年中的全国纺织工业厅局长座谈会今天开幕了。这次会议的主题，就是请大家认真分析当前纺织工业面临的形势，研究、讨论纺织工业如何实行计划与市场的有机结合，解放思想，转变观念，开创新的局面。

同志们说，纺织工业要摆脱困境，求得发展，就要“外争宽松，内练苦功”，那么，如何更好地做到外争宽松，内练苦功呢？首先，要有一个正确的指导思想，树立起正确的思想观念，这是当前和今后保证纺织工业持续、稳定、协调发展的重要课题。1984年，党中央在《关于经济体制改革的决定》中指出：“社会主义计划经济必须自觉依据和运用价值规律，是在公有制基础上的有计划的商品经济。商品经济的充分发展，是社会主义经济发展的不可逾越的阶段，是实现我国经济现代化的必要条件。只有充分发展商品经济，才能把经济真正搞活，促使各个企业提高效率，灵活经营，灵敏地适应复杂多变的社会需求”。江泽民同志在庆祝中国共产党成立70周年大会上说：“在实现第二步战略目标，并为实现第三步战略目标打下坚实基础的过程中，我们面临大量新问题，都需要用改革的精神来解决。”“我们一定要坚持实事求是，解放思想，破除迷信，一切从实际出发，勇于探索，勇于实践，认真总结经验，使改革开放不断深化和不断扩大，更加富有成效”。我国纺织行业由于历史的原因，长期实行产品经济，统购统销，缺乏活力，如果不能迅速而有效地解放思想，转变观念，加快改革，是很难把经济搞活，把企业搞活的。客观形势要求我们必须把产品经济的意识、观念转变为发展社会主义商品经济的意识、观念。

关于当前纺织工业的生产建设工作，在会议总结时要讲。下面，我着重就解放思想，转变观念的问题，谈几点意见。

一、怎样认识当前中国的纺织工业

首先，纺织工业在历史上对国民经济是做出了贡献的。四十多年来，我国纺织工业无论是在丰富城乡市场，解决人民的穿衣问题，还是在提供积累、安排就业，以及在扩大出口，增加创汇方面，都做出了它的重大贡献。我国纺织工业的老基地，国营大中型骨干企业，做的贡献更大。这一点，从历史上讲，我们要充分肯定。

第二，就当前来讲，我国纺织工业确实遇到了很大的困难，面临严峻的形势。

一是产销不平衡，市场启动缓慢。当前，一方面生产不断增长，另一方面库存大幅度增加。4月底，六大类纺织产品的工业库存均比去年同期和年初有较大幅度的增加，其中，布比去年同期增加42.05%。当然造成纺织品积压，有结构的问题，但也有总量的问题。如何开拓市场，扩大需求，使总供给与总需求达到基本平衡，是当前纺织工业一项重要任务。

二是经济效益大幅度下滑，企业亏损严重。1～5月39个大中城市1334个国营纺织企业，利税总额比去年同期下降22.88%，其中，利润下降37.58%；企业亏损面达46.12%，比去年同期上升了10个百分点，亏损金额增长48.64%，相当于同期实现利润的60%；39个大中城市有16个发生全地区性亏损。

三是纺织品出口困难加大，自营出口步履维艰。今年外贸出口实行自负盈亏以后，由于配套政策跟不上，在外贸企业少收购或不收购时，生产企业被置于困境，负担沉重。1～4月系统内纺织品交货总折纱为265.05万件，比去年同期减少了20万件，下降7.82%，自营出口企业发展也面临着重重困难。

四是企业经营环境严峻，国营大中型纺织企业活力严重不足。当前，纺织企业特别是国营大中型纺织企业处境日趋艰难，除市场疲软，效益下降外，还突出表现在：流动资金紧缺，产成品资金急剧上升，三角债越缠越紧，贷款利息负担过于沉重；技术装备陈旧落后，技术水平普遍偏低，企业严重缺乏自我改造、自我积累、自我发展的机制和能力。

当前纺织工业面临的这些困难和问题，就全国来说，是共性的问题，但就地区、企业来说，难度的程度高低不一。老基地、老企业，碰到的问题的难度就更深一些，更困难一些。现在，我们处于两种机制交换过程中，一下子转不过来。因此，在这方面碰到的难度现在都暴露出来了。

纺织是老行业，正因为是老行业，再加上纺织在计划经济机制的过程中是统购统销，所以在这方面，我们的老想法、老框框多。市场上要求多品种，小批量；而我们的生产品种单一。越是老基地，老行业，设备越陈旧。这样就使我们的产品质量、产品档次偏低。所以，由于各种问题，反映到我们的经济效益上，比较差，使我们的亏损额增加了，亏损企业数增加了。这些问题的存在，使我们要看到现在形势的确是非常严峻的，问题的难度也的确很大。这些问题的出现，因素是很多的，有在两种机制转换中我们不适应的问题，也有我们工作上的问题。总之，涉及到方方面面，特别在商品经济的发展过程中，我们不适应，有很多的老思想，老办法，老措施，也有我们认识不清的问题等。总之，各种因素在里面，有宏观上的问题，也有微观上的问题。今天在座的同志应该侧重从我们内部的工作，内因的角度，来多研究一些问题，所以，我们对目前所面临的问题要充分地认识到。

第三，我们也要看到，中国的纺织工业的优势还是很多的。我们已经拥有一个门类齐全、规模很大的纺织工业基础，有比较好的技术队伍、管理队伍，有一支宏大的职工大军；与世界许多国家相比，我国还拥有丰富的天然纤维资源优势；我国是一个11亿人口的发展中国家，拥有丰富的劳动力资源优势；我国纺织工业发展出口，已经积累了几十年的经验，尤其是许多老基地、大企业都处在沿海开放地区，在对外开放中掌握了许多本领，对进一步对外开放，非常有利。因此，这些都是我国纺织工业今后发展很好的条件，是我们的优势。我们要克服困难，发挥优势，调动各个方面的积极性，振奋精神，团结一致，解放思想，转变观念，扬长避短，走出困境，增强后劲，赢得纺织工业持续、稳定、协调地发展。

二、解放思想，转变观念，在商品经济的激烈竞争中经受考验

我们几十年来一直是产品经济，要从产品经济的思想努力转变为商品经济的思想，这个问题从我们全国纺织工业来讲，在当前是一个十分重要的问题。

6月10日，在扬州召开了全国纺织系统思想政治工作会议和政研会年会。我在会上提出：这次会议的主题是什么？主要解决哪些问题？我们纺织工业系统商品经济观念淡薄，碰到问题习惯于用老的观念、产品经济的观点去认识，用产品经济的观点去研究，提出来的措施和办法也是以产品经济观念为指导的，思想放不开，束缚了我们的手脚。所以，我在这次思想政治工作会议上，提出了主要解决转变思想观念的问题。大家都来讨论怎样从产品经济观念转变为商品经济观念。并且，要在全行业进行大讨论。所以，今天我在这里讲的重点，也是解放思想、转变观念，努力从产品经济的观念转变为商品经济的观念。我希望我们纺织战线上，不管是哪一个行业，不管干哪一项工作，都要从这个角度来研究、来认识问题。

在这个问题上，我想首先一点是，我们要进一步学习关于社会主义初级阶段的理论。这在十三大文件里面都记载了，写进去了。这是中央根据中国的国情做出的科学论断。这是马克思主义的理论发展，也是我们几十年来建设社会主义的深刻总结。我们的方向是坚持搞社会主义，而且我们是建设具有中国特色的社会主义，这是根据我们中国的国情提出来的，是非常正确的，因为我们国家以前的经济基础实在太差了。大家知道，解放以前我们国家经济很落后，生产力水平很低。建国以后，党中央领导我们全国人民来建设我们的国家，来发展我们的经济。邓小平同志讲，贫穷不是社会主义，我们的方向是社会主义，是有中国特色的社会主义。我们现有的基础实在是太差了。42年来，发展的速度是很快的，但由于过去的基础太差，我们的国家要繁荣，人民要富裕，根本任务就是要大力发展生产力，要大力发展有计划的商品经济。这是我们建国42年来得出的经验，也是一个不可逾越的阶段。我们必须要这样搞，才能真正充分体现社会主义制度的优越性。当前我们国家要发展生产力，必须大力发展有计划的商品经济。

但是，在以前，总的机制是计划经济，因为在那个时期，必须采取这个办法。就纺织工业的角度来讲，这是因为中国的穿衣问题没有解决。我们发布票发了近30年。到1983年12月1日，宣布免收布票，那个时候，国务院还没有敢说废除布票，要看一段时间。

在改革开放的方针下，全国的经济发展很快，纺织工业也发展很快，所以，尽管取消了布票，市场上纺织品、服装供应一直很平稳，而且我们发展到市场上琳琅满目，五彩缤纷。所以现在有些国家，特别是苏联，可能同志们也听到过，苏联的代表团和一些专家到中国来看了以后，我们的变化使他们眼红。他们来了以后，都是一大包，一大包买。这个反映了他们社会物质基础的薄弱，他们在发展过程中机制的缺陷。我们大力发展商品经济，我们的物质就丰富了。从这一比较，更可以体会到我们党中央确定的路线、方针的正确性。特别是十一届三中全会后，实行改革开放方针所发生的巨大变化，同志们是深有体会的。这也是我们国家经济发展的必然的趋势。

我们国家实行改革开放的方针以来，不仅是在经济方面发生了巨大的变化，而且在各个领域里都发生了巨大的变化，在人们的思想观念上也发生了巨大的变化。我们搞纺织工业的应该认识到这种发展和变化。在商品经济发展的过程中，我们要跟得上。就这点来说，我们认识的程度、转变的程度并不一样。所以，全国纺织系统要深入讨论这个问题，我们各个方面都要认识它和研究它。

再一点就是市场竞争观念问题。我们有些省、市，甚至有的县，商品经济比较发达的地方，它们的市场很繁荣，这些县、市逐步自觉地组织起市场，如纺织品市场、服装市场、钮扣市场，羊毛衫市场等等。我们国家这么大，必须通过多种渠道把纺织品销售到全国各地。尽管我们有国营商业的主渠道，但是，我们国家实在太大，还有一些边远地区，山区等等，怎么送货过去呢？要通过各种渠道来实现。商品经济发展过程中的显著特点就是竞争。竞争就是指各自在一个发展过程中，它的“本事”，也就是说，看你的产品竞争力。不是计划经济那样，叫干什么就干什么。现在的市场是竞争的，我们要充分认识到这样一个机制。如果我们认识不到，还是按照产品经济的办法，那么就不适应了。竞争的结果必然是优胜劣汰。商品经济的特点就是竞争。我们说“解放思想、转变观念”，就是要认识到这个发展趋势，认识到这个特点。在竞争的海洋中经受考验，经得起冲击，在竞争这个海洋中拼搏，这个问题要认识到。认识得好，转变得快，我们就占主动；否则，就不能适应。认识得好，转变得快，就会逐步走上良性循环；否则，我们就被动，也就是我们所说的单循环和双循环。这一点，我相信大家会比较的。最近有的地方进行了大讨论，有的同志这样说，“只要思想不滑坡，办法总比困难多”。我说这句话是对的，但是还不够。为什么呢？适应不了商品经济。“只靠苦干还不够，观念不转经济还是要滑坡”。

三、纺织工业战线的同志，特别是各级领导，要认真分析我们纺织工业的特点

我们纺织工业是什么特点呢？概括起来可以说有三个方面的特点。

第一个特点：我们纺织行业的中小型企业多，小企业更多，这个是我们纺织的特点。我们不存在什么钢铁大王，汽车大王。我们一些纺织工业基地，都有几个较大的棉纺织厂。但是，相对来讲，还是中小型企业多。我们做了一下全国性的统计，包括乡镇企业大约有50800多家，大体说有5万家吧。那么，我们纺织行业的大、中型企业是多少呢？只有1700多家。我们纺织系统的大、中型企业同钢铁、汽车等行业相比，我们说还是小的。我们一些大企业的用人是相当多的，就固定资产来讲我们并不多。这些情况说明了什么呢？就是说因为我们的中、小企业多，市场不可能由一个企业可以垄断，竞争是必然的。

第二个特点：我们的所有纺织品，是直接和所有消费者见面的。全国有11亿4千万人口，你说哪一个人不要穿衣呢？在这个人群中，有民族的不同，性别的不同，年龄的不同，职业的不同，地区的不同，消费水平的不同。要求我们的纺织品千变万化，适应消费者的需要。我们要把这个问题，研究清楚，认识清楚。以前用布票的时代一去不复返了。五、六十年代都是一大批灰、黑、蓝，颜色单一，所以，就可以大批量的生产。改革开放以来，人们在观念上已发生了很大的变化。我们对外交往多了，外事活动多了，相互经济合作多了，还有出口多了，这样一来，人们对我们纺织品的要求也更高了。如果在某一场合，衣着都是灰的、黑的，谁都要议论这个事情，如果那样，说明我们中国纺织工业没有很好发展。

现在消费者对我们的要求很高。外国人到中国来，都说中国人穿的衣服是琳琅满目，五彩缤纷。特别是一些开放地区城市女青年穿得很漂亮。这是因为多年来，我们跟外界接触比较多。人民群众对经济变化要求更高了，现在再是大批量的单一品种已经跟不上时代，所以在优胜劣汰中，人们对纺织品的要求越来越高。不少人跟我说，到市场上去不容易买到最满意的产品，大家的呼声比较高，为什么高呢？因为人们的生活在改善，审美观也在变化。谁跟我参加外事活动，对衣着打扮，我就提出严格的要求，这是不客气的。人家明明知道你是纺织工业部的，你们说你的生产发展的很好，为什么你们身上穿的那么不象样呢？这个问题不是个人爱好，个人爱穿爱美，而是改革开放的需要，时代的需要，你自己位置的需要。因为你是搞纺织的嘛！当然也不是所有最新产品都穿在你一个人身上，不是这个意思。总之要注意这个问题。

纺织系统要提高整体文化素质，特别是搞纺织工业的，要增加点艺术细胞，这一点不注意，新产品也开发不出。大家开发出来的，设计出来的，说是外面流行什么，你说不好，这就不行的。因为现在社会在变化，人们的审美观点在变化。我希望我们所有的纺织工作者都来研究一下城市姑娘身上穿的一些服装，打扮的一些要求，然后来研究我们生产产品的要求。前些天，我在青岛对局、厂干部说过一句不好听的话，我说青岛的姑娘，外地的包装。我说，这句话不知对不对，你们自已鉴赏或座谈一下。或是把你们自已的女儿、儿媳妇叫来研究一下，她为什么喜欢这么一套衣服。现在消费者买衣服首先看颜色和款式，包括花型。什么面料，这一点还不大讲究。服装只要颜色好看，款式好看，她看了就要买。我希望所有工厂的领导同志，不管是搞行政、搞生产也好，搞技术工作也好，搞政工也好，搞工会、共青团也好，不要认为你搞政工不研究这个，因为你的任务就是如何把这个企业搞好。我讲这个道理，就是要大家解放思想，就是人们穿的衣

服，请你们多研究一下。我这个观点不知对不对，因为我们生产发展了，经济发展了，生活水平改善了，应该看到服装问题这也是民族文化问题，也体现精神文明、物质文明的水平。今年2月份纺织部机关干部搞了一次服装表演。司局长带头就加分，司局长不带头就减分。报了18个队伍，足足转了半天。结果这么一弄，效果非常好。我们全部都录下像来了，每个参加单位发了一个录像带，给他们回去认认真真自我欣赏，你在上面漂亮不漂亮。

爱美之心历史上讲都是人皆有之。我最近常常宣传服装服饰问题。我们搞纺织的同志，都要会做宣传工作，但是首先我们自己要增加一点艺术细胞。搞纺织的，就要使我们的产品成品化、配套化、时代化、个性化。美化人们的生活是非常有意义的。希望大家都来讨论这个问题。

我这次在中央党校学习，没有想到中央党校也设了一个美术课，我们马列主义的高等学府也有美术课，我做为一个纺织工作者来讲非常高兴。党校让我讲服装服饰，我讲了两次。还搞了两次服装表演。第一次是年青的模特去表演，一致反映较好，说明发展的要求嘛！第二次是儿童和中老年表演。74岁的老太太穿的服装，又高雅又漂亮，体型并不太好，个子也不高，胖胖的，可是穿起来就好看。这说明什么呢？说明消费者心理，消费者的要求。作为纺织工业者，我希望在座的各级领导都要来研究这个问题。纺织系统现在不仅应注重产品的技术，更应在产品的花色品种、流行款式上多下功夫。为技术而技术的纯技术产品是没有市场的。纺织品是艺术加技术的产品。树立服装服饰是一种文化，体现民族素质，文明程度表现的意识。

第三个特点：纺织品要为两大市场服务。一个是为国内人民和国内的经济发展需要服务，同时，我们还要出口创汇，为国际市场服务。现在，纺织品在全国出口创汇中占1/4，这是我们纺织工业战线职工的贡献。但是国际上的竞争非常激烈。技术的进步，变化很大，新品种的开发，档次的提高，我们远远跟不上。对“八五”和到2000年的出口创汇，我们都有一个要求。到2000年，我们要争取200亿到235亿美元，到1995年，我们想争取150亿到175亿美元。去年全国的吨纤维创汇平均为6100美元，而国际市场上为9000美元左右，高的达2万多美元。而象青岛这样的老基地，现在创汇水平却低于全国平均水平。大力发展外向型经济是纺织系统始终要抓的工作。我们的战略思想，是要发展深加工、精加工、高附加值，简单讲“深、精、高”，从这些方面去努力。认真联系实际，研究解放思想、转变观念的问题，从产品经济的束缚中解放出来。

产品经济思想，有这么几个表现：第一，原料单纯地靠国家分配；第二，生产的产品靠国家包销；第三，从资金来讲，也是一个来源，是一个单渠道，单渠道主要是靠政府；第四，不注意信息。第五，是我们国营工厂，比较大的工厂或比较老的企业，恐怕还有点放不下架子。我跑了许多地方，讨论商品经济时，大家谈了许多情况，有的强调我是老基地，老厂，已经做了很大贡献。于是就满足于这方面了。现在是所有基地、所有企业都处在竞争过程中，不进则退，“老”、“大”的架子放不下，这也是产品经济思想的表现。当然，也有许多不可比的条件，但不管怎样要千方百计开发品种，最后效益也就出来了。有的同志讲“船大不容易掉头”，但是，已经是这么大的规模，可以发挥它的优势。也可以说，“船大可以经得起风浪”。关键是看我们自己内部能不能不断开发新品种，能不能提高档次。

现在国务院强调搞活大中型企业有很多政策，有国家、有地方政府对我们的支持，我们要千方百计搞活企业。

四、必须树立几个观念，抓好几支队伍，处理好几个关系

（一）树立几个观念。主要是六个观念：

第一是市场观念，它包括了消费者的要求。我们的纺织品开发，一是要以市场为导向，根据市场的变化、市场的需求来安排我们的生产。在此我谈一点我们的金银牌，即金牌、银牌、省优、部优产品和市场的关系。我在部里经常讲这个观点。我们在1979年就开展评金牌了。那么金牌有什么好处呢？促不促进我们呢？应该说是有好处的，它促进我们上档次、上质量。但如果我们只保住产品是名牌产品，始终几十年一贯下去，那么和市场的关系是怎样的呢？可能会忽视市场的变化。我们的纺织品要小批量、多品种。但是，大家辛辛苦苦出了好产品，我们不评金牌、银牌，也对不起工厂。评吧，纺织品与市场需求有的结合不起来，当然不是绝对的，所以有的厂长说：我现在千方百计开发新品种，你要我什么批量，我就不管了，我就要市场好销，我自己要注意质量，要开发品种，这就是市场观念强。还有的同志讲，现在工厂里碰到销路不好，什么积压产品等等，有的就找市长。我赞成“不找市长找市场”。找市场，就是千方百计开发新品种。当然，在急的时候，需要市长给调节一下，更多的事情要了解市场，取决于我们企业的品种开发，取决于我们的产品档次提高。我不是说市长就不要支持你们，我还是希望省政府、市政府支持我们纺织，但是，真正的还是决定于我们的品种开发。如果市长很支持纺织，那很好，但是不要以为什么事情都就解决了，新产品拿不出来，销路不好，还是产品积压，给了钱也没有用。这次我带纺织部专家组到天津、青岛，帮助研究如何摆脱困境、增加后劲，看到青岛纺织形势非常紧急，我说，作为纺织部来讲要助一臂之力，但是你开发产品还是要开发出来；要积极研究，希望他

们通过两个、3个月的努力就能有一个新的趋势。

第二是竞争观念。竞争是优胜劣汰，要保护也保护不了。一位领导曾说“保护民族工业不等于保护落后”，希望我们注意。再举个例子，就是下雨天穿的“风雨衣”，现在的风雨衣并不是纯粹的为了下雨天穿的，它有了美化的要求在里面。当然，全国的地方不一样，有的地方雨季多，你就要下雨时穿，但是某一程度上，现在也有美化的要求。有人议论过去较有名气的风雨衣款式现在过时了，质量虽然是好的，但款式开发不够。而有的企业根据市场的变化，品种开发很多，打破了风雨衣传统的单一功能，所以竞争力较强，受到消费者欢迎。

第三是信息观念。信息是非常重要的，未来的世界是信息的世界，所以有些工厂，特别是一些小厂，十分注意信息。信息就是金钱。《纺织报》现在是注意市场信息，产品开发的信息，有一次登出一条信息，一家工厂马上开发出来，结果很快救活了这个厂，写信来感谢《纺织报》。

我碰到几个干部，他们每次来京出差，都要到部里来，他说“我不是来要钱、要项目，我是来要信息的”。还有浙江一个纺织机械厂，厂不大，但注意品种开发，发现信息马上开发出来，使企业收益很快。

第四是质量观念。质量十分重要，出口有质量标准，客房有质量要求。国内的产品质量有时还不够稳定。去年我们纺织系统开展了“质量、品种年”活动，取得了一定成绩。今年，国务院定为“质量、品种、效益年”，我们都要贯彻落实。今年纺织主攻“五大关”，纱疵、横档等，作为全国性的攻关问题。还有印染的色差，这事服装厂最有意见，大批量裁剪后如有色差，缝合后就会影响美观。还有纬斜、缩水率。缩水率，印染、针织行业都有，针织较多，如棉毛衫、汗衫买时符合规格，洗后就缩上去了。最近，有位领导要买件汗衫，在北京买了一件，洗了之后变得很短，我觉得很说不过去。这说明什么问题呢？我们的质量实在要下大功夫。所以在“质量、品种、效益年”中，我们要主攻“五大关”，扎扎实实地认真抓。希望各地的产品质量都有很好的信誉，满足消费者的需要。

第五是服务观念。服务观念是前道为后道服务、后道为最终成品服务的观念，为市场服务，为消费者服务。现在的形势要求我们树立牢固的服务观念。例如我们的纺织机械厂的售后服务，卖出去后要上门服务，现在我们纺织机械厂已经开始这样做了，但做得还不够。销出去以后，有的质量是好的，有的质量还不太好，用户伤脑筋，有的开不起来，有的漏油。我希望机械厂注意这个问题。从今后，质量问题要有一个经济上的考核，不行就赔款，有的地方已经使用了这一办法。

第六是效益观念。我们棉花二年调价3次，涨了80%～90%。纺织品由于市场疲软，价格不到位，这样就影响了企业的经济效益，但是我们有没有别的办法来提高效益、挖掘潜力，我想应该是有的。

有的工厂千方百计地开发新品种。例如山东滨州毛纺厂等许多企业，开发新产品很快。开发新品种国家有一种政策，可以免交产品税，这个厂不断开发新品种，两年没有交纳产品税，加上产品不积压，这样效益也就出来了。

在竞争过程中，在商品经济发展过程中，必须要注意市场观念，竞争观念，信息观念，质量观念，服务观念，效益观念。

（二）抓好两支队伍：即设计人员队伍与销售人员队伍。

第一支队伍：设计队伍。设计人员要担负花样设计、产品结构设计、款式设计。设计力量和队伍是十分重要的。我们现在各个厂都有一批设计人员队伍，但总的来讲，在充分发挥、调动他们积极性方面还不够，有的单位甚至力量很少。要开发新品种必须要有一部分人。设计人员的问题，希望各级领导研究一下，这支队伍在现有基础上如何来加强，如何来调动大家的积极性。我看到有些地区对调动设计人员的积极性已经有了一些办法，希望大家都来抓一下这件工作。

今年9月份，全国纺织行业要召开设计人员代表会，各地都要认真选拔，要表彰。部里再把花样设计、服装款式方面的设计人员开代表会。还有就是，款式设计也可以采取招标的形式，发动群众，面向社会。

第二支队伍：销售队伍。产品生产出来了，还要推销，销售力量要加强。企业应有足够的销售力量，特别是毛纺、针织、服装等行业要加强销售队伍，用一些好的、新的办法去组织起来。现在有的工厂已经组织起来了，而且有许多办法，如销售包干等。

另外，销售队伍也要培训，销售人员要懂产品的特点。例如：毛纺厂搞各种风格的品种，要宣传出各自的特色来。销售人员要调查市场，主动推销，及时反馈，以销定产，要及时反馈用户的要求。

希望大家重视这支队伍。但总的来说，整个纺织行业对这支队伍重视不够。我们纺织系统有些地方，设有工业外贸企业和工商合一的纺织品批发公司，要充分发挥他们的作用。要使用各种力量来促进我们纺织工业的发展。

（三）处理好几个关系：

第一，治表与治本的关系。如果只注意治表，那就没有后劲。从长远的角度看，5年、10年，今后纺织品怎样有竞争力。有的地方现在已经滞后了，要赶上去。如果现在只注意治本，但这里产品积压，那里资金不足，在这种情况下，也要把目前情况处理一下，否则包袱越来越重。所以说治表与治本要结合好，处理好，把当前生产安排好，协调好，该处理的要处理好，该调整的要调整好。长远的问题要整体设计，分步实施，通过3年到5年有个大的变化。

第二，内因与外因的关系。纺织工业这几年很困难，要争取外部宽松，狠抓内部练功。外部宽松是指上面政策支持，给予我们帮助，内部练功是靠我们内部的本事。企业内部怎样竞争？怎样开发新品种？怎样提高档次？怎样加强管理？如果内功不行，那么外部条件也撑不起来。外因要通过内因起作用，关键还要通过内因来起作用。希望纺织系统的同志处理好内因与外因的关系。当然，碰到问题也要向政府汇报，争取上级支持，要把政策用足用好。我们要把企业搞活，增强企业活力，增加竞争力，对已有的政策要用足用好。

第三，精神与物质的关系。物质是基础，但是也不能只见物不见人，精神可作用于物质，而且甚至在某个场合某一时间，物质的外部条件也是通过人去争取的。有的地方现在碰到困难，难度很大，也可以说是多年没有的。但是，在困难面前要特别注意团结一致，齐心协力。不管是哪个省、哪个市、哪个行业，这一点非常重要。如果团结一致，大家都研究如何把工厂搞好，调动各方面的积极性，怎样搞好，现在怎样搞活，先进怎样促后进，怎样增加竞争力，大家都想到一块，我想力量也就很强了。我们搞社会主义，这是我们总的目标。全国各地这几年都发展很大，如果某一个问题上我们准备不太好，那我们缓一点就要落后了，唯一的办法就是齐心协力。我希望大家发挥老传统，团结一致。碰到一些新问题，新矛盾，这没有关系，我们都是为了搞活企业的生产。我们除了这样的利益，还有什么利益呢？大的范围来讲是共产党，党的利益就是人民的利益，就是建设我们的社会主义，最终实现共产主义。我们纺织企业怎样更有生气，这是大家共同的目标和利益。在工厂来讲，就是工厂怎样搞得好。党、政、工、团要齐唱一台戏，几个力量一起使，这一点希望我们都能搞好。

第四，过去、现在和将来的关系。我们纺织工业，特别是许多老的纺织工业基地，历史上做出了重要的贡献，但是现在我们遇到了困难，而且难度较大，不少老基地在技术进步、老厂改造方面有些滞后了，要有危机感，如果不认清这一点也不行。另外，我们还要看到将来，特别是一些纺织工业的老基地，不要认为过去我们有贡献，现在遇到困难，好象是走不出来一样。这不要紧，只要我们看到自己的难处，认识到危机感，要有信心，看到将来。我们许多纺织老基地，我觉得还是有希望的，它们在国民经济的发展中的地位、作用很重要。我们现在要振奋精神赶上去，我们国家经济要振兴，需要纺织工业作为振兴经济的组成部分，而且从人们的文化素质讲，也需要我们提供丰富多采的纺织品，不仅如此，我们还要出口创汇。只要我们上下努力，我相信一定会发挥出积极作用，把我们纺织工业，特别是许多老的纺织工业基地搞得更好。

最后，我希望纺织战线全体职工，在党中央、国务院的领导下，要振奋精神，团结一致，解放思想，转变观念，勇于开拓，克服困难，开创新局面，努力实现“八五”计划和十年规划，为我国纺织工业的发展做出新的、更大的贡献。

王曾敬副部长在全国纺织工业“八五”计划工作会议上的讲话（摘要）

（1991年8月5日）

我就纺织工业今后的发展问题，谈几点意见。

一、纺织工业面临的形势

党的十一届三中全会以来，在“改革、开放”方针的指引下，在中央、国务院的关怀和领导下，纺织生产和建设取得了很大进展。先后全面完成了“六五”和“七五”计划规定目标，到1990年底，我国棉纺生产能力达到3882万锭，居世界第1位；毛纺锭达到266万锭，居世界第2位；化纤生产能力突破200万吨大关，居世界第4位。解放以后30多年来，困扰中国人民的穿衣问题，基本得到了解决，1983年取消了票证，实现了敞开供应，人民的衣着水平得到了很大的改善。与此同时，纺织工业还向纺织装饰和产业用纺织品的领域开拓发展。10年中，纺织工业为国家的社会主义建设提供了大量的资金，累计实现利税1600多亿元；出口创汇大幅度提高，从1980年的44亿美元，增加到1990年的138亿美元，10年累计创汇850亿美元，成为国家的第一创汇产业，已占全国创汇总额的四分之一。10年累计为社会吸收就业人员300多万人，为国民经济和社会发展做出了应有的贡献。

但是，在取得上述成绩的同时，在纺织工业的发展过程中，也出现了不少新的问题和困难，其中有一些问题还相当突出和相当严重。主要有：一是纺织工业原料严重不足，大约有四分之一缺口。再加上棉花流通领域混乱，严重制约着纺织工业的发展，影响着品种的开发和质量的提高。二是由于价格没有完全理顺，税、息、利、费的大量转移，全行业的经济效益迅速下滑，使企业的自我积累、自我发展、自我改造的能力严重下降，影响着企业技术进步、技术改造，设备、厂房、劳保、环保设施严重老化。三是行业管理、企业管理比较薄弱。在新旧体制转换过程中，没有形成一套有效的宏观调控机制，企业管理特别是基础性管理有削弱趋势。在许多方面出现低水平延伸，企业和产品的竞争能力不够坚强有力。

在我们研究和确定纺织工业"八五"发展计划时，要正确分析今后几年纺织工业面临的形势和环境，一方面应该清醒地看到我们当前存在的问题及困难，要从实际出发，认真对待，使我们的发展目标和任务建立在稳妥可靠、实事求是的基础上。另一方面也要看到我国还是一个发展中国家，人民的物质消费水平仍然不高，为使我国人民生活达到小康水平——丰衣足食，我们肩负的任务是十分艰巨而繁重的。

从需求来分析，一是随着国民经济的发展，人均国民生产总值的增长，人民生活水平的日益提高及人口的自然增长，对纺织品的需求不论从数量上，还是品种、质量上，都将提出新的要求。国内市场对纺织品的需求将由单纯的数量需求，转变为以品种、花色、质量为主要特征的需求。今后，纺织工业的发展，必须适应这一需求的变化。二是根据我国国情和国际贸易的形势，在今后若干年内，纺织品和服装仍将是我国最重要的出口创汇商品，需要进一步发展生产、扩大出口。当前世界纺织品贸易格局正在发生新的变化：一是传统的数量与价格竞争已为质量与技术的竞争所取代，二是世界纺织品贸易迅速向成品化、高质化、时尚化转变，服装和制成品已成为贸易的主体。今后我国纺织出口产品，必须逐步适应这一需求趋势的变化，在激烈竞争中求发展。

从发展条件分析，原料和资金将是纺织工业发展的最主要的制约因素。纺织原料不足是长期以来困扰着纺织工业的主要问题。"八五"期间纺织工业还将面临原料短缺的局面。按照国家计划，1995年棉花产量仅为475万吨，羊毛、桑蚕、苎亚麻虽然都有发展，但天然纤维原料仍很紧张，因此为了缓解原料不足的矛盾，必须坚定不移的走发展化纤的道路，实行天然纤维和化学纤维并举的方针。提高化纤在纺织原料中的比重。国务院、国家计委领导同志对发展化纤和化纤原料给予了很大的支持和关怀，石化、化工、石油等部门，也给予了充分支持，《"八五"计划纲要》也有了明确的规定。因此，我们下决心把发展化纤及化纤原料作为"八五"计划的重点内容来组织实现。当然，在后十年发展化纤及化纤原料各150万吨，需要350亿元资金，这是一个需要中央、地方共同研究和承担的重大课题。

从纺织工业内部条件分析，存在着结构不合理、技术装备水平落后和经济效益差等问题，同我们面临的形势很不适应。在产品结构上，中低档的产品多，加工程度低，供应国内市场的衣着用品中，成衣的比重只占40%。在出口纺织品和服装中，档次也较低，初加工产品多，平均每吨纺织品创汇只有5600美元，只有发达国家的二分之一左右。在技术装备上，绝大部分企业装备和工艺技术比较落后，设备严重老化，棉纺已超期服役锭子达1200多万锭，占全部棉纺锭的三分之一。棉织机共有86万台，其中无梭织机仅有1.7万台，占2%。在企业的组织结构、企业管理等方面都还存在不少的问题，影响了纺织工业的生产效益，经济效益。总的说来，目前我国纺织工业基本上还是属于粗放型的，或者是由粗放型向集约型过渡的过程中。

从以上分析，归纳起来是一方面国民经济的发展，对纺织工业提出了新的要求，需要在更高水平和层次上发展。同时在另一方面又受到原料资金不足的制约，而纺织工业的内部结构又不能适应形势的发展，这就是我们面临的矛盾，也是纺织工业"八五"计划需要认真解决的主要问题。

二、纺织工业十年规划和"八五"计划的方针、目标和任务

七届人大四次会议讨论批准的我国《国民经济和社会发展十年规划和第八个五年计划纲要》，明确地提出了为实现我国社会主义现代化建设第2步战略目标的基本任务，主要奋斗目标和基本指导方针。我们要全面认真地贯彻落实。根据国民经济和社会发展的基本指导方针，结合纺织工业的实际情况，纺织工业十年规划和"八五"计划的基本方针是：在国民经济发展总方针指引下，坚持改革、开放，面向国内市场和国际市场，积极开拓纺织原料资源，加强宏观调控，大力改组改造，加快技术进步和技术改造，进一步调整行业结构和产品结构，发展最终成品生产，以出口创汇为突破口，以经济效益为中心，带动纺织工业的全面发展。

为保证人民生活逐步达到小康水平对纺织品的需求，扩大纺织产品的出口创汇，《纺织工业十年规划和"八五"计划发展纲要（草案）》提出了纺织工业在十年规划和"八五"计划期间，工业总产值需要保持年平均递增5～6%的发展速度；扣除出口，我国人均纤维消费量后10年增加1.2公斤，其中："八五"增加0.7公斤；力争1995年出口创汇达到150～175亿美元，2000年达到200～235亿美元；吨纺织产品创汇由目前的5600美元，提高到1995年的7500美元左右，

2000年达到9500美元左右。这个目标是一个兼顾需要和可能的目标，是一个有很大难度的目标，是一个经过艰苦奋斗，应该达到、又可能达到的目标。

要实现上述目标，需要抓好以下工作：

一是要大力发展纺织原料。发展原料必须坚持天然纤维和化学纤维并举的方针。在发展天然纤维，特别是棉花生产的同时，要重点发展化纤和化纤原料。棉花生产，要稳定政策，落实面积、改良品种，提高单产，“八五”末期国家计划棉花产量达到475万吨，我们希望，力争达到500万吨，以适应纺织工业发展的需要。

对化纤原料的发展，一是要充分依靠石化部门的主渠道作用，建议石化部门应集中资金，建设以PTA，乙二醇、丙烯腈、已内酰胺为主体的化纤原料基地项目；二是充分依靠地方、部门的积极性，特别是地方的积极性，发展化纤原料；三是积极利用国外资金、技术及原料，发展化纤原料。对于“八五”期间的重点化纤及化纤原料建设项目，各地及有关部门已做了不少工作，对已确定的项目，要抓紧前期工作，进一步落实资金，以便尽快立项建设，发挥效益。

二是要大力推进全行业的技术进步。首先要对现有企业进行有效的调整和整顿，这一点十分重要，不要把注意力都集中在搞新的项目上，否则90年代基础就很不牢靠。技术进步必须走劳动密集型与技术密集型相结合的道路，大力发展技术密集型产品。要把提高劳动生产率放在十分重要的地位，重点抓好老企业的技术改造，通过改造，进一步调整产品结构；发展深加工、精加工、高附加值纺织品；提高产品质量和降低消耗；改善劳动条件和劳动环境，提高劳动生产率和综合经济效益。达到“控制总量、调整结构、合理布局、提高效益”的目的。在提高技术经济水平上求发展；在调整结构协调发展的基础上求发展。要开发新型纺织机械、器材，提高全行业的装备水平。目前我国大部分纺织机械、器材还比较落后，尚不能满足纺织行业发展和技术改造的需要。因此，必须加速研究，开发适合国情的实用先进的新型纺织机械，处理好使用国产设备与引进先进技术设备的关系。“八五”期间，要继续坚持“上品种、上质量、上水平、攻成套、顶进口”的发展方向，发展先进、适用、经济、系列、成套纺机产品。重点抓好纺机、纺器12条龙攻关，并要形成批量生产能力。

三是要大力发展装饰、产业用纺织品，拓宽纺织工业的发展领域。“八五”及后10年，随着人民生活水平的提高，居住条件的改善，以及住宅、公共设施建设及旅游事业的进一步发展，装饰用纺织品仍将以比较快的速度增长。工业的发展，特别是交通运输、汽车业，采掘业等在“八五”及后10年的重点发展，产业用纺织品也将比衣着类纺织品有较快的增长。各地纺织厅、局（公司），都应高度重视这些领域的开发，特别是在当前纺织工业面临种种困难的情况下，进一步拓宽纺织工业的发展思路，大力发展装饰用、产业用纺织品，推进纺织工业向深层次、高科技、高附加值方向发展是很有必要和发展前途的。

四是要大力发展纺织品出口。目前我国纺织品出口创汇，已占全国商品出口总值的四分之一，成为全国对国际市场依存度最高的产业。根据国民经济发展的总要求，十年规划和“八五”计划期间，必须巩固纺织工业的出口支柱地位。一方面，要认真研究分析90年代国际纺织品贸易的地区格局，确定我国纺织品出口主销市场的目标和战略。另一方面，要在提高产品质量、档次、缩短交货期上下功夫，提高在国际市场上的竞争能力。在确保已占有的市场份额的前提下，要积极拓展新的市场和新的品种。研究和探索走通“两头在外”的发展路子。要采取宽松政策支持沿海地区通过进口原料、出口成品，来扩大纺织品出口创汇。以此来带动纺织工业的发展。

五是要大力发展科学技术，提高“科学技术是第一生产力”的认识。未来10年中，我国科学技术能否有较快的发展，将直接影响到“八五”计划和十年规划确定的宏伟目标的实现。因此，我们要高度重视科技工作，要结合纺织工业十年规划和“八五”计划的目标和任务，把发展科技放在突出地位切实予以加强。当前，纺织工业的发展不仅受到原料短缺、资金不足等诸多不利因素的困扰，而且更主要的是受到技术、装备落后，职工技术文化水平低的制约。市场的竞争、产品的竞争，归根结底是人才的竞争、人的素质的竞争。如果没有一支用现代科学技术文化武装起来的高素质的职工队伍，振兴纺织将是一句空话。“八五”期间，各级领导都要坚持把各层各类人员的科技文化教育放在重要位置，抓紧抓实。要关心爱护科技队伍，要尊重知识，尊重人才，要努力造就一批有坚定社会主义信念，会管理，善经营，掌握先进科技知识的队伍，要下大力量建设一支在数量上能够满足需要，高中初层次结构合理，有社会主义觉悟和较高素质的技术工人队伍。

三、需要研究解决的问题和建议

要使纺织工业十年规划和“八五”计划确定的方针、目标和任务落到实处，能够得到实现，就要研究确定具体的实施政策，制定切实有效的措施予以保证。国家《纲要》和我部《纲要》中，对经济体制改革，主要政策、措施都提出了具体要求，下面仅就纺织工业当前应该解决的问题，提出以下意见：

1. 树立大纺织观念，加强全行业计划归口管理。这是保证计划正常实施的客观需要，也是纺织工业行业主管部门义不容辞的责任。1986年国务院决定将服装、丝绸行业划归纺织工业部门统一管理，促进了我国大纺织格局的形成，行业管理有所加强。在新旧体制交替过程中，由于条块指导产业方式和行业组织形式不尽相同，再加上纺织工业企业以中小规模为主，量大面广，交叉渗透。因此，现在纺织工业部门管理的范围不到全国纺织工业的三分之二，这从行业归口管理、加强宏观调控的角度看，是很不全面和很不适应的。这样不利于国家加强宏观调控和指导，不利于国家产业政策的贯彻和执行，也不利于纺织系统内外企业的协调发展。所以，我们要树立大纺织观念，加强全行业计划归口管理，迅速从部门管理转向全行业管理。要在总体规划的基础上，实行国家对总量统一平衡，对不同类型、不同所有制和不同隶属关系的纺织工业企业，实行分类指导，纺织工业行业主管部门归口管理，实行集中有力的宏观调控。根据中央和地方分级管理的原则，各省、自治区、直辖市和计划单列市纺织厅（局、公司），是其行政辖区内纺织行业归口管理部门。都要在当地人民政府的统一组织、领导和支持下，搞好行政辖区内全行业的归口管理。

各地在“八五”规划安排中，一定要妥善处理好重点行业与一般配套行业的协调发展的关系，处理好生产要素存量调整与增量配置的关系，处理好行业总体发展方向与地区发展优势的关系。要避免发展中的趋同性和盲目性。并按照全国统一纺织品市场和总量平衡的方向，不搞封闭式的省、市、区纺织品自给和地区平衡，提倡搞好跨省市区横向联合，组织产业(产品）集团。这是社会主义有计划商品经济的客观要求，是现代化大生产的必然发展趋势。

2. 加强宏观调控，搞好总量控制。结合纺织工业的实际情况，“八五”期间，重点对棉纺、毛纺、化纤及化纤原料等生产能力、产品产量、投资规模等实行总量控制和宏观调控，防止盲目发展和低水平延伸，使全行业按比例、协调和稳步的发展。对新增“三大能力”项目的审批，不论其隶属关系、所有制形式、投资渠道，都要由纺织工业部逐项提出核准意见后，再按项目审批权限和程序进行审批。以内涵为主的技术改造项目，应积极支持，但改造更新下来的旧棉纺、毛纺、化纤设备，应严格按部规定作淘汰报废处理。不得以任何理由或名义进行转移，扩散和留用。在具体项目安排上，实行总量平衡、合理布局、经济规模、择优安排，实行滚动的原则。要充分运用经济的、行政的、法律的手段加强宏观调控，以保证与国民经济的协调发展。对其他纺织后加工行业（产品）的生产建设，由各地根据产业政策和市场需求进行规划和发展。

3. 要建立健全科学的统计、监测方法和制度，加强行业的信息工作。准确提供数据，及时提供信息，全面搜集资料，方便反馈和决策是计划统计部门的职责。随着改革的深化，社会主义计划经济和市场调节相结合的经济体制的逐步形成，对外开放和国际贸易的日益扩大，国内纺织品市场供、产、销、存的瞬息变化，都对统计、信息工作提出了新的更高的要求，特别是当前纺织工业正处于一个历史转折时期，纺织统计工作显得尤其重要。没有一套完整、系统、准确的纺织工业统计，我们的决策和管理就失去基础，就难免要犯错误，纺织工业就很难得到持续、稳定、协调的发展。所以，各级领导要充分重视统计工作，帮助统计部门解决一些实际问题。采取有力措施稳定统计队伍，提高统计人员素质，强化统计工作。要适应改革开放的新形势，把统计机构建设成具有信息、咨询、监督等多种功能的智力型的信息系统，使统计工作达到数字准确、资料丰富、信息灵敏、运行高效的要求。同时还要加强企业的统计基础工作，这是搞好统计工作的前提。

4. 搞好年度滚动计划的安排。纺织工业是日用消费品工业，由于在新旧经济体制交替情况下，制约因素很多，品种、花色、规格、款式千变万化，受国际、国内市场需求、变化的影响，预测难度较大。所以，在确定全国纺织工业“八五”总的生产、建设目标的情况下，实行分年度、分地区逐步滚动的形式。对建设项目和技改项目根据实际情况逐步确定。分批下达，实行淘汰制。对已列入发展计划，因其建设或改造条件变化，而在一定时期内无法落实的项目，应取消其计划，根据可能递补其他条件较为成熟的同类项目，以使年度、地区指标、项目更加切合实际。

认清纺织工业形势，做好纺织科技工作

刘珩副部长在全国纺织科技工作会议上的讲话（摘要）

（1991 年 11 月 26 日）

一、认清纺织工业形势

当前，我国纺织工业确实面临着前所未有的一系列问题和矛盾。原料不足，原棉涨价，总量失衡，结构失调，产品积压，技术进步缓慢，经济效益下降，出口难度加大，正在经历着一场新的严重困难和严峻考验。

尽管如此，党中央国务院非常关心纺织工业的兴衰，李鹏总理说："今年纺织工业形势严峻，但不要悲观，不要只看到困难，也要看到有利条件，还是两点论"。朱镕基副总理出席 8 月 28 日纺织厅局长会议，一开头就满怀热情地说："我首先要讲三句话。第一句话，中国的纺织工业自开国以来，就是中国的第一产业。刚解放的时候，只有 500 万锭子，现在 4000 多万锭子。纺织工业一直为国家的积累，人民的消费作出了重大的贡献。第二句话，尽管 1988 年以来，纺织工业遭受了各种困难，从摇钱树变成了苦菜花，经受了各种磨难。但是，大纺织！它仍然是第一生产大户、第一利税大户、第一创汇大户……。第三句话，纺织工业战线的广大职工，已经是中国最大的产业工人队伍。在困难面前，还是振奋了精神，十分努力，千方百计地去克服困难，精神面貌很好，应该肯定他们的成绩，应该向纺织工业全体职工表示敬意"。

为解决纺织工业面临的困难，国务院帮助我们整顿棉花供应，开展限产压库，实行压贷挂钩，今年年底如能压缩到去年年底的库存量，就给予纺织工业技改专项贷款 46.7 亿，还能提供一笔外汇额度，用于技术引进。鼓励我们要多搞一点深加工，要追求高附加值，要抓真正能够开拓市场的新产品，要真正做到依靠科技进步，振兴纺织工业。

镕基同志对于纺织工业的技术改造，说抓就抓，一抓到底。11 月 11 日他听了纺织部技术进步工作的汇报后说："纺织工业如何改造，我一直希望纺织工业拿出一个思路来，……。今天纺织工业部的汇报对我有启发，现在棉纺 4000 万锭，大大超过需要，不关停并转不行。因此，你们提出淘汰落后棉纺锭，其中 300 万是解放前的，700 万是一字头的，这就抓在点子上了。老纱锭去掉，新的怎么改造，你们要抓住出口创汇，搞无结头纱，搞自动络筒机、无梭织机，这个改造方向，我认为抓对了"。

他又说："纺织工业的深加工怎么搞，纺织工业还是要搞丝绸、印染、针织、化纤仿真"。并说："一个抓出口、一个抓深加工，深加工最终也是为出口，这样来提高纺织工业的效益，这就抓对了"。

人们担心设备报废了，人怎么办。镕基同志说："这就要宏观支持他，把人转到需要发展的地方去，支持他发展一些深加工的项目，给他钱，不然没有积极性"。并指出："纺织工业部要把纺织机械制造工业摆在突出的地位来抓，无论如何要把自动络筒机、无梭织机生产当重点抓下去，我们给钱给外汇，一定要把这件事搞好"。

纺织工业部已经于最近召开了 14 省厅局长座谈会。经过 3 天来的座谈、讨论，大家一致认为朱副总理的讲话十分重要，国务院领导同志对纺织工业非常关心，非常支持。普遍感到鼓舞大、触动大、震动大。通过讨论，大家对形势的认识更加统一，思路更加开阔。对限产、压库、控能、淘汰、改造的信心进一步增强。对加快技术进步，调整结构，提高效益的方法和重点，进一步明确。吴文英部长在总结报告中说："总结我国纺织工业 40 多年的经验教训，理论和实践都告诉我们，企业能不能把技术进步放在发展战略的首位，不仅关系到我国纺织工业能否从根本上摆脱困境，更关系到我国纺织工业未来的发展与兴衰"。她又说："展望 90 年代，我国纺织工业正处在一个关键的发展时期，一个新的战略转折时期。在指导思想上，我们必须坚定不移地把发展重点，切实转移到依靠科技进步和提高劳动者素质的轨道上来。对此，我们要有强烈的紧迫感、责任感和危机感"。

我向同志们传达国务院领导同志和部党组的意见，是要大家明白，我们纺织工业要发扬优良传统，在困境中突围。重振高效益的雄风，追赶世界先进水平。出路在于解放思想，转变观念，要适应商品经济的特点，参加国内外市场的竞争。这就必须要从技术上、结构上寻找出路。我国号称4000万纱锭的纺织品生产大国，在国内要引导消费，刺激消费。在国外要开拓市场，扩大出口，唯有依靠科技进步。现在纺织系统上上下下都在呼吁着："要依靠科技进步，并且正在采取一系列有效措施。我们作为纺织系统分管科技工作的行政领导和科技人员，更要充分认识自己肩负的重大责任和历史使命。我们要进一步抓好技术攻关、技术开发以及抓好重大科研、中间试验和新产品试制工作，还要抓好军工配套纺织品科研工作，国家重点新产品试产和国家重点新产品试制鉴定工作，计算机应用推广工作，为科研成果转化为生产力，作出不懈的努力。

二、做好纺织科技工作

今天参加会议的除了四川、江苏省的厅领导之外，主要有各省（市）厅（局）的科技处长，还有各科研院所和高校科研机构的负责人。如果说，企业的科技工作最能转化为生产力，那么，我们自成体系的科研院所、高等院校，如何使科研成果转化为生产力，这就是个老问题，也是个大问题。这既关系到科技能否面向经济，也关系到经济能否自觉地依靠科技。这实际上要解决科技与经济两张皮的吻合问题，这是我国科技体制改革能否取得成效的大问题。对此问题我们年年讲，年年有进展，但总觉得有差距，有难处。从纺织科技来说，"七五"时期科技成果转化为生产力的比例不到25%，一大批科研成果没有发挥应有的作用。一见到科研院所和高校科研机构的人员，一是说资金不足，二是说任务不足。究竟如何看待科技体制改革的实施和当前的困难，以及怎样做好我们的工作，我讲几点意见。

1. 科技体制改革是必由之路。1985年"中共中央关于科技体制改革的决定"发表，其目的在于使科技工作扎根于经济，形成与经济发展相互促进的良性循环。自从实行减少科技事业费，逐步到位后，确实是逼着大家实行新的科技运行机制，促使科技的商品化，形成技术市场，加速科技开发，出现了科技进入企业，或科技办实业等。即使是对广大科技人员来说，也在聘任制过程中，实行优胜劣汰，打破了大锅饭，调动了积极性，增加了经济收入。这方面的道理，大家比我懂得更多，相信大家都会承认我国的科技体制改革是必由之路。

2. 正确看待前进路上的困难。有人说，在当前技术市场不完善，企业依靠科技进步不积极，因此科研院所面临着巨大的经济压力。我想，目前科研院所有困难是事实，但是否属于普遍现象，是否比改革前更差，是否由于削减事业费所造成，这应该有个正确认识。

我看了部所属的研究院、服装设计中心、科技组织开发中心、机研所、以及情报所等，他们工作压力都比过去大得多，但经济收入也比过去大得多。我看各省办的科研院所基本情况也是如此。个别科研机构办得差，日子难过，甚至要垮台，根本原因也不是因为削减事业费所造成。这一点，大家比我心里更明白。正因为当前科研院所有困难，例如科技任务不足，科技市场不畅等，这就更要求我们解放思想，转变观念，服务经济，进入企业。竭尽全力去抓科技研究面向市场需求，去抓科技成果转化为生产力，并逐步做到科工贸一体化。当然，我们投身于改革大业，客观困难是很多的，但是当前办不好科研院所，一般不是客观原因，而是主观原因。愿一切科研院所，更多消除主观上的消极因素，从科技体制改革中，尝到更多的甜头，把科研院所办得更有活力。这次会上将有一批办得好的科研院所介绍经验。但这只是有代表性地安排几个单位发言，真正办得好的，还有很多、很多。我明天要听大家的经验介绍，我今后也要到更多的纺织科研机构，了解情况，看望纺织科技战线的同志们。

3. 名符其实地办好科研机构。据统计我国现有地市级以上纺织科研机构130多个，我看，所谓科研机构应该有个标准。有些既无科研力量，又不出科研成果的就应该说真话，办实事为好。现在部科技司根据江苏、天津的做法，制订了"纺织工业研究和开发机构绩效考评办法"（初稿），供大家讨论。

我想，最重要的还不是用分数来排队，而是要促使所有纺织科研院所，尽早具备工业院所的基本条件，并能干出实事。有的院所条件差，但成果多，而且更多的成果是主动奔赴经济建设主战场，通过成果转让，开展技术服务搞好横向协作，为企业服务的。就应该给予好评和扶助。当然，要办好一个科研机构很不容易，首先要有一个好的领导班子，真正是团结的班子、干事的班子、开拓的班子。作为科研机构领导人，他应该是符合党的德才兼备标准，他的工作表现应该是一要懂行，二要实干，三要做群众的知心人，四要当先人后己的模范。这不是要求过高，而是当一个共产党的干部，必须具备的条件。要不然的话，当了官要挨骂，自己感到痛苦，看到所办的科研机构搞不下去，那就更痛苦。但只要我们振奋精神，团结奋斗，那就能人定胜天，冲破困难，开创业绩。愿我国纺织科研机构的领导人，都能成为开创业绩的能人。

4. 努力促进以企业为主体的技术进步。加快企业技术进步，是增强纺织企业活力和物质技术基础的重要手段，是在纺织工业发展中贯彻落实"科学技术是第一生产力"战略思想的具体体现。现在整个纺织行业加快技术进步的大格局，已经形成。问题在于我们要帮助企业组织队伍，指导实施。

现在的纺织企业凡是重视科技工作的，都显示了强大的生命力。今年获得国家级企业技术进步奖的有11家，但实际上搞得好的远远不是11家。棉纺行业的石家庄二棉、上海的嘉丰；纺机行业的郑州纺机厂；丝绸行业的苏州振亚丝织厂；化纤行业的广东鹤山毛毯厂等一大批科技进步企业，都是因为名额有限，而未能排上。由此可见，我国纺织企业的科技进步是有基础的，问题在于我们如何更多地鼓励他们吸收科技人员，增加科技投入，建立科技机构，开发科技产品，并积极做好科研机构和生产企业相结合的媒介作用。我国纺织工业部门的科技工作，必须把企业技术进步作为最大的重点。企业技术进步上去了，整个纺织工业才能大改观，纺织院所和纺织高校的科技工作也有了依托。希望大家务必重视企业科技工作，并落实到实处。

5. 不要放弃基础科学研究。我国的科技发展政策，是以总方针为指导，进行三个层次的部署。第一层次是面向经济建设主战场，组织极大多数科技力量去为当前的经济发展服务（例如科技攻关计划等）。第二层次是发展高新技术和高新技术产业，这方面的投入约占整个科技投入的20%，科技人员约占10%（例如各地新建的高新技术开发区）。第三层次是稳定加强基础科学研究，这是技术发明和科学创造的源泉和后劲。问题在于当前很多科研机构都是在向钱看，往往忽视了基础科学研究。这在纺织科研系统也有这个问题，如何克服这种科技体制改革的后遗症，一要靠纺织科技部门行政干预，二要靠纺织科研机构本身重视，三要建立纺织基础科学研究的基金，确保一批重点的纺织基础科学研究项目，由国家扶助。如何实施，请部科技司拿出方案。

6. 大力调动科技人员的积极性。贯彻科技体制改革后，普遍实行了院所长负责制，推行各种承包经营责任制，优化组合聘任制等。打破了“大锅饭”的分配制度，不仅是人人收入都有增加，更重要的是大大拉开了档次。这是有利于调动广大科技人员积极性的，现在科研机构的科技人员普遍感到有压力，也有奔头。

但是现在众多科研机构，都担心留不住人。这似乎是不可阻挡的趋势，因为社会主义有计划商品经济的发展，必定造成各个地区、各种行业、各类体制，在分配上的差距。但是，并不等于人才都会向高薪地区流动，因为高薪地区不需要很多人。只要我们真正做到尊重知识、尊重人才，则极大多数优秀人才会与我们同甘共苦的。现在科技人员在国家机关工作的待遇，要比科研机构低一点，但国家机关仍然留住了人才。问题在于，我们必须把党的温暖送到他们的心坎上，也要注重吸收培养新一代科技人才，才能既允许科技人员的正常流动，也维持科技队伍的相对稳定，这一点要靠大家把工作做好才行。

运用现代高新科技，推进纺织工业技术进步

季国标副部长在纺织高新技术研讨会上的讲话（摘要）

（1991年12月11日）

一、发展纺织高新科技的形势和意义

江泽民同志在中国科学技术协会第四次全国代表大会上的讲话中，提出了“坚持科学技术是第一生产力，把经济建设真正转移到依靠科技进步和提高劳动者素质的轨道上来”的号召，并且指出：“党的十一届三中全会决定全党工作重点转移到社会主义现代化建设上来，这是一次具有战略意义的转变。把经济建设真正转移到依靠科技进步和提高劳动者素质的轨道上来，是十一届三中全会决定的工作重点转移的进一步深化，是把这个转移推到一个更高的阶段，同样具有战略意义。”江泽民同志还明确提出了90年代的4项科技任务。其中前两项，即：运用现代科学技术改造传统产业，和有重点地发展高科技和实现产业化，是纺织工业科技工作的主要目标。

自20世纪70年代以来，随着以微电子技术为主的信息、生物、新材料、新能源、航空航天及海洋开发科学等高技术的蓬勃发展，出现了机械电子工业、光电子工业、新能源、新材料、现代生物工程等高技术产业。现在，一个以技术实力、人才实力和综合国力为主体的世界性的高技术竞争，已成为本世纪末国际政治、军事竞争和经济技术竞争的焦点。美国的“星球大战”计划，欧共体的“尤里卡”计划，日本的“高技术发展”规划，英国的“信息技术”计划等相继推出，其中不论是军事性的，还是经济性的，都是高技术发展计划。高技术产业的兴起，使高技术迅速向传统产业渗透、移植，并且推动二次技术开发，促进生产力飞跃和产业结构的调整，导致劳动就业和经营管理方式的变化。

世界各国对纺织高技术的发展也都十分重视，如：

欧共体的“尤里卡”计划中，属于纺织的就有：纺织机器人；微过滤膜的研制与生产；新型聚合物纤维（用于医疗卫生的纤维制品，混凝土加固和聚合物基质复合材料纤维）；油井光纤监测系统；自动化纺织印染厂的技术设计和装备；人体测量、服装设计和裁剪一体化机器人等。

日本等国大力发展高技术纤维及其制品，并迅速产业化。不仅用于军事领域、航空航天领域，同时大量用于机械制造、汽车、体育器材、医疗卫生等民用领域，以创造高附加价值和实现较高的社会效益。

可以看出，发达国家面对发展中国家纺织工业的廉价劳动力的优势，纷纷利用其雄厚的资本，重新调整纺织行业结构，积极发展纺织高技术，以提高在国际市场的竞争能力。高技术向纺织工业的渗透，已经使纺织加工技术和纺织产品大为改观，并成为改造传统纺织工业最有前途、最有生命力的源泉。当前，发达国家用高技术对纺织工业的改造步伐正在加快。必须指出，纺织品的竞争能力已经不仅仅与生产成本相关，而且与质量、性能、功能和技术的、艺术的、流行时效的价值含量、以及贸易能力和售后服务等一系列因素密切相关。发达国家大力发展纺织高技术，大大提高了劳动生产率和产品的质量水平，降低了成本，加快了品种翻改迎合潮流的速度。这使发达国家的高品质、高附加值纺织品更具有吸引力和竞争力。纺织工业从低成本的竞争走向高技术的竞争已是必然发展趋势。

从近年来的国际纺机展览会上可以看出，发达国家用高新技术改造传统纺织工业的步伐正在加快。以微电子技术和计算机技术为主体的各种高新技术的广泛应用，使纺织技术装备迅速向优质、高效、自动化、连续化方向迈进。如：各种生产参数能自动监测，自动控制，半制品质量在线监测，故障自动显示，自动调节，并实行工厂自动化管理，等等。

纺织装备机电一体化技术的发展，计算机技术的应用，使自动络筒机、无梭织机、电子提花机、电脑染色机等各种新型纺织技术装备进入实用阶段，纺织机器人、无人纺织车间也已变为现实，相继在发达国家出现。这种变化极大地提高了产品性能、质量和劳动生产率，改善了劳动条件，降低了生产成本，为新产品的开发提供了强大的物质技术基础。现代高新技术迅速向纺织工业深层次的全面渗透和普遍应用，正在把纺织工业由“劳动密集型”相对地推向“技术、资金密集型”。

新型纤维材料技术的发展，为开发高技术纺织品，生产高性能、高功能和高附加价值纺织品展示了广阔的前景。

从目前的情况看，纺织技术中的新型纤维材料，种类繁多，主要有高性能纤维——具有高强、高模、耐高温、耐腐蚀、耐摩擦等特种性能的纤维材料；功能性纤维——如中空分离膜纤维、有机光导纤维、抗辐射纤维和离子吸附纤维等具有特种功能的纤维材料；以及新型纤维复合材料——由树脂基质或金属基质，通过织物叠层、编织骨架、纤维分散等方式形成三维及多向结构，达到高强、高模、轻量化等多种目的的新型材料。这些新型纤维材料国际上已广泛用于国防科技、海洋开发、航空航天、电子信息、医疗卫生、机械和汽车制造、桥梁建筑等各行业的高技术领域，已经成为其他产业高技术发展的不可缺少的组成部分。

目前我国纺织高新技术及其产品还远远满足不了国防建设和国民经济发展的需要。加之国际上高新技术及其产品的保密及封锁，研究和发展纺织高技术，争夺技术制高点，更是我国国防等尖端科技发展和国民经济建设发展的迫切需要，是我们迎接挑战、走出困境的迫切需要，也是加快纺织工业自身技术改造、增强发展后劲的迫切需要。所以，在本世纪的最后 10 年里，我们必须把发展纺织高新技术作为一项战略任务抓紧抓好。

二、我国纺织高新技术发展的历史回顾

经过“六五”、“七五”期间的努力，我国纺织工业在高新技术方面，已经取得了一定的成就。在机电一体化方面，我们通过引进、应用、攻关、开发，已经能生产一些较高水平的机电一体化产品，如长丝、短纤维纺丝机、后处理生产线、牵伸加捻机、弹力丝机、电子清纱器、染色机程序控制、平网、圆网印花机、人造毛皮机、无梭织机、光电整纬器等。还有纺织计数器、15～200 千伏安的化纤变频器等。在纺织仪器的智能化方面，也有了较大的进步。如计算机控制的条干均匀度仪、纤维长度仪、全自动单纱强力仪等一批较高水平的实验仪器，已能部分替代进口。在电子信息技术应用以及计算机在财务、计划、档案、配棉等工作中的应用，以及计算机辅助设计（CAD）、计算机辅助制造（CAM）技术在纺织系统的采用，都有了很大的进展。柔性加工系统，也已开始在纺机制造厂应用。

在纺织高新技术材料方面，根据国防建设的需要，努力完成了大量为航空、航天和军工配套的任务，已通过鉴定投产的有七百余项，为我国原子弹、氢弹、导弹、核潜艇、运载火箭及同步卫星等许多尖端科技领域的配套做出了应有的贡献。

在产业用品方面也进行了大量研究工作，并开发出一批高新技术纤维产品推广应用，取得了很好的经济和社会效益。如高强高模维尼纶，用于代替石棉作各种水泥制品增强材料，已有部分产品出口西欧；碳纤维增强热塑性塑料，用以制作剑杆织机的剑杆头、齿轮等；中空纤维超滤器，产品已系列化，用于各种产业的液体分离浓缩、纯水制备、废水处理及有用物质的回收；利用中空纤维膜分离技术开发成的人工肾、人工肝，已临床应用；人造血管及止血纱布、止血绫、高

效吸血海绵、可吸收医用缝合线等，已经小批量生产；阻燃酚醛纤维、耐高温芳砜纶制成的过滤袋，解决了高温烟气除尘，并用于耐高温电机绝缘垫料等；以导电纤维及抗静电纤维材料为基础开发了透气型防静电工作服，500kV 高压带电作业服及巡视服，防水透气工作服，超薄型防水胶布防护服，防火服，阻燃隔热服及防酸工作服，涤纶聚氨酯衬里消防水带等等，都取得了可喜的成就。其中有些已获得国际和国内的奖励。但是，我国纺织高新技术的现状与发达国家相比，还有相当大的差距。主要问题是技术水平较低，产量小，成本高，经济效益较差，还没有实现产业化。

三、我国纺织高新技术发展的方向和重点

根据党中央制定的“经济建设必须依靠科学技术，科学技术必须面向经济建设”的方针，我国纺织高新技术的发展方向，就是要面向纺织工业的现代化建设，面向国民经济其它领域的现代化建设，以及面向国防现代化建设，在纺织高新技术装备、纺织新材料和微电子、计算机应用等领域全面展开。

——在纺织高新技术装备方面，要积极研制和发展在功能上能达到国际先进水平的新一代的机电一体化的纺织装备。首先要发展对提高产品质量、提高效率。增加花色品种、增加出口创汇和节能降耗有显著效果的机电一体化装备，如自动络筒机、无梭织机、清钢联合机、新型精梳机，以及新型化纤设备和印染整理设备等。

——在纺织新材料方面，要积极开发那些在国外已有良好的应用现状和前景，国内也有较普遍的需求和潜在市场，并有较大的经济效益和长远的社会效益的产品。在化学纤维方面，要加强特种中空纤维的产业化进程，满足医疗、电子、食品等行业的水净化、浓缩和分离技术等的迫切需求。要加快开发防护织物，从数量上、质量上满足军工和民用各部门对于抗静电、防辐射、防尘、防火、防弹、抗菌、防毒等防护性服装的需要。要加快实现芳纶、碳纤维为主的强化纤维的工业化生产，满足国防工业、汽车工业、体育用品事业等不断扩大的对复合材料的需求。还要研究开发具有特殊性能的天然纤维，如疏水棉纤维、阳离子化棉纤维、具有永久免烫性能的棉纤维、差别化棉纤维等。

——在微电子和计算机应用方面，要首先发展有实效的计算机辅助企业管理系统、信息现代化技术和计算机辅助设计技术。要把计算机的应用推向实用化，实现对生产过程的自动控制，以提高纺织产品和纺机产品的应变能力和竞争能力。要在调查研究、充分论证的基础上，根据国民经济和国防建设的需要，从我国纺织工业的实际情况出发，分层次地确定发展重点，搞好发展规划。

四、发展纺织高新技术的工作方针

1. 要坚持自力更生为主、加强基础研究、自主开发和引进技术消化吸收相结合。从总体来说，我国纺织高新技术的水平与发达国家相比还有较大差距，我们要利用对外开放的有利条件，通过各种形式引进技术，争取国际合作，加快纺织高新科技的发展。但同时，我们也要清醒地认识到：现代化是买不来的，在高技术领域尤其如此。因此，我们要依靠自已的力量，加强基础学科的研究和开发，这是我们的立足点。

2. 努力推进纺织高新技术的产业化。美、日等发达国家在发展高新技术的过程中，十分重视产业化，以求更大的经济收益。如美国把高技术看成是对企业技术水平及其产品的评价；法国把高技术归结为知识密集型的工业；日本把高技术当作新兴产业技术群。归结到一点，就是强调高技术的产业化。

党和国家对我国高新技术的发展和产业化的进程十分重视。邓小平同志多次强调科学技术是第一生产力，最近又发表了“发展高科技、实现产业化”的题词。党中央、国务院批准实施了以跟踪世界高新科技领域最新成果为目标的“863 计划”，国家科委又为推进高科技成果的产业化实施了“火炬计划”，并且组织制订了轻纺工业的“火炬计划”，这对我们发展纺织高新技术无疑是一个强有力的支持。我们要借这个东风，精心地做好部署和安排。

目前，我们的许多纺织高新技术成果还停留在实验室里或小试阶段上，产品成本很高，难于推广。实现产业化的主要环节在于工程设计和相应的资金投入。江泽民同志指出：“除某些基础研究外，就总体而言，科技投入是生产性投入。要在中央和地方各级政府增加科技投入的同时，积极引导企业和社会增加科技投入，逐步使企业成为技术开发的主体，逐步形成多种形式、多种渠道的科技投入体系，形成科技投入及产出的良性循环。”今后，我们要积极开展高新技术产业化的可行性研究，根据市场和经济发展的需要，通过多种渠道增加投入，以积极推进纺织高新技术的发展和产业化进程。同时还要加强市场开发，拓展纺织高新技术及其产品的应用领域。

3. 服从国家总体发展战略的需要，走内外协作、联合攻关的道路。由于高技术研究和开发投资大，难度高，世界各国在高新技术领域的联合研究与开发势头明显加强。我国是发展中国家，底子薄，技术层次低，所以，在研究和开发纺织高新技术的时候，要大力提倡社会主义大协作精神，协同作战，联合攻关；要服从国家总体发展战略，行业内外团结协作，科研院所、大专院校和企业联合攻关，将有限的人力、物力、财力集中起来，发挥各家所长，形成技术开发优势，针对纺织高新技术的各项具体目标和应用领域各个突破。

4. 要研究层次发展问题，坚持有限目标、突出重点、长期可能、近期可行的原则。纺织高新技术的研究与发展是一个庞大的系统工程。要特别注意研究纺织高新技术发展中的层次战略问题，统筹安排，把国家、部门和地方的计划结合起来，把高新技术的研究与纺织工业中长期发展计划结合起来，使科技攻关、工程开发、高新技术产业化和商品化成为良性循环和不断发展的有机整体。由于我国的技术基础落后，目前的人力、物力、财力有限，纺织高新技术的研究与发展，应从我国的国情出发，根据现有条件，认真进行项目筛选，贯彻“有限目标、突出重点”的原则，确保重点研究和产业化项目近期可行、长期有推广潜力，能起带头作用。

5. 重视软环境、政策导向和有关措施的配套，特别要重视人才的培养和使用。我们需要为纺织高新技术的研究与发展创造一个良好的环境，把发展纺织高新技术摆到战略高度来认识。要加强政策导向和舆论的宣传，加强有关措施的配套，争取必要的倾斜政策给予扶持。同时要在国家的总体部署下，充分调动和发挥各级行政主管部门和企业、科研单位、大专院校的积极性，吸引各种可能的资金投入，从规划、计划、科研开发、成果推广到产业化，以及对传统产业的技术改造等诸方面给予及时的引导和宏观政策的指导。

我们特别要重视人才的培养和使用。人才是纺织高新技术得以存在和发展的关键，也是国际上高新技术激烈竞争的核心。今后一个时期，我们要特别注意培养复合型的科技和专业人才，以适应纺织行业自身发展和参加日益激烈的国际竞争的需要。

从现在起到 2000 年，是我国纺织工业发展的重要时期。研究和发展纺织高新技术并以此来改造传统纺织工业，支撑国民经济其他产业部门的发展，是我们面临的一项重要任务。我们要积极发展纺织高新技术产业，开发高新技术产品，不失时机地推动我国纺织工业向高层次发展。

加快技术进步　推动结构调整
为实现纺织工业经济效益的好转而努力

吴文英部长在全国纺织工业厅局长会议上的讲话

（1991 年 12 月 26 日）

全国纺织工业厅局长会议今天开幕了。这次会议的主要任务是：继续贯彻中央工作会议和党的十三届八中全会精神，根据国务院对今后经济工作的部署，分析纺织工业形势，布置明年工作，重点研究在继续抓好总量平衡的基础上，加快技术进步，调整结构，提高效益的问题。进一步动员广大职工，解放思想，转变观念，创造优异成绩，迎接党的十四大胜利召开。

一、关于当前纺织工业的形势

1991 年，在党中央、国务院的亲切关怀和领导下，纺织工业战线广大职工，解放思想，转变观念，努力克服生产建设中的困难，深入开展了“质量、品种、效益年”活动；全国棉花会议之后，在国务院领导和各方面的支持、配合下，花大力气抓了控制总量、拓展市场、调整结构和技术改造四个方面的工作，纺织工业的形势开始向健康的方向转化。

（一）质量品种水平提高，企业管理继续得到加强

今年以来，各地按照部里提出的“抓四率、攻五关、增六效、开发七个系列产品”的统一部署，以出口产品质量为重点，从强化质量和品种意识入手，攻难点、抓关键、上水平，使产品面貌发生了较大变化。一是产品实物质量有了改善。据国家专业质量检测中心和各省市检测机构的抽查，精梳涤棉纱常发性纱疵达到 1989 年乌斯特公报 50％水平的占 32％，75％水平的占 64％；本色布单匹横档符合率达二档以上水平的约占 40％；印染布纬斜疵布率下降 20％以上，色差疵布量下降 15％；针织缩水合格率，平均达到 90％左右。二是产品质量稳定合格率有了提高。1～10 月份，部重点考核的 17 类主要纺织品综合质量稳定提高率为 94.1％，同比提高了 14 个百分点。三是 12 类出口纺织品的综合质量指标，也都高于去年同期水平。北京、上海、河北、江苏等地提高较为显著。四是品种开发进一步得到了重视。围绕 7 大系列产品的开发，各地深入进行了市场调研，加快了产品系列化、配套化、时尚化发展，为繁荣城乡市场，扩大出口创汇发挥了重要作用。据不完全统计，今年以来已有1万余种新产品陆续投放市场。纺织设计队伍的建设进一步得到了加强，涌现了一批最佳、优秀设计工作者和设计工作先进集体。

在加强企业管理方面，今年有几个特点是比较明显的。一是各项专业管理进一步落实到了生产现场，生产力要素配置不合理的状况开始有了初步改善。如上海嘉丰棉纺织厂、无锡第二棉纺厂等企业，在不断加强基础管理的同时，系统化的综合治理生产现场，生产效率和经济效益稳步提高。二是比较广泛地开展了职工培训、岗位练兵和操作比赛，依靠提高职工队伍素质，推动企业的管理进步。仪征化纤工业联合公司、安庆纺织厂等企业，超前培训各类管理人员和技术工人，使企业的经营管理水平、应变能力得到了明显提高。三是通过深化改革，企业经营观念和经营机制开始发生了变化，许多企业在市场竞争中逐步学会了驾驭市场的本领。上海第二纺机厂为了在市场竞争中立于不败之地，不断推进企业改革，加快转换经营机制，重视培养、合理使用人才，坚持走科技兴厂之路，成为全国纺机行业的“排头兵”，各项经济技术指标连年稳步提高。今年1～10月与去年同期相比，利润总额增长36.6%，利税总额增长41.4%，上缴利税增长50.5%。

(二)限产压库工作取得初步成效，结构调整有了好的开端

在今年年初的厅局长会议上，我们明确提出要把结构调整、总量平衡作为战略重点来抓的指导思想，在全行业引起了普遍重视。在全国棉花会议上，国务院领导同志指出，纺织工业要坚决限制超产，压缩库存，调整结构。对少数落后企业关停并转也是势在必行的。使我们进一步明确了方向，增强了信心。在国务院和有关部门的大力支持下，经过大家的共同努力，限产压库取得了初步成效。纱的月产量自9月份开始逐月下降，预计全年产纱量可控制在2500万件左右。8月份以来，产成品库存逐月降低，产成品资金占用逐月减少。11月末国营纺织企业产成品资金占用为216.5亿元，比10月末降低了19.7亿元，预计到年底可压缩到204亿元左右，约比6月末降低30亿元上下。

在结构调整方面，今年主要抓了产品结构的调整，限制了一批积压滞销产品的生产，扩大了一批“优、精、深”产品的生产。许多地区和企业，在选择产品和技术发展方向上花了很大力量，为优化结构打下了一个较好基础。棉纺、毛纺生产能力的盲目发展基本得到了抑制，最终成品加工行业的水平有了提高。8个大中型化纤建设项目进展顺利，197项技改续建项目和270项技改新开项目，绝大部分进展良好，其中不少已开始发挥效益。这对提高行业素质、改善行业结构将会产生较大影响。

(三)国内纺织品销售回升，出口创汇大幅度增长

今年以来，全行业上上下下都比较重视研究市场、开拓市场。可以说，今年是多年来在市场方面着力较大的一年。销售渠道增多，网点增加，领域扩大，一批纱布市场陆续建成开业，工业营销队伍建设有了比较显著的进步。1～10月，主要纺织品内销量与去年同期相比均有不同程度的上升，其中棉布增长4.5%，涤纶混纺布增长11.6%，丝织品增长37.3%，呢绒增长17.8%，毛线增长16.8%。纺织品出口克服了许多困难，继续取得了大幅度增长。据海关统计，1～11月份，纺织品出口创汇达142.3亿美元，同比增长20.3%，其中服装出口创汇达76.3亿美元，增长30.2%。预计全年出口创汇可突破150亿美元。一些取得自营出口权的企业和企业集团，积极研究营销战略，调整营销政策，竞争能力有了进一步增强。不少省市在发展与周边国家贸易上也有新的起步。一些地方政府积极帮助企业与有关部门协调，在一定程度上增强了出口企业的活力。

(四)科技、教育有了新的发展，精神文明建设提高到了一个新水平

今年是实施“八五”科技、教育发展规划的第一年，科技、教育都有了新发展。据初步统计，1991年取得各类科技进步奖98项，其中国家发明奖4项，科技进步奖10项。企业技术进步有了加强，工艺技术水平和开发创新能力有了提高。纺织教育坚持了全日制教育与职工教育并举的方针，大力开展教育改革，培养“四有”合格人才，取得了一定成绩。许多院校在提高办学效益，增强综合办学能力，积极为社会服务等方面进行了新的探索。在培养复合型人才，拓宽培训途径方面也有新的发展。

在社会主义精神文明建设中，全国纺织工业以进一步解放思想、转变观念为主题，深入开展了发展有计划商品经济的思想理论教育，推动了全行业思想观念的转变。对制约全行业发展的主要矛盾取得共识，比以往任何时期都重视市场的作用，在停工、停产整顿企业不断增加的情况下职工队伍相对稳定，企业整体素质在市场竞争中逐步提高，机关作风建设有了进一步加强，党政关系、干群关系继续得到改善等，都从一个方面反映了精神文明建设的新成果。

最近，我们在听取各地意见时，许多同志说，当前纺织工业虽然仍面临许多困难，不少方面与国家的要求还有一定距离，但今年确实是我们工作比较艰苦，想办法比较多，出力也很大的一年。以上这些成绩的取得实在来之不易。特别是部分省市在今年百年未遇的洪涝灾害中，广大纺织职工万众一心，抗洪抢险，恢复生产，做出了巨大贡献。借此机会，我向你们，并通过你们向全国纺织工业战线上的广大职工表示崇高敬意和亲切慰问。

分析研究纺织工业明年的形势，从总体上看，会逐步趋向好转，但完全走出低谷还需要一个艰苦的努力过程。一是企业整体素质不高与发展后劲不足仍将是一个突出问题；二是控制总量，优化存量，还受到诸多因素的制约。随着全国治理整顿的基本结束，诱发经济过热的因素可能将有所增加，加之棉花生产和供应情况改善，限产压库的任务还将十分艰巨；三是明年城市改革的一些新措施也将陆续出台，部分农副产品价格有所调整，加之流通发展滞后，城市纺织品市场不会出现太大变化；四是国际政局动荡，世界经济矛盾日趋激化，特别是美国还在继续对我施加种种压力，使纺织品出口中的不确定因素增多，将继续面临严峻挑战；五是经济循环不畅的问题还将依然存在，实现经济效益的好转还隐含着许多矛盾。据对全国39个大中城市1300个国营纺织企业1～11月的统计，销售收入虽然同比增长6.2%，但利税总额却下降了22.9%，其中利润下降45.1%，企业亏损面达到39%，亏损金额同比增加23.3%。39个大中城市中还有15个城市处于全行业亏损的状态。因此对纺织工业的困难程度还不能低估。我们宁可把困难估计得多一点，对存在问题分析得透一点，这样有助于我们保持清醒的头脑，进一步增强紧迫感和危机感，把各方面的工作做得更好。

当然，以上这些问题，都是前进中、发展中出现的问题，也是可以克服、能够逐步解决的问题。应当看到，发展前景还是充满希望的。

首先，党中央、国务院为进一步改善纺织工业外部环境创造了许多有利条件，给予了一系列优惠政策和扶持措施。最近，国务院领导同志又进一步提出了把纺织工业作为传统支柱产业和第一出口创汇产业，重点加以大规模技术改造的指导思想，这些都必将给纺织工业的健康发展带来前所未有的良机。随着全国经济形势的好转，国家对外关系的继续改善，农业和农村工作的进一步加强，推动纺织工业逐步实现良性循环的大环境正在不断改善。有利于国内外市场启动的有利因素增多，企业在困境中求发展的回旋余地逐渐加大等，都使明年的工作有了一个较好的基础。

第二，纺织工业经济运行机制和企业经营机制有了变化，对市场的适应能力逐渐增强。各级主管部门和企业在实践中努力探索有计划商品经济的发展规律，不断增强商品经济意识，逐步加快经济运行机制和企业经营机制的转换，从而使一部分地区和企业积极、主动地适应市场的发展变化，不少企业已开始形成以市场为导向，灵活经营，自我调整和自主发展的新格局。随着开拓市场，参与流通，搞活经营等工作的推进，纺织工业深化改革的积极效应将进一步得到发挥。

第三，经过治理整顿和改组改造，部分行业、地区和企业在调整结构、技术进步方面迈出了比较扎实的步伐，技术装备老化和产品落后、竞争力不强的状况有了一定改善，在困境中保持了良好的发展势头。如上海、北京、西安、无锡、石家庄等地区的一些企业，在棉花大幅度涨价，传统销售渠道不畅，自我消化因素增多等情况下仍然使生产、销售、效益回升和增长。近几年十分困难的毛纺行业，今年开始出现转机，一批企业逐步开始摆脱困境。这一趋势表明，纺织工业既面临着压力，但也蕴藏着动力和生机。

总之，当前纺织工业渡过难关、稳步前进的物质技术基础有所增强，精神保证作用正在积极发挥，只要我们继续坚持深化改革，扩大开放，扎实工作，埋头苦干，明年的工作是会有新的起色、新的进步的。

二、关于1992年的工作与任务

根据全国经济工作的指导方针和全党必须加强农业和农村工作的决定精神，明年工作的基本指导思想是：继续贯彻党的基本路线，进一步深化改革，扩大开放，搞好国营大中型企业，在进一步抓好总量平衡的基础上，突出抓好技术进步，调整结构、拓展市场、提高效益，努力促使纺织工业逐步转移到依靠科技进步和提高劳动者素质的轨道上来。从这个指导思想出发，我们认为，从现在起，全国纺织工业战线都必须把技术进步放在一个十分重要的位置突出地予以抓好。因此，对关于突出抓好技术进步的问题，我将在后面专门作为一个部分重点加以布置。关于1992年的工作和任务，我先讲以下四个方面的意见：

（一）继续抓好总量控制，推动结构调整

控制总量，调整结构，事关纺织工业稳定协调发展的全局。各地纺织厅局和企业要进一步统一思想，提高认识，把这一工作摆到重要议事日程上来。

在供求大体平衡的原则下，安排组织好明年的生产。明年纺织工业主要产品产量的计划，在全国计划会议上已经确定下来了。棉纱安排2300万件，化纤175万吨，布、呢绒、毛线、丝绸等产品的计划指标基本上维持今年水平。服装、装饰、产业类最终成品的生产安排，要继续坚持以国内外市场为导向，以销定产，拓宽领域，淡化速度，强化效益。这里要特别强调的是，2300万件棉纱生产计划是全社会最高限额指标。各地区、各部门、各行业的棉纱生产，都必须纳入这个计划之中。鉴于国家已经明确棉花调出调入包干基数不变，明年分省（区、市）棉纱生产计划原则上不作调整。纺织主管部门要会同当地计（经）委下达统一的棉纱生产计划，严肃国家指令性计划管理。在安排计划中，要认真贯彻择优安排、保出口、保军需、保国营大中型和骨干企业的原则。对产品质量差、设备陈旧落后、消耗大、成本高、产品积压严重的企业，不应安排。对于今年年底完不成限产指标的地区，要相应扣减明年的计划。

继续加大调控力度，抓好限产压库工作。这项工作难度大，政策性强，如不采取有力措施，产成品积压严重的情况将很难扭转。各地要坚决按照国务院国发[1991]63号文件的精神，高度重视限产压库工作。主要领导要亲自抓，建立强有力的工作班子，并落实目标责任制。考虑到纺织工业限产压库工作涉及到农业、商业、经贸、总后等部门，前不久，我们已先后两次向有关省、市、自治区政府发出明传电报，各地厅局、公司要在省市政府的领导和统一部署下，配合计委和经委，进一步提出明年的停产、限产产品目录和企业名单，组织落实。要继续取得银行、财政、税务、工商管理等部门的配合，协同动作，确保限产压库任务的完成。对应该关停并转的企业，要坚决而又慎妥地做好工作。对于有令不行、有禁不止、继续生产积压产品、对限产压库工作态度不积极的单位和企业，各地要严肃处理，并追究有关领导的责任。明年的具体压库指标，我们将根据今年的执行情况专文下达，各地一定要从年初抓起，旬检查、月公布，跟踪监督。

严格控制棉纺、毛纺、化纤抽丝三大生产能力和小缫丝能力的盲目发展，加快对陈旧落后设备的淘汰更新。应该说，在这个问题上，指导思想和方针政策都是明确的，各地也已做了大量工作。李鹏总理在全国计划会议上指出，因为治理整顿已经基本结束，国民经济转入正常发展，各地区大干快上之风又有抬头之势。如果我们稍不注意，“三大能力”盲目发展的势头又会悄然而起。我们再次重申，棉纺、毛纺能力，“八五”期间一个锭子也不准扩大。对化纤抽丝能力要坚决制止计划外盲目发展。纺机行业对“三大能力”设备的生产和供应，一律要严格按计划凭证生产、凭证供货。对淘汰设备一定要做到监销有证，逐案审查。现在仍有个别地区还在无视国家规定，继续搞计划外项目，有个别纺机厂还在擅自计划外销售棉、毛细纱机和化纤抽丝设备，这都是纪律所不能允许的。对计划外小纱厂、非定点纺机厂的整顿，要继续抓紧进行。淘汰陈旧落后生产能力的问题，在上月召开的14省市厅局长座谈会上，我们已正式下达了1992年淘汰100万锭旧纱锭的指令性任务。这是对各地淘汰设备的最低限额。部里决定在“八五”或稍长一点时期内淘汰、更新、改造棉纺能力1000万锭左右。其中对解放前的300万锭旧设备，计划用3年的时间采取强制性措施全部淘汰。各地要尽快作出分企业的计划安排。由于对淘汰旧设备的技术改造，国家确定了特殊优惠的扶持政策，我们一定不能坐失良机。各地要立即组织力量，编制好淘汰、更新、改造的3年规划和明年的实施计划，并务必于明年4月份之前报部。

继续抓好重大项目的基本建设。1992年中央基本建设投资项目已基本确定，投资规模略高于今年水平。有关省市厅局要进一步抓紧衔接落实。仪征二期工程和济南涤纶项目要尽快收尾。淄博腈纶要确保在明年“七一”之前投产，秦皇岛腈纶工程，要在明年年底前竣工。茂名、宁波等化纤续建项目要加快建设进度；仪征三期等一批新开项目，要认真做好前期准备工作，争取及早开工。所有建设项目都要努力抓好职工的岗前培训和生产准备工作。

（二）进一步拓展市场，搞活经营，加强管理，努力提高经济效益

社会主义商品生产必须以市场为导向。明年我们要在拓展市场、搞活经营上取得新的成效。从具体工作来说，一是要加快建立市场营销信息系统，加强市场营销研究。现在纺织品营销已出现许多明显变化，对纺织品生产信息的需求日益强烈。我们要求在纺织工业集中的省市，明年要把市场营销信息系统抓紧建立起来，努力创造条件，促使企业逐步做到按合同、按订单组织生产。二是要研究借鉴“春交会”、“秋交会”的经验，加强工商合作，组织全国性的大型纺织品交易会、博览会，继续培育、发展一批纱布原料市场、衣料市场和服装专业市场等，在继续加强工业营销队伍建设的同时，积极调整经营政策，促使企业逐步实现生产经营一体化。三是在着力引导、拓宽城市市场的基础上，要引导企业更多地把目光投向农村。我国农村有9亿人口，随着农民的日益富裕，农村有着巨大的消费潜力，对此我们要有足够的认识。1992年，我们要求各地要以农民衣着为课题，创造性地抓好农村市场的开拓。四是进一步扩大国际参与，努力增加纺织品出口。在市场结构上，要抓紧在对国际市场进行细分的基础上，扩大对外贸易市场多元化发展。在产品上，要重点抓住两头，一头是高质量的棉纱、坯布、生丝、坯绸等传统产品；另一头是优、精、高最终成品，特别是各类服装。在经营方式上，要进一步采取多种形式灵活经营，千方百计拓展贸易领域。提倡有条件的地区和企业积极慎妥地在境外设立“窗口”，对边贸、地贸、公司间易货和政府间专项易货等，各地要继续努力探索。总之，我们在出口问题上一定要紧抓不放。

大力抓好质量品种工作，加快产品升级换代。

质量是企业的生命。1992年纺织工业各级领导和广大职工要进一步强化质量意识。质量攻关要在今年“攻五关”的基础上，在全行业形成质量攻关的大气候。要完善计量管理办法，充实测试手段，对现行产品标准进行清理修订。要鼓励企业，特别是出口创汇骨干企业，制订高于国际贸易标准的内控标准。关于我国服装号型新标准，1992年4月1日起将在全国推行。各地主管部门要在广泛做好宣传工作的同时，认真抓好试点，积极作好全面推行的各项准备工作。

1992年调整结构的基本要求是，继续从产品结构调整着手，以技术进步为主要手段，逐步推进产业结构的调整。调整的主要目标是，努力促使出口产品加快与国际市场“接轨”，压长线、上短线、攻缺门，优先开发附加值大的产品，增加高效益、高出口创汇和进口替代产品的生产。

以经济效益为中心，全面加强企业管理。提高经济效益的问题，几乎涉及到纺织工业的全部工作，明年的目标是下大力气扼制经济效益下滑的趋势，使全行业经济效益好转。这里着重讲几点：一是深挖企业内部潜力。为企业创造良好的外部环境固然十分重要，也是我们一直抓得很紧的一项工作。但必须看到，提高企业经济效益最现实、最根本的出路还是眼睛向内，挖掘潜力。杭州东风丝绸印花厂的经验值得重视。这个厂坚持挖潜改造，强化管理，主要依靠自身的力量，通过提高产品的加工深度，增加产品的附加价值，在丝绸行业中保持了经济效益领先的地位。二是加强资金管理，提高资金使用效益。由于多种原因，目前纺织工业的资金使用效益很低，各级领导要切实增强资金意识，严格对各项资金的管理。省市厅局要对所属企业，特别是国营大中型企业逐一进行排队，摸清家底，建立合理的资金效益指标考核体系。对亏损企业要有明确的扭亏目标和措施，对长期发生经营性亏损而又扭亏无望的企业要采取断然措施。三是加强成本管理。纺织品成本的高低，影响因素很多。不同地区、不同行业、不同企业要结合实际，针对薄弱环节，深化各个层次的成本控制，完善各级各类的成本管理制度。有条件的国营大中型骨干企业要实行工厂、车间、班组（工段）的三级目标管理。明年我们计划选择一批典型企业，召开现场会，各地要充分做好准备。四是大力开展“双增双节”的群众性活动。北京第二棉纺厂、上海第三毛纺厂等许多企业的经验证明，发动群众，挖潜增效，效果很大。各地、各企业要继续依靠广大职工找差距、算细帐、订措施，使“双增双节”不要只停留在一般性的号召上。在加强企业管理中，要重视审计工作，更好地使审计监督为调控经济运行服务。同时进一步抓好安全生产，搞好环境保护。

（三）深化改革，扩大开放，加快转换纺织工业的经济运行机制

进一步搞好国营大中型纺织企业是明年纺织工业深化改革的中心任务。9月中央工作会议之后，大家对国营大中型纺织企业的重要地位和作用有了进一步的认识。当前，关键在于贯彻落实好中央确定的20条政策措施，切实加快企业经营机制的转换，综合治理，配套改革。我们要求着重在3个方面做好工作：一是要为企业继续创造良好的外部环境和公平竞争的市场条件，进一步把企业推向市场。要密切结合各地实际，指导企业用好用足各级政府有关搞活企业的方针政策。在不断完善企业承包经营责任制的基础上，积极配合有关部门和地方政府进行股份制企业的试点。省市厅局要按照《企业法》的要求，把协调、帮助企业落实国家赋予的各项自主权作为一项重要职责。要发展壮大企业集团，鼓励优势企业承包、兼并、租赁经营不景气的企业。明年我们将重点总结、推广上海第二纺机厂、北京第一棉纺织厂等一批企业的经验，为各地提供强化企业激励机制、自我约束机制和经营风险机制的借鉴。二是进一步改革企业内部分配制度，打破“铁饭碗”、“铁交椅”、“铁工资”，促使企业不吃国家的大锅饭，职工不吃企业的大锅饭。各级主管部门要进一步加强指导，在劳动部门的统一部署下，选择一批具备条件的企业进行岗位技能工资的试点，逐步形成“岗位靠竞争、报酬靠贡献”的分配机制。三是进一步完善企业劳动用工制度，重点是推进全员劳动合同制改革。并要针对纺织各行业、各企业的特点，积极研究科学可行的劳动运转制度和开班工时。对精减下来的富余人员要按照企业内部消化为主、社会调剂为辅的原则，通过广开就业门路、发展第三产业、组织专业培训等方式不断形成新的生产力。

促进纺织品出口体制的改革。根据国务院关于扩大国际贸易市场多元化，建立对国际市场的快速反应机制，增强国营大中型骨干企业和企业集团国际竞争力的精神，在扩大和完善外贸出口代理制的同时，大力提高现有出口自营企业的竞争力。积极争取选择一批具备条件的企业和企业集团授予出口经营自主权。对已具有出口自营权的企业，要从政策上配套完善，更好地发挥自营出口的优势，促进生产经营一体化的发展。出口企业在经营机制转换中，要努力加强外贸专业人员的培养，勇于实践。希望各地要根据自己的实际情况，积极争取有关部门和政府的支持，在出口体制的改革上迈出新的步子。在促进纺织品出口体制改革的进程中，要注意引导和扶持具有竞争实力的大型企业和企业集团稳步发展跨国经营。

逐步健全全行业管理职能，探索建立适应有计划商品经济发展的行业管理机制。现在系统外的纺织品生产数量已占到全国的1/3，出口创汇也占到1/4左右。我们要创造条件，逐步加强行业管理的力度。这一工作，我们刚刚起步，具体问题也很多，遵照国务院领导的要求，我们要进一步抓紧试点。大家要充分认识全行业管理的重要性。部里正在组织力量会同有关部委共同起草纺织工业行业管理条例，力争早一些报请国务院批准后下发执行。根据八中全会的精神，积极扶持、正确引导乡镇纺织企业的健康发展，是纺织工业现阶段的一大责任，我们要进一步统一认识，依靠各级政府，逐步把乡镇企业特别是重点乡镇企业纳入全行业管理的轨道，实现城乡优势互补，共同振兴。

扩大对外开放，对纺织工业经济运行机制的转换具有巨大的推动作用。明年我们要争取在三个方面有新的进展：一是在坚持四项基本原则的前提下，积极探索在企业经营机制和行业运行机制上，与世界先进经营管理方法、“三资”企业经营机制进行“嫁接”；二是进一步扩大国际经济技术合作，继续兴办一批既符合国家产业政策，又具有一定水平的“三资”企业；三是引进国外智力和组织各类专业人员出国培训，特别要在培养、造就一支宏大的具有现代水平的企业家队伍方面，作出持之以恒的努力。

(四)进一步加强社会主义精神文明建设和法制建设

当前我国纺织工业正面临新的战略转折，对精神文明建设提出了更高的要求。明年工作的重点是进一步研究在有计划商品经济的条件下加强精神文明建设的有效途径，把“四有”职工队伍的建设提高到一个新水平。一是要继续解放思想、转变观念，使广大职工进一步树立强烈的社会主义商品意识，夯实改革开放、搞活企业的思想基础；二是要充分发挥思想政治工作的优势，把爱国主义、集体主义、社会主义教育不断引向深入，更好地贯彻落实党的基本路线和各项方针政策；三是以企业党组织为核心，党政工团齐抓共管，全心全意依靠工人阶级，把思想政治工作融入生产经营的各个环节，进一步增强企业的凝聚力，激发企业的活力。四是转变机关职能，改进工作方法，提高工作效率。要继续发扬艰苦奋斗的精神，反对铺张浪费，纠正不正之风。努力按照高效、文明、廉政的目标加强机关作风建设。

明年是全国实施“二五”普法计划的关键一年，也是纺织工业“八五”立法规划开始组织实施的第一年。大量的纺织工业立法工作要在明年起步。各地应当逐步加强这方面的力量，重视对法制工作的领导和支持。

三、关于突出抓好技术进步的问题

邓小平同志在1978年的全国科学大会上指出：“科技现代化是四个现代化的关键。”1988年又进一步提出了“科学技术是第一生产力”的思想，最近又强调指出要“发展高科技，实现产业化”。学习和研究小平同志关于科学技术是生产力的思想，加快推进技术进步，对纺织工业来说，不仅是十分重要的，而且是十分紧迫的。

(一)充分认识技术进步的重要意义，进一步加强对技术进步工作的领导

国务院领导同志多次指出，纺织工业是我国传统的支柱产业和主要出口创汇产业。纺织工业的技术改造，技术进步非常重要。要靠技术改造，技术进步去开拓国际市场，占领国际市场。这既充分肯定了纺织工业在我国社会主义现代化建设中的重要地位，又向我们提出了加快技术进步的明确要求。面对世界纺织科技的挑战，总结我国纺织工业发展的经验和教训，理论和实践都告诉我们，把技术进步放在发展战略的首位，不仅关系到纺织工业能否从根本上摆脱困境，更关系到长远的发展和未来的兴衰。

党的十一届三中全会以来，我国纺织工业有了很大发展。应该说，在纺织工业发展成就中，技术进步占有重要位置。对此必须加以肯定。但从总体上看，我国纺织工业的物质技术手段还很落后，生产效率不高，产品竞争能力不强。这个基本现状，决定了技术进步是我们考虑纺织工业稳定协调发展的一个根本出发点。现在国内外纺织品市场供求关系和供求特点已经发生了很大变化，许多发达国家和地区的纺织、制衣业，逐步进入了从劳动密集型向资本技术密集型转化的新阶段，新材料、新工艺、新技术、新装备不断涌现，不仅生产能力在高起点上有了大的复苏，而且产品的应用范围已覆盖到航天、航空、冶金、化工、生物、海洋、交通运输、医药卫生、现代通讯等诸多产业领域。这就更拉大了我国纺织工业与世界水平的差距。

如何加快纺织工业的技术进步，这是大家当前比较关注的一个问题。回答这个问题，我看，首先必须解决好对技术进步的认识问题。现在有些同志，往往只注重眼前的一点利益，不肯在技术进步上下真功夫。当然这也有多方面的原因。但如果长此这样下去，企业怎么能够活得起来呢？我们要求省市厅局和企业必须以历史的眼光，从长远战略的高度来认识技术进步这个问题，切实加强对技术进步工作的领导。

加强对技术进步工作的领导，要充分调动企业的积极性。要帮助、教育广大的企业领导人树立科技兴厂的观念。要根据企业是技术进步主战场的指导思想，通过各种渠道的方式，动员广大职工学习技术，掌握技术。从而组织起千军万马，精神振奋地投入到技术进步中来。

加强对技术进步的领导，要求各级干部要带头学习现代科学技术，带头研究世界纺织科技发展趋势，逐步把握好现代纺织科技事业发展的规律和特点。要重视和运用好技术专家和科技人员的力量，充分发挥科技整体效能。根据各地的具体情况，要逐步建立起推动技术进步的保证体系、技术开发的服务体系，努力促使企业坚定不移地把生产建设重点真正转向依靠技术进步上来。

(二)正确把握技术进步的方向和重点

按照国家十年规划和“八五”计划纲要的要求，以及刚刚结束的全国企业技术进步工作会议精神，我国纺织工业主要应当依靠科技进步实现经济增长和效益提高。因此，在现阶段正确把握技术进步的方向，必须坚持面向国内外两个市场，围绕调整结构，提高效益这个基本目标，抓住企业技术改造和装备现代化两个重点，改善企业素质，增强国营大中型骨干企业和企业集团的国际竞争力，促进纺织高新技术及其产业化的发展。最近国务院有关部门为了增加国营大中型企业的技术改造投入，推进技术进步，提出了6条指导思想和12条政策措施。体现了党和国家对技术进步工作的重视，我们要认真贯彻落实。结合纺织工业的实际，我们提出以下几个基本要求：

第一，突出重点，统筹安排，全面推进技术进步。纺织工业技术进步是一个系统工程，包括很多方面，主要是技术改造、技术开发、技术攻关和技术引进。国务院领导同志最近强调指出，要处理好技术进步中各项工作的关系。要把技术开发和技术引进紧密结合起来，在开发的基础上引进，在引进的基础上创新，用新技术改造传统产业。对重点行业、重点企业、重大项目实行政策倾斜，投入倾斜。突出新产品开发、新技术开发和技术引进。我们认为，这些讲话精神，是历史经验的总结，符合纺织工业技术进步的特点，也反映了纺织工业技术进步的客观要求。从这样的认识出发，我们必须按照突出重点、统筹安排的原则，促使各个方面、各个层次上的技术进步工作得以协调发展。

全面推进技术进步，要坚持“两条腿走路”的方针，努力抓好四个方面的结合，即自主开发与引进先进技术相结合；重点技术改造与面上的技术改造相结合；开展群众性的小改小革与推广应用科技成果相结合；淘汰更新落后设备与关键部件、关键机台的局部改进相结合。根据纺织工业多年的实践，处理好这四个方面的结合，一般都能取得较好的效果，不仅有助于整体素质的提高，而且企业效益和社会效益都比较好。

全面推进纺织工业技术进步，除了在行业内部积极努力，还要在行业之外做好工作。只有从国民经济和整个科学技术发展中去把握纺织技术进步及其与外部的结合，才能有利于结构调整，推动纺织工业协调发展。回顾我国生产资料性纺织品生产比重长期偏低，尤其是为农业工程、水利工程、交通运输工程、能源建设工程等配套的产业用布发展缓慢，忽视纺织技术进步与整个国民经济的结合不能不是一个重要原因。

第二，坚持把技术改造作为调整结构、提高效益的重要途径。江泽民同志指出：“当前和今后一个时期，我们必须下功夫调整结构和提高效益，把扩大再生产的重点放在技术改造上，而不能主要靠铺新摊子。”这也是中央长期以来强调的以内涵为主的方针，我们要深刻地加以领会。国内外许多纺织企业的经验表明，技术改造最重要的作用在于它是调整结构、提高效益的一条有效途径。据专家分析，利用原有企业进行技术改造或更新，与新建同样规模的企业相比，投资可节省30～60％，设备器材等物资可节省50～60％，建设周期可缩短一半，从而可以较快形成新的生产力，提高企业的经济效益。纺织工业当前调整结构、提高效益的任务很重。更要在企业的技术改造上着实下一番功夫。各地要着重注意以下几点：一是技术改造的重点选择应是关系纺织工业发展全局，为整体实力增强提供新型技术装备和新型原料的企业。据此我们确定了“突出一个基础”（纺织机械），抓住两个重点（棉纺织行业和最终成品加工行业），保证两个主体（出口创汇重点企业和国营大中型骨干企业），同时有计划、有重点地扶持化纤原料和新型化纤生产企业的改造原则。二是技术改造后要能大幅度降低能源、原材料消耗和增加企业盈利。三是有利于增加“优、精、深、高”产品和短线缺门、适销对路产品的生产。四是有利于改善产品结构，加速产品升级换代，发展技术密集型产品的生产。五是有利于扩大出口，提高创汇水平，赶超世界先进水平。因此，技术改造要从全局着眼，从出口创汇重点企业和国营大中型骨干企业入手，使技术结构尽量向先进技术过渡，以带动整个技术水平的提高。另一方面，又要考虑到我国劳动力资源丰富、资金不足、企业还贷能力不强以及各地经济水平发展很不平衡这些实际情况。各地要审时度势，因地制宜，努力克服片面求洋求新的倾向和追求形式而不讲效益的做法。

第三，抓好引进技术的导向，坚持软、硬技术同时并举。引进先进技术是纺织工业发展的客观要求，也是缩短与发达国家差距，争取时间增强自力更生能力的重要手段。部里已制订引进技术改造现有企业的3年计划大纲，各地要结合实际，认真加以研究和作出具体引进规划。引进技术必须坚持软、硬技术同时并举。软性技术的引进应当包括生产工艺技术、设备制造技术、经营管理技术和战略决策技术，既要重视购买专利、技术诀窍，又要注意购买商标、经营诀窍。对于在引进技术与利用外资相结合的方法上，要多种方式灵活运用，“三来一补”、技贸结合、合作生产、合资经营、合资建厂以及外商独资经营等，要区别情况，合理选择。但不论何种方式，都要认真做好可行性研究。要把引进技术作为新的起点，抓好消化吸收，结合国内的开发研究进行改造和创新，通过工业设计吸收现代科技、经济和艺术的成果。

第四，加快科技成果的推广应用。科技成果的推广应用是加快技术进步的一个重要环节。通过10多年来的科技攻关，我国纺织工业已取得了一大批有价值的科技成果，我们已经公布了第一批11大类41项成果目录，明年还将陆续公布新的成果项目。现在科技成果推广应用率不高是一个亟待解决的问题，各地要进一步建立健全科技成果推广应用服务体系，加强技术承包、技术咨询和技术市场等方面的工作。

（三）加强宏观调控，抓好企业技术改造

国务院领导同志对纺织工业企业技术改造极为关心。各省市厅局要进一步加强对企业技术改造的宏观指导和调控，保重点、抓关键，绝不允许利用技术改造的名义去搞新的基建项目。

明后两年是企业技术改造的关键时期。1992年技改专项初步确定为473个，总投资67.98亿元。压贷挂钩技改项目581个，总投资50.34亿元，前提是必须完成压贷任务。压贷问题不解决，压贷挂钩项目都是纸上谈兵。从项目准备上来说，各地要按照部技改规划的要求，继续抓紧衔接，尽快完成187个新开专贷项目可行性研究报告的审批工作。对当年能够完成的项目，资金要排足，使其早日投产见效。从目前的情况看，大部分地区抓得较紧，但仍有少数地区行动不快，特别是压贷挂钩项目还很不落实。一方面由于压贷任务的完成尚有较大差距，另一方面国家对压贷政策采取了“双挂钩”的办法，能不能争取更多的资金用于技术改造，需要各地积极争取，努力做好工作。

第一，把握重点，抓住关键，继续选准选好一批技改项目。能不能继续选好选准一批重大关键技改项目，不仅关系到明年，而且直接关系到今后几年的技术改造进程。

国务院领导同志指出，在项目安排上，要加强宏观调控，做到两个集中：一是国家安排的中央专项比重要增加；二是行业主管部门要集中力量保重点。从这一要求出发，部里已经明确要把棉纺织行业和最终成品加工行业作为重点，优先改造。棉纺织行业是我国纺织工业的支柱产业，产值和出口创汇分别占纺织全行业的40%和22%，许多最终成品的质量和水平也在很大程度上取决于棉纺织行业。但由于多种原因，棉纺织行业技术装备老化的状况非常严重。这就要求我们，必须把棉纺织行业作为纺织工业的重要支撑加以大规模的改造，特别是对一批出口创汇骨干企业要逐步进行脱胎换骨的改造。突出改造以服装为代表的深加工行业，是我国纺织工业转向“高附加值化”的重大步骤，也是改变资源型加工与出口的重要出路。在服装行业的技术改造中，我们要充分利用已列入国家科委高新技术攻关项目的“服装新加工技术”，尽快建成服装设计加工工艺示范中心和丝绸服装研究开发中心。

第二，集中力量抓好“优、深、精、高”出口产品的专项改造。各地要紧紧围绕“优、深、精、高”出口产品的生产，抓好一条龙的配套改造。部里已经确定重点抓好四大类最终出口产品的改造项目，即梭织服装及面料，针织服装及针棉织制品，丝绸面料、服装及制成品，装饰用及产业用纺织品。棉纺精梳纱的比例，要求从目前的10%提高到15～20%，无接头纱计划增加8～10万吨，成纱质量要求达到89年乌斯特公报25%的水平，无梭织布的产量计划增加2亿米左右，高档和特种整理的服装面料要有较大幅度的增加，全防缩整理要求达到60～80%，服装成衣率的比重从目前的40%，提高到65%。提高出口服装中的国产面、辅料比重是当前的一个重要课题。据海关统计，1989年进口面料用汇12.1亿美元，1990年13.91亿美元，1991年1～11月达15.78亿美元，呈逐年增加之势。实行纺纱、织布、整理、成衣一条龙的配套改造，就是要从根本上解决这个问题。需要指出的是，我们强调集中力量抓好“优、深、精、高”出口产品的专项改造，重视新型染色技术、精细印花技术和各种整理技术，特别是特种整理技术是主要的一环。

第三，努力抓好新型纺织原料的开发性改造。提高质量和开发品种，与新型纺织原料的生产供应水平关系极大。从明年开始，应主要通过技术改造扩大差别化、功能性纤维、高技术特种纤维的开发与应用，在仿真技术和仿真效果上有重大进展。“八五”期间，差别化纤维的比重要由目前的11%提高到20%以上。苎、亚麻，羊绒，兔毛以及其他特种纤维的综合开发和利用，通过技术改造也要有一个新的提高。

（四）以“四大重中之重”为突破口，加快发展新型纺织机械

国务院领导同志反复强调指出，现在的纺织装备不行，纺织部要把纺织机械制造工业摆在突出的位置来抓。这一重要指示，抓住了我们技术落后的症结。我国纺织工业不可能也不应该长期依靠大量进口装备来发展生产、提高水平，必须积极调整政策，把纺机工业放在重要位置上加以研究、规划。

最近一个时期以来，在充分听取各方面意见的基础上，我们决定把自动络筒机、无梭织机、清钢联合机、新型精梳机作为发展新型纺织机械的四大重中之重。并作出了“以四大重中之重为突破口，加快发展新型纺织机械”的战略决策。需要说明的是，我们强调“四大重中之重”并非只抓“四大重中之重”，而是要以此带动新型纺织机械的全面开发。现在部里已成立重大技术装备领导小组，由国务院生产办牵头的全国纺织重大技术装备领导小组也已正式成立。1992年要集中力量，迈出坚实的第一步，主要任务是：

第一，瞄准国际先进水平，精心组织好“四大重中之重”的攻关。我们拟借鉴上海组织桑塔纳轿车生产的经验，依靠我国现有纺机、电子、军工的力量，采取技贸结合，合资建厂等多种方式进行突破。各地一定要增强全局观念，联合统一对外，集中用好引进筹码。对“七五”期间已经引进技术合作生产的无梭织机，要在确保质量、稳定可靠的基础上，扩大合作生产的深度和广度，提高批量生产能力。各地纺织主管部门对此要高度重视，积极帮助承担单位解决工作中的一些实际困难。各承担单位要全力以赴，从人力、财力、物力上给予保证。应当看到，抓好这项工作是事关全局的一件大事，我们要积极组织和吸引一批老专家、技术尖子和具有创新思维、工作勤奋的年轻科技人员投身到这个领域中来。

第二，大力调整纺机产品结构和企业组织结构。首先要坚决地解决低水平重复和盲目发展的问题。要下决心关停一批落后产品的生产。对已经发放生产许可证的企业，要重新进行审查和认定，对无证生产和超计划生产“三大能力”设备的企业要坚决制止。其次要对部分长线产品扩大实行生产许可证制度。对已经安排的腈纶、聚酯成套设备及化纤仿真丝绸设备，新型漂染、特种整理设备及纺机专件、器材，新型针织、服装机械及非棉加工设备等要进一步抓好。

产品结构与企业组织结构的调整要有机地结合起

来进行。要不断推动、促进企业集团的成长发育。要进一步按照国家关于发展重点企业集团的要求，促使宏大纺机集团公司努力成为名副其实的纺织机械“国家队”。

第三，加快纺机器材企业自身的技术改造。当前纺机器材工业低水平生产能力过大、高水平生产能力不足的矛盾很突出。因此，要加大纺机器材企业技术改造的投入，扩大引进现代化技术装备，提高工艺技术水平。改造的目标和内容，应主要围绕“四大重中之重”和其它重大关键装备研制开发的需要。

（五）高度重视纺织教育事业的发展，加快科技人才培养

加快纺织教育事业的发展，提高广大劳动者的素质，是我们在发展战略中要解决的一个根本性问题。这几年，在同样的外部条件下，一些企业始终保持了较好的经济效益，这与他们重视职工教育，吸引、培养人才是分不开的。邓小平同志说，不重视教育的领导是不称职的领导。我们要进一步提高认识，加强领导，加快科技人才的培养提高。

第一，千方百计增加对教育的投入。应当看到，投入不足，是纺织教育当前许多困难中的主要困难。在今后一个时期内，由于国家对教育的投资毕竟受到经济发展水平的制约，这就要求我们应当以改革的精神，调动全社会的积极性，多想办法，多开辟渠道。这个问题能不能解决得好一些，关键在于各级领导认识和决心。

第二，院校工作要进一步抓好改革的深化和完善。要把培养学生具有坚定正确的政治方向放在首位，全面贯彻党的教育方针，进一步调整、改革、优化专业结构，拓宽专业面，增强适应性。有条件的院校，在科研方面，要根据我国纺织科技发展的总目标，跟踪国际科技前沿，有重点、分层次地加强科研基地和实验室的建设，逐步发展科技型产业。

第三，职工教育要继续以岗位培训和继续教育为重点。特别要抓好企业领导的培训，纺织行业高级专业技术人员青黄不接，面临“断层”危险，要及早有计划地培养中青年科技骨干。中等职业技术教育是纺织教育的重要组织部分，各级主管部门要进一步加强领导，积极帮助学校解决实际困难，提高办学效益。

同志们，新的一年很快就要来临了，展望前景是令人鼓舞的。只要全行业不失时机地沿着国家已经确定的技术进步、调整结构、提高效益的方向，奋发努力，开拓进取，就一定能够谱写出纺织工业的新篇章！

第五篇 调查研究资料

Chapter 5 Reports and Information of Research

关于加强纺织工业全行业管理的几点建议

纺织工业部经济研究中心

随着纺织工业的不断发展，纺织工业企业现已横跨乡镇、商业、外贸、军工、民政、农垦、轻工、公安、三资、教育等部门，以及个体生产户。系统外纺织企业的比重越来越大，主要生产能力占三分之一（棉纺占八分之一），生产总量占三分之一，产值占五分之二，出口值占三分之一。由于一个行业被分散于多个部门以及地方财政包干体制的一些弊端，近年来纺织工业主管部门难以对纺织工业的发展实行全行业的宏观调控和管理指导，使纺织工业面临着一系列问题和困境。最近，朱镕基副总理明确指示，纺织工业部要把全行业管起来，国家也要给纺织工业部用于纺织工业的国家外汇、技改贷款和低息、贴息贷款的管理权。

一、对纺织工业加强全行业管理的若干认识

（一）全行业管理的性质

纺织工业的全行业管理是指各级纺织工业主管部门依照国民经济发展的总体要求，在计划经济和市场调节相结合的原则下，结合本行业的经济、技术特点，对纤维加工业范畴内所有生产经营主体进行宏观调控和管理指导，实现全面规划、协调发展，保持总量平衡、结构均衡和适度增长，使行业向高度化、合理化方向发展。加强纺织全行业管理要发挥各种不同所有制企业和各级地方政府的积极性，既要根据行业特点进行规范化的共性管理，又要不具体干预企业的正常生产经营活动，避免行业内部优势的抵消，使全行业获得最佳的整体效益。

（二）行业管理范围

只要涉及到纤维加工业，不论企业隶属关系、所有制形式和财政渠道如何，纺织工业主管部门对化纤、棉纺织、毛纺织、麻纺织、丝绸、印染、针织、复制、色织、服装、纺织机械和器材行业的企业，都要实行行业管理。

（三）行业管理目标

建立健全科学、规范、有效的行业管理机制，即纺织工业全行业宏观调控机制、全行业宏观引导机制、全行业咨询服务机制、全行业监督机制，使纺织工业的生产总量得到平衡，产品、技术和企业组织结构得到优化，使纺织工业总体水平和效益得到提高，使纺织工业的运行控而不死、活而有序，走上良性循环的轨道。

（四）行业管理手段

纺织工业全行业管理需要运用法律手段、经济手段和行政手段来保证实施。

二、纺织工业全行业管理的内容

（一）统筹规划，合理布局

1. 按照国民经济和社会发展的总体规划，研究制订纺织工业的发展目标、重点和措施；按全社会口径编制纺织工业中长期发展规划和年度生产建设计划，监督检查有关规划、计划的落实情况。执行计划要严明纪律，必要时对不按计划生产的有关地区、企业在分配原料、安排贷款等方面实行经济制裁。

2. 制订纺织工业固定资产投资基本建设与技术改造规划。在国家有关综合部门指导下，按国家产业政策的要求，控制固定资产投资规模，确定投资方向，调整投资结构和布局，优化行业结构，合理配置资源，提高纺织工业整体素质和发展水平。

3. 制订纺织工业技术装备的发展规划，确定引进技术、设备和外资的方向，以及落实、消化、吸收和国产化工作；负责纺织技术装备进口的审查和统一归口对外联系工作。

4. 制订纺织工业科技发展的中长期规划，组织研究高新技术、共性技术、基础技术；组织开发新产品、新材料；调整、优化行业科研结构、技术结构，推动企业技术进步和科技成果商品化，组织纺织产品和技术的推广应用。

5. 制订纺织工业教育发展规划，指导行业职工培训工作；制定跨世纪、多层次的管理人员、科技人员队伍的培养计划，并指导实施。

（二）制定政策，组织实施

1. 贯彻执行党和国家有关发展纺织工业的大政方针，并参与制定有关的方针政策，制定纺织行业的法规行约，并组织实施。

2. 制定纺织工业的经济技术政策及新的技术经

济指标体系。

3. 制定纺织工业有关节能降耗、环境保护、安全生产、劳动工资、福利保险等政策。

4. 参与国家有关纺织产品价格、税收、信贷、折旧、补贴等经济政策的制订。

5. 组织制订和实施纺织工业产品标准及质量检测、监督办法。

6. 负责指导制订主要纺织行业劳动定员定额标准和劳动组织形式。

7. 参与制订纺织品出口优惠政策及纺织品出口配额的管理与分配。

（三）综合平衡，控制总量

1. 严格控制纺织生产能力，根据纺织品内外销市场需求调控生产总量，未经主管部门许可，任何其它单位无权自行单独审批增加生产能力。

2. 组织有关部门进行固定资产在建项目的逐项清理，提出相应的处理意见，并付诸实施。

3. 当生产超计划、超市场发展，生产总量失衡时，纺织工业部即颁发临时措施法，规定企业有计划缩短生产时间，压缩生产。当生产能力发展过快而过剩时，结合老厂改造，颁发有计划、按比例加速淘汰陈旧设备的规定。

4. 组织定期按全社会统计口径，向全国发布纺织产品总供给与总需求的平衡情况，指导行业和企业及时调整生产，并切实监督、检查，使生产均衡发展，避免大的起伏。

5. 推进企业的技术改造。设备更新改造须经纺织工业主管部门审查，并报上级综合部门（国家、省市计经委）确认后才能立项。

6. 管理主要纺织设备的生产，对主要行业的主机设备生产实行"生产许可证"制度，统一纳入纺机生产计划，严格执行供货计划和陈旧设备的淘汰报废制度。

7. 负责全面清理小棉纺企业，整顿质量差，设备陈旧，空调、除尘、消防设备和质量检测仪器等不齐备以及劳动安全无保障的企业。

（四）加强管理，提供服务

1. 组织指导全行业的企业管理工作，加强企业现场管理，组织制订企业管理规章，推进企业的现代化管理。

2. 统一管理和监督纺织行业的重大科研项目和新产品开发的立项和实施等管理工作。

3. 在国家有关部门的协调下，以择优限劣为原则，负责颁发归口企业产品的生产许可证和出口产品质量许可证。

4. 建立纺织工业全社会口径的统计系统：建立纺织全行业的信息网络，对纺织工业规划、计划的实施及经济运行情况进行统计、监督、咨询。

5. 管理、指导纺织工业各种行业协会、学会及研究会等社会团体的工作。

三、理顺纺织工业全行业管理的管理体制

（一）全行业管理的组织形式

纺织工业部是代表国务院实施纺织工业全行业管理的国家最高行政部门，各级纺织工业主管部门是行业管理的主体。纺织行业协会是代表同行业企业自身利益的自愿组合的民间组织，是行业管理的辅助机构，要充分发挥协会的功能。

（二）实行分层次管理

1. 纺织工业部和各级纺织工业主管部门，是纺织工业全行业管理的主体部门，全国性纺织行业协会和各级地方纺织行业协会是行业管理的辅助机构，实行中央一级、省、自治区、直辖市一级和地、市一级的三级管理。

2. 争取各级人民政府和综合部门的支持，克服不同隶属关系、财政渠道及所有制形式的分隔。各级纺织工业主管部门在政府和综合部门的支持下，要具备分配原料、控制能力、调度生产的行业管理基本手段。关于纺织品价格应分层次管理，最终纺织产品的价格要放开，两纱两布实行指导性价格，允许在一定幅度内浮动，对纺织原料的价格要管住。纺织行业主管部门要参与综合部门对税、价、信贷政策的制定和管理，实行对全行业有效的管理和指导。

（三）充分发挥纺织行业协会的功能

1. 在纺织工业主管部门指导下，行业协会协助工业主管部门调控生产能力和总量，参与制订和修改本行业的行规业约和各项技术、产品、质量的标准。

2. 组织行业内、企业间的经验、技术交流，组织专家为企业诊断服务，提供经济、技术、市场信息，开展咨询服务，为企业培训各类专业人才。

四、目前亟待解决的几个问题

1. 纺织工业部应尽快颁布《纺织工业全行业管理条例》及《实施细则》。条例的内容应包含纺织全行业管理的机构、范围、内容、手段、目标、行规业约以及执行和仲裁机关。这样可使各级行业主管部门实施全行业管理时有法可依。

2. 针对目前纺织工业棉纺能力、毛纺能力过剩和技术装备落后的情况，纺织工业部应尽快颁发强制淘汰落后设备、采用新设备的临时性应急法规，淘汰设备与更新设备比为2：1，禁止转移淘汰设备。该项临时性应急法规应与原料分配、技改贷款挂钩。

3. 纺织工业部作为国务院实施全国纺织工业全行业管理的职能部门，必须具备必要的宏观调控手段。在有计划的商品经济条件下，加强纺织工业全行业管理的总指导思想是：大的方面管住管好，小的方面放开搞活。行业管理最基本的职能是宏观调控。目前完

全理顺行业管理体制尚有一定难度。因此，纺织工业部需要争取以下有效的调控手段。

①在棉花调入和调出包干政策未改变、不搞棉花市场的条件下，纺织工业部要拥有对纺织原料的分配权，并要求国家在丰年时扩大棉花储备量，起蓄水池作用，避免棉花产量发生大的起伏。

②纺织工业部还应拥有纺织工业固定资产投资立项和技术改造专项贷款的审批分配权。

③纺织工业部应拥有批准纺织企业自营出口的初步审查权，以及纺织品出口配额分配的参与权与进口纺织原料、面料许可证的审批权。

④纺织工业部要建立发放纺机主机设备生产许可证及销售许可证制度，由纺织工业部发证，有效控制三大纺织能力的发展；并拥有对进口纺机主机设备的审批权，按纺织技改方向引进先进设备。

4. 改革现有统计制度。纺织工业部要求各地纺织企业不论所有制、隶属关系、财政渠道如何，须定期如实向各级纺织行业主管部门上报其产、销、存和财务主要指标的统计数据，上报细则由纺织工业部制订。并在此基础上，由纺织工业部和各级行业管理主管部门建立纺织工业经济运行监测与预警系统，定期向全国纺织全行业发布纺织工业总量平衡情况、效益情况和景气程度，及时预报未来可能出现的警情。这样，就可对纺织工业结构和总量及时调整，避免生产出现大的起伏。

5. 纺织工业的年度指导性生产计划要按全社会口径制定，要严明执行计划的严肃性。

6. 在乡镇纺织企业集中的省市可搞试点，成立纺织工业全行业领导小组。在目前纺织工业属多部门管理和“三不变”（财政渠道、隶属关系、所有制性质）的情况下，由各级纺织主管部门单独行使行业管理职能尚有一定难度。因此，在乡镇纺织企业集中的省、自治区、直辖市可成立纺织工业全行业管理小组，作为过渡性措施。领导小组应以各级纺织工业厅（局）为主，成员还应包括乡镇企业局等其它管理部门，办公室设在纺织工业厅（局）。要尽快形成中央、省（区、市）、地（市）三级全行业管理体系，省、区、市级纺织行业主管部门或行业管理领导小组负责本地区纺织全行业的统筹规划和重大技术经济问题的决策，主要职能如下：

①负责本地区纺织工业的总体规划的研究和制订。并协调各种关系，承上启下，督促企业遵守行规业约；

②负责对行业协会的全面指导；

③负责全行业的统计和信息工作。

7. 发挥乡镇企业协会纺织专业委员会的作用。乡镇纺织工业在整个纺织工业中占有重要的地位，为此，各级纺织主管部门或纺织全行业管理领导小组应通过乡镇企业协会纺织专业委员会加强对乡镇纺织工业的全行业管理，把乡镇纺织工业纳入到宏观规划之中，基本上做到有计划的发展。通过咨询、培训和信息发布等手段对乡镇纺织工业实施指导和服务，使乡镇纺织企业遵守行规业约，并健康地发展。

转换机制，深化改革，增强国营纺织企业活力

纺织工业部经济研究中心

一、改革实践的回顾与思考

改革开放以来，我国对城市经济体制的一系列改革，主要是围绕搞好企业、增强企业活力这个中心环节来进行的。国务院先后制定并付诸实施了扩大企业自主权、增强大中型企业活力、深化企业改革、完善企业承包经营责任制等一系列搞活企业的政策、法规。全国人大七届一次会议则审议通过了《企业法》，并在全国范围内颁布施行。这些法规和政策，为增强企业活力创造了良好的外部环境。

纺织企业在这十几年的改革实践中，从过去高度集中统一的体制中摆脱出来，管理体制和经营机制都发生了明显的变化，由封闭的单纯生产型转向生产经营型，企业有了一定的生产经营自主权。以承包为主的多种经营责任制和企业内部工效挂钩的普遍推行，调动了企业和职工的生产积极性，促进了纺织工业的发展，初步显示了社会主义企业的生命力。

尽管在改革之初，我们就已在理论上确立了把国营企业改造成为自主经营、自负盈亏的社会主义商品生产者和经营者的改革目标，但国营企业经营机制不完善的问题，也就是企业活力不足的问题始终没有得到很好解决。近年来，国营纺织企业经营机制上的弊端等深层次的矛盾和问题，在治理整顿“紧缩政策”下逐步显露出来。与乡镇企业和“三资”企业相比，许

多国营纺织企业在市场竞争、结构调整等方面明显缺乏活力和应变能力，并出现经济效益持续下降的令人忧心的情况。1991 年，纺织工业系统内实现利税 73.8 亿元，比 1990 年下降 27.15%，其中利润仅 12.6 亿元，比 1990 年下降 67.77%。全国有 10 个省、11 个计划单列市的纺织工业全行业亏损，系统内纺织企业亏损面扩大到 44%，亏损额 42 亿元。同时，企业普遍面临着设备与技术老化、产品积压、资金紧张等困难，缺乏自我积累、自我发展的经济实力。

总的来说，造成目前国营纺织企业困境的原因是多方面的，既有体制的原因，也有机制的原因；既有企业本身的因素，也有外部环境的因素。总之，是企业内、外诸多抑制活力的因素相互作用且长时间得不到有效解决的结果。面对这种情况，走出困境，增强国营纺织企业活力的问题，成为各方面注视的焦点。近年来，为搞好国营纺织企业，我们采取了一系列的措施，这些措施大体上可分为两类：一类是为企业创造条件、争取优惠政策的“输血”措施，象“双保”、增加贷款、降低贷款利率、提高折旧率、增加新产品开发基金比例等；另一类是对企业提要求、加压力，要求企业眼睛向内“练内功”，加强企业内部管理，提高产品质量，如企业上等级、“质量品种效益年”活动等等。

这些作法的特点是体制用不着太大的变化，也比较容易同传统的计划体制相衔接，在一定时间内，的确有一定的成效。但是，这些作法没有、也不可能从根本上解决企业活力不足的问题。因为，现在我们一部分国营纺织企业之所以缺乏活力，关键是在机制上存在着问题，还没有形成与商品经济相适应的经营机制，缺少新体制下应有的活力和动力，所以仅靠局部的、浅层次的改革措施是无济于事的。要增强国营纺织企业的活力，必须要在深层次上、从机制上寻求出路，需要围绕转变企业经营机制这个中心，全面深化改革。

二、国营企业经营机制存在的问题的剖析

大量的调查结果表明，目前国营纺织企业存在的主要问题是：《企业法》没有得到认真贯彻执行，企业的生产经营自主权不落实；企业没有投资决策、产品定价、产品销售以及劳动、人事及内部分配等权利；企业经济负担过重，缺乏发展后劲等等。从深层次上看，这主要是由于产权关系尚未明确和政企尚未分离，企业难以排除来自行政机构的非规范性干预，没有真正确立自主经营、自负盈亏、自我发展、自我约束的社会主义商品生产者和经营者地位。

（一）自主经营方面存在的问题

1. 由于政企不分，产业政策不完善以及引导投资的经济调节杠杆尚未配套建立健全，市场发育不成熟，因此企业还不是真正的投资主体。企业的技术改造投资，受政府的规模指标和银行的贷款指标控制，上一个项目需层层审批。

2. 扩权政策不落实，《企业法》赋予企业的相当一部分权力在治理整顿中被上收、截流、搁置，这不仅削弱了企业的活力，而且也增加了企业对国家的依赖性。

3. 由于价格体系尚未理顺，大部分国营企业没有产品定价权，产品价格有的长期偏低，有的到不了位，有的甚至低于生产成本，造成有些企业长期政策性亏损。

4. 企业在机构设置、人事任免、劳动用工、工资分配等方面没有自主权，缺乏必要的制度。企业机构臃肿，干部能上不能下，“铁饭碗”使职工没有进取与忧患意识，企业内部的科学管理和规章制度难以有效实施或受到冲击。

5. 一些企业内部党政领导不协调，厂长在生产经营中的中心地位没有得到很好的保证，“中心”与“核心”问题解决不好，不能形成统一的指挥中心。

6. 企业不仅要发展生产，往往还要承担城建、环卫、劳动就业、职工福利等任务，“三乱”久治不绝，造成企业精力分散，效益牺牲或转移。

（二）自负盈亏方面存在的问题

1. 作为国营企业与国家分配纽带的承包制，由于承包期短和承包基数的确定没有与资产的保值增殖挂钩，所以对企业的鞭策和激励作用难以充分发挥。同时，承包基数相对固定与企业效益不断变化的反差，不利于企业的正常生产循环，也造成企业苦乐不均。

2. 不论是承包制、第二步利改税还是利税分流，都不能使企业真正做到自负盈亏。由于产权不明，社会保障体系不完善，“条块”分割阻碍资产的合理流动，一些长期严重亏损的企业不能淘汰，靠财政贴一块、银行挂一块、“老本”吃一块而运转生存。

（三）自有发展方面存在的问题

1. 企业自有资金严重缺乏，80%以上的利税要通过流转税和承包利润（或所得税、调节税）上交国家，留利中还要上交 25%的“两金”，净留利微乎其微，一般不到企业实现利税的 10%。另外，由于折旧率低、少提甚至不提折旧、折旧基金被挤占挪用等，目前国营企业用于更新改造的折旧基金大约只有全额折旧的六分之一。

2. 技改资金拨改贷后，国营企业技改主要靠银行贷款进行。由于国家并没有建立起促使企业逐步走上良性循环的还贷机制，以致企业债务越背越重，还贷越来越困难，巨额利息“吃”掉大量利润，企业技改积极性下降。

（四）自我约束方面存在的问题

以承包为主的多种经营责任制，虽然在发挥企业积极性方面起到一定的作用，但并没有解决好企业经

营者对谁负责的问题，即没有解决好企业内部谁代表国有资产权益的问题，所有者对经营者缺乏监督与激励，因而不能促使企业形成兼顾近期利益与长远利益、参与竞争、提高技术、发展生产的强劲内在动力，企业创造的利益保了财政收入和职工个人收入，不同程度地损害了企业内国有资产的权益。

从以上的分析可以看出，目前国营企业在经营机制上还存在着许多影响企业活力发挥的矛盾和问题，相当一部分企业没有摆脱传统产品经济模式的束缚，陷入难以冲出的"怪圈"，处于不死不活的状态。这些矛盾和问题并非是企业自己造成，也并非是企业自身所能解决。所以，增强国营企业活力，转换企业的经营机制，需要在产权制度、政府与企业关系、计划与市场的关系等方面进行一系列的制度创新和综合配套改革，应着眼于理顺产权关系，实行政企分开和所有权与经营权适当分离，培养发育市场，规范企业与国家的分配关系，强化企业自主经营，自负盈亏、自我发展、自我约束机制。

三、企业经营机制转换的政策取向

应该看到，企业改革已是我国整个新旧经济体制转换的一个缩影，而不只是诸多改革项目中孤立的一项，它几乎涉及到经济体制改革的每一方面，而且涉及政治体制和社会管理体制改革的许多方面，必须在综合配套改革上下功夫，需要总体协调、综合治理。

1. 改革企业产权制度，再造全民所有制的内涵机制。在完善承包经营责任制的同时，要强化产权机制，逐步从经营性承包向资产增殖性承包转变，形成一种向资产负责的企业运行新机制；通过清理、界定企业产权，明确资产责任，逐步理顺国有资产的产权关系。同时，扩大股份制的试行范围，建立合理的国有资产管理体制，各级行业主管部门应代表国家专司国有资产所有者的管理职能，保证国有资产的安全和增值。

2. 实行政企职责分开，调整政府经济管理职能。政府要改变把企业作为政府部门附属物的观念，转变经济管理职能，改善管理企业的方式。各级政府及行业主管部门要为企业创造和改善外部环境，逐步培育纺织原料、纱布、面料、服装和纺器、纺机市场。政府搭台，企业唱戏。作为所有者代表的行业主管部门，还要管好三件事：一是厂长（经理）的选拔和使用；二是承包制与经营方式的确定和实施过程中的监督检查；三是资产的保值、增殖。要真正把职能转到"规划、协调、服务、监督"上来，不直接干预企业的生产经营活动。宏观经济管理部门要减少对企业的直接管理，加强间接调控，把保持总量平衡和促进结构优化作为宏观经济管理的主要任务。

政府要担起社会行政管理职责，加强经济法制、法规建设，建立社会保障制度，加快住房、医疗、社会保险、待业和退休等制度的改革，把企业从办社会的重荷中解放出来。

3. 建立统一开放、平等竞争、规则健全的社会主义市场体系，加强劳务、资金、生产资料、技术等要素市场的组织建设，为企业建立激励机制、风险竞争机制提供外部环境和基础。转换政策导向，把大部分不承担政策性经营的企业推向市场，支持企业运用灵活的方式多渠道经营。

逐步依靠市场机制使企业通过竞争优胜劣汰，促进企业组织结构的调整。对产品滞销、技术落后、严重资不抵债的企业，要坚决实行关停并转的措施。通过小企业拍卖、企业承包企业、企业租赁企业和企业兼并等方式，促使劣势企业的生产要素向优势企业聚集。

4. 理顺国家、企业的分配关系，减轻企业负担，实行放水养鱼政策。国家应在几年内在财政税收、流动资金和技术改造资金等方面给国营企业以支持，为国营企业创造一个休养生息的机会，使企业活力出现质的增强。同时采取措施，减少企业不必要的负担，坚决制止"三乱"，切实解决国营企业负担过重的问题。

5. 尽快落实《企业法》中规定的企业生产经营自主权，扩大企业进行投资决策、调整产品结构和经营范围的权力。允许企业以发行股票和企业债券等方式筹集基金。对放开的商品，要允许企业根据市场供求关系自主定价。

确保厂长在企业的中心地位，大的企业可设专职党的书记，中小企业可由厂长兼任党的书记。

企业要改革按产品经济模式设置的企业内部机构，建立精干高效的内部组织结构，同时改革企业的劳动、人事、工资制度。打破干部、职工的界限，择优选拔干部，干部能上能下；实行全员劳动合同管理，明确职工与企业各自的权益；实行岗位技能工资制，根据不同岗位职工的劳动强度、劳动条件和劳动责任，决定工资收入的组成结构和发放标准，拉开档次，真正做到按劳分配，调动职工的积极性。

纺织高新技术的发展与对策

纺织工业部科技发展司副司长　谢应安

20世纪70年代以来，以电子信息技术、生物工程技术、新型能源技术、航空航天技术及新材料技术等高技术产业群为代表的新科技革命，迅猛地冲击着世界的各个领域，正在越来越大的程度上影响到经济、科技、军事、政治乃至整个人类社会。这对世界纺织工业也产生了重大影响，主要表现为两个方面：

——应用微电子技术、计算机技术和自动化技术大力改造传统纺织工业，使纺织技术装备迅速向优质、高效、自动化、连续化方向迈进；产品及生产过程计算和设计、监控以致工厂的全面自动化管理正在成为现实。

——高性能和功能性高技术纤维的发展为纺织工业开发高技术纺织品，拓宽领域，调整结构，提高附加价值展示了广阔前景。

由于高技术的发展，今天的纺织机器已经完全是一种崭新的高度机电一体化综合技术的载体。以织机为例，普通有梭自动布机不过是简单的机械装置组合，而新型的无梭织机集高速、精密和自动化于一身，其技术密集程度已毫不逊色于一辆高级轿车。同样，现代化的自动络筒机、新型纺纱机（如气流纺纱机、喷气纺纱机）的自动监测、接头装置，以及一些质量检测仪器（如"自动纱线试验机"）已无异于具有专门智能的机器人。微电子和计算机技术几乎已渗透到从原料开始到最终成品的每道工序，每一台设备以及生产的管理过程，从而成倍地、成十倍地提高劳动生产率，使纺织工业从劳动密集型向资金和技术密集型转化。调查资料显示，一些工业发达国家（包括美、日、意、瑞、比等国）八十年代末建设的现代化工厂劳动力成本占产品总成本的比重已降到7%的水平，而10年前，这个数字尚为22%，表明了这个转化的加速。与此同时，由于高技术的采用使产品质量极大提高，产品品种日益增多，快速反应能力大大加强。作为基础产品的纱、布已经实现了无接头、无疵点，达到了前所未有的高级化和稳定化；印染布色差和缩率、纬斜等得到最严格的控制；印花套色已可做到20～30色之多，花纹极度精细；服装加工正在踏进"零疵点"和"零库存"的门坎。随着社会生活节奏的加快，以及个性化、时装化和复杂多变的消费心理的影响，80年代以来纺织产品的交货期已缩短到2～3周，而今天某些敏感产品（如时装）的纱、布供应者正在建立的快速反应系统已能适应7～10天的交货期要求。

另一方面，由于高性能和功能性新型化学纤维的开发应用，不仅丰富了纺织品的品种，而且突破了传统意义的纺织品范畴，大大拓宽了纺织应用领域，如具有高强、高模、耐高温、耐腐蚀、耐摩擦特性的芳纶、碳纤维，具有特种功能的中空分离膜纤维，有机光导纤维、抗辐射纤维、离子吸附纤维，以及能达到高强、高模、轻量化等多种功能目的的新型纤维复合材料，已广泛用于国防科技、海洋开发、航空航天、电子信息、医药卫生、汽车制造、桥梁及高层建筑和体育器材等行业，成为这些行业高技术发展的不可缺少的组成部分。用高强芳纶（芳纶1414，Kevlar）制成的橡胶骨架材料、高强绳索、光缆外套、防弹防刺制品；用耐高温芳纶（芳纶1313，Nomex）制成的壳体蜂窝材料、阻燃制品、炼钢服、消防服、耐高温过滤材料、耐高温绝缘纸；用碳纤维复合增强材料制成的高级滑雪板、钓鱼杆、高尔夫球捧、避震鞋垫以及高级赛车、赛服等都已经形成相当大的产业。近来，还用碳纤维制成了能容纳人体组织长入的人工筋腱、人工骨、人工关节、人工牙根。可以说，高技术纤维在各方面的应用开拓都大有潜力并能产生巨大效益，故自80年代以来，在新的纺丝方法和理论研究突破的基础上，原有的特种纤维性能不断提高，应用范围不断扩大，同时许多新型纤维还在不断出现。一些大的化纤企业不断增加高技术纤维的开发和生产的比重。据资料介绍，美国杜邦公司1987年高技术纤维的产量占其化纤总产量的2.5%，销售金额则占到20%。预计到2000年，这两个数字将分别达到6.5%和50%。

高新技术的采用，使纺织品国际市场的竞争进入了一个新的时期。70年代曾经流行的一种质量观，所谓"适度质量"观点—只提供用户所需要的不"过度"的质量，已被80年代的竞争所打破。90年代的质量观将是"追求完美"，即只有不断力争使纺织品比以前的好，比竞争对手的好，比顾客要求的还好，同时大大提高劳动生产率，降低成本，不断开发新品种和新领域，并加快品种翻改速度迎合迅速变化的市场，才能使自已立于不败之地。

我国纺织工业经过“六五”、“七五”的努力，已能生产一些较高水平的机电一体化纺织设备和检测仪器。在电子信息技术应用、计算机管理以及CAD、CAM技术的采用等方面都有很大的进展。高技术化学纤维方面，我们是在国防建设急需领域中率先发展起来的，开发了包括芳纶、碳纤维、高强聚乙烯纤维在内的多种高性能和功能性纤维以及特种纺织材料。近年来，又开发了高强高模维纶（用于代替石棉作各种水泥制品增强材料）、碳纤维增强热塑性材料（用于无梭织机等机器部件、运动器材等）、中空纤维超滤器（用于各种液体分离浓缩、纯水制备、废水处理等）、止血纱布、人造血管、耐高温芳砜纶（用于高温烟气除尘、电机绝缘等）、导电纤维和各种特殊要求的功能性服装和防护服。中国纺织高科技的发展已有一定基础。但是，形势的需要和纺织工业的现状与承担的任务都要求必须以更大的热情、更快的步伐来发展纺织高科技。

首先要着力加快纺织技术装备机电一体化的进程，解决纺织发展基础落后的问题。但我国纺机的现状是落后面大、品种多，同时相应的配套条件、薄弱环节甚多，因此不可能全面出击，样样都抓，而应抓住量大面广的关键行业、关键工序和机台下大力突破，并以此带动全面。当前，作为纺织基础产品的“两纱、两布”的质量和档次问题十分突出，与此相关的自动络筒机、无梭织机，以及现代化的清梳联合机组、精梳机等应在“八五”期间重点抓好。其它各行业的机电一体化也应采取抓住关键，重点突破的方针。如印染以提高质量，减少色差、纬斜，提高印花精细度和节约能源为目标；针织设备以快速应变、提高花样翻改功能为目标等。

要大力推广应用微电子信息技术，改造传统纺织工业，包括推广应用通用可编程序控制器（PLC）、交流调速系统、各类CAD、CAM技术，抓好计算机信息管理系统以及纺织机械和服装加工CIMS（计算机集成制造系统）示范工程等，以此提高各机台、各工序以致整个企业对多品种、小批量的适应能力和对迅速变化的市场需求的快速反应能力。可以预见，微电子信息技术的推广应用将不仅推进纺织工业技术革命的进程，而且将促进纺织企业管理和经营方式的变革，形成企业在社会主义有计划商品经济环境下的机动灵活的良性运转机制。

在纺织新材料方面，一方面要开发新品种纤维，同时，要大力抓好芳纶、碳纤维等已有一定基础的特种纤维的产业化。因为只有实现了一定规模的产业化，才能进一步稳定和提高质量、降低成本，从而为国防和国民经济各部门提供质优价廉的基础材料。也只有在这个基础上才能形成效益型的生产，促进进一步的开发。当然，产业化的前提是市场和应用领域的开拓，要采取措施，先行一步。

以上几方面的发展都要坚持自力更生为主，国际合作为辅的方针。在依靠自己的力量、自己的科技队伍和技术基础的前提下，充分利用改革开放的有利条件，以积极的态度引进国外先进技术，可以加快我们的发展步伐。但是，由于高新技术的特殊性，对于引进先进技术方面存在的种种障碍，必须要有充分的估计和精神及物质方面的准备，作好必要的部署和安排。

（摘自《纺织导报》1992年第6期）

棉纺织企业技术改造刍议

纺织工业部科学技术委员会副主任　张永椿

纺织工业是中国第一大产业，棉纺织工业又是我国纺织工业的骨干与基础。经过建国42年来的努力建设，棉纺织生产能力与纱布总产量已跃居世界首位，棉纺织品总产值占纺织工业总产值的一半以上，占全国工农业总产值5%；1991年纺织品出口创汇达167亿美元，提升为世界第三位，占国内出口创汇的第一位，其中棉纺织品约占70%左右。棉纺织工业在满足国内市场需要，积极参与国际市场竞争，增加出口创汇，以及为国家积累资金等方面，发挥了重要作用。历年来虽也经过一定技术改造，但在产品质量、工艺技术、装备方面与国际先进水平相比仍有较大差距，主要是：产品结构落后，质量水平不稳定，不能适应国内外市场竞争的要求；主机设备陈旧落后，约有三分之一设备超过16年折旧年限，自动化、机电一体化、单机产量与速度水平低，大多处于国际50～60年代水平；劳动生产率低，相当于日本1965年水平；管理水平下降，基础管理薄弱，使当前我国纺织工业面临的形势仍然严峻。此外，出口竞争力下降，近年来正面临工业发达国家高技术、高质量、高效率的挑战，我国纺织工业低工资、低效率的优势正在逐渐消失；同时也受到贸易保护主义和发展中国家大量出口纺织品激烈竞争的影响，使我国棉纺织企业的经济效益连续滑坡，企业的自我积累、自我改造、自我发展的能力进一步削弱。暴露的主要问题是产品质量的下降与波动，我国棉纺织企业已濒于不得不改造的境地。

为了实现国民经济第二步战略目标，“八五”规划中国家及时提出了限产、压库、控制总量，棉纺不增纱锭，调整产品结构，加强技术改造的方针，“八五”期间新建棉纺织厂为数已不多，是纺织工业技术改造的最有利时机，可以集中财力、物力、人力，这是一条投资少、见效快、收益大的捷径。因此必须抓住当前技术改造的有利时机，依靠技术进步，加快改造步伐，首先加强现有大中型企业与出口骨干企业的技术改造，调整产品结构，提高产品质量、档次与效益，尽快恢复我国第一大产业的地位，这将是振兴我国纺织工业、实现现代化的必由之路。

一、指导思想

现有企业的技术改造是企业维持简单再生产与扩大再生产的根本途径。根据各地技术改造的经验，归纳其指导思想是：必须以两个市场为导向，产品为龙头，效益为中心，出口企业为重点，依靠技术进步，围绕调整产品结构，提高产品质量与工艺技术装备水平，改善劳动条件，提高劳动生产率，以提高企业的应变能力、竞争能力、创汇能力和经济效益。

二、遵循的原则

1. 以市场为导向　根据纺织产品的不同用途、不同质量要求，结合企业的特点与优势，按照产品的不同档次，采取多层次技术改造的模式，一般可分为：

高层次改造——引进国际先进工艺技术装备或合作生产；

中层次改造——国内目前已成熟的先进技术装备；

低层次改造——采用国内有效的技措项目在老机上进行改造或采用国产过渡型的改造设备。

出口高、中档产品，改造的起点要高，宜采用高、中层次改造和引进与国产设备混合的改造模式；内销高、中档与一般产品宜采用中、低层次改造或更新与局部改造混合的改造模式，以利提高产品的质量、档次与效益。

2. 以内涵为主　在提高产品质量与档次的前提下，立足于国内，采取新工艺、新技术、新设备、新器材、新原料，满足出口产品与出口竞争力的需要。国产化难度较大的关键设备（自动络筒、无梭织机）在尚未完全过关前，暂且可先引进或与外商合作生产；纺部改造以采用国产先进设备为主，关键部件引进；织部改造无梭织机以引进为主，国产为辅，大量的有梭织机改造仍以国产为主；先织后纺和引进关键设备，确保原纱质量的改造路子，都有较好的技术经济效果。企业技术改造所采用的设施，必须是技术上可行、实践有效、经济合算、能提高产品质量与工艺技术的素质，使企业的产品与技术水平上一个新台阶。

3. 配套技术改造　棉纺织企业的技术改造是一项系统工程，既要以工艺主机改造为重点，又要重视关键器材、滤尘、空气调节与废棉处理等改造综合配套，同时注意测试技术的提高与电子计算机技术的应用进行系统改造，才能使产品质量稳定与提高。

4. 总体规划，分期实施　我国棉纺织企业由于过去对技术改造重视不够，欠账较多，致使改造任务繁重，不仅主机设备陈旧需要改造，配套设备也需改造，有的还需结合危房改建、高难品种的开发进行改造。为使各项改造任务有效合理组合，以利实施，必须编制总体改造规划，统筹考虑，分清轻、重、缓、急，分期分批组织实施，以便集中企业的财力、物力与人力，增强经济效益。

5. 限制落后和淘汰机型的生产与扩散　国产“1”字系列的纺织设备以及解放前留用的300万纺锭与狭幅英制布机都已超龄服役，属于淘汰机型，应限制生产、制造与扩散应用，严格执行报废制度，通过技术改造，报废一批落后机型的纺机与布机。

三、目标要求

质量是纺织技术进步的首要标志，一切技术改造措施的采用，都必须以保证产品质量为前提，牢固地树立“质量是生命”是竞争基础的观念。提高纱、布质量的总体设想应着重于减少成纱棉结、杂质，降低条干CV%值、单强CV%值、重量CV%值以及偏差DR%值，减少黄白纱、粗细节、毛羽与十万米纱疵数，从而有效地降低细纱与后工序的断头率，提高布面质量。纱、布质量的提高也是一项系统工程，不仅决定于技术装备的性能，而且必须同时加强工艺软件技术的优化研究，加强基础管理与维修保养技术，才能确保原纱质量与前织工艺质量的稳定与提高，使纱、布质量上一个新台阶。纱要实现无结头纱，布要实现无疵点布，即“0”分布。通过技术改造：

①成纱质量高、中层次改造要求达到1989年Uster统计公报25%以上的水平，低层次改造达到50%以上的水平；细纱断头率高、中层次改造：纯棉纱达到10～20根/千锭时，涤棉纱达到5～10根/千锭时；低层次改造纯棉达到25～30根/千锭时，涤棉达到10～15根/千锭时。车间空气含尘量达到3毫克/立方米。

②棉布质量符合出口产品要求，出口合格率达92%以上，下机一等品率无梭织机达到85%以上，有梭达到75%以上；百米横档无梭1.0根以下，有梭高层次改造达3根以下，低层次改造10根以下，降低织

机噪声，无梭单机达到85分贝以下。

③技术装备是纺织工业生产的基础。通过企业技术改造，装备水平要有明显提高，整套更新的新机要求达到80年代初的国际水平，劳动生产率比现有企业的平均劳动生产率提高50%。

四、改造的方向与重点

国际棉纺织技术发展总的趋势是优质、高产、连续化、自动化、电脑化，在不断提高单机产量与自动化的基础上，逐步实现生产过程的监测、监控，计算机辅助设计（CAD），机电一体化，并联网形成计算机集成生产系统（CIMS），实现建立少人自动化工厂，使棉纺织工业逐步形成技术密集型工业。我国棉纺织技术进步的方向也仍然是优质、高产、连续化、自动化，但当前首要的是优质、高产，对连续化、自动化则可以结合国情逐步提高。我国棉纺织工业规模大、整体技术水平低、陈旧落后设备比重大的现状，决定了我国纺织企业技术改造必须抓住以下几项关键技术，突破重点，加速改造。

1. 自动络筒 自动络筒是当前棉纺织生产中对产品质量、劳动生产率和劳动强度影响最大的关键设备。不仅起到纱疵把关与卷装加大的作用，更重要的是反馈信息，改进纺纱工艺，消除纱疵，提高纱线质量与后工序的生产效率，实现无结头纱，它是推广应用无梭织机的必要配套设备，已公认是当前我国纺织生产中最急需的关键设备。目前已引进约900余台，但各地纺织厂要求引进的势头仍有增无减。国产化的自动络筒机GA003与GA004等正在抓紧攻关，在进一步完善与提高其可靠性后，可供出口高、中档纺织品采用。1332M型络筒机采用金属槽筒、电子清纱器、空气捻接器、定长络筒，可控硅防叠等配套改造，如GA013型络筒机也可生产无结头筒子纱，虽然单产与效率不及自动络筒，但企业的投资负担较轻，价格约为引进设备的十分之一，适合国情，目前可作为过渡型式的改造设备。

2. 无梭织机 采用新型无梭织机代替有梭织机已成为纺织工业生产发展的必然趋势。国际上无梭织机发展极快，已基本不生产有梭织机。据1989年统计，国际上新型无梭织机已占全部织机的20.1%，美国和原苏联要占50%～60%以上，而我国1990年统计仅占全部织机的1.91%。我国棉纺织装备中与国外差距最大的是织造部分，关键是无梭织机。

无梭织机应根据织物品种的工艺条件来选用，应能织制有梭织机不能织或织造比较困难的织物，才能显示其经济效益。片梭织机适合于特宽、高密织物，适用性强，回丝率与机物料消耗率低，但价格较贵；喷气织机适合于大批量、品种单一、中薄型织物，入纬率最高，但电耗较高；剑杆织机适用于色织、多品种、花色纱织物，适用性强，但回丝率最高；喷水织机适用于化纤长丝疏水性织物。通过这几年对无梭织机的引进、消化、吸收与开发研制，对各种无梭织机的特性与适用品种已逐步明确，并开始形成高、中、低档多层次技术结构的系列产品。但在实际使用中，国产无梭织机（喷水织机除外）无论是引进技术合作生产的，还是自引研制开发的，实际使用效果尚未达到应有的水平，亟需提高其可靠性与稳定性。出口高、中档产品的改造，仍需选用引进或合作生产与国产化率适当的各类无梭织机。

根据我国国情，有梭织机比重太大，1991年统计棉织机已达90万台，在相当长的时期内，有梭与无梭织机是共存的，而且还是以有梭为主的。按“八五”发展规划的增长速度测算，2000年前有梭织机的比重尚需占80%～90%。因此，必须重视有梭织机的多层次改造，不仅收效快，而且比较现实。

显然，织部的改造还必须重视前织设备的配套改造，国产前织设备新型整经机与浆纱机，除高档出口产品外，可符合中档出口产品改造的需要。

3. 清钢联 清钢联是棉纺工艺技术现代化的标志之一。其先进性在于能改善生条的内不匀与短绒率，提高成纱质量，减少回花，消除棉纺厂笨重体力劳动，实现开、清、梳工序的连续化、自动化生产，显著提高劳动生产率，国际上已公认成为一项成熟的新技术。日本、美国、德国约占50%左右，我国只有1%～2%，差距很大。清钢联的关键是高产梳棉机、自调匀整装置、喂棉箱与良好的开清棉联合机。清钢联适合于加工出口高档产品，尤其适用于加工涤纶，因此，必须重点攻关，及早国产化。当清钢联在我国尚未成熟过关和批量生产供应时，中层次技术改造可采用调压变速电机的“清棉自调匀整装置”和车头轴净化的FA142型成卷机。

4. 精梳技术 精梳是我国棉纺生产的薄弱环节。精梳纱的比重日本占43%，我国仅13.8%，要提高出口纺织品的档次与附加价值，必须提高精梳纱的比重，发展精梳技术。精梳技术改造，必须将精梳准备工艺、精梳机及精梳后并条配套总体考虑。精梳准备的技术改造，在纺制高支精梳纱时可采用并卷工艺，新厂建设与中、细支精梳纱，宜采用条、并卷联合工艺，逐步改造现有的条卷工艺。精梳机目前水平与国际差距较大，A201D型精梳机最高实际车速为165箝次/分，FA251B型为195箝次/分，亟需开发新型精梳机，车速以200～250箝次/分为宜。但精梳机的性能与质量要稳定与提高，落棉控制范围宜在5%～25%，但落棉中排除短绒要多，以适应高档纺织品与针织品的要求。低层次的老机配套改造宜采用整体锡林、毛刷单独传动、软胶辊、集体吸落棉、六并一的单眼输出、三上三下压力棒牵伸等。精梳后并条，尤其对于高支纱宜采用加装自调匀整装置的一道末并，可以减少烂条，提高成纱强力。

并条与粗纱工序是提高成纱质量，特别是重量CV%值、条干CV%值与偏差值DR%的关键工序。国产新型并、粗设备均已通过鉴定，可以采用国产设备进行更新，效益较大。结合以上四大关键技术的突破，将对我国棉纺织企业技术改造，提供成套先进设备，为产品质量、装备水平与劳动生产率的提高、改善劳动条件、缩小差距、实现现代化起着决定性的推动作用，必须全力以赴，重点突破。

（摘自《纺织导报》1992年第11期）

关于我国染化料、助剂产销情况和今后发展的意见

纺织工业部经济研究中心

马国富　瞿建增　闻　鸿　王小虎　马　英

随着人们生活水平的提高，纺织品消费已从实用型向享受型（美观、舒适、安全、卫生）转化；出口纺织品正加快向深加工、精加工、高质化方向发展。染料和助剂对发展纺织深加工，提高精加工水平，增加产品附加价值和出口创汇率等方面起着极其重要的作用。可以说，没有高质的染料、助剂就不可能有高质、高档的纺织成品。

一、我国染料、助剂产销的基本情况

自党的十一届三中全会以来，我国染化料的生产得到了很大的发展，主要表现在：一是染料的产量大幅度增长，由1980年的6.5万吨增加到1990年的13.6万吨，平均每年递增7.1%。从1987年以来我国染料产量已超过美国，跃居世界第二位；助剂产量也由同期的约10万吨发展到23万吨，增长1.3倍，改变了我国染化料长期供不应求，进口比重过大的状况。1981年我国染料进口6306吨，用汇10239万美元，进口量占当年消耗量的13%，以后逐年下降，“七五”期间每年进口染料用汇降至4000万美元左右，进口量占消耗量的5%左右。二是品种结构有所调整，增加了不少新的品种。从近20年我国染料发展情况来看，合纤用染料增长很快。例如，分散染料产量1990年比1970年增长297倍、比1980年增长2.5倍，占总产量的比重由1970年的0.08%上升到1990年的15.8%；阳离子染料1990年比1970年增长42.8倍、比1980年增长2.06倍，占总产量的比重由1970年的0.07%上升到1990年的1.9%；酸性染料1990年比1970年增长109.4%，比1980年增长32.24%。此外，活性染料和涂料印花染料发展也很快。与此同时，硫化染料、直接染料和还原染料的生产比重有所下降，硫化染料的比重由1970年的67%下降到1990年的49.7%，直接染料的比重由1970年的11.2%下降到1990的3.9%，还原染料的比重由1980年的9.8%下降到1990年的6%。染料的品种数已由70年代的300多个品种增加到目前的18大类800多个品种。同时，我国助剂生产发展也很迅速，生产的品种由138个增加到590个。从总的情况来看，我国染化料、助剂的生产近10年来发展是快的，不少品种已远远超出了国内的需要，还有大量的出口。1990年出口量已达49970吨，占当年生产量的36.65%，质量也有所提高。这一切为纺织工业生产的发展，品种结构的调整，满足国内人民衣着的需要和出口创汇的增长起到了重要作用。

二、当前我国染料、助剂产销中存在的问题和与国外的差距

（一）生产能力盲目发展，低水平延伸问题十分突出

1987年以前我国染化料一直处于供不应求的紧张状况，但到1990年全国染料实际生产量已达18万吨，当年纺织系统消耗约4万吨，乡镇企业消耗染料1～2万吨，轻工和军工系统消耗2～3万吨，当年出口4.99万吨，产大于需5万吨，造成了国产染料供过于求、滞销涨库的状况。据估计，目前染料的库存约有13～15万吨。

（二）国产染化料品种少，质量差，新品种开发能力低

我国染料、助剂近10年虽然发展很快，但与国外相比，差距仍然很大。从品种上来看，目前我国能生产的染料品种只有800多个，助剂近600个，远远低

于美国和德国（德国生产的染料和助剂品种均在8000个以上）。我国染料结构虽然有所改善，但低档次的硫化染料占了总产量的一半，因而出现低档次染料过剩，而高档次新型染料短缺。如酸性、分散、阳离子3大合成染料占总产量不足四分之一，远不能适应化纤工业的发展和纺织产品结构变化的需要。我国进口的染化料中，多以分散和酸性染料为主，其中分散染料约占进口量的42%，酸性约占20%。我国染化料生产不仅品种少，而且质量性能差。国产染料纯度不高，色光不鲜艳，色牢度差，而且批次之间差异很大。国产助剂同样存在品种少、质量差的问题，一般通用型助剂生产能力过剩，而专用高档助剂发展缓慢。国外每年在《染料索引》上登录的新的商品染料约100个左右，日本每年发表的有关染料的专利达200个以上。目前我国对新品种的开发仍处于仿制国外品种为主的阶段，自行研制的新品种很少。由于新品种研制涉及面广，工作的难度大、时间长、费用高，再加上我国对知识产权的保护不严，新品种研制出来后容易被其他企业剽窃，因而在一定程度上影响了新品种的开发。

（三）生产装备落伍，技术水平低，缺乏检测手段

国外染料合成向着自动化和数据化方向发展，利用电子计算机进行反应操作的单机和联动程序控制。为适应市场变化，新建了不少综合性的多功能生产车间。设备趋于大型化，以增强批次之间的稳定性；采用环型反应器以提高反应效率；采用电子秤计量以提高反应精度。我国染化料工业生产和试验装备还较落后，染料生产装置配套性差，缺乏先进的检测手段。在染料合成中，不少厂刚刚开始使用电子计算机进行程序控制，到目前为止，国内尚无一家有现代化装备的染料厂。我国染料工业的后处理加工技术也比较落后，国外分散染料颗粒的粒径一般在0.2～1.6微米之间，而国内因加工技术不过关，一般都大于2微米，影响到染料的质量。另外，由于国内后加工技术落后，一些原染料被国外买去，经加工后返销到我国，附加值成倍增长，不仅让外国人赚了我们的钱，而且将“三废”问题留到了我国。

（四）产需之间缺少衔接协调

我国染化料生产和使用部门之间缺少应有的衔接和协调。染化料生产部门不了解使用部门需求的变化，产品结构的调整滞后于纺织产品结构的调整，形成滞后效应；对国内技术服务和市场开发重视不够，某些产品缺乏样本和应用条件，使推广新产品的工作困难重重。某些纺织产品的质量标准已经过时，却未能根据市场变化及时修订，直接影响了染料工业的发展方面。如对印染布的色牢度要求较高，使得某些产品必须采用可溶性还原染料染色，而国外可溶性还原染料的生产由于“三废”问题正在被淘汰，因此，质量标准如不改变，则直接影响到染料工业的发展方向。目前，国外大多已采用涂料染料、隐色体硫化染料及水溶性硫化染料、活性染料来替代还原染料，产品已得到市场的认可。

（五）流通秩序混乱，商业的主渠道和蓄水池作用已经丧失

染化料属国家三类物资，自1989年以来，商业已完全放开经营。目前，经营染化料的单位有商业、化工、纺织、乡镇企业、“三资”企业、个体等，各行各业谁都可以经营，商业的主渠道和蓄水池的作用已经丧失。由于渠道太多，价格十分混乱，社会总需求和社会库存量已很难掌握，往往出现错误的信息，导致染料、助剂盲目发展。特别是出现了大量的经营染化料的个体户，仅无锡就有100多家。据不完全统计，每次各地开染化料调剂会时，个体户到会人员占总数的30%以上。

进口染化料由于进口渠道多而分散，税率和价格不统一，严重扰乱了国内市场。过去进口染料由纺织工业部物资总公司统一组织进口，现在沿海地区不少单位利用国家的优惠政策，以及“三资”企业利用免税政策，大量进口染化料，投放国内市场，严重冲击了国内染化料的生产和销售。

三、对我国染化料、助剂发展的几点建议

（一）适应国际发展潮流，加速染料更新换代

目前，国际上由于还原染料生产工艺流程长，中间控制和设备要求高，成本昂贵，其废水处理中所含溴环结构为致癌物质，任何细菌不能分解它。因此，还原染料在工业化国家正在被淘汰。现在瑞士山德士公司和德国郝司特公司虽还有产品对中国出口，但是原染料是从亚洲第三世界国家、地区进口，经精制后产品再返销中国。这种状况不可能也不应该长此下去。必须尽快在国内解决还原染料的替代问题，否则会造成新型染料接替不上的“断层”。根据国内外的发展趋势，可以用新型染料、颜料替代还原染料。

1. 用涂料染色、印花来取代浅色还原染料。涂料染色、印花新工艺的主要特点是：染色色泽鲜艳，工艺简便，生产流程短，可以节约能源；印花轮廓清晰，且涂料本身还具备树脂整理剂的防水、防油功能，适用于所有纤维，现已被工业化国家广泛采用，在浅色染色工艺中应用率占40%～50%，在印花工艺中的应用率高达80%。国内由于缺少颗粒均匀细腻、色彩鲜艳、色谱齐全的涂料，缺少相配的优质粘合剂，特别是低温粘合剂，以及防粘辊与增加渗透能力的助剂，因此，目前涂料工艺在国内的应用率还只有10%左右。发展涂料染色、印花亟待解决高质颜料和助剂，对颜料的要求为：颗粒直径在0.2～至1微米、使光线能透过颜料涂层，光泽柔和，色谱要补上红色，日晒牢度要求在5级以上；对粘合剂的要求为：牢度高、用量少、手感柔和。如果这些问题解决后，涂料染色、印

花工艺就可有突破性进展。

2. 用水溶性、隐色体硫化染料来取代深色还原染料。国内外开发的水溶性和隐色体硫化染料，因其印染加工工艺简便、流程短、能耗低及三废处理容易等优点，用以取代深色还原染料。国内采用水溶性新型硫化染料还刚起步，并只解决黑色一种色号，有待于进一步开发棕色、咖啡、紫绛、墨绿等深色号色谱。

3. 开发新型活性染料取代中间色号还原染料。活性染料色谱齐全、色泽鲜艳，工业化国家及国内部分技术先进企业已采用乙烯砜活性染料来取代中间色号还原染料。国内要尽快扩大KN型、M型活性染料的色谱，还要开发既能染涤纶纤维、又能染棉纤维的二性型活性染料，并采用一浴法染涤棉织物。其质量要求是：提高活性染料的匀染率，固色率不低于90%，耐氯漂洗能力达到抗20P. P. M浓度不褪色，减少用盐量，日晒牢度达4级以上。采用阳离子树脂型固色剂，大分子量不降低，色光不变色，使国内活性染料与印染工艺上一个新的台阶。

国外一些染料工业公司从中国、南朝鲜、泰国、印度尼西亚等国家（地区）进口原染料，然后溶解提纯或混净精制，研磨成高档染料出口。如江苏常熟市生产的印地科素染料被瑞士山德士公司全部收购，精制后再出口，附加值提高到每公斤1000元。许多国外大公司从第三世界国家（地区）进口分散性原染料，混净精制后给色量提高好几倍。在纺织系统可以选择一些有条件的研究院所，进行原染料精制的研究工作。在此基础上，可以探索原染料精加工生产，解决染料上档次的问题。

（二）组织力量，开发、试制新型高档助剂

纺织印染前处理剂与后整理剂对纺织印染加工工艺至关重要，织物或服装等成品，如未经高级整理，很难上档次，提高附加值。经大量调查研究，目前亟待解决的高档助剂分类排队如下：

1. 变性淀粉、包谷粉及化学混合浆料。织物上浆用的浆料国内较为混乱，用什么浆料在坯布唛头上也不标明，特别采用PVA浆料时退浆极为困难。浆料在织造业是面广量大的前处理剂，值得花钱从美国等先进国家引进变性淀粉或化学混合浆料的制造软件。

2. 高效精练剂。研制高效精练剂，使当前纯棉织物煮练时间从1.5小时缩短至0.5小时，以达到国外先进水准。

3. 高档柔软剂。研制生产有机硅及含有机氟的柔软剂。高档柔软剂的粒子细度要在0.5微米左右，能渗透到织物组织内，且有良好的色泽。要解决棉型、化纤型、麻型、真丝型高档柔软剂，来处理织物或针织成衣，使产品上档次，价格可以提高数倍。此外还要解决专用于涂料印花的柔软剂。

4. 高档防水、防油后整理剂。这类后整理剂国外已发展到第三代、第四代，采用三氟甲烷或聚胺酯的防水、防油整理剂，处理后的织物、成衣用途很广。我国可以两条腿并举，一方面研制开发，另一方面先买单体进行复配。

5. 卫生整理剂。卫生整理在我国起步较晚，一些生活水准较高的国家应用广泛。如日本一年要生产2000多亿日元的卫生整理纺织产品，主要用于医院、旅馆、内衣、袜子等方面。产品可以防霉菌防臭，防止交叉感染。主要利用有机硅季胺盐、二苯醚等与纤维形成化学结合面产生耐久抗菌防臭性能。

6. 阻燃整理剂。日、美、西欧国家法律规定，对办公楼、旅馆、娱乐场所、厂房和学校规定要使用阻燃型纺织品，以减少火灾事故。我国出口纺织品及国内涉外场所，也开始使用阻燃整理纺织品，但国内缺少低毒高性能阻燃剂。目前有代表性的阻燃剂是四羟基氯化磷为主体的棉用产品和二羟甲基三聚氰胺涤棉混纺织物阻燃剂。国产阻燃剂还存在耐洗性差、有毒性、手感硬等缺点。

7. 粘合剂。可采用北京东方化工厂或上海高桥化工厂生产的丙烯酸甲脂、丙脂做原料，生产低温高效、柔软性粘合剂。

8. 其他类助剂。当前还需开发印染前处理剂中的匀染剂、消泡剂、固色剂、高效稳定剂、高级增稠剂等；后整理剂还有抗静电剂、防皱折剂、水洗整理剂、砂洗整理剂、发泡处理剂、珠光处理剂等。

（三）加速染化料企业的老厂改造

我国染化料企业大多设备陈旧落后，超期服役严重，严重影响染化料质量的提高和新品种的开发。尤其是前些年新上的一大批乡镇染化料企业，设备陈旧、工艺落后、管理水平低、产品质量十分低劣，甚至粗制滥造、弄虚作假，有的企业没有污水处理设施，严重污染环境。建议国家对有基础的大中型国营染化料企业适当增加投入，加速这些企业的改造步伐；并适当引进一些国外先进设备和工艺技术，加速推广电子计算机的应用，提高染化料企业的装备技术水平，为提高染化料的质量和开发新品种的能力奠定一定的物质基础。同时，对那些不具备生产条件的企业应加以整顿，整顿不合格的应实行关停并转。

（四）加强纺织、化工部门对染料的产销衔接

近年来，纺织工业使用国产染化料的比重越来越高，如上海70%以上产品供出口，但使用国产染料的比重达90%。建立化工部门供方与纺织部门需方之间信息网络，尽可能做到染化料按需生产。其一，纺织部门要参与化工部门对染料排产计划的制定；其二，两个部门衔接好染料行业与纺织印染行业之间发展规划的配套；其三，合作开发染料新产品，做到染料厂开发新型染化料、助剂，纺织染企业以相应的新工艺、新设备来扶持，使用并推广新型染化料、助剂。

（五）建立保税仓库和组建染化料市场

1. 建立保税仓库。在有条件的港口（如上海）建立进口染化料和特种超细纤维的保税仓库，以支持全国各地开发新型纺织产品。近一、二年国际上各种超细纤维的化纤和混纺纺织品发展极快，产品在国际市场很热销。为了赶上这一新潮流，新型超细纤维及配套的染化料、助剂需要进口。进口的品种要多，批量可少，利用保税区的特殊政策支持开发新产品。

2. 组建染化料市场。现在商业系统的化、轻公司对染化料已不再起主渠道、蓄水池的作用，而企业用染化料具有品种多、批量小、变化快的特点，仓库储备极为困难，面临着品种不全，仓存积压、资金过大的矛盾，企业自身很难解决。各经济大区可以在中心城市建立染化料市场，或利用已组建的纱布市场，来扩大业务范围，可兼经销染化料交易。

3. 整顿染化料流通领域的秩序。当前，部分南方特区对进口染化料实行全免关税的办法，也有的是走私染化料，价格低廉，冲击了进口染化料市场，国家应予以干预。关于进口染化料，部物资总公司要组织择优进口，避免用户上当受骗。国内染化料、助剂市场假冒伪劣的商品现象很严重，要进行整顿，以保护用户利益。各级经销染化料、助剂的单位、公司要降低手续费，缩短供货时间，改进服务质量。

（六）组建染化料测试中心，修订染化料质量标准

纺织系统要尽早成立染化料测试中心，可以为科研、生产服务，同时也作为法定公证机构，保护用户利益，对市场商品质量负责测试、鉴定。对系统内生产的染化料、助剂可以发放生产许可证，以便控制。

印染工艺生产质量标准可根据现实情况进行修订（如现在普遍使用洗衣机，对搓洗牢度可适当降低）。对于新开发的染料、助剂应尽快颁发质量标准。

（七）关于对开办染料厂、助剂厂的看法

根据我国染化料、助剂的生产、工艺、装备特点，经广泛征求系统内专家们的意见，大家总的看法是：第一，现代染料工业属精细化工工业，原料以基本有机合成中间体为主，技术的专业性很强，生产工艺流程较长，装备均属化工设备。国外名牌染料大多数由综合化学工业公司生产制造，原料、中间体可以配套供应。总之，纺织系统办染料工业困难很大，即使搞出几个单一产品，其意义、作用也不大。染料的更新换代、开发产品、提高技术、进口染料国产化等问题，主要依靠化工部门来解决。纺织部门可以配合、促进化工部门解决当前亟待解决的问题，共同搞好产、销的衔接，及新产品的推广、应用。第二，生产助剂投资小，工艺、设备简单，关键在于能否消化国外新一代产品，在吸收国外技术的基础上，自己要进一步创新。可以发挥纺织系统内现已具备条件的研究院所和生产企业的作用，有选择地开发层次较高的助剂。我部也可以同化工部合作办一两个生产助剂的样板厂，或利用外资与国外技术开办合资企业。

扩大纺织品出口，根本出路在于深化外贸体制改革

纺织工业部经济研究中心　程振华　闻　鸿

建国40多年来的经验、特别是改革10年的经验告诉我们，扩大中国纺织品出口创汇的根本出路在于不断深化改革。近两年纺织品出口体制改革取得了一些进展，先后办起了一批工贸合一的公司，同时工业系统也成立了一批有自营出口权的纺联公司；一批大中型纺织企业和集团获得了自营出口权；广东、福建及部分沿海开放地区，外贸出口代理搞得十分活跃；上海纺织系统正在试行全行业外贸代理。这些改革形式有利于把生产企业推向国际市场，增强了企业的竞争意识和竞争能力。外贸体制改革以后，出口企业有更多机会与国际市场直接见面，了解市场信息，而不是“隔山卖牛”，并且缩短了出口流通环节。这样，企业才有条件多出口小批量、多品种、高卖价的产品，缩短交货期限。使生产企业能够以国际市场为导向，开发适销对路的高附加值产品，确立了纺织品出口在国内外的地位。

一、纺织品出口基本态势

在国内，当前纺织工业已成为全国出口依存度最高的产业。现在，纺织品（含服装下同）生产总量的三分之二供内销，三分之一供外销，出口总额占全国商品出口总值约四分之一。据中国海关总署统计，1990年纺织品出口总额138.48亿美元；出口折纱总量215万吨，吨纤维制品出口创汇水平为6100美元/吨，比1989年提高10%以上。全国已形成以12个沿海城市为依托的一长条出口生产地带，以750个出口重点企

业（出口额在300万美元以上，或出口量占产量55%以上）为中心的一大片内地出口生产基地。国内外两大纺织市场相辅相成，纺织工业依靠它们的互补来达到总量供需平衡，使生产平稳地发展。

1977年之前我国纺织品出口额还甚小，不足20亿美元，只占世界纺织品出口总额3%左右。改革开放以后，随着外贸体制的改革，逐步把我们推向国际市场激烈竞争的洪流之中，与国际纺织品市场息息相关，一同起伏。近5年又突飞猛进，出口额翻了一番多。1988年纺织品出口突破100亿美元，占世界份额由1970年的2.6%扩大至6.4%。一些基本纺织品如厂丝、真丝绸缎、棉纱、棉布、苎麻纱、布出口数量都居世界之首。1990年，我国纤维和纺织品出口总额达149.41亿美元，超过南朝鲜的147亿美元，成为世界第四位出口国家。

1991年纺织品出口形势比预计的要好，据中国海关总署统计，一季度纺织品出口13.77亿美元，比去年同期增长13.5%；服装出口15.61亿美元，同比增长35.9%；纺织品和服装共计出口29.38亿美元，同比增长24.4%。服装出口额首次超过纺织品。纺织品、服装出口折纱总量为47.7万吨，增长17.5%；量的增长率低于金额的增长率，低出6.9个百分点，说明出口结构、平均价格均有所改善和提高。虽然纺织工业正面临内销市场疲软，经济效益滑坡的严峻局面，但纺织品出口创汇仍保持较好的增长势头。

国家实行开放搞活政策以来，我国纺织品出口确实取得了可喜的成就。但是，当前纺织品出口还存在许多重大的问题，特别要把过去以数量型发展为主转向今后以质量型发展为主的模式。要实现这一战略转移，根本的出路在于继续深化外贸体制的改革。

二、从数量型向质量型、从资源型到效益型发展转移，深化改革是基本保证

我国纺织品大量进入国际市场的时间较晚，为了能够较好地发挥我国工缴成本比较低的优势，较快地进入国际市场，早期以批量大、变化小、需要量比较稳定的初级加工品和中低档产品为主体，靠以量取胜。70年代末，出口生产已有了较好基础后，明确提出"以质取胜"的方针。经过10多年的努力，虽然已有效，但尚未真正达到战略转移的目标。目前，纺织品出口存在的一些重大矛盾只有依靠实现这一战略转移才能从根本上得以解决。而实现这一战略转移的基本保证是改变现在的外贸收购制体制。

第一，扩大出口须从数量型向质量型发展转移。近年来，我国纺织品出口折纱总量已居世界首位，1989年出口总量约230万吨，约占世界份额的七分之一；而出口创汇额为131亿美元，约占世界份额的十四分之一。按绝对量计，中国无疑是一个出口大国；按吨纤维制品创汇水平计，还远远落在许多国家（地区）的后面，甚至低于印度的水平。今后再靠增加数量、靠低水平延伸来发展纺织品出口，潜力已经不大。如一些基本纺织品二纱二布（棉纱、涤棉纱；棉坯布、涤棉坯布）的出口数量占世界市场的容量已在五分之一上下；一些成品的出口量也占世界市场容量的十分之一至五分之一。足见，扩大出口必须从数量型向质量型发展转移。

要完成这一战略转移，不仅工业要在装备水平、企业管理水平、产品开发水平等方面作出极大的努力，深化外贸体制改革也是必要的保证。在现行以收购制为主的体制下，要实现从数量出口向质量型发展转移是不可能的。要求生产企业多出口新、精、高附加值纺织品，首先要使生产企业具有对国际市场快速反应的机制。如天津津达合资服装公司，外资方是意大利著名的G．F．T服装集团，在欧美、南美设有全球销售网络，公司总部24小时处理市场销售信息，现在触角已伸至亚洲。其次，企业还要有小批量、多品种、快交货的能力，但外贸收购制拉长了出口流通环节，使企业只能出口批量大、交货期长的大路产品。还有，生产者与经营者分离的体制，使外贸部门不了解生产工艺，对难度较大的产品，就已很难把握住能否接单、交货期限、成交价格等问题，更不用说要大量做流行纺织品、时装的贸易了。世界银行贸易专家们认为，中国出口贸易存在的最大问题是外贸收购体制，在生产者与国际市场之间设置了一道隔离层，使企业无法了解市场。

第二，提高出口价格，增强出口企业活力。当前纺织企业面临原料大幅度提价，而出口收购价格不到位的困境，在承受沉重的负荷条件下努力发展出口。现在多数地区的棉纺企业棉花实际进厂价已达每担400元～450元，按外汇棉价，折每吨1500～1700美元左右，与国际棉价相差无几。可见我国廉价原料的优势已经丧失，再靠出卖资源性低价产品、以量取胜已不可取，也不可能。而外贸公司的收购价格连国务院877号文规定的水准都达不到，企业原料进价与产品出口收购价反差太大。这个矛盾靠政策补亏是难以维持长久，根本的出路也在于改革外贸体制，据一些大型企业和集团反映，只要赋于其出口经营权，企业完全能自行消化。当前，生产者与经营者两张皮，矛盾很难统一，如果长期解决不了，非但不可能提高创汇，连现有的市场也保不住。

第三，努力提高吨纤维制品创汇水平，缩小与发达国家的差距。吨纤维创汇水平是衡量一个国家出口水平的综合指标，在当前激烈竞争的国际环境中，各国（地区）都在寻求多出口深加工、高附加值产品来赢得市场。意大利、法国、日本、美国等工业化国家不遗余力地采用高技术与资金密集来改造传统纺织

业，建立全球性销售网络，来提高纺织品出口的创汇水平。另外，竞争剧烈的另一层意思，是发达国家的贸易保持主义。因此，在有限的配额下（只限制进口数量），要提高配额品的附加值，也就提高了吨纤维制品的创汇值。去年，我国纺织品、服装出口的平均创汇水平为6100美元/吨，而发达国家的吨纤维创汇水平都在1万美元/吨以上。按国际纺织生产者联合会年会最近公布的统计数字，吨纤维制品创汇额意大利为1.73万美元/吨，法国为1.56万美元/吨，日本为1.37万美元/吨，美国为1.14万美元/吨。南朝鲜和台湾省也比我们高出60%～75%。

第四，增强纺织企业出口竞争能力。现在，纺织出口企业在国际市场面对来自发达国家、亚洲四小龙和东南亚国家三方面的激烈竞争。发达国家靠改造传统纺织工业、靠贸易保护主义、靠利用发展中国家的廉价的劳动力和原料资料，在海外投资建厂，产品返销本国。亚洲新兴工业地区虽然面临劳动力、原料成本大幅度提高，货币对美元汇率不断升值的三大冲击，但在装备水平，产品品种和质量，贸易方式和销售服务等方面仍有很强的竞争能力。泰国等东盟国家在劳动力成本、劳工技术水平、货币汇率等方面可同亚洲四小龙竞争；在产品质量，贸易经营方式，交货期，投资环境方面可同中国匹敌。现在纺织品、服装已替代大米成为泰国第一位出口商品。印度、巴基斯坦近两年，棉纱、棉布出口，也挤占了国际市场。在亚洲四小龙纺织品出口增长速度回落时，东盟国家仍保持两位数的增长率，这些国家的崛起引起世界纺织业界的注意。中国纺织企业在国际市场受到三个方面的剧烈竞争，只有尽快完善外贸出口体制，才能立于不败之地。

第五，扶持沿海出口地区，走“两头在外”路子。“以进养出”、“两头在外”是纺织工业克服原料不足、发展出口的一条成功经验。早在60年代初，纺织工业就采取了多进口纺织原料来发展出口生产，贯彻“以进养出”的方针。现在纺织品出口规模达到了一个较高水平，更需依靠“以进养出”、“两头在外”的方针来支持。

要走通“以进养出”、“两头在外”的路子，必须理顺外贸体制。据沿海地区的一些纺织部门和企业反映，企业有外汇也不能及时解决进口原料问题，外贸部门进口的原料往往从他们经营角度出发，不适应生产出口产品。另外，企业如果不能直接和外商见面，以洽谈成交档次较高的产品，则进口原料的费用和成本，企业也难以承受和消化。

三、对现行几种出口经营机制的比较

（一）通过各省、市外贸公司收购出口

1. 几乎全部纺织品贸易由其经营出口。

2. 经营批量大的纺织品，如二纱二布等初级产品，对于花色布和服装也只经营批量大的产品，以配额品为主。

3. 出口业务分工很细，经营环节多，对生产工艺不熟悉，偏重于经营传统产品。由于对生产进度也不清楚，接单前要与厂商多次反复交涉才能确认。接单后不能超前预订货仓位，因此交货期很长。

4. 外贸环节费用很高，据纺织企业测算，至少占贸易额10%以上，价格仍不对生产企业公开。

（二）工贸公司（包括纺联公司）

全国现有七个工贸纺联公司，还有如上海手帕工贸合一的公司。

1. 工贸公司对企业生产情况熟悉，有的纺联公司如上海新纺联公司，企业与公司一体化。它们与企业有千丝万缕的关系，对企业服务态度好。大小客户、大小批量的业务都做。有的公司（如广州、佛山）甚至办理24小时出口业务。

2. 工贸公司使出口与客商直接见面，共同洽接业务。有的公司也做出口代理，只收取少量手续费用。

3. 签约、成交到交货周期短，公司根据生产计划可预订出运货位。

（三）出口代理

1. 企业直接和客商洽谈、成交，然后通过有出口经营权的公司代理出口，只需交少量手续费，做法非常灵活，似同自营出口。在广东、福建、江苏省的纺织企业普遍用代理出口方法来自营出口。但自从实行了按出口计划来退税，出口代理出现新的困难。

2. 外贸代理出口结汇方式灵活，可以以外汇结算。在广东等开放地区也可用以议价外汇折算成人民币结算。是小批量、多品种、快交货的一个很好的出口渠道。

（四）企业自行出口

许多纺织企业和企业集团获得了自主出口经营权。如上海康达集团、申达集团，天津仁立集团，广州绢麻厂、株洲苎麻厂、哈尔滨亚麻厂等都有自营出口权。

1. 信息灵，对市场反应快，有些集团或企业在欧美、港澳设有销售点、分公司，直接与客商洽谈成交。

2. 能及时瞄准国际同类名牌产品，在品种、质量上进行赶超。并能组织一条龙生产系列，成交价格高，交货期短。如广州绢麻厂产品已赶超日本帝国、东洋纺公司，卖价也接近国际水平。广州、上海一些集团都已做到对市场快速反应，快速交货。

（五）合资企业、来料加工、补偿贸易等

合资企业大多数产品返销外资方国家，出口经营管理都采用外商在国外的销售渠道。以出口中、高档产品为主，卖价都与国际水平相似，大多数利润都归投资方所有。

（六）开发区出口渠道

许多省、市都建立了开发区，地方政府赋予许多优惠政策。为鼓励企业在工业开发区投资，规定在开发区建厂有自营出口权。因此，许多纺织企业虽没有自营出口权，但在开发区投资建厂后，企业就有了自营出口权，一般都在开发区新建下游行业的企业，如服装，针织，室内用纺织品生产厂，把企业的半制品在开发区加工为成品，形成一条龙生产线，自营出口最终产品。

从上面六种形式可以看出，生产、出口经营两者一体化，工贸紧密结合是外贸出口体制改革的正确方向。改革不能萎缩，只能沿着这一方向不断探索、不断深化、不断完善。扩大纺织品出口，根本出路在于不断完善出口经营体制。以我国纺织工业现有的技术装备和管理水平，只要完善外贸体制，做到缩短出口交货期（可提高卖价 5%～10%）；充分用好配额，提高配额利用率和择优出口高附加值配额品（可提高创汇 5%～10%）；企业增加对市场的适应能力，多出口适销对路产品（可提高创汇 5%～10%）。我们就可以利用有限的纺织资源和配额，使出口总额增长 20%以上，出口总额可达 170 亿美元，名列世界前茅。

第六篇　双文明建设、科学技术

Chapter 6　Twin-Civilization Construction, Science and Technology

1991 年纺织系统荣获全国“五一劳动奖章”个人、企业、班组名单

荣获全国“五一劳动奖章”个人名单（87 人）

姓　名	性别	工　作　单　位	职　务
张友辅	男	北京第二棉纺织厂	厂长
张　岩	女	天津市第一棉纺织厂	细纱挡车工
孙万春	男	天津市色织十二厂	厂长
卢　钤	男	河北保定化纤厂酸浴分厂	副厂长
张明英	女	河北承德市针织一厂	厂长
陈宏耕	男	山西经纬纺织机械厂	厂长
梁　云	男	山西介休纺织厂	后纺车间保全工段长
赵　一	男	山西新绛纺织厂	厂长
常金凤	女	内蒙古包头市纺织总厂	挡车工
李宝花	女	内蒙古扎兰屯丝绸厂	工人
牧　原	男	内蒙古集宁毛纺织厂	厂长
曹淑霞	女	内蒙古阿左旗地毯厂	工人
王桂秋	女	辽宁沈阳经编厂	织造挡车工
冯丽君	女	辽宁大连佳地纺织厂	挡车工
姚淑贤	女	辽宁凤域丝绸厂	挡车工
律青艳	女	辽宁锦州女儿河纺织厂	细纱车间挡车工
王　霞	女	辽宁营口纺织厂	工人
张淑芬	女	黑龙江哈尔滨纺纱厂	挡车工
张良浩	男	黑龙江佳木斯纺织印染厂	厂长
苑桂英	女	黑龙江佳木斯亚麻有限公司	挡车工
李祥麟	男	上海市纺织工会	主席
袁诗咏	男	上海市第七棉纺织厂	厂长
李　明	男	上海鸿运服装厂	厂长

姓 名	性别	工 作 单 位	职 务
刘 蓉	女	上海第八棉纺织厂	挡车工
许秋敏	女	上海服装厂	缝纫工
宋建华	女	江苏徐州纺织厂	工人
单国兴	男	江苏南通市色织一厂	工人
李 征	男	江苏南京丝织厂	室副主任
任传俊	男	江苏仪征化纤工业联合公司	总经理
吴丽民	女	江苏扬州纱厂	工段长
李正红	女	江苏泰县胜利布厂	挡车工
周兆华	男	江苏常州纺织工会联合会	主席
鲁 桦	女	江苏吴江新联丝织厂	捻丝工
张泉发	男	江苏无锡市丝绸印染总厂	厂长
王艾芬	女	江苏无锡市第一棉纺织厂	挡车工
郁维美	女	浙江杭州第二棉纺织厂	细纱挡车工
章家禄	男	浙江杭州市纺织工会	副主任
吕家良	男	浙江宁波和丰纺织厂	保全组组长
毛亚萍	女	浙江平湖棉纺织厂	细纱挡车工
陆忠岳	男	浙江嘉兴制丝针织联合厂	厂长
沈骏发	男	浙江湖州印染厂	机修组组长
胡荣华	男	浙江湖州市永昌丝织厂	挡车工
章吉安	男	浙江涤纶厂	厂长
曹慧文	女	浙江衢州棉纺织厂	轮班长
李朝元	男	安徽芜湖纺织厂	厂长
廖辛凤	女	江西赣南纺织漂染总厂	挡车工
汪旦花	女	江西化学纤维厂	挡车工
邱敬禹	男	江西抚州棉纺织厂	厂长
王静侠	女	山东省济南第四棉纺织厂	挡车工
邹德良	男	山东青岛机绣花边总厂	厂长
汪敬秋	女	山东青岛第二棉纺织厂	组长
苏晓英	女	山东淄博毛巾厂	挡车工
侯延明	男	山东潍坊第二印染厂	厂长
门丽君	女	山东济宁毛纺织厂	挡车工
唐作森	男	山东淄博织染厂	厂长

姓 名	性别	工 作 单 位	职 务
李光法	男	山东临沂纺织采购供应站	总经理
王洪山	男	山东武城县地毯厂	厂长
周爱红	女	山东德州棉纺织厂	值车工
杜荷法	男	山东荷泽第二毛纺厂	厂长
赵艳红	女	河南郑州国棉六厂	工人
孙晓萍	女	河南洛阳市棉纺织厂	工人
郭书道	男	河南平顶山锦纶帘子布厂	厂长
刘善云	女	河南省阜新棉纺织厂	工人
毛林豹	男	河南安阳化学纤维厂	厂长
张家驹	男	河南省第二纺织机械厂	厂长
李 萍	女	湖北武汉国棉六厂	挡车工
易 湘	女	湖北襄樊市棉织厂	工人
王 燕	女	湖北沙市床单总厂	织造车间挡车工
欧阳德平	男	湖北天门东方制衣有限公司	总经理
覃振海	女	湖北宜昌县纺织厂	废品仓库保管员
张振斌	男	湖南湘潭纺织印染厂	浆纱工
何彩云	女	湖南邵阳市化纤厂	挡车工
关华玺	男	广东开平涤纶厂	动力车间副主任
卢劲松	男	海南化学纤维厂	厂长
徐 跃	女	四川省乐山丝绸厂	工人
周照兰	女	四川重庆第一棉纺织厂	细纱车间工人
陈英敏	女	四川省安岳丝绸一厂	工人
刘志惠	女	四川省蓬安丝绸厂	工人
韩士伟	男	贵州省凯里棉纺织厂	车间主任
叶世昌	男	贵州省贵阳棉纺织厂	厂长
吴 萍	女	陕西咸阳市帆布厂	工人
雷秀芬	女	陕西渭南地区棉纺织厂	工人
高玉萍	女	陕西西安第七棉纺织厂	工人
何 琳	女	甘肃兰州第三毛纺织厂织布分厂	挡车工
周建凤	女	青海工业用呢厂	修补工
许凤萍	女	新疆毛纺织厂	织布车间挡车工
依玛木	男	新疆伊宁市羊毛衫厂	厂长

荣获全国“五一劳动奖状”企业名单（16个）

河北宁晋织染厂
河北石家庄第二棉纺织厂
辽宁鞍山合成纤维厂
上海第二十八棉纺织厂
江苏丹阳棉纺织厂
江苏淮阴泗阳绢纺厂
江西横峰纺织器材厂
江西棉纺织印染厂
山东德州棉纺织厂
山东高密化学纤维厂
湖北安陆棉纺织厂
湖北沙市第三棉纺织厂
湖南省维尼纶厂
广东深圳中冠印染有限公司
广西梧州市合成纤维厂
陕西西北第一棉纺织厂

荣获全国“五一劳动奖状”班组名单（14个）

内蒙古伊克昭盟纺织公司原料经理部洗毛工段
内蒙古赤峰第一毛纺织厂绒线车间丁班
辽宁朝阳纺织厂二织布整理修布班
吉林省吉林市毛纺织厂染整车间修补工段
上海第二棉纺织厂二纺细纱二组（裔式娟小组）
江苏海门手帕厂缝边班
浙江海宁布厂织造车间丙班一组
山东临朐缫丝厂立缫车间十一组
湖北武汉“金鹿”纺织集团公司裁断二班
湖北黄石市棉纺织印染厂布机车间乙班十组
四川遂宁丝绢厂前缫车间十二小组
甘肃兰州一毛厂精纺分厂织造车间准备工段穿筘班
宁夏银川涤纶厂后纺车间砥弹丙班
新疆七一第一棉纺织厂准备车间甲班

1991 年度全国“巾帼建功”标兵名单（12 人）

（纺织系统）

姓名	民族	工作单位	职务
房晓娟	汉	江苏仪征化纤工业联合公司	工程师
张红梅	汉	山西榆次市国营经纬纺织机械厂	工人
赵廷雯	蒙古	武汉纺织工学院	教研室主任、副教授
高秀兰	汉	河北省石家庄第二棉纺织厂	厂长、高级工程师
王淑琴	汉	天津市织物厂	高级经济师
杨　雷	汉	苏州振亚丝织厂	工人
王典钧	汉	南通市纺织工学院	副教授
张　静	汉	淮南市纺织厂	工人
陆素兰	汉	三门峡市会兴棉纺织厂	厂长、高级工程师
王利群	汉	安陆棉纺织厂	副总工程师
周照兰	汉	重庆市第一棉纺织厂	工人
王　军	汉	西北第五棉纺织厂	党委书记

1991 年度全国纺织工业“巾帼建功”标兵名单（101 人）

姓名	民族	工作单位	职务
鲁爱华	汉	北京清河毛纺织厂	织布挡车工
王秀霞	汉	北京第三针织厂	工程师
孟秋云	汉	天津第四棉纺织厂	织布挡车工
欧爱华	汉	天津第六棉纺织厂	细纱挡车工
王德英	汉	石家庄第一棉纺织厂	细纱挡车工
芦义竹	汉	石家庄第七棉纺织厂	细纱挡车工
张凤娥	汉	邯郸第一棉纺织厂	细纱指导工
郑秀凤	汉	唐山市华新纺织厂	细纱挡车工
冯丽芳	汉	山西纺织印染厂	细纱挡车工
姜永华	汉	山西涤纶厂	副厂长、高级工程师
常金凤	汉	包头纺织总厂	筒捻挡车工
徐秀琴	汉	沈阳丝织厂	挡车工
冯丽君	汉	大连佳地针织厂	经编挡车工

姓名	民族	工作单位	职务
李　玲	汉	营口针织一厂织袜分厂	销售科副科长
律青艳	汉	锦州女儿河纺织厂	细纱挡车工、工人技师
张素杰	汉	鞍山针织总厂	车间主任
王晓君	汉	长春纺织厂	细纱挡车工
王林华	汉	吉林化纤厂	财务处处长、会计师
沈　玲	汉	哈尔滨亚麻纺织厂	挡车工
刘　颖	汉	齐齐哈尔纺织厂	织布挡车工
孙凤翔	汉	佳木斯针织二厂	缝纫挡车工
马灿贞	汉	上海第十七棉纺织厂	副厂长、高级工程师
林引中	汉	上海第七印绸厂	厂长、工程师
徐颖娟	汉	上海色织七厂	厂工会副主席
虞伯懿	汉	上海丝绒染整厂	厂长、经济师
包育琴	汉	上海织袜二厂	织造挡车工
马玲娣	汉	上海飞轮制线厂	挡车工
钱尚二	汉	申达纺织服装集团公司	工会副主席
谢薇君	汉	上海市纺织科学研究院	专题组长、高级工程师
潘敏贤	汉	南京化学纤维厂涤纶分厂	高级工程师
张　敏	汉	苏州化学纤维厂	牵伸操作工
万宝英	汉	苏州市第一丝厂	缫丝挡车工
王锦珠	汉	无锡国棉二厂	查正南小组生产组长、助理工程师
朱　敏	汉	无锡市第四缫丝厂	挡车工
宋渝兰	汉	常州羊毛衫毛条厂	设计组长、助理工程师
邵乔英	汉	南通市纺织工会	女职工委员会主任
徐　萍	汉	扬州毛纺织厂	工会女工干部
马洪芳	汉	徐州毛纺厂	织造挡车工
汤秀华	汉	江苏建湖纺织厂	布机挡车工
姚秋凤	汉	宁波线厂	挡车工
郁维美	汉	杭州第二棉纺织厂	细纱挡车工
屠建英	汉	杭州市红雷丝织厂	捻丝工
章梅仙	汉	浙江嘉兴毛纺织总厂	工会副主席
翁黛芬	汉	浙江湖州市湖丰绸厂	织造挡车工

姓名	民族	工作单位	职务
傅建儿	汉	浙江舟山纺织厂	织布挡车工
俞燕飞	汉	黄岩市振兴针织厂	厂长、助理会计师
陈秀芳	汉	合肥市纺织工业公司	党委书记、副经理
胡根秀	汉	安庆纺织厂	生产组长
刘献梅	汉	淮南市麻纺织厂	细纱挡车工
李同肖	汉	淮北第一棉纺织企业集团	工会女工干部
叶工密	汉	福建省南平纺织厂	细纱车间副主任
熊跃华	汉	江西涤纶厂	牵伸机长
汪旦花	汉	江西化学纤维厂	细纱挡车工
梁淑芳	汉	济南针织厂	车间主任
孙秀英	汉	潍坊床单厂	厂女职工委员会主任
杨国美	回	泰安毛纺织厂	轮班长
戴桂真	汉	枣庄第一棉纺织厂	工会副主席
刘娜娜	汉	威海市第二毛纺织厂	设计人员
王德芝	汉	威海市丝绸公司	经理、高级经济师
李丽红	汉	临清棉纺织厂	挡车工
台金红	汉	禹城棉纺织厂	细纱挡车工
邹凤屏	汉	郑州纺织机械厂	工程师
李英杰	汉	河南平顶山市纺织工业局	局长、党委书记、高级工程师
邓志芳	汉	洛阳棉纺织厂	布机挡车工
周艳敏	汉	新乡市丝绸总厂	销售人员
邵秀英	汉	安阳内衣厂	缝纫工
万　青	汉	武汉市毛纺织厂	条染车间技术员
胡春艳	汉	沙市第三棉纺织厂	前纺挡车工
王　平	汉	襄樊毛呢厂	细纱挡车工
杨小龙	汉	宜昌第一针织厂	助理工程师
苏　燕	汉	蒲圻纺织总厂纺织厂	细纱挡车工
杨丽萍	汉	云梦棉纺织厂	布机挡车工
唐顺梅	汉	湘潭纺织印染厂	摇纱挡车工
刘勇华	汉	常德棉纺织厂	布机挡车工
唐红云	汉	桃源纺织印染厂	细纱挡车工

姓名	民族	工作单位	职务
杨文凤	汉	广州利工民针织厂	车间副主任
黎景冰	汉	佛山棉纺织厂	织布挡车工
杜瑞冰	汉	顺德县地方国营伦教丝织厂	挡车副班长
何国娣	汉	深圳中冠印染有限公司	女职工委员会主任
邓日带	汉	南宁绢麻纺织印染厂	织布挡车工
胡汉秋	汉	广西武鸣染织厂	质检科副科长
陈爱民	汉	海口纺织印染厂	细纱挡车工
何萍丽	汉	成都纺织厂	细纱操作员
杨小英	汉	成都蜀锦厂	副厂长、党委副书记、助理经济师
赵春梅	汉	重庆第二棉纺织厂	挡车工
郑碧华	汉	重庆第三棉纺织厂	挡车工
谈庭凤	汉	南充嘉陵府绸集团公司棉纺织厂	车间操作员
牟国丽	汉	万县市丝织厂	缫丝工
邓修珍	汉	遂宁棉纺织厂	生产组长
汪林枝	汉	贵阳市棉纺厂	挡车工
张翠桃	汉	昆明纺织厂	布机帮接工
郭玲玲	汉	西北第四棉纺织厂	织布挡车工
王玉梅	汉	西北第七棉纺织厂	助理工程师
贯惠萍	汉	西安黄河棉织厂	挡车工
贯瑞华	汉	兰州第三毛纺织厂	副总工程师、高级工程师
周建凤	汉	青海工业用呢厂	整理车间修补组组长
李敏君	汉	银川涤纶厂	牵伸操作工
玛依努尔	维吾尔	和田棉纺织厂	前纺并条组长
陈季华	汉	中国纺织大学	副教授
顾振亚	汉	天津纺织工学院	纺化系主任、系党总支委员、教授
皮德祥	汉	纺织工业部科学研究院	高级工程师

1991年度全国纺织工业双文明建设优秀企业

表彰部门：纺织工业部

北京第三棉纺织厂
北京化学纤维厂
北京市前进鞋厂
天津市东亚毛纺织厂
天津市织袜三厂
石家庄第二棉纺织厂
邯郸第一棉纺织厂
河北省宁晋县纺织印染厂
保定化学纤维联合厂
承德市针织一厂
山西新绛纺织厂
内蒙古第二毛纺织总厂
锦州女儿河纺织厂
鞍山市印染厂
凤城丝绸厂
沈阳第二毛纺织厂
大连第三呢绒服装厂
开山屯化学纤维浆厂
齐齐哈尔市克山亚麻纺织厂
牡丹江经编厂
哈尔滨化学纤维厂
上海第二十八棉纺织厂
上海色织二厂
上海毛毯厂
上海嘉丰股份有限公司
上海第一化学纤维厂
上海景福针织厂
上海第一纺织机械厂
上海第二纺织机械厂
无锡市第一棉纺织厂
无锡市第一色织厂
常州第二色织厂
常州合成纤维厂
常州市服装厂
常熟市纬编总厂
南通市合成纤维厂
扬州红星针织总厂
盐城化纤厂
连云港涤纶厂
苏州光明丝织厂
无锡第一缫丝厂
南通丝绸印染联合厂
南京毛纺织厂
杭州化学纤维厂
湖州印染厂
舟山纺织厂
杭州新华丝厂
宁波线厂
安徽第一棉纺织厂
马鞍山市沪皖巾被厂
安徽省维尼纶厂
福建省南平化纤厂
江西涤纶厂
烟台氨纶厂
淄博第二毛纺织厂
济宁毛纺织厂
威海市第二毛纺织厂
禹城棉纺织厂
滨州第二棉纺织厂
山东省乳山制丝厂
青岛化学纤维厂
河南第一毛纺织厂
平顶山棉纺织厂
新乡化学纤维厂
黄石市服装总厂
沙市棉纺织厂
宜昌棉纺织厂
云梦棉纺织厂
仙桃市经编毛毯厂
武汉羽绒服装厂
湘潭化纤厂
湘西自治州永顺纺织厂
佛山市南方印染厂
中山涤纶厂有限公司
广东鹤山毛纺织总厂
顺德县前进丝织厂

广州合成纤维厂
桂林市棉纺厂
海南化学纤维厂
绵阳市第一纺织厂
乐山丝绸厂
重庆织造厂
贵州省凯里涤纶厂
昆明市针织二厂
陕西第十棉纺织厂
安康地区缫丝一厂
甘肃省纺织机械厂
西宁织袜厂
银川涤纶厂
新疆第二毛纺织厂
衡阳纺织机械厂
仪征化纤工业联合公司

1989～1990 年度全国纺织工业双文明建设优秀企业复审合格名单

复审部门：纺织工业部

北京第一棉纺织厂
北京毛纺织厂
天津第二棉纺织厂
天津针织一厂
天津色织十二厂
石家庄第一棉纺织厂
石家庄第二印染厂
保定第一棉纺织厂
廊坊市纬编厂
秦皇岛市山海关化纤总厂
晋华纺织厂
山西涤纶厂
包头纺织总厂
内蒙古通辽市第一毛纺织厂
营口纺织厂
鞍山化纤毛纺织总厂
鞍山合成纤维厂
抚顺第二毛纺织厂
丹东市化学纤维工业公司
丹东袜厂
沈阳第一印染厂
沈阳毛巾厂
大连金州纺织厂
大连纺织厂
吉林白城市纺织厂
吉林化学纤维厂
吉林市羊毛衫厂
佳木斯纺织印染厂
佳木斯经编印染厂
五常纺织厂
富拉尔基纺织印染厂
哈尔滨纺织印染厂
哈尔滨亚麻纺织厂
上海第二棉纺织厂
上海第十二棉纺织厂
上海第十七棉纺织厂
上海第二十七棉纺织厂
上海第七毛纺织厂
上海第十五毛巾厂
上海纺织机械专件厂
上海飞达羽绒服装厂
上海第一服装厂
无锡第二棉纺织厂
无锡第四棉纺织厂
无锡市漂染厂
常州第二棉纺织厂
常州毛纺织厂
常熟被单厂
常熟印染总厂
南通第一棉纺织厂
南通第三棉纺织厂
南通市色织一厂
扬州纱厂
扬州印染厂
盐城市纺织厂
苏州新苏丝织厂
苏州第一丝厂
无锡市丝织一厂
无锡市丝绸印染总厂
浙江涤纶厂

杭州第二织布厂
绍兴弹力丝厂
金华市布厂
嘉兴绢纺厂
绍兴丝织厂
湖州永昌丝织厂
宁波和丰纺织厂
浙江余姚第一棉纺织厂
安庆棉纺织厂
芜湖纺织厂
淮北市第二纺织厂
阜阳纺织厂
安徽绩溪县缫丝厂
福建化纤化工厂
福州棉纺织印染厂
三明印染厂
南平纺织厂
厦门华纶化学纤维有限公司
江西棉纺织印染厂
济南第三棉纺织厂
潍坊第二印染厂
淄博织染厂
德州棉纺织厂
济宁纺织机械厂
枣庄第一棉纺织厂
临沂纺织品采购供应站
菏泽第二毛纺织厂
高密化学纤维厂
山东莱阳绢纺厂
山东文登丝绸工业公司
青岛第九棉纺织厂
青岛衬衫厂
郑州第三棉纺织厂
郑州第六棉纺织厂
中国神马帘子布（集团）公司（原平顶山帘子布厂）
洛阳棉纺织厂
新乡印染厂
河南省第二纺织机械厂
黄石棉纺织印染厂
沙市第三棉纺织厂
蒲圻纺织总厂纺织厂
安陆棉纺织厂
武汉第一棉纺织厂
武汉市毛纺织厂
桃源纺织印染厂
湖南省维尼纶厂
佛山市棉织二厂
新会县合成纤维纺织厂
开平涤纶厂
广东新会涤纶厂集团公司
顺德县伦教丝织厂
广州针织厂
广州风帆毛巾厂
南宁市合成纤维厂
南充嘉陵府绸集团公司棉纺织厂
内江棉纺织厂
广元市纺织厂
南充绸厂
南充地区阆中丝绸厂
重庆第一纺织机械厂
贵阳棉纺织厂
贵州省清镇纺织印染厂
云南省曲靖纺织厂
云南印染厂
西北第二棉纺织厂
西北第五棉纺织厂
西安漂染厂
兰州维尼纶厂
兰州第三毛纺织厂
白银棉纺织厂
青海棉纺织厂
中宁针织厂
新疆七一第二棉纺织厂
新疆伊犁毛纺织厂
郑州纺织机械厂
黄石纺织机械厂

1991 年度全国纺织工业优秀思想政治工作者

表彰部门：纺织工业部

姓名	工作单位	职务
刘德本	北京清河毛纺织厂	党委书记
任连福	北京涤纶实验厂	党委书记
张国志	天津市东亚毛纺厂	党委副书记
耿廉文	石家庄化工化纤厂	党委书记
冯汝谋	廊坊市轻化工业局	党组副书记
程华奎	山西纺织印染厂	党委书记
张松楼	内蒙古纺织工业公司	党总支书记
肖　萍	营口市纺织工业管理局	宣传科长
杨克溪	丹东化纤工业公司	党委副书记
任福生	沈阳第二纺织机械厂	党委书记
杨克华	大连纺织厂	党委副书记
王德仁	吉林省纺织工业厅	副厅长
李国新	长春卫生材料厂	党委书记
黄淑芳	牡丹江经编厂	党委书记
秦延清	大庆毛毯厂	党委书记
韩行山	哈尔滨纺织印染厂	党委书记
邹木法	上海纺织工业局	党委书记
徐耀中	上海纺织工业局	宣传部长
刘维仁	上海第二十八棉纺织厂	党委书记
林家治	苏州印染厂	党委书记
王宝山	无锡市漂染厂	党委书记
陆　琴	南通市友谊服装厂	党总支书记
董继元	徐州毛纺厂	党委书记
陆振文	苏州新光丝织厂	党委书记
郁志金	无锡绢纺厂	党委书记
沈光萍	南京第一棉纺织厂	党委书记
孙保权	湖州市工业局	党委副书记
蒋永章	嘉兴市丝绸公司	党委书记兼经理

姓名	工作单位	职务
韩共进	宁波第二毛纺织厂	党委书记兼厂长
方贤著	淮北市第二纺织厂	党委书记
倪雪刚	宣城纺织厂	党委书记
邱金锦	南平纺织厂	党委书记
黄世良	江西化学纤维厂	党委副书记
伊日浩	淄博市纺织工业公司	党委书记
鲍世举	潍坊市纺织工业局	局长、党组书记
苏爱华	滨州地区纺织工业局	局长兼党委书记
姜瑞芝	淄博市丝绸公司	党委书记
李林江	郑州纺织机械厂	厂长
李得中	安阳化学纤维厂	党委书记
刘克诚	宜昌市纺织工业公司	党委书记
余作林	蒲圻纺织总厂	党委书记
吴照海	武汉市纺织工业局	宣传部长
张同礼	湖南省维尼纶厂	党委书记
刘景和	佛山市南方印染厂	党委书记
陈翠燕	顺德县立新丝厂	党委副书记
林亨良	广州绢麻纺织厂	党委书记
高步尔	广西维尼纶厂	党委书记
甘春祥	海德涤纶厂	党委书记
杨　润	宜宾化学纤维厂	党委书记、厂长
寇宗惠	成都涤纶厂	党委副书记、纪委书记
樊读扬	重庆第一纺织机械厂	党委书记
蒋化春	重庆茧丝绸公司	党委书记兼副总经理
张国忠	曲靖地区丝绸厂	党委书记
王景岐	陕西省纺织科学研究所	所长、党委书记
姚明光	兰州维尼纶厂	党委书记
魏致琪	青海棉纺织厂	党委书记
贺文礼	银川毛纺织厂	准备车间党支部书记、车间主任
傅　平	新疆第三毛纺织厂	党委副书记
高伟麒	广州针织机械厂	党委书记
左桂森	仪征化纤工业联合公司涤纶一厂	党委书记
吴秀兰	纺织工业部思想政治工作研究所政研会	秘书长

1991 年度全国纺织工业先进思想政治工作研究会

表彰部门：中国纺织职工思想政治工作研究会

北京市纺织政研会
北京第二棉纺织厂政研会
天津市色织工业公司政研会
天津纺织器材行业政研会
保定市纺织政研会
廊坊市轻化政研会
山西维尼纶厂政研会
内蒙古纺织政研会
辽宁省纺织政研会
锦州市纺织政研会
大连市纺织政研会
辽源市纺织政研会
哈尔滨亚麻纺织厂政研会
上海毛麻行业政研会
上海丝绸公司政研会
南京化学纤维厂政研会
金华市纺织政研会
绍兴市丝绸政研会
余姚化纤棉纺织总厂政研会
安庆市纺织政研会
泉州线毯厂政研会
南昌市纺织政研会
枣庄市纺织政研会
菏泽地区纺织政研会
淄博市丝绸公司政研会
郑州市纺织政研会
开封毛纺织总厂政研会
沙市市纺织政研会
荆州地区纺织政研会
武汉市纺织政研会
桃源纺织印染厂政研会
广东省纺织政研会
韶关市纺织政研会
广州市纺织政研会
柳州市棉纺织厂政研会
绵阳市第二纺织厂政研会
南充地区阆中丝绸厂政研会
重庆市丝绸政研会
贵州省轻纺政研会
西北国棉四厂政研会
青海棉纺织厂政研会
石河子八一棉纺织厂政研会
纺织工业部思想政治工作研究所
《中国企业政工信息报》编辑部

荣获国家一级、二级企业称号的纺织企业

（1991年）

（一）一级企业（4家）

国营经纬纺织机械厂

国营经纬纺织机械厂兴建于1951年，全厂占地面积270万平方米，现有职工7400多人，固定资产原值2.3亿元，拥有各种机床设备3693台（套）。主要产品为棉纺环锭细纱机，转杯纺纱机和化纤纺丝、牵伸加捻设备以及棉纺、化纤专件。企业年出口创汇突破2000万美元。

该厂坚持以产品开发为龙头、提高产品质量为主线、降低物质消耗为重点、提高经济效益为目的的技改方针，对企业进行了有计划、有重点的技术改造。“七五”期间技术改造总投资达1.2亿元，主要更新和购置各类数显、数控、高效、全能设备130余台（套），提高了产品质量。目前企业15种主要产品中有14种达到国际70年代末、80年代初水平，产品中有一个国优产品、6个部优产品。

该厂在管理上坚持以人为本，培育“争第一、创一流、开新业”的企业精神，倡导职工自控，开展多种形式的质量自治活动；建立了企业标准化体系，落实经济承包责任制。全厂以工艺为突破口，加强工艺管理，提高工艺水平，严格工艺纪律，优化了现场管理；同时积极推行电子计算机管理，1990年投资120万美元，从美国引进了计算机综合自动化制造系统，计划10年内建成完整的具有国内先进水平的计算机集成制造系统。

该厂1990年荣获国家质量管理奖，1991年荣获全国纺织企业管理优秀奖，1991年被评为国家一级企业。

无锡第二棉纺织厂

无锡第二棉纺织厂创建于1921年，现有纺锭9.2万枚，气流纺1400头，布机1208台，职工6300多人，年产纱1.6万余吨、布2500万米。

该厂认真贯彻《企业法》，不断完善厂长负责制，理顺了党政工三者关系。在内部分配制度改革上，该厂采用“BQC”综合连锁计奖法，开展单项专业经济承包。近几年来，该厂面对困境，采取了“以质定产、以销定产、以料定产、以利定产”的方针，瞄准国际市场，依靠科技进步和强化管理，逐步形成了以高密防羽布为代表的三大系列产品。在狭幅、中幅防羽布的基础上，先后开发出了170cm、240cm的阔幅、特阔幅防羽布和4050、5050、6060等高密防羽布、涤棉防羽布、缎纹、斜纹防羽布。该厂为适应市场的变化和对质量的要求，有计划有步骤地进行了技术改造，几年来共投资7614万元用于设备更新改造，使品种档次由原来的中低档发展到中高档，提高了产品质量，减少了用工，创出了一条投资少、见效快、效益好的技术改造路子，企业利润从1985年的788.92万元增加到1990年的2107.6万元，促进了生产经营的良性循环。

该厂的双鱼吉庆牌J9.7tex纯棉纱、双鱼吉庆牌精梳高密防羽布获国家金质奖，双鱼牌18tex纯棉普梳针织用纱；双鱼牌36×36精梳涤棉纱卡获国家银质奖，企业先后荣获国家级企业技术进步奖、国家质量管理奖、纺织工业部企业管理优秀单位（金梭奖），1991年被评为国家一级企业。

浙江制丝一厂

浙江制丝一厂是一家具有70年历史的老厂，目前企业拥有职工2300多人，固定资产原值1800万元，形成了蚕茧收烘、缫丝、丝针织、印染、成衣一条龙生产企业，具有年产白厂丝500吨、纬编真丝针织绸50吨、真丝服装2万打的生产能力，是全国最大的缫丝生产企业之一。

该厂认真贯彻《企业法》，党政工三者关系协调，形成了高效统一的生产指挥系统；在企业管理机构改革中，引进了竞争机制，试行聘任制，干部做到能上能下。该厂坚持以自力更生为主，争取贷款为辅的技改方针，不断加速企业技术进步的步伐，主导产品生产设备达到国内同行业先进水平；企业产品质量不断提高，物质消耗逐步下降，经济效益稳定增长，白厂丝平均品位达到3A33，正品率为99.97%，Z/17梅花牌桑蚕丝自1983年起连续获得纺织工业部优质产品奖和国家银质奖称号；通过开发真丝针织绸产品，提高了企业产品的加工深度和出口创汇能力，“七五”期间累计实现利税4453万元，比“六五”增长43.3%；出口创汇率平均达1463万美元，比“六五”期间出口创汇年平均增长46.3%。

该厂获得节能管理国家一级企业称号，并荣获纺织工业部全面质量管理奖，1991年被评为国家一级企业。

上海飞达羽绒服装厂

上海飞达羽绒服装厂是一个专业生产羽绒服装和防寒服的企业，厂房面积为14400平方米，现有职工997人，产品以外销为主，出口产品比重占总产值的90%以上，产品畅销美国、德国、法国、日本、西欧等30多个国家和地区，羽绒服出口量占上海口岸的三分之一左右，约占全国出口量的十分之一，年出口创汇额达2000万美元。

该厂根据“立足上海、放眼东北、西北、华北、瞄准欧洲”的经营战略，不断提高产品档次，开拓国内国际两个市场；积极理顺外贸渠道，把涉外洽谈、报价签约、生产进度、技术质量、进出口手续纳入一个口子管理，减少了管理环节，缩短了交货期。为适应市场竞争，增强企业后劲，该厂引进了法国力克公司CAD（电子计算机辅助设计）系统，实现了服装打样、推档、排样电脑化；引进各类缝纫设备484台（套），其中专用设备375台，初步实现了缝纫设备高速化、多针化、单机功能化；引进了德国摇臂式裁剪装置和日本吸风式裁床，提高了裁剪机械化、自动化程度；1989年从丹麦引进的“暖体模拟人”测试设备具有当代国际先进水平，对改进工艺设计，赶超国际先进水平发挥了重要作用。

该厂建立了计算机管理网络系统，开发了厂办、计划、经营等10多项管理项目，会计核算实现了电算化，目前该厂是全国重点骨干企业生产现场管理信息系统600家企业的成员之一。

1991年该厂被上海市纺织工业局评为10家标兵企业之一，并被评为国家一级企业。

（二）二级企业（31家）

天津市第一棉纺织厂

天津市第二棉纺织厂

河北省宁晋县纺织印染厂

上海毛毯厂

南通第三棉纺织厂

国营江阴棉纺织厂

常州毛纺织厂

安徽第一棉纺织厂

淄博第二毛纺织厂

青岛第九棉纺织厂

河南省豫北棉纺织厂
河南省中原棉纺织厂
宜昌市棉织厂
贵州省贵阳棉纺织厂
新疆七一第二棉纺织厂
鞍山合成纤维厂
远东钢丝针布厂
常州纺织器材厂
上海康派司衬衫厂
美尔雅服饰有限公司
四川省南充地区阆中丝绸厂
杭州红雷丝织厂
重庆丝纺厂
溧阳市缫丝厂
吉林化学纤维厂
黑龙江涤纶厂
山西维尼纶厂
长春市服装三厂
山东省昌邑县丝织一厂
天津市北方制衣总厂
淮北第一棉纺织厂

荣获国家质量奖的纺织产品

(1991年)

(一)金质奖产品(14个,包括扩牌6个)

产品名称	生产企业
双蝶牌 TR1918-65 仿貂皮	通化市人造毛皮联合公司
美雅牌 677 拉舍尔腈纶双层印花毛毯	鹤山毛纺织总厂
南方牌 14.5/14.5 纯棉高密装饰印花布	佛山市南方印染厂
海螺牌 5×2/5×2 印花纯棉高支府绸	上海第二印染厂
十笏园牌 JT/C 13/13 印花府绸	潍坊第二印染厂

续

产品名称	生产企业
新花牌(内销)、碧桃牌(外销)13/13 涤富印花细纺	石家庄第一印染厂(银升金)
蓝雀牌 7×6 纯棉靛蓝防缩牛仔布	郑州第五棉纺织厂
天鹅牌$100^s/2\times100^s/2$纯棉色织高支府绸	广州第一染织厂
ZFJ GA301 型浆纱机	郑州纺织机械厂
长城牌风雨衣(风衣)	北京长城风雨衣公司(银升金)

续

产品名称	生产企业
保俶塔牌 38×1/37×1 真丝和服绸	浙江杭州春雷丝织厂 浙江杭州红雷丝织厂(练染)
水榭牌 38×2/37×2 真丝和服绸	江苏吴江新生丝织厂 江苏吴江绸缎练染一厂
凯地牌 115/114 真丝印花双绉	浙江杭州东风丝绸印染厂
水榭牌 115/114 真丝印花素绉缎	江苏吴江丝绸印花厂

续

产品名称	生产企业
鄂尔多斯牌 $24^s/2$ 单面无虚线提花羊绒衫(扩牌)	内蒙古伊克昭盟羊绒衫厂
月夜牌 10×2/15、14×2/27.8 印花灯芯绒(扩牌)	常州灯芯绒厂
石舫、达美、京印牌 T/C13/15 印花布(扩牌)	北京印染厂
金三杯牌 114/112 真丝印花绸(扩牌)	上海第七印绸厂
湖心亭牌 103/102 真丝印花斜纹绸(扩牌)	苏州丝绸印花厂
采桑牌 115/114 真丝练白双绉(扩牌)	上海第一绸缎练染厂 上海第一丝织厂

(二)银质奖产品(25 个,包括扩牌 7 个)

产品名称	生产企业
仙桃牌 69802 拉舍尔腈纶单层印花毛毯	仙桃市经编毛毯厂
鸣球牌 65771 腈纶立绒提花毯	威海市毛纺织厂
裘达美牌 R_1-n 仿兽皮(黄狼)	无锡市人造毛皮厂
璀翠牌 $32^s/2×1$ 精纺纯毛四平空转 V 领男开衫	如东县针织服装厂
天山牌 $24^s/2$ 粗纺羊绒单面 V 领男开衫	新疆天山毛纺织品有限公司针织一厂
飞龙牌 $36^s/2×2$ 精纺纯毛三平女开衫	吉林市羊毛衫厂
雪马牌 $32^s/2$ 羊毛平板提花男女套衫	上海第五羊毛衫厂
银河牌 T/C 13/13 433.1/299.2 派立纱	上海新丰印染厂

续

产品名称	生产企业
丰彩牌 14.6/14.6 纯棉印花府绸	河南第二印染厂
交流牌 19.5/19.5 纯棉印花泡泡纱	天津市第一印染厂
鸽球牌 13/13 涤棉印花布	常熟印染总厂
太空鸟牌 18.5×2/18.5×2 中长印花装饰布	大连第二印染厂
飞舟牌 40×40 色织纯棉精梳府绸	天津第二色织厂
井岗山牌 $100^s/2×100^s/2$ 色织纯棉高支府绸	上海第五色织厂
八达牌 7×6 纯棉靛蓝牛仔布	广东省恩平广联泰纺织企业有限公司
银灵牌 32×32 全棉高档服饰提花布	安徽省蚌埠色织布厂

续

产品名称	生产企业
陀螺牌 ф25mm 六锭棉纺细纱罗拉	上海纺织机械专件厂
飞霞牌熔融纺丝圆形孔喷丝板	常州喷丝板厂
羚羊牌特种工业用棉布109本色细平布	西北第一印染厂
行星牌风雨衣(风衣)	江苏常州市服装二厂
大地牌风雨衣(风衣)	上海市永新雨衣染织厂
白山牌粘胶短纤维	吉林化纤厂
宝萱牌腈纶 6.66 分特有光毛条	山东淄博合成纤维厂
月宫牌 115/114 真丝练白电力纺	山东淄博丝织一厂 山东淄博丝织二厂 山东淄博丝绸印染厂
飞泉牌 91/90 真丝练白斜纹绸	四川南充绸厂

续

产品名称	生产企业
新花牌(内销)、大丽花牌(外销) 19.5/16 纯棉印花平布(扩牌)	石家庄第一印染厂
双峰牌 19.5/16 花绉泡泡纱(扩牌)	新乡印染厂
太平洋牌 50×50 纯棉精梳高支高密色织布(扩牌)	无锡市第一色织厂
JW 牌 FA506 型细纱机(扩牌)	经纬纺织机械厂
水榭牌 115/114 真丝染色双绉(扩牌)	江苏吴江绸缎练染一厂 江苏吴江新联丝织厂
保俶塔牌 116/114 真丝染色花素绉缎(扩牌)	浙江杭州丝绸印染厂 临安丝绸总厂 嘉兴石门丝厂
双马牌 92/91 练白桑蚕绢纺绸(扩牌)	上海绢纺织厂

纺织工业优质产品

(1991 年)

(一) 印染(245 个)

商标名称	产品名称	生产企业
跳　鲤	19.5/16 花平布	上海第五印染厂
新花、大丽花	19.5/16 花平布	石家庄第一印染厂
跳　鲤	20/16 花平布	上海第二十九棉纺织印染厂

续

商标名称	产品名称	生产企业
十笏园	19/16 花平布	潍坊第二印染厂
银　星	28/28 花平布	湖北省沙市印染厂
金　笛	25/28 花平布	郑州印染厂

续

商标名称	产品名称	生产企业
龙灯	19.5/16花平布	安徽省蚌埠棉纺织印染总厂
银星	19.5/16花平布	湖北省沙市印染厂
浣花溪	22.4/22.4花平布	四川第一棉纺织印染厂
镇淮楼	19.4/16花平布	江苏省清江印染厂
天山	19.5/16花平布	新疆七一印染厂
塔上云	19.5/16花平布	四川南充嘉陵府绸集团公司印染厂
丰彩	29/29花平布	河南第二印染厂
丰彩	18.2/18.2花平布	河南第二印染厂
金笛	19.5/16花平布	郑州印染厂
丰彩	28/28花平布	河南第二印染厂
达美、京印	19.5/16花平布	北京印染厂
银球	18/15花平布	上海第三印染厂
晨曲	19/16花平布	江西棉纺织印染厂
山雁	19.5/16花平布	浙江杭州印染厂
浣花溪	19.5/16花平布	四川第一棉纺织印染厂
彩浪	19.5/16花平布	安徽印染厂
跳鲤	19/16花平布	上海第三印染厂
双猫	19.5/16花平布	江苏南通印染厂
银球	18/15花平布	上海丽新印染厂
包印	22.4/22.4花平布	包头市印染厂

续

商标名称	产品名称	生产企业
玉马、全家乐	19.5/16花平布	天津印染厂
万里香	19.5/16花平布	陕西第三印染厂
菱花	19.5/16花平布	湖北省襄樊市印染厂
放鹤亭	27.8/27.8花平布	江苏徐州印染厂
霞山	29/29花平布	广东省韶关市印染厂
太空鸟	29/29花平布	大连第二印染厂
镂金	25/28花平布	山东济宁印染厂
新花、大丽花	28/28花平布	石家庄第一印染厂
塔上云	29/29花平布	四川南充嘉陵府绸集团公司印染厂
南湖	29/29花平布	九江第三棉织印染厂
红绸舞	29/29花平布	上海第二印染厂
北斗	29/29花平布	熊岳印染厂
Assoter	19.4/19.4花平布	深圳中冠印染有限公司
香雪海	27.8/27.8花平布	湖北黄石棉纺织印染厂
舒美	19.5/16花平布	郑州第二印染厂
红绸舞	29/29花平布	上海第三印染厂
浣花溪	19.4/19.4花平布	四川第一棉纺织印染厂
霓虹	29/29花平布	淮北印染厂
跳鲤	19.5/16花平布	上海第二印染厂
霓虹	19.5/19.5花平布	淮北印染厂

续

商标名称	产品名称	生产企业
五鹰	19.5/19.5 花平布	芜湖印染厂
霓虹	19.5/16 花平布	淮北印染厂
飞豚	19.5/16 花平布	安徽省安庆市印染色织总厂
鹿	19.5/19.5 仿蜡油光布	上海第一印染厂
鹿	19.5/19.5 仿蜡花布	上海新丰印染厂
山雁、画舫	19.5/19.5 仿蜡花布	杭州印染厂
家庭	19.5/19 仿蜡花布	山东青岛第三印染厂
鹿	14.5/12.7 防拔染麦儿纱	上海第二十九棉纺织印染厂
银球	18/15 防拔染花布	上海第二十九棉纺织印染厂
海峡	15/16 花平布	湖北省沙市东风印染厂
幸福	28/28 花哔叽	锦州印染厂
航天	28/28 花哔叽	山东济南第二印染厂
新花	28/28 花哔叽	石家庄第一印染厂
隆中	27.8/27.8 花哔叽	湖北省襄樊棉纺织印染厂
一支花	27.8/27.8 花哔叽	湖北省黄石市棉纺织印染厂
晋花	28/28 花哔叽	山西印染厂
黔峰	25/25 花哔叽	贵州省清镇纺织印染厂
丰彩	28/28 花哔叽	河南第二印染厂
北斗	28/28 花哔叽	辽宁熊岳印染厂
东风	28/28 花哔叽	天津第二印染厂
翠鸟	22.4/22.4 花哔叽	四川第一棉纺织印染厂

续

商标名称	产品名称	生产企业
花王	28/28 花哔叽	邯郸印染厂
翠鸟	22.4/22.4 宽幅花哔叽	四川第一棉纺织印染厂
庆丰图	28/28 花哔叽	上海第七印染厂
金笛	28/28 花哔叽	郑州印染厂
蜀虹	28/28 棉麻斜纹花布	遂宁市织造印染厂
熊猫	29/58 花单面绒布	上海第十印染厂
熊猫	29/58 花双面绒布	上海第十印染厂
蝶球	29/58 花双面绒布	江苏常州东风印染厂
五朵金花	24/45 花绒布	上海第十印染厂
五朵金花	24/45 双缩花绒布	上海第十印染厂
五朵金花	16/29 花哔叽绒	上海第十印染厂
白雪莲	29/58 花起绒布	新疆石河子八一棉纺织印染厂
蜀虹	29/97 花双面绒布	遂宁市织造印染厂
快乐	36/58 花童毯绒布	上海第十印染厂
凯歌	18/29 花哔叽绒	河北邢台织染厂
五朵金花	18/29 双缩花哔叽双面绒布	上海第十印染厂
泉水	29/58 双面绒	山东青岛第二印染厂
芳蝶	29/58 花双面绒	武汉市第三印染厂
凯歌	29/58 花双面绒	邢台织染厂
宫灯	29/58 花绒布	湖州印染厂
四明山	29/58 花双面绒布	宁波印染厂

续

商标名称	产品名称	生产企业
东风、熊猫	29/58花双面绒布	天津第二印染厂
海峡	29/58花绒布	湖北省沙市东风印染厂
霓虹	29/58花绒布	淮北印染厂
红光	29/58花绒布	北京第二印染厂
芦柴花	29/58花双面绒布	江苏盐城印染厂
群康	29/58花单面绒布	四川省遂宁市群康印染厂
金鱼、双龙灯	36.4/29花细平灯芯绒	上海灯芯绒总厂
月夜	14×2/27.8花粗条灯芯绒	常州灯芯绒厂
月夜	10×2/15特细条花灯芯绒	常州灯芯绒厂
月夜	14×2/27.8花中条灯芯绒	常州灯芯绒厂
金鱼、双龙灯	14×2/28花中条灯芯绒	上海灯芯绒总厂
绒猫	14×2/28花中条灯芯绒	太原绒织印染联合厂
金鱼、双龙灯	22.8/36花仿平绒	上海灯芯绒总厂
斑马	14×2/28花灯芯绒	新乡市灯芯绒厂
红玫瑰	36/27.8花灯芯绒	沈阳第二印染厂
秦都	27.8/27.8花灯芯绒	咸阳市绒布印染厂
海螺	5×2/5×2花高支府绸	上海第二印染厂
丰彩	14.6/14.6花府绸	河南第二印染厂
绿牡丹	15/15花府绸	上海第五印染厂
十笏园	19/14.5花府绸	潍坊第二印染厂

续

商标名称	产品名称	生产企业
霓虹	14.5/14.5花府绸	淮北印染厂
Assoter	14.5/14.5花府绸	深圳中冠印染有限公司
交流	19.5/19.5花泡泡纱	天津市第一印染厂
白猫	19.5/16花泡泡纱	上海新丰印染厂
双峰	19.5/16花皱泡泡纱	新乡市印染厂
双峰	19.5/16花泡泡纱	新乡市印染厂
双猫	19.5/16花泡泡纱	江苏南通印染厂
孔雀	15/15花树脂电光横贡缎	上海第三印染厂
新花、猎人	14.5/14.5花横贡缎	石家庄第一印染厂
金笛	14.5/14.5电光横贡缎	郑州印染厂
蝠鼎	14.5/14.5电光横贡缎	江苏常州东风印染厂
金枫	14.5/14.5电光横贡缎	安徽印染厂
银河	13/13涤棉花派立纱	上海新丰印染厂
蝶球	13/13 T/C花布	江苏常州东风印染厂
鸽球	13/13 T/C花布	江苏常熟印染总厂
芦柴花	13/13 T/C花布	江苏盐城印染厂
赵州	13/13 T/C花布	石家庄第四印染厂
放鹤亭	13/13 T/C花布	江苏徐州印染厂
开屏	13/13 T/C花布	湖北省沙市印染厂
霓虹	13/13 T/C花布	淮北印染厂

续

商标名称	产品名称	生产企业
锦花	13/13 T/C花布	西北第一印染厂
三花	13/13 T/C花布	无锡漂染厂
双天鹅	13/13 T/C花布	江苏江阴印染厂
冰海	13/13 T/C花布	江西棉纺织印染厂
银河	13/13 T/C花布	上海第二印染厂
霞山	13/13 T/C花布	韶关市印染厂
柳村	13/13 T/C花布	长春印染厂
金笛	13/13 T/C花布	郑州印染厂
龙光	13/13 T/C花布	江苏无锡印染厂
时风	13/13 T/C花布	柳州市印染厂
狮王	13/13 T/C花布	江苏常州东方印染厂
金雁	13/13 T/C花布	衡阳纺织印染厂
双霜花	13/13 T/C花布	山东青岛印染厂
南湖	13/13 T/C花布	九江第三棉织印染厂
满园春	13/13 T/C花布	湖北省黄石市棉纺织印染厂
映山红	13/13 T/C花布	江苏南通第二印染厂
环秀	13/13 T/C花布	陕西省宝鸡市印染厂
日月花	13/13 T/C花布	上海鼎新印染厂
玉马、全家乐	13/13 T/C花布	天津印染厂
丰彩	13/13 T/C花布	河南省第二印染厂
丰彩	14/14 T/C花布	河南省第二印染厂

续

商标名称	产品名称	生产企业
十笏园	13/13 T/C花布	潍坊第二印染厂
Assoter	13/13 T/C花布	深圳中冠印染有限公司
兰翎	13/13 T/C花布	大连印染厂
新芽	13/13 T/C花布	江苏苏州印染厂
青鸟	13/13 T/C花布	江苏清江印染厂
交城山	13/13 T/C花布	山西纺织印染厂
航天	13/13 T/C花布	山东济南第二印染厂
银河	16.8/16.8 T/C花布	上海第一印染厂
金丝猴	14/14 T/C花布	四川省绵阳印染厂
金川	14/14 T/C花布	四川第一棉纺织印染厂
舞蝶	13/13 T/C花布	山东青岛第二印染厂
鹿泉	13/13 T/C花布	石家庄第二印染厂
镂金	13/13 T/C花布	山东济宁印染厂
银河	13/13 T/C花布	上海第二十九棉纺织印染厂
夜来香	13/13 T/C花布	湖南省湘潭纺织印染厂
孔雀	15/15 花树脂电光横贡缎	上海第三印染厂
雪峰	14.5/13 T/C花布	湖南安江纺织印染厂
隆中	13/13 T/C花布	湖北襄樊棉纺织印染厂
红光	13/13 T/C花布	北京第二印染厂
赵州桥、新花	13/13 T/C花布	石家庄第一印染厂

续

商标名称	产品名称	生产企业
东风	13/13 T/C 花布	天津第二印染厂
狼山枫	13/13 T/C 花布	江苏南通第三印染厂
白雪莲	13/13 T/C 涤纶热敏印花	新疆石河子八一棉纺织印染厂
南方	13/13 T/C 花布	广东佛山南方印染厂
玉屏	13/13 T/C 花布	四川南充嘉陵府绸集团公司印染厂
北斗	13/13 T/C 花布	熊岳印染厂
琼花	13/13 T/C 花布	江苏扬州印染厂
双猫	13/13 T/C 花布	江苏南通印染厂
五峰	13/13 T/C 花布	江苏南通八一印染厂
龙光	13/13 T/C 花仿丝绸	江苏无锡印染厂
映山红	7.6/13 印花富春纺	江苏南通第二印染厂
鹿泉	13/13 T/C 花府绸	石家庄第二印染厂
京印、石舫	13/13 T/C 花布	北京印染厂
霓虹	13/13 T/C 府绸	淮北印染厂
洱海	13/13 T/C 花巴厘纱	云南滇西纺织印染厂
霞光	13/13 T/C 花云裳绸	韶关市印染厂
白雪莲	13/13 T/C 仿丝绸绉布	新疆石河子八一棉纺织印染厂
飞豚	13/13 涤黛绸	安徽省安庆市印染色织总厂
川翠	14/14 涤黛绸	内江第一印染厂
芙蓉	9.7/9.7 T/C 花巴厘纱	上海第二十九棉纺织印染厂

续

商标名称	产品名称	生产企业
白雪莲	13/13 T/C 轧花平布	新疆石河子八一棉纺织印染厂
万紫千红	13/13 T/C 印花油光布	上海第一印染厂
浣纱	13/13 T/C 花布	沈阳新花印染有限公司
南方	14.5/ 14.5 防羽绒花布	佛山市南方印染厂
新花	28/58 提花装饰布	石家庄第一印染厂
南方	19.4/ 41.6 直贡花装饰布	佛山市南方印染厂
山花	14.5/ 14.5 花防羽布	江苏无锡漂染厂
昆仑	22.4/22.4 花布	新疆喀什棉纺织厂
阳春	28/28 花布	山东烟台宽幅布厂
南方	19.4/ 19.4 防水花装饰布	佛山市南方印染厂
天山	17.7/17.7 花布	新疆七一印染厂
山花	22/22 花布	贵州省贵阳市棉纺织厂
浣纱	29/29 花装饰布	沈阳新花印染有限公司
龙光	18/18 花装饰布	江苏无锡印染厂
金丝菊	27.8/ 27.8 花绉布	上海第二印染厂
万紫千红	27.8/ 27.8 花家具布	上海第一印染厂
蝠鼎	36/36 提花家具布	江苏常州东风印染厂
三鹰	28/28 花绉布	福建省三明印染厂
春花	29/29 宽幅花布	山西纺织印染厂
十笏园	13/13 T/C 花府绸	潍坊第二印染厂

续

商标名称	产品名称	生产企业
雨竹	19.5/19.5 T/C花布	石家庄旅游用布印染厂
钢花	36.7/36.7 T/C双面印花布	武汉市武汉印染厂
阳春	19.5/19.5 T/C花布	山东烟台宽幅布厂
桃花鱼	13/13 T/C花布	湖北宜昌印染厂
激光	13/13 T/C花布	四平市印染厂
交峰	13/13 T/C花布	重庆第二印染厂
云雀	19.6/19.6 T/C特宽装饰布	辽宁营口染织厂
菱花	13/13 T/C花布	湖北省襄樊市印染厂
锦花	13/13 T/C花布	西北第一印染厂
太空鸟	18.5×2/18.5×2中长花装饰布	大连第二印染厂
京印、达美	18×2/18×2中长花华力司	北京印染厂
快乐	167D/167D花华丽呢	大连印染厂
潇湘馆	13/13 T/C涤富府绸	河南省新乡市漂染厂
太空鸟	18.5×2/18.5×2中长花摩力克	大连第二印染厂
幸福	150D/150D涤长丝装饰布	锦州印染厂
晋五龙	16/16纯涤纶印花布	山西省榆次市印染厂
骏马	19.5/19.5人棉花布	青岛印染厂
天雁翎	19.7/19.7人棉花布	武汉市武汉印染厂
万里香	19.7/19.7人棉花布	陕西第三印染厂

续

商标名称	产品名称	生产企业
花王	19.5/19.5花人棉绸	邯郸印染厂
交流	19.5/19.5人棉花布	天津第一印染厂
孔雀舞	19.7/19.7人棉花布	上海第九印染厂
紫菊	19.4/19.4人棉花布	江苏张家港市印染厂
碧桃	16.8/16.8涤人棉花布	石家庄第一印染厂
滇池	13/13 T/C花布	云南印染厂
新锚霖	18.5/18.5涤粘中长花呢	上海第九印染厂
日月花	18.5/18.5涤粘中长花呢	上海鼎新印染厂
日月花	18.5×2/18.5×2涤粘中长法兰克福花呢	上海鼎新印染厂
新花碧桃	13/13涤富花布	石家庄第一印染厂
翎兰	15.3/15.3涤纶包心烂花布	上海第七印染厂
碧桃	13/13涤富花布	石家庄第四印染厂
新花碧桃	14/14富棉花布	石家庄第一印染厂
蝶丽	68D/75D涤纶长丝花贡缎	陕西第三印染厂
金梭	13/13涤富花布	上海第九印染厂
时光（原美的）	18/18维棉花布	柳州市印染厂
雪峰	16/16维棉花布	湖南安江纺织印染厂

(二) 色织(111 个)

商标名称	产品名称	生产企业
久獐	14.5/14.5 色织防缩细纺	上海久章色织厂
织女星	14.5/14.5 色织纯棉府绸	山东潍坊染织厂
飞舟	14.5/14.5 色织纯棉精梳府绸	天津色织二厂
鼎新	6×2/6×2 色织纯棉高支府绸	上海色织五厂
种棉图	14.5/14.5 色织纯棉精梳府绸	上海色织七厂
仙女散花	14.5/14.5 色织纯棉精梳府绸	江苏泰县胜利布厂
丹凤	14×2/17.5 色织缎条府绸	无锡江南色织公司
白帆	14.5/14.5 色织纯棉精梳府绸	常州色织厂
春常在	14.5/14.5 色织纯棉精梳府绸	南通色织二厂
太平洋	12/12、14.5/14.5 色织纯棉高支精梳府绸	无锡第一色织厂
天使	14.5/14.5 色织纯棉精梳府绸	海门县手帕厂
丽羽	14.5/14.5 纯棉府绸	江苏靖江布厂
天鹅	6×2/6×2 纯棉高支府绸	广州第一染织厂
奔月	18/18 色织条格布	江西洪都棉纺织厂
三雀	18/18 色织纯棉条格布	南通先锋被单厂
瓠涤	28/28 纯棉彩格布	江阴染织六厂
神女峰	28/28 纯棉色格布	宜昌鄂西织布厂

续

商标名称	产品名称	生产企业
超芳	18/18 纯棉条格布	泰兴县黄桥布厂
风筝	28/28 纯棉条格布	武进第三染织厂
双锚	18/18 纯棉色织布	张家港色织厂
星兰	36/36 纯棉柔软布	苏州染织厂
金蛙	28/28 纯棉条格布	海安县染织厂
润州	18+28/18 色织纯棉细纺	镇江色织总厂
芙蕖	29/29 纯棉色织条子布	南海棉织厂
华丽	18/18 纯棉色织提花条布	佛山市棉织四厂
点彩	28/28 彩条被单布	江西上高棉织厂
迎成	28/28 纯棉彩条床单布	山西省祁县色织厂
跤乡	28/28 纯棉被单布	山西省忻州色织厂
童乐	28/28 大提花被单布	丹东棉织二厂
汽车	28/28 提格被单布	武汉硚口织布厂
明月	28/28 纯棉色织泡泡纱	山西省忻州纺织印染厂
井岗山	28+14.5/14.5 色织纯棉精梳泡泡纱	上海色织五厂
飞翼	28+14.5/14.5 色织纯棉泡泡纱	南通双盟织布厂
石梅	58/58(10×10)色织蓝坚固呢	常熟色织二厂

续

商标名称	产品名称	生产企业
星兰	80/80(7×7)靛蓝防缩坚固呢	苏州染织二厂
金秋	80/96(7×6)色织靛蓝坚固呢	枣庄第二棉纺织厂
三环	80/96(7×6)靛蓝坚固呢	辽宁鞍山纺织厂
奔牛	80/80(7×7)靛蓝坚固呢	营口三益纺织有限公司
劲松	80/80(7×7)靛蓝防缩牛仔布	陕棉八厂昌龙染织有限公司
大钟图	80/96(7×6)色织靛蓝防缩坚固呢	上海新风色织厂
金山	80/96(7×6)靛蓝坚固呢	天津第二染纱厂
兰雁	80/96(7×6)色织靛蓝坚固呢	山东淄博织染厂
888	80/80(7×7)宽幅坚固呢	石家庄石润纺织有限公司
兰雀	80/96(7×6)靛蓝防缩牛仔布	河南郑州第五棉纺织厂
女儿河	80/80(7×7)靛蓝坚固呢	锦州女儿河纺织厂
江山	80/80(7×7)防缩靛蓝劳动布	江苏新生织布厂
平丰	80/96、80/80(7×6、7×7)靛蓝牛仔布	广东省开平织布厂
三环	80/80(7×7)靛蓝坚固呢	辽宁喀左染织厂
超芳	80/80(7×7)靛蓝劳动布	泰兴黄桥布厂
兰宝石	58/58(10×10)印地科平纹牛仔布	佛山石角棉织厂
GD	80/96(7×6)印地科牛仔布	广东新粤利牛仔布染织厂
粤江	80/96、80/80(7×6、7×7)牛仔布	广东粤江织造有限公司
五羊	80/80(7×7)印地科坚固呢	广州第一棉纺织厂

续

商标名称	产品名称	生产企业
八达	80/96、80/80(7×6、7×7)靛蓝牛仔布	广东广联泰纺织有限公司
黑牡丹	80/80(7×7)靛蓝防缩牛仔布	常州第二色织厂
如泉	58/58、80/80(10×10、7×7)靛蓝坚固呢	无锡市第五棉织厂
荆江	14×2/28丝光元贡呢	湖北沙市第一色织厂
塔桥	80/80(7×7)靛蓝坚固呢	南通市色织一厂
新星	80/96(7×6)靛蓝坚固呢	南通第三棉纺织厂
箭牌	36/36(16×16)三片斜牛仔布	广东省佛山市棉织一厂
平丰	80/96(7×6)硫化黑牛仔布	广东开平织布厂
菊花	80/64(7×9)纬弹坚固呢	天津市色织六厂
滑翔	14×2/28元贡呢	河南省安阳织染厂
独山	14×2/28元贡呢	河南省安阳市色织厂
蝴蝶	14×2/28元贡呢	上海达新染织总厂色织分厂
天都	14×2/28元贡呢	安徽省屯溪染织厂
广灵	14×2/28元贡呢	遂宁市色织布厂
海潮	14×2/28冲服呢	河北省丰南县色织厂
金星	14×2/28冲服呢	河北省献县棉织厂
丹凤	14×2/28元贡呢	江阴红星染织厂
蜜蜂	14×2/28丝光元贡呢	南通县小海染织厂
种棉图	7.5×2/7.5×2色织纯棉高支全线牛津纺	上海色织七厂
芙莱	28/36提花全棉牛津纺	广东南海棉织厂

续

商标名称	产品名称	生产企业
工胜	32/32色织纯棉青年布	潍坊第二染织厂
鹃湖	28/28色织防缩青年布	浙江省海宁布厂
松鹤鹿	28/28纯棉色织青年布	上海色织十四厂
金梭	28/28纯棉色织防缩青年布	上海经昌色织厂
玉蝶	28/28色织青年布	湖北省襄樊市棉织厂
琴鸟	28/28印地科青年布	广州市第十三染织厂
新中国	10×2/18纯棉色织装饰凤尾布	北京色织厂
银灵	18/18纯棉高档服饰提花布	安徽省蚌埠色织布厂
滑翔	中长涤粘仿麻格呢	河南安阳染织厂
奔月	中长涤粘仿毛花呢	江西洪都棉纺织厂
小妹妹	色织中长涤粘花呢	青岛第一染织厂
广灵	涤弹花呢	遂宁市色织布厂
彩叶	中长涤粘花呢	乌鲁木齐市天山染织厂
金梭	色织涤粘中长花呢	上海经昌色织厂
新建	色织中长涤粘平纹呢	上海新建色织厂
金鸵	色织涤粘花呢	上海色织四厂
蝴蝶	色织中长涤粘花呢	无锡市江南色织公司
燕鱼	中长涤粘花呢	湖南省湘潭市色织染整厂
天鹅	中长时装花呢	广州第一染织厂
蝶双飞	色织中长涤粘织物	常熟市色织五厂
亚梅	色织中长涤粘混纺布	常熟市淼泉布厂

续

商标名称	产品名称	生产企业
石梅	色织中长涤粘花呢	常熟色织二厂
彩燕	中长涤粘花呢	福建省晋江纺织厂
春燕	中长涤腈花呢	宝鸡市第一染织厂
丹凤	中长涤腈花呢	江阴红星染织厂
双桃	凉爽呢	无锡市第四色织厂
双桃	中长涤粘花呢	无锡市第四色织厂
蝴蝶	色织仿毛花呢	无锡市江南色织公司
丹凤	涤弹花呢	江阴红星染织厂
久昌	中长/长丝薄花呢	张家港市棉织九厂
波光	波美呢	广州第二染织厂
狮林	剑花呢	广州永新染织厂
椰树	威士呢	广州泰盛染织厂
梅竹	中长/长丝交并交织花呢	常州色织四厂
蝶双飞	中长/长丝交并交织花呢	常熟市色织五厂
双美	毛型牙签呢	河南省新乡市化纤纺织厂
春艳	威士呢仿毛产品	辽宁锦州棉织厂
闽江	中长仿毛花呢	福州市第一织布厂

（三）毛纺织(221个)

商标名称	产品名称	生产企业
双蝶	TR1622-60仿黄狼皮	通化市人造毛皮联合公司
双蝶	TR1557-60黑三针	通化市人造毛皮联合公司
双蝶	TR1918-65仿貂皮	通化市人造毛皮联合公司
裘达美	R1-n串刀黄狼皮	无锡市人造毛皮厂
太阳	R321/K600仿豹皮	广东省新会县毛绒总厂
雪宝	8515-MK44-1仿兽皮	南海县毛纺织企业集团公司
金猫	R-05仿考拉素色人造毛皮	济南人造毛皮厂
双蝶	TRS1837-70人造毛皮时装面料	通化市人造毛皮联合公司
双鸵	R-90029仿狐皮	襄樊市人造毛皮厂
威美	R-229仿黑貂人造毛皮	河南省卫辉市人造毛皮厂
金凤仙	FDR101×65×22仿貂人造毛皮	湖北省仙桃市人造毛皮厂
沪丽	172059仿水獭皮	上海人造毛皮厂
凤珠	R71-4高档仿狐狸人造毛皮	地方国营肇东人造毛皮厂
北极星	454182-454183高档仿兽毛皮	抚顺市第三毛纺织厂
乐其美	R3510仿黑貂素色人造毛皮	安徽省淮南天一袜厂
威美	R-008仿草狐人造毛皮	河南省卫辉市人造毛皮厂
金牦牛	472045仿黄狼皮	上海人造毛皮厂
赫鹤	RG1802-221仿黑貂	黑龙江省齐齐哈尔市人造毛皮厂

续

商标名称	产品名称	生产企业
威美	R068仿黄狼人造毛皮	河南省卫辉市人造毛皮厂
乐其美	R3520二色提花人造毛皮	安徽省淮南市天一袜厂
沪丽	172088仿羊羔绒	上海人造毛皮厂
金羽	YMTG-101平剪绒	扬州毛毯厂
裘达美	PD提花平剪绒	无锡市人造毛皮厂
飞羽	P-7757素色平剪绒	襄樊市人造毛皮厂
恒达	P-90027提花平剪绒	襄樊市人造毛皮厂
雪宝	81712仿羊羔皮	南海县毛纺织企业集团公司
晋虎	AK21611平剪绒	山西省纺织科学研究所
裘达美	PSQ滚球皮	无锡市人造毛皮厂
双蝶	TP-45平剪绒	通化市人造毛皮联合公司
太阳	103/000仿羊羔皮	广东省新会县毛绒总厂
白鸽	PS01平剪绒	中国人民解放军第3524工厂
独叶	PT001-255提花平剪绒	徐州人造毛皮厂
裘达美	PS素色平剪绒	无锡市人造毛皮厂
玫丽	P-14素色平剪绒	河南省中原人造毛皮厂
西猛	01仿羔羊皮	嘉善仿毛裘皮厂

续

商标名称	产品名称	生产企业
企鸟	AT103 26s/2四平空转变色腈纶V领男套衫	常州市第三羊毛衫厂
金羽	85358-1 31s/2毛圈腈纶圆高领男套衫	上海第十五羊毛衫厂
雪马	89-FB0288 31s/2×1三平胖花半襟翻领男套衫	上海第五羊毛衫厂
金羽	88335 26s/2单面拉毛腈纶男套衫	上海第十五羊毛衫厂
百合	B88306 26s/2四平空转提花腈纶圆领男套衫	宜兴市羊毛衫厂
宜君	9020 26s/2×5挑、胖、绞花腈纶渔夫装	长春市长空羊毛衫厂
凯而喜	26s/2胖、挑、绞腈纶渔夫装	常熟市针织厂
宝带	9310 26s/2四平二色腈纶电脑提花圆领男套衫	苏州羊毛衫厂
绿梅	KTB35985 26s/2双梭心扳花6针腈纶男套衫	苏州市第二羊毛衫厂
荟姿	TAN87-10 26s/2单面爱力斯9针腈纶男T恤衫	天津市东风毛衣厂
奇峰	91083 31s/2×1三平腈纶半襟翻领男套衫	浙江省桐乡第三羊毛衫厂
常玉	KGB76566 26s/2单四平空转腈纶提花男套衫	盐城市羊毛衫一厂
鹭鸶	TVB54222 26s/2双面提花腈纶圆领男套衫	常熟市碧溪羊毛衫厂

续

商标名称	产品名称	生产企业
彩球	E-084 26s/2×1四平空转腈纶V领男套衫	鞍山市羊毛衫厂
金羊、玉泉	TEZ0224 26s/2×2腈纶无虚线提花男套衫	杭州棉毛针织厂
灵桥	D3-9101 28s/2×2四平单空大提花男套衫	宁波市镇海羊毛衫厂
爱伦	54097 26s/2×2三平腈纶圆领绣花男套衫	上海第十七羊毛衫厂
百花	191004-1 26s/2三平腈纶男套衫	上海第十四羊毛衫厂
兰鹊	T15 28s/2×1单平腈纶圆领绣花女套衫	浙江省嘉兴民生羊毛衫厂
舒文	K083 26s/2三平腈纶丝绣女开衫	南通县平潮羊毛衫厂
风光	11-89042 26s/2×2单面胖花6针仿麻有光腈纶女套衫	上海第十一羊毛衫厂
鸽铃	D90-278 26s/2×2电脑提花腈纶女开衫	烟台羊毛衫总厂
火车	13-105 26s/2胖花、绞花腈纶圆领女开衫	无锡市羊毛衫总厂
山花	KWB55601 26s/2电子提花腈纶女套衫	常州市羊毛衫厂
荟姿	TAS89-28 26s/2×2双起6针腈纶女开衫	天津市东风毛衣厂
美月	H7-15 28s/2×1单平11针腈纶半高领女套衫	浙江省桐乡县新华羊毛衫厂
官泉	ATM901 26s/1×2双艾力斯腈纶高领套裙	天水第一毛纺织厂

续

商标名称	产品名称	生产企业
雄狮	04582 26s/2×2胖鱼鳞腈纶圆领女套衫	上海第四羊毛衫厂
金山	8AB05444B-1 26s/2圆机7针腈纶电脑提花女套衫	上海第一羊毛衫厂
金羊玉泉	7EZ0225-1 26s/2×2无虚线提花腈纶女套衫	杭州棉毛针织厂
雪马	88FB0240 31s/2四平腈纶圆领女套衫	上海第五羊毛衫厂
金鸿	C104 26s/1三平绣花腈纶女套衫	江西省靖安县针织一厂
凯而喜	26s/2电脑提花腈纶花式毛衫	常熟市针织厂
溪翔	3454 26s/2集圈空花编织腈纶V领女套衫	太仓县溪翔针织厂
美月	LAW1117 28s/2×2单面绞花、绣花腈纶半高领女套衫	浙江省桐乡县新华羊毛衫厂
红梅	7EDB73609 26s/2×5绞、胖、移腈纶圆领女套衫	上海第十二羊毛衫厂
古马	90k3006 26s/2×2单鱼鳞腈纶圆领女套衫	上海新益羊毛衫厂
庆峰	31446 32s/2×2四平抽条胖花腈纶绣花女套衫	甘肃省庆阳地区毛纺织厂
云杉	C89-3093 26s/2无虚线提花腈纶圆领女套衫	国营江西省上饶毛纺织厂
金鱼	HK/491025 26s/2三平腈纶女开衫	开封毛纺织总厂
烟台山	9714-1 32s/2×2胖花腈纶绣花童开衫	烟台针织童装厂
风光	8LBL8049 26s/2×2三平腈纶圆领绣花童套衫	上海第十一羊毛衫厂

续

商标名称	产品名称	生产企业
双鹤	28711 26s/2单四平空转腈纶童二件套	南京羊毛衫二厂
鸽	6704 26s/2腈纶绣花童套衫	无锡县针织厂
丽竹	AX5133 26s/2腈纶宝宝装(两件套)	张家口市毛纺总厂羊毛衫分厂
维玉	KB8806060 26s/2腈纶婴儿四件套	高明县毛织厂
江城	DST3318 26s/2×1罗纹空气层腈纶儿童三件套	丹东毛衫厂
鸽	B0747 26s/2平板腈纶绣花童套衫	无锡县针织厂
金鸿	C106 26s/1三平腈纶海军童套装	江西省靖安县针织一厂
烟台山	9114-17 32s/2×2三平腈纶贴花童套装	烟台针织童装厂
六和塔	A8415 26s/2×1爱力斯腈纶喷花童套装	杭州第三针织厂
凯而喜	26s/2×2腈纶童装二件套	常熟市针织厂
碧春	901 26s/2三平腈纶童翻领平肩扣子衫	海安县内衣厂
群燕	89KD920 32s/2×3单鱼鳞腈纶童二件套	营口县针织总厂
宝鹿	86m-2 26s/2单平腈纶儿童二件套	丹东市第一羊毛衫厂
水仙花	DA232-2 26s/2三平腈纶童装	福建省漳州市丝纱厂
彩鹿	90LY 22.7tex/2×2单鱼鳞腈纶童套衫	辽源市羊毛衫厂
金丝鸟	90KDb614/500-25s/2×1单面提花手编腈纶童衫	大连羊毛衫总厂

续

商标名称	产品名称	生产企业
淮乐	KOB85006 26s/2 单面胖花腈纶童套衫	淮安市羊毛衫厂
芳圆	240 26s/2 三平腈纶童套装	江西维尼纶厂针织厂
新妮	0030 26s/2 腈纶婴儿四件套装	广东高明县新圩织造厂
金山、舵手	1-B909238 26s/2 腈纶单面拉毛童套装	上海第一羊毛衫厂
美佩	HFOM-188 26s/2 双面无虚线提花腈纶童套装	江苏省建湖县羊毛衫厂
天坛	91794 26s/2×2 三平胖花腈纶童装	启东市童装针织厂
红梅	M6705 26s/2×2 单面提花童开衫	上海第十二羊毛衫厂
五轮	90CC2-12 31s/2 提花童套衫	北京火炬羊毛衫厂
官泉	TA37701 26s/2×1 单爱力司腈纶童套衫	天水第一毛纺织厂
苹果花	203,203B 26s/2×2 双面提花腈纶绣花童套装	烟台第二羊毛衫厂
寅虎	JSA9013 26s/2×2 无虚线提花腈纶女童套衫	长春市羊毛衫厂
五轮	90CC2-15 31s/2 单面内拉毛童套装	北京火炬羊毛衫厂
驰原	MAZB915001 32s/2×1 单起纹 6 针腈纶童两件套	商都县针织厂
碧春	9021 26s/2 四平腈纶蝙蝠袖童套装	海安县内衣厂
荣星	305 26s/2 提花腈纶童两件套	温州市五星羊毛衫总厂
冬梅	S-34 31s/2×2 四平半空转腈纶童三件套	哈尔滨羊毛衫总厂

续

商标名称	产品名称	生产企业
智萌	26s/2×1 双面提花腈纶童上衣	国营太原羊毛衫厂
钟煌	26s/2 集圈精纺腈纶童套衫	湖北省钟祥县羊毛衫厂
美雅	677 拉舍尔(双层)腈纶毛毯	鹤山毛纺织总厂
仙桃	69801 拉舍尔腈纶毛毯(双层)	仙桃市经编毛毯厂
镜泊	69826 双层经编印花毛毯	牡丹江毛毯厂
白鳍豚	7543 双层拉舍尔毛毯	湖北省监利县毛纺织总厂
金钟	69728 双层拉舍尔经编毛毯	常州第五毛纺织厂
金煌	D6783 双层经编毛毯	大庆毛毯厂
三角梅	69803S 双层经编印花毛毯	福建省漳州市毛纺织印染总厂
维尔舒	678041 高级经编腈纶印花毛毯(双层)	山东淄博毛毯厂
嘉美	6788L 双层拉舍尔长毛毯	高明县毛纺织总厂
黄山	67804 拉舍尔双层印花毛毯	安庆市毛毯厂
美雅	677A 拉舍尔(单层)腈纶毛毯	鹤山毛纺织总厂
仙桃	69802 单层拉舍尔腈纶毛毯(童毯)	仙桃市经编毛毯厂
镜泊	69825 单层经编印花毛毯	牡丹江毛毯厂
仙桃	69802 单层拉舍尔腈纶毛毯	仙桃市经编毛毯厂
维尔舒	678032 新结构拉舍尔毛毯	山东淄博毛毯厂
三角梅	69803D 单层经编印花毛毯	福建省漳州市毛纺织印染总厂
白鳍豚	7533 单层拉舍尔毛毯	湖北省监利县毛纺织总厂

续

商标名称	产品名称	生产企业
红棉	67990"新迈耶"单层双面经编毛毯	茂明化工纺织联合总厂毛纺织厂
羚羊	65517混纺提花毯	北京制呢厂
丝路	5131毛腈素毯	兰州第一毛纺织厂
玉羊	5535混纺提花毯	天津市毛织厂
北海	68467混纺蓬松毯	北京制呢厂
童鹰	65545毛腈绒面毯	常州第五毛纺织厂
喜凤、羊	555混纺提花毯	天津毛毯厂
红鹿	65457毛腈提花毯	南通毛纺织厂
孔雀	65124纯毛提花毯	北京制呢厂
玉羊	6437纯毛花边毯	天津市毛织厂
孔雀	620105纯毛素毯	北京制呢厂
鹦鹉	61150驼绒立绒毯	北京制呢厂
玉羊	65035半细毛提花毯	天津市毛织厂
虎	6127驼绒毛毯	兰州第一毛纺织厂
玉羊	68017防虫蛀纯毛凹凸纹竖条毛毯	天津市毛织厂
麒麟	67123纯毛印花毛毯	济宁第三毛纺织厂
玉羊	65041纯毛绒面提花毯	天津市毛织厂
凤凰	MR65002-5全毛水纹防蛀提花毯	上海毛毯厂
卧虎	6508纯毛水纹提花毯	国营哈尔滨毛织厂
卧虎	65012三色全毛水纹提花毛毯	国营哈尔滨毛织厂
滩羊	6502纯毛水纹提花毯	宁夏回族自治区银川毛纺织厂

续

商标名称	产品名称	生产企业
童鹰	65004四色全毛水纹毯	常州第五毛纺织厂
榆林	6502纯毛水纹提花毯	陕西省榆林毛纺织厂
宝马	65215-3纯毛水纹提花毯	内蒙古自治区海拉尔毛纺织厂
迎春	6506全毛水纹提花毯	兰州第二毛纺织厂
红鹿	6503全毛水纹毯	南通毛纺织厂
山丹花	65154纯毛水纹提花毯	内蒙古第四毛纺织厂
三羽	65058纯毛三色水纹提花毯	张家口市第三毛纺织厂
奔月	65004全毛水波纹提花毯	浙江省嘉兴第四毛纺织厂
雪梅	6514纯毛水纹提花毯	兰州第一毛纺织厂
五三、玉蕾	GW65002全毛水纹提花毯	甘肃毛纺织厂
珠帘菊	65020纯毛水纹提花毯	太原第一毛纺织厂
金凤凰、天鹅	6511纯毛水纹提花毯	沈阳毛毯厂
双羊	65020纯毛水纹提花毯	北京制呢厂
山丹花	46511纯毛水纹提花毯	内蒙古第四毛纺织厂
童鹰	65028全毛水纹毯	常州第五毛纺织厂
龙柏	35507全毛提花水纹毯	南通市第三毛纺织厂
梅花鹿	U6512全毛水纹提花毯	洮南市毛纺织厂
峨眉山	65316外毛水纹提花毯	四川川康毛纺织(集团)一厂
三羽	6502纯毛两色水纹提花毯	张家口市第三毛纺织厂
环翠	65070纯毛水纹毯	威海市毛纺织厂

续

商标名称	产品名称	生产企业
峨眉山	46511 国毛水纹提花毯	四川川康毛纺织(集团)一厂
杭菊	65010 全毛水波纹提花毯	浙江省嘉兴市第二毛毯厂
雪莲	XK65025 纯毛水纹提花毯	新疆维吾尔自治区阿克苏大光毛纺织厂
双虎	6511 纯毛水纹提花毯	青海第四毛纺织厂
玉羊	65022 纯毛水纹提花毯	天津市毛织厂
飞驰	6504 全毛水纹提花毯	河南省焦作市第一毛纺织厂
鸣球	65771 腈纶立绒毯	威海市毛纺织厂
快乐鸟	924 腈纶立绒提花毛毯	北京制呢厂
鸣球	65773 多色腈纶立绒毯	威海市毛纺织厂
童鹰	69821A 腈纶立绒毯	常州第五毛纺织厂
环翠	65717 腈纶立绒毯	威海市毛纺织厂
金羊、老虎	SQG7103 簇绒腈纶钩边印花毯	上海第十二毛纺织厂
回春	97824 簇绒印花童毯	牡丹江毛毯厂
红鹿	69801 腈纶簇绒毛毯	南通毛纺织厂
云鹤	697 腈纶簇绒印花毛毯	鹤山毛纺织总厂
鸣球	65772 腈纶顺毛毯	威海市毛纺织厂
童鹰	69820 腈纶顺毛毯	常州第五毛纺织厂
金冠	753 腈纶长顺毛提花毯	天津市毛毯厂
丰翎	65710-A 腈纶短顺毛提花毯	上海毛毯厂

续

商标名称	产品名称	生产企业
鹿	HF4630 长顺毛提花腈纶毛毯	上海天功绒毯厂
环翠	65736 腈纶顺毛毯	威海市毛纺织厂
红鹿	31216 腈纶顺毛提花毯	南通毛纺织厂
古中山	65713 腈纶长顺毛毯	石家庄市化纤织物厂
丰翎	65706 腈纶长顺毛提花毯	上海毛毯厂
丰翎	65710 腈纶短顺毛提花毯	上海毛毯厂
童鹰	65818-S 三色腈纶提花毯	常州第五毛纺织厂
红鹿	31219 腈纶绒面毯	南通毛纺织厂
鹿	HF4615 绒面型提花腈纶毛毯	上海天功绒毯厂
环翠	65711 腈纶绒面毯	威海市毛纺织厂
美菊	9531 腈纶绒面提花毯	济宁第三毛纺织厂
禾丰	91-90 微球型腈纶毛毯	上海和丰织造厂
春晓	65918 腈纶提花毯	太仓县毛纺织造厂
菡萏	8701 腈纶提花绒面毛毯	江苏省宿迁市毛毯厂
金羽	YMT65711 腈纶提花绒面毯	扬州毛毯厂
古中山	65715 腈纶提花绒面毛毯	石家庄市化纤织物厂
白鹇	75706 腈纶提花毛毯	南昌毛毯厂
海星	65918 腈纶提花绒面毯	海安县毛毯厂
龙柏	35029 腈纶提花毛毯	南通市第三毛纺织厂

续

商标名称	产品名称	生产企业
紫罗兰	65757 腈纶绒面提花毯	上海毛毯厂
禾 丰	91-66 绒面型腈纶毛毯	上海和丰织造厂
共 圆	65801 腈纶绒面提花毯	连云港市第三毛纺织厂
海 豹	825 人造毛毯	北京制呢厂
丹顶鹤	67502 人造毛提花毯	洮南市第三毛纺织厂
菡 萏	8712 粘胶印花绒面毛毯	江苏省宿迁市毛毯厂
童 鹰	65735 人造毛提花毯	常州市第五毛纺织厂

续

商标名称	产品名称	生产企业
美 菊	8710 粘胶印花毛毯	济宁第三毛纺织厂
双 桃	85915 粘胶印花毛毯	临沂市毛毯厂
金 狐	65712 人造毛提花毛毯	吉林省永吉县毛毯厂
黄 鹂	65805 人造毛提花绒面毯	唐山市宏源毛纺织厂
南珠山	65702 人造毛提花绒面毯	南通市第四毛纺织厂
童 鹰	65617 腈麻提花毯	常州第五毛纺织厂
菡 萏	8702 腈粘提花绒面毛毯	江苏省宿迁市毛毯厂

（四）丝绸(127 个)

商标名称	产品名称	生产企业
兔 牌	114/112 柞丝练白条影呢 114/112 柞丝练白经建呢	辽宁丹东绢绸厂
红玫瑰牌	91.5/90 柞桑双绉	辽宁丹东丝绸一厂
兔 牌	91.5/90 柞丝奥美呢	辽宁海城丝绸厂
双马牌	92/91 练白桑蚕绢纺绸 92/91 练白桑蚕绢丝哔叽 91.8/91 练白桑蚕绵绸	上海绢纺织厂
金三杯牌	114/112 真丝印花纱绡 115/114 真丝印花	上海第七印绸厂

续

商标名称	产品名称	生产企业
	电力纺 115/114 真丝印花双绉 115/114 真丝印花素绉缎 115/114 真丝印花提花绸	
金三杯牌	115/114 真丝印花素绉缎 115/114 真丝印花电力纺	上海第一丝绸印染厂
金三杯牌	114/112 真丝印花花绉缎	上海第三印绸厂
采桑牌	91/90 真丝染色东风纱	上海第一绸缎练染厂 上海第七丝织厂

续

商标名称	产 品 名 称	生 产 企 业
采桑牌	115/114 真丝练白双绉 115/114 真丝染色双绉 91.5/90 真丝染色电力纺	上海第一绸缎练染厂 上海第一丝织厂
采桑牌	115/114 真丝染色双绉	上海第一丝绸印染厂 上海第十二丝织厂
采桑牌	155/144 真丝练白素绉缎	上海第三丝织厂 上海第一绸缎练染厂
采桑牌	115/114 真丝练白电力纺	上海第三丝织厂 上海第一丝绸印染厂
采桑牌	115/114 真丝练白双绉 115/114 真丝练白素绉缎 115/114 真丝染色素绉缎	上海第十二丝织厂 上海第一绸缎练染厂
采桑牌	142/140 真丝练白双绉 115/114、115.5/114 真丝练白素绉缎	上海第五丝织厂 上海第一绸缎练染厂
水榭牌	115/114 真丝练白电力纺	江苏海安丝织厂 海安丝绸印染厂
水榭牌	115/114 真丝练白电力纺	吴江新联丝织厂庙港分厂 吴江绸缎练染二厂
水榭牌	91/90 真丝练白电力纺	南京中兴源丝织厂 丹阳丝绸印染厂

续

商标名称	产 品 名 称	生 产 企 业
水榭牌	91.5/90 真丝练白电力纺	江苏溧阳县丝织厂 苏州绸缎练染一厂
水榭牌	113.5/112 真丝练白电力纺	江苏丹阳强华丝织厂 丹阳丝绸印染厂
水榭牌	92.5/91 真丝练白电力纺 104/102 真丝练白双绉	江苏无锡丝织一厂 无锡丝绸印染厂
水榭牌	92.5/91 真丝练白电力纺 115/114 真丝练白素绉缎	江苏苏州新苏丝织厂 苏州绸缎练染一厂
水榭牌	115/114 真丝练白双绉 115/114 真丝练白素绉缎	江苏南通丝绸印染联合厂
水榭牌	115/114 真丝练白双绉 103/101 真丝练白斜纹绸	江苏无锡丝织二厂 无锡丝绸印染厂
水榭牌	115/114 真丝练白双绉 141.5/140 真丝练白乔其纱	江苏吴江新华丝织厂 吴江绸缎练染二厂
水榭牌	115/114 真丝练白双绉	江苏吴县丝织联营厂 苏州绸缎练染一厂
水榭牌	115.5/114 真丝练白斜纹绉	江苏苏州东吴丝织厂 苏州绸缎练染二厂
水榭牌	115/114 真丝练白剑乔绉 115/113.5 练白真丝绫	江苏吴江新联丝织厂 吴江丝绸印花厂

续

商标名称	产品名称	生产企业
水榭牌	103/102 真丝练白斜纹绸 93/91 真丝练白提花绸 115/114 真丝练白素绉缎 115/114 真丝染色双绉	江苏苏州光明丝织厂 苏州绸缎练染一厂
水榭牌	103/102 真丝练白斜纹绸 93/91 真丝练白提花绸	江苏海安丝织品厂 海安丝绸印染厂
水榭牌	103/102 真丝练白斜纹绸 93/91 真丝练白提花绸	江苏苏州新光丝织厂 苏州绸缎练染一厂
水榭牌	101/100 真丝练白提花绸 93/91 真丝练白素绉缎	江苏吴江新生丝织厂 吴江绸缎练染一厂
水榭牌	116/114 真丝练白提花绸	江苏吴县丝织一厂 吴县印染厂
水榭牌	141.5/140 真丝练白提花绸	江苏吴县丝织二厂 苏州绸缎练染二厂
水榭牌	114/112 真丝练白提花绸	江苏吴县丝织三厂 苏州绸缎练染一厂
水榭牌	114/112 真丝练白提花绸	江苏吴县丝织四厂 吴县印染厂
水榭牌	116/114 真丝练白提花绸	江苏苏州东吴丝织厂 苏州绸缎练染一厂
水榭牌	116/114 真丝练白提花绸	江苏苏州新风丝织厂 苏州绸缎练染一厂

续

商标名称	产品名称	生产企业
水榭牌	115/114 真丝练白乔其纱	江苏苏州锦绣丝织厂 苏州丽华丝绸印染厂
水榭牌	91/90 真丝练白东风纱 115/114 真丝染色素绉缎	江苏吴江目澜丝织厂 吴江绸缎练染一厂
水榭牌	115/114 真丝练白素绉缎 115/114 真丝练白剑乔绉	江苏吴江新民丝织厂 吴江绸缎练染二厂
水榭牌	115/114 真丝练白素绉缎	江苏吴江工艺织造厂 吴江丝绸印花厂
水榭牌	115.5/114 真丝练白素绉缎	江苏吴江新达丝织厂 吴江绸缎练染一厂
水榭牌	115.5/114 真丝练白素绉缎	江苏丹阳丝织厂 丹阳丝绸印染厂
水榭牌	115.5/114 真丝练白素绉缎	江苏吴江绸缎练染二厂 吴江新联丝织厂
水榭牌	115/114 真丝练白双绉	江苏吴江绸缎练染一厂 吴江新联丝织厂
水榭牌	116/114 真丝练白骏花缎 115/114 真丝练白双绉	江苏吴江新民丝织厂 吴江绸缎练染一厂
水榭牌	116/114 真丝练白骏花缎	江苏吴江新华丝织厂 吴江绸缎练染一厂
水榭牌	115.5/114 白桑蚕绢绸	江苏宜兴第三丝织厂

续

商标名称	产品名称	生产企业
		无锡丝绸印染厂
水谢牌	93/91.5 真丝印花素绉缎	江苏吴江丝绸印花厂
	91/90 真丝印花电力纺	
	93/91 真丝印花骏花双绉	
水榭牌	114/112 真丝印花真丝缎	江苏苏州丝绸印花厂
	115/114 真丝印花提花绸	
	103/102 真丝印花斜纹绸	
水榭牌	116/114 真丝印花提花绸	江苏苏州丽华丝绸印染厂
	91.5/90 真丝印花电力纺	
水榭牌	91/90 真丝练白电力纺	江苏苏州振亚丝织厂
		苏州绸缎练染一厂
保俶塔牌	74/73 真丝练白电力纺	浙江湖州达昌绸厂
	115/114 真丝练白双绉	湖州丝绸印染厂
	103/101 真丝练白斜纹绸	
	115.5/114 真丝染色素绉缎	
保俶塔牌	92.5/91 真丝练白电力纺	浙江湖州永昌丝织厂
保俶塔牌	115/114 真丝练白双绉	湖州丝绸印染厂
平湖秋月牌	91.5/90 真丝练白纱绉	
ORIENT-BEAUTY	113.5/112 真丝染色东风纱	
保俶塔牌	91.5/90 真丝练白电力纺	浙江湖州市湖丰绸厂
保俶塔牌	92.5/91 真丝练白双绉	湖州丝绸印染厂

续

商标名称	产品名称	生产企业
保俶塔牌	115.5/114 真丝练白斜纹绸	
真的美牌	92.5/91 真丝染色双绉	
保俶塔牌	115.5/114 真丝练白电力纺	浙江绍兴红光绸厂
		绍兴丝绸练染厂
保俶塔牌	91.5/90 真丝练白电力纺	浙江杭州红峰丝织厂
		杭州丝绸练染厂
保俶塔牌	91/90 真丝练白电力纺	浙江临安丝绸总厂
		杭州丝绸练染厂
保俶塔牌	115.5/114 真丝练白电力纺	浙江余杭县临平绸厂
		杭信丝绸印染有限公司
保俶塔牌	91/90 真丝练白电力纺	浙江杭州天成丝织厂
	93/91 真丝练白提花绸	杭州丝绸练染厂
保俶塔牌	115.5/114 真丝练白电力纺	浙江诸暨丝织印染总厂
	115/114 真丝练白双绉	杭州丝绸印染厂
	115/114 真丝染色双绉	
保俶塔牌	113.5/112 真丝练白重绉	浙江桐乡丝织厂
		湖州丝绸印染厂
保俶塔牌	92.5/91 真丝练白双绉	浙江余杭县临平绸厂
	92.5/91 真丝染色双绉	杭州丝绸印染厂
保俶塔牌	103/102 真丝练白斜纹绸	浙江杭州雄伟绸厂
		杭州丝绸练染厂
保俶塔牌	103/101 真丝练白斜纹绸	浙江杭州震旦丝织厂
		杭州丝绸练染厂

续

商标名称	产品名称	生产企业
保俶塔牌	103/102 练白真丝绫 103/102 染色真丝绫	浙江杭州春雷丝织厂 杭州丝绸练染厂
保俶塔牌	109/107 真丝纱	浙江杭州震旦丝织厂
保俶塔牌	74/73 真丝练白电力纺	浙江福华丝绸厂 杭州丝绸练染厂
保俶塔牌	103/102 真丝练白斜纹绸	浙江岱山丝织厂 宁波丝绸印染厂
保俶塔牌	116/114 真丝练白提花绸	浙江杭州福华丝绸厂 杭州丝绸印染厂
保俶塔牌	116/114 真丝练白提花绸 116/114 真丝染色提花绸	浙江临安丝绸总厂 杭州丝绸印染厂
保俶塔牌	116/114 真丝练白提花绸	浙江杭州幸福丝织厂 杭州丝绸印染厂
保俶塔牌	116/114 真丝练白提花绸	浙江杭州红雷丝织厂
保俶塔牌	116/114 真丝练白提花绸	浙江余杭县丝织厂 杭州丝绸练染厂
保俶塔牌	114/112 真丝练白提花绸 116/112 真丝练白纱绡	浙江湖州绸厂 湖州丝绸印染厂
保俶塔牌	115/114 真丝练白纱绡	浙江嘉善绸厂 嘉兴丝绸印染厂
保俶塔牌	115/114 真丝练白素绉缎 115/114 真丝染色素绉缎	浙江海宁绸厂 绍兴丝绸练染厂
保俶塔牌	115/114 真丝练白素绉缎	浙江桐乡石门丝厂

续

商标名称	产品名称	生产企业
	115/114 真丝染色素绉缎	杭州丝绸印染厂
保俶塔牌	115/114 真丝练白素绉缎	浙江绍兴丝织厂 绍兴丝绸练染厂
保俶塔牌	115/114 真丝练白素绉缎 115/114 真丝染色素绉缎	浙江杭州春雷丝织厂 杭州丝绸印染厂
保俶塔牌	115/114 真丝练白素绉缎	浙江海宁丝织工艺制品厂 杭州丝绸印染厂
金龙牌	91/90 练白桑蚕绵绸 92/91 练白桑蚕绢纺绸	浙江嘉兴绢纺厂
金龙牌	92/91 练白桑蚕绢纺绸	浙江杭州新华丝厂 绍兴丝绸练染厂
保俶塔牌	92/91 练白桑蚕绢纺绸	浙江塘栖商业绸厂 绍兴丝绸练染厂
凯地牌	115/114 真丝印花乔其纱 115/114 真丝印花素绉缎 142/140 真丝印花提花绸 91.5/90 真丝印花电力纺 142/140 真丝印花双绉 103/101 真丝印花斜纹绸	浙江杭州东风丝绸印染厂
保俶塔牌	115/114 真丝练白双绉 115/114 真丝印花纱绡 115/114 真丝印花双绉 115/114 真丝染色双绉	浙江杭州丝绸印染联合厂

续

商标名称	产品名称	生产企业
真的美牌	91/90 真丝印花电力纺 92.5/91 真丝印花双绉 115.5/114 真丝印花素绉缎 114/112 真丝印花提花绸 103/102 真丝印花斜纹绸	浙江杭州丝绸印染厂
真的美牌	91/90 真丝印花电力纺 115/114 真丝印花素绉缎 116/114 真丝印花提花绸	浙江绍兴丝绸印花厂
真的美牌	91/90 真丝印花电力纺 115/114 真丝印花双绉 116/114 真丝印花提花绸	浙江湖州丝绸印染厂
保俶塔牌	92.5/91 真丝彩条毕绉	浙江杭州丝绸练染厂 湖州东风丝织厂
保俶塔牌	103/102 真丝染色斜纹绸	浙江杭州丝绸练染厂 杭州春雷丝织厂
凯地牌	142/140 真丝染色提花绸	浙江东风绸印染厂 湖州绸厂
真的美牌	116/114 真丝染色提花绸	浙江绍兴丝绸印花厂 绍兴东浦绸厂
华桑牌	74/73 真丝染色绍纺	浙江绍兴丝绸练染厂 浙江嵊县绸厂
竹菊牌	74/73 真丝染色杭罗	浙江杭州丝绸练染厂 杭州丝织厂

续

商标名称	产品名称	生产企业
保俶塔牌	91/90 真丝练白电力纺	浙江东风丝织厂
真的美牌	116/114 真丝染色提花绸	湖州丝绸印染厂
三花牌	115.5/114 真丝练白素绉缎	安徽广德县第一丝织厂
三花牌	92.5/91 真丝练白电力纺	安徽金寨丝绸总厂 金寨丝绸练染厂
百花香牌	91.5/90 真丝练白电力纺	安徽丝绸厂
月宫牌	115/114 真丝练白电力纺	山东淄博丝织一厂 淄博丝绸印染厂
月宫牌	115/114 真丝练白电力纺 115/114 真丝练白双绉 115/114 真丝练白乔其纱 114/113 真丝练白提花绸	山东淄博丝织二厂 淄博丝绸印染厂
金牛牌	92/91 劳动绸	山东牟平县丝绸厂
雅风牌	115/114 真丝练白乔其纱	山东昌邑丝织一厂 烟台丝绸印染厂
雅风牌	113.5/112 真丝练白电力纺 91.5/90 真丝练白素绉缎	山东昌邑丝织一厂 昌邑丝绸印染厂
皇后牌	142/140 真丝印花双绉 142/140 真丝练白提花绸	山东烟台丝绸印染厂
温泉牌	92.5/91 真丝练白双绉 91/90 真丝练白电力纺	山东文登丝绸工业集团公司

续

商标名称	产品名称	生产企业
云梦霞牌	115/114 真丝练白双绉	山东栖霞丝绸厂
塔松牌	91.5/90 真丝练白素绉缎	青岛第二丝织厂 青岛丝织厂(练染)
少林牌	86/85 柞丝染色手织绸	河南镇平县丝绸练染厂
荆州牌	115/114 真丝练白电力纺	湖北江陵丝绸厂
玉鼎牌	101.5/100.5 真丝练白青春绉 115/113 真丝练白碧蕾缎 140/139 真丝练白碧蕾缎	广东佛山公记隆丝织厂 佛山丝绸印染联合公司
玉鼎牌	115.5/114 真丝练白青春绉	广东顺德县伦教丝织厂 顺德南方丝绸印染公司
玉鼎牌	141.5/140 真丝练白新棉缎 101.5/99.5 真丝练白双绉	广东红棉丝织厂 佛山丝绸印染联合公司
玉鼎牌	115.5/114 真丝印花青春绉	广东佛山丝绸印染联合公司
飞泉牌	91/90 真丝练白斜纹绸 115/114 真丝练白电力纺 92.5/91 真丝练白电力纺 115/114 真丝练白缎条纺 115/114 真丝练白素绉缎	四川南充绸厂
飞泉牌	91.8/91 桑蚕练白绵绸 92/91 真丝色织牛仔绸	四川南充地区绢纺织厂

续

商标名称	产品名称	生产企业
飞泉牌	115/114 真丝练白乔其纱	四川南充第三丝绸厂 南充丝绸印染厂
飞泉牌	74/73 真丝练白电力纺	四川南充第三丝绸厂 南充绸厂(练整)
飞泉牌	113.5/112 真丝练白电力纺	四川绵阳丝绸印染厂
飞泉牌	115/114 真丝练白电力纺 115/114 真丝练白双绉 115/114 真丝练白提花绸	四川阆中丝绸厂 南充丝绸印染厂
飞泉牌	114/112 真丝练白提花绸 92.5/91 真丝练白电力纺 91/90 真丝练白斜纹绸	四川阆中绸厂
飞泉牌	115/114 真丝练白斜纹绸	成都市丝织厂
锦里牌	114/112 真丝练白花绉缎	成都市蜀锦厂 成都丝绸印染厂
银河牌	115/114 真丝练白双绉	重庆绸厂
盛华牌	92/91 真丝练白绢纺绸	重庆丝纺厂 重庆丝绸印染厂
凤山牌	115/114 真丝练白电力纺	重庆铜梁绸厂
良依娜牌	115/114 真丝练白素绉缎	重庆合川缫丝厂

（五）化学纤维(39个)

商标名称	产品名称	生产企业
五花牌	化纤短纤维用棉浆粕	上海第五化学纤维厂
泰山牌	化学纤维用棉浆粕	山东省高密化学纤维厂
天鹅牌	133.2分特有光粘胶长丝	保定化纤联合厂
丽花牌	133.2分特有光粘胶长丝	上海第五化学纤维厂
孔雀牌	133.2分特有光粘胶长丝	杭州化学纤维厂
白鹭牌	133.2分特有光粘胶长丝	新乡化学纤维厂
银凤牌	2000～3000分特丙纶B.C.F	南通合成纤维厂
睡莲牌	2000～3000分特丙纶B.C.F	常熟丙纶厂
宝香牌	2000～3000分特丙纶B.C.F	烟台地毯材料有限公司
金羽牌	2000～3000分特丙纶B.C.F	枣庄簇绒地毯厂
桐叶牌	55.5～75.5分特半消光白色涤纶牵伸网络丝	山西涤纶厂
银凤牌	55.5～75.5分特半消光白色涤纶牵伸网络丝	南通合成纤维厂
中港牌	55.5～75.5分特半消光白色涤纶牵伸网络丝	张家港中港纺织集团公司
和平牌	55.5～75.5分特半消光白色涤纶牵伸网络丝	宜兴市涤纶厂
亚星牌	55.5～75.5分特半消光白色涤纶牵伸网络丝	苏州振亚丝织厂

续

商标名称	产品名称	生产企业
宝塔桥牌	55.5～75.5分特半消光白色涤纶牵伸网络丝	苏州化学纤维厂
晶花牌	55.5～75.5分特半消光白色涤纶牵伸网络丝	浙江涤纶厂
华绫牌	55.5～75.5分特半消光白色涤纶牵伸网络丝	厦门华纶化纤有限公司
龙　牌	55.5～75.5分特半消光白色涤纶牵伸网络丝	江西涤纶厂
雪花牌	55.5～75.5分特半消光白色涤纶牵伸网络丝	青岛化纤厂
双纶牌	55.5～75.5分特半消光白色涤纶牵伸网络丝	广东新会合成纤维厂
银凤牌	149.9～166.5分特半消光白色涤纶低弹网络丝	南通合成纤维厂
琼花牌	149.9～166.5分特半消光白色涤纶低弹网络丝	扬州合成化工总厂
迪美牌	149.9～166.5分特半消光白色涤纶低弹网络丝	杭州第二化学纤维厂
银瀑牌	149.9～166.5分特半消光白色涤纶低弹网络丝	山东莒县涤纶厂
菊花牌	149.9～166.5分特半消光白色涤纶低弹网络丝	广东新会涤纶厂集团公司
川　牌	149.9～166.5分特半消光白色涤纶低弹网络丝	成都涤纶厂

续

商标名称	产 品 名 称	生 产 企 业
天山牌	299.7～333 分特半消光白色涤纶低弹网络丝。	鞍山合成纤维厂
海燕牌	299.7～333 分特半消光白色涤纶低弹网络丝	丹东化学纤维工业公司
四得乐牌	299.7～333 分特半消光白色涤纶低弹网络丝	吉林四平化学纤维厂
银翎牌	299.7～333 分特半消光白色涤纶低弹网络丝	黑龙江涤纶厂
茶花牌	299.7～333 分特半消光白色涤纶低弹网络丝	常州合成纤维厂
金凤牌	299.7～333 分特半消光白色涤纶低弹网络丝	淮阴涤纶长丝厂

续

商标名称	产 品 名 称	生 产 企 业
商鼎牌	299.7～333 分特半消光白色涤纶低弹网络丝	郑州合成纤维厂
大鹏牌	299.7～333 分特半消光白色涤纶低弹网络丝	广东惠中化学纤维公司
春晖牌	299.7～333 分特半消光白色涤纶低弹网络丝	广东开平涤纶厂
菊花牌	299.7～333 分特半消光白色涤纶低弹网络丝	广东新会涤纶厂集团公司
雪银牌	6.66 分特腈纶毛条	山东省淄博合成纤维厂
金环牌	弹性纬纱粘胶强力丝帘子布	湖北化学纤维厂

(六) 纺机纺器(9 个)

商标名称	产 品 名 称	生 产 企 业
SEJ	KV441 高速纺丝机	上海第二纺织机械厂
上纺电	FTY-120-4、FTY180-4T、FTY550-4 永磁同步电动机	上海纺织机电厂
宏 源	FK6-700 高速弹力丝机	无锡纺织机械厂
飞 霞	圆形孔喷丝板	常州喷丝板厂
明 珠	SL 系列上罗拉轴承	无锡县纺织配件厂

续

商标名称	产 品 名 称	生 产 企 业
佳 纤	纺织用氧化铝瓷件	苏州纺织瓷件厂
金 锷	MC-28/2 480 盖板针布	白银纺织机械针布厂
长 岭	YG-131 型条干均匀度仪	国营长岭机器厂
飞 环	PG 型钢领	河南省第二纺织机械厂

（七）服装（78个）

商标名称	产品名称	生产企业
登宝牌	风雨衣(风衣)	顺德县登宝服装工艺实业公司
KJL(坚得利)	风雨衣(风衣)	广东顺德县坚得利制衣厂
TURIS(得利士)	风雨衣(风衣)	广东南海九江制衣厂
凯星牌	风雨衣(风衣)	浙江凯星西装厂
彩雷牌	风雨衣(风衣)	辽宁鞍山彩雷风雨衣公司
傲菊牌	风雨衣(风衣)	辽宁鞍山服装一厂
长城牌	风雨衣(风衣)	北京长城风雨衣公司
行星牌	风雨衣(风衣)	江苏常州市服装二厂
宝玲牌	风雨衣(风衣)	江苏昆山服装厂
大地牌	风雨衣(风衣)	上海永新雨衣染织厂
名鲑牌	风雨衣(风衣)	上海合新雨衣服装厂
金盾牌	风雨衣(风衣)	上海雨衣厂
仙桃牌	风雨衣(风衣)	湖北省仙桃市第一服装厂
春雷牌	风雨衣(风衣)	天津雨衣厂
长进牌	风雨衣(风衣)	长春市西装厂
江塔牌	风雨衣(风衣)	安徽芜湖市美华服装厂
雨色牌	风雨衣(风衣)	青岛服装三厂
三江牌	缝绱布底鞋	四川成都三江鞋厂
鼓楼牌	防寒服	南京服装一厂
轻花牌	防寒服	湖北洪湖市羽绒制品服装公司
雪里红牌	防寒服	上海羽绒服装厂

续

商标名称	产品名称	生产企业
长城牌	防寒服	北京长城风雨衣公司
冰川牌	防寒服	武汉市羽绒服装厂
森巴牌	防寒服	大连第一服装厂
泰春牌	防寒服	长春市服装八厂
秦都牌	防寒服	陕西咸阳市第一服装厂
象棉牌	防寒服	大连皮口服装厂
冷月牌	防寒服	大连第六服装厂
双峰牌	防寒服	青岛环球服装厂
宝羽牌	防寒服	上海宝山羽绒服装厂
并蒂莲牌	防寒服	江苏昆山皮件羽绒服装厂
清秋牌	防寒服	湖北天门市第二服装厂
赫静牌	防寒服	扬州友谊服装总厂
春达牌	防寒服	上海飞达羽绒服装厂
宝达牌	防寒服	江苏仪征市服装厂
TURIS(得利士)	防寒服	广东南海县九江制衣厂
楚天舒牌	防寒服	湖北钟祥县羽绒服装厂
中原牌	防寒服	河南郑州第六服装厂
双林牌	防寒服	大连金州第五服装厂
吉意牌	防寒服	大连金州服装总厂
双鸥牌	防寒服	大连第七服装厂
开明牌	防寒服	青岛市服装三厂
英雄牌	防寒服	山东潍坊安邱县被服厂

续

商标名称	产品名称	生产企业
枫翎牌	防寒服	上海枫林服装厂
飞蝉牌	防寒服	上海光明服装厂
溜冰牌	防寒服	天津防寒服总厂
长云牌	防寒服	湖南长沙服装一厂
三雪牌	防寒服	沈阳市前进服装厂
精工牌	防寒服	杭州延安服装厂
鲁峰牌	防寒服	济南服装七厂
苹果牌	童装	北京市童装二厂
雪梅牌	童装	北京市童装三厂
天鹅牌	童装	北京市童装厂
红婴牌	童装	北京市童装三厂
红山茶牌	童装	北京市童装二厂
玉兔牌	童装	大连童装厂
鲁花牌	童装	济南市童装厂
金猴牌	童装	上海曙光童装厂
哪吒牌	童装	天津市童装厂
熊猫牌	童装	北京市童装厂
蓓蕾牌	童装	上海蓓蕾童装厂

续

商标名称	产品名称	生产企业
飞滨牌	童装	青岛市服装十一厂
云雀牌	童装	上海服装试验厂
乐友牌	童装	江苏工贸合营无锡市童装厂
航星牌	童装	上海天星童装厂
金号牌	童装	大连市童装厂
百灵鸟牌	童装	上海童装厂
梅花鹿牌	童装	江苏常熟市服装一厂
红花牌	童装	大连童装厂
雄鸡牌	童装	天津市童装厂
仙宝牌	童装	青岛服装十二厂
不倒翁牌	童装	山西长治市童装厂
育英牌	童装	郑州市童装厂
艳　牌	童装	武汉市童装厂
希望牌	童装	青岛西装厂
华龙牌	童装	广东向阳童装厂
飞满天牌	童装	河北丽华童装厂
花蕾牌	童装	河南郑州亚美童装厂

质量管理奖

(1991年)

全国优秀质量管理小组(7个)

上海第十七棉纺织厂	二织准备无疵轴QC小组
天津第二棉纺织厂	JD18.5tex出口纱质量攻关QC小组
南通第三棉纺织厂	降低粘胶织疵QC小组
济南第一棉纺织厂	技术处纱质量QC小组
常州合成纤维厂	长丝车间QC小组
山东淄博丝织一厂	力织五车间QC小组
上海飞达羽绒服装厂	设计室QC小组

荣获纺织工业部质量管理奖的企业(11 个)

山西省忻州纺织印染厂
包头市纺织总厂
辽源市第二针织厂
富拉尔基纺织印染厂
齐齐哈尔纺织厂
哈尔滨市服装二厂
江西棉纺织印染厂
湖南维尼纶厂
广东恩平广联泰纺织企业有限公司
广东鹤山毛纺织总厂
贵阳棉纺织厂

纺织工业部优秀质量管理小组(68 个)

(1991 年)

北京清河毛纺织厂	一纺车间甲班粗纱 QC 小组
天津第二棉纺织厂	JD18.5tex 出口纱质量攻关 QC 小组
天津第一棉纺织厂	二整理车间 QC 小组
邯郸第三棉纺织厂	新织车间 QC 小组
山西省运城地区新绛纺织厂	整理车间攻关 QC 小组
包头市纺织总厂	气流纺 QC 小组
营口纺织厂	检查处整理车间用户满意 QC 小组
吉林市毛纺织厂	染整车间 QC 小组
上海民光被单厂	BUSER-5V 平网印花机 QC 小组
上海第十七棉纺织厂	二织工场准备车间无疵轴 QC 小组
常熟印染总厂	漂染 QC 小组
南通第三棉纺织厂	二织降低粘胶织疵 QC 小组
杭州第二棉纺织厂	安技科 QC 小组
沪皖针织一厂	成衣车间缝纫工段 QC 小组
福州棉纺织印染厂	一纺分厂棉纱创优 QC 小组
江西棉纺织印染厂	30×30 纯棉横档攻关 QC 小组
济南第一棉纺织厂	技术处纱质量 QC 小组
洛阳棉纺织厂	后纺车间皮辊 QC 小组
湖北安陆棉纺织厂	准备车间浆纱 QC 小组
株州苎麻纺织印染厂	三分厂中心 QC 小组
佛山市南方印染厂	印花 QC 小组
桂林市棉纺厂	前纺车间第一 QC 小组
四川省内江棉纺织厂	织布车间宽幅工段综合 QC 小组
四川第一棉纺织印染厂	漂练车间化学站 QC 小组
贵阳棉纺织厂	前纺 QC 小组
云南省滇西纺织印染厂	织布一车间 QC 小组
西北第一棉纺织厂	织布车间 QC 小组
兰州第三毛纺织厂染整分厂	GC31525 毛混纺啥味呢缩呢 QC 小组
青海棉纺织厂	准备车间 QC 小组
银川第二毛纺织厂	粗纱车间降耗 QC 小组

新疆七一第一棉纺织厂	细纱车间QC小组
山西涤纶厂	涤纶车间牵伸QC小组
吉林化学纤维厂	涤纶分厂QC小组
黑龙江涤纶厂	短丝分厂LHV-902QC小组
上海第九化学纤维厂	包装质量QC小组
常州合成纤维厂	长丝车间QC小组
山东高密化学纤维厂	第一浆粕车间漂白QC小组
湖南省维尼纶厂	PVA车间甲醇降耗QC小组
广东开平涤纶厂	前纺车间工艺QC小组
天津纺织机械厂	铁炮QC小组
经纬纺织机械厂	壳沟QC小组
上海第二纺织机械厂	泵座QC小组
中国纺织机械厂	筘座QC小组
上海第一纺织机械厂	热处理QC小组
上海纺织机械专件厂	全切入磨QC小组
常州纺织器材厂	齿条冲淬QC小组
常州纺织机械厂	基模QC小组
郑州纺织机械厂	定置管理QC小组
郑州纺织机械厂	渗碳班QC小组
辽宁丹东绢绸厂纺纱分厂	并捻工序QC小组
上海第六丝织厂	准备车间全涤绡QC小组
江苏吴江新联丝织厂	微机开发生产现场QC小组
江苏苏州东吴丝织厂	剑杆车间前道工序QC小组
浙江湖州永昌丝织厂	色带分厂上色QC小组
浙江杭州富强丝织厂	保优车间第一QC小组
山东淄博丝织一厂	力织车间QC小组
四川万县市国营丝织厂	缫丝技术科QC小组
重庆丝纺厂	设备计量处空调QC小组
北京衬衫厂	裁剪车间推刀QC小组
天津市新华制衣总厂	卫生所QC小组
辽宁省鞍山市服装一厂	油污攻关QC小组
大连第三呢绒服装厂	保国优质量攻关QC小组
哈尔滨市服装二厂	西服创优QC小组
上海飞达羽绒服装厂	设计室QC小组
江苏常州市服装一厂	技术科QC小组
南京服装一厂	裁剪车间QC小组
山东潍坊服装二厂	西服车间QC小组
青岛西服厂	三车间QC小组

新颁发的纺织产品标准目录

(1991 年)

(一) 国 家 标 准

类 别	标 准 代 号	标 准 名 称	被代替的标准号
基础标准和方法标准	GB/T 12704—91	织物透湿量测定方法 透湿杯法	
	GB/T 12705—91	织物防钻绒性试验方法	
	GB 1335.1—91	服装号型 男子	GB 1335—81
	GB 1335.2—91	服装号型 女子	
	GB/T 1335.3—91	服装号型 儿童	

(二) 行 业 标 准

类 别	标 准 代 号	标 准 名 称	被代替的标准号
纺织综合	FZ/T 01001—91	棉纺织产品折标准品用电计算导则	
	FZ/T 01002—91	印染企业综合能耗计算导则	
	FZ/T 01003—91	涂层织物 厚度试验方法	
	FZ/T 01004—91	涂层织物 抗渗水性试验方法(静水压试验)	
	FZ/T 01005—91	涂层织物 定幅拉伸强力试验方法	
	FZ/T 01006—91	涂层织物 涂层厚度试验方法	
	FZ/T 01007—91	涂层织物 耐低温性能试验方法	
	FZ/T 01008—91	涂层织物 热空气加速老化试验方法	
	FZ/T 01009—91	涂层织物 遮光性能试验方法	
	FZ/T 01010—91	涂层织物 涂层粘附强力试验方法	
	FZ/T 01011—91	涂层织物 耐磨性能测定方法	
	FZ/T 01012—91	棉花品种纺纱试验方法对棉纤维品质和成纱品质的评价	
	FZ/T 01013—91	纺织品过氯乙烯干洗尺寸变化的测定机械法	
	FZ/T 01014—91	纺织品尺寸变化的测定 家用洗衣机法	
	FZ/T 01015—91	纺织纤维和纱线交付货物商业质量的测定 质量的测定和计算	
	FZ/T 01016—91	纺织纤维和纱线交付货物商业质量的测定 实验室样品的抽取	

续

类　别	标　准　代　号	标　准　名　称	被代替的标准号
纺织综合	FZ/T 01017—91	纺织纤维和纱线交付货物商业质量的测定　试样的清洁方法	
毛纺织	FZ/T 20001—91	长毛绒试验方法	FJ 422—81
	FZ/T 20002—91	毛纺织品含油脂率的测定	
	FZ/T 20003—91	毛纺织品中防虫蛀剂含量化学分析方法	
	FZ/T 20004—91	利用生物分析防虫蛀性能的方法	
	FZ/T 24001—91	长毛绒	FJ 421—81
麻纺织	FZ/T 32001—91	亚麻纱	
	FZ/T 33001—91	亚麻坯布	
丝纺织	FZ 43001—91	桑蚕细丝织物	
	FZ 43002—91	涤纶仿真丝丝织物	
	FZ 43003—91	涤纶仿毛丝织物	
化学纤维	FZ/T 50001—91	合成纤维网络丝网络度试验方法	
	FZ/T 50002—91	化学纤维异形度试验方法	
	FZ/T 50003—91	锦纶长丝及复形丝染色均匀度试验方法	
	FZ/T 50004—91	涤纶短纤维干热收缩率试验方法	
	FZ/T 52001—91	氯纶短纤维	
	FZ/T 52002—91	锦纶短纤维	
	FZ/T 54001—91	丙纶 BCF 丝	
	FZ/T 54002—91	涤纶牵伸网络丝	
纺织制品	FZ/T 60001—91	缝纫线含油率测定方法	
	FZ/T 60002—91	非织造布定义	
	FZ/T 60003—91	非织造布单位面积质量的测定	
	FZ/T 60004—91	非织造布厚度的测定	
	FZ/T 60005—91	非织造布断裂强力及断裂伸长的测定	
	FZ/T 60006—91	非织造布撕破强力的测定	
	FZ 60007—91	毛毯试验方法	FJ 489—81
	FZ 61001—91	纯毛、毛混纺毛毯	FJ 487—81
	FZ 61002—91	腈纶毛毯	FJ 537—83
	FZ 61003—91	粘纤毛毯	FJ 488—81
	FZ 61004—91	拉舍尔腈纶毛毯	
	FZ 62001—91	涤棉床单	
	FZ 62002—91	涤棉床单检验规则	
	FZ 62003—91	手帕	
	FZ 62004—91	手帕检验规则	
	FZ 64001—91	机织树脂黑炭衬布	

续

类别	标准代号	标准名称	被代替的标准号
纺织制品	FZ 65001—91	特种工业用打字绸	
针织	FZ 70001—91	绒线、针织绒线试验方法	FJ 383—81
	FZ 70002—91	针织物线圈密度测量法	
	FZ 71001—91	精梳毛针织绒线	FJ 382—79
	FZ 71002—91	粗梳毛针织绒线	
	FZ 71003—91	精梳毛型化纤针织绒线	FJ 382—79
	FZ 71004—91	精梳绒线	FJ 381—81
	FZ/T 73001—91	袜子	
	FZ 73002—91	针织帽	
	FZ 73003—91	精梳毛针织品	ZBW 63001—86
	FZ 73004—91	粗梳毛针织品	ZBW 63002—86
	FZ 73005—91	精梳毛型化纤毛针织品	ZBW 63003—86
服装鞋帽	FZ/T 80001—91	水洗羽毛、羽绒试验方法	
	FZ/T 80002—91	服装标志、包装、运输和储存	
	FZ 81001—91	睡衣套	
	FZ 81002—91	水洗羽毛、羽绒	
	FZ 81003—91	男女儿童单服装	GB 2663—81
	FZ 81004—91	连衣裙、裙套	
	FZ 81005—91	绗缝制品	
	FZ 82001—91	硫化布鞋	
纺织机械及附件	FZ 90001—91	纺织机械产品包装	FJ/Z 60—80
	FZ 90002—91	纺织机械　织轴螺纹牙型	
	FZ/T 90003.1—91	塑料经纱管和纬纱管试验方法　静弯曲	
	FZ/T 90003.2—91	塑料经纱管和纬纱管试验方法　冲击功	
	FZ/T 90003.3—91	经纱管和纬纱管试验方法　振幅	
	FZ 90004—91	经纱管和纬纱管检验规则	
	FZ 90005—91	经纱管和纬纱管标志、包装	
	FZ/T 90006.1—91	有梭织机用梭子试验方法　梭尖抗拉力	
	FZ/T 90006.2—91	有梭织机用梭子试验方法　重心偏角	
	FZ 90007—91	有梭织机用木质梭子检验规则	
	FZ 90008—91	有梭织机用梭子标志、包装	
	FZ 90009—91	一般公差未注公差尺寸的极限偏差	FJ 110—79
	FZ 90010—91	电动机底轨尺寸	FJ 175—79

续

类别	标准代号	标准名称	被代替的标准号
纺织机械及附件	FZ/T 90011—91	绘制标准件工作图的规定	FJ/Z 111—79
	FZ/T 90012—91	材料在图样及设计文件中的标记方法	FJ/Z 77—79
	FZ/T 90013—91	扳手空间	FJ 109—63
	FZ/T 90014—91	插齿空刀槽	FJ 107—79
	FZ/T 90015—91	管夹技术条件	
	FZ 90016—91	零件的铸刻字	FJ 121—79
	FZ/T 90017—91	夹壳联轴器	FJ 165—79
	Z/T 90018—91	侧开滚动轴承座尺寸	FJ 429—79
	FZ/T 90019—91	带耳端盖	FJ 430—79
	FZ/T 90020—91	带耳透盖(一)	FJ 431—79
	FZ/T 90021—91	带耳透盖(二)	FJ 432—79
	FZ/T 90022—91	圆端盖	FJ 433—79
	FZ/T 90023—91	圆透盖(一)	FJ 434—79
	FZ/T 90024—91	圆透盖(二)	FJ 435—79
	FZ/T 90025—91	带耳垫片尺寸	FJ 436—79
	FZ/T 90026—91	圆垫片尺寸	FJ 437—79
	FZ/T 90027—91	装螺栓螺钉用的冲孔尺寸	FJ 412、413—79
	FZ/T 90028—91	轴上紧定螺钉用的孔尺寸	FJ/Z 68—63
	FZ 90029.1—91	针织用针分类、术语及产品代号编法　分类	FJ 1051—79
	FZ 90029.2—91	针织用针分类、术语及产品代号编法　舌针术语	FJ 1051—79
	FZ 90029.3—91	针织用针分类、术语及产品代号编法　钩针术语	FJ 1051—79
	FZ 90029.4—91	针织用针分类、术语及产品代号编法　复合针术语	FJ 1051—79
	FZ 90029.5—91	针织用针分类、术语及产品代号编法　产品代号编法	FJ 1051—79
	FZ 90030—91	有梭织机用梭子术语及定名	GBn 115—81
	FZ 90031—91	卷绕纱线用筒管形式和名称	GBn 116—81
	FZ 90032—91	纺织机械渐开线圆柱齿轮精度	FJ/Z 120—85
	FZ/T 92001—91	旋转手柄	FJ 124—79
	FZ/T 92002—91	弓形拉手	FJ 319—79
	FZ/T 92003—91	双管夹	FJ 426—79
	FZ/T 92004—91	单面管夹	FJ 152—63
	FZ/T 92005—91	双面管夹	FJ 153—63
	FZ/T 92006—91	双管式管夹	FJ 154—63
	FZ/T 92007—91	二管式管夹	FJ 155—63
	FZ/T 92008—91	油塞用垫片	FJ 149—79
	FZ/T 92009—91	油塞	FJ 150—79

续

类别	标准代号	标准名称	被代替的标准号
纺织机械及附件	FZ/T 92010—91	油封毡圈	FJ 145—79
	FZ 92011—91	大六角螺母	FJ 425—79
	FZ 92012—91	针夹布夹链条	
	FZ 93001—91	分条式梳毛机	FJ/JQ 150—88
	FZ 93002—91	纺纱和捻线平面钢领用钢丝圈	
	FZ 93003—91	纺纱和捻线用金属钩	
	FZ 93004—91	纺纱和捻线用塑料钩	
	FZ 93005—91	棉纺牵伸胶圈	FJ 1021—79
	FZ 93006—91	梳毛机用搓条胶板	
	FZ 93007—91	圆柱形条筒	GBn 131—81
	FZ 93008—91	棉纺用塑料经纱管	GBn 120—81
	FZ 93009—91	毛纺用经纱管	FZ 1113、1114—81
	FZ 93010—91	换梭式梭子用塑料纬纱管	GBn 124、126—81、FJ 1204—81
	FZ 93011—91	换梭式梭子用木质纬纱管	GBn 121、124、126—81
	FZ 93012—91	毛、麻、绢精梳机	FJ/JQ 200—88
	FZ 94001—91	提花织造用铅锤	
	FZ 94002—91	换梭式木质梭子	GBn 117、123、125—81
	FZ 94003—91	盖板式木质梭子	
	FZ 94004—91	挠性剑杆织机	
	FZ 94005—91	刚性剑杆织机	
	FZ 95001—91	圆网烘燥机	
	FZ 96001—91	纺织用普通瓷件技术条件	
	FZ 96002—91	纺织用特种瓷件	
	FZ 97001—91	罗纹机(三角回转式)	
	FZ 97002—91	针织横机	FZ/JQ 3—83
	FZ 97003—91	纬编机　单面圆型纬编机	
	FZ 97004—91	纬编机　双面圆型纬编机(棉毛机)	
	FZ 97005.1—91	针织用舌针　圆纬机针	FJ 1055—79
	FZ 97005.2—91	针织用舌针　袜针	FJ 1052、1053—79
	FZ 97005.3—91	针织用舌针　横机针	FJ 1054—79
	FZ 97005.4—91	针织用舌针　罗纹针	FJ 1056—79

续

类 别	标 准 代 号	标 准 名 称	被代替的标准号
纺织机械及附件	FZ 97005.5—91	针织用舌针 双头针	FJ 1057—79
	FZ 97006—91	针织用钩针	FJ 1058—79
	FZ 97007—91	针织用针辅助件	FJ 1059—79
	FZ 97008—91	双针床经编机	
	FZ 98001—91	电容式条干均匀度仪	
	FZ 99001—91	FYD 型和 FTDZ 型电锭电动机	
	FZ 99002—91	FTW 型外转子二相永磁同步电动机	

荣获国家科技进步奖的纺织科技成果

授奖部门：国家科学技术进步奖评审委员会

(1991 年)

(一) 二等奖(3 项)

编号	项 目 名 称	主 要 完 成 单 位
2-001	新型印花糊料	苏州丝绸科学研究所 苏州丝绸印花厂
2-002	高速高效 R 汽蒸箱平幅练漂机的研制及生产试验	山东薛城纺织机械厂 山东第一印染厂 山东工业大学
2-003	试验用标准贴衬织物的研制	上海纺织标准计量研究所

(二) 三等奖(7 项)

编号	项 目 名 称	主 要 完 成 单 位
3-001	锯齿形厂房天窗架承重结构体系抗震性能静力、动力试验研究	同济大学 上海纺织工业设计院 纺织工业部设计院
3-002	螺旋型立体卷曲中空涤纶纤维	上海第十三化学纤维厂 上海化学纤维公司

续

编号	项 目 名 称	主 要 完 成 单 位
3-003	阔幅高档真丝绸印染技术	杭州东风丝绸印染厂
3-004	GA121 型整经机	江苏射阳纺织机械厂 江苏省纺织研究所 盐城市机械研究所 上海工业大学 南通国棉三厂
3-005	多层次叠层复合纺织品工艺与设备研究(火焰法部分)	上海市纺织科学研究院 常州印染研究所
3-006	毛下脚废料再生利用研究	山东纺织经济技术开发公司 临淄毛纺厂 兖州毛纺织厂 泰安毛纺织厂 潍坊第三毛纺织厂
3-007	腈纶高收缩纤维	山东淄博合成纤维厂 中国纺织大学

荣获国家发明奖的纺织科技项目

授奖部门：国家科委

（1991 年）

等级	项 目 名 称	主要完成单位
3	花式纱线及纺捻方法和设备	国营如皋染织厂
3	耐久性抗静电丙纶、涤纶的制造	北京服装学院
4	NBH-Ⅰ涂料印花增稠剂	宁波市化工研究设计院
4	羊毛炭洗新工艺	朝阳毛纺织厂

纺织工业部科技进步奖获奖项目

授奖部门：纺织工业部

（1991 年）

（一）二等奖（13 项）

编号	项 目 名 称	主要完成单位
2-1	GA741-180 型挠性剑杆织机	上海中国纺织机械厂
2-2	GA471 型接经机宽幅系列	青岛第二纺织机械厂
2-3	BD200-SN 型转杯纺纱机	经纬纺织机械厂
2-4	星形架精练工艺及设备	杭州丝绸练染厂 浙江丝绸科学研究院
2-5	D301A 型自动缫丝机	杭州纺织机械制造厂 杭州丝绸印染联合厂 杭州新华丝厂 浙江丝绸科学院 浙江省丝绸工学院
2-6	高吸水涤纶	中国纺织大学
2-7	高粘度聚酯切片	北京服装学院
2-8	聚丙烯腈预氧化纤维耐燃织物研制	上海市纺织科学研究院 上海合成纤维研究所 中国纺织大学
2-9	低甲醛 DP 功能整理	中国纺织大学
2-10	LMH085 低张力绳状练漂联合机	陕西省第一纺织机械厂 航空航天工业部 618 研究所

续

编号	项 目 名 称	主要完成单位
2-11	能源微机监测管理系统	石家庄第二棉纺织厂
2-12	聚砜中空纤维超滤技术推广应用研究——生物用工业型HFS-450、HFS-150型超滤装置	天津纺织工学院膜分离工程研究所 纺织工业部纺织科学研究院化纤机械厂 天津纺织工学院实验总厂
2-13	厌氧一好氧一生物炭流程处理印染废水	纺织工业部设计院 北京第二印染厂

（二） 三等奖（33项）

编号	项 目 名 称	主要完成单位
3-1	高速梳棉机（梳棉老机综合技术改造及新技术应用）	国营石家庄第三棉纺织厂
3-2	GA332型大卷装浆纱机	盐城市纺织机械厂
3-3	粗纺梳毛机工艺设备改进的研究	上海市毛麻纺织研究所 中国纺织大学 国营常德机械总厂
3-4	服装领底呢的研制与开发	北京服装学院
3-5	75-46-01-04新型热风烘蚕机	四川省丝绸公司蚕茧生产部 南充地区丝绸公司蚕茧收烘设备研制所 四川省农机研究所
3-6	DY501型茧检定机	杭州纺织机械制造厂 浙江丝绸科学院
3-7	桑蚕丝与棉、麻复合丝工艺及设备研制	苏州丝绸工学院
3-8	回归反射织物的研制	纺织工业部纺织科学研究院
3-9	桑塔纳轿车地毯	上海丙纶厂
3-10	GDY-1X型隔膜式高温熔体压力传感器	上海第三纺织机械厂

续

编号	项 目 名 称	主要完成单位
3-11	YC型雾化硅油产品研制	仪征化纤联合公司研究所
3-12	丙纶高速纺丝及产品开发	甘肃省纺织研究所
3-13	低熔点芳聚酯	江苏省吴江县梅堰曙光化纤厂
3-14	HV416-150×24型螺杆挤压机关键零件——ф150螺杆、套筒热处理技术 ф1000×600mm深井式淬火、回火兼氮化电阻炉及其淬火、供氨系统设计	邵阳第二纺织机械厂
3-15	FB101（HS）型腈纶直接制条机	邯郸纺织机械厂
3-16	HR401型粘胶短丝纺丝机	经纬纺织机械厂
3-17	QD2400型轻挤压低张力平洗机	济南毛巾总厂
3-18	常温常压大容量卷染机的研制及工艺试验	邯郸第二纺织机械厂 邯郸第二印染厂
3-19	煮茧控制仪	浙江省德清县电子设备厂 冶金工业部自动化研究院
3-20	热源微机管理控制系统	海拉尔毛纺织厂科研所 清华大学热能系
3-21	计算机集散系统在毛纺染色中的应用	甘肃省科学院自动化研究所 兰州第三毛纺织厂
3-22	计算机织物辅助设计系统	纺织工业部纺织科学研究院纺织所
3-23	Ω300型储纬器	国营渭南纺织机械厂
3-24	滚针自动分选机	衡阳纺织机械厂
3-25	SSD型单片机开发、应用及分布式系统	纺织工业部北京纺织机械研究所

续

编号	项目名称	主要完成单位
3-26	SZW-I光电整纬机	陕西省第二纺织机械厂 航空航天部第六一八研究所 西北第一印染厂
3-27	《评定纺织品白度用样卡》专业标准ZBW04016—89	上海纺织标准计量研究所 上海装饰品科研所
3-28	服装用衬布：机织树脂衬布、机织热熔粘合衬布等15项国标	上海纺织标准计量研究所 上海纺织工业局棉纺织印染行业管理处 全国纺织服装衬布开发中心
3-29	芳纶Ⅰ纤维中试及应用研究	上海市合成纤维研究所
3-30	棉纺退役钢领的失效机理与再生及钢领中间修复新工艺	天津纺织工学院
3-31	SGE5002A型单针筒橡筋扎口添纱绣花毛圈运动袜机	上海针织机械厂
3-32	印染废水混凝处理技术及FZ-Ⅰ型组合设备的研制	中国纺织大学 绍兴县城乡建设环保局 绍兴县环保设备厂 绍兴县和平印染厂
3-33	苎麻脱胶废水管道厌氧—好氧治理技术	浙江省轻工业厅环保设计所 浙江嵊县棉麻纺织印染总厂

（三）四等奖（36项）

编号	项目名称	主要完成单位
4-1	JYF-I型积极吸尘式回风过滤器	上海纺织工业设计院 江阴市空调除尘设备厂
4-2	JYS型回转重力水冲式水过滤器	上海纺织工业设计院 江阴市空调除尘设备厂

续

编号	项目名称	主要完成单位
4-3	织机机械定位开关车装置	石家庄第二棉纺织厂
4-4	SHY301型自调匀整装置	江苏省金坛县纺织机械总厂
4-5	高支高密纯棉大提花横贡缎（仿绸）	宁波人丰布厂
4-6	拉舍尔毛毯技术开发	广东省鹤山毛纺织总厂
4-7	羊绒围巾	内蒙古第三毛纺织厂
4-8	甘肃省亚麻资源的合理利用和精纺呢绒开发的研究	兰州第一毛纺织厂
4-9	全毛防蛀毛毯的开发	上海毛毯厂 上海毛麻研究所
4-10	抗静电丙纶	上海合成纤维研究所
4-11	涤纶色母粒色粉国产化	广东省新会县纤维母粒厂 北京化工学院
4-12	复合人参膜的研制	吉林省纺织设计研究院 吉林省通化县棉织厂
4-13	ST-A组合浆料研制与应用	上海市织布科学技术研究所
4-14	涂料染色涤棉混纺布	甘肃棉纺织厂
4-15	涤棉派力纱	上海新丰印染厂
4-16	胶涂工艺研究	山东省纺织科学研究所
4-17	MB201型绳状染色机	河南纺织机械厂
4-18	MA209-200型大卷装卷染机	保定纺织机械厂
4-19	印染多单元联合机交流变频同步调速系统	济南第一印染厂
4-20	TS系列自动加湿器	北京市棉纺织印染产品质量检测中心 山东纺织研究所 青岛即墨纺织仪器厂
4-21	便携式纱（丝）线张力仪及其智能型张力分析	苏州丝绸科学研究所

续

编号	项 目 名 称	主要完成单位
4-22	SIMOVERT-V15/25 KVA 变频机控制电路消化吸收及国产化	北京化学纤维研究所
4-23	织物起毛起球评定仪	北京毛纺织科学研究所
4-24	立体剪裁的研究与应用	大连市服装研究所
4-25	温度与回潮对棉及化纤纯纺、混纺制品断裂强力的修正方法	上海纺织标准计量研究所 上海纺织科学研究院
4-26	吸胶透气材料的研究	上海市纺织科学研究院
4-27	丙纶机织土工布	青岛麻纺织厂
4-28	舒纶纤维（粘胶与苯乙烯接枝共聚产品）新产品开发	内蒙古化学纤维厂
4-29	纺织工业合理经济结构研究	天津纺织工学院

续

编号	项 目 名 称	主要完成单位
4-30	企业技术进步管理模式	北京市纺织工业总公司
4-31	新型染料助剂整理剂及染整工艺软件的情报研究	纺织工业部科技情报研究所
4-32	粗针距台车工艺及系列产品开发	上海市纺织科学研究院 宜兴市周铁针织机械配件厂
4-33	SMA3301 型毛巾割绒机	上海市纺织装饰品科技研究所
4-34	拉舍尔提花袜	河北承德针织一厂
4-35	RMT、OVJA 纬编大圆机机针	保定纺织机械厂针织器材分厂
4-36	FB801 型针织绒线摇绞机	邯郸纺织机械厂

科技进步奖部分获奖项目内容简介

2—001 **新型印花糊料** 见《中国纺织工业年鉴》1991 年刊第 266 页 2—2 条。

2—002 **高速高效 R 汽蒸箱平幅练漂机的研制及生产试验** 见《中国纺织工业年鉴》1991 年刊第 266 页 2-4 条。

2—003 **试验用标准贴衬织物的研制** 见《中国纺织工业年鉴》1991 年刊第 266 页 2—7 条。

3—001 **锯齿形厂房无窗架承重结构体系抗震性能、静力、动力试验研究** 见《中国纺织工业年鉴》1990 年刊第 289 页 2—11 条。

3—003 **阔幅高档真丝绸印染技术** 见《中国纺织工业年鉴》1991 年刊第 266 页 2—1 条。

3—004 **GA121 型整经机** 见《中国纺织工业年鉴》1990 年刊第 288 页 2—3 条。

3—007 **腈纶高收缩纤维** 见《中国纺织工业年鉴》1991 年刊第 266 页 2—6 条。

2—1 **GA741-180 型挠性剑杆织机** 车速 200r/min 以上，噪音 90dB 以下，效率 85%以上，是国内同类织机中最先进的，也是适合国情的第一代新型普及型剑杆织机。

2—2 **GA471 型接经机宽幅系列** 该项目在攻克分纱打结、光电双纱检测、自停等技术难关后，又开发了幅宽 140～280cm 系列产品，能适应有梭和无梭织机不同幅度的机上、机下接经，在粗支纱自动接经机上改变了成结型式，使打结速度达 280 结/分以上，和手工接经相比提高工效 3～5 倍，减轻了工人的劳动强度，该接经机宽幅系列产品可替代进口机。

2—3 **BD200-SN 型转杯纺纱机** 该机是从国外引进技术，并结合我国国情生产的产品。该设备纺纱性能、机械性能和成纱质量均已达到或接近进口原机水平，而在电控系统软、硬件设计方面比原机好，目前国产化率已达 94%，对合理利用原棉有较大的经济效益和社会效益。

2—4 **星形架精练工艺及设备** 该设备在张力可调、整体脱勾的星形架以及水流循环连续打卷机等方面填补了国内空白，日产量达 0.9～1.2 万米，精练正品率比原工艺提高 10%以上，精练时间缩短 35%，打卷时间缩短 60%，成本降低 1 万元/百万米，属国际领先水平。

2—5 **D301A 型自动缫丝机** 该机是在 D301 自动缫丝机基础上创新和改进的，它采用的三种探索周期、最大添绪能力、丝故障检测与防断时的张力和可靠率等关键技术均已超过日本，该机还采用了微机控制和数字显示新技术。

2—6 **高吸水涤纶** 该项目利用 PET 与共聚酯混纺丝技术和碱处理技术，使纤维在后续加工过程中产生大量微孔，提高了纤维的吸水性能，纺织加工后具有较好的仿真效果，产品属国内首创，具有推广价值。

2—7 **高粘度聚酯切片** 该项目是将一般特性粘度的聚酯切片采用固相缩聚技术，使其特性粘度提高到能满足生产军工产品的要求，在工程技术上解决了缩聚后冷却问题，开发了在 2.5m³ 转鼓中进行固相缩聚的生产技术，填补了国内空白。可以在千吨级生产厂中推广应用。

2—8 **聚丙烯腈预氧化纤维耐燃织物研制** 该项目研制的 PANOF 织物与铝箔复贴而成复合织物，在耐燃、防热辐射和强力等方面均达到国外同类产品水平，填补了国内空白。复贴牢度大于 1.3kg，织物的 LOI 值达到 36%以上，在 1500℃强热辐射环境中能有效地保护人体。

2—9 **低甲醛 DP 功能整理** 该项目所确定的低甲醛整理技术为国内首创，其整理织物的各项指标均达到或接近国外同类产品水平。该项目重点完成四方面的内容：(1) 超低甲醛整理剂 TT-SOP-I 的合成与应用技术开发；(2) 低甲醛高性能催化剂 LFC 的合成及应用技术开发；(3) 应用统计实验设计方法、优化整理工艺；(4) 建立超低甲醛含量的 HPLC 高精度痕量分析法。

2—10 **LMH085 型低张力绳状练漂联合机** 该联合机是目前印染工业中老绳漂设备的主要替代设备。在消化吸收国外同类产品的过程中，针对国外样机的缺点，并结合我国实际情况在八个方面作了改进，对改善印染布的纬斜、破洞、破边等弊病有很大作用，目前居国内领先水平。

2—11 **能源微机监测管理系统** 该项目在纺织行业中首次实现了对大型企业全部水电气能源及动力 A 级设备的微机计量及监测管理，达到了节能、合理利用能源的目的。系统中共有水电气 260 多个计量点，100 多个设备监测点，要求有较高实时性，以便在毫秒级时间内报警或启动执行机构；系统的计量点、监测点与微机房距离在 100～800m 之间，采取了远程信号传输抗干扰措施，技术难度较大。

2—12 **聚砜中空纤维超滤技术推广应用研究—生物用工业型 HFS-450、 HFS-150 型超滤装置** 该研究在推广应用聚砜中空纤维超滤技术方面有新的突破，其产品已应用到电子工业纯水、医用纯水、饮料用水、生化制药用水、生化制品以及人体腹水浓缩等方面。

2—13 **厌氧—好氧—生物炭流程处理印染废水** 该流程治理印染废水属国内首创，在国际上也未见报道。它采用降解 PVA 和染料两种优势菌及污泥回流等措施，对 PVA 和色度的去除率有了提高，污泥量大幅度减少，减轻了二次污染，降低了污泥浓缩费用。

3—1 **高速梳棉机**（梳棉老机综合技术改造及新技术应用） 该项目根据国情对老机 1181 型梳棉机在保证质量的前提下进行技术改造，改造经费每台 1.5 万元，产量达到 25kg/台·h，节电 20%，噪音降低 5 分贝。改造中采用了 PC 程序控制和红外光电控制等新技术，提高了老机机电一体化水平，为改造老梳棉机提供了有效途径。

3—2 **GA332 型大卷装浆纱机** 该项目采用了大卷装，卷绕直径达 800mm，幅宽 2600mm，可适应单双织轴。卷绕系统主传动采用三相交流整流子电机，织轴卷绕采用“磁粉离合器＋PLV＋双联齿轮变速箱”形式，通过控制磁粉离合器激磁电流来设定和控制经纱卷绕张力，实现大小轴恒张力卷绕，其卷绕张力极差小，已获国家专利。

3—3 **粗纺梳毛机工艺设备改进的研究** 该项目是在国产 BC272 型粗纺梳毛机上对喂毛斗、出条车头装置、斩刀及全机传动作了改进，其中喂毛斗采用机电控制式二次称重形式，车头搓条机构采用双曲拐摆动新颖原理，设计了高速斩刀及采用多台交流异步电机同步传动方式。改造后的四锡林梳毛机可纺制 14/1s、16/1s 高支纱针织绒品种，提高了车速，产品质量也有所提高。

3—4 **服装领底呢的研制与开发** 服装领底呢是采用较细长的羊毛与粘胶纤维，预先经散毛染色后，以一定的混纺比例（羊毛约占 70%以上）梳理成网，进行初针刺，然后根据不同厚度产品的需要进行各种不同的针刺复合，厚型的领底呢在中间加入针织夹层网，最后经化学定型成为最后产品。

该产品在强度、色牢度等指标方面接近或达到进口样品的水平，并且在各向同性及弹性指标上超过了进口样品的水平，填补了国内空白。已在 73 个服装厂使用，效果较好，可以替代进口，节省大量外汇。

3—5 **75-46-01-04 新型热风烘蚕机** 该设备克服了过去烘茧机管道、排风管网络庞大，设备投资大的问题，研究成结构紧凑简单的新型烘蚕机。该机采用热风炉一次加热替代蒸汽加热，因而可节约能源，节省蒸汽管道。该机采用计算机自动控制、热风炉加热倾斜式刮板分散送茧结构，有利提高烘蚕茧质量，对提高生丝等级，增加创汇起到很大作用。

3—6 **DY501 型茧检定机** 该机在消化吸收日本样机基础上重点改进了丝故障切断防止装置，采用了先进的短杠杆感知器，丝胶不易阻塞；应用光电技术计长并由计长轮代替鼓轮，简化丝道，以及用单片微机控制计长添绪次数、平均粒数等。由于应用了数码管显示，从而使缫丝张力减小，计数正确，计长精度由日本的94.12%提高到98.37%；防止切断可靠，可靠率从日本的85%提高到近乎100%，减小张力9.12mN，提高了感知效果与运转率。

3－7 **桑蚕丝与棉、麻复合丝工艺及设备研制** 真丝复合丝制造工艺，以茧丝为外层，其它纤维材料的纱线（或长丝）为芯线，在缫丝过程中一次完成复合。其特征是：芯线先经醮浆处理，然后通过高速回转的复合器实现包缠复合，而形成抱合性好的紧密型复合丝。真丝复合丝不仅节约了桑蚕丝的耗用量，而且可以降低丝绸产品的成本，改善真丝机织或针织产品的薄透、出汗沾粘等不足，提高了产品的平挺和身骨，开辟了中厚、重厚丝绸织物作为外衣面料的新领域。

3－8 **回归反射织物的研制** 回归反射织物是利用玻璃珠经涂层依靠粘合剂固着于织物而成。其反光性能好，表面平整，能防水、抗湿，耐磨性良好，是一种有效的劳保、安全用品。反光性能较好，经20次洗涤仍能保持原性能的80%。耐水性、耐磨性优于国外产品，价格仅为其1/4。现已在全国20多个省、市、地区使用，有利于减少交通事故。

3－9 **桑塔纳轿车地毯** 桑塔纳轿车地毯是上海桑塔纳轿车国产配套项目之一，技术要求已达到德国大众汽车公司的水平，其特点是：选用丙纶、涤纶和锦纶3种短纤维为原料，用针刺法制成坯毯，经过上胶定型，使坯毯有较好的物理性能，强力高，耐磨性好，尺寸稳定，不变形等。最后经过模压成型成轿车地毯。

3－10 **GDY-1X型隔膜式高温熔体压力传感器** GDY-1X型隔膜式高温熔体压力传感器采用隔膜式先进技术，解决了高温、高压检测传感器普遍存在的热态漂移问题，提高了稳定性。同时采用组合式结构，有利于系列化生产，满足用户不同要求的选择。

该项目制造中采用了隔膜片和金属毛细管母体自熔焊接技术，较好地解决了传统的钎焊工艺存在的致命问题：即钎料金属沿着应力点的晶界渗入母材，使母材的强度及塑性下降，晶粒长大甚至出现裂纹，从而提高了产品质量。

3－11 **YC型雾化硅油产品研制** 该项目采用具有螯合结构的有机铈化合物与含氢硅油反应，制取改性硅油，再加入一定配比的甲基苯基硅油，制成耐高温硅油，再加入增粘剂、喷射剂，制成YC型雾化硅油。

YC型雾化硅油可用于涤纶长丝，也可用于涤纶短纤维，而且在纺织原料丙纶、锦纶生产中使用效果良好。

3－12 **丙纶高速纺丝及产品开发** 该项目对引进的高速纺丝—牵伸变形设备进行了系统消化吸收，采用POY-DTY工艺路线，研制出适用的软技术，在国内首次实现了丙纶低弹丝工业化生产，纺丝工艺处于国内领先地位。

3－13 **低熔点共聚酯** 该项目研制的低熔点共聚酯是以做为生产涤纶色母粒的载体树脂为目的的。

低熔点共聚酯使涤纶色母粒，特别是黑母粒的制备工艺简单，操作方便，设备投资少，产品质量达到进口母粒质量。

3－14 **HV416-150×24型螺杆挤压机关键零件——φ150螺杆、套筒热处理技术** 该技术采用预铣螺纹再进行调质的工艺，使调质组织、氮化层组织、氮化层深度和硬度均匀，脆性级别及氮化层形态级别等各项指标均优于国标要求，是国内该类零件调质处理工艺技术的新发展。研制的大型细长精密零件热处理变形控制技术，使φ150螺杆（φ150×3922）热处理后全长弯曲度≤0.1mm，φ120螺杆（φ120×3955）热处理后全长弯曲度≤0.15mm，完全达到西德同类型零件热处理变形的控制水平。

φ1000×600mm深井式淬火、回火兼氮化电阻炉及其淬火、供氨系统设计 该设备的炉体结构设计，加热元件设计，控温系统设计，炉盖液压传动系统设计，氮化装置中双层炉盖保温结构，双层砂封结构及大流量循环加多层径向辐射搅拌淬火系统设计，以及电阻炉升温时间，空载功率消耗，控温精度，炉温均匀性等，在国内同类型热处理设备中均达到先进水平。

3－15 **FB101（HS）型腈纶直接制条机** 该机用于将腈纶长丝束通过加热、多区牵伸、拉断卷曲、定型的方法直接制成毛条。该机喂入总纤度高，每台时产量可达180kg，各区段罗拉牵伸组为悬臂支承式，且设置防护罩，操作安全方便。

3－16 **HR401型粘胶短丝纺丝机** 该机在原R372型粘胶短丝纺丝机基础上做了较大改进，由原来的双面纺改为单面纺，简化了结构，便于操作和维修保养，加强了排毒效果，提高了防腐性能，操作部位的有害气体浓度低于国家规定标准。

3－17 **QD2400型轻挤压低张力平洗机** 该联合机可适应毛巾织物退浆、碱缩、轧染、印花后处理等多种用途。该机可根据不同产品的质量要求任意调节轧辊压力，确保毛巾产品的蓬松、柔软和良好的染色牢度；各单元机之间采用布环、布斗机构，根据存布量多少来调节前后车速，保证产品的尺寸稳定性和产品的实物质量。该机有效工作宽度为2m，是国内目前最宽的毛巾专用平洗设备。

3－18 **常温常压大容量卷染机的研制及工艺试验** 该设备结构较合理，采用微机控制速度、道数、倒向、摆布以及温度控制等，自动化程度较高，数据可靠。全机性能达到意大利“美赛拉”同类产品水平，并在速度传感器、温度显示方面有所创新。

3－19 **煮茧控制仪** 该仪器是与循环式煮茧机

配套使用的，其功能为对煮茧机多区的水温进行巡回检测和报警，并控制蒸汽压力，从而提高煮茧工艺参数的稳定性，有利提高生丝质量，增加出丝率。

控制仪采用位总线计算机分布控制系统，数码管显示。该系统还具有自诊断功能，抗干扰性能也较好，增加了可靠性。

3—20 **热源微机管理控制系统** 该项成果在通过对工厂热负荷进行全面调查核算，对主要热设备做热平衡测试，并改造全厂热网系统的基础上，实现了微机汽源管理控制，可控制供汽负荷，提高供汽品质，节省10吨锅炉1台，采暖锅2台，有较好的经济效益。

3—21 **计算机集散系统在毛纺染色中的应用** 该系统采用了多变量解耦、前馈、串级、自适应多种控制算法，并提出和建立了控制策略的数学模型，实现了10输入10输出的解耦控制，从而提高了系统的控制精度和响应速度。

3—22 **计算机织物辅助设计系统** 该系统是在ZD-3100型计算机上开发出一系列织物辅助设计软件，并在国内首先在计算机上实现织物模拟图像并彩色打印输出，可进行120×80组织循环，20片综、500根纱的色循环织物辅助设计。在彩色键简便调色方面，在起毛织物表面状态的模拟和多梭箱钢板自动编排等方面作了大量开发工作，有一定特色。

3—23 **Ω300型储纬器** 该储纬器是在消化吸收国外80年代中期同类产品的基础上，在机械加工工艺和电路上进行多项攻关，实现了国产化，国产化率已达85.4%，性能达到国外同类产品水平，可以顶替进口。

该储纬器供纬速度达1200m/min，适用于高档剑杆织机和片梭织机，有较大的推广价值。

3—24 **滚针自动分选机** 该机是在消化吸收国外分选机样机的基础上自行设计制造的，可同时对工件长度和外径尺寸进行分选。长度分选精度小于0.03mm，外径分选精度当分组间隔为0.5μm时，分选精度不大于1.5μm，分选速度100～180件/min。该机用于轴承行业滚针、滚柱产品的高精度尺寸同时分选，其整机性能、精度、稳定性达到进口样机水平，可替代进口。

3—25 **SSD型单片机开发、应用及分布式系统** SSD系统包括了单片机、STD总线系统和位总线网络系统的研制。产品性能相当于80年代中期国外同类产品水平。在完全硬断点调试技术和汉字位总线监控程度开发方面有独创性，比国内同类产品领先。

该系统在设计上考虑到不同层次的用户需要，所以能方便地用于单片机开发、工业控制和分布式测控等不同的应用领域。

3—26 **SZW-I光电整纬机** 该产品是光、机、电一体化技术水平较高的产品，在消化吸收国外样机后自行设计研制过程中，基本解决了纬斜的光电检测、微机控制、执行机构设计制造上的技术关键。

该装置能适用于一般织物的整纬，整纬精度可达3%，整纬效果较好。

3—27 **《评定纺织品白度用样卡》专业标准ZBW04016-89** 该标准在材质的选定、工艺的优选、增白剂的选用上做了大量的工作，最后选用纸粕做为卡基，使我国进入了当前世界上订有纺织品白度卡国家的行列。

《白度样卡》为棉印染、针织、巾被、线带、化纤等行业评定产品白度提供依据，也为生产工艺掌握白度提供基准，也可作为外销纺织品协议白度指标的主要依据。

3—28 **服装用衬布：机织树脂衬布、机织热熔粘合衬布等15项国标** 服装用衬布是我国新兴的纺织产品，但无统一标准，造成市场上衬布质量参差不齐，严重影响服装行业的发展和衬布直接出口。新制订的衬布标准指标水平接近国外同类产品实测水平。外衣衬分为水洗型、干洗型和水洗干洗型3种，适合我国国情，并制定了粘合衬布耐洗外观样照，便于评定。

3—29 **芳纶I纤维中试及应用研究** 芳纶I纤维是一种具有高强高模低比重、耐高温、化学稳定性优良的特种纤维。该项目在技术上难度较大，从液晶纺丝技术、热处理技术直至卷绕成形都做了大量工作，完成了1t/a规模的生产装置。纤维主要性能接近美国KERLAR-49水平，强度达20～22gf/d，伸长1.8%～2.5%，模量800～1000gf/d，能在300℃以下长期使用。

3—30 **棉纺退役钢领的失效机理与再生及钢领中间修复新工艺** 钢领中间修复新工艺将湿式光泽法应用于钢领的抛光，对抛光液和特种磨料做了研究，并试制了行星式滚抛机，形成了一套钢领修复工艺，使修复后的钢领可延长1～1.5年寿命，钢领粗糙度达Ra0.1～0.05，适合于纺织厂修复钢领用，有较好的纺纱性能，并具有实用价值。

3—31 **SGE5002A型单针筒橡筋扎口添纱绣花毛圈运动袜机** 该机是在消化吸收国外样机基础上经过改进设计，重新试制的新一代粗针运动袜机。具有自动扎口、吸风、圆盘剪刀和两用的调线滚筒装置，针筒转速200r/min，接近国际同类袜机水平。该袜机能编织双色添纱绣花和彩色横条组织，并解决了进口袜机不能使用国产棉纱编织毛圈组织的关键问题，是目前国内生产添纱绣花毛圈运动袜、平板运动袜较理想机型。

3—32 **印染废水混凝处理技术及FZ-I型组合设备的研制** 该项目采用模拟放大理论设计的综合式印染废水物化处理设施，集混凝反应、沉降分离、脱色氧化、过滤过程于一体，整体性和联动性较强。与同类设施相比，占地面积可节约40%，投资可减少30%，CODcr去除率大于70%，色度去除率大于39%，经该设施处理后，印染废水即能达标排放。

3-33　苎麻脱胶废水管道厌氧—好氧治理技术

管道厌氧消化器处理苎麻脱胶废水在国内属首次。该流程和升流式厌氧法相比，具有推流和两步厌氧特点，可减少不同阶段厌氧微生物类群间的相互抑制作用，提高了有机物的去除效果。采用水解（酸化）池做为好氧的前处理，改善了可生化条件。该系统对有机物的去除率和脱色率均有所提高，且污染少、电耗低、操作简单、管理方便。

通过生产鉴定的纺织机械新产品

（1991年）

1. **GD004-210型轴向络丝机**　设计制造单位：杭州纺织机械厂。该机是将真丝、人丝、合纤丝的绞丝络到圆形有边筒子上，可作经丝和纬丝用。双面单层卧式，锭数60、84、120锭/台，线速9.9米/秒，锭距360毫米，导丝动程165～210毫米，卷装容量500～600克，平行卷绕形式，电动机功率2×0.75千瓦。该机采用轴向退解形式，具有张力波动小的特点。

2. **FU801型茧检定缫丝机**　设计制造单位：杭州纺织机械厂。该机是用于检定桑蚕茧、茧质（茧丝长、解舒率、出丝率）的茧检定缫丝机，隔距定纤型式，自动径复索绪方式，采用自动振动理绪，每组为18绪，绪间宽度100毫米，小篗周长650毫米，小篗转速120～260转/分，接绪翼转速1100转/分，探索周期2.5秒，电机总功率2.05千瓦。该机设有温度自控、添绪自动计数显示，计长显示等装置。

3. **GT601型多臂机**　设计制造单位：杭州纺织机械附件厂。该装置是与织机配套使用，形式为复动式单花筒半开口，开口动程65～130毫米，主轴转速140～240转/分，16片刀片，刀片间距12毫米，钢丝绳两侧提综形式。该装置对面料和品种的适应性较广，车速比普通机型提高20%。

4. **GD103(Z)型无捻并丝机**　设计制造单位：绍兴市纺织机械厂。该机用于真丝、人丝和合纤丝品种的单股或多股丝，使之成为无捻度的合股丝，供喂入捻丝机加捻用。双面单层形式，60锭/台，锭距360毫米，线速191～360米/分，并合根数2～4根，导丝动程150～190毫米。该机的成形机构采用大圆柱平面凸轮，设有单丝断头自停、张力过大自停及自停制动装置。

5. **FD202型筛茧机**　设计制造单位：湖州纺机厂。该机用于缫丝厂将剥净的干茧过筛，使按要求大小分档，供缫丝选用，以提高丝的条份精度。筛子规格15.5～21毫米，各种规格间隔0.5毫米，筛子转速140～145转/分，全机功率0.8千瓦。该机筛框长度长，筛茧效果好，误筛率低，筛框角度为8℃，筛片规格是可调的。

6. **ZGD200型挠性剑杆丝织机**　设计制造单位：杭州纺织机械厂。筘幅145厘米，车速200转/分，选纬色数4，纬密10～60根/厘米，功率1.8千瓦，经轴最大直径φ450毫米。该机型式是分离机架按钮开关式，右侧单剑引纬，四连杆短牵手打纬，多臂机开口，撑牙棘轮式送经，储纬器送纬，糙面辊积极式卷取，电动机1.8千瓦，实际产量2.44米/台·时，生产效率90.37%。

7. **GD161型倍捻机**　设计制造单位：杭州纺机厂。该机适用于蚕丝、人丝和合纤丝的单丝和多股丝加捻，全机144锭，锭速7000、8000、9000转/分，卷装筒管容量250克，电机5.5千瓦，捻度范围300～3600捻/米，双面双层卧式，锭子系空心倍捻锭子。该机产量比GD141型捻丝机提高1.75倍，捻不匀减少，断头降低，产品质量提高。

8. **FA402型粗纱机**　设计制造单位：天津纺织机械厂。该机适用于普梳和精梳棉纤维以及60毫米以下人造纤维、合成纤维的纯纺或混纺，适纺纤维长度22～51毫米和51～60毫米，适纺密度238～117tex（0.85～4.2公支），适纺捻度18～80捻/米，总牵伸倍数4.2～12倍，锭翼转速1400转/分，锭距185毫米，成形尺寸为φ128×320毫米，牵伸形式为三罗拉双短皮圈或四罗拉双短皮圈，采用YJ4-190A摇架，每台锭数108、120、132锭，喂入形式为高架式导条辊，主电机功率8.6千瓦。该机是在FA401型基础上将高架导辊由三列改为四列，以减小意外伸长，降低粗纱重不匀；在牵伸装置上改进了主要结构参数，以减少绒带不转现象，还改进了下吸风嘴形状及上皮圈罗拉由铁壳改为包胶，以减少挂花及降低皮圈滑溜率。本机采用电抗式慢速启动装置。

9. SXFA341 型并卷机 设计制造单位：经纬纺织机械厂。该机将经过条卷机并合后的棉卷再牵伸并合，提高纤维的伸直度，供下道工序精梳机用。喂入棉卷并合数为 6，喂入棉卷定量及输出棉卷定量为 45～65ktex，满卷重量 7.5～12 公斤。成卷宽度 270 毫米，最大成卷速度 68 米/分，牵伸倍数 5～8，全机功率 4 千瓦，机器重量 2900 公斤，理论产量为最大 220 公斤/时。该机牵伸采用三上四下牵伸形式，分主牵伸和预牵伸两个牵伸压，成卷加压用气动加压，自动控制机构有自动落管换卷、自动记录日班产量及每卷定长、过载、短路自动保护、牵伸压力不足自停、喂棉断卷故障自停指示、牵伸缠花、输棉平台罗拉及压紧罗拉绕花自停指示、无筒管、储卷架满卷自停指示及开门自停等。

10. A186G 型梳棉机 设计制造单位：青岛纺织机械厂。该机是在 A186F 型基础上作了 14 项技术改进，主要有锡林前后罩板处分别加装 3 根前固定盖板和 2 根后固定盖板，增加预分梳和精细梳理效果，改善棉网及生条质量；刺毛辊下部加装刺辊分梳板，加强预分梳；主传动采用离心块摩擦离合器，起动平稳；道夫传动由双速电机附加飞轮，使道夫升速缓慢平稳；采用新型大成形圈条器增加条筒容量；原四罗拉剥棉机构改为 FA201 型三罗拉型式，防止掉棉网。该机在试验中在产量 30 公斤、35 公斤时与 A186F 型 20 公斤时的生条质量对比：棉结降低 68%，疵点降低 33%，短绒增加 9%。

11. FA203 型梳棉机 设计制造单位：青岛纺织机械厂。机幅 1000 毫米，可加工纤维长度 22～76 毫米纯棉化纤及混纺，喂棉重量 500～1000 克/米，总牵伸倍数为 60～300，棉条定量 3.5～6.5 克/米，理论生产能力最高 80 公斤/台·时，出条速度最高 250 米/分，锡林直径 ϕ1289 毫米，锡林工作速度 422、454、506、545 转/分，回转盖板根数（工作盖板/盖板总数）32/86，回转盖板速度 100、150、200、250 毫米/分，适用棉条筒规格 ϕ600×1100 毫米，总装机功率 10.99 千瓦，机器净重约 5500 公斤。机器的结构特点：提高生条质量，增加有效梳理面积及加强分梳，采用新型金属针布，给棉板鼻尖改为圆弧形，保护纤维防止受伤；采用皮圈导条集束装置，提高机架刚性；设有厚卷自停、断条自停、刺辊降速自停等机构；机上设有盖板花、盖板吸口、盖板入口、刺辊放气、前固定盖板上除尘刀、安全清洁辊及盖板背面等七个吸尘点；采用数显装置显示锡林、道夫转速、出条速度、产量、棉条定量、圈条筒倒计数、换筒时间等。

12. FA201A 型梳棉机 设计制造单位：青岛纺织机械厂。该机是 FA201 型梳棉机的改进型，特点是采用油浴齿轮和同步齿形带传动；大压辊采用弹簧加压式阶梯罗拉；盖板传动采用油浴全封闭两级蜗轮副传动，给棉传动采用两对蜗轮蜗杆传动，并有一退卷装置；配用混合环式自调匀整装置；配有工艺参数显示装置；采用单机滤尘箱、间歇吸。FA201A 型梳棉机最高产量可达 40 公斤/台·时，技术水平属 80 年代初期国际水平。

13. LFU001、001A 型复合连续滤尘联合机 设计制造单位：邯郸纺织机械厂。该设备是在消化吸收国外滤尘系统的基础上研制的，其用途是采用连续过滤的方式将含尘空气中的纤维及粉尘滤出，使其浓度小于 1 毫克/米^2，达到净化空气的目的，适用于棉纺织厂开清棉联合机、梳棉机等的除尘及其他行业含干性纤维性粉尘的空气净化。该产品处理风量从 22900～100000 米^3/时七种规格，由用户选用，经处理后的净化空气含尘浓度在 0.9 毫克/米^3 以下。

14. YJ2-132V 型摇架 设计制造单位：常德纺织机械厂。该摇架是消化吸收 PK225 型结构形式基础上研制的，适纺纤维长度为 60 毫米以下，前后罗拉中心距最大 132 毫米，前罗拉加压值 100、140、180 牛顿/两锭，中上罗拉加压值 140 牛顿/两锭，后上罗拉加压值为 180 牛顿/两锭，前上罗拉前移量及中上罗拉后移量均为 2 毫米。主要结构：牵伸装置的 3 根下罗拉不在同一平面上，后下罗拉中心提高到主牵伸平面，而后罗拉的设置偏后一个适当数值，使纤维包围下罗拉一个弧面并与上皮圈后部弧面接触，增大后区牵伸；上罗拉隔距调节范围大，前上罗拉的加压可以分级调压；加压杆采用自调中心结构；锁紧机构采用四连杆机构，卸压后摇架相对前区牵伸平面可掀起 45°角定位。

15. FA172 型清钢联喂棉箱 设计制造单位：青岛纺织机械厂。该机是置于梳棉机的后部，经过清花工序处理的棉或化纤原料。通过该机形成均匀棉层，喂给相连的梳棉机，实现清梳连续化，省去成卷和运卷的劳动量。机幅 950 毫米，上棉箱高度 1482 毫米，上棉箱厚度 105 毫米，下棉箱高度 760 毫米，下棉箱厚度（共五档，可调）40、50、60、70、80 毫米，开松辊转速 595 转/分，电机总装容量 1.35 千瓦，机器重量约 750 公斤。该机由配棉头、上贮棉箱、下喂棉箱、电气控制等组成。

16. FA175 型清钢联喂棉箱 设计制造单位：郑州纺织机械厂。适纺原料为各等级的原棉、化纤和 76 毫米以下的中长化纤，产量不大于 250 公斤/时·套或 40 公斤/时·每个棉箱，每套配 6～10 台梳棉机，棉箱机幅 960 毫米，打手型式是 4 排针钉手，直径 ϕ325 毫米，转速 520 转/分，上棉箱喂棉罗拉是锯齿罗拉，直径 ф165 毫米，转速 1.22、1.30、1.46 转/分，下棉箱给棉罗拉是 12 齿型铝罗拉，直径 ф128 毫米，转速 2.15～2.45 转/分。下棉箱密度控制方法采用振动板，振幅 5～13 毫米，频率 68～98 次/分，下棉箱高度采用光电管控制，电动机功率 5.6 千瓦。

17. **GD606 型有梭丝织机** 设计制造单位：山东淄博丝绸机械厂。该机筘幅 110、145、160 厘米，车速 185～215 转/分，纬密 6.8～108.1 纬/厘米，功率 0.8 千瓦，可织造真丝、人丝、合纤等为原料的各种丝绸产品。该机采用微电子技术，用按钮开关启停，具有定位开车，定位停车，紧急停车，电磁制动，光电探纬，不停车自动换梭，护经停车，断纬停车及撬高自停等机电一体化功能。

18. **GA707 型喷气织机** 设计制造单位：南通第二纺织机械厂。该机公称筘幅 1900 毫米，适用支数范围短纤 7.4～100tex，长丝 6.6～33 tex，纬密范围 20～1200 纬/10 厘米，纬色系 2 色任意混纬和任意程序花式织造，车速 400～600 转/分，织轴盘片直径 ф810 毫米，最大卷布直径 ф580 毫米，电动机总功率 2.8 千瓦，占地 3606×3450 毫米^2，重量约 2500 公斤，引纬采用主喷嘴接加喷嘴，异形筘方式，打纬采用 6 连杆机构，开口采用外侧凸轮开口机构，送经采用单独电动机通过减速系统驱动织轴转动，卷取采用机械式连续卷取方式。全机采用微机进行监控，其功能有生产统计记录，调整引纬时间，花式织造，探纬角度等。

19. **MU251 型扩容蒸发器** 设计制造单位：山东菏泽纺织机械厂。连续式生产形式，处理能力 4～5 吨/时，蒸汽耗用量 800～1000 公斤/时，蒸汽压力 0.15～0.2MPa。该装置与常规扩容器相比汽水比为 1∶4，每年可节约蒸气约 4000 吨，可连续操作，排浓碱不停车，能保持真空平稳。该蒸发器只需 1.5～2 公斤/厘米^2 的压力蒸汽，当气压低时，液面可手控运行，蒸发器冷凝水中基本不带碱，腐蚀较轻，使用寿命长。

20. **MT241 型静电消除器** 设计制造单位：烟台市招远纺织材料厂。该器的电阻值小于 10 欧，有效消电电流大于 0.1 微欧/厘米^2，采用碳纤维作放电针制成的自感应式静电消除器，具有不需能源、使用简便的特点，应用于化工、石油、轻纺等工业中。

21. **ME722 型针织物热定型机** 设计制造单位：德州纺织机械厂。该机适用于棉、混纺及化纤纬编针织物进行热定型的整理。圆筒织物通过超喂扩幅，并在织物纵向施加张力来矫正线圈的伸长，进入热风定型区定型，同时给定型区内的织物以充分汽蒸，最后通过冷风定型，经加压由毛毡辊出布。该机工作宽度单路 200～2000 毫米，双路 200～1000 毫米，工作车速 2～12 米/分、热风最高温度 240℃，喷风形式为上下风道喷风，蒸汽耗量 50 公斤/时，机器重量 4 吨。

22. **MT151 型羊毛纸辊** 设计制造单位：诸城纺织机械厂。该辊主要用于棉、麻织物的轧光整理。羊毛纸辊由一根辊轴、两件红套圈、两组瓦形销、两件法兰盘及羊毛纸在 17.11MPa 压力作用下结合而成，辊体 ф560 毫米，长度 1200 毫米和 1800 毫米。

23. **VZ451 型绗缝机** 设计制造单位：北京纺织机械器材研究所、北京第一纺织机械厂。该机用于三层织物（中间夹层为无纺织物或泡沫塑料）的连续绗缝，通过绗缝针不同的排列和更换不同花型凸轮，可组合成多种线迹花型图案，绗缝的制品适用席梦思床垫的面料、床盖、床罩、服装及其它纺织装饰品。该机最大布幅宽度 2200 毫米，面料最大卷装直径 ф300 毫米，成品最大卷装直径 ф1300 毫米，最大绗缝厚度 10 毫米，最多安装针数 84 针×2 排，针距 25.4 毫米，行距 76.2 毫米，菱形及荷叶边形两种花形凸轮，绗缝速度 18.8～121 米/时，机器重量约 1900 公斤。

24. **MA442-280 型轧光机** 设计制造单位：诸城纺织机械厂。该机用于印染行业后整理工序，可对棉、麻、化纤及其混纺织物进行轧光整理，还可用于床单布、装饰用布、塑料皮革的轧光。该机公称宽度为 280 厘米，最大工作压力 280kN，布速 24～72 米/分，钢辊加热温度 80～110℃，加热辊 2 只，直径为 350 毫米，主电动机 22/7.3 千瓦，全部采用国产液压和电气自控原件研制而成。

25. **ME691 型超喂扩幅机、ME692 型呢毯预缩机** 设计制造单位：德州纺织机械厂。该机适用于纯棉及混棉圆筒针织物进行呢毯预缩和轧光整理，可矫正织物在漂染加工过程中产生的线圈扭斜变形，使织物恢复弹性，消除折皱。该机工作幅度 1300 毫米，工作速度 3.58～35.8 米/分，超喂机构车速 1.8～81 米/分，轧辊表面温度 90℃，蒸汽耗量 40 公斤/时，电动机功率 1.5 千瓦。

26. **LKP703 型丙纶扁丝联合机** 设计制造单位：纺织工业部纺织科学研究院机械厂。该机以聚烯烃为原料生产扁丝，供编织各种扁丝织物。联合机由三个单元组成，即 KP703 型吹塑机、KP713 型牵伸机、PB101-180 型分丝卷绕机，总装机容量 190.74 千瓦，其中拖动功率 111.74 千瓦，电热功率 79 千瓦，螺杆直径 ф90 毫米，生产速度 140～150 米/分，产量 120 公斤/时，用水量约 30 升/分，全机重量约 22 吨。机器主要结构：900 毫米宽的平膜头，由缝隙喷出膜片；冷却水槽设有水循环系统，水槽上有牵引辊，以控制膜片均匀输出；

由3组牵伸装置、气动加压；分丝卷绕机采用力矩电机单锭传动；边条通过风机吸到切碎机内切碎后回用。

27. **KV505型牵伸加捻机** 设计制造单位：经纬纺织机械厂。该机是对锦纶及涤纶复丝牵伸加捻工序，使由纺丝机纺出的锦、涤纶原丝经牵伸定形后具有一定的纤度、强度、伸度和其它物理性能，机器型式为双面双区牵伸区，适纺45～150旦，144锭/台，共12节，每节单面6锭，锭距170毫米，喂入筒管架采用双面可移动小车式，原丝架在停车时导丝器支臂自动翘起，喂入罗拉ϕ124毫米，扭簧加压，出丝速度300～1000米/分，钢领ϕ140毫米，平行卷绕双锥形，卷绕直径125毫米，高度372毫米，卷绕净重约2.8公斤，锭速6000～12000转/分，捻度为10捻/米以上，电动机总功率39.51千瓦，热盘加热功率50千伏安，热板加热功率30千伏安，全机总重约35000公斤。KV505型是在VC443A型基础上改进设计，扩大了牵伸范围、增加了网络喷嘴装置，将整机的动作程度控制及成形换向控制改为PC机控制，换向传感器由光电式改为磁电式，锭子变速改为微机控制，提高了整机性能。

28. **KV741型纺丝牵伸机** 设计制造单位：纺织工业部纺织科学研究院机械厂。该机用以纺制服用涤纶长丝100旦以下的全牵伸复丝，纺丝为45～150旦，卷绕最高机械速度6000米/分，纺丝部位数及排列是4位单面单层，部位间距900毫米，每个纺丝箱部位数是2位，每部位4块喷丝板，每部位卷绕头1个，每卷绕头4个丝筒，全机装机容量250千伏安，产量纺制125旦年产量为500吨、纺制100旦年产量为390吨，纺速5100米/分。全机由切片贮罐、螺杆挤压机、熔体输送系统、纺丝箱、计量泵传动、侧吹风装置、油剂喷淋装置、热牵伸辊系统及卷绕系统等组成，并设有定长落纱预报警装置。

29. **KV441型高速纺丝机** 设计制造单位：上海第二纺织机械厂。全机纺丝位数2、6、8、12。螺杆挤压机ϕ60～ϕ150毫米，全机传动功率22.75～148.75千瓦，全机加热功率43.96～173.5千瓦，机器形式为单面机，纺丝位距900毫米，机械卷绕速度2500～4000米/分，工艺卷绕速度3200～3500米/分，每部位喷头数8，每部位卷绕头数2，每卷绕头卷装饼数4，丝饼规格为ϕ360×120毫米，丝饼重量11公斤，卷绕纸筒管尺寸为85.5～89/75×150（外径×内径×长度）毫米，成品纤度范围80～166dtex，成品产量600～3600吨/年。

30. **FK6-700型弹力丝机** 设计制造单位：无锡纺织机械厂。双面筒架喂入形式，全机216锭，适纺纤维22～220dtex，机器速度700米/分，全机总功率150.7千瓦，卷装尺寸ϕ250×250毫米，卷装重量5～6公斤。

31. **GE021型粗细针距调线罗纹机** 设计制造单位：栖霞纺织机械厂。该机是在复合罗纹组织上加装了微电脑自动控制的调线机构，采用粗细不同的针距和纱线能编织出彩色横条、竖条及横竖交替的复合面料。该机的公称直径660毫米（26英寸），机号上筒E16、下筒E8，进线路数30路，换线装置12组，每组调色3种，产量3公斤/台·时。该机适应原料是面纱14公支膨体腈纶、底纱28号纯棉连接纱70旦～150旦低弹涤纶。

32. **GE731型自动嵌花横机** 设计制造单位：燕北机械厂。“嵌花”又称“无虚线提花”，嵌花织物具有平整、图案清晰的特点，是一种用以提高毛针织品档次的专用针织横机。该机工作宽度102厘米（40英寸），机号5、6、7、8、9、10、11针/英寸。编织速度嵌花11～20横列/分、普通18～30横列/分无级变速，花型有菱形、方形、三角形、直条等，花型宽度1～84针。导纱器数12个。该机填补国内定型横机空白。

33. **GE146型毛皮机** 设计制造单位：栖霞纺织机械厂。该机适用原料为26公支/2膨体腈纶纱（面纱）、150D×2低弹涤纶丝（底纱），公称直径660毫米/26、机号E15、进纱路数16路，转速15转/分，绒毛高度8～16毫米，产量4公斤/台·时，采用针布堆叠式连续牵拉装置。该机为刀舌针相结合，毛纱直接喂入割圈式人造毛皮机，织物柔软，绒毛丰满，适宜制作毛皮服装、各种玩具及装饰品。

34. **GE081型提花移圈圆纬机** 设计制造单位：上海第七纺织机械厂。针筒直径762毫米/30，机号E18，40路进线，总针数1728×2针/寸，机器转速12～20转/分，网眼线圈横列数1～3个，花型范围为花宽乘花高48×160（对称型）、24×160（不对称型），功率3千瓦。该机可编织平针网眼、罗纹网眼、纵向或斜向网眼等有规则的提花网眼组织坯布及罗纹和色泽提花组织坯布。该机输线装置采用贮存式积极送纱装置，卷取机构采用多凸头机械式卷取，附有大容量喷雾加油装置。

35. **MDC、FDC光电整纬装置** 设计制造单位：太仓纺织仪器厂。该装置的发光头灯泡功率24V、45W，采用透光式旋转动态检测，检测范围±30°，检测节奏为0.25°，采用微机实行计算和控制功能，根据织物的透光程度自动调节光强，并计算和显示织物的纬斜进行校正，能显示加工速度、统计产量长度、织物的可检测性、各检测头的工作状态及故障检测和报警。本装置适用于印染、色织、针织及被单等行业。此装置是与意大利BIANCO公司以技贸结合形式引进技术生产的产品，国产化率已达90%以上。

36. YG991 型地毯测试仪 设计制造单位：常州第二纺织机械厂。地毯测试由六种测试仪组成：地毯测厚仪—测量范围 0～30 毫米、压脚面积 4 厘米²、最大压力 200kPa，是测定地毯厚度及压缩性能试验检验仪器；地毯动负荷试验仪—用于测量在动负荷冲击下厚度的损失，冲击频率 14 次/分，冲头对钢底板的自由落体高度为 63.5 毫米；地毯长时静重荷失厚仪—是测地毯长时的静态重负荷后厚度减少的检测仪器，重锤重量 9954 克，压脚面积 7 厘米²，杠杆比 1∶5；地毯火焰蔓延器—是测试地毯抗燃烧性能仪器，燃烧箱尺寸（长×宽×高）300×300×300 毫米，试样尺寸 230×230 毫米，小片剂原料为六甲撑四胺，小片剂规格 φ6 毫米，150±5 毫克；六撑足试验仪—是测试地毯外观品质持久性的仪器；撕剥强力机—是测试地毯绒簇拔出力及簇绒地毯背衬剥离强力和针刺撕剥强力的测试，最大负荷 200 牛顿，示值方式为强伸度曲线，示值精度±1%。

37. YG503 型摩擦式滑移试验仪 设计制造单位：常州第二纺织机械厂。该机适用于测定轻薄、柔软、稀松的机织物及其它易滑移织物（如丝绸、化纤、纱罗等）纱线抗滑移变形程度。对摩擦辊夹持力范围 0～30 牛顿，示值误差不超过±3%，预张力 25±0.2 牛顿，滑块动程 25 毫米，摩擦辊直径 φ20 毫米、长度 25、50 毫米，邵氏硬度 55～60°（A）。

38. YG106 型纤度秤 设计制造单位：常州纺织仪器厂。该秤是用来衡量一定长度内丝的粗细即纤度（dtex）。称量范围在 0～50dtex 和 30～80dtex 时，其最小分度值为 0.5dtex，在 0～200dtex 和 150～350dtex 时，最小分度值为 1dtex，取样长度均为 100 米，空秤变动误差小于 1/2 最小分度值，空秤感量检查其位移量大于 1/2 最小分度值，全称最大误差为小于 1/2 最小分度值，全秤感量检查其位移量大于 1/2 最小分度值，回检空秤变动误差小于±1 最小分度值，配套砝码误差±1 毫克。

39. YG029 型台式自动单纱强力仪 设计制造单位：纺织工业部纺织科学研究院。该仪器采用等速伸长（CRE）测试原理，适用于棉、毛和化纤短纤维的纯纺或混纺纱线（股线）的断裂强力和伸长性能的试验，具有自动选速、自动走纱、间隔取样、使用砝码自动施加预张力和自动进行数据统计和打印输出等功能。测力最大量程 3000 厘米牛顿，灵敏度 1 厘米牛顿，最小误差≤示值的±1%，伸长的最大值 250 毫米，隔距 500±1 毫米，拉伸速度 10～2000 毫米/分，重量 85 公斤。

40. YG024 型电子单纱强力机 设计制造单位：安丘纺织仪器厂。该仪器采用进口高精度力值传感器及集成电路转换，能准确测试纱线的断裂强力、断裂时间及伸长量。测量范围及精度 0～2000 厘米牛顿±1%，数码管显示，夹持试样长度 100、250、500 毫米三种，平均断裂时间 10±1.5 秒、20±3 秒快速拉伸。

41. YG984 型电子纱线张力仪 设计制造单位：安丘纺织仪器厂。该仪器采用电阻应变片传感器。宝石棒作测试头，采用集成电路进行信号处理，通过调节调臂电阻使电桥平衡，从而达到测试张力的目的。该仪器适用于各类纤维纱线的张力检测，最大测量范围 0～1200 厘米牛顿，分度值 1 厘米牛顿，精度±2%附加一个字，电源消耗小于 0.18 瓦，重量 1 公斤。

42. YG501 型织物起毛起球评定仪 设计制造单位：安丘纺织仪器厂。该仪器采用光反射原理的差异，考核织物起毛起球的程度，全部测试过程均自动进行，测试结果用数字显示并由打印机输出，测试台转速 4～5 转/分，光电接收器 MG43～53，光敏电阻，光源功率 8 伏/20 瓦。

43. YG983 上罗拉测量仪 设计制造单位：安丘纺织仪器厂。该仪器是用电机驱动上罗拉转动在百分表上直接显示跳动值，从而测得基圆度、同轴度及圆柱度，测量范围 φ20～140 毫米，L=250 毫米，测试精度 0.015 毫米，整机功率 30 瓦。

纺织工业优秀工程设计奖项目

授奖部门：纺织工业部

(1990～1991年)

一 等 奖(8项)

项 目 名 称	设 计 单 位
大庆石油化工总厂腈纶厂	上海纺织工业设计院
仪征化纤工业联合公司涤纶三厂	纺织工业部设计院
泰安市大麻纺织实验厂	山东省纺织工业设计院
南通醋酯纤维有限公司一期工程	纺织工业部设计院
北京市服装一厂	北京市纺织工业设计院
上海第七毛纺织厂扩建染整车间	上海纺织工业设计院
嘉兴制丝针织联合厂扩建200吨/年丝针织项目	浙江省轻纺工业设计院
六里屯居住区规划	北京市纺织工业设计院

二 等 奖(12项)

项 目 名 称	设 计 单 位
长沙锦纶厂	湖南省轻工设计院
营口特种纤维厂	中国纺织化纤工程公司
2351工程(总后3551工厂)	河南纺织设计院
山东省邹平棉纺织厂气流纺车间	山东省纺织工业设计院
吉林省白城纺织厂纺织车间	天津纺织工业设计院
安纺一厂引进设备配套扩建二万锭厂房	安徽省纺织工业设计院
新疆库尔勒棉纺织厂	湖北纺织设计院
无锡国棉四厂新纺部车间	江苏省纺织工业设计院

续

项 目 名 称	设 计 单 位
中外合资福州高福纺织有限公司腈纶纱生产车间	福建省轻工设计院
中国纺织大学学生宿舍大楼	中国纺织大学建筑设计室
高层塔式住宅(22层)	北京市纺织工业设计院
仪征化纤工业联合公司动力厂生产综合楼	仪征化纤工业联合公司设计院

三 等 奖(23项)

项 目 名 称	设 计 单 位
引进意大利涤纶长丝高速纺工程	丹东化纤公司设计院
四川省广汉涤纶总厂	四川省纺织工业设计院
湖北宜昌化纤厂	湖北纺织设计院
山东荷泽涤纶厂	北京市纺织工业设计院
仪征市合成纤维厂废丝纺工程	仪征化纤工业联合公司设计院
山东省高密合成纤维厂丙纶长丝一期工程	上海纺织工业设计院
本溪合成纤维厂	辽宁省纺织工业规划设计院
汪清涤纶工业长丝厂技术改造项目一期工程	吉林省纺织工业设计研究院
青岛化学纤维厂2000吨/年涤纶有色、细旦、异形丝技改工程	青岛市纺织工业设计院
赣东苎麻纺织厂	江西纺织科研设计院
洛阳棉纺织厂改造工程	纺织工业部设计院

续

项目名称	设计单位
贵州省黔西南州针织厂	贵州省轻纺工业设计院
秦皇岛市棉纺厂扩建2万锭项目	河北纺织工业设计院
山西永济纺织厂扩建工程主车间	山西纺织工业设计院
四川省绵阳印染厂	四川纺织工业设计院
陕西第三印染厂低弹化纤织物印染生产线	陕西省纺织工业设计院
渭南棉纺织厂扩建3万枚纱锭生产厂房	陕西省纺织工业设计院

续

项目名称	设计单位
云南省大理民族纺织厂扩建工程	云南省轻纺工业设计院
青岛第一染织厂年产600万米靛蓝坚固呢工程	青岛市纺织工业设计院
洮南毛纺总厂总体技改新建梳纺车间工程	吉林省纺织工业设计研究院
浙江省商业厅2号办公楼	浙江省轻纺工业设计院
辽化职工培训中心	辽宁省纺织工业规划设计院
新工具车间	郑州纺机厂建筑设计室

纺织工业优秀工程勘察奖项目

授奖部门:纺织工业部

(1990～1991年)

二 等 奖(2项)

项目名称	勘察单位
烟台氨纶厂主车间振冲碎石桩加固地基	纺织工业部设计院
毕节苎麻纺织厂工程测量	湖南省轻工业设计院

三 等 奖(3项)

项目名称	勘察单位
邯华公司三万锭棉纺厂	纺织工业部设计院
武汉音乐学院八层住宅楼	湖北纺织设计院
仪征化纤工业联合公司长江港区码头泊位变形	仪征化纤工业联合公司设计院

纺织工业优秀工程设计奖项目内容简介（一、二等奖）

大庆石油化工总厂腈纶厂　腈纶工程共有60个子项，其中主体车间采用美国氰胺公司的技术，由美国康泰斯公司负责基础设计和提供设备，毛条和污水处理分别从德国和日本引进，初步设计和施工图全部由上海纺织工业设计院设计，1991年创利税1.39亿元，实现产量、质量、品种、单耗、能耗及环保等6项指标全面达到设计标准。设计的主要特点如下：

1. 采用国际先进水平的硫氰酸钠两步法工艺技术。

2. 与当时国内腈纶技术相比，单线生产能力达到10000t/a，提高2.5倍；纺丝速度达到225m/min，提高4～5倍；丙烯腈单耗980kg/t，降低了40kg，能耗也大大降低，排废量少，劳动条件得到改善。

3. 产品品种不仅可生产棉型、毛型，也能生产复合型差别化纤维。

4. 设备平面布置和单体建筑造型合理，能满足工艺要求。毛条车间为12×12m锯齿形厂房，设计成三层天窗，可防止严寒地区车间内凝冰滴水。

5. 总平面布置紧凑合理，功能分区明确，人流货流互不干扰。

仪征化纤工业联合公司涤纶三厂　涤纶三厂工程共有25个子项，其中主体车间由聚酯和切片生产两大部分组成，聚酯装置的技术和设备是1978年从德国吉玛公司引进的，切片生产装置则采用纺织工业部设计院开发的技术，工程设计是在没有外籍技术人员指导下由纺织工业部设计院自行设计的，该厂1990年全面建成投产，各项技术经济指标均达到或好于国家二级企业标准。

与仪征一期工程相比，涤纶三厂设计上有以下几点改进：

1. 包括引进的聚酯装置在内的主体车间采用TDC-3000型集散型控制系统，与TDC-2000型相比，系统简化、安全可靠、功能性强、控制精度高、操作方便。该系统应用软件由纺织工业部设计院和仪化公司共同编制，节省外汇约30万美元。

2. 切片生产装置17类关键设备经国家招标中心委托北京机电招标公司在国内招标，除3种设备需从国际市场采购外，其余全部国内设计制造，按设备台件数计，国产化率达78%。

3. 切粒后立即吹干，与一期的先水送后吹干相比，不仅节省3000米不锈钢管，脱盐水单耗由2t/h降为0.5t/h，而且降低切片内部含水，提高了质量。

4. 采用振动筛，既分离超长切片又分离粉末，有利于下游工厂降低单耗和提高纺丝质量。

5. 严格控制脱盐水温度，延长刀具寿命，降低单耗。

6. 熔体管路上增设排废旁路，减轻了劳动强度。

7. 分析料仓由一期布置在包装楼内改为靠近切片楼布置，使包装楼高度由一期工程的37.2米降低为8米。

泰安市大麻纺织实验厂　大麻纺织工程设计无先例，难度大。本项目设计吸收亚麻、苎麻、毛纺织成熟经验及大麻中试成果，建立了我国第一座大麻纺织印染实验厂，为我国发展大麻纺织业奠定基础。经国家重点工业性试验项目鉴定委员会验收，认为“大麻梳理、纺纱成套工艺技术比较成熟，在国际上处于领先地位。”本项目由于工艺流程、设备选型合适，已开发出一批具有大麻独特风格的产品，其中有些填补了国内空白。产品除内销外，还远销意大利、南朝鲜、美国等。大麻资源的开发利用，对增加农业收入，繁荣麻纺织业有明显效果。

本工程系工业性试验项目，在工艺流程选择上，以产品为龙头，根据大麻纯纺、混纺、交织、落麻综合利用的不同风格确定不同工艺流程，使不同效应得到很好发挥，产品得到用户好评。

设备选型横跨棉毛麻丝行业，选择其中适合大麻特性的先进设备；并进口亚麻湿纺细纱机以充分发挥其成纱毛羽少、强力高的特点。

为满足大麻纺织相对湿度高的要求，在国内麻纺织行业中首次采用细纱、织布车间的下送上排空调系统，测试数据表明，既节约了能源、又收到较好的效果。

针对麻纺厂易发生爆炸的特点，该设计认真按纺织工业部颁发的防止粉尘爆炸规定，采取多种防火防爆措施。

南通醋酯纤维有限公司一期工程　该项目系江苏省烟草公司和美国塞拉尼斯公司合资建设，主要工艺技术和设备由赛拉尼斯公司提供，整个工程子项共有33项，主要特点如下：

1. 引进烟用醋纤丝束的生产技术在我国尚属首次，1990年投产后，当年即获税利9261万元，1991年通过国家竣工验收，中国烟草总公司和美国塞拉尼斯公司对该项目的设计给予高度评价。

2. 总图布置充分利用地形和考虑今后的发展，建筑物按功能分区合理，风格协调，厂区管线排列整齐。

3. 加强中间检查和最终会审，尽管设备管道布置紧密并未发生较大的碰撞和遗漏；该院还组织QC小组攻关，例如纺丝车间和热电站的多层框架采用天然地基，与当地惯用的打桩相比，仅此一项即节省45万元。

4. 初步设计阶段考虑全面，工程概算准确，保证了合资双方的利益。

北京市服装一厂 工艺设计选用汽烫、粘合、PP整理定型等先进工艺，使服装生产有了突破性提高，毛料西服6次下水不变形。在工艺布置上有创新，打破一般服装生产工艺路线自上而下的格局，将裁剪工段布置在三层楼面，使物料垂直运输，上下行次数基本平衡，缩短了运输路线。

结构设计有创新，在8度地震区首次采用21m大跨度部分预应力框架体系的高层工业厂房，为服装工业生产创造了良好条件。车间内无立柱，提高了有效面积，节省了建筑面积378m²；使裁剪车间可多排出一条生产线。工艺排列和运输均较有柱车间方便。

库房、生产车间等相关车间合并设计成联合厂房，方便使用，节约用地；并设计了体型丰富、手法简洁新颖的立面造型。

在内部空间处理上，利用大跨预应力梁的结构高度范围内开洞，以穿过通风风管等管线，降低了层高；而且形成明亮洁净舒适的生产环境。

上海第七毛纺织厂扩建染整车间 该项目系老厂改造工程。通过拆除老锅炉房、水塔等，新建四层染整车间。新车间四周绿化，外形整洁漂亮，使原来拥挤破旧的弄堂厂，成为具有优美环境的现代化工厂。

工艺技术先进。通过调研分析，引进具有80年代先进水平的9种新型染整设备，与国产新颖设备配套，提高了产品质量和档次，增加了开发新品种的能力，开发了市场适销对路的羊毛低比例产品，在呢绒市场普遍滞销情况下，取得较好经济效益，1991年产值6644万元，利税898万元，创汇167万美元，经济指标达到国内高水平。车间劳动条件明显改善，劳动强度大幅度减轻。具有较大经济和社会效益。

工艺设计流程通畅、设备布置合理、运输路线短、新老车间结合好。染整车间采取了局部排雾与全面排雾相结合的措施，除车间内排雾井直通屋面外，另有6条排雾井设在厂房外墙，收到很好的排雾效果。

嘉兴制丝针织联合厂扩建200吨/年丝针织项目 工艺设计合理，在总结采用国内真丝针织开发技术的同时，引进自动化程度高、运行可靠的先进设备。根据真丝性能、产品特征及加工方法，形成了大圆机—干法路线、台车—湿法路线两条工艺流程，既保证产品质量，又提高工作效率。

本项目从白厂丝到丝针织绸、印染、服装形成一条龙多品种生产，为我国目前规模最大、技术装备最先进的制丝针织联合企业。产品适销对路，出口量占我国真丝针织出口量的65%，占世界真丝针织品贸易量的20%。自投产后已创税利2378万元，创汇1783万美元，已回收了全部建设投资。经济效益名列嘉兴市丝绸行业前茅。

总图布置充分利用原地形，保留原冰厂湖，以美化环境和节省土方量。生产和公用工程分区明确，管理方便。根据生产特点将针织、成衣、整理等车间合建在四层楼厂房中，将空压站及制冷站合并设置。

根据工艺情况选用合理的建筑结构形式，漂染车间采用南向锯齿厂房以减少结露和利用天然光；针织、成衣、整理车间采用楼层厂房以节约用地。

六里屯居住区规划 六里屯居住区是北京市东郊近年来较大的居住区，由于多年的城市建设，该居住区规划范围内已有相当数量的现状建筑，增加了居住区的规划难度。规划以环境设计为重点，利用居住区临近水碓公园与朝阳公园的优越环境，用人形绿化带连接两大公园并将公园景色引入居住区，沿绿化带设置建筑小品与广场，形成了居住区的活动中心。在居住建筑布置中利用高板与多层板式住宅相结合，围合组团，居民共享活动空间，并利用插建、接建的办法，使新建住宅与已建现状住宅有机结合，组成新的组团庭院，使6个居住小区具有各自的格调与特色。

该规划已被首都规划委员会和首都艺术委员会评为八十年代居住区优秀作品二等奖。

长沙锦纶厂 该工程主工艺的聚合和纺丝是从瑞士伊文塔公司引进的先进技术和设备，配套的工程设计是由湖南省轻工设计院设计。

主工艺的单体回收装置采用三效蒸发、降膜蒸发和精馏三段流程，三效蒸发改用自然循环，取消了循环泵；精馏真空采用一套蒸汽喷射泵，省去了机械真空泵。

回收装置可使萃取水中60%～65%的单体回用到聚合，每吨产品成本可降低400～450元。

全厂总图布局合理、紧凑，功能分区明确，建筑设计经济、适用、美观，投产一年来，锦纶产量达到设计能力，产品质量良好，1991年还租赁费后仍可获利税498万元。

营口特种纤维厂 营口特种纤维厂丙纶烟用丝束装置是引进意大利先进的生产技术和设备，由中国纺织化纤工程公司利用营口化学纤维厂闲置简陋厂房和公用工程余量进行改造和设计的，主要特点如下：

1. 配合营口特种纤维厂选择引进的技术起点高，用汇少，被评为营口市外经委优秀引进项目。

2. 将生产车间、辅助设施和企业管理等综合组织在一幢建筑物内，调整了门窗，新做了吊顶、地坪和室内装修，配置了通风照明系统，由于新旧衔接较好，在生产厂房总面积3610m² 中，利用原有厂房就达2330m²，因此用于建筑工程和公用工程的投资仅占基建投资的5%。

该装置投产以来，运转正常，产品质量各项指标都达到烟草总公司规定的要求，为烟草总公司辽宁省公司验证合格。

2351工程（总后3551工厂） 工艺设计考虑到军工生产的特殊要求，在基本选用国产新型设备前提下，局部引进关键设备，对国产设备的组成，也根据产品特点作了改进。碱液回收蒸浓按色布和白布丝光不同情况分为两个系统，保证了不同产品的质量。

总图布置合理，功能分区清楚，既满足当前生产需要，也为发展预留条件。

主厂房地质复杂，在软土地基上采用大面积柱下独立浅基础方案，节约105万元，缩短工期6个月。

全厂环境保护、绿化、节能、计量、工业安全卫生等都作了较好处理。投产后产品合格率达95%以上。

山东省邹平棉纺织厂气流纺车间 设备选型中认真分析国内外多种类型的特点进行选择组合。开清棉流程中起主要作用的除杂和混和机引进，辅之以国产先进设备，比全部引进节约40万元。采用清钢联符合发展方向。梳棉和并条均引进国际先进型号，为气流纺提供了良好前纺半制品。气流纺机采用BD200SN型，可利用控制气流调节排杂量的大小，杯内积灰少，质量较好，而且价格比西德设备省856万元，节电32万元/年。

由于工艺合理，设备先进，保证了产品质量。气流纱条干均匀度达到1989年乌斯特公报CV值的25%。用该纱生产的牛仔布，出口卖价比一般同类产品多卖每米2元。吨纱利润高于国内先进厂。

吉林省白城纺织厂纺织车间 工艺设备采用国产新型号，先进可靠。设计考虑具有小批量、多变功能以满足国内外市场变化需求。布局合理、设备排列方便操作。1988年10月至1991年3月，产值2850万元，利税达到1467万元。

充分利用工厂原有水电汽等辅助生产建筑物，节省投资和能源。

解决了棉纺织厂房吊顶后屋顶结露的“老大难”问题。

设计中始终贯彻TQC，建立了以技术科为首的质量保证体系，确保了设计质量。

安纺一厂引进设备配套扩建二万锭厂房 工艺先进、设备配套合理。引进工艺流程中的关键设备，如西德清钢联、并条机、自动络筒机等，与国产先进设备相结合。

主厂房设计精巧、美观大方。主立面设竖井，既美观又起到遮阳作用，而且能排烟雾。结合场地。

主厂房为三层钢筋砼框架结构，采用了目前国内先进的部分预应力框架结构理论进行设计，对顶层的大偏心受压柱运用梁上施加部分预应力的原理，在国内首次采用在柱子受拉侧布置一定数量的预应力筋增加抗侧刚度和抗裂度，达到缩小柱子截面，减少配筋的目的，节约面积，减少投资31.5万元。

新疆库尔勒棉纺织厂 产品方案符合新疆原棉特点，合理利用资源。设备选型合适，机器配台和排列考虑了满足当前需要和产品发展、市场变化，应变能力强，有竞争力。

各车间位置合适，分区清楚，运输通顺。机器排列方便挡车。附房面积和位置适合新疆地区气候寒冷、风沙大、机件自修量大的特点。

针对新疆地区气候干燥，原棉含水率低于3%的特点，设计了3个分级给湿间，为稳定生产、保证产品质量提供了有利条件。

总图设计紧凑整齐，布局合理，功能分区明确，留有绿化地带。

在对盐渍土处理无规范可循条件下，本设计成功地处理了大面积盐渍土基础。

无锡国棉四厂新纺部车间 采用双向大跨度四层楼框架结构。框架主梁是22.5m＋21.3m＋4.7m（悬臂）有粘结部分预应力大梁，次梁是14m＋12m＋14.3m＋3.5m（悬臂）无粘结部分预应力梁，楼板采用预应力薄板加现浇叠合层的结构，结构性能良好，施工方便，节约钢材150吨。

由于跨度大，厂房面积利用率得以提高，原来排列46台细纱机的楼面可以排列48台，增加生产能力4%。由于柱子少，机台排列灵活，为今后设备更新改造、提高档次提供了排列上的有利条件。

中外合资福州高福纺织有限公司腈纶纱生产车间 地面采用土工布加固垫层与十字梁网格支架联合支承体系，解决了8t/m²大面积堆荷作用下厂房地面处理的难题。节约了工程投资56万元，缩短了工期。这是纺织行业，也是全国大面积堆荷下软土地面处理的首次尝试。

通过温度应力计算，并在结构上采取措施，使整个96m长的多层厂房连成一体，中间不设伸缩缝。

由于地面堆荷与厂房柱基换算均布荷载总和为15t/m²，选用桩基础。设计中桩型选择正确，长桩（48～58m）设计做到安全可靠、经济合理。采用国内外多种计算方法进行比较，并结合当地设计经验，合理选取桩承载力，采用静载、PDA及机械阻抗法分别进行检测。经一年的沉降观测，完全达到设计要求。

中国纺织大学学生宿舍大楼 18层的纺大学生宿舍大楼位于校园生活区北面紧临上海市交通干道延安西路与中山西路交叉口，是市区通往虹桥机场的必经之路，大楼在总体布置上满足了城市规划景观的要求，在满足功能与防火要求的前提下，对建筑物的平面与立面造型进行了恰当的处理，不仅丰富了干道的景观要求与空间，并与校园内的其他建筑取得了空间的和谐与统一。

高层塔式住宅（22层） 本设计是在北京市纺织工业设计院获“北京地区大板住宅设计竞赛”一等奖

的方案基础上进一步完善与改进的，布局以大厅2居为主，适合现代居住要求，户室的组合灵活，单元组合多样，平面布置合理，平面系数K值较高，基本上做到“三明”（明厨、厕、厅），符合经济、适用、美观的设计原则。

仪征化纤工业联合公司动力厂生产综合楼 设计有明确的指导思想，在一个规模不大的办公建筑中，摒弃了一般办公建筑的传统设计模式，因地制宜地将建筑物根据不同的功能布置成两个方形平面，并把共享空间的设计手法恰当地引入运用，使办公的环境与条件得以改善。设计手法新颖，立面处理简洁，整体效果较好。

1991年纺织行业100家出口创汇大户

单位：万元人民币

地区	企业名称	出口交货值	地区	企业名称	出口交货值
北京	北京第二棉纺织厂	9450	黑龙江	富拉尔基纺织印染厂	8445
北京	北京第三棉纺织厂	19870	哈尔滨	哈尔滨亚麻纺织厂	12900
北京	北京印染厂	10000	上海	上海第十七棉纺织厂	7829
北京	北京光华染织厂	8600	上海	上海第二十一棉纺织厂	7714
天津	天津印染厂	7800	上海	上海嘉丰棉纺织厂	7344
天津	第一印染厂	8600	上海	上海第二十八棉纺织厂	8413
河北	邯郸第二棉纺织厂	12606	上海	新光内衣染织厂	12519
河北	邯郸第三棉纺织厂	7526	上海	上海第一印染厂	20541
河北	邯郸第四棉纺织厂	12553	上海	上海第二印染厂	13575
河北	石家庄第一棉纺织厂	8366	上海	上海第三印染厂	13249
河北	石家庄第二棉纺织厂	11884	上海	上海第七印染厂	9818
河北	石家庄第三棉纺织厂	17021	上海	上海第九印染厂	9012
河北	石家庄第四棉纺织厂	16445	上海	永新雨衣厂	14428
河北	石家庄第五棉纺织厂	1339	上海	上海新丰印染厂	8935
河北	保定第一棉纺织厂	10478	上海	上海第十印染厂	11066
河北	石家庄第一印染厂	16402	上海	上海绒布厂	7019
河北	石家庄第二印染厂	13082	上海	元通漂染厂	9364
河北	邢台织染厂	9908	上海	光华漂染厂	7434
河北	保定化纤厂	7277	上海	上海第五印染厂	11123
河北	石家庄石润纺织染有限公司	12026	上海	上海第一丝绸印染厂	10803
内蒙古	伊盟羊绒衫厂	17049	上海	上海飞达羽绒服装厂	9779
辽宁	丹东丝绸印染厂	7000	上海	上海衬衫厂	9716
辽宁	营口纺织厂	9300	江苏	苏州苏纶纺织厂	9488
辽宁	营口三益纺	10000	江苏	丹阳棉纺厂	7283
大连	金州纺织厂	14500	江苏	常熟市印染总厂	9404
黑龙江	牡丹江纺织厂	7172	江苏	常州东风印染厂	13444

续

地区	企业名称	出口交货值	地区	企业名称	出口交货值
江苏	常州东方印染厂	21876	山东	潍坊第二印染厂	8727
江苏	常州灯芯绒厂	13135	青岛	青岛第六棉纺织厂	10804
江苏	江阴印染厂	15050	青岛	青岛印染厂	8603
江苏	扬州友谊服装总厂	7303	青岛	青岛第二印染厂	7261
江苏	扬州印染厂	7342	河南	郑州第三棉纺织厂	10324
江苏	南通第一棉纺织厂	10045	河南	洛阳棉纺织厂	10958
江苏	南通第二棉纺织厂	7405	河南	郑州印染厂	8509
江苏	南通第三棉纺织厂	7310	湖北	安陆棉纺织厂	11000
江苏	南通市第一印染厂	9501	湖北	蒲圻纺织总厂	10000
江苏	无锡市第一棉纺织厂	7606	湖北	宜昌棉纺织厂	9148
江苏	无锡市第一色织厂	9055	湖北	沙市印染厂	8549
江苏	无锡市印染厂	8569	湖北	襄樊棉纺织印染厂	8624
江苏	无锡市漂染厂	24937	湖北	宜昌旭光棉纺厂	7200
浙江	杭州第一棉纺织厂	8253	广东	惠州惠升印染联合有限公司	7316
浙江	杭州第二棉纺织厂	8416	广东	恩平广联泰纺织企业有限公司	9166
浙江	杭州印染厂	8016	深圳	深圳中冠印染有限公司	27312
浙江	湖州印染厂	11000	陕西	西北第一棉纺织厂	13761
宁波	宁波印染厂	12536	陕西	西北第四棉纺织厂	12695
江西	江西棉纺织印染厂	10725	陕西	西北第五棉纺织厂	13250
山东	济南第三棉纺织厂	7654	陕西	西北第七棉纺织厂	13500
山东	淄博织染厂	8149	陕西	西北第一印染厂	8500
山东	德州棉纺织厂	12194	陕西	陕西第二印染厂	8580
山东	蒙阴棉纺织厂	7747	新疆	新疆纺织工业集团公司	7556
山东	济南第一印染厂	7084	新疆	天山毛纺织有限公司	8500

（摘自 1992 年 5 月 14 日《中国纺织报》）

1991 年各省市部分厂家出口交货值

单位：万元人民币

地区	企业数	出口交货值	地区	企业数	出口交货值
上海	191	607945	河南	85	126794
江苏	256	607537	湖北	31	125157
河北	129	270224	浙江	45	125018
山东	121	242539	辽宁	79	124464
广东	73	176060	陕西	26	120167

续

地区	企业数	出口交货值	地区	企业数	出口交货值
北京	41	109992	四川	9	22871
天津	29	83291	南京	6	22199
大连	25	70382	哈尔滨	10	20426
青岛	16	64414	福建	23	19118
安徽	45	62069	重庆	17	18368
宁波	24	62039	内蒙古	6	17050
武汉	28	47003	广西	13	16255
沈阳	30	42835	山西	13	11707
广州	14	36417	长春	10	11265
湖南	40	35866	成都	3	6556
黑龙江	11	35074	厦门	1	6530
深圳	4	35052	西安	6	4963
吉林	34	27837	青海	1	3500
新疆	8	26544	贵州	2	3239
江西	13	26406	甘肃	1	1200

（摘自1992年5月14日《中国纺织报》）

1991年中国500家最大工业企业中的27家纺织企业

单位：万元人民币

企业名称	销售额（万元）	企业名称	销售额（万元）
仪征化纤工业联合公司	358992	无锡漂染厂	36701
上海化学纤维公司	96934	保定化学纤维联合厂	36008
平顶山锦纶帘子布厂	81847	北京第三棉纺织厂	35798
丹东化学纤维工业公司	66519	开平县涤纶企业集团公司	34590
上海第二纺织机械厂	51241	北京第二棉纺织厂	34288
新会涤纶厂	50940	金州纺织厂	34125
佛山聚酯切片有限公司	43966	福建化纤化工厂	32921
蒲圻纺织总厂	43177	新乡化学纤维厂	32525
黑龙江涤纶厂	42619	四川第一棉纺织印染厂	31068
经纬纺织机械厂	41439	常州东方印染厂	31012
上海线带公司	40469	深圳中冠印染有限公司	30570
上海第十七棉纺织厂	39144	山西纺织印染厂	30536
鹤山县毛纺织总厂	38263	无锡丝绸印染总厂	30116
余姚化纤棉纺织总厂	37585		

（摘自1992年6月15日《中国纺织报》）

纺织工业新版图书

(1991年)

羊毛衫加工原理与实践（上册）（纺织专科学校教材） 邓秀琴 编著，1991.12. 纺织工业出版社出版，定价：4.35元

染整工程（第一册）（纺织专科学校教材） 陶乃杰 主编，1991.6. 纺织工业出版社出版，定价：4.20元

染整工程（第三册）（纺织专科学校教材） 陶乃杰 主编，1991.12. 纺织工业出版社出版，定价：4.45元

材料力学（高等纺织院校教材） 谢士忠 汪舒华 主编，1991.12. 纺织工业出版社出版，定价：3.40元

纺织机械噪声控制（高等纺织院校教材） 陈瑞琪 吴进根 王绳武 等编，1991.12. 纺织工业出版社出版，定价：3.55元

工程材料和机械制造基础（高等纺织院校教材） 刘烈元 主编，1991.12. 纺织工业出版社出版，定价：2.85元

电力拖动自动控制系统（高等纺织院校教材） 陈振翼 主编，1991.12. 纺织工业出版社出版，定价：4.00元

计算机控制技术（高等纺织院校教材） 邵世煌 主编，1991.12. 纺织工业出版社出版，定价：5.20元

服装色彩学（高等纺织院校教材） 黄元庆 等编，1991.6. 纺织工业出版社出版，定价：2.60元

服饰图案设计（高等纺织院校教材） 石裕纯 等编，1991.6. 纺织工业出版社出版，定价：3.55元

梳棉保全（第二版）（棉纺织保全技工教材） 皇甫玉书 孙荫南 等编著，1991.12. 纺织工业出版社出版，定价：8.60元

棉纺工艺学（下册）（中等纺织专业学校教材） 河南纺织工业专科学校 沈廷椿 主编，1991.6. 纺织工业出版社出版，定价：4.50元

针织概论（中等纺织专业学校教材） 成都纺织工业学校 贺庆玉 主编，1991.6. 纺织工业出版社出版，定价：1.50元

印染概论（中等纺织专业学校教材） 成国泰 郑光洪 杜宗良 编，1991.6. 纺织工业出版社出版，定价：1.65元

服装概论（服装职工中专教材） 孙杰 编，1991.6. 纺织工业出版社出版，定价：1.85元

服装面料（服装职工中专教材） 周世洪 编，1991.6. 纺织工业出版社出版，定价：2.00元

服装生产技术管理（服装职工中专教材） 任林昌 金泰钧 编著，1991.6. 纺织工业出版社出版，定价：2.10元

时装画（服装中等专业学校教材） 刘霖 金惠 编，1991.6. 纺织工业出版社出版，定价：1.95元

毛纺织染简论（纺织技工学校教材） 倪鉴明 主编，1991.6. 纺织工业出版社出版，定价：2.20元

针织简论（纺织技工学校教材） 上海市技工学校针织教材编写组 编，1991.6. 纺织工业出版社出版，定价：2.70元

服装基础英语（服装技工专业学校教材） 黄骏行 田守华 徐礼莱 李得宝 编，1991.12. 纺织工业出版社出版，定价：6.15元

中国纺织工业年鉴（1991年） 《中国纺织工业年鉴》编辑委员会 编，1992.1. 纺织工业出版社出版，定价：43.00元

纺织品大全（棉、印染织物分册） 上海市纺织工业局 编，1991.2. 纺织工业出版社出版，定价：2.50元

纺织品大全（色织物分册） 上海市纺织工业局 编，1991.1. 纺织工业出版社出版，定价：1.55元

纺织品大全（丝织物分册） 上海市纺织工业局 编，1990.12. 纺织工业出版社出版，定价：5.10元

化学纤维词典 俞大卫 主编，1991.4. 纺织工业出版社出版，定价：17.50元

英汉纺织工业词汇（续编） 上海市纺织工业局《英汉纺织工业词汇》编写组 编，1991.11. 纺织工业出版社出版，定价：9.70元

聚酯纤维手册（第二版） 贝聿泷 徐炽 编，1991.5. 纺织工业出版社出版，定价：8.00元

中国纺织工业投资指南（英文版） 国际贸促会纺织行业分会 纺织工业出版社 合编，1991. 纺织工业出版社出版，定价：150元

新时期企业思想政治工作手册 林乃基 主编，

1991. 11. 纺织工业出版社出版，定价：12.00元

梳毛机理论与实践 王文光 编著，1991. 5. 纺织工业出版社出版，定价：3.65元

活性染料染色的理论和实践 宋心远 沈煜如 编著，1991. 9. 纺织工业出版社出版，定价：8.75元

涡流纺纱 于修业 孙松 编著，1991. 1. 纺织工业出版社出版，定价：1.35元

摩擦纺纱 蒋金灿 王其慧 编著，1991. 8. 纺织工业出版社出版，定价：2.00元

喷气纺纱 金佩新 刘月芬 编著，1991. 10. 纺织工业出版社出版，定价：1.95元

纺织新产品设计与工艺 金壮 张弘 编著，1991. 3. 纺织工业出版社出版，定价：4.40元

剪毛机的使用与维修 秦慧琛 编，1991. 6. 纺织工业出版社出版，定价：1.00元

导电纤维及抗静电纤维 高绪珊 童俨 编，1991. 2. 纺织工业出版社出版，定价：2.75元

高分子材料抗静电技术 赵择卿 编译，1991. 9. 纺织工业出版社出版，定价：5.90元

新型高速经编机的结构与产品 许期颐 许卫元 编著，1991. 1. 纺织工业出版社出版，定价：1.95元

丝绸产品设计 沈干 编著，1991. 6. 纺织工业出版社出版，定价：7.30元

剥选茧及制丝工艺设计（第二版） 范顺高 黄昌福 编，1991. 9. 纺织工业出版社出版，定价：2.85元

毛巾织物设计与生产 任青年 编，1991. 9. 纺织工业出版社出版，定价：5.15元

中小企业家成功之路 阮恩光 著，1991. 10. 纺织工业出版社出版，定价：3.95元

纺织企业设备管理和维修 中国纺织工业企业管理协会设备管理学组 编，1991. 11. 纺织工业出版社出版，定价：2.40元

功率晶体管和开关二极管的应用技巧 ［法］让·玛里·皮特 等著，丁学文 译，1991. 2. 纺织工业出版社出版，定价：4.60元

土工布应用技术 杨思让 张家铭 编，1991. 6. 纺织工业出版社出版，定价：3.50元

变换齿轮选配原理及应用 周启澄 徐乃曾 编著，1991. 10. 纺织工业出版社出版，定价：4.80元

电起火的分析及预防 徐玉琦 朱晓明 等编著，1991. 2. 纺织工业出版社出版，定价：2.80元

毛针梳机故障维修100例 黄汉文 著，1991. 8. 纺织工业出版社出版，定价：3.40元

印染工厂安全生产技术 丁志云 编，1991. 8. 纺织工业出版社出版，定价：3.40元

绢纺织 董炳荣 编，1991. 3. 纺织工业出版社出版，定价：3.75元

话说毛纺织 周启澄 编，1991. 8. 纺织工业出版社出版，定价：2.00元

纺织工业企业设备管理制度——毛纺织部分毛条 中华人民共和国纺织工业部 制订，1991. 1. 纺织工业出版社出版，定价：1.75元

纺织工业企业设备管理制度——毛纺织部分精梳 中华人民共和国纺织工业部 制订，1991. 1. 纺织工业出版社出版，定价：2.15元

纺织工业企业设备管理制度——毛纺织部分粗纺 中华人民共和国纺织工业部 制订，1991. 1. 纺织工业出版社出版，定价：1.35元

纺织工业企业设备管理制度——毛纺织部分粗梳 中华人民共和国纺织工业部 制订，1991. 1. 纺织工业出版社出版，定价：1.40元

纺织工业企业设备管理制度——毛纺织部分染整 中华人民共和国纺织工业部 制订，1991. 1. 纺织工业出版社出版，定价：3.35元

纺织工业企业设备管理制度——帘子布部分 中华人民共和国纺织工业部 制订，1991. 2. 纺织工业出版社出版，定价：2.10元

纺织工业企业设备管理制度——毛纺织部分长毛绒 中华人民共和国纺织工业部 制订，1991. 1. 纺织工业出版社出版，定价：2.10元

纺织工业企业设备管理制度——绢纺织部分 中华人民共和国纺织工业部 制订，1991. 2. 纺织工业出版社出版，定价：5.25元

纺织工业企业设备管理制度——复制、线带部分 中华人民共和国纺织工业部 制订，1991. 2. 纺织工业出版社出版，定价：3.85元

纺织工业企业设备管理制度——黄麻纺织部分 中华人民共和国纺织工业部 制订，1991. 7. 纺织工业出版社出版，定价：3.25元

纺织工业企业设备管理制度——苎麻纺织部分 中华人民共和国纺织工业部 制订，1991. 8. 纺织工业出版社出版，定价：4.80元

纺织工业企业设备管理制度——毛纺织部分（合订本） 中华人民共和国纺织工业部 制订，1991. 9. 纺织工业出版社出版，定价：9.70元

香港时装精选 杜和 编，1991. 9. 纺织工业出版社出版，定价：11.50元

淑女新装 杨红明 编，1991. 5. 纺织工业出版社出版，定价：6.90元

最新儿童套装 杨红明 编，1991. 5. 纺织工业出版社出版，定价：6.50元

花布时装 徐敏 编，1991. 5. 纺织工业出版社出版，定价：6.95元

国际流行女套装 珍妮 徐慧如 周二虎 编，

1991. 7. 纺织工业出版社出版，定价：7.50元

人人喜爱的茄克 张云 编著，1991. 9. 纺织工业出版社出版，定价：8.50元

第二届《母与子手编纯羊毛毛衣大奖赛》作品精选 本社 编，1991. 6. 纺织工业出版社出版，定价：9.80元

服装选购与保养 周启澄 编，1991. 6. 纺织工业出版社出版，定价：2.00元

鞋 袁杰英 主编，1991. 5. 纺织工业出版社出版，定价：4.10元

儿童图案毛衫 李友梅 梁名儒 孟岩青 编，1991. 10. 纺织工业出版社出版，定价：6.50元

实用手工编织 田青 编著，1991. 8. 纺织工业出版社出版，定价：8.50元

四季女装精选 晓鹰 晓建 编著，1991. 12. 纺织工业出版社出版，定价：8.90元

世界编结时装——女装 周正 伊群 编，1991. 7. 纺织工业出版社出版，定价：7.50元

实用时装大全——衬衫 王超伦 刘辉 黄道见 编，1991. 5. 纺织工业出版社出版，定价：6.60元

实用时装大全——夏装 王超伦 刘辉 黄道见 编，1991. 5. 纺织工业出版社出版，定价：6.70元

实用时装大全——童装 王超伦 刘辉 黄道见 编，1991. 11. 纺织工业出版社出版，定价：6.50元

实用时装大全——大衣 王超伦 许万珍 陈竹 编，1991. 10. 纺织工业出版社出版，定价：7.90元

实用时装大全——春秋装 王超伦 刘辉 黄道见 编，1991. 12. 纺织工业出版社出版，定价：7.25元

工艺美术专业考生辅导 陈国梁 编，1991. 2. 纺织工业出版社出版，定价：18.00元

纺织企业消防管理 上海市纺织工业局 编，1991. 6. 纺织工业出版社出版，定价：4.40元

毛纺织染工业企业成本核算 徐达文 编著，1991. 8. 纺织工业出版社出版，定价：3.00元

时装与纺织品（1991年第1～4期） 纺织工业部纺织工业出版社 编，1991. 纺织工业出版社出版，每期定价：1.50元

四季童装（2） 青边 编，1991. 6. 轻工业出版社出版 估价：8.90元

可爱的儿童棒针衫 解玫等 编译，1991. 12. 金盾出版社出版，估价：4.80元

上海新颖童装100例 上海市服装研究所 编著，1991. 8. 金盾出版社出版，定价：4.00元

宝宝的毛衣 吴芳 谢桂芳 编译，1991. 7. 中国商业出版社出版，估价：4.50元

陈红棒针时装精选 陈红 主编，1991. 6. 上海科学普及出版社出版，估价：6.50元

童装之最——上海"三优"童装与海外新潮童装精选 上海服装协会信息服务部 编著，1991. 8. 上海科学普及出版社出版，估价：6.20元

现代女性服饰搭配技巧 晓惠 洪峰 编著，1991. 12. 四川科学技术出版社出版，估价：2.70元

配色编织图案120 刘春香 编绘，1991. 11. 海洋出版社出版，估价：6.50元

四季最新时装 杨强 慎之 编著，1991. 11. 农村读物出版社出版，估价：8.00元

婚纱、晚装服饰 缨凤 祁玉 编，1991. 9. 农村读物出版社出版，估价：9.20元

新款编织世界（第三辑） 筱真 编著，1991. 9. 中国广播电视出版社出版，估价：6.90元

窗的内外装饰——世界室内设计 周正 主编，1991. 4. 哈尔滨出版社出版，估价：54.00元

第七篇　纺织工业大事记

Chapter 7　Chronicle of Events in the Textile Industry

1991 年纺织工业大事记

纺织工业部办公厅　编

1月5日

国务院总理李鹏、国家计委主任邹家华等领导同志听取纺织工业部部长吴文英汇报，李鹏总理作重要指示。纺织工业部副部长季国标、杜钰洲、王曾敬、刘珩参加了汇报。

1月7日至11日

全国纺织工业厅局长会议在北京召开。纺织工业部部长吴文英在开幕式上作题为《振奋精神，知难而进，为纺织工业持续稳定协调发展而努力奋斗》的报告，会议闭幕时作总结讲话。

2月1日

美国阿莫科公司总裁卡杜先生应纺织工业部邀请率团来华访问，国务委员邹家华、纺织工业部部长吴文英会见代表团，纺织工业部副部长季国标同时参加会见。

2月5日

中共中央总书记江泽民在洛阳接见郑州纺织机械厂厂长李林江等河南省15家大中型企业负责人，并就搞好大中型企业的问题进行座谈。11日，江总书记视察郑州纺织机械厂，并签名留念。

3月5日至7日

纺织工业百家企业、企业集团经济效益座谈会在北京召开，纺织工业部副部长王曾敬出席会议并讲话。

3月5日至8日

全国丝绸生产工作会议在杭州召开，研究落实丝绸生产的质量、效益目标、措施及丝绸生产建设工作。

3月6日

全国纺织工业信息工作会议在济南召开。纺织工业部副部长杜钰洲作题为《应用信息技术，强化信息管理，为纺织工业的持续、稳定、协调发展服务》的报告。

全国政协副主席王光英视察天津针织运动衣厂。

3月6日至10日

全国纺织机械工业工作会议在上海召开。纺织工业部副部长刘珩到会并讲话。

3月11日至13日

全国纺织系统安全生产工作会议在深圳召开。纺织工业部副部长王曾敬到会并讲话。

3月11日至4月3日

纺织工业部副部长季国标率中国纺织工业代表团访问日本、新西兰。

3月12日

纺织工业部向全行业发出《关于加强企业经营管理，提高纺织工业经济效益的通知》，要求各地遵照国务院关于在全国开展"质量、品种、效益年"活动的部署和要求，把提高经济效益真正放在各项工作的首位。

3月12日至16日

第二次全国服装研究所长会议在天津召开，纺织工业部副部长杜钰洲、刘珩到会并讲话。

3月13日至17日

纺织工业部直属企事业单位监察工作会议在湖北省宜昌市召开，会上印发了吴文英部长《振奋精神，进一步搞好廉政建设》的书面讲话。原部领导董绍杰同志出席会议并讲话。

3月14日

纺织工业部生产司原司长洪沛然同志（副部级待遇）在京逝世，终年87岁。

3月20日

全国服装鞋帽工业公司经理会议在常州召开，纺织工业部副部长王曾敬到会讲话。

3月21日

全国纺织工业质量工作会议在常州市召开，纺织工业部副部长王曾敬到会讲话。

3月21日至27日

国家计委在北京举办首届全国工业企业技术进步成就展览会，纺织工业部部长吴文英为纺织工业馆题词："积极推动纺织工业技术进步，努力赶上世界先进水平。"国务院原顾问、纺织工业部原部长钱之光同志题词："科技领先，努力奋斗，向高科技领域发展，为纺织工业多做贡献。"参展纺织企业97家。20家企业获"参展技术优秀奖"；40家企业获"参展产品优秀奖"。

3月23日

全国政协七届四次会议在北京召开，纺织系统季国标委员等17位代表出席会议。

3月25日

全国人大七届四次会议在北京召开，纺织系统75位代表参加了会议。

3月26日

为贯彻落实3月23日国务院办公厅、中央国家机关工委召开的纠正行业不正之风工作会议精神，纺织工业部成立了纠正行业不正之风领导小组，杜钰洲副部长任组长。

4月5日

全国政协委员、香港中华总商会副会长张永珍女士应聘为北京服装学院顾问，纺织工业部部长吴文英为张女士颁发证书。

4月5日至8日

全国纺织品春季交易会在石家庄举行，成交金额共计43475万元。

4月8日

中澳羊毛联合小组澳方主席狄克逊先生与中方主席、纺织工业部副部长王曾敬在北京会谈。澳方提出，决定在1991年6月30日以前，暂停保护底价政策。双方讨论了购买羊毛的意见，并就投资、贷款、检疫等交换意见。

4月16日

全国纺织系统财务工作会议在海南召开，纺织工业部副部长王曾敬到会并讲话。

4月17日

纺织工业部发出通知，成立纺织工业部行政复议委员会，由9人组成，吴文英部长任主任委员，杜钰洲副部长任副主任委员。

4月18日

中共中央政治局常委李瑞环视察仪征化纤工业联合公司，称赞仪化的领导心中有职工，职工心中有企业是个可贵经验。在视察扬州纱厂时说："这个企业管理得很好。"

4月20日

全国纺织工业审计工作会议在宜昌召开，纺织工业部副部长王曾敬到会并讲话。

4月20日至24日

全国丝绸系统产品展评会在京举行，会上共展出4800多件服装、复制品和面料精品，共评出金杯奖27项，单项奖53个。

4月24日至27日

纺织系统第七次全国企业技术进步工作会议在北京召开。上海第二十八棉纺织厂等11家企业荣获"七五"国家级企业技术进步奖。

5月6日至10日

全国服装鞋帽工业重点企业学上海现场会在沪召开，全国20个省市服装鞋帽工业公司和重点企业的161位经理、厂长参加，会上成立了"中纺企协企业家工作研究会服装鞋帽分会"。

5月9日

纺织工业部部长吴文英会见来华访问的美国杜邦公司董事长伍洛德先生，探讨了化纤工业合作项目。

5月16日

中共中央政治局常委宋平同志在黄石市视察中日合资美尔雅服饰有限公司。他高度赞扬职工的奋斗精神。

5月18日

中国首届"万紫千红"奖儿童服装表演在北京国际饭店举行，纺织工业部部长吴文英，副部长王曾敬、刘珩出席，吴文英部长题词："发展儿童服装，美化祖国花朵。"

5月19日

纺织工业体制改革集团工作会议在宜昌市召开。纺织工业部副部长杜钰洲出席会议并讲话。63个企业集团加入在会上成立的中国纺织工业企业(集团)公司联合会。

纺织工业部发出《关于贯彻落实〈纺织工业部关于深入开展"质量、品种、效益年"活动的意见〉的通知》，并调整部质量攻关领导小组为纺织工业部"质量、品种、效益年"活动领导小组，王曾敬、刘珩副部长任组长。

5月25日

国务院副总理朱镕基来纺织工业部听取吴文英部长汇报工作，并对纺织工业的发展作重要指示。季国标、王曾敬副部长参加汇报。

5月28日至6月15日

纺织工业部副部长王曾敬率中国纺织工业代表团赴德国和法国进行工作访问。

5月28日

纺织工业部向全国纺织系统发出《关于下达"质量、品种、效益年"各地经济效益奋斗目标的通知》。

5月29日

财政部、纺织工业部、经贸部和国家计委联合下发文件，给予1991年度纺织品出口专项补贴，支持和推动纺织工业出口创汇。

6月5日

纺织工业部发出《关于实施〈纺织工业系统法制宣传教育第二个五年规划〉的通知》。吴文英部长任部法制宣传教育领导小组组长。

6月8日

为贯彻落实国务院《女职工劳动保护规定》，纺织工业部和全国纺织工会发出《关于〈纺织系统女职工劳动保护细则〉的通知》，要求各地各单位认真执行。

6月9日

国务院总理李鹏视察安徽省安庆纺织厂，对该厂取得良好的经济效益给予了充分肯定，赞扬该厂"管理出效益"。

6月11日至13日

全国民族贸易和民族用品生产供应工作会议在北京召开。会议决定建立民族贸易和民族用品生产联席会议制度。纺织工业部副部长王曾敬为联席会议成员。

6月11日至19日

纺织工业部组织19位专家赴天津调查研究，开展咨询活动。吴文英部长在天津纺织系统企业中层以上干部会议上作关于《解放思想，转变观念，搞活企业》的报告。

6月12日至16日

全国纺织工业政治工作会议暨政研会第八次年会在江苏省扬州市召开。纺织工业部部长吴文英作题为《发挥社会主义精神文明建设优势，解放思想，转变观念，搞好企业》的报告。77个先进集体、59位先进个人及38个先进政治思想研究会受到了表彰。会上还发出《纺织工业部关于在全国纺织系统党员干部中开展向顾鼎元同志学习活动的决定》。

6月16日

国务院副总理邹家华为讴歌仪征化纤工业联合公司10年建设成就撰写的报告文学集题写书名：《在这片热土上》。

6月19日至25日

全国纺织工业统计工作会议在呼和浩特市召开，会议要求贯彻李鹏总理关于统计工作要做到“准确、及时、全面、方便”的指示。纺织工业部副部长王曾敬出席会议。

6月22日

北京服装学院与香港理工学院纺织与制衣学院联合举行学生作品表演。24日，纺织工业部部长吴文英、副部长杜钰洲接见纺织与制衣学院院长陈家驹先生。

6月26日至7月1日

纺织工业部部长吴文英率纺织专家组赴青岛调查研究，并在青岛纺织公司干部会议上作了重要讲话。

6月至7月

安徽、江苏、河南、湖北、湖南、贵州等省发生特大洪涝灾害，纺织工业部先后派出工作组奔赴江苏、安徽重灾区了解灾情，慰问职工，帮助恢复生产。

7月10日至14日

全国纺织工业厅局长座谈会在吉林省延吉市召开，纺织工业部部长吴文英在开幕式上作题为《解放思想，转变观念，努力开创我国纺织工业新局面》的报告，纺织工业部副部长王曾敬在会议结束时作总结讲话。

7月22日

纺织工业部发出《关于进一步搞好抗洪救灾工作的通知》，并成立抗洪救灾领导小组，吴文英部长任组长，王曾敬副部长任副组长，王曾敬副部长、吴文英部长先后赴安徽、江苏重灾区察看灾情。同时又组建纺织工业部抗洪救灾服务团，吴文英部长任团长兼一分团团长，亲赴安徽金寨县、寿县等重灾区，慰问灾民，帮助解决困难。刘珩副部长任副团长兼二分团团长。

纺织工业部机关和在京直属单位集体和个人向灾区捐款达106.87万元，捐赠棉被、棉衣等过冬物品共24308件。

7月23日

纺织工业部部长吴文英在部机关及在京直属单位干部大会上作题为《进一步解放思想，转变观念，努力开创我国纺织工业新局面》的报告，动员全体干部认真贯彻延吉全纺厅局长座谈会精神，进一步解放思想，转变观念，适应发展商品经济的新形势。

7月25日至8月1日

纺织工业部副部长王曾敬参加由国家计委副主任甘子玉为团长的“中苏消费品贸易混合委员会”中国代表团赴苏联作工作访问。

8月5日至10日

纺织工业“八五”计划工作会议在乌鲁木齐市召开，纺织工业部副部长王曾敬出席会议并讲话。

8月15日

纺织工业部发出《关于贯彻落实〈国务院关于严格控制企业继续生产积压产品的通知〉的通知》，要求各地纺织部门坚决贯彻国务院通知精神，严格按照部规定的限额控制生产总量和库存总量。

8月16日至19日

全国棉花工作会议在京召开。国务院总理李鹏，副总理田纪云、朱镕基出席会议并作重要讲话。纺织工业部部长吴文英、副部长王曾敬参加会议。

8月20日

纺织工业部部长吴文英邀请国务院有关部委负责同志来部座谈，共商控制纺织品生产总量，控制棉纺、毛纺、化纤三大生产能力发展的良策。

8月21日至24日

全国纺织职工教育经验交流暨表彰大会在郑州市举行，纺织工业部副部长杜钰洲致信祝贺，对“八五”期间的职工教育工作提出了要求。

8月21日至9月1日

“国家‘七五’科技攻关成果展览会”在北京举办。纺织工业部部长吴文英为纺织工业馆题词：“面向经济建设，抓好科技攻关”。“七五”期间，纺织行业共取得科技攻关成果183项，其中达到国际80年代先进水平的13项，80年代水平的65项。

8月23日

天津第一棉纺织厂等31家纺织企业被授予1991年国家二级企业称号。

中国向印度尼西亚卡尼度集团出口24万纱锭成套设备合同及向该集团提供粘胶、印染设备的协议签字仪式在京举行。纺织工业部部长吴文英、副部长季国标和印尼驻华大使出席。

8月24日至9月12日

纺织工业部副部长杜钰洲率中国纺织工业代表团访问希腊和意大利。

8月25日

黑龙江省依兰亚麻原料厂成品库发生火灾，烧毁亚麻原料2100多吨，厂房2000多平方米和部分机械设备，造成直接经济损失324万元。

8月28日

纺织工业部向各地纺织部门发出《关于贯彻〈国务院进一步增强国营大中型企业活力的通知〉的意见》。

8月28日至30日

为贯彻落实企业技术改造，全国纺织工业厅局长会议在京召开，国务院副总理朱镕基到会作重要讲话。他指出，当前是纺织工业走向振兴的转折点，务必把握住机会，加快技术改造，奋斗3年，使纺织工业翻个身。纺织工业部部长吴文英作报告，副部长季国标、王曾敬、刘珩出席会议。

8月31日

纺织工业部科技进步奖评审委员会对1991年度科技项目进行评审，共评出83项进步奖，其中二等奖13项，三等奖33项，四等奖37项，381名科技人员获奖。

9月1日

纺织工业部部长吴文英出席于8月25日至9月1日在大连市举行的第三届大连国际服装节。

9月1日至4日

国务院在京召开全国清理"三角债"工作会议，决定为纺织工业注入15.2亿元资金，用于清理棉花欠款。纺织工业部副部长王曾敬出席会议。

9月2日

由国家计委、科委、财政部联合组织的国家"七五"科技攻关总结表彰大会在人民大会堂举行，纺织工业部新型粗纱机等9项重大成果获奖。

9月2日至5日

中国纺织工业企业管理协会成立10周年纪念大会在京举行。纺织工业部部长、中纺企协会长吴文英主持会议并讲话，中国企业管理协会会长袁宝华、副会长沙叶到会祝贺。从1981年到1990年十年间，全行业中被评为国家一级企业11家，二级企业427家，荣获国家企业管理优秀奖(金马奖)7家，优秀企业家(金球奖)4位；从1989年起，20家企业和40名企业家荣获本系统"金梭奖"和"春蚕奖"。

9月7日

国务院副总理邹家华视察济南涤纶工程。

9月9日

纺织工业部原副部长何正璋同志因病医治无效，在北京医院逝世，终年64岁。

9月10日

纺织工业部部长吴文英为教师节题词："向纺织教育战线的全体同志致以节日的祝贺！"

9月13日

纺织工业部原副部长寿汉卿同志因病医治无效，在北京医院逝世，终年76岁。

9月15日

国家主席杨尚昆、军委副主席刘华清等领导同志视察青岛衬衫厂，杨主席题词："争创国际名牌"。

9月17日至19日

第二届全国纺织产品设计人员代表会议在桂林召开，纺织工业部部长吴文英、副部长王曾敬出席会议。吴文英部长作题为《努力开创纺织产品设计的新局面》的报告，王曾敬副部长作总结。评出最佳设计奖22个，优秀奖125个，先进集体31个。

9月19日

国务院副总理朱镕基在西安视察西北五棉集团，了解技术改造情况。

9月20日

中共中央总书记江泽民视察石家庄第二印染厂，称赞二印领导班子团结，没有扯皮的事。核心、中心，两心变一心。并题词："全心全意依靠工人阶级，努力办好社会主义企业。"

9月20日至22日

第一届中国国际丝绸会议在苏州举行，纺织工业部副部长杜钰洲主持会议并讲话。中国、日本、澳大利亚、瑞士、法国、英国、南朝鲜、香港等国家和地区的183位代表出席会议。会上共宣读论文28篇，交流论文9篇。

9月21日

国务院生产办公室、国家计委和纺织工业部联合召开"纺织工业限产压库电话会议"，进一步部署全行业控制生产和压缩库存工作。国务院副总理朱镕基出席会议。国务院生产办副主任赵维臣、国家计委周才裕司长和纺织工业部部长吴文英讲话。

9月25日至29日

第二届中国国际服装机械展览会在京举办。

9月18日至10月3日

纺织工业部副部长刘珩率中国纺织工业代表团赴瑞士、德国进行访问，参加中国纺织机械进出口总公司驻德办事处开业典礼，并参观汉诺威ITMA国际纺机博览会。

9月30日

河北省饶阳县印染厂简易成品库发生特大火灾，烧毁(损)纯棉细布140万米及其他成品，直接经济损失达300万元。

10月5日

纺织工业部在北京饭店举行"时装与名牌"新闻发布会，吴文英部长、王曾敬副部长出席并讲了话。

10月7日

中国纺织大学举行建校40周年庆祝大会。全国人大常委会副委员长荣毅仁，国家计委副主任郝建秀发贺信，全国政协副主席刘靖基参加活动。纺织工业部部长吴文英、副部长杜钰洲出席庆祝会并讲话。

10月11日

中共中央总书记江泽民陪同朝鲜劳动党中央委员会总书记、朝鲜民主主义人民共和国主席金日成视察仪征化纤工业联合公司。视察后，金主席说："全世界社会主义者都在看着中国，祝愿中国走在社会主义建设的前面"。江总书记称赞仪化干得好。

10月19日

根据国务院生产办公室关于对不能完成限产压库任务的企业停止贷款的精神，纺织工业部向各地纺织部门发出明传电报，要求各地迅速落实停产企业名单，并及时上报。

10月17日

纺织工业部部长吴文英出席由国际羊毛局主席戴士德先生主持的国际羊毛局东南亚/中国分局北京办事处开业仪式，王曾敬副部长致贺词，双方签署了合作综合协议。

10月19日至22日

1991年全国服装工业衬衫操作能手大赛在上海举行，19个省、自治区、直辖市共99名选手参赛，经评选，15名选手被授予纺织工业部部级优秀操作能手称号。

10月21日

纺织工业部部长吴文英在北京会见孟加拉国纺织国务部长曼南。

10月22日

《中国纺织工业》大型画册首发汇报会在人民大会堂举行。全国人大常委会副委员长廖汉生、雷洁琼等领导同志及纺织工业部部长吴文英，副部长季国标、杜钰洲、王曾敬、刘珩出席汇报会。

10月23日至11月6日

纺织工业部部长吴文英率中国纺织工业代表团访问澳大利亚、新西兰和斐济。澳大利亚总理、新西兰代总理分别会见代表团，就进一步加强在羊毛领域中的合作交换了意见。斐济代总理与吴文英部长进行会谈，双方签署了纺织领域里的经济技术备忘录。

10月15日

我国目前最大的纱布市场——华东纱布市场在上海正式开业，纺织工业部副部长王曾敬出席开业典礼。

10月24日

中共中央总书记江泽民视察杭州东风丝绸印染厂。

10月29日

"世界超级时装模特大赛中国选拔赛暨第二届中国最佳时装模特表演艺术大赛"在京举行。国务院副总理田纪云、全国人大常委会副委员长陈慕华、全国政协副主席马文瑞及纺织工业部副部长杜钰洲、王曾敬等领导同志观看了决赛。大赛共评出陈娟红等十大名模。

10月30日

纺织工业部向全行业发出《关于下达第二批纺织机械淘汰产品的通知》，规定自1992年1月1日起七大类44种能耗高、用材多、性能落后的纺织机械设备予以淘汰，以相应的产品代替。

11月1日至6日

全国纺织工业生产、建设、技改计划工作会议在杭州召开，编制1992年至1993年两年生产、基建、技改、引进工作滚动计划。纺织工业部副部长王曾敬到会并讲话。

11月11日

国务院副总理朱镕基听取纺织工业部关于纺织工业技术进步工作汇报，并就纺织工业如何搞好技术进步和技术改造工作作重要指示。吴文英部长、杜钰洲副部长进行了汇报。

纺织工业部副部长刘珩率国务院税收、财务、物价大检查上海工作组赴上海进行大检查工作。

第四届全国服装设计"金剪奖"大赛共评出金奖6个、银奖12个、铜奖18个、优秀奖36个。纺织工业部部长吴文英、副部长杜钰洲出席发奖仪式。

11月11日至30日

纺织工业部组织22项科技成果参加由国家科委组团的赴"南美中国科技展"。

11月12日、15日

由日本东京重机赠送的两套服装吊挂传送设备于12日、15日分别在杭州服装厂、上海第五服装厂安装竣工，纺织工业部副部长王曾敬出席剪彩仪式。

11月13日至16日

全国纺织系统节能环保工作会议在浙江省余姚市召开，纺织工业部副部长王曾敬在会上作题为《总结经验，表彰先进，进一步开展节能降耗和环境保护工作》的报告。大会向37名节能先进工作者和79名环境保护先进工作者颁发了荣誉证书。

11月16日

应纺织工业部邀请，乌拉圭外交部副部长梅塞拉先生率羊毛代表团来我国访问，吴文英部长、季国标副部长会见代表团，双方签署了合作备忘录。

11月18日

朱镕基副总理视察无锡市合成纤维总厂。

11月20日至22日

部分省市纺织工业厅局长会议在北京召开，会议主要研究纺织工业的技术进步和技术改造，限产压库工作及落实淘汰100万锭陈旧落后棉纺设备的任务。

11月21日

邹家华副总理视察新乡化纤厂。

11月25日至29日

中共中央十三届八中全会在京召开，中央委员吴文英同志出席会议。

11月25日至30日

全国纺织科技工作会议在成都召开，纺织工业部副部长刘珩出席会议并讲话。

11月28日

纺织工业部印发《纺织工业部"八五"立法规划》。纺织工业部部长吴文英在中央电视台"新闻联播"中谈当前纺织工业的形势和今后的任务。

11月29日

纺织工业部副部长王曾敬在"新闻联播"中谈限产压库、淘汰落后设备中如何处理安排职工等问题。

12月10日

中国服装协会在京成立。国务院总理李鹏、中顾委副主任薄一波、人大常委会副委员长陈慕华、雷洁琼分别为协会题词。李总理的题词是："发挥协会的桥梁纽带作用，促进鞋帽服装行业的发展”。薄一波、陈慕华等领导同志到会祝贺。纺织工业部部长吴文英任中国服装协会会长，陈慕华副委员长任总顾问。

纺织工业部发布《关于棉、毛细纱机、化纤纺丝机生产、销售、报废的管理办法》，严格控制棉纺、毛纺行业生产能力，加强化纤行业生产能力管理。

12月11日

国家科委在人民大会堂召开1991年度科学技术奖励大会，纺织工业部有10项获本年度国家级科技进步奖；有4项获国家发明奖。

12月14日

在国务院批转国家计委、国家体改委和国务院生产办公室关于《选择一批大型企业集团进行试点的请示》中，仪征化纤集团列为全国第一批55家试点的大型企业集团之一。

12月15日

中共中央政治局常委乔石视察安徽阜阳纺织厂。

12月21日

国务院生产办公室副主任杨昌基主持会议，宣布国务院纺织机械引进和国产化领导小组成立并召开第一次工作会议。国务院生产办秘书长王一平，纺织工业部副部长季国标、刘珩出席会议。

河南省新乡市纺织厂露天货场发生特大火灾，烧毁（损）棉、麻、涤纶等原料400多吨，直接经济损失296万元。

12月23日

国务院总理李鹏主持召开国务院全体会议，纺织工业部部长吴文英在会上汇报当前纺织工业的情况及今后的工作打算。

12月25日

纺织工业部发出《关于下达压缩淘汰落后棉纺锭计划的通知》，决定1992年压缩淘汰100万枚，1993、1994两年每年将继续压缩淘汰100万枚。

纺织工业部发出《关于认真贯彻执行〈中共中央办公厅、国务院办公厅关于认真检查对严禁用公款吃喝送礼等有关规定执行情况的通知〉的通知》，制定了贯彻落实通知精神的六条具体规定，要求各地认真贯彻、坚决执行。

服装、针织、毛纺织、复制业等147名工人被评为1991年度纺织工业操作能手。

12月26日至30日

全国纺织工业厅局长会议在北京召开。国务院副总理朱镕基出席大会开幕式并作重要讲话。纺织工业部部长吴文英作题为《加快技术进步，推动结构调整，为实现纺织工业经济效益的好转而努力》的工作报告。国务院有关部委的负责同志出席开幕式。会议期间，外交部副部长刘华秋向全体代表作关于当前国际形势的报告。纺织工业部副部长季国标、王曾敬、刘珩出席会议。

全国纺织工会、中国纺织机械工业总公司、中国丝绸工业总公司工作会议同时在京召开并列席了纺织工业厅局长会议的开幕式和闭幕式。

12月28日

纺织工业部制定《纺织工业十年规划和“八五”计划发展纲要》，要求各地纺织厅（局、公司）根据《纲要》精神，结合各地实际，进一步修改和完善地区纺织工业“八五”及十年发展纲要。

第八篇　统计资料

Chapter 8　Statistical Data

一、我国纺织工业的基本情况
The Textile Industry in China

纺织工业部综合计划司统计处 编
by the Statistics Office of Comprehensive Planning Bureau
Ministry of Textile Industry

纺织工业在国民经济中的地位
Share of the Textile Industry in the National Economy

	单位 Unit	1952	1957	1965	1978	1990	1991
1. 纺织工业企业单位数（纺织工业部系统） Number of textile enterprises (Under Textile Ministry)	个 No.	—	5000	8400	4551	11223	11242
纺织工业企业单位数（国家统计局口径） Number of textile enterprises (Under State Bureau of Statistics)	个 No.	—	13945	8417	12145	48661	48808
纺织工业部系统企业占全国工业企业数 Enterprises under Textile Ministry/national industrial enterprises	%	—	2.95	5.33	1.31	2.23	2.23
2. 纺织工业职工人数（全部职工） Staff and workers in textile industry	万人 10000 persons	99.89	200.17	155.04	311.21	746.15	777.97
占全国工业职工人数 Share in staff and workers of all industries	%	8.0	14.3	8.5	7.3	9.74	9.77
3. 纺织工业总产值（纺织工业部系统） Total output value of textile industry (Under Textile Ministry)	亿元 100 million yuan	94.3	143.6	216.5	473.2	2098.7	2177.7
纺织工业总产值（国家统计局口径） Total output value of textile industry (Under State Bureau of Statistics)	亿元 100 million yuan	94.3	143.6	220.7	529.1	3324	3660
纺织工业部系统总产值占全国工业总产值 Total output value of enterprises under Textile Ministry/total national industrial output value	%	27.5	20.4	15.5	10.8	10.2	9.3

续

	单位 Unit	1952	1957	1965	1978	1990	1991
4. 纺织工业净产值 Net output value of textile industry	亿元 100 million yuan	—	—	—	145.36	464.02	467.85
占全国工业净产值 Share in net national industry output value	%	—	—	—	9.8	6.8	7.9
5. 纺织工业提供的税利 Profits and taxes paid by textile industry	亿元 100 million yuan	7.07	17.58	46.59	109.61	95.92	68.82
占全国财政收入 Share in state revenue	%	3.8	5.7	9.8	9.8	3.11	2.02
6. 全国穿的商品零售总额 National retail sales value of apparel	亿元 100 million yuan	50.8	82.6	112.5	278.5	1182.2	1356.3
占全国消费品零售总额 Share in national retail sales value of consumer goods	%	19.3	18.7	19.1	22.0	16.3	16.45
7. 纺织品出口总额（据经贸部资料）Total value of textile export (Based on the data of the Ministry of Foreign Economy and Trade)	亿美元 US $ 100 million	0.43	2.83	4.53	21.54	124.58	151.80
占全国出口总额（据经贸部资料）Share in total value of national exports (Based on the data of the Ministry of Foreign Economy and Trade)	%	5.2	17.7	20.3	22.1	23.9	24.82
纺织品出口总额（据海关资料）Total value of textile export (Based on the data of the Customs)	亿美元 US $ 100 million	—	—	—	—	138.5	167.32
占全国出口总额（据海关资料）Share in total value of national export (Based on the data of the Customs)	%	—	—	—	—	22.3	23.27
8. 纺织工业部系统固定资产投资额 Textile Ministry's investment of fixed assets	亿元 100 million yuan	2.5	3.5	4.2	15.6	106.47	123.21
占全国固定资产投资总额 Share in total national investment of fixed assets	%	5.7	2.3	1.9	2.3	2.4	2.3

注 ①表中所列纺织工业部系统统计数包括丝绸及服装行业数（1978年及以前不包括服装工业数）。
②表中所列国家统计局口径为纺织工业加缝纫工业数（1978年及以前不包括缝纫工业数）。
③纺织品出口总额（经贸部资料）按新口径计算，包括棉花、麻及制品、纺织品、丝织品、丝类、服装、抽纱40%、药纱布、纺织机械及纺织器材。
④总产值1989年及以前按1980年不变价计算，1990～1991年按1990年不变价计算。

Note ①Statistical data of the Textile Ministry listed in the table include those of the silk industry and the apparel industry. But statistical data before the year 1978 exclude those of the apparel industry.
②Statistical data of textile industry under State Bureau of Statistics listed in the table include those of the sewing industry. But exclude those of the sewing industry before the year 1978.
③Total value of textile export is calculated on the present classification (data from Ministry of International Business and Economics), includes cotton, bast fiber and goods, textiles, silk fabric, silk, apparel, drownwork 40%, medical gauze, textile mechinery and accessories.
④Total output value in 1989 and before is calculated on the constant price in 1980, from 1990 to 1991 is calculated on the constant price in 1990.

纺织工业（系统内）主要行业职工人数

Number of Staff and Workers Engaged in Major Textile Sectors

(Internal the Ministry of Textile Industry)

单位：万人

Unit：10000 persons

	1952年末 End of 1952	1957年末 End of 1957	1965年末 End of 1965	1978年末 End of 1978	1990年末 End of 1990	1991年末 End of 1991
纺织工业合计 Total No. of staff and workers in textile industry as a whole	97.0	131.3	148.5	311.2	746.15	777.97
化学纤维工业 Chemical fiber industry	—	—	2.5	11.0	28.67	30.75
棉纺织印染工业 Cotton spinning，weaving，dyeing and printing industry	71.0	84.3	95.0	175.3	377.41	389.22
其中：印染工业 of which：Dyeing and printing industry	—	—	—	14.9	29.61	33.89
针织工业 Knitting industry	7.9	12.2	13.6	37.3	65.32	68.13
毛纺织工业 Wool spinning，weaving and dyeing industry	2.1	4.3	8.3	16.2	61.64	64.82
麻纺织工业 Bast fiber spinning and weaving industry	3.6	5.0	3.2	9.0	30.46	31.41
丝绢纺织工业 Silk and spun silk industry	7.7	6.8	16.6	34.7	75.07	78.89
服装工业 Apparel industry	—	—	—	—	51.94	56.81

注 包括计划外用工。

Note Figures include extra budgetary workers.

纺织工业（系统内）主要行业总产值及构成
Total Output Value and Composition of Major Textile Sectors
（Internal the Ministry of Textile Industry）

年 份 Year	1952	1957	1965	1978	1990	1991
总产值（亿元） Total output value（100 million yuan）	94. 3	143. 6	216. 5	473. 2	2098. 7	2177. 7
其中：化学纤维工业 of which：Chemical fiber industry	—	—	4. 2	28. 3	208. 6	201. 6
棉纺织印染工业 Cotton spinning，weaving，dyeing and printing industry	73. 7	100. 6	137. 5	316. 8	1103. 3	1102. 8
针织工业 Knitting industry	3. 6	9. 8	11. 3	40. 9	153. 5	149. 7
毛纺织工业 Wool spinning，weaving and dyeing industry	1. 4	6. 1	9. 1	26. 8	164. 3	183. 4
麻纺织工业 Bast fiber spinning and weaving industry	2. 1	3. 9	2. 8	7. 5	39. 2	41. 3
丝绢纺织工业 Silk and spun silk industry	3. 0	5. 6	15. 3	35. 7	222. 3	227. 6
纺织机械工业 Textile machinery industry	0. 3	1. 1	3. 3	8. 9	47. 6	52. 5
纺织器材工业 Textile accessories industry	—	—	1. 1	2. 6	11. 0	11. 6
服装工业 Apparel industry	—	—	—	—	113. 1	124. 9

续

年 份 Year	1952	1957	1965	1978	1990	1991
比重（%） Share（%）	100	100	100	100	100	100
其中：化学纤维工业 of which：Chemical fiber industry	—	—	1.9	6.0	9.9	9.3
棉纺织印染工业 Cotton spinning，weaving，dyeing and printing industry	78.2	70.1	63.5	66.9	52.6	50.6
针织工业 Knitting industry	3.8	6.8	5.2	8.6	7.3	6.9
毛纺织工业 Wool spinning，weaving and dyeing industry	1.5	4.2	4.2	5.7	7.8	8.4
麻纺织工业 Bast fiber spinning and weaving industry	2.2	2.7	1.3	1.6	1.9	1.9
丝绢纺织工业 Silk and spun silk industry	3.2	3.9	7.1	7.5	10.6	10.5
纺织机械工业 Textile machinery industry	—	0.8	1.5	1.9	2.3	2.4
纺织器材工业 Textile accessories industry	—	—	0.5	0.5	0.5	0.5
服装工业 Apparel industry	—	—	—	—	5.4	5.7

纺织工业主要行业总产值平均增长速度

Average Growth Rates of Total Output Values in Major Textile Sectors

单位：%
Unit：%

时　　期 Period or year	"一五"时期 1953～1957	"二五"时期 1958～1962	1963～1965年	"三五"时期 1966～1970	"四五"时期 1971～1975	"五五"时期 1976～1980	"六五"时期 1981～1985	"七五"时期 1986～1990	1953～1991年
纺织工业合计 Total textile industry	8.6	-3.3	21.3	6.2	3.9	13.8	7.8	7.3	7.2
其中：化学纤维工业 of which：Chemical fiber industry	—	—	—	15.1	4.4	37.2	10.9	22.2	—
棉纺织印染工业 Cotton spinning，weaving，dyeing and printing industry	5.7	-5.5	22.0	8.5	4.3	11.5	6.1	3.3	5.9
针织工业 Knitting industry	22.7	-0.9	6.1	13.9	8.1	15.4	9.1	4.3	9.1
毛纺织工业 Wool spinning，weaving and dyeing industry	32.0	-4.6	-2.3	7.9	6.4	12.3	17.6	4.0	11.7
麻纺织工业 Bast fiber industry	13.7	-4.6	-2.3	7.9	6.4	12.3	11.8	6.3	6.8
丝绢纺织工业 Silk and spun silk industry	15.3	12.7	8.9	9.8	2.2	11.3	13.5	3.7	9.5
纺织机械工业 Textile machinery industry	29.3	1.4	21.6	6.9	2.1	20.6	8.1	8.2	12.6
纺织器材工业 Textile accessories industry	—	—	—	—	—	—	7.2	6.1	—
服装工业 Apparel industry	—	—	—	—	—	10.3	5.9	—	—

注　按可比价格计算。

Note　On the comparable price.

1991 年 纺 织 工 业 部 系 统 净 产 值

Net Output Value of the Enterprises under the Ministry of Textile Industry in 1991

单位：亿元

Unit：100 million yuan

	总 产 值 （现行价） Total output value (present price)	净 产 值 Net output value	净产值为现价总产值的百分数 Share of net output value in total output value of present price（%）
全国总计 Grand total	2082.1	467.9	22.5
化学纤维工业 Chemical fiber industry	229.0	61.1	26.7
其中：合成纤维工业 of which：Synthetic fiber industry	188.1	50.0	26.6
棉纺织印染工业 Cotton spinning，weaving，dyeing and printing industry	1072.9	209.2	19.5
其中：印染工业 of which：Deying and printing industry	207.7	20.8	10.0
针织工业 Knitting industry	142.0	33.6	23.7
毛纺织工业 Wool spinning，weaving and dyeing industry	163.4	47.7	29.2
麻纺织工业 Bast fiber spinning and weaving industry	36.8	8.3	22.6
丝绢纺织工业 Silk and spun silk industry	217.0	50.3	23.2
纺织机械工业 Textile machinery industry	46.4	14.9	32.1
纺织器材工业 Textile accessories industry	10.9	4.0	36.7
服装工业 Apparel industry	123.2	29.6	24.0

注 由于总产值与净产值存在填报企业单位不完全一致的情况，这一百分数仅供参考。

Note Since there is a lack of consistency in the number of the enterprises between the total output value and net output value，the percentages are only for reference.

历年纺织工业

Output of Major Textile

年份 Year	化学纤维 (万吨) Chemical fiber (10000 tons)	其中 of which 粘胶纤维 (万吨) Rayon fiber (10000 tons)	合成纤维 (万吨) Synthetic fiber (10000 tons)	纱 (万件) yarn (10000 bales)	纱 (万吨) yarn (10000 tons)	布 (亿米) fabric (100 million meters)
1949	—	—	—	180.3	32.7	18.9
1952	—	—	—	361.8	65.7	38.3
1955	—	—	—	396.8	72.0	43.6
1956	—	—	—	524.7	95.2	57.7
1957	0.02	0.02	—	465.3	84.4	50.5
1958	0.30	0.30	—	695.4	126.2	64.6
1959	0.54	0.53	0.01	843.6	153.1	75.7
1960	1.06	1.04	0.03	602.5	109.3	54.5
1961	0.53	0.51	0.02	368.6	66.9	31.1
1962	1.36	1.32	0.04	302.3	54.9	25.3
1963	1.89	1.80	0.09	373.8	67.8	33.4
1964	3.21	3.02	0.19	534.8	97.0	47.1
1965	5.01	4.49	0.52	716.4	130.0	62.8
1966	7.58	5.81	1.77	862.5	156.5	73.1
1967	5.22	3.68	1.54	744.6	135.1	65.6
1968	3.60	2.62	0.97	758.8	137.7	64.3
1969	6.66	4.55	2.11	994.9	180.5	82.1
1970	10.09	6.47	3.62	1131.0	205.2	91.5
1971	11.99	7.60	4.39	1047.0	190.0	84.2
1972	13.73	8.70	5.03	1039.3	188.6	83.5
1973	14.88	9.22	5.66	1084.2	196.7	87.1
1974	14.26	8.53	5.73	993.5	180.3	80.8
1975	15.48	8.91	6.57	1161.8	210.8	94.0
1976	14.61	6.77	7.84	1080.3	196.0	88.4
1977	18.98	8.41	10.57	1228.9	223.0	101.5
1978	28.46	11.52	16.93	1327.9	238.2	110.3
1979	32.63	11.27	21.36	1467.4	263.5	121.5
1980	45.03	13.62	31.41	1628.7	292.6	134.8
1981	52.73	14.26	38.47	1763.0	317.0	142.7
1982	51.70	14.16	37.53	1867.7	335.4	153.5
1983	54.07	13.87	40.20	1820.4	327.1	148.8
1984	73.49	15.91	57.58	1790.6	321.9	136.9
1985	94.78	17.73	77.06	1966.5	353.5	146.7
1986	101.73	18.66	83.07	2213.7	397.8	164.7
1987	117.50	19.30	98.20	2431.6	436.8	173.0
1988	130.12	17.66	112.47	2594.3	465.7	187.9
1989	147.82	19.60	128.22	2656.1	476.7	189.2
1990	164.82	21.64	143.18	2574.1	462.6	188.8
1991	191.04	24.01	167.03	2565.7	460.8	181.7

主要产品产量（一）

Products（1949～1991）（1）

其中 of which					
纯棉布（亿米） All cotton fabric （100 million meters）	棉混纺交织布（亿米） Cotton blend fabric（100 million meters）	纯化纤布（亿米） All chemical fiber fabric （100 million meters）	涤纶混纺布（亿米） Polyester blend fabric（100 million meters）	印染布（亿米） Printed and dyed fabric（100 million meters）	针棉织品折用纱量（万件） Cotton knitgoods converted into yarn consumed （10000bales）
—	—	—	—	—	13.0
—	—	—	—	19.20	30.4
—	—	—	—	27.50	62.5
—	—	—	—	32.70	78.7
—	—	—	—	29.40	71.7
—	—	—	—	39.20	111.5
—	—	—	—	46.40	165.3
49.9	—	—	—	32.20	127.0
28.2	—	0.97	—	18.20	55.2
22.7	0.20	1.07	—	18.40	46.6
30.7	0.20	1.26	—	23.40	44.3
43.8	—	1.54	—	29.80	65.2
57.4	—	1.95	—	35.90	98.1
64.8	—	2.22	—	40.40	122.2
58.1	—	—	—	35.10	113.5
56.0	—	—	—	37.10	109.6
71.0	—	—	—	48.80	152.0
78.0	—	—	—	53.00	185.5
71.0	—	—	—	47.60	180.4
70.0	6.57	1.97	1.67	46.50	171.7
72.2	8.85	2.52	3.49	51.60	178.7
66.5	8.37	2.94	4.02	51.25	170.2
77.7	9.61	3.38	5.10	58.88	189.1
71.7	10.36	3.26	6.98	53.57	185.3
81.6	12.58	3.78	10.07	59.77	210.5
81.5	20.23	4.68	16.18	65.00	226.5
82.2	28.29	6.81	23.64	71.78	244.4
87.1	33.69	9.69	26.33	80.71	278.1
85.2	40.93	12.56	35.21	82.85	308.3
101.2	37.77	10.18	27.34	80.77	353.8
90.4	42.45	11.17	39.60	73.29	341.8
70.1	46.43	15.03	46.41	68.10	328.7
82.1	46.94	17.59	48.76	75.27	381.2
99.1	45.41	20.26	47.83	79.47	426.8
107.6	47.99	17.15	48.60	83.12	488.9
118.7	51.47	17.65	50.79	95.23	560.4
117.9	53.32	17.96	51.78	87.02	555.4
108.2	56.21	24.38	57.60	91.55	534.3
108.6	55.22	17.95	54.70	99.47	528.0

历年纺织工业
Output of Major Textile

年份 Year	针棉织品折用纱量（万吨） Cotton knitgoods converted into yarn consumed (10000 tons)	针织品折用化纤长丝量（万吨） Knitgoods converted into chemical fiber (fil) consumed (10000 tons)	毛线（万吨） Hand knitting wool yarn (10000 tons)	呢绒（万米） Wool fabric (10000 meters)	毛毯（万条） Woollen blanket (10000 pcs.)	麻袋（亿条） Gunny bag (100 million pcs.)
1949	—	—	0.18	544	22.2	0.10
1952	—	—	0.20	423	71.7	0.67
1955	—	—	0.37	1027	78.4	0.53
1956	—	—	0.57	1427	92.0	0.79
1957	—	—	0.57	1817	86.2	0.83
1958	—	—	1.00	2674	142.9	1.20
1959	—	—	0.88	3385	170.3	1.07
1960	—	—	0.95	2646	206.0	0.86
1961	—	—	0.53	3092	161.6	0.59
1962	—	—	0.78	3242	191.4	0.44
1963	—	—	0.80	4369	188.9	0.50
1964	—	—	0.96	4809	208.0	0.86
1965	—	—	1.10	4240	242.0	1.25
1966	—	—	1.25	4383	267.0	1.46
1967	—	—	1.11	3577	280.0	1.24
1968	—	—	1.21	3976	300.0	1.08
1969	—	—	1.70	4975	360.0	1.48
1970	—	—	2.17	5776	445.1	1.84
1971	—	—	2.35	6153	398.8	1.81
1972	—	—	2.21	6046	382.8	1.32
1973	—	—	2.32	6211	434.8	1.69
1974	—	—	2.36	6357	486.1	1.68
1975	—	—	2.66	6943	513.0	1.91
1976	—	—	2.78	7072	505.6	1.88
1977	—	—	3.11	7840	539.0	2.45
1978	40.72	1.99	3.78	8885	625.0	2.89
1979	43.88	2.59	4.44	9017	690.0	3.39
1980	49.97	4.57	5.73	10093	883.7	4.25
1981	55.43	6.91	7.65	11308	1067.0	4.29
1982	63.53	6.64	9.25	12669	1378.8	5.00
1983	61.42	7.44	10.21	14291	1621.6	5.51
1984	59.10	8.58	11.00	18049	1745.4	5.48
1985	68.53	9.13	12.59	21816	2015.4	6.27
1986	76.69	7.58	14.91	25186	2421.8	7.60
1987	87.82	7.55	20.42	26540	3018.5	8.58
1988	100.59	8.09	22.44	28611	3515.6	9.31
1989	99.69	7.37	24.99	27963	3081.5	8.54
1990	96.02	6.95	23.79	29505	2295.6	7.40
1991	94.82	6.65	28.25	31143	2400.3	6.51

主 要 产 品 产 量 （二）

Products（1949～1991）（2）

苎麻布（万米）Ramie fabric (10000 meters)	亚麻布（万米）Linen fabric (10000 meters)	丝（万吨）Silk (10000 tons)	丝织品（亿米）Silk fabric (100 million meters)	服装（亿件）Apparel (100 million pcs.)	纺织机械（万吨）Textile machinery (10000 tons)
9	9	0.18	0.50	—	—
2	66	0.56	0.65	—	1.99
82	1537	0.77	0.94	—	2.75
163	2286	0.94	1.19	—	5.14
126	2398	0.99	1.45	—	4.33
528	2609	1.13	2.03	—	6.29
1176	2425	1.02	2.78	—	8.19
995	2487	0.83	2.83	—	11.81
775	1019	0.52	2.53	1.99	3.98
458	1098	0.47	2.25	2.35	2.23
1007	907	0.47	2.46	2.56	2.47
1276	1190	0.71	4.77	3.07	4.78
1299	1412	0.91	3.42	3.85	8.63
967	1848	1.18	3.79	4.41	10.68
—	—	1.13	3.24	4.08	5.72
—	—	0.93	2.86	3.25	6.28
—	—	1.30	3.55	3.54	8.70
—	—	1.67	4.32	3.66	11.47
—	—	1.93	4.48	4.14	12.01
1137	1455	1.95	4.48	4.86	11.13
731	1581	2.11	4.60	5.47	11.27
384	1592	1.82	4.22	5.68	11.18
729	1814	2.31	4.54	6.73	11.92
774	1534	2.28	4.60	7.18	10.53
691	1800	2.69	5.29	7.17	12.08
620	1931	2.97	6.11	6.73	19.25
1581	2081	2.97	6.63	7.44	19.47
1965	2097	3.54	7.59	9.45	24.53
2963	2052	3.74	8.35	10.08	27.98
4491	2110	3.71	9.14	9.85	32.81
2858	1881	3.69	10.03	10.04	33.79
4204	2056	3.76	11.78	11.06	30.18
3936	2262	4.22	14.49	12.67	35.59
4697	2657	4.72	15.01	—	39.77
6988	2843	5.19	16.02	22.60	46.56
7159	3070	5.15	17.11	29.11	66.86
15358	3331	5.23	16.28	30.03	49.33
7119	2733	5.66	17.12	31.75	44.42
8053	3139	6.07	24.06	33.84	44.85

纺织工业主要产品产量增长速度
Growth Rates of Major Textile Products

单位：%
Unit：%

	化学纤维 Chemical fiber	纱 yarn	布 fabrics	针棉织品折用纱 Cotton knitgoods (converted into yarns consumed)	毛线 Hand-knitting wool yarn	呢绒 Wool fabrics	毛毯 Woollen blanket	麻袋 Gunny bag	丝 Silk	丝织品 Silk fabrics	服装 Apparel
增长速度 Growth rate											
1952：1949	—	100.7	102.6	133.8	9.5	−22.2	223.0	592.2	210.7	30.0	—
1957：1952	—	28.6	31.9	135.9	185.6	329.6	20.2	23.4	77.4	123.1	—
1962：1957	6700	−35.0	−49.9	−35.0	38.0	78.4	122.0	−47.0	−52.9	55.2	—
1965：1962	268.4	137.0	148.2	110.5	40.5	30.8	26.4	184.2	96.0	52.0	—
1970：1965	101.4	57.9	45.7	89.1	97.6	36.2	83.9	47.4	83.0	26.3	−4.9
1975：1970	53.4	2.7	2.7	1.9	23.0	20.2	15.3	3.7	37.7	5.1	83.9
1980：1975	190.9	40.2	43.4	47.1	115.4	45.4	72.3	122.5	53.2	67.2	40.4
1985：1980	110.5	20.8	8.8	37.0	119.7	116.2	128.1	47.5	19.2	90.9	34.1
1990：1985	73.9	30.9	28.7	40.2	88.9	35.2	13.9	18.0	34.1	18.2	150.6
1991：1949	* 63580	1309	861	3962	15594	5625	10712	6410	3272	4712	—

续

	化学纤维 Chemical fiber	纱 yarn	布 fabrics	针棉织品折用纱 Cotton knitgoods (converted into yarns consumed)	毛线 Hand-knitting wool yarn	呢绒 Wool fabrics	毛毯 Woollen blanket	麻袋 Gunny bag	丝 Silk	丝织品 Silk fabrics	服装 Apparel
年平均增长速度 Annual average growth rate											
恢复时期 Economic recovery period	—	26.2	26.5	32.7	3.1	−8.0	47.8	90.6	45.9	9.2	—
"一五"时期 1st 5-year plan period	—	5.2	5.7	18.7	23.4	33.9	3.8	4.3	12.1	17.4	—
"二五"时期 2nd 5-year plan period	126.1	−8.3	−12.9	−8.3	6.6	12.3	17.3	−11.9	−14.0	9.2	—
1963～1965	54.4	33.3	35.4	28.2	12.0	9.4	8.1	41.7	25.1	15.0	—
"三五"时期 3rd 5-year plan period	15.0	9.6	8.1	13.6	14.6	6.4	12.9	8.1	12.8	4.8	−0.8
"四五"时期 4th 5-year plan period	8.9	0.5	0.5	0.4	4.2	3.8	2.9	0.7	6.6	1.0	12.9
"五五"时期 5th 5-year plan period	23.8	7.0	7.5	8.1	16.6	7.8	11.5	17.3	8.9	10.8	7.0
"六五"时期 6th 5-year plan period	16.1	3.8	1.7	6.5	17.0	16.7	18.0	8.1	3.6	13.8	6.1
"七五"时期 7th 5-year plan period	11.7	5.5	5.2	7.0	13.6	6.2	2.6	3.4	6.0	3.4	20.2
1950～1991	* 21.6	6.5	5.5	9.2	12.8	10.1	11.8	10.5	8.7	9.7	—

注 有 * 号者为 1958～1991 年。

Note Sign "*" shows the growth rate for 1958～1991.

纺织工业部系统全员劳动生产率
Labor Productivity of Enterprises under the Ministry of Textile Industry

单位：元/人
Unit：Yuan/Person

年　份 Year	1952	1957	1965	1978	1990	1991
＊全员劳动生产率 Labor productivity of whole work force	10309	12756	13195	17793	30166	30121
化学纤维工业 Chemical fiber industry	—	—	—	26241	73038	77810
其中：合成纤维工业 of which：Synthetic fiber industry	—	—	—	36010	86951	91823
棉纺织印染工业 Cotton spinning，weaving，dyeing and printing industry	—	—	—	19986	30060	29300
其中：印染工业 of which：Dyeing and printing industry	—	—	—	70295	79480	72214
针织工业 Knitting industry	—	—	—	15070	22138	20987
毛纺织工业 Wool spinning，weaving and dyeing industry	—	—	—	19045	26168	28547
麻纺织工业 Bast fiber spinning and weaving industry	—	—	—	10565	14276	13840
丝绢纺织工业 Silk and spun silk industry	—	—	—	12090	31523	30446
纺织机械工业 Textile machinery industry	—	—	—	6506	21171	26211
纺织器材工业 Textile accessories industry	—	—	—	—	21616	21445
服装工业 Apparel industry	—	—	—	—	24210	23123

注　①＊包括丝绸、服装工业。

②1978年仅为全民所有制企业，不包括服装工业。1990、1991年也为全民所有制企业。

Note　①Sign "＊" shows figures include the silk industry and the apparel industry.

②Data listed in the above table for the year 1978 only from state-owned enterprises，and exclude the apparel industry. Those in the years 1990 and 1991 are only from state-owned enterprises also.

纺织工业实物劳动生产率
Labor Productivity in Kind of the Textile Industry

	单 位 Unit	1978	1990	1991
棉纱 Cotton yarn	工/吨 man-days/ton	31.16	31.0	—
棉布 Cotton fabric	工/万米 man-days/10000 meters	102	99.0	—
印染布 Dyed and printed fabric	工/万米 man-days/10000 meters	—	31.50	32.25
针织品 Knitting goods	工/千件 man-days/1000 pcs.	—	40.43	—
毛织品 Wool fabric	工/百米 man-days/100 meters	—	24.53	24.29
麻袋 Gunny bag	工/百条 man-days/100 pcs.	—	5.18	4.51
化纤 Chemical fiber	吨/人年 tons/man-year	5.84	8.79	9.51
缫丝 Silk reeling	工/百千克 man-days/100 kg	—	141	
织绸 Silk weaving	工/百米 man-days/100 meters	—	4.86	—

1990、1991年纺织各行业主要技术经济指标
Major Techno-economic Indices of the Textile Sectors in 1990 and 1991

指 标 Item	单 位 Unit	1990	1991
化学纤维 Chemical fiber			
粘胶纤维正品率（混合） Quality rayon (mixed)	%	97.94	98.88
每吨粘胶短纤维用浆粕 Pulp required to produce 1 ton of viscose staple fiber	千克 kg	1051	1044
每吨粘胶长丝用浆粕 Pulp required to produce 1 ton of viscose filament yarn	千克 kg	1201	1142
每吨粘胶短纤维用二硫化碳量 Carbon disulfide required to produce 1 ton of viscose staple fiber	千克 kg	193	187

续

指　标 Item	单位 Unit	1990	1991
每吨粘胶长丝用二硫化碳量 Carbon disulfide required to produce 1 ton of viscose filament yarn	千克 kg	389	368
每吨粘胶短纤维用硫酸量 Sulfuric acid required to produce 1 ton of viscose staple fiber	千克 kg	917	916
每吨粘胶长丝用硫酸量 Sulfuric acid required to produce 1 ton of viscose filament yarn	千克 kg	1471	1354
每吨粘胶短纤维用烧碱量 Caustic soda required to produce 1 ton of viscose staple fiber	千克 kg	635	632
每吨粘胶长丝用烧碱量 Caustic soda required to produce 1 ton of viscose filament yarn	千克 kg	837	840
每吨粘胶短纤维用电量 Power required to produce 1 ton of viscose staple fiber	千瓦·时 kW·h	2000	1918
每吨粘胶长丝用电量 Power required to produce 1 ton of viscose filament yarn	千瓦·时 kW·h	10440	10000
合成纤维正品率（混合） Quality synthetic fibers (mixed)	%	98.25	98.42
每吨锦纶用原料量 Raw material required to produce 1 ton of nylon	千克 kg	1134	1147
每吨涤纶短纤维用原料量 Raw material required to produce 1 ton of polyester staple fiber	千克 kg	1039	1040
每吨涤纶长丝用原料量 Raw material required to produce 1 ton of polyester filament yarn	千克 kg	1086	1069
每吨维纶用原料量 Raw material required to produce 1 ton of vinylon	千克 kg	921	929
每吨锦纶用电量 Power required to produce 1 ton of nylon	千瓦·时 kW·h	3565	3186
每吨涤纶短纤维用电量 Power required to produce 1 ton of polyester stape fiber	千瓦·时 kW·h	749	750
每吨涤纶长丝用电量 Power required to produce 1 ton of polyester filament yarn	千瓦·时 kW·h	2679	2542

续

指标 Item	单位 Unit	1990	1991
每吨维纶用电量 Power required to produce 1 ton of vinylon	千瓦·时 kW·h	2391	2245
每吨锦纶用标准煤量 Standard coal required to produce 1 ton of nylon	千克 kg	1468	1479
每吨涤纶短纤维用标准煤量 Standard coal required to produce 1 ton of polyester staple fiber	千克 kg	723	686
每吨涤纶长丝用标准煤量 Standard coal required to produce 1 ton of polyester filament yarn	千克 kg	630	667
每吨维纶用标准煤量 Standard coal required to produce 1 ton of vinylon	千克 kg	2345	2309
棉纺织 Cotton spinning & weaving			
棉纱一等一级以上品率 First grade cotton yarn	%	98.52	99.10
平均纱号 Average yarn count	号 tex	20.48	20.80
每千锭时产纱量（混合数） Yarn produce per 1000 spindle hours (mixed)	千克 kg	19.88	19.92
棉纺锭设备运转率 Operating cotton spindles	%	91.25	90.66
棉纺锭设备利用率 Utilized cotton spindles	%	91.15	88.05
每吨棉纱通扯净用棉量（包括化纤） Average cotton (include chemical fiber) required to produce 1 ton of cotton yarn	千克 kg	1070	1069
每吨棉纱用电量 Power required to produce 1 ton cotton yarn	千瓦·时 kW·h	2129	2125
棉布入库一等品率 First grade cotton fabric in stock	%	95.44	95.89

续

指标 Item	单位 Unit	1990	1991
平均纬密 Average weft density	根/10厘米 ends/10cm	251	252
平均幅阔 Average fabric width	厘米 cm	112	114
棉布织机每台时产量（混合数） Hourly output of cotton loom (mixed)	米 m	3.38	3.32
棉布织机设备利用率 Utilized cotton looms	%	91.52	87.76
棉布织机设备运转率 Operating cotton looms	%	92.04	92.09
每百米棉布用纱量 Yarn required to produce 100 meters of cotton fabric	千克 kg	16.44	17.08
每百米棉布用电量 Power required to produce 100 meters of cotton fabric	千瓦·时 kW·h	25.24	26.32
印染 Dyeing and printing			
棉印染布入库一等品率 First grade cotton printed and dyed fabrics in stock	%	86.64	87.12
每百米印染布用碱量 Caustic soda required to produce 100 meters of printed or dyed fabric	千克 kg	2.05	2.12
每百米印染布用标准煤量 Standard coal required to produce 100 meters of printed or dyed fabric	千克 kg	43.88	45.58
针织 Knitting			
棉毛类衫裤入库一等品率 First grade cotton interlock underwear in stock	%	92.63	92.79
绒布类衫裤入库一等品率 First grade flannelette underwear in stock	%	95.98	96.45

续

指　　标 Item	单　位 Unit	1990	1991
汗布类衫裤入库一等品率 First grade singlet in stock	%	93.30	94.02
毛纺织 Wool spinning, weaving and dyeing			
毛线入库一等品率 First grade hand-knitting wool yarn in stock	%	93.95	95.29
每百千克毛线净用毛条量 Net tops required to produce 100 kg of hand-knitting wool yarn	千克 kg	106.5	107.5
毛线精纺锭千锭时产量 Output of hand-knitting wool yarn per 1000 worsted spindle hours	千克 kg	45.09	45.29
精纺毛织品入库一等品率 First grade worsted fabric in stock	%	92.41	93.15
精梳毛织机每台时产量 Hourly output of worsted loom	米 m	2.01	1.96
每百米精纺毛织品净用毛条量 Net tops required to produce 100 meters of worsted fabric	千克 kg	41.19	42.97
粗纺毛织品入库一等品率 First grade woollen fabric in stock	%	90.47	92.74
粗梳毛织机台时产量（不包括素毛毯） Hourly output of woollen loom (exclude plain woollen blankets)	米 m	2.70	2.46
每百米粗纺毛织品耗用洗净毛量 Net scoured wool required to produce 100 meters of woollen fabric	千克 kg	73.17	77.71
毛毯入库一等品率 First grade wollen blanket in stock	%	83.17	85.66
提花毛毯织机台时产量 Hourly output of jacquard blanket loom	条 pcs.	1.20	1.11
每条毛毯用洗净毛量 Scoured wool required to produce 1 piece of woollen blanket	千克 kg	2.00	1.94

续

指 标 Item	单位 Unit	1990	1991
麻纺织 Bast fiber spinning & weaving			
麻袋正品率 Quality gunny bag	%	99.84	99.91
麻袋织机台时产量 Hourly output of sacking loom	米 m	20.85	21.39
每百条纯麻麻袋耗用熟麻量 Scoured jute required to produce 100 pieces of gunny bag	千克 kg	88.48	86.74
苎麻布入库一等品率 First grade ramie fabric in stock	%	79.28	80.56
苎麻织机台时产量 Hourly output of ramie loom	米 m	2.45	2.28
每百米苎麻布用纱线量 Yarn required to produce 100 meters of ramie fabric	千克 kg	21.26	21.98
缫丝、丝织 Silk reeling & weaving			
桑蚕丝正品率 Quality mulberry silk	%	98.87	99.19
百千克桑蚕丝用毛茧量 Raw cocoons required to produce 100 kg of mulberry silk	千克 kg	335	340
丝织品入库一等品率 First grade silk fabric in stock	%	84.02	85.14
丝织机台时产量 Hourly output of silk loom	米 m	2.21	2.25
百米丝织品用原料量 Raw material required to produce 100 meters of silk fabric	千克 kg	11.28	11.01
服装 Apparel			
内销成衣服装合格率 Certified shrinkage of ready-made clothing for domestic market	%	99.50	98.81
出口服装合格率 Certified shrinkage of apparel exports	%	99.64	99.72
布鞋合格率 Certified shrinkage of cotton shoes	%	98.78	98.75

纺织工业主要专业设备
Principal Specialized Equipment in the Textile Industry

	单位 Unit	1952	1957	1965	1978	1990	1991
棉纺锭 Cotton spindle	万锭 10000 spdls.	561.00	755.60	980.10	1561.92	3881.95	4191.11
棉布织机 Cotton loom	万台 10000 sets	—	42.14	30.92	49.65	86.04	90.45
毛纺锭 Wool spindle	万锭 10000 spdls.	12.31	15.62	27.98	47.81	265.87	303.02
毛织机 Wool loom	台 sets	1909	1830	4040	7120	33556	35128
麻袋织机 Sacking loom	台 sets	1042	1418	1821	5725	16139	15528
麻纺锭合计 Bast fiber spindle	万锭 10000 spdls.	4.80	5.40	7.65	15.00	88.98	101.34
其中：亚麻纺锭 of which：Flax spindle	万锭 10000 spdls.	1.42	1.58	1.44	1.93	10.76	12.44
苎麻纺锭 Ramie spindle	万锭 10000 spdls.	0.31	0.64	1.67	3.22	55.80	58.95
桑蚕缫丝机 Mulberry silk filature	万绪 10000 ends	16.72	20.56	26.52	72.23	200.00	234.54
丝织机 Silk loom	万台 10000 sets	4.42	3.09	2.67	4.54	17.96	17.21
化学纤维生产能力 Chemical fiber producing capacity	万吨 10000 tons	—	0.03	6.70	38.10	202.45	226.02
其中：粘胶纤维 of which：Rayon fiber	万吨 10000 tons	—	0.03	5.10	13.38	21.73	23.60
合成纤维 Synthetic fiber	万吨 10000 tons	—	—	1.60	24.72	180.72	202.42
棉印染生产能力 Cotton fabric printing and dyeing capacity	亿米 100 million meters	—	—	—	68.66	129.40	147.69

纺织工业分行业化学纤维消耗量
Chemical Fiber Consumption in the Textile Sectors

单位：万吨
Unit：10000 tons

行业 Sector	1975		1978		1990		1991	
	数量 Volume	比重 Proportion	数量 Volume	比重 Proportion	数量 Volume	比重 Proportion	数量 Volume	比重 Proportion
棉纺织行业 Cotton spinning and weaving industry								
耗用化学纤维 Total chemical fibers consumed	15.67	7.1	32.18	12.6	98.38	23.5	96.56	22.65
其中：合成纤维 of which：Synthetic fiber	7.73	3.5	24.36	9.53	82.01	19.6	82.38	19.33
毛纺织行业 Wool spinning and weaving industry								
耗用化学纤维 Total chemical fibers consumed	2.48	27.0	4.25	35.4	20.48	64.1	20.49	58.68
其中：合成纤维 of which：Synthetic fiber	0.96	10.4	2.57	21.4	18.04	56.4	17.97	51.46
丝绸行业 Silk and spun silk industry								
耗用化学纤维 Total chemical fibers consumed	2.26	—	4.09	57.9	8.01	72.5	9.58	74.55
其中：合成纤维 of which：Synthetic fiber	0.67	—	2.19	31.0	5.60	50.6	7.14	55.56

注　“比重”为化纤占该行业消耗原料总数的比重。

Note　“Proportion” means the proportion of chemical fibers in total raw material consumed of the textile sector.

按人口平均纤维分得量
Per Capita Allocation of Fibers

单位：千克
Unit：kg

项目 Item	1978	1980	1990	1991
按人口平均纤维分得量 Per capita allocation of fibers	2.88	3.49	5.54	5.70
其中：化学纤维 of which：Chemical fibers	0.43	0.73	1.69	1.73
棉花 Cotton	2.33	2.63	3.52	3.56
羊毛 Wool	0.08	0.10	0.19	0.23
丝 Silk	0.03	0.036	0.05	0.07
亚麻、苎麻 Flax & Ramie	—	—	0.09	0.11

纺织工业主要农牧业原料生产量、收购量
Output and Purchase of Principal Agricultural and Animal Husbandry Raw Materials by the Textile Industry

单位：万吨
Unit：10000 tons

年份	Year	1952	1957	1965	1978	1990	1991
棉　花：产　量	Cotton：Output	130.35	164.00	209.75	216.70	450.77	567.5
收购量	Purchase	108.70	141.20	195.6	209.60	409.10	529.0
黄洋麻：产　量	Jute and kenaf：Output	30.55	30.05	27.90	108.80	72.61	51.3
收购量	Purchase	11.4	13.3	13.2	53.4	81.30	58.2
苎　麻：产　量	Ramie：Output	4.05	5.25	2.95	2.60	8.91	5.82
收购量	Purchase	3.20	3.60	2.35	2.25	10.90	9.40
桑蚕茧：产　量	Mulberry cocoon：Output	6.20	6.80	6.65	17.35	48.02	55.05
收购量	Purchase	4.60	5.15	6.20	17.05	42.00	50.8
柞蚕茧：产　量	Tussah cocoon：Output	6.10	4.45	3.85	5.45	5.41	3.30
收购量	Purchase	5.05	3.25	3.55	5.50	2.80	2.1
绵羊毛收购量	Sheep wool：Purchase	3.63	4.32	7.49	13.82	18.90	17.3
山羊毛收购量	Goat hair：Purchase	0.13	0.40	0.80	0.76	1.10	0.5
羊绒收购量	Cashmere：Purchase	0.21	0.23	0.41	0.30	0.50	0.4

注　黄洋麻收购量为熟麻。

Note　Purchase of jute and kenaf are all of scoured bast.

主要纺织品按人口平均分得量
Per Capita Allocation of Principal Textile Products

	单 位 Unit	1952	1957	1965	1978	1990	1991
化学纤维 Chemical fibers	千克/人 kg/person	—	0.0003	0.07	0.30	1.46	1.66
布 Fabric	米/人 m/person	6.66	7.81	8.56	11.51	16.74	15.80
棉布 Cotton fabric	米/人 m/person	6.66	7.81	8.20	8.91	9.60	9.44
棉花化纤混纺布 Cotton blend fabric	米/人 m/person	—	—	0.09	2.12	4.98	4.80
化纤布 Chemical fiber fabric	米/人 m/person	—	—	0.27	0.48	2.16	1.56
呢绒 Wool fabric	米/人 m/person	0.007	0.028	0.058	0.093	0.26	0.27
毛线 Hand-knitting wool yarn	千克/人 kg/person	0.003	0.009	0.015	0.039	0.211	0.246
袜子 Hosiery	双/人 pairs/person	0.62	0.90	0.60	0.85	0.99	1.10
针织内衣裤 Knitted underwear	件/人 pcs. /person	0.12	0.33	0.51	0.98	1.34	1.31
丝织品 Silk fabric	米/人 m/person	0.11	0.22	0.47	0.64	1.52	2.09

主要纺织品按人口平均消费量
Per Capita Consumption of Principal Textile Products

	单 位 Unit	1978	1990			1991		
		全 国 Whole country	全 国 Whole country	城 镇 Cities and towns	乡 村 Rural area	全 国 Whole country	城 镇 Cities and towns	乡 村 Rural area
各种布合计 Total all kinds of fabric	米 meters	8.03	10.61	13.97	9.7	10.30	12.39	9.74
棉布 Cotton fabric	米 meters	6.66	6.91	8.42	6.50	6.56	6.80	6.50
棉花化纤混纺布 Cotton chemical fiber blend fabric	米 meters	1.00	2.63	3.55	2.38	2.62	3.50	2.38
化纤布 Chemical fiber fabric	米 meters	0.37	1.07	2.00	0.82	1.12	2.09	0.86
呢绒 Wool fabric	米 meters	0.08	0.23	0.66	0.12	0.26	0.71	0.14
绸缎 Silk fabric	米 meters	0.28	0.64	1.49	0.42	0.68	1.27	0.52
袜子 hosiery	双 pairs	0.66	0.67	1.01	0.58	0.72	1.10	0.62
其中：锦纶袜 of which：Nylon hosiery	双 pairs	—	0.66	0.98	0.58	0.59	0.87	0.52
针织内衣裤 Knitted underwear	件 pcs.	0.73	0.99	1.67	0.80	0.82	1.69	0.58
床褥单 Bed sheet	条 pcs.	0.03	0.08	0.17	0.06	0.08	0.17	0.06
毛线 Hand-knitting wool yarn	千克 kg	0.03	0.08	0.22	0.04	0.08	0.23	0.04

主要纺织品社会消费零售量

Retail Sales Volume of Major Textile Products Consumed by the Society

	单 位 Unit	1952	1957	1965	1978	1990	1991
布 Cotton and chemical fiber fabrics	亿米 100 million meters	30.8	42.9	44.4	76.9	120.3	118.5
其中：纯棉布 of which：Pure cotton fabric	亿米 100 million meters	30.8	42.9	41.9	63.7	78.4	75.5
化纤布 Chemical fiber fabric	亿米 100 million meters	—	—	2.5	13.2	41.9	43.0
呢绒 Wool fabric	万米 10000 meters	362.6	709.4	2444.0	8097.9	26541	30102
绸缎 Silk fabric	万米 10000 meters	3092.3	7090.8	9666.0	26802.6	72589	78037
针织内衣裤 Knitted underwear	万件 10000 pcs.	2900.4	20253.6	23199.6	69535.5	112000	94000
毛线 Hand-knitting wool yarn	万公斤 10000 kg	163.2	498.4	720.3	2740.6	8880	9456
袜子 Hosiery	万双 10000 pairs	30976	47629	31400	63374	76447	82869
床褥单 Bed sheet	万条 10000 pcs.	300	775	1072	2758	7417	7439

注 ①“社会消费品零售量”系全社会的消费品零售量，包括全民所有制、集体所有制及个体商业的零售量。
②化纤布包括棉花化纤混纺布和纯化纤布；针织内衣裤包括单面布类衫裤、棉毛衫裤和绒布衫裤。

Note ①“Retail sales volume of social consumer goods” means the retail sales volume of consumer goods consumed by the whole society. It includes the retail sales volume of state-owned, collectively-owned and individually-owned retailers.
②Chemical fiber fabric includes both chemical fiber blend fabric and pure chemical fiber fabric. Knitted underwear includes single jersey, flannelette and interlock underwear.

主要纺织品出口数量
Exports of Major Textile Products

	单位 Unit	1952	1957	1965	1978	1990	1991
棉纱 Cotton yarn	万吨 10000 tons	0.01	1.00	3.13	2.34	19.41	20.88
棉布 Cotton fabric	亿米 100 million meters	0.16	3.50	8.03	10.96	22.85	24.26
涤棉布 Polyester/cotton blend fabric	万米 10000 meters	—	—	152	13344	121207	134098
呢绒 Wool fabric	万米 10000 meters	0.4	922	747	639	2167	3489
绸缎 Silk fabric	万米 10000 meters	1738	5456	9500	12352	19926	18918
厂丝 Filature silk	吨 tons	2052	3275	2850	8739	8385	9296
毛毯 Woollen blanket	万条 10000 pcs.	3	57	108	226	283	345
人造棉纱 Spun rayon yarn	万件 10000 bales	—	—	3.21	4.3	9.64	6.00
人造棉布 Spun rayon fabric	亿米 100 million meters	—	—	1.13	1.02	2.93	4.06
毛针织品 Wool knitgoods	万美元 US $ 10000	—	1638	2481	6436	33968	43258
服装 Apparel	万美元 US $ 10000	—	784	4171	30973	342510	469281
纺织机械及器材 Textile machinery & accessories	万美元 US $ 10000	—	—	290	2034	9959	12379

1991年纺织品出口金额分国别、地区情况

The Value of Textile Export by Country and Region of Destination in 1991

单位:万美元
Unit:US $10000

	总金额 Total value	其中: Of which: 纺织品 Textiles	服装、布鞋 Apparel and shoes	其它 Others
香港 Hong Kong	660877	453190	184606	23081
澳门 Macao	14208	12472	1344	392
日本 Japan	225428	137986	80043	7399
新加坡 Singapore	24408	21891	2184	333
德国 Germany	64180	23427	35333	5420
法国 France	18406	10456	5390	2560
意大利 Italy	29312	13939	9751	5622
英国 UK	14478	8337	4554	1587
瑞士 Switzerland	11406	10271	458	677
加拿大 Canada	24366	11615	10984	1767
美国 USA	157851	64567	80942	12342
澳大利亚 Australia	25097	17169	7217	711
原苏联 USSR	41988	21315	10869	9804
印度 India	3734	3728	6	—
泰国 Thailand	5541	4688	81	772

纺织机械工业主要指标
Main Indices of the Textile Machinery Industry

	单位 Unit	1952	1957	1965	1990	1991
企业单位数 No. of enterprises	个 No.	8	48	153	466	484
总产值 Total output value	万元 10000 yuan	3058	32502	82720	754489	844188
纺织机械产量 Output of textile machinery	万吨 10000 tons	1.99	8.63	19.25	42.62	45.32
年末职工人数 No. of staff and workers by end of year	万人 10000 persons	1.62	3.96	6.28	38.55	39.06
全员劳动生产率 Labor productivity of whole work force	元 yuan	4543	6898	7676	19730	21780
金属切削机床 Metal-cutting machine tool	台 set	2392	6293	11541	63815	66327
锻压设备 Forging press	台 set	304	989	2076	9355	9466
利润总额 Total profit	万元 10000 yuan	1533	5832	9007	55803	50365
税金 Tax	万元 10000 yuan	—	—	—	36690	47024

1991年各省、自治区、直辖市
The Textile Industry in Provinces，Autonomous Regions

地区 Area		总产值 (90年不变价)(亿元) Total output value (90’ constant price) (100million yuan)	化学纤维产量 (万吨) Output of chemical fiber (10000 tons)	纱产量 (万吨) Output of cotton yarn (10000 tons)	布总产量 (亿米) Output of total cotton fabric (100 million meters)
全国总计	Nationwide grand total	2177.71	191.04	460.75	181.75
北京	Beijing	46.55	4.00	7.66	3.15
天津	Tianjin	61.58	7.81	11.23	4.68
河北	Hebei	112.37	2.93	34.04	12.52
山西	Shanxi	32.52	2.45	9.70	4.25
内蒙古	Inner Mongolia	26.15	0.75	2.41	1.08
辽宁	Liaoning	118.58	15.77	17.76	6.37
吉林	Jilin	33.88	3.17	5.38	1.93
黑龙江	Heilongjiang	41.89	11.08	7.57	2.58
上海	Shanghai	209.95	26.59	35.25	14.63
江苏	Jiangsu	342.61	48.15	56.20	27.01
浙江	Zhejiang	153.44	12.07	20.31	13.53
安徽	Anhui	63.42	1.59	18.56	6.66
福建	Fujian	33.38	3.40	5.77	2.11
江西	Jiangxi	31.02	2.37	8.67	2.79
山东	Shandong	188.41	5.29	60.42	21.13
河南	Henan	100.40	6.83	31.95	10.62
湖北	Hubei	132.42	2.89	36.93	14.12
湖南	Hunan	50.17	3.99	14.45	4.29
广东	Guangdong	149.72	15.18	11.79	4.80
海南	Hainan	5.39	1.65	0.30	0.04
广西	Guangxi	28.64	1.61	6.96	1.80
四川	Sichuan	89.79	5.92	16.75	8.43
贵州	Guizhou	7.02	0.42	2.48	0.89
云南	Yunnan	15.54	0.58	4.17	1.73
西藏	Xizang	0.16	—	—	—
陕西	Shanxi	53.49	2.14	15.57	6.98
甘肃	Gansu	14.18	1.78	1.87	0.52
青海	Qinghai	3.76	—	0.54	0.21
宁夏	Ningxia	3.69	0.36	0.47	0.11
新疆	Xinjiang	27.55	0.26	13.58	2.79

纺织工业基本情况

and Municipalities under the Central Government in 1991

纯棉布产量（亿米）Output of pure cotton fabric (100 million meters)	棉混纺布产量（亿米）Output of cotton chemical fiber blend fabric (100 million meters)	化纤布产量（亿米）Output of chemical fiber fabric (100 million meters)	印染布产量（亿米）Output of dyed and printed fabric (100 million meters)	针棉织品折用棉纱线量（万吨）Cotton knitgoods converted into yarn consumed (10000 tons)	毛线产量（万吨）Output of hand-knitting wool yarn (10000 tons)	呢绒产量（万米）Output of wool fabric (10000 meters)
108.58	55.22	17.95	99.47	94.82	28.25	31143
2.33	0.76	0.06	1.74	1.30	0.92	1426
3.09	1.43	0.17	4.77	3.17	0.58	1253
7.89	3.60	1.03	4.97	4.63	0.64	778
3.46	0.74	0.05	1.31	0.87	0.17	268
0.23	0.42	0.43	0.16	0.33	0.37	1119
3.53	1.79	1.05	2.65	3.20	0.41	1781
1.20	0.46	0.27	0.56	0.85	0.26	639
1.20	0.90	0.49	0.96	1.05	0.17	559
7.93	4.64	2.06	9.32	10.49	2.08	3050
14.87	8.57	3.56	13.91	13.42	12.17	8719
6.07	3.44	4.02	17.04	8.53	2.30	3166
4.09	2.50	0.07	2.18	2.77	0.38	276
0.76	1.08	0.28	1.04	1.65	0.47	110
1.46	1.05	0.28	1.37	1.20	0.13	221
14.12	5.03	1.98	8.67	11.09	2.63	2069
7.39	2.94	0.29	3.74	3.76	0.45	1078
9.43	4.37	0.31	5.96	5.66	0.71	447
2.23	1.96	0.10	2.20	1.99	0.16	54
3.65	0.70	0.45	7.70	11.07	1.51	264
0.02	0.02	—	0.01	0.03	—	—
1.08	0.69	0.02	1.06	1.83	0.18	111
4.16	3.90	0.37	3.55	2.25	0.20	534
0.63	0.26	—	0.44	0.28	0.06	32
0.92	0.80	0.01	0.68	0.56	0.07	51
—	—	—	—	—	—	16
3.45	2.93	0.60	2.68	1.55	0.16	567
0.37	0.14	0.01	0.19	0.37	0.59	943
0.21	—	—	—	0.04	0.12	232
0.11	—	—	—	0.16	0.15	113
2.70	0.08	—	0.58	0.73	0.20	1267

地区 Area		麻袋产量（万条） Output of gunny bag (10000 pcs.)	丝产量（吨） Output of silk (ton)	丝织品产量（万米） Output of silk goods (10000 meters)	服装产量（万件） Output of apparel (10000 pcs.)
全国总计	Nationwide grand total	65094	60687	240613	338406
北京	Beijing	25	—	875	11640
天津	Tianjin	145	—	2337	14916
河北	Hebei	1054	79	3890	14059
山西	Shanxi	718	389	966	2333
内蒙古	Inner Mongolia	127	10	304	958
辽宁	Liaoning	2411	2667	7774	11620
吉林	Jilin	2722	27	1076	2443
黑龙江	Heilongjiang	911	4	957	1486
上海	Shanghai	30	435	13476	28977
江苏	Jiangsu	3596	14359	47293	33821
浙江	Zhejiang	7843	15902	114419	12130
安徽	Anhui	6264	1852	3940	6774
福建	Fujian	557	7	1892	14695
江西	Jiangxi	1594	185	2321	2183
山东	Shandong	9172	2502	8625	23336
河南	Henan	6681	291	3532	11336
湖北	Hubei	9130	773	3968	13935
湖南	Hunan	2881	152	742	3775
广东	Guangdong	1206	2912	5069	101014
海南	Hainan	23	—	—	—
广西	Guangxi	2517	1019	1195	3898
四川	Sichuan	4686	15516	13665	14696
贵州	Guizhou	93	70	212	—
云南	Yunnan	425	261	449	1245
西藏	Xizang	—	—	—	4
陕西	Shanxi	217	959	1176	4726
甘肃	Gansu	66	—	138	1121
青海	Qinghai	—	—	—	188
宁夏	Ningxia	—	—	41	291
新疆	Xinjiang	—	316	281	806

注 利润税金全国总计中包括纺机企业 3.41 亿元。

Note The profit and tax of nationwide grand total includes those of textile machinery industry 341 million yuan.

续

化学纤维生产能力（万吨）Chemical fiber producing capacity (10000 tons)	棉纺锭（万锭）Cotton spindles (10000 spdls.)	毛纺锭（万锭）Wool spindles (10000 spdls.)	棉印染生产能力（亿米）Cotton dyeing and printing capacity (100 million meters)	出口纺织品外贸收购总值（亿元）Total purchasing value of textile exports (100 million yuan)	职工人数（万人）No. of staff and workers (10000 persons)	全民所有制企业全员劳动生产率（元/人）Labor productivity of whole work force from state-owned enterprises (yuan/person)	利润税金（亿元）Profit & Tax (100 million yuan)
226.02	4191.11	303.02	147.69	586.19	777.97	30121	68.82
6.77	51.66	9.53	2.46	15.49	12.22	37710	0.77
7.77	92.72	9.48	6.52	14.12	20.87	29394	1.52
4.06	369.64	8.15	10.83	35.27	40.97	28861	2.56
3.70	68.63	2.85	3.27	3.71	14.96	21893	0.91
0.69	17.98	7.23	0.60	4.13	10.63	27658	1.07
19.06	154.13	13.28	6.00	32.00	52.26	25686	−1.39
4.1	44.88	4.83	1.09	4.95	16.29	22240	0.08
12.78	84.43	8.85	1.80	7.56	25.35	19088	1.28
29.54	256.21	21.37	14.23	75.15	53.36	40503	14.60
54.52	577.07	78.80	19.41	127.31	88.29	38592	13.23
13.28	190.57	24.70	10.69	48.94	39.44	40239	7.75
2.41	167.20	6.77	4.45	11.64	30.88	24100	−0.53
3.71	46.86	3.24	1.61	4.12	10.34	30712	1.95
2.95	76.95	2.99	2.58	5.29	15.54	21758	0.99
7.39	570.66	26.45	13.09	46.62	70.52	29585	6.15
8.35	312.15	10.41	8.84	14.99	37.22	27075	3.50
4.12	329.97	11.09	11.90	30.15	59.80	23586	2.29
4.63	124.81	2.71	3.77	8.42	27.22	19434	−1.38
16.21	118.01	10.29	6.23	48.15	26.41	47513	4.51
1.75	3.00	—	0.25	0.08	1.10	49420	0.51
3.65	52.75	2.32	2.21	4.05	10.52	26946	−0.17
7.46	153.49	5.59	5.60	23.52	46.89	21781	0.17
0.26	18.36	0.81	0.70	0.89	4.98	18203	−0.06
1.23	37.02	1.32	1.69	0.62	7.38	23310	0.58
—	—	0.23	—	—	0.10	10910	—
2.97	149.51	5.43	5.72	14.02	20.53	26923	1.26
2.08	18.92	8.11	0.50	0.70	7.62	20448	0.79
—	3.71	3.62	—	0.39	2.43	16774	−0.24
0.35	2.97	2.23	0.08	0.13	1.89	21390	0.05
0.20	96.83	10.34	1.57	3.78	12.08	24925	1.92

1991年部分纺织工业

Situation of Selected

指标 Item	单位 Unit	沈阳市 Shenyang	大连市 Dalian	哈尔滨市 Haerbin	南京市 Nanjing
企业单位数 No. of enterprises	个 No.	114	95	116	86
工业总产值 Total industrial output value	万元 10000 yuan	176649	222435	125105	169994
工业净产值 Net industrial output value	万元 10000 yuan	31745	47667	39510	39830
主要产品产量 Output of principal products					
化学纤维 Chemical fibers	吨 ton	1258	4158	11485	20591
其中：合成纤维 of which：Synthetic fiber	吨 ton	1258	4158	361	7870
纱 Cotton yarn	吨 ton	22575	50883	18952	15703
布 Cotton fabric	万米 10000 meters	5336	14204	8302	7413
其中：纯棉布 of which：Pure cotton fabric	万米 10000 meters	4652	7238	5068	3198
涤纶混纺布 Polyester/Cotton blend fabric	万米 10000 meters	191	6752	2854	4098
印染布 Printed and dyed fabric	万米 10000 meters	6175	4890	4259	7197
针棉织品折用纱线 Yarn consumed in cotton knitgoods	吨 ton	6043	9162	3568	8756
毛线 Hand-knitting wool yarn	吨 ton	2275	458	90	5027
呢绒 Wool fabric	万米 10000 meters	674	51	270	230
毛毯 Woollen blanket	万条 10000 pcs.	25	3	19	10
麻袋 Gunny bag	万条 10000 pcs.	—	920	341	—
丝 Silk	吨 ton	—	208	—	195
丝织品 Silk fabrics	万米 10000 meters	857	856	109	993
出口外贸收购总值 Total purchasing value of textile exports	万元 10000 yuan	47458	61144	23059	45941
主要专业设备 Main textile machinery					
棉纺锭 Cotton spindle	万锭 10000 spdls.	17	41	20	18
棉布织机 Cotton loom	台 set	4657	8944	5104	3951
毛纺锭 Wool spindle	锭 spdls.	50448	13552	24368	36456
丝织机 Silk loom	台 set	735	1206	262	1467
职工人数 Number of staff and Workers	人 person	52100	49700	48800	33700
全员劳动生产率 Labor Productivity of whole work force	元/人 yuan/person	22966	27262	23286	31740
固定资产原值 Value of fixed assets	万元 10000 yuan	94108	87593	61962	65416
利润总额 Total profit	万元 10000 yuan	-1121	-2075	-1945	-6497
销售税金 Sales tax	万元 10000 yuan	2053	2814	636	3707

基地基本情况(一)
Textile Bases in 1991(1)

宁波市 Ningbo	青岛市 Qingdao	武汉市 Wuhan	广州市 Guangzhou	重庆市 Chongqing	西安市 Xian	厦门 Shamen	深圳 Shenzhen
85	108	162	107	167	62	19	36
253570	313046	269034	297317	214178	61029	60207	57044
56395	59420	45533	61217	42665	9221	11607	9638
38694	5221	980	22080	28179	—	11845	—
25783	5221	980	14690	28179	—	11845	—
63972	96271	94645	30425	51135	3308	11167	4441
20458	34076	31861	6993	29800	3139	2384	510
14572	17976	22858	4761	16404	2806	760	510
3047	12400	7745	1794	6340	285	1535	—
20630	19999	17190	7304	9756	5736	1087	5264
	18392	12446	25297	6334	5826	682	2411
6450	1069	1350	1098	659	731	—	
779	277	226	63	181	62	33	—
38	23	5	—	4	13	—	—
—	1649	—	—	42	—	—	
80	—	—	900	3336	—	—	
1242	528	261	291	1405	378	—	50
76662	110765	45234	85469	54702	9528	1485	41205
55	80	77	30	42	4	7	3
6521	15212	20793	3021	14284	2142	1584	300
95071	23876	27926	12652	20854	13828	5148	—
832	506	527	340	2381	449	—	48
52000	83500	85700	53700	81900	13800	7100	600
41826	29830	22718	40528	21687	25346	27083	80600
99129	131138	130659	90181	156883	32311	36539	37385
6894	−1075	−10524	−2276	−11014	−4884	3925	2313
6909	6116	4729	3857	8079	1732	1356	199

1991 年部分纺织工业

Situation of Selected

指标 Item	单位 Unit	石家庄市 Shijiazhuang	邯郸市 Handan	呼和浩特市 Huhehaote	营口市 Yingkou
企业单位数 No. of enterprises	个 No.	80	39	17	53
工业总产值 Total industrial output value	万元 10000 yuan	372913	154510	71874	132090
工业净产值 Net industrial output value	万元 10000 yuan	77650	24973	23880	21625
主要产品产量 Output of principal products					
化学纤维 Chemical fibers	吨 ton	10447	—	7540	8921
其中:合成纤维 of which:Synthetic fiber	吨 ton	10447	—	—	8921
纱 Cotton yarn	吨 ton	98159	73674	3512	22849
布 Cotton fabric	万米 10000 meters	52453	16483	2059	8689
其中:纯棉布 of which:Pure cotton fabric	万米 10000 meters	25269	9517	—	5106
涤纶混纺布 Polyester/Cotton blend fabric	万米 10000 meters	26237	6966	693	3492
印染布 Printed and dyed fabric	万米 10000 meters	25030	6026	47	4436
针棉织品折用纱线 Yarn consumed in cotton knitgoods	吨 ton	9776	1957	462	4188
毛线 Hand-knitting wool yarn	吨 ton	486	610	1439	—
呢绒 Wool fabric	万米 10000 meters	104	1	455	22
毛毯 Woollen blanket	万条 10000 pcs.	28	—	11	—
麻袋 Gunny bag	万条 10000 pcs.	—	—	—	—
丝 Silk	吨 ton.	—	—	—	177
丝织品 Silk fabrics	万米 10000 meters.	609	424	—	49
出口外贸收购总值 Total purchasing value of textile exports	万元 10000 yuan	187269	56234	7833	48285
主要专业设备 Main textile machinery					
棉纺锭 Cotton spindle	万锭 10000 spdls.	80	60	2	16
棉布织机 Cotton loom	台 set	20908	8871	576	3663
毛纺锭 Wool spindle	锭 spdls.	9420	5680	27624	1640
丝织机 Silk loom	台 set	368	508	—	234
职工人数 Number of staff and Workers	人 person	106113	48209	25702	49284
全员劳动生产率 Labor Productivity of whole work force	元/人 yuan/person	39492	30632	27844	31707
固定资产原值 Value of fixed assets	万元 10000 yuan	180424	108687	342131	96130
利润总额 Total profit	万元 10000 yuan	10372	−5307	−1496	−5267
销售税金 Sales tax	万元 10000 yuan	9079	2875	46233	4411

基 地 基 本 情 况（二）

Textile Bases in 1991（2）

长春市 Changchun	无锡市 Wuxi	苏州市 Suzhou	常州市 Changzhou	南通市 Nantong	杭州市 Hangzhou	嘉兴市 Jiaxing	绍兴市 Shaoxing
59	82	163	92	119	91	86	78
56336	489005	688742	353620	385417	458480	232809	204466
10862	105377	132056	64675	84451	85412	48484	40864
—	67588	73332	17961	28691	30649	4605	14774
—	67588	73332	17961	28691	19206	4605	14774
16468	85801	66515	59175	107872	55504	10901	21654
6109	43884	36713	36793	62766	27076	2400	52558
4657	18974	14325	21664	43246	7950	2081	14081
577	22045	13473	12553	8134	2192	32	25955
3338	25937	32344	24710	21511	33265	1081	67599
1073	28231	17530	6561	27016	7828	1436	6106
204	28883	65211	4182	8580	2921	2948	3258
48	1981	3359	1523	694	514	524	463
18	3	26	80	74	—	11	
—	—	—	—	513	4316	—	1109
—	1934	1333	920	3660	1389	5664	1368
13	3965	28664	2288	4087	9371	2574	6384
9668	306055	335053	146752	172440	113163		
12	84	104	51	107	47	8	26
3007	26806	17037	19638	29946	6475	1744	30243
8320	259428	191443	65668	99470	39244	34560	31944
26	2588	19034	2304	4767	7570		4663
25000	109899	145019	88035	—	101835	60620	43557
17903	53012	41831	48236	—	35775	35807	49757
27111	196835	239120	164473	158372	175663	90116	69299
−1585	15465	16386	−446	8269	9059	6602	12136
777	19256	19247	11491	10604	11641	8021	

1991 年部分纺织工业
Situation of Selected

指 标 Item	单 位 Unit	湖州市 Huzhou	合肥市 Hefei	芜湖市 Wuhu	蚌埠市 Bengbu
企业单位数 No. of enterprises	个 No.	344	54	63	52
工业总产值 Total industrial output value	万元 10000 yuan	430616	72716	60669	73263
工业净产值 Net industrial output value	万元 10000 yuan	71435	13040	11172	11337
主要产品产量 Output of principal products					
化学纤维 Chemical fibers	吨 ton	11411	—	—	1272
其中:合成纤维 of which:Synthetic fiber	吨 ton	11411	—	—	1272
纱 Cotton yarn	吨 ton	3308	25927	16825	11608
布 Cotton fabric	万米 10000 meters	4679	10983	4715	5502
其中:纯棉布 of which:Pure cotton fabric	万米 10000 meters	1325	5829	1863	3672
涤纶混纺布 Polyester/Cotton blend fabric	万米 10000 meters	—	5154	2793	1168
印染布 Printed and dyed fabric	万米 10000 meters	18057	3209	2677	4087
针棉织品折用纱线 Yarn consumed in cotton knitgoods	吨 ton	1455	4187	3787	2202
毛线 Hand-knitting wool yarn	吨 ton	3344	119	495	1093
呢绒 Wool fabric	万米 10000 meters	137	17	14	139
毛毯 Woollen blanket	万条 10000 pcs.	—	—	1	7
麻袋 Gunny bag	万条 10000 pcs.	—	219	309	1880
丝 Silk	吨 ton	4580	47	23	—
丝织品 Silk fabrics	万米 10000 meters	12587	1007	487	138
出口外贸收购总值 Total purchasing value of textile exports	万元 10000 yuan	143413	12345	13313	10497
主要专业设备 Main textile machinery					
棉纺锭 Cotton spindle	万锭 10000 spdls.	4	29	15	12
棉布织机 Cotton loom	台 set	1456	7024	3655	3648
毛纺锭 Wool spindle	锭 spdls.	11936	—	8120	19686
丝织机 Silk loom	台 set	5073	492	510	194
职工人数 Number of staff and Workers	人 person	109785	35110	32027	34612
全员劳动生产率 Labor Productivity of whole work force	元/人 yuan/person	46766	19904	21611	24874
固定资产原值 Value of fixed assets	万元 10000 yuan	110227	39344	43995	39043
利润总额 Total profit	万元 10000 yuan	13446	5330	-4899	-7632
销售税金 Sales tax	万元 10000 yuan	12074	2234	1967	1811

基地基本情况(三)

Textile Bases in 1991(3)

南昌市 Nanchang	九江市 Jiujiang	福州市 Fuzhou	济南市 Jinan	潍坊市 Weifang	济宁市 Jining	南宁市 Nanning	长沙市 Changsha
44	30	51	57	86	75	16	50
95143	70626	60983	196794	275898	110226	70111	78310
18526	9502	15199	41711	60548	26435	14283	18411
13090		948	6078	15616	1421	9098	2057
1983		948	6078	2424	1421	9098	2057
22437	28447	12384	58183	55136	36399	14701	14967
8391	6857	4547	20109	40511	11069	3351	4966
3894	3542	2128	12086	22429	9181	1775	3493
3733	3261	2369	7852	6924	1032	1471	1048
6081	4429	1773	8871	23167	4517	2841	2160
5383	2459	1946	9557	8612	8605	1990	4633
—	—	129	241	932	540	1219	1027
6	11	—	212	305	248	64	—
17	—	—	—	132	46	13	17
697	—	—	311	2101	1167	732	—
—	42	—	—	252	83	85	14
1603	73	758	920	1161	109	44	218
28442	11335	12323	57548	89230	17548	6807	18869
21	23	10	54	57	37	10	12
5110	4840	2593	9177	15473	7058	2164	2836
3052	720	2200	16416	16998	18566	15788	11596
1338	216	490	484	1156	208	62	542
45904	32847	22619	78041	83587	48092	23447	37309
24147	22985	27669	28575	36949	26651	29728	22440
46165	30604	34163	97592	135442	63295	40493	52603
277	−489	1863	384	6596	−1463	−3073	−4921
2501	1861	1386	4476	13418	2329	1535	1570

1991年部分纺织工业基地基本情况(四)
Situation of Selected Textile Bases in 1991 (4)

指标 Item	单位 Unit	襄樊市 Xiangfan	郑州市 Zhengzhou	成都市 Chengdu	昆明市 Kunming
企业单位数 No. of enterprises	个 No.	193	55	58	28
工业总产值 Total industrial output value	万元 10000 yuan	229812	257077	136594	71226
工业净产值 Net industrial output value	万元 10000 yuan	58029	64215	24777	27818
主要产品产量 Output of principal products					
化学纤维 Chemical fibers	吨 ton	17390	5428	11799	2530
其中:合成纤维 of which: Synthetic fiber	吨 ton	6332	5428	6989	2530
纱 Cotton yarn	吨 ton	48206	89468	29517	23614
布 Cotton fabric	万米 10000 meters	19924	37852	8717	9352
其中:纯棉布 of which: Pure cotton fabric	万米 10000 meters	10577	20733	4894	4118
涤纶混纺布 Polyester/Cotton blend fabric	万米 10000 meters	9225	16735	2821	5215
印染布 Printed and dyed fabric	万米 10000 meters	8435	11509	11154	3603
针棉织品折用纱线 Yarn consumed in cotton knitgoods	吨 ton	7380	2228	4253	2952
毛线 Hand-knitting wool yarn	吨 ton	1170	549	495	183
呢绒 Wool fabric	万米 10000 meters	97	70	78	26
毛毯 Woollen blanket	万条 10000 pcs.	3	2	—	—
麻袋 Gunny bag	万条 10000 pcs.	1420	105	203	—
丝 Silk	吨 ton.	200	18	214	—
丝织品 Silk fabrics	万米 10000 meters	350	386	1980	—
出口外贸收购总值 Total purchasing value of textile exports	万元 10000 yuan	45464	47705	15324	2449
主要专业设备 Main textile machinery					
棉纺锭 Cotton spindle	万锭 10000 spdls.	42	63	26	22
棉布织机 Cotton loom	台 set	10583	16727	5149	4990
毛纺锭 Wool spindle	锭 spdls.	22372	11092	11208	6744
丝织机 Silk loom	台 set	836	284	2503	—
职工人数 Number of staff and Workers	人 person	106589	90120	43400	28975
全员劳动生产率 Labor Productivity of whole work force	元/人 yuan/person	21561	30088	26130	25598
固定资产原值 Value of fixed assets	万元 10000 yuan	155201	146074	100049	41472
利润总额 Total profit	万元 10000 yuan	1404	1915	4700	1078
销售税金 Sales tax	万元 10000 yuan	9833	10775	2746	1296

增列
Supplement

乡镇纺织与缝纫工业统计资料
Statistical Data of Rural and Township Textile and Sewing Industries

农业部乡镇企业司　李侠　摘编
Bureau of Township Enterprise Ministry of Agriculture　Edited by Li Xia

全国乡村纺织工业与缝纫工业概况
Total National Rural Textile and Sewing Industry

项目 Item	年份 Year 1985	1986	1990	1991
企业数（个） Number of enterprises	46359	49617	53079	53555
纺织工业 Textile industry	23588	25269	29061	29348
其中：棉纺织工业 of which: Cotton spinning, weaving, dyeing and printing industry	5792	6867	10485	10122
毛纺织工业 Wool spinning, weaving and dyeing industry	1452	2380	3115	3203
针织工业 Knitting industry	7158	7333	7397	7635
化学纤维工业 Chemical fiber industry	428	498	547	658
缝纫工业 Sewing Industry	22771	24348	24018	24207
其中：服装业 of which: apparel mill	—	19940	17081	18264
从业人数（万人） Number of staff and Workers (10 thousand)	340	380.5	460	491.13
纺织工业 Textile Industry	209.4	250.2	304.4	320.61
其中：棉纺织工业 of which: Cotton spinning, weaving, dyeing and printing industry	62.2	79	127.3	130.56

续

项 目 Item	年 份 Year			
	1985	1986	1990	1991
毛纺织工业 Wool spinning, weaving and dyeing industry	17	34.4	45.3	49.2
针织工业 Knitting industry	54.5	60.3	58.9	63.02
化学纤维工业 Chemical fiber industry	3.3	4	5.6	7.07
缝纫工业 Sewing Industry	130.3	130.3	155.6	170.52
其中：服装业 of which: apparel mill	—	107	117	129.71
总产值（亿元） Total output value (100 million yuan)	220.55	301.19	933.03	1151.16
纺织工业 Textile Industry	166.52	235.62	703.78	919.4
其中：棉纺织工业 of which: Cotton spinning, weaving, dyeing and printing industry	56.13	79.43	303.23	356.41
毛纺织工业 Wool spinning, weaving and dyeing industry	17.67	44.34	116.1	171.45
针织工业 Knitting industry	28.58	37.44	102.13	147.07
化学纤维工业 Chemical fiber industry	3.61	5.3	22.24	38.77
缝纫工业 Sewing Industry	54.03	65.57	229.25	302.55
其中：服装业 of which: apparel mill	—	53.81	176.89	231.73

注 ①乡镇纺织、缝纫工业统计资料根据农业部编《乡镇企业统计资料》。
②乡镇纺织工业包括丝绸，不包括纺织机械与纺织器材行业。
③乡镇缝纫工业包括服装制造业、制帽业和制鞋业。
④乡村工业（企业）指乡办、村办工业（企业）合计；乡镇工业（企业）指乡村办、联户办、个体办工业（企业）合计。
⑤省、自治区、直辖市统计数字已包括计划单列市统计数字。
⑥1985～1989 年总产值均按 1980 年不变价格计算。
⑦1990～1991 年总产值均按 1990 年不变价格计算。

Note ①Statistical data of rural and township textile and sewing industries is based on the Ministry of Agriculture "Statistic data of rural and township enterprises".
②Rural and township textile industry includes silk industry, but excludes textile mechinery and accessories.
③Rural and township sewing industry includes apparel, hat and shoes mills.
④Rural industry (enterprises) means the amount of countryside and village industries (enterprises). Rural and township industry (enterprises) means the amount of rural, unite-household and individual industries (enterprises).
⑤Statistical data of provinces, autonomous regions and municipalities under the central government includes municipalities those plans are controlled directly by the central government.
⑥Total output value from 1985 to 1989 is calculated on the constant price in 1980.
⑦Total output value from 1990 to 1991 is calculatated on the constant price in 1990.

省、自治区、直辖市乡村纺织工业概况（总产值）

Rural Textile Industry in Provinces，Autonomous Regions and Municipalities under the Central Government

（Total Output Value）

单位：万元

Unit：10 thousand yuan

地　区 Area	1987	1989	1990	1991
全国总计 Nationwide grand total	3557864	5244470	7037809	9194030
北京 Beijing	36796	88677	115526	148700
天津 Tianjin	65386	148024	193500	237657
河北 Hebei	63186	107761	114034	146501
山西 Shanxi	5874	8690	9967	12481
内蒙古 Inner Mongolia	1213	2405	2724	4381
辽宁 Liaoning	42005	67988	86005	101391
吉林 Jilin	3222	5407	6420	6217
黑龙江 Heilongjiang	10482	16177	16102	22560
上海 Shanghai	187011	286710	439899	596392
江苏 Jiangsu	1359516	1886676	2581261	3199082
浙江 Zhejiang	1153658	1448480	1774983	2644974
安徽 Anhui	19804	45098	61212	78571
福建 Fujian	15089	29741	34986	45377
江西 Jiangxi	7183	17716	18163	22685
山东 Shandong	223602	535884	781902	905920
河南 Henan	24976	47484	72921	100022
湖北 Hubei	88887	133919	150534	163471
湖南 Hunan	22373	28492	31311	38068
广东 Guangdong	156539	230029	330385	436389
广西 Guangxi	2338	4797	7074	8465

续

地　区 Area	1987	1989	1990	1991
海南 Hainan	—	194	432	817
四川 Sichuan	53358	73942	153797	194658
贵州 Guizhou	79	347	225	246
云南 Yunnan	1098	1352	3528	3981
西藏 Xizang	—	—	—	—
陕西 Shanxi	7628	15064	16893	25134
甘肃 Gansu	3370	5861	10407	12982
青海 Qinghai	138	246	176	236
宁夏 Ningxia	713	1324	1534	1873
新疆 Xinjiang	2340	5985	21908	34799
以下合计: Hereafter amount:	134804	419312	538865	661227
重庆 Chongqing	14886	16772	46762	2185
西安 Xian	2017	3765	3748	8486
武汉 Wuhan	17738	28556	28323	32954
广州 Guangzhou	19409	22157	28590	39300
沈阳 Shenyang	3731	4540	5972	7906
大连 Dalian	13745	19441	26540	30595
哈尔滨 Haerbin	1211	2004	2726	2679
青岛 Qingdao	38768	90584	106728	134461
南京 Nanjing	23299	24328	26963	32385
宁波 Ningbo	—	196753	252603	357837
成都 Chengdu	—	4959	7106	9758
厦门 Shamen	—	420	517	496
长春 Changchun	—	2176	2287	2185

1990、1991年省、自治区、直辖市乡村服装工业概况

Rural Apparel Industry of Provinces, Autonomous Regions and Municipalities under Central Government in 1990 and 1991

地　区 Area		企业数（个） Number of Enterprises		从业人数（人） Number of Staff and Workers		总产值（万元） Total Output Value (10 thousand yuan)	
		1990	1991	1990	1991	1990	1991
全国总计	Nationwide grand total	17081	18264	1170484	1297142	1768902	2317366
北京	Beijing	508	467	57532	59405	137112	179833
天津	Tianjin	458	470	59411	62642	157915	187363
河北	Hebei	601	657	33992	37956	35376	46783
山西	Shanxi	83	97	2253	2865	1649	2061
内蒙古	Inner Mongolia	59	78	1184	1767	739	1301
辽宁	Liaoning	726	703	40905	46828	61974	92011
吉林	Jilin	100	67	2280	2026	2855	2464
黑龙江	Heilongjiang	110	120	3069	3787	4469	5080
上海	Shanghai	652	673	125795	128863	263542	320805
江苏	Jiangsu	2343	2158	179736	191358	313653	412651
浙江	Zhejiang	2236	2023	126433	131900	217187	290677
安徽	Anhui	255	290	8671	11558	11200	18557
福建	Fujian	965	1227	42623	55638	46438	85514
江西	Jiangxi	208	184	3609	4273	3862	5785
山东	Shandong	1261	1130	53670	54563	102891	118990
河南	Henan	177	221	6759	9002	7339	10936
湖北	Hubei	1026	1021	38063	39607	73471	83208
湖南	Hunan	306	269	12274	10183	10524	10514
广东	Guangdong	4214	4657	352451	399816	302640	401617
广西	Guangxi	159	120	2545	1992	1838	1511
海南	Hainan	11	13	157	225	60	98
四川	Sichuan	—	1035	—	23215	—	26017
贵州	Guizhou	22	23	707	694	613	622
云南	Yunnan	128	134	3813	6296	2425	4640
西藏	Xizang	—	—	—	—	—	—
陕西	Shanxi	319	270	9203	7447	6817	5834
甘肃	Gansu	73	64	2132	2155	1825	2062
青海	Qinghai	11	11	110	136	106	65
宁夏	Ningxia	7	7	114	98	56	60
新疆	Xinjiang	63	75	993	847	326	307

续

地　区 Area		企业数（个） Number of Enterprises		从业人数（人） Number of Staff and Workers		总产值（万元） Total Output Value (10 thousand yuan)	
		1990	1991	1990	1991	1990	1991
以下合计：	Hereafter amount：	2311	2223	183822	192056	263258	346266
重庆	Chongqing	167	196	4225	5454	3787	1625
西安	Xian	159	104	6715	4631	5317	4087
武汉	Wuhan	96	59	4292	3708	5835	3978
广州	Guangzhou	435	332	61752	54741	69700	84704
沈阳	Shenyang	99	118	5325	7246	8050	11615
大连	Dalian	160	174	19300	22970	41008	57476
哈尔滨	Haerbin	12	21	432	1043	634	1032
青岛	Qingdao	303	289	15230	15719	24889	33080
南京	Nanjing	210	210	17266	20496	26011	35046
宁波	Ningbo	478	550	39460	43829	67414	96384
成都	Chengdu	163	139	7664	9542	8855	13474
厦门	Shamen	8	12	1279	1634	521	2140
长春	Changchun	21	22	882	1043	1237	1625

1990、1991 年乡镇纺织及缝纫工业主要产品产量与全国相比较

Rural and Township Textile and Sewing Industries Compare with National Textile Industry at Output of Major Products in 1990 and 1991

项　目 Item	单　位 Unit	乡镇纺织及缝纫工业 Rural and Township Textile and Sewing Industries		全　国 National		乡镇占全国 Share in National (%)	
		1990	1991	1990	1991	1990	1991
布 fabrics	亿米 100 million meters	40. 44	35. 99	188. 79	181. 7	21. 4	19. 8
呢绒 Wool fabrics	万米 10 thousand meters	8047	—	29505	31143	27. 3	—
丝 Silk	吨 ton	27155	30211	56592	60700	48. 0	49. 8
丝织品 Silk fabrics	万米 10 thousand meters	79834	76799	171207	240600	46. 6	44. 9
服装 Apparel	亿件 100 million pcs.	25. 12	39. 38	31. 75	33. 84	79. 1	116. 4

1991年纺织行业分地区出口产品交货总额

Goods of Export Volume by Regions of Textile Circle in 1991

单位：万元

Unit：10 thousand yuan

地区 Area		总计 Total	纺织 Textiles	丝织 Silk	服装 Apparel
全国总计	Nationwide grand total	2390526	1071438	338644	980444
北京	Beijing	118488	31082	—	87406
天津	Tianjin	95175	27101	2293	65781
河北	Hebei	27323	7151	433	19739
山西	Shanxi	1481	202	644	635
内蒙古	Inner Mongolia	97	28	—	69
辽宁	Liaoning	66345	10025	3276	53044
吉林	Jilin	782	512	10	260
黑龙江	Heilongjiang	2489	2070	311	108
上海	Shanghai	411314	84635	122426	204253
江苏	Jiangsu	723086	442757	117195	163134
浙江	Zhejiang	451377	254502	62689	134186
安徽	Anhui	14689	3887	4776	6026
福建	Fujian	82485	8047	860	73578
江西	Jiangxi	4785	3121	631	1033
山东	Shandong	102660	62097	5177	35386
河南	Henan	14150	6894	1640	5616
湖北	Hubei	46743	16898	437	29408
湖南	Hunan	3802	2596	221	985
广东	Guangdong	157917	58026	1967	97924
广西	Guangxi	1800	593	962	245
海南	Hainan	—	—	—	—
四川	Sichuan	60112	47799	11481	832
贵州	Guizhou	—	—	—	—
云南	Yunnan	1119	71	953	95
西藏	Xizang	—	—	—	—
陕西	Shanxi	1454	663	113	678
甘肃	Gansu	62	7	32	23
青海	Qinghai	—	—	—	—
宁夏	Ningxia	48	48	—	—
新疆	Xinjiang	743	626	117	—

附
Appendix

台湾省和香港、澳门地区统计资料

Textile Statistics of Taiwan Province and Hong Kong, Macao Regions

纺织工业部科学技术情报研究所　摘编
Editing by Institute of Science and Technology Information under Ministry of Textile Industry

台湾省纺织工业概况
Textile Statistics of Taiwan

项　目 Item （单　位 Unit）	1985	1987	1988	1989	1990
产　值 Shipment （亿台元，10^8NT＄）					
化纤 Man-made Fiber	855.03	874.77	947.49	1023.79	1003.90
纺织 Spinning，Weaving	3196.35	3827.08	3432.30	3578.01	3374.06
制衣 Apparel	900.34	956.32	880.50	945.35	919.44
合计（A） Total	4951.72	5658.17	5260.29	5547.15	5297.40
全部制造业（B） All Industry	27434.71	32350.42	44250.00	42669.00	41515.00
纺织业/制造业（A/B） Textile/All Ind.（%）	18.0	17.50	11.9	13.0	12.8
职工人数 Employment Engaged （万人，10000）					
棉纺织业 Cotton Textile	6.4195	5.5016	5.0259	4.2052	3.5923
毛纺织业 Wool Textile	1.1772	0.9493	1.0018	1.0109	0.8700
绢纺织业 Spun Silk	0.2655	0.2706	0.3278	0.3082	0.2551
化学纤维纺织业 Man-made Fiber Textile	7.1020	6.6834	6.7625	6.2087	5.7251
针织 Knitting	11.6276	10.7015	9.1008	8.6068	6.2714
印染 Dyeing	2.0766	2.4878	2.4528	2.3851	2.2358

续

项　目 Item （单　位　Unit）	1985	1987	1988	1989	1990
服装 Garment	15.5141	14.0160	12.9418	10.9932	9.2836
化纤工业 Man-made Fiber	2.4693	2.7217	2.6575	2.4893	2.4330
出口额 Exports （百万美元，million US ＄）					
纤维原料 Raw Fiber（26*）	229	329	448	615	602
纱线、织物 Yarn，Fabrics（65*）	2519	4152	4638	5216	5913
二次制品 Clothing and other made-up goods（84*）	3515	4996	4704	4498	3771
合计 Total	6260	9477	9790	10329	10286
出口总额 Total Exports （百万美元，million US ＄）	30722.8	53538.2	60585.4	66201	67214
占出口总额 The share of whole exports（%）	20.4	17.7	16.2	15.6	15.3
进口额 Imports （百万美元，million US ＄）					
纤维原料 Raw fiber（26）	591	900	822	887	610
纱线、织物 Yarn，fabrics（65）	394	768	920	857	945
二次制品 Clothing and other made-up goods（84）	9	42	130	212	369
合计 Total	994	1709	1872	1955	1924
进口总额 Total Imports （百万美元，million US ＄）	20102.0	34506.5	49655.8	52249	54719
占进口总额 The share of whole imports（%）	4.9	5.0	3.8	3.7	3.5

注　*括号内数字为国际贸易标准分类号。

Note　Quoted figure are SITC,code.

资料来源　台湾省《纺织工业年鉴 1991》。

Source　Taiwan "Almanac of Textile Industry" 1991.

台湾省纺织工业设备情况

Textile Equipment of Taiwan Province

项目 Item	单位 Unit	1985	1986	1987	1988	1989	1990
棉纺锭 Cott Spin	千锭 10^3SP	3937	3932	4077	4077	4077	3829
气流棉纺锭 OE Spin	千头 10^3Head	96	105	122	122	122	151
精梳毛纺锭 Worsted Spin	千锭 10^3SP	358	363	344	344	344	350
羊毛 For Wool	千锭 10^3SP	108	108	109	109	109	115
合纤 For Syn Fib	千锭 10^3SP	250	255	235	235	235	235
粗梳毛纺锭 Woollen Spin	千锭 10^3SP	68	74	68	68	68	68
棉织机 Cott-Loom	千台 10^3Set	58.6	54.0	53.9	54.2	54.2	39.1
无梭 Shutteless	千台 10^3Set	19.2	22.4	26.7	27.0	27.0	22.87
毛织机 Wool-Loom	千台 10^3Set	1.3	1.3	1.1	1.1	1.1	0.6
长丝织机 Fil-Loom	千台 10^3Set	14.8	14.2	15.0	15.0	15.0	7.5
特里科经编机 Tricot Rnitting Machine	台 Set	459	436	437	437	437	437
拉舍尔经编机 Raschel Rnitting Machine	台 Set	394	401	431	431	431	431
圆纬机 Circular Rnitting Machine	台 Set	6725	6768	6991	6991	6991	6991
横机 Flat-bar Rnitting Machine	台 Set	20583	20767	19954	15504	15504	15504
缝纫机 Sewing Machine							
平缝机 Plain Seam Machine	台 set	86617	87122	85070	74510	74510	74510
包缝机 Overcast Seam Machine	台 set	23645	23913	23493	23181	23181	23181
特种缝机 Special Seam Machine	台 set	22781	22965	22659	23413	23413	23413
合成纤维 Syn Fib	千吨/年 10^3t/year	1006.8	1508.0	1556.8	1530.6	1732.4	1844.7
长丝 F	千吨/年 10^3t/year	496.8	747.0	815.2	815.3	905.0	929.3
短纤 S	千吨/年 10^3t/year	510.0	761.0	741.6	715.3	827.4	915.4
人造纤维 Rayon	千吨/年 10^3t/year	103.7	134.3	133.6	133.6	153.4	150.8
粘胶、醋酯长丝 Viscose、Acetate F	千吨/年 10^3t/year	4.3	4.3	4.0	4.0	4.0	3.2
粘胶、醋酯短纤 Viscose、Acetate S	千吨/年 10^3t/year	99.4	130.0	129.6	129.6	149.4	147.6

台湾省纺织品、服装和化纤产量
Production of Textiles Apparels and Man-Made Fibers of Taiwan Province

纱
Yarns

单位：吨
Unit：ton

年份 Year	棉 纱 Cotton yarns	毛 纱 Wool yarns	混纺棉纱 Cotton blended yarns	混纺毛纱 Wool blended yarns	涤纶加弹丝 Polyester filament elastic	锦纶加弹丝 Nylon filament elastic	合纤纱 Synthetic spun yarns	化纤混纺纱 Man-made fiber blended yarns
1985	191799	11731	112996	4927	315051	25194	291623	278477
1987	246356	12195	142589	5965	391520	25964	247249	337713
1988	252454	11667	159562	5040	405794	21887	239725	330789
1989	266164	10012	167107	6902	407514	24420	283253	328236
1990	203937	10051	181802	5031	456258	19246	295263	352356

布
Fabrics

单位：千米
Unit：1000m

年份 Year	棉织物 Cotton fabrics	毛织物 Wool fabrics	毛混纺布 Wool blended fabrics	棉混纺布 Cotton blended fabrics	锦纶丝织物 Nylon filament fabrics	涤纶丝织物 Polyester filament fabrics	化纤/棉混纺织物 Man-made fiber/cotton blended fabrics	人纤纱织物 Rayon spun fabrics
1985	618464	4079	11649	449954	410556	406129	282683	136903
1987	729404	3223	11733	436842	511529	608063	347600	154322
1988	745236	3399	13245	377585	569395	657937	351514	170640
1989	785510	3025	12097	313462	678385	688747	303342	212628
1990	728959	2888	8759	304328	808243	674998	348406	221729

服装及其它
Clothing and others

单位：千打
Unit：1000 dozen

年份 Year	成衣 Ready made clothes	毛、腈纶毛线衣 Wool、acrylic yarn sweaters	针织衣 Knitted clothes	袜子类 Hosiery	针织布（吨）Knitted fabrics (ton)	手套 Gloves	地毯（千米²）Carpets (1000m²)	毛巾 Towel
1985	37761	8189	53370	18429	101060	11035	5312	31745
1987	40788	11018	55481	15713	135342	11197	6150	31687
1988	32647	6648	43463	13198	115087	11602	6358	19238
1989	30618	7811	41797	17934	112552	11730	6185	31329
1990	27758	3699	34539	18145	110720	13923	5317	39604

化学纤维
Man-Made Fiber

单位：吨
Unit：ton

年份 Year	锦纶 Nylon	涤 纶 Polyester			腈 纶 Acrylic	人造纤维 Rayon			其 它 Others	总 计 Grand total
	长 丝 f.	长 丝 f.	短 纤 s.	计 Total	短 纤 s.	长 丝 f.	短 纤 s.	计 Total		
1985	134920	374588	380629	755217	132798	2405	119484	121889	353769	1144824
1987	173572	541477	534428	1075905	141069	2386	117206	119592	465296	1510138
1988	192220	540587	559055	1099642	139459	2628	123224	125852	482236	2039359
1989	193234	596820	595748	1192568	144838	3408	149157	152565	599022	2282227
1990	187890	675693	613963	1289656	134087	3409	158461	161870	800070	2573573

香港地区纺织企业数及职工人数
Textile Enterprises and Employment of Hong Kong

单位：人
Unit：person

年份 year	纺织 Textile		加工工业 Manufacturing		缝制 Sewing	
	企业数 Enterprices	职工数 Employment	企业数 Enterprices	职工数 Employment	企业数 Enterprices	职工数 Employment
1986	46816	865614	4809	116334	8798	263428
1987	49403	867947	5196	119081	9126	258221
1988	49843	837072	5188	116509	8890	247557
1989	50566	791519	5366	113487	9116	237345
1990	49449	715597	5241	100150	8623	214108

香港地区纺织品产量
Textiles Production of Hong Kong

纱
Yarns

单位：吨
Unit：ton

	1985	1986	1987	1988	1989	1990
棉纱 Cotton yarns	142477	180149	215132	210606	216922	191847
棉混纺纱 Cotton/MMF yarns	11572	10511	9769	7604	4512	2972
化纤短纤纱 MMF staple yarns	3162	2803	3047	2555	3808	3641

织物
Fabrics

单位：千米²
Unit：1000m²

	1985	1986	1987	1988	1989	1990
棉织物 Cotton fabrics	634746	757650	848157	802063	816365	816427
棉毛巾布 Cotton towels	4146	1524	3043	2232	1158	1513
棉/化纤织物 Cotton/MMF fabrics	39285	40632	37276	37327	26645	16155
化纤长丝织物 MMF filament fabrics	264	633	—	—	—	—
化纤短纤织物 MMF staple fabrics	1126	979	1077	1193	996	1067

香港地区纺织设备安装数
Installed Textile Equipment of Hong Kong

单位：千锭
Unit：1000 spindle

项目 Item	1980	1985	1987	1988	1989	1990
短纺锭数 Staple spin.	687	292	255	290	264	
OE 纺锭数 OE	68	52	70	74	71	
精梳毛纺锭 Worsted Spin.	28.8	23.6	21.1	…	…	…
粗梳毛纺锭 Woollen Spin.	11.3	4.7	3.2	…	…	…
纺机锭数 Spindles	823	414	395	413	389	298
织机台数 Looms	28532	20563	19609	16470	15731	12942

香港贸易总额
Hong Kong Trade Grand Total

单位：百万港元
Unit：HK $ mil

	年份 year	出口 Exports	进口 Imports	转口 Re-exports	港产品出口 Domestic exports
纤维原料 Raw Fibers	1987	3775	5522	3674	101
	1988	4771	6234	4671	100
	1989	5029	7124	4934	94
	1990	3087	5336	2973	115
	1991	4516	7247	4401	115
纱、织物 Yarns，Fabrics	1987	44337	57316	28332	16005
	1988	49926	62969	34375	15551
	1989	59343	72454	42529	16814
	1990	64049	79582	47143	16906
	1991	76163	94258	58533	17630
衣着等 Apparel etc.	1987	83600	26031	18279	65321
	1988	92005	32022	24697	67309
	1989	109155	44461	37281	71874
	1990	119987	53844	47822	72165
	1991	139534	66822	63700	75834
总计 Total	1987	131712	88869	50285	81427
	1988	146702	101225	63743	82960
	1989	173527	124039	84744	88782
	1990	187123	138762	97938	89186
	1991	220213	168327	126634	93579

香港服装出口
Clothing Exports of Hong Kong

单位：百万港元
Unit：HK $ mil

		1985	1986	1988	1989	1990
	全部商品输出	129882	153983	217664	224104	225875
	服装出口总计	44912	52162	67309	71874	72165
主要输出国家	美国 USA	24790	26921	30986	34093	33788
	德国（西部） Germany（West）	4561	6328	9392	9209	10288
	英国 UK	3872	4869	7214	7264	7231
	日本 Japan	1682	2412	3842	4751	4108
	加拿大 Canada	1795	2046	2604	2992	2863
	中国 China	489	783	1556	1846	2020
	瑞士 Switzerland	1058	1293	1761	1666	1394
	荷兰 Netherlands	843	1123	1627	1569	1762
	瑞典 Sweden	882	1066	1270	1386	1474
主要输出品种	毛衣 Sweater	9177	10281	12738	14346	14097
	西裤 Jupon	8176	8539	11423	12331	12535
	女长袖衫 Blouse	6272	7724	9249	10206	9627
	衬衣 Shirt	5485	6317	8711	8947	9691
	西装、外衣 Suits，Coats	3066	3512	6801	7194	7557
	裙，套装 Skirts，Dress	2844	3754	4247	4248	3916
	手套 Blave	880	840	862	766	653
	游泳衣 Swim Suits	298	354	538	628	699

香港纤维品贸易
Trade of Hong Kong Fiber Goods

单位：百万港元
Unit：HK $ mil

项目	单位 Unit	纤维品进口 Fiber Goods Imports 1989 量 qt.	1989 值 val.	1990 量 qt.	1990 值 val.	香港产纤维品出口 Exports of Fiber Goods Made in H. K. 1988 量 qt.	1988 值 val.	1989 量 qt.	1989 值 val.	1990 量 qt.	1990 值 val.	纤维品转口 Fiber Goods Re-exports 1988 量 qt.	1988 值 val.	1989 量 qt.	1989 值 val.	1990 量 qt.	1990 值 val.
纤维 Fiber																	
棉花 Cott	吨、t	295388	2893	209622	2489	38	0.3			11		49279	559	49804	558	24687	321
羊毛条 Top	吨、t	9548	555	6229	276	1						3476	191	4563	267	1974	85
化纤 MMF	吨、t	91876	1185	91609	981	1364	10	694	7.4	919	7.5	59292	692	66989	908	64560	750
纱 Yrn																	
棉纱 Cott	10^3 件，bale	1222	4159	1329	4490	47	230	87	349.8	87	346.2	240	1130	294	1301	418	1698
T/C 纱 T/C	10^3 件，bale	297	1071	247	825	1637	7	1235	4.2	2794	9.9	93	374	136	519	106	373
人棉纱 Disc Rege	10^3 件，bale	68	267	43	165	11	0.72	28	0.22	126	0.9	25	100	56	233	39	157
混纺纱 Blend	10^3 件，bale	41	142	25	93	88	0.4	44	0.24	187	1.0	32	118	33	121	20	68
麻纱 Linen	10^3 吨，t	82	1531	61	892	4.5	162	4.8	144	3.1	79	51	1814	75	2428	64	1791
毛纱 Wool	10^3 吨，t	34	3410	29	2652	2.6	187	2.6	189	2.5	191	236	1705	24	1870	20	1603
织物 Fab																	
棉布 Cott	10^6m^2	1972	11494	1844	11493	763	7101	775	7344	704	7100	817	4818	1009	6263	1022	6773
T/C 布 T/C	10^6m^2	807	3902	773	3842	92	577	66	403	50	323	461	2392	585	2954	642	3154
人棉布 Disc Rege	10^6m^2	195	1189	337	1830	17	127	25	207	31	256	41	250	81	520	201	1139
混纺织物 Blend	10^6m^2	225	1159	204	1188	5.8	42	8	59	10	77	97	469	118	582	116	662
麻织物 Linen	10^6m^2	184	1623	136	1182	37	438	43	486	36	425	67	814	75	883	68	722
呢绒 Wool	10^6m^2	35	1494	33	139	4	81	1	77	1	63	35	581	11	396	12	421
针织品 Knit Goods																	
针织布 Knit	10^3 吨，t	186	6417	229	8197	66	2763	83	3472	92	3709	55	2174	80	3199	104	4242
巾类 Towel	10^6 打，dz.	12	422	12	434	591	55	421	53	480	57	7	303	6	338	8	361
被单 Bed Sheets	10^6 条、Unit	21	357	25	431	103	5	141	3	81	5	20	336	19	330	22	401
手套 Gloves	10^6 打，dz.	21	590	21	665	13	504	12	454	11	380	10	412	12	541	14	688
针织服装 Knit Clthg	10^6 打，dz.	127	16268		18011	69	25579	72	28074	66	28475		7565		12550		14143
梭织服装 Woven Clthg	10^6 打，dz.	73	19631		24589	49	32978	48	34567	48	35586	38	11668	55	17166		22450
纤维品总计 Grand Total			90752		98371		73300		78481		79754		44123		61351		70117

资料来源《香港统计》
Source "H. K. Statistics".

香港同中国的贸易

Trade Between Hong Kong and China

单位：百万港元
Unit：HK $ mil

	单位 Unit	香港从中国进口纤维制品 H. K. Imports Textile Goods from China				香港产纤维制品对中国出口 Textile Goods（Made in H. K.）Exports to China				香港转口中国产纤维制品 H. K. Re-export Textile Goods Made in China				经香港向中国转口纤维制品 H. K. Re-export Textile Goods to China			
		1989		1990		1989		1990		1989		1990		1989		1990	
		数量 qt.	值 val.	数量 qt.	值 val.	数量 qt.	值 val.	数量 qt.	值 val.	数量 qt.	值 val.	数量 qt.	值 val.	数量 qt.	值 val.	数量 qt.	值 val.
总计 Total			57304		62099		6934		7489		48451		56330		17273		19032
1 纱、布 Yrn & Fab			9927		9361		1837		1889		6216		6642		2796		3726
棉纱 Cott Yrn	10^3 件，bale	841	2603	797	2136	20	86	31	122	250	1041	343	1316	141	648	212	914
棉布 Cott Fab	10^6m^2	1591	7324	1389	6924	201	1752	196	1766	888	5171	841	5327	288	2148	363	2813
2 T/C 类 T/C Text			3131		2861		103		104		2583		2611		1015		1209
T/C 纱 T/C Yrn	10^3 件，bale	215	747	150	493	1086	3.5	2579	9.3	128	189	95	335	21032	75	36149	124
T/C 布 T/C Fab	10^6m^2	618	2384	620	2368	15	99	14	95	178	2094	539	2276	132	940	159	1084
3 人棉混纺类 Dise Rege Text			2393		2809		357		405		1735		2338		1831		2298
人棉纱 Spun Rege Yrn	件，bale	67014	255	41623	151	22	0.21	66	0.53	51176	226	38128	153	1505	7	1124	6
人棉布 Dise Rege Fab	10^3m^2	113793	583	282593	1163	6112	52	9318	79	61335	327	183500	904	28932	218	30742	247
混纺纱 Blend Yrn	件，bale	38029	121	19874	62	39	0.19	148	0.84	32424	115	18474	61	1692	9	1774	8
混纺布 Blend Fab	10^3m^2	172894	563	145350	501	4490	35	5294	42	101015	390	103745	417	37419	249	43861	328
4 麻类 Linen Yrn			2747		1757		288		229		3170		2408		2008		1814
麻纱 Linen Yrn	10^3kg	79655	1448	60126	844	4769	142	3084	78	73162	2376	62294	1765	53839	1791	53111	1554
麻布 Linen Fab	10^3m^2	167726	1299	124159	913	14621	146	13469	152	69003	793	62990	643	18753	216	23580	260
5 呢绒 Wool Fab	10^3m^2	11261	379	10781	320	952	33	1043	36	8790	193	5541	193	6533	153	7881	213
6 针织品 Knitted Goods			19236		21092		2851		3189		15692		17841		4572		4575
针织服装 Knit Wears	10^3 打，dz.	118619	14093		15550	4879	953	4559	990	85672	12173	99023	13736	1916	417		531
7 梭织服装 Woven Wears	10^3 打，dz.	70744	17365		21756	375	674	516	762	51966	16829	62234	22067	627	219		278
8 其他 Others			2127		2142		789		925		2067		2228		4528		4247

资料来源 《香港统计》。
Source "H. K. Statistics".

香港服装按原料分的出口市场
Domestic Exports of Clothing by Market by Type of Material

单位：百万港元
Unit：HK $ mil

市场 Market	棉 Cotton			人造纤维 Man-made fibre			毛 Wool			丝 Silk			其它 Other/unclassified		
	1989	1990	1991	1989	1990	1991	1989	1990	1991	1989	1990	1991	1989	1990	1991
美国 USA	15029.6	15424.4	15750.4	7614.0	7966.0	8022.3	2947.3	2701.5	2921.9	2541.3	1919.1	1685.4	5435.8	5380.7	6064.0
德国(西部) Germany(West)	4551.5	5258.7	5342.4	2822.0	2950.5	3509.3	507.2	689.9	1271.4	699.6	683.0	670.7	679.5	690.1	870.5
英国 UK	4070.4	3818.3	4165.7	2420.8	2635.7	2695.9	333.6	340.8	574.1	100.3	94.6	124.7	319.6	333.0	458.5
日本 Japan	652.5	472.0	540.4	362.7	383.5	397.2	1039.8	845.2	682.0	237.2	225.3	193.5	1039.6	812.9	699.5
加拿大 Canada	1591.1	1513.2	1470.5	720.3	749.1	624.3	280.4	249.0	215.3	94.2	104.7	106.0	201.1	189.2	183.3
中国 China	211.5	322.8	504.1	198.1	195.9	307.2	281.2	266.9	337.9	50.3	53.1	66.6	1093.9	1161.0	1337.2
荷兰 Netherlands	889.0	995.9	1080.3	522.0	546.1	523.7	65.3	97.1	143.0	24.1	25.0	33.8	68.0	97.3	76.7
瑞典 Sweden	808.1	854.8	750.7	430.2	216.7	257.2	30.3	28.5	160.5	27.4	75.6	56.9	82.5	126.3	112.8
瑞士 Switzerland	990.7	537.0	594.0	267.0	397.6	425.0	112.5	96.7	62.9	88.8	59.6	98.0	129.9	97.7	119.6
法国 France	471.2	859.0	770.3	318.0	457.6	392.1	36.4	45.2	63.2	32.1	19.6	8.3	98.7	104.4	73.9
奥地利 Austria	340.6	413.6	424.5	172.0	183.8	230.0	37.0	38.7	123.1	30.2	37.3	35.1	53.9	52.4	50.0
丹麦 Denmark	377.8	452.3	484.7	178.1	162.6	189.6	18.6	20.2	51.2	6.1	6.8	6.9	22.1	32.8	37.0
澳大利亚 Australia	316.6	234.2	339.3	165.9	91.7	152.3	81.4	72.9	72.8	16.1	51.7	82.1	116.7	75.6	94.1
挪威 Norway	334.9	322.5	367.1	168.4	162.7	170.5	29.5	31.9	45.1	5.5	7.8	4.1	28.2	26.0	22.2
意大利 Italy	217.0	284.7	256.2	112.9	140.3	136.2	54.9	64.2	57.9	73.4	9.8	7.7	50.3	77.3	65.1
芬兰 Finland	253.5	246.4	256.4	125.4	116.1	107.1	22.6	18.3	30.0	11.5	12.1	9.1	20.8	22.8	17.7
台湾省 Taiwan	125.1	155.4	176.0	56.8	50.7	74.5	67.0	65.6	39.6	8.6	8.6	15.6	48.7	64.7	59.4
新加坡 Singapore	180.5	152.4	128.4	48.4	59.9	75.6	7.4	5.9	83.6	2.8	10.0	13.3	63.3	43.9	47.2
比利时·卢森堡 Belgium Luxem	117.6	37.8	68.6	63.5	52.1	79.9	8.1	11.3	6.5	2.5	6.0	11.6	12.5	38.7	44.1
西班牙半岛 Peninsular Spain	26.6	146.7	155.2	41.7	66.1	71.1	4.7	3.5	13.0	4.5	4.0	13.1	40.7	13.6	17.2
其它 Others	268.0	254.5	217.0	205.7	176.6	121.4	40.5	42.9	36.9	4.7	4.7	6.8	218.3	209.4	208.8

注　＊少于5万港元。

Note　＊LESS THAN HKD 0.05 MILLION.

二、各国纺织工业的主要情况

The Situation of Textile Industry by Country

纺织工业部科学技术情报研究所　编
Textile Information Institute of the Ministry of Textile Industry
P. R. China

各国工厂棉、毛、化学纤维用量

Mill Use of Cotton, Wool and Chemical Fibers by Country

日历年度 Calendar Year	棉 Cotton	毛 Wool	纤维素纤维 Rayon and Acetate 长丝 Production Fil.	纤维素纤维 Rayon and Acetate 短纤 Production Staple	纤维素纤维 Rayon and Acetate 进口 Imports	纤维素纤维 Rayon and Acetate 出口 Exports	合成纤维 Synthetic Fiber 长丝 Production Fil.	合成纤维 Synthetic Fiber 短纤 Production Staple	合成纤维 Synthetic Fiber 进口 Imports	合成纤维 Synthetic Fiber 出口 Exports	用纤总量 Total Mill Use	比重 Weight 棉 Cotton	比重 Weight 毛 Wool	人口 Population	加工密度——人均工厂用纤量 manufacturing density —mill use per capita
	千吨 1000 tons											%		百万 million	公斤 kg.
阿根廷 Argentina															
1987	127.29	30.68	3.30	2.50	0.05		27.90	29.40	2.18	0.09	223.20	57.0	13.7	31.14	7.17
1988	129.63	28.44	3.50		0.18	0.05	27.90	20.40	1.63		211.64	61.3	13.4	31.53	6.71
1989	131.38	27.41	3.40		0.23		24.00	19.80	0.86		207.08	63.4	13.2	31.93	6.49
1990	136.80	24.38	2.70				25.90	19.60							
澳大利亚 Australia															
1987	22.14	20.34			2.27	0.05	16.00	1.10	30.66	0.23	92.24	24.0	22.1	16.26	5.67
1988	21.97	20.25			1.95		15.20	1.20	29.48	0.23	89.83	24.5	22.5	16.54	5.43
1989	22.15	17.87			2.00	0.14	15.00	1.20	31.16	0.36	88.88	24.9	20.1	16.83	5.28
1990	24.20	17.05					15.70	1.20							
巴西 Brazil															
1987	774.70	6.32	15.00	33.90	2.22	8.03	136.30	111.80	2.18	3.81	1070.58	72.4	0.6	141.45	7.57
1988	838.00	5.53	14.90	36.60	4.08	12.43	125.80	113.90	3.08	2.31	1127.15	74.3	0.5	144.43	7.80
1989	810.00	11.99	14.80	40.20	5.22	10.07	131.60	114.20	4.49	4.81	1117.62	72.5	1.1	147.40	7.58
1990	729.00	4.50	14.50	40.50			119.90	86.20							

续

日历年度 Calendar Year	棉 Cotton	毛 Wool	纤维素纤维 Rayon and Acetate 长丝 Production Fil.	短纤 Production Staple	进口 Imports	出口 Exports	合成纤维 Synthetic Fiber 长丝 Production Fil.	短纤 Production Staple	进口 Imports	出口 Exports	用纤总量 Total Mill Use	比重 Weight 棉 Cotton	毛 Wool	人口 Population	加工密度——人均工厂用纤量 manufacturing density —mill use per capita
	千吨 1000 tons											%		百万 million	公斤 kg.
加拿大 Canada															
1987	43.36	6.34	13.00	28.50	13.56	27.71	71.50	58.20	110.86	29.62	287.99	15.1	2.2	25.62	11.24
1988	41.87	6.45	13.10	33.20	13.52	33.38	76.10	59.20	107.28	45.59	271.74	15.4	2.4	25.91	10.49
1989	43.36	6.56	13.10	33.50	17.19	34.52	65.20	59.60	106.78	39.37	271.40	16.0	2.4	26.22	10.35
1990	42.20	4.37	11.20	28.50			65.40	50.90							
中国 China															
1987	4451.25	247.45	55.00	132.00	132.00		209.00	637.00	324.00	0.32	6187.38	71.9	4.0	1089.60	5.63
1988	4428.09	293.01	53.00	120.00	110.18		407.70	666.70	539.10		6617.78	66.9	4.4	1105.80	5.98
1989	4359.87	239.45	50.00	130.00	123.61	0.82	474.00	754.00	518.10	0.14	6648.07	65.6	3.6	1122.40	5.92
1990	4377.71	170.71	53.00	150.00			505.00	804.40							
台湾省 Taiwan															
1987	452.08	26.06	2.40	117.20	10.30	7.85	715.10	676.20	96.34	441.21	1646.62	27.5	1.6	19.67	84.44
1988	370.51	19.89	2.60	123.20	7.53	36.61	732.70	697.50	67.40	532.80	1451.93	25.5	1.4	19.90	73.70
1989	389.59	20.92	2.60	145.00	9.43	41.10	783.50	739.60	71.35	343.37	1777.52	21.9	1.2	20.11	88.88
1990	320.69	8.97	2.20	145.70			866.00	755.50							
捷克和斯洛伐克 Czech & Slovak															
1987	121.25	21.84	18.40	36.80	0.05	1.32	76.60	46.50	5.94	7.08	318.98	38.0	6.8	15.57	20.49
1988	121.79	24.62	18.80	39.50	0.09	2.18	92.60	48.60	4.72	7.71	340.83	35.7	7.2	15.61	21.83
1989	123.01	22.39	17.30	29.10		2.59	79.70	52.30	7.80	9.30	319.72	38.5	7.0	15.64	20.44
1990	108.11	20.05	16.10	40.70			80.90	48.00							
埃及 Egypt															
1987	304.22	3.43	7.00	4.80	0.18	0.95	6.90	32.10	5.31	11.25	351.74	86.5	1.0	49.01	7.18
1988	295.50	5.26	7.00	5.00	0.23	0.27	8.20	34.20	5.49	10.98	349.63	84.5	1.5	50.35	6.94
1989	299.64	3.60	7.70	5.20	0.18	0.14	9.40	38.40	3.99	11.88	356.09	84.1	1.0	51.73	6.88
1990	310.27	3.19	7.90	5.20			10.80	40.00							

续

日历年度 Calendar Year	棉 Cotton	毛 Wool	纤维素纤维 Rayon and Acetate 长丝 Production Fil.	短纤 Staple	进口 Imports	出口 Exports	合成纤维 Synthetic Fiber 长丝 Production Fil.	短纤 Staple	进口 Imports	出口 Exports	用纤总量 Total Mill Use	比重 Weight 棉 Cotton	毛 Wool	人口 Population	加工密度——人均工厂用纤量 manufacturing density —mill use per capita
	千吨 1000 tons											%		百万 million	公斤 kg.
法国 France															
1987	151.80	35.76	7.50	15.50	48.04	27.94	56.80	104.20	208.75	126.15	474.26	32.0	7.5	55.63	8.53
1988	145.11	32.70	4.50	10.50	59.69	23.09	58.40	116.40	208.93	116.98	496.16	29.2	6.6	55.88	8.88
1989	137.02	28.16	0.40	1.60	67.18	13.43	58.40	106.60	225.53	108.50	502.96	27.2	5.6	56.16	8.96
1990	118.73	21.62	0.40	1.60			58.70	98.30							
德国（西部） Germany (West)															
1987	235.00	62.34	63.50	54.50	64.41	70.63	355.30	404.00	232.06	654.72	745.76	31.5	8.4	61.09	12.21
1988	213.80	58.03	64.60	57.40	81.42	74.44	359.90	391.20	223.31	616.62	758.60	28.2	7.6	61.42	12.35
1989	204.52	60.06	68.10	60.90	92.58	82.01	355.00	420.00	248.12	624.78	802.48	25.5	7.5	61.99	12.95
1990	212.26	52.15	68.63	61.37			363.00	414.00							
希腊 Greece															
1987	175.54	12.40	7.80		8.39	4.58	9.40	10.00	26.94	10.80	235.10	74.7	5.3	9.98	23.56
1988	167.08	13.73	7.20		0.23	4.49	9.50	9.50	29.57	7.39	224.93	74.3	6.1	10.00	22.49
1989	167.92	13.08	7.50		5.17	5.40	10.20	8.00	20.46	6.44	220.49	76.2	5.9	10.03	21.98
1990	158.33	14.33	7.00				10.20	4.00							
印度 India															
1987	1705.42	33.00	50.70	116.80	2.72	1.32	160.30	105.70	20.64	0.18	2193.78	77.7	1.5	781.37	2.81
1988	1739.31	33.70	52.60	121.50	3.13	1.45	200.10	121.50	21.86	6.85	2285.40	76.1	1.5	796.60	2.87
1989	1828.28	39.30	56.40	142.30	3.54	1.45	217.20	149.50	19.96	13.97	2441.05	74.9	1.6	811.82	3.01
1990	1931.10	38.30	58.20	158.50			258.90	172.00							
印尼 Indonesia															
1987	190.34			52.00	10.93		107.00	80.90	42.23	1.81	481.59	39.5		172.01	2.80
1988	228.33			59.00	14.20	0.36	104.00	99.60	68.36	3.54	569.58	40.1		175.59	3.24
1989	273.33			59.00	3.99	0.05	126.80	100.00	33.97	3.86	593.20	46.1		179.14	3.31
1990	316.83			60.00			155.00	115.00							

续

日历年度 Calendar Year	棉 Cotton	毛 Wool	纤维素纤维 Rayon and Acetate 长丝 Production Fil.	短纤 Production Staple	进口 Imports	出口 Exports	合成纤维 Synthetic Fiber 长丝 Production Fil.	短纤 Production Staple	进口 Imports	出口 Exports	用纤总量 Total Mill Use	比重 Weight 棉 Cotton	毛 Wool	人口 Population	加工密度——人均工厂用纤量 manufacturing density —mill use per capita
	千吨 1000 tons											%		百万 million	公斤 kg.
伊朗 Iran															
1987	117.95	21.29			0.09		9.50	25.90	12.75	0.09	187.38	62.9	11.4	51.08	3.67
1988	112.71	19.85			0.68		9.90	25.00	15.06		183.20	61.5	10.8	52.52	3.49
1989	115.20	24.39			0.09		10.30	29.00	16.65		195.63	58.9	12.5	54.20	3.61
1990	123.32	21.34					10.30	34.00							
意大利 Italy															
1987	320.67	140.22	29.00		72.17	7.58	171.00	393.60	251.61	381.93	988.76	32.4	14.2	57.34	17.24
1988	317.92	139.88	32.00		90.45	14.38	186.60	377.60	252.97	465.66	917.38	34.7	15.2	57.44	15.97
1989	312.92	133.60	35.00		87.68	13.61	195.00	345.00	266.67	345.55	1016.71	30.8	13.1	57.52	17.68
1990	321.76	137.65	36.00				186.50	374.50							
日本 Japan															
1987	774.47	126.77	99.40	201.10	1.41	131.00	608.80	731.80	64.64	362.06	2115.32	36.6	6.0	122.09	17.33
1988	753.73	126.26	99.80	190.80	2.04	126.33	618.90	733.00	85.68	366.28	2117.61	35.6	6.0	122.61	17.27
1989	723.14	121.84	98.90	174.00	2.59	109.91	656.90	724.00	76.20	319.60	2148.06	33.7	5.7	123.12	17.45
1990	664.13	110.21	99.10	176.70			702.10	722.90							
韩国 Korea, Rep. of															
1987	394.34	46.25	14.10		47.36	2.90	479.50	490.60	75.84	128.78	1416.31	27.8	3.3	41.57	34.07
1988	430.76	54.24	15.10		37.83	2.40	580.30	534.70	75.39	189.88	1536.03	28.0	3.5	41.97	36.60
1989	425.58	54.14	15.30		55.11	4.81	628.90	561.00	77.79	239.45	1573.56	27.0	3.4	42.38	37.13
1990	442.25	48.52	15.80				672.30	597.40							
马来西亚 Malaysia															
1987	32.48	0.79			4.58			38.90	9.71	0.59	85.87	37.8	0.9	16.53	5.19
1988	36.23	0.85			8.71	0.09		40.00	8.57	1.45	92.82	39.0	0.9	16.94	5.48
1989	39.46	1.35			0.82			41.30	10.34	0.27	93.00	42.4	1.5	17.35	5.36
1990	42.54	1.85						41.90							

续

日历年度 Calendar Year	棉 Cotton	毛 Wool	纤维素纤维 Rayon and Acetate				合成纤维 Synthetic Fiber				用纤总量 Total Mill Use	比重 Weight		人口 Population	加工密度——人均工厂用纤量 manufacturing density —mill use per capita
			长丝 Production Fil.	短纤 Production Staple	进口 Imports	出口 Exports	长丝 Production Fil.	短纤 Production Staple	进口 Imports	出口 Exports		棉 Cotton	毛 Wool		
	千吨 1000 tons											%		百万 million	公斤 kg.
墨西哥 Mexico															
1987	136.65	6.09	11.40		8.30	0.68	125.30	207.90	12.11	55.61	451.46	30.3	1.3	81.20	5.56
1988	160.78	6.32	12.00		7.03	0.54	130.30	208.70	11.48	27.40	508.67	31.6	1.2	82.84	6.14
1989	165.98	5.95	12.60		4.99	1.00	135.00	202.80	21.86	23.41	524.78	31.6	1.1	84.49	6.21
1990	165.63	5.80	13.20				132.00	191.30							
巴基斯坦 Pakistan															
1987	744.21	19.48	3.30		11.25	0.05	25.60	25.40	19.46	0.14	848.52	87.7	2.3	102.24	8.30
1988	827.27	25.35	2.80		18.01	0.14	28.40	32.30	17.10	0.09	951.00	87.0	2.7	105.41	9.02
1989	1002.99	24.40	2.80		3.95	0.23	30.00	26.00	15.88		1105.78	90.7	2.2	108.68	10.17
1990	1192.76	20.84	2.80				31.50	40.20							
菲律宾 Philippines															
1987	49.77				21.00		23.00	12.70	19.32	0.05	125.75	39.6		45.03	2.79
1988	60.18				4.49		24.50	15.00	13.15		117.32	51.3		57.36	2.05
1989	65.94				2.40		19.30	16.50	16.28		120.43	54.8		58.72	2.05
1990	60.00						26.50	17.50						60.10	
波兰 Poland															
1987	157.63	24.99	19.30	54.00	0.64	0.18	87.80	46.60	15.92	1.72	404.97	38.9	6.2	37.66	10.75
1988	165.81	24.75	20.20	54.00	1.04	0.45	89.40	50.60	15.51	1.63	419.23	39.6	5.9	37.86	11.07
1989	142.54	21.47	17.50	44.20	2.22	0.36	82.60	52.30	8.98	2.00	369.45	38.6	5.8	37.85	9.76
1990	106.05	13.62	13.90	21.80			63.60	41.70							
葡萄牙 Portugal															
1987	177.80	12.73	1.20		11.11	0.77		57.80	41.91	5.62	296.16	60.0	4.3	10.25	28.89
1988	193.03	10.95	0.80		12.11	0.54		54.30	45.59	9.43	306.79	62.9	3.6	10.29	29.81
1989	190.53	12.70	0.90		12.43	0.54		55.80	41.37	10.48	302.70	62.9	4.2	10.47	28.91
1990	192.29	10.76	0.80					57.80							

续

日历年度 Calendar Year	棉 Cotton	毛 Wool	纤维素纤维 Rayon and Acetate 长丝 Production Fil.	短纤 Production Staple	进口 Imports	出口 Exports	合成纤维 Synthetic Fiber 长丝 Production Fil.	短纤 Production Staple	进口 Imports	出口 Exports	用纤总量 Total Mill Use	比重 Weight 棉 Cotton	毛 Wool	人口 Population	加工密度——人均工厂用纤量 manufacturing density —mill use per capita
	千吨 1000 tons											%		百万 million	公斤 kg.
南非 South Africa															
1987	76.94	13.48			0.86		54.80	35.30	32.21	3.90	209.69	36.7	6.4	33.01	6.35
1988	75.41	9.89			0.64		60.70	35.20	36.51	4.58	213.77	35.3	4.6	33.75	6.33
1989	79.61	12.47			0.45	0.05	52.40	35.90	39.55	5.08	215.26	37.0	5.8	34.51	6.24
1990	76.00	11.09					50.90	30.60							
西班牙 Spain															
1987	154.08	14.75	7.00	28.00	22.41	10.02	80.50	188.00	97.25	99.97	481.99	32.0	3.1	38.72	12.45
1988	141.58	11.97	7.50	29.50	31.39	13.38	79.60	185.80	93.17	132.31	434.82	32.6	2.8	38.81	11.20
1989	146.06	14.05	8.50	31.50	29.67	13.47	79.30	175.70	112.31	87.23	496.39	29.4	2.8	38.89	12.76
1990	153.71	12.84	7.65	28.35			79.50	171.50							
泰国 Thailand															
1987	256.85			21.40	0.54		51.30	67.20	13.25	0.73	409.81	62.7		53.60	7.65
1988	268.33			24.00	1.36		55.10	74.40	9.48	1.54	431.13	62.2		54.54	7.90
1989	288.75			41.20	1.50		61.80	81.50	10.43	0.77	484.41	59.6		55.45	8.74
1990	306.67			41.50			68.70	91.50							
土耳其 Turkey															
1987	538.51	58.21	1.00	7.00	0.27	0.23	69.00	191.00	62.60	49.80	877.56	61.4	6.6	53.25	16.48
1988	551.59	57.11	1.20	7.50	0.73	0.18	77.00	182.00	50.30	42.14	885.10	62.3	6.5	54.93	16.11
1989	556.49	51.76	1.40	7.90	1.18	0.86	87.00	196.00	38.10	51.76	887.22	62.7	5.8	56.74	15.64
1990	548.21	63.38	1.61	9.09			85.00	183.50							
原苏联 USSR															
1987	1995.79	314.10	246.50	345.00	12.86	0.14	435.00	410.20	64.86	3.67	3820.50	52.2	8.2	282.83	13.51
1988	1984.90	310.60	263.80	337.20	13.38	0.54	457.70	411.10	46.18	1.63	3822.68	51.9	8.1	285.42	13.89
1989	2003.05	324.70	245.10	338.90	15.10	1.36	472.00	422.00	51.71	1.27	3869.93	51.8	8.4	287.63	13.45
1990	1944.63	257.40	238.00	323.00			485.50	428.00							

续

日历年度 Calendar Year	棉 Cotton	毛 Wool	纤维素纤维 Rayon and Acetate 长丝 Production Fil.	短纤 Production Staple	进口 Imports	出口 Exports	合成纤维 Synthetic Fiber 长丝 Production Fil.	短纤 Production Staple	进口 Imports	出口 Exports	用纤总量 Total Mill Use	比重 Weight 棉 Cotton	毛 Wool	人口 Population	加工密度——人均工厂用纤量 manufacturing density —mill use per capita
	千吨 1000 tons											%		百万 million	公斤 kg.
英国 UK															
1987	49.30	87.00	14.60	40.40	41.10	56.20	81.40	121.60	253.47	93.35	539.31	9.1	16.1	56.93	9.47
1988	42.00	87.57	16.30	47.70	37.29	41.46	93.60	99.90	253.33	104.83	531.40	7.9	16.5	57.07	9.31
1989	37.00	80.67	17.20	37.80	33.79	51.89	100.00	85.00	263.54	96.39	506.72	7.3	15.9	57.24	8.85
1990	30.00	79.79	22.20	48.80			100.00	82.00							
美国 USA															
1987	1697.37	62.46	86.70	187.90	12.07	18.55	1304.50	1789.80	141.20	257.37	5006.08	33.9	1.2	242.82	20.62
1988	1591.19	53.01	97.00	181.30	17.24	16.92	1340.90	1806.00	141.75	315.79	4895.67	32.5	1.1	245.05	19.98
1989	1824.68	53.27	98.70	164.60	36.42	11.07	1346.40	1773.00	169.92	298.56	5157.37	35.4	1.0	247.35	20.85
1990	1843.09	50.37	93.50	135.70			1259.70	1626.30							
西欧 Western Europe															
1987	1450.72	429.29	184.00	322.00	358.57	350.95	905.70	1413.00	1526.35	1744.17	4494.52	32.3	9.6	349.02	12.88
1988	1394.64	416.90	189.80	341.60	406.24	349.63	950.90	1378.10	1550.30	1875.49	4403.36	31.7	9.5	351.25	12.54
1989	1372.66	409.08	195.60	334.90	428.51	385.19	967.40	1349.80	1634.63	1680.58	4626.81	29.7	8.8	352.82	13.11
1990	1359.25	392.75	199.55	345.45			969.70	1354.50						355.14	
发达国家 Developed															
1987	4065.00	658.68	383.10	739.50	388.73	528.26	2961.30	4029.20	1905.92	2397.35	12205.82	33.3	5.4	788.82	15.47
1988	3878.81	632.76	399.70	746.90	441.62	526.26	3062.70	4012.70	1951.01	2607.96	11991.98	32.3	5.3	795.11	15.08
1989	4065.60	621.09	406.30	707.00	487.16	540.87	3103.30	3943.50	2058.24	2343.55	12507.77	32.5	5.0	800.85	15.62
1990	4008.87	585.83	403.35	686.35			3063.50	3786.40						807.54	
发展中国家 Developing															
1987	10665.30	530.23	178.90	498.40	273.02	22.18	2238.50	2818.10	801.55	707.66	17274.16	61.7	3.1	3054.09	5.66
1988	10891.89	577.62	180.30	507.40	229.52	54.75	2609.00	2948.80	958.04	828.54	18019.29	60.4	3.2	3113.83	5.79
1989	11188.58	534.77	181.30	581.80	227.80	60.92	2838.00	3146.40	912.91	699.85	18850.79	59.4	2.8	3173.09	5.68
1990	11455.67	439.61	186.41	621.59			3066.10	3273.10						3237.63	

注 ①所有的数据均指未加工的纤维原料。棉花数字包括工厂和“非工厂”消费的总量。羊毛数字引自英联邦秘书处，为工厂消费的洗净的新毛数量。化纤数字引自《纺织经济研究》，只有西欧1986～1988人纤纱及短纤的产量为国际棉花咨询委员会估计值。前苏联的化纤进出口量则引自苏《国际贸易》，化纤的工业消费总量由产量加上进口量减去出口量而得，但不含纺织玻璃纤维。保、捷、德国（东部）和罗马尼亚的化纤进出口量1986年以前没有统计数字，假定其产量与工业消费量相同。

②澳大利亚表中包括新西兰的化纤。

③西欧包括：奥地利、比利时、荷兰、卢森堡、芬兰、法国、德国（西部）、希腊、爱尔兰、意大利、挪威、葡萄牙、西班牙、瑞典、瑞士和英国。

④发达国家包括：澳大利亚、加拿大、日本、南非、美国和上述西欧各国。

⑤发展中国家（地区）包括：阿根廷、孟加拉、巴西、智利、中国、台湾省、哥伦比亚、厄瓜多尔、埃及、印度、印尼、伊朗、伊拉克、以色列、韩国、马来西亚、墨西哥、尼日利亚、巴基斯坦、秘鲁、菲律宾、泰国、土耳其、乌拉圭和委内瑞拉。

⑥加工密度——人均工厂用纤量，即总的工厂加工量被同年度的人口除，人口数字引自联合国《统计月报》。

Note ①All figures pertain to consumption of raw fibre. Cotton data include mill and non-millconsumption. Wool data are from the UK Commonwealth Secretariate and refer to mill consumption of clean virgin wool. Chemical fiber data are from Fiber Organon, except for the estimates of yarn and staple cellulosic production in West Europe during 1986 through 1988, which are ICAC estimates. Data on USSR exports and imports of chemical fiber are from the Soviet magazine “International Trade”. Total mill use of chemical fibers refer to production plus imports minus exports, excluding textile glass fibers. In Bulgaria, Czechoslovakia, Germany (East) and Romania, data on chemical fiber imports and exports are not available prior to 1986. Production are assumed to equal mill use in these countries during these years.

②Includes New Zealand for chemical fibers.

③Western Europe includes Austria, Belgium, Netherlands, Luxemborg, Finland, France, Germany (West), Greece, Ireland, Italy, Norway, Portugol, Spain, Sweden, Switzerland and the United Kingdom.

④Total developed includes Australia, Canada, Japan, South Africa, the United States and Western Europe.

⑤Total developing includes Argentina, Bangladish, Brazil, Chile, China (mainland), Taiwan, Colombia, Ecuador, Egypt, India, Indonesia, Iron, Iraq, Israel, Korea Rep. of, Malaysia, Mexico, nigeria, Pakistan, Peru, Philippines, Thailand, Turkey, Uruguay and Venezuela.

⑥Manufacturing density-mill use per capita-total mill use divided by the population of the same year. The population is quoted from “UN Statistics Bulletin Monthly”. We substitute it for the weight item in primary table.

资料来源 国际棉花咨询委员会公报《棉花：世界统计》1991年10月。

Source Bulletin of The International Cotton Advisory Committee, Cotton: World Statistics. Oct. 1991.

1988～1990年占前20位的国家(或地区)的纺织品出口值

Textile Exports of Leading 20 Countries(or Areas)in 1988～1990 years

单位:百万美元
Unit:Million U. S. dollars

顺序 No.	1988 国家(或地区) Country(or Area)	1988 值 Value	1989 国家(或地区) Country(or Area)	1989 值 Value	1990 国家(或地区) Country(or Area)	1990 值 Value
	世界共计 World	92400	世界共计 World	96650	世界共计 World	110900
1	德国(西部) Germany(West)	10569	德国(西部) Germany(West)	11073	德国 Germany	13338
2	意大利 Italy	7444	意大利 Italy	7886	意大利 Italy	9492
3	中国 China	6975	香港 Hong Kong	7574	香港 Hong Kong	8213
4	香港 Hong Kong	6371	中国 China	7215	中国 China	7219
5	日本 Japan	5527	日本 Japan	5534	比-卢 Belgium-Luxembourg	6375
6	比-卢 Belgium-Luxembourg	4978	台湾省 Taiwan	5442	台湾省 Taiwan	6280
7	韩国 Korea,Rep. of	4848	韩国 Korea,Rep. of	5371	韩国 Korea,Rep. of	6180
8	法国 France	4627	比-卢 Belgium-Luxembourg	5297	法国 France	6058
9	台湾省 Taiwan	4545	法国 France	4967	日本 Japan	5859
10	美国 USA	3890	美国 USA	4371	美国 USA	5039
11	英国 UK	3447	英国 UK	3604	英国 UK	4379
12	荷兰 Netherlands	3035	荷兰 Netherlands	2376	荷兰 Netherlands	2911
13	瑞士 Switzerland	2188	瑞士 Switzerland	2116	瑞士 Switzerland	2557
14	巴基斯坦 Pakistan	1804	巴基斯坦 Pakistan	2019	奥地利 Austria	2084
15	奥地利 Austria	1569	奥地利 Austria	1641	西班牙 Spain	1497
16	土耳其 Turkey	1340	土耳其 Turkey	1331	土耳其 Turkey	1440
17	西班牙 Spain	1112	西班牙 Spain	1151	葡萄牙 Portugal	1330
18	葡萄牙 Portugal	1058	葡萄牙 Portugal	1091	印度尼西亚 Indonesia	1241
19	印度 India	965	泰国 Thailand	940	印度 India	1170
20	巴西 Brazil	866	印度 India	920	泰国 Thailand	1080

注 ①中国出口值包括加工区出口值。

②香港包括再出口值,1988年为4379、1989年为5418、1990年为6044百万美元。

Note ①The Exports of China Includes Exports From Processing Zones.

②The Exports of Hong Kong,Includes re-exports,in Millions of US dollars,They Amounted to ＄4379 in 1988,＄5418 in 1989 and ＄6044 in 1990.

资料来源 ①关税和贸易总协定《国际贸易》1990～1991年第二卷。

②联合国《国际贸易统计年鉴》1989年及以前各年。

Source ①GATT"International Trade"Vol. Ⅱ 1990～1991.

②UN"International Trade Statistics Yearbook"1989 and Before.

1988～1990 年占前 20 位的国家(或地区)的纺织品进口值

Textile Imports of Leading 20 Countries(or Areas)in 1988～1990 years

单位:百万美元

Unit:Million U. S. dollars

顺序 No.	1988 国家(或地区) Country(or Area)	值 Value	1989 国家(或地区) Country(or Area)	值 Value	1990 国家(或地区) Country(or Area)	值 Value
1	德国 (西部)Germany(West)	8667	香港 Hong Kong	9218	德国 Germany	11555
2	香港 Hong Kong	8007	德国(西部) Germany(West)	9017	香港 Hong Kong	10182
3	英国 UK	6473	美国 USA	6417	法国 France	7595
4	美国 USA	6279	英国 UK	6171	英国 UK	7018
5	法国 France	5845	法国 France	6151	美国 USA	6730
6	意大利 Italy	4818	意大利 Italy	5231	意大利 Italy	6133
7	中国 China	4460	中国 China	4888	中国 China	5426
8	日本 Japan	3934	日本 Japan	4347	日本 Japan	4106
9	荷兰 Netherlands	2912	比-卢 Belgium-Luxembourg	2921	荷兰 Netherlands	3615
10	比-卢 Belgium-Luxembourg	2872	荷兰 Netherlands	2887	比-卢 Belgium-Luxembourg	3579
11	原苏联 USSR	2248	原苏联 USSR	2502	加拿大 Canada	2325
12	加拿大 Canada	2176	加拿大 Canada	2358	西班牙 Spain	2050
13	韩国 Korea,Rep. of	1590	韩国 Korea,Rep. of	1835	奥地利 Austria	1971
14	瑞士 Switzerland	1538	新加坡 Singapore	1603	韩国 Korea,Rep. of	1945
15	奥地利 Austria	1523	澳大利亚 Australia	1578	瑞士 Switzerland	1848
16	澳大利亚 Australia	1494	奥地利 Austria	1549	新加坡 Singapore	1778
17	新加坡 Singapore	1467	西班牙 Spain	1539	葡萄牙 Portugal	1681
18	沙特阿拉伯 Saudi Arabia	1332	瑞士 Switzerland	1534	澳大利亚 Australia	1442
19	西班牙 Spain	1209	沙特阿拉伯 Saudi Arabia	1229	沙特阿拉伯 Saudi Arabia	1313
20	瑞典 Sweden	1173	葡萄牙 Portugal	1183	瑞典 Sweden	1295

注 ①中国,包括加工区进口值。

②香港、新加坡,包括用于再出口的进口值。再出口值见出口值表。

Note ①China,Includes Imports into Processing Zones.

②Hong Kong and Singapore,Includes Significant Imports for re-export. Form re-exports,See Table of Exports.

资料来源 ①关税和贸易总协定《国际贸易》1990～1991 年第二卷。

②联合国《国际贸易统计年鉴》1989 年及以前各年。

Source ①GATT"International Trade"1990～1991 Vol. Ⅱ.

②UN"International Trade Statistics Yearbook"1989 and Before.

1988～1990年占前20位的国家(或地区)的服装出口值

Clothing Exports of Leading 20 Countries(or Areas)in 1988～1990 years

单位:百万美元
Unit:Million U.S. dollars

顺序 No.	1988 国家(或地区) Country(or Area)	1988 值 Value	1989 国家(或地区) Country(or Area)	1989 值 Value	1990 国家(或地区) Country(or Area)	1990 值 Value
	世界共计 World Total	88850	世界共计 World Total	97250	世界共计 World Total	113400
1	香港 Hong Kong	11786	香港 Hong Kong	13994	香港 Hong Kong	15406
2	意大利 Italy	9069	意大利 Italy	9441	意大利 Italy	11839
3	韩国 Korea, Rep. of	8695	韩国 Korea, Rep. of	9096	中国 China	9669
4	中国 China	6990	中国 China	8165	韩国 Korea, Rep. of	7879
5	德国(西部) Germany(West)	5374	德国(西部) Germany(West)	5632	德国 Germany	7045
6	台湾省 Taiwan	4708	台湾省 Taiwan	4735	法国 France	4671
7	法国 France	3302	法国 France	3626	台湾省 Taiwan	4150
8	英国 UK	2520	泰国 Thailand	2900	葡萄牙 Portugal	3491
9	土耳其 Turkey	2352	土耳其 Turkey	2741	土耳其 Turkey	3331
10	葡萄牙 Portugal	2296	葡萄牙 Portugal	2591	泰国 Thailand	3330
11	泰国 Thailand	1993	英国 UK	2362	英国 UK	3042
12	美国 USA	1640	美国 USA	2211	美国 USA	2565
13	印度 India	1571	印度 India	1950	印度 India	2500
14	荷兰 Netherlands	1512	荷兰 Netherlands	1572	荷兰 Netherlands	2189
15	比-卢 Belgium-Luxembourg	1383	希腊 Greece	1474	比-卢 Belgium-Luxembourg	2000
16	新加坡 Singapore	1239	比-卢 Belgium-Luxembourg	1467	希腊 Greece	1704
17	希腊 Greece	1202	新加坡 Singapore	1393	印度尼西亚 Indonesia	1647
18	澳门 Macau	1004	印度尼西亚 Indonesia	1146	新加坡 Singapore	1588
19	奥地利 Austria	954	马来西亚 Malaysia	1067	马来西亚 Malaysia	1315
20	马来西亚 Malaysia	831	澳门 Macau	1045	奥地利 Austria	1169

注 ①中国出口值包括加工区出口值。
②香港包括再出口值,1988年为3164、1989年为4780、1990年为6140百万美元。
③新加坡包括再出口值,1988年为353、1989年为461、1990年为593百万美元。

Note ①The Exports of China Includes Exports From Processing Zones.
②The Exports of Hong Kong, Includes re-exports, in Millions of U.S. dollars, They Amounted to $3164 in 1988, $4780 in 1989 and $6140 in 1990.
③The Exports of Singapore, Includes re-exports, in Millions of U.S. dollars, They Amounted to $353 in 1988, $461 in 1989 and $593 in 1990.

资料来源 ①关税和贸易总协定《国际贸易》1990～1991年第二卷。
②联合国《国际贸易统计年鉴》1989年及以前各年。

Source ①GATT"International Trade"1990～1991 Vol. Ⅱ.
②UN"International Trade Statistics Yearbook"1989 and Before.

1988～1990 年占前 20 位的国家(或地区)的服装进口值

Clothing Imports of Leading 20 Countries(or Areas) in 1988～1990 years

单位:百万美元

Unit: Million U.S. dollars

顺序 No.	1988 国家(或地区) Country(or Area)	1988 值 Value	1989 国家(或地区) Country(or Area)	1989 值 Value	1990 国家(或地区) Country(or Area)	1990 值 Value
1	美国 USA	23061	美国 USA	26026	美国 USA	26977
2	德国(西部) Germany(West)	14508	德国(西部) Germany(West)	14639	德国 Germany	19989
3	日本 Japan	6739	日本 Japan	8972	日本 Japan	8737
4	法国 France	6048	法国 France	6406	法国 France	8381
5	英国 UK	5540	英国 UK	5799	英国 UK	6964
6	原苏联 USSR	4219	香港 Hong Kong	5700	香港 Hong Kong	6913
7	香港 Hong Kong	4102	原苏联 USSR	4821	原苏联 USSR	…
8	荷兰 Netherlands	3774	荷兰 Netherlands	3700	荷兰 Netherlands	4768
9	瑞士 Switzerland	2826	瑞士 Switzerland	2800	比-卢 Belgium-Luxembourg	3590
10	比-卢 Belgium-Luxembourg	2671	比-卢 Belgium-Luxembourg	2693	瑞士 Switzerland	3437
11	瑞典 Sweden	2086	加拿大 Canada	2180	意大利 Italy	2580
12	加拿大 Canada	1913	瑞典 Sweden	2076	瑞典 Sweden	2510
13	意大利 Italy	1875	意大利 Italy	2028	加拿大 Canada	2388
14	奥地利 Austria	1720	奥地利 Austria	1727	奥地利 Austria	2346
15	挪威 Norway	1144	西班牙 Spain	1039	西班牙 Spain	1649
16	丹麦 Denmark	939	挪威 Norway	1027	挪威 Norway	1231
17	沙特阿拉伯 Saudi Arabia	853	丹麦 Denmark	873	丹麦 Denmark	1069
18	西班牙 Spain	690	沙特阿拉伯 Saudi Arabia	869	新加坡 Singapore	922
19	芬兰 Finland	641	芬兰 Finland	716	芬兰 Finland	887
20	爱尔兰 Ireland	634	新加坡 Singapore	682	沙特阿拉伯 Saudi Arabia	833

注 香港,新加坡,包括用于再出口的进口值,见出口值表。

Note Hong Kong and Singapore, Includes Significant Imports for re-export. See Table of Exports.

资料来源 ①关税和贸易总协定《国际贸易》1990～1991 年第二卷。

②联合国《国际贸易统计年鉴》1989 年及以前各年。

Source ①GATT "International Trade" 1990～1991 Vol. Ⅱ.

②UN "International Trade Statistics Yearbook" 1989 and Before.

世界合成纤维分国别（地区）生产量和生产能力

Worldwide Synthetic Fiber Production and Producing Capacity by Country (Area)

单位：千吨
Unit：1000 tons

国家(或地区) Country(or Area)	实际产量 Actual Production						生产能力 Producing Capacity					
	1989			1990			3/1990			12/1991		
	Y	S	合计 Total	Y	S	合计 Total	Y	S	合计 Total	Y	S	合计 Total
美国 U.S.A.	1346.4	1773.0	3119.4	1259.7	1626.3	2886.0	1529.1	1906.5	3435.6	1561.3	1929.1	3490.4
日本 Japan	656.9	724.0	1380.9	702.1	722.9	1425.0	879.0	913.0	1792.0	877.0	913.0	1790.0
台湾省 Taiwan	783.5	739.6	1523.1	866.0	755.5	1621.5	1059.7	967.0	2026.7	1059.7	1090.0	2149.7
中国 China	474.0	754.0	1228.0	505.0	804.4	1309.4	583.3	1136.0	1719.3	589.3	1275.0	1864.3
韩国 Korea, Rep, of	628.9	561.0	1189.9	672.3	597.4	1269.7	801.4	657.0	1458.4	942.4	667.0	1609.4
原苏联 USSR	472.0	422.0	894.0	485.5	428.0	913.5	591.0	542.0	1133.0	606.0	592.0	1198.0
德国(西部) Germany(West)	355.0	420.0	775.0	363.0	414.0	777.0	432.0	443.0	875.0	432.0	437.0	869.0
意大利/马耳他 Italy/malta	195.0	345.0	540.0	186.5	374.5	561.0	195.0	455.0	650.0	234.0	410.0	644.0
印度 India	472.0	422.0	894.0	485.5	428.0	913.5	591.0	542.0	1133.0	606.0	592.0	1198.0
世界总计 World Total	6809.5	7995.0	14804.5	6972.7	7896.5	14869.2	8964.5	10491.6	19456.1	9645.5	11079.8	20725.3

注 Y—长丝＋单丝. S—短纤＋丝束＋絮片。

Note Y—Yam＋monofilaments, S—Staple＋tow＋fiberfill.

资料来源 美国《纤维经济研究》1991.6。

Source USA"Fiber Organon"June, 1991.

世界人造纤维分国别（地区）生产量和生产能力

Worldwide Artificial Fiber Production and Producing Capacity by Country (Area)

单位：千吨
Unit：1000 tons

国家(或地区) Country(or Area)	实际产量 Actual Production		生产能力 Producing Capacity	
	1989	1990	3/1990	12/1991
原苏联 USSR	584.0	561.0	689.0	689.0
日本 Japan	272.9	275.8	332.3	332.3
美国 USA	263.3	229.2	249.5	246.7
印度 India	198.7	216.7	247.7	247.7
中国 China	180.0	203.0	235.0	235.0
德国(东部) Germany(East)	149.4	132.1	143.8	85.8
台湾省 Taiwan	147.6	147.9	153.7	153.7
奥地利 Austria	136.0	135.0	135.0	136.0
德国(西部) Germany(West)	129.0	130.0	139.0	139.0
世界总计 World Total	2876.6	2845.7	3463.9	3433.6

资料来源 美国《纤维经济研究》1991.6。

Source USA"Fiber Organon"June, 1991.

世界净毛产量
World Production of Clean Wool

单位：千吨
Unit：1000 tons

国家(或地区) Country (or Area)	净毛率 clean yield factors	1987～1988	1988～1989	1989～1990	1990～1991	1991～1992f
澳大利亚 Australia	65.8	594	626	723	716r	602
印度 India	60.0	16	18	21r	21r	21
新西兰 New Zealand	74.3	260	255	234r	228r	227
巴基斯坦 Pakistan	42.0	22	23	25r	26	27
英国 UK	67.0	42	44	47	48r	48
阿根廷 Argentina	60.0	94	98	89	88	84
巴西 Brazil	70.0	18	18	18	18	17
保加利亚 Bulgaria	43.0	14	13	12	11	10
智利 Chile	58.0	11	12	12	12	10
中国 China	50.0	105	111	119	120	121
捷克和斯洛伐克 Czecho and slovakia	48.0	3	2	3	3	3
法国 France	55.0	13	13	13	13	12
希腊 Greece	55.0	6	6	6r	6r	6
伊朗 Iran	45.0	14	14	14	14	14
伊拉克 Iraq	40.0	7	7	7	7	7
爱尔兰 Irish Republic	71.0a	7	9	10	11	13
蒙古 Mongolia	57.0	10	11	11	11	12
摩洛哥 Morocco	40.0	14	14	14	14	14
南非 South Africa	59.3	54	57	59	62r	58
原苏联 USSR	45.0	207	215	216	212	201
土耳其 Turkey	50.0	43	43	41	43	39
美国 USA	52.8	21	22	22	22r	22
乌拉圭 Uruguay	68.2	61	57	64	63	61
世界总计 World Total		1812	1867	1962r	1947r	1798

注 a—是羊剪毛及羊板毛的重量加权平均系数，f—预测，r—修正值。

按照IWTO统计委员会的决定，表中世界羊毛产量数据是由原毛转换成洗净毛，即由每个国家原毛产量乘表中第一列净毛率(最近一年)得出。以前，世界羊毛产量总计是重量加权平均系数而将原毛转换为净毛产量。

Note a Weighted average factor for shorn and skin wool. f-forecast r-revised.

In conformity with the decision taken by the IWTO Statistics Committee, the world wool production riqures shown in Table 1 have been converted from greasy to clean on a country-by-country basis using individual country factors shown (for the most recent year) in the first column in the above table. Previously only the world production totals had been converted from greasy to clean using weighted overall average factors.

资料来源 英联邦秘书处，经济事务部《羊毛季报》1991年第3期。

Source Commonwealth Secretariat, Economic Affairs Division "Wool Quarterly" No Ⅲ, 1991.

世界五个主要原毛出口国的原毛出口
Exports of Raw Wool From the Main Exporating Countries

单位:千吨
Unit:1000 tons

国家 Country	1988～1989	1989～1990	1990～1991	1991- I
阿根廷 Argentina	42.9	51.0	55.9	15.7
澳大利亚 Australia	721.8	620.9	513.2	127.0
新西兰 New Zealand	274.8	210.4	200.8	54.5
南非 S. Africa	40.8	46.2	49.7	14.3
乌拉圭 Uruguay	26.8	38.5	37.0	5.9
总计 Total	1107.1	967.0	856.6	217.4

注 澳大利亚、新西兰和南非所有季节为7月至6月,阿根廷和乌拉圭为10月至9月。

Note Complete seasons refer to July-June for Australia, New Zealand and South Africa and to October-September for Argentina and Uruquay.

资料来源 《羊毛季报》1991, Ⅱ/Ⅲ。

Source "Wool Quarterly"No Ⅱ/Ⅲ, 1991。

世界主要进口国家的原毛进口量(不包括皮板毛)
Raw Wool Imports Into the Principal Importing Countries(Excluding Wool on the Skin)
(Tonnes Actual Weight)

单位:吨
Unit:ton

国家(或地区) Country (or Area)	1988	1989	1990	1991- I
比利时 Belgium-lux	66482	68963	53864	12225
中国 China m	179790	101370	33329	8024
捷克和斯洛伐克 Czecho and slovakia c	22100	20400	17314	
法国 France	114674	125981	99542	28894
德国(东部) Germany(East) c	12000	12200	9203	
德国(西部) Germany(West)	75919	74900	67774	22973
印度 India j	33440	22481	28000	
意大利 Italy	114456	106825	119125	40808
日本 Japan	174788	172996	142694	39854
韩国 Korea, Rep. of a	37761	34455	34274	8887
马来西亚 Malaysia l	8134	11043	12497	3022
葡萄牙 Portugal g	8890	12131	8284	
原苏联 USSR c	114325	128393	58521	
西班牙 spdin	15880	15665	12637	
台湾 Taiwan	35540	45038	31153	
土耳其 Turkey	23031	19850	31393	
英国 UK	127004	110178	88290	20899
美国 USA hk	53255	61271	41038	13623
南斯拉夫 Yogoslavia	12325	12121	9381	

注 a 总进口量,c 洗净/精练为基础,g 除了洗净毛之外按季度计,h 包括皮板毛,j 所示数字截止到 3 月 31 日,k 用于含脂毛,按洗净毛计算的进口量,l 马来西亚半岛。

Note a Gross imports. c Clean/scoured basis. g Quarterly data exclude scoured wool. h Includes wool on the skin. j Year ending 31 March of year shown. k Imports for consumption on a greasy basis, previously clean. l Peninsular Malaysia.

世界毛条贸易(包括粗羊毛)
Trade in Wool and Hair Tops(Including Carded Wool)

单位:吨
Unit: ton

国家(或地区) Country (or Area)	1988	1989	1990	1991-I
出口量 Exports				
阿根廷 Argentina	11071	8552	11755	3488
澳大利亚 Australia	18360	16915	15520	5825
比利时 Belgium-lux	14206	15585	14113	3728
法国 France a	58346	58078	55131	14697
德国(西部) Germany(West)	18411	16106	16838	5783
荷兰 Netherlands	364	227	97	…
南非 South Africa	21547	14535	12227	4258
西班牙 Spain	3532	3215	2292	…
瑞士 Switzerland	1730	1502	1649	473
英国 UK	19700	20632	19555	4616
美国 USA	7390	6295	7550	1946
乌拉圭 Uruquay	35716	26694	42910	8153
总出口量 Total exports				
12个国家 12 countries	210373	188336	199637	…
10个国家 10 countries b	206477	184894	197248	52967
进口量 Imports				
奥地利 Austria	4268	3886	3837	1240
比利时 Belgium	10094	11440	10797	2643
加拿大 Canada	3339	3649	1991	502
中国 China	34104	36482	22773	6508
法国 France a	6428	6103	7297	1856
德国(西部) Germany(West)	24577	24859	26873	6798
香港 Hong Kong	8384	9850	6412	e
爱尔兰 Irish Republic	2849	2461	2188	618
意大利 Italy	46686	43926	50859	15864
日本 Japan	30243	30062	25458	8852
韩国 Korea,Rep. of	10674	12109	11458	12828
荷兰 Netherlands	839	882	505	…
瑞士 Switzerland	10451	11319	10981	2561
英国 UK	9293	7871	7592	1831
南斯拉夫 Yuqoslavia	3073	2767	2868	…
总进口量 Total imports				
15个国家 15 countries	205302	207666	191889	…
13个国家 13 countries c	201390	204017	188516	63149

注 a 包括粗毛类,b 除了荷兰和西班牙之外,c 除了荷兰和南斯拉夫之外,d 6个月的总计,e 估计包括在总计里。

Note a Including coarse hair types. b Excluding Netherlands and Spain. c Excluding Netherlands and Yugoslavia. d Six months total. e Estimate included in total.

资料来源 英联邦秘书处经济事务部《羊毛季报》1991, Ⅰ/Ⅲ

Source Commonwealth Secretariat, Economic Affairs Division "Wool Quarterly"No. Ⅰ/Ⅲ, 1991.

典型原毛拍卖价

Representative Auction Prices for Rew Wool

	每公斤净毛澳分 Australia A cents per kg clean					每公斤净毛新西兰分 New Zealand NZ cents per kg clean						每公斤净毛南非分 South Africa SA cents per kg clean			
	70′s 19	64′s 21	60′s 23	58′s 25	M. I. a	56′s 28	50′s 33	48′s 35	46′s 37	(greasy)	M. I. a(clean)	64′s 21	60/64′s 22	60′s 23	M. I. a
季度平均 Seasonal averages															
1980～1981	547	474	436	402	419	402	375	370	360	251		438	428	415	414
1981～1982	551	506	465	437	441	457	395	388	377	262		589	569	545	537
1982～1983	593	525	485	452	454	433	387	390	377	259		588	561	526	516
1983～1984	697	555	514	479	485	505	429	422	418	296		638	612	587	571
1984～1985	985	620	537	467	526	626	531	513	504	374	502	1039	923	854	815
1985～1986	812	635	550	471	533	524	493	495	490	347	466	1174	1050	974	926
1986～1987	902	742	635	512	626	599	572	584	581	414	556	1156	1082	997	942
1987～1988	1998	1277	929	716	1003	707	658	616	604	446	600	2294	1889	1619	1664
1988～1989	1881	1235	958	779	990	869	749	672	641	500	672	2921	2457	2177	2093
1989～1990	1706	1059	872	713	870	767	628	607	599	438	589	2501	2220	1971	1790
1990～1991	1340	784	594	494	628	552	427	424	416	314	423	1683	1450	1227	1268
月平均 Monthly averages															
1990年7月 July	1670	883	702	576	724	NQ	NQ	NQ	NQ	366	493	—	—	—	—
1990年8月 Aug.	1664	890	700	574	723	575	476	483	479	356	481	2116	1837	1568	1493
1990年9月 Sept.	1417	874	698	574	707	557	479	470	467	351	473	1957	1701	1476	1467
1990年10月Oct.	1354	873	698	575	703	554	447	457	459	344	463	1827	1599	1391	1397
1990年11月Nov.	1361	874	698	576	704	557	390	378	376	299	402	1814	1565	1366	1367
1990年12月Dec.	1371	876	700	578	706	566	383	381	379	301	404	1793	1543	1336	1374
1991年1月Jan.	1367	875	700	577	706	578	411	378	375	296	399	1793	1558	1336	1372
1991年2月Feb.	1004	556	388	316	428	575	NQ	378	365	273	366	1238	1051	904	1149
1991年3月Mar.	1108	555	371	328	444	428	NQ	388	379	270	363	1262	1097	920	953
1991年4月Apr.	1155	562	398	345	464	NQ	NQ	440	421	322	433	1357	1140	916	999
1991年5月May	1247	704	487	419	553	523	444	458	453	334	450	1719	1394	1084	1138
1991年6月June.	1236	786	513	418	583	533	421	422	420	295	397	—	—	—	—
1991年7月July.	1113	705	475	406	553	NQ	NQ	436	434	312	419	—	—	—	—
1991年8月Aug.	1048	665	457	406	530	526	472	413	409	310	417	NQ	1488	1109	1187

注 a—各种规格重量加权平均价格。

Note a—Weighted average of all types offered.

资料来源 《羊毛季报》1991年第Ⅱ、Ⅲ期。

Source "Wool Quarterly"No Ⅱ/Ⅲ,1991.

11个主要生产国精纺毛纱和粗纺毛纱的产量

Production of Yarns Spun on the Worsted and Woollen Systems in 11 Major Producing Countries

单位:千吨

Unit:1000 tonnes

年份 year	澳大利亚 Australia	比利时 Belgium	法国 France	德国(西部) Germany (West) a	意大利 Italy	日本 Japan b	韩国 Korea, Rep. of	荷兰 Neths	南非 South Africa b	英国 UK c	美国 USA b	总计10个国家(不包括荷兰) Total (10 countries excl. Neths.)
					精纺毛纱 Worsted yarns							
1986	5.4	40.4	69.4	67.2	289.2	65.9	184.6	5.0	1.4	75.1	18.5	817.3
1987	5.6	37.8	61.7	60.8	294.1	76.7	193.4	1.0	1.7	78.9	17.9	828.7
1988	5.3	39.9	53.0	57.1	288.2	83.7	197.9	0.9	1.5	73.7	18.5	818.9
1989	5.5	45.8	48.2	53.7	286.7	82.0	197.3	1.0	2.4	65.1	19.7	805.3
1990	3.5	42.8	40.5	48.7	269.9	76.5	179.0	…	2.6	58.6	20.4	742.5
					粗纺毛纱 Woollen yarns							(9个国家,不包括德国) (9 countries)
1986	17.9	45.8	28.2	—	244.8	46.2	27.5	3.9	4.0	72.9	13.4	530.8
1987	17.3	47.1	25.9	—	230.7	46.5	31.1	3.5	3.5	76.7	43.5	522.4
1988	17.6	50.3	23.0	—	240.0	36.0	30.3	3.0	3.6	78.3	36.2	515.3
1989	14.6	51.7	22.0	—	247.5	36.1	34.2	2.9	3.5	74.9	34.4	521.8
1990	15.6	45.7	19.4	…	237.1	28.6	31.0	2.9	2.7	72.7	36.2	491.9

注 a—自1981年起采用新的统计口径,以前的统计不连续,而且有些夸大。

b—包括在精纺和粗纺系统上纺出的以羊毛为主的纱。

c—包括毛纺工业之外生产的毛和毛混纺纱,还包括半精纺纱。

Note a—New series from1981;previous series discontinued and thought to over-state production.

b—Wool predominant yarns spun on the worsted and woollen systems.

c—Includes wool and wool mixture yarns spun outside the wool textile industry;also includes semi-worsted yarns.

资料来源 英联邦秘书处,经济事务部,《羊毛季报》1991年第2、3期。

Source Commonwealth Secretariat,Economic Affairs Division,"Wool Quarterly",No Ⅱ & Ⅲ 1991.

11个主要生产国(服装用和非服装用)毛织物产量
Production of Woven Wool Fabrics(Apparel and Non-apparel)in 11 Major Producing Countries

年份 year	澳大利亚 Australia	法国 France a	德国(西部) Germany (West) b	日本 Japan	韩国 Korea, Rep. of	荷兰 Neths c	南非 South Africa	英国 UK d	美国 USA b	比利时 Belgium	意大利 Italy	粗略合计(不包括荷兰的10个国家) Estimated total (10 countries excl. Neths.)
	百万平方米 million m²									千吨 1000 tonnes		百万平方米 million m²
1986	11.7	138.9	93.4	313.0	66.7	6.8	39.1	100.6	116.6	5.1	188.7	1352.8
1987	11.0	108.0	79.0	331.4	75.3	4.6	37.6	97.5	141.2	2.8	186.5	1343.0
1988	10.2	109.1	85.6	353.1	79.8	4.9	37.3	96.9	159.3	2.8	192.4	1407.5
1989	9.4	97.9	89.1	351.0	87.2	4.4	33.8	93.1	147.5	2.9	192.8	1386.5
1990	7.8	80.1	94.3	334.9	90.9	…	28.4	86.9	117.6	2.9	178.6	1283.8

注 a—不包括毛毯。
b—不包括机织毛毯,而且织物中新羊毛或新呢片再生毛含量不低于51%(美国1987年以后36%,1987年以前50%)。
c—自1981年起采用新的统计口径,以前的统计口径不连续,而且有些夸大。
d—交货量。

Note a—Excludes blankets.
b—Excludes woven felts. Fabrics containing 51%(USA Since 1987 36 —previously 50%)or more of virgin or reprocessed wool.
c—New series from 1981;previous series discontinued and thought to over-state production.
d—Deliveries.

资料来源 英联邦秘书处,经济事务部,《羊毛季报》1991年第2、3期。
Source Commonwealth Secretariat, Economic Affairs Division, "Wool Quarterly", No. Ⅱ & Ⅲ, 1991.

亚麻和亚麻短纤维
Flax Fibre and Tow

国家(或地区) Country(or Area)	收获面积(千公顷) Area Harvest (1000HA) 1979~1981	1986	1987	1988	1989	1990	单位面积产量(公斤/公顷) Yield (kg/HA) 1979~1981	1986	1987	1988	1989	1990	产量(千吨) Production (1000tons) 1979~1981	1986	1987	1988	1989	1990
埃及 Egypt	26	17	17	17	17	17	895	923	917	842	941	912	24	16	16	15	16	16
阿根廷 Argentina	2	2	2	2	2	3	609	636	636	625	625	640	1	1	1	2	2	2
智利 Chile	2	2	2	2	2	2	1000	1000	1000	1000	1000	1000	2	2	2	2	2	2
中国 China	111	85	129	145	149	141	1201	2462	2490	2554	1640	1677	135	209	321	370	244	236
日本 Japan							556	500										
土耳其 Turkey	8	5	5	5	4	4	222	111	119	122	94	23	2	1	1	1		
比-卢 Belgium-Lux	7	7	10	11	12	11	1464	1351	1220	1315	1293	1455	10	10	12	14	15	16

续

国家(或地区) Country(or Area)	收获面积 (千公顷) Area Harvest (1000HA)						单位面积产量 (公斤/公顷) Yield (kg/HA)						产量 (千吨) Production (1000tons)					
	1979 ~1981	1986	1987	1988	1989	1990	1979 ~1981	1986	1987	1988	1989	1990	1979 ~1981	1986	1987	1988	1989	1990
保加利亚 Bulgaria	5	5	4	3	2	3	298	272	331	444	455	631	2	1	1	1	1	2
捷克和斯洛伐克 Czecho and slovakia	30	24	23	24	26	25	641	879	841	776	966	883	19	21	19	19	25	22
法 国 France	44	47	51	56	58	60	1377	1383	1365	1636	1276	1283	62	65	70	91	74	77
匈牙利 Hungary	5	4	5	3	2	2	706	912	705	635	973	947	3	4	3	2	2	2
意大利 Italy	2	1			1	1	3	31	27	77	186	177						
荷 兰 Netherlands	4	3	4	4	5	6	1738	1754	8000	7182	6055	6667	6	6	32	32	31	40
波 兰 Poland	81	36	28	31	34	30	605	638	611	577	544	549	49	23	17	18	19	16
葡萄牙 Portugal							958	1667	1667	1667	1667							
罗马尼亚 Romania	70	80	82	83	84	85	332	400	427	434	452	459	23	32	35	36	38	39
西班牙 Spain							650		1000	1000	1015							
南斯拉夫 Yugoslavia			1				711	1017	1231	919	1066	1066			1			
新西兰 New Zealand							738											
原苏联 USSR	1037	975	971	931	871	782	277	345	438	347	396	461	287	336	425	323	345	360
世界共计 World total	1436	1295	1333	1318	1270	1171	437	562	717	702	641	709	626	728	956	925	814	830

资料来源　联合国粮农组织《生产年鉴》1988、1989、1990 年。
Source　"Production Yearbook"FAO United Nations 1988、1989、1990.

黄麻和黄麻类似纤维
Jute and Jute - like Fibres

国家(或地区) Country(or Area)	收获面积 Area harvest (千公顷) (1000HA)				单位面积产量 Yield (公斤/公顷) (kg/HA)				产量 Production (千吨) (1000tons)			
	1987	1988	1989	1990	1987	1988	1989	1990	1987	1988	1989	1990
埃及 Egypt	2	2	2	2	2500	2500	2500	2550	5	5	5	5
莫桑比克 Mozambique	6	6	6	6	667	667	667	667	4	4	4	4
古巴 Cuba	12	4	16	10	1000	1000	998	1000	12	4	16	10
巴西 Brazil	65	61	39	24	1009	1135	1018	915	66	69	40	22
智利 Chile	10	10	10	10	1000	1000	1000	1000	10	10	10	10
秘鲁 Peru	3	2	2	2	1200	1579	1579	1579	3	3	3	3
孟加拉 Bangladesh	526	518	550	548	1634	1715	1476	1548	859	888	811	849
柬埔寨 Cambodia	3	3	3	3	2667	2733	2767	3000	8	8	8	9
中国 China	272	277	286	311	2092	1949	2308	2360	569	540	660	734
印度 India	958	920	170	1287	1273	1538	1183	1259	1220	1415	1503	1620
印度尼西亚 Indonesia	36	31	32	35	843	839	844	843	30	26	27	30
缅甸 Myanmar	42	37	43	32	1116	1127	1084	1070	47	42	47	34
尼泊尔 Nepal	20	14	14	14	1182	1093	1300	1321	23	16	18	19
泰国 Thailand	153	136	128	136	1096	1279	1272	1327	168	173	163	181
越南 Viet Nam	32	17	16	16	1438	2150	2254	2188	46	37	36	35
原苏联 USSR	20	21	22	22	2250	2238	2136	2227	45	47	47	49
世界共计 World total	2178	2077	2457	2477	1437	1589	1388	1464	3129	3300	3412	3626

资料来源 联合国粮农组织《生产年鉴》1988、1989、1990 年。
Source "Production Yearbook" FAO. United Nations 1988、1989、1990.

棉花各品种的北欧到岸价
Prices of Cotton CIF North Europe

单位:美分/磅
Unit:U.S. Cent per pound

	1985/1986	1986/1987	1987/1988	1988/1989	1989/1990	1990/1991
Cotlook A 指数现值 Current Cotlook A Index	49.00	62.05	72.30	66.35	82.40	82.95
Cotlook B 指数(粗支)现值 Current Cotlook B Index "Coarse Count"	40.95	55.05	67.50	61.30	77.40	77.85
美国奥尔良/得克萨斯中级棉 Orleans/Texas Midd	52.26	56.38	72.07	63.14	79.01	80.35
美国孟菲斯特罗奴塔中级棉 Memphis Terr Midd	58.28	62.17	76.29	68.94	83.84	88.18
美国加利福尼亚阿卡拉 SJV 棉 Calif/Acala SJV	59.43	74.27	81.17	77.09	88.67	93.07
墨西哥中级棉 Mexico Midd	52.94	64.86	75.18	61.64	82.59	84.31
中美洲中级棉 Central Am Midd	51.38	63.09	72.93	60.76	80.78	83.14
巴西 5/6 型棉 Brazilian Type 5/6	50.48	68.79	—	—	76.13	79.11
巴拉圭中级棉 Paraguayan Midd	52.94	65.52	73.83	67.96	80.68	82.02
阿根廷 C-1/2 型棉 Argentine C-1/2	48.34	68.82	61.93	63.87	76.74	77.83
土耳其伊兹密尔棉 Turkey Izmir	54.13	64.87	86.21	66.77	90.45	88.70
希腊中级棉 Greek Midd	50.98	63.53	83.85	62.93	83.73	84.21
原苏联二级棉 Russian Vtoroi	47.63	62.85	76.18	66.18	82.07	81.78
原苏联三级棉 Russian Tretii	45.00	59.88	73.30	63.15	78.92	79.72
巴基斯坦旁遮普 1505 棉 Pakistan Punjab 1505	—	75.88	73.02	59.18	79.07	82.99
巴基斯坦信德/旁遮普棉 Pakistan Sind/Punjab	37.35	55.48	66.47	57.17	77.10	77.08
中国 329 棉 Chinese 329	49.88	62.40	77.31	69.11	85.81	87.40
坦桑尼亚麦黄沙棉 Tanzania A. R. Mwanza	55.81	67.41	87.96	69.05	86.80	89.62
法语非洲中级棉 African France Zone Midd	48.80	63.30	73.28	65.51	80.58	81.60
澳大利亚中级棉 Australian Midd	50.15	67.05	75.99	71.94	84.37	85.99
埃及丹达拉/吉萨棉 69/81 Egypt Dendera/Giza69/81	111.40	112.59	145.11	176.85	189.54	177.43
埃及梅努弗/吉萨棉 70 Egypt Menoufi/Giza70	147.14	146.94	181.68	231.44	254.11	248.91
苏丹 65B Shambat Sudan 65B	89.64	69.58	75.39	69.06	72.52	77.12
秘鲁坦圭斯 3 级棉 Peru Tanguis Grade3	74.26	85.43	117.18	75.84	84.31	—
秘鲁比马棉 1 级 1—9/16" "Peru Pima G1 1—9/16"	112.57	111.63	182.50	165.00	170.64	125.29
美国比马棉 3 级 1—7/16" "American Pima 1—7/16"	109.81	112.79	128.93	178.06	112.06	136.24

注 原表中有各种棉花规格的详注从略。

Note There were the detailed specifications in original table is omited here.

资料来源 世界棉花咨询委员会秘书处《棉花:世界统计》1991 年 10 月。

Source The secretariat of ICAC"Cotton:World Statistics"Oct. 1991.

主要国家（地区）聚酯纤维（涤纶棉）价格
Prices of Polyester

	美国 USA		台湾 Taiwan		日本 Japan		德国 Germany		意大利 Italy	
	美元/公斤 Dollars/kilogram	美分/磅 U.S. Cents/pound	新台币/公斤 NT $ / kilogram	美分/磅 U.S. Cents/pound	日元/公斤 Yen/kilogram	美分/磅 U.S. Cents/pound	马克/公斤 Marks/kilogram	美分/磅 U.S. Cents/pound	里拉/公斤 Lire/kilogram	美分/磅 U.S. Cents/pound
1988/1989										
8月 Aug.	1.56	71.00	45.75	72.63	215.00	73.25	3.05	72.88	2420.00	78.63
9月 Sep.	1.56	71.00	47.00	73.80	215.00	72.30	3.25	79.00	2420.00	79.00
10月 Oct.	1.56	71.00	45.25	71.50	215.00	74.88	3.25	80.75	2420.00	80.50
11月 Nov.	1.57	71.25	45.50	73.38	230.00	84.13	3.34	86.63	2420.00	84.00
12月 Dec.	1.65	75.00	45.50	73.50	247.50	91.75	3.65	94.25	2585.00	90.88
1月 Jan.	1.71	78.00	44.75	72.75	242.50	86.88	3.85	95.88	2725.00	92.63
2月 Feb.	1.71	78.00	45.00	73.75	235.00	83.13	3.85	94.25	2650.00	88.25
3月 Mar.	1.71	78.00	47.00	77.20	235.00	82.60	3.85	93.60	2650.00	87.90
4月 Apr.	1.80	82.00	47.00	79.63	223.75	76.88	3.81	92.63	2800.00	92.75
5月 May	1.80	82.00	47.00	83.13	210.00	70.00	3.70	86.75	2800.00	90.38
6月 Jun.	1.85	84.40	47.00	82.20	210.00	66.50	3.72	86.60	2800.00	88.30
7月 Jul.	1.89	86.00	46.50	82.00	210.00	66.67	3.90	93.17	2800.00	91.67
平均 Average	1.69	77.16	46.15	76.26	224.10	77.41	3.60	87.83	2620.60	86.86
1989/1990										
8月 Aug.	1.89	86.00	44.50	78.40	210.00	67.40	3.90	92.30	2800.00	91.90
9月 Sep.	1.89	86.00	44.50	78.38	210.00	65.50	3.85	89.38	2800.00	90.13
10月 Oct.	1.89	86.00	41.50	72.38	210.00	67.75	3.70	89.88	2900.00	96.00
11月 Nov.	1.89	86.00	39.40	68.70	210.00	67.10	3.70	92.10	2589.80	97.90
12月 Dec.	1.89	86.00	35.50	60.50	210.00	66.17	3.70	95.83	2900.00	101.00
1月 Jan.	1.88	85.50	32.63	56.75	210.00	65.88	3.65	97.88	2800.00	100.50
2月 Feb.	1.85	84.00	32.88	57.25	202.50	63.25	3.50	95.13	2500.00	91.25
3月 Mar.	1.85	84.00	29.40	50.60	200.00	59.90	3.50	93.10	2500.00	90.40
4月 Apr.	1.85	84.00	28.63	49.25	200.00	57.25	3.50	94.00	2500.00	91.25
5月 May	1.85	84.00	28.00	47.00	214.00	63.20	3.50	95.40	2460.00	91.30
6月 Jun.	1.81	82.00	28.38	47.00	215.00	63.38	3.35	90.38	2300.00	84.25
7月 Jul.	1.68	76.00	29.00	48.38	215.00	65.13	3.25	90.00	2200.00	83.00
平均 Average	1.85	84.16	34.57	59.66	208.82	64.29	3.59	92.91	2597.04	92.27
1990/1991										
8月 Aug.	1.68	76.00	28.50	47.40	215.00	65.70	3.20	92.13	2200.00	86.25
9月 Sep.	1.68	76.00	29.25	48.63	230.00	75.13	3.24	93.63	2237.50	86.63
10月 Oct.	1.68	76.00	31.38	52.10	235.00	81.20	3.25	96.25	2306.25	91.13
11月 Nov.	1.68	76.00	31.00	51.50	235.00	83.20	3.25	99.20	2337.00	94.70
12月 Dec.	1.68	76.00	31.00	51.67	235.00	80.67	3.25	99.50	2355.00	95.50
1月 Jan.	1.68	76.00	31.30	53.70	235.00	79.30	3.25	97.30	2355.00	93.70
2月 Feb.	1.68	76.00	31.00	51.98	235.00	81.13	3.25	99.63	2355.00	94.75
3月 Mar.	1.68	76.00	31.00	51.50	235.00	77.88	3.17	88.88	2312.50	88.13
4月 Apr.	1.68	76.00	31.00	51.75	235.00	77.25	3.08	82.88	2300.00	82.50
5月 May	1.62	73.60	30.20	50.40	235.00	77.10	3.08	81.80	2300.00	81.80
6月 Jun.	1.65	74.50	28.38	47.50	235.00	76.25	3.08	78.00	2300.00	78.50
7月 Jul.	1.69	76.38	27.13	45.63	235.00	77.50	3.08	77.50	2225.00	75.25
平均 Average	1.67	75.68	30.09	50.32	232.65	77.53	3.18	90.51	2299.40	87.40

资料来源　世界棉花咨询委员会秘书处《棉花：世界统计》1991.10。
Source　The Secretariat of ICAC"Cotton：World Statistics"Oct. 1991.

世界主要国家和地区纺机安装锭数
Spinning-Machinary Instalations in Main Countries and Areas

单位:万锭
Unit:10000 spin

国家(或地区) Country(or Area)	1988年安装锭数 Installed,1988 环锭纺 Ring Spin. 棉型 short staple	毛型 long staple	气流纺 O.E.	1989年安装锭数 Installed,1989 环锭纺 Ring Spin. 棉型 short staple	毛型 long staple	气流纺 O.E.	1990年增设锭数 Additional,1990 环锭纺 Ring Spin. 棉型 short staple	毛型 long staple	气流纺 O.E.
美国 USA	1240.2	75.0	65.0	1155.0	62.8	73.0	11.6	0.5	7.6
墨西哥 Mexico	355.0	11.7	5.0	341.4	12.4	4.5	11.5	2.0	0.9
巴西 Brazil	575.0	20.0	8.0	575.0	20.0	8.0	16.5	1.1	0.7
德国(西部) Germany(West)	150.7	60.0	10.1	157.6	60.2	13.5	14.0	3.9	1.1
意大利 Italy	203.2	353.6	7.9	192.5	333.8	8.4	20.9	5.5	1.2
法国 France	91.9	46.9	10.8	76.6	44.5	10.3	0.7	0.9	0.4
原苏联 USSR	1000.0		400.0	1000.0		400.0	34.3	12.0	18.8
德国(东部) Germany(East)	100.0		10.0	75.0		10.5			0.3
捷克和斯洛伐克 Czecho and Slovakia	163.8		28.9	158.6		29.2	2.1	0.5	1.6
日本 Japan	863.0	169.7	18.0	863.0	163.8	18.0	12.9	8.5	0.4
韩国 Korea,Rep. of	355.2	114.0	3.8	365.9	115.4	4.0	21.4	2.7	0.1
台湾省 Taiwan	395.5		12.2	395.5	32.9	12.2	16.6	1.4	0.02
香港 Hong Kong	29.0	2.4	7.4	26.4	2.4	7.1			0.3
巴基斯坦 Pakistan	455.2		5.7	509.8		7.2	30.3	0.05	0.3
泰国 Thailand	255.0		3.0	280.0		3.5	26.0	1.0	0.9
印尼 Indonesia	260.0		2.5	420.0		5.0	77.0	1.6	1.5
马来西亚 Malaysia	41.6		0.3	41.2		0.4	5.6	0.8	0.2
菲律宾 Philippines	138.0		2.8	141.8		4.2	3.2		0.7
印度 India	2641.1	58.0	4.0	2654.9	68.1	4.8	106.0	5.1	3.1
中国 China	3154.5	226.7	31.0	3565.0	207.0	37.0	4.3	1.5	0.7
世界总计 World Total	15675.5	1599.7	752.5	16524.8	1568.4	781.2	495.6	59.8	52.9

资料来源　引自日本《纺织月报》1990年8月和1991年9月。
Source　Extracted from Japan "Textile Monthly" Aug. 1990;Sep. 1991.

世界主要国家和地区织机安装台数
Weaving-Machinary Installations in Main Countries and Areas

单位:台
Unit:set

国家(或地区) Country(or Area)	1988年安装台数 Installed,1988		1989年安装台数 Installed,1989		增设台数 Additional Equipments						
	棉(短纤维)织机 Short Staple Loom		棉(长纤维)织机 Long Staple Loom		1990年					1981～1990年	
					无梭 non-shutle				有梭		
	总计 total	其中无梭 non-shutle	总计 total	其中无梭 non-shutle	剑杆及片梭 rapier and projectile	喷气 air-jet	喷水 water-jet	小计 total	shuttle	无梭 non-shutle	有梭 shutle
美国 USA	129640	64180	121420	65550	1104	2087	56	3247	1	38227	170
墨西哥 Mexico	45500	10500	46000	11000	366	151	31	548	45	7667	811
巴西 Brazil	138500	8500	138500	8500	977	292	20	1289	112	6607	3715
德国(西部) Germany(West)	17280	12680	15990	12880	1101	714		1815		18240	119
意大利 Italy	24590	18150	21100	17350	3268	650	89	4007		39000	69
法国 France	13220	10220	12500	9660	775	1259	341	2375		14877	59
原苏联 USSR	260000	170000	260000	175000	13469	1155		14624	1200	46675	1200
德国(东部) Germany(East)	15000	5000	11000	5000	53	1	9	63		2926	25
捷克和斯洛伐克 Czecho and Slovakia	25000	5000	25000	7000	391	244	41	676	25	2625	683
日本 Japan	199900	40000	192250	37350	1891	2084	1280	5255	164	55712	16200
韩国 Koria,Rep. of	77500	14500	52560	20000	4521	1371	6213	12105	5850	40310	65459
台湾省 Taiwan	74040	27010	74000	27000	537	770	866	2173		33952	4266
香港 HongKong	14350	7270	12990	7560	804	23		827		7319	146
巴基斯坦 Pakistan	15850	3500	16000	4000	615	300		915	451	2753	3240
泰国 Thailand	62000	2000	63500	3500	774	716	703	2193	60	5728	1527
印尼 Indonesia	93000	8000	135000	10000	2185	2659	808	5652	3222	15311	12097
马来西亚 Malaysia	7100	630	7260	630	9	589	180	778		1635	43
菲律宾 Philippins	21280	1530	12160	1530	87			87	200	954	540
印度 India	197660	2210	188140	2880	229	411	15	655	3063	5473	40571
中国 China	800000	15000	800000	15000	1272	464	146	1882	190	23046	666
世界总计 World Total	2743380	529750	2738340	550640	45511	17691	11252	74454	15242	454789	171268

资料来源　引自日本《纺织月报》1990年8月和1991年9月。
Source　Extracted from Japan "Textile Monthly"Aug. 1990;Sep. 1991.

世界棉纱产量
Production of Cotton Yarn

单位：千吨
Unit：1000 tons

国家（或地区） Country (or Area)	1987	1988	1989	1990 初算 Prel.	1991 估计 Est.	1992 估计 Est.
美洲 Americas						
阿根廷 Argentina	100.40	99.50	95.90	105.50	110.99	118.86
巴西 Brazil	633.00	697.35	674.05	606.65	607.48	636.10
加拿大 Canada	36.56	35.30	36.57	35.59	32.75	31.11
哥伦比亚 Colombia	73.60	77.41	78.27	84.60	95.12	105.35
古巴 Cuba	36.50	36.60	34.40	32.05	28.61	23.32
厄瓜多尔 Ecuador	23.58	28.31	31.60	32.22	33.61	35.29
秘鲁 Peru	25.70	21.15	20.51	19.36	19.37	20.38
美国 USA	1292.31	1226.92	1398.10	1412.21	1417.99	1447.19
美洲合计 Americas Total	2358.82	2375.38	2540.26	2497.82	2521.80	2602.74
非洲 Africa						
象牙海岸 Côte d'Ivoire	16.32	13.50	17.10	19.57	19.29	19.17
埃及 Egypt	251.14	249.93	248.60	258.84	259.83	260.32
摩洛哥 Morocco	55.92	57.02	63.21	68.32	67.57	67.76
南非 South Africa	50.00	45.00	44.00	48.00	46.01	46.31
非洲合计 Africa Total	446.43	450.77	456.71	482.09	478.06	480.95
欧洲 Europe						
奥地利 Austria	18.00	16.60	16.06	16.74	17.03	17.23
比利时 Belgium	40.53	33.67	32.26	29.88	27.59	27.44
法国 France	135.35	128.49	120.01	107.67	97.97	95.01
德国（西部） Germany (West)	222.75	191.59	188.44	185.37	199.02	201.88
希腊 Greece	136.05	130.33	130.14	122.71	117.61	119.96
意大利 Italy	220.76	212.83	226.16	230.60	236.42	239.66
葡萄牙 Portugal	150.00	162.85	160.74	162.23	166.43	171.42
西班牙 Spain	106.50	98.70	99.38	104.59	103.23	103.55
瑞士 Switzerland	76.00	55.18	55.36	50.12	43.41	44.50
英国 UK	50.87	43.68	36.10	30.00	22.69	22.40
保加利亚 Bulgaria	88.09	85.72	82.51	77.63	57.21	51.49

续

国家(或地区) Country (or Area)	1987	1988	1989	1990 初算 Prel.	1991 估计 Est.	1992 估计 Est.
捷克和斯洛伐克 Czecho and Slovakia	145.16	147.22	147.08	143.78	105.81	99.59
德国(东部) German(East)	146.05	152.20	151.96	54.23		
匈牙利 Hungary	67.70	62.30	58.30	42.84	35.29	33.53
波兰 Poland	198.00	205.00	176.12	131.04	111.64	114.90
罗马尼亚 Romania	172.10	165.40	156.90	157.35	143.81	130.26
原苏联 USSR	1725.00	1764.00	1760.00	1704.00	1618.80	1505.52
南斯拉夫 Yugoslavia	140.31	135.80	124.88	98.07	83.44	82.68
欧洲合计 Europe Total	3884.11	3824.44	3754.41	3480.78	3217.97	3097.88
亚洲、大洋洲 Asia/Oceania						
中国 China	4370.00	4656.00	4740.00	4694.56	4910.21	5161.97
台湾省 Taiwan	444.64	412.06	415.40	485.74	346.49	358.03
香港 Hong Kong	215.13	210.61	216.92	191.85	192.02	192.02
以上合计 Subtotal	5029.77	5278.67	5372.33	5272.15	5448.71	5712.03
印尼 Indonesia	337.80	405.22	485.09	562.29	653.76	723.17
日本 Japan	464.49	463.86	459.16	425.46	380.00	380.00
韩国 Korea, Rep. of	538.03	561.03	546.53	525.04	523.00	536.53
马来西亚 Malaysia	32.65	34.27	35.78	37.73	40.05	42.46
菲律宾 Philippines	37.47	57.17	62.64	57.00	53.36	55.41
澳大利亚 Australia	22.30	20.59	20.55	22.50	26.25	27.65
泰国 Thailand	180.94	193.20	207.90	220.80	241.50	260.82
孟加拉 Bangladesh	46.60	51.98	50.97	64.69	67.97	70.96
印度 India	1348.00	1297.00	1337.00	1442.30	1497.63	1542.56
伊朗 Iran	147.75	141.19	144.31	154.48	160.80	167.62
以色列 Israel	17.80	16.02	19.62	21.91	22.93	24.26
巴基斯坦 Pakistan	599.50	641.10	725.08	851.56	998.76	1059.19
叙利亚 Syria	41.37	38.82	36.39	37.65	38.52	38.52
土耳其 Turkey	356.40	323.78	383.84	330.84	359.36	358.54
亚大合计 Asia/Oceania Total	9271.54	9600.87	9951.01	1077.64	10564.62	11054.07
其他 Other	295.96	325.70	341.48	377.36	346.83	360.47
世界总计 World Total	16256.86	16577.17	17043.87	16875.69	17129.27	17591.11

注 ①大多数国家 1992 年的数字是根据 1991 年的纤维消费量与纱线产量的比率推算;某些国家的数字则根据历史资料推算。

②产量低于万吨的国家略去不列。

Note ①1992 data for most countries are estimated using 1991 fiber consumption-to-yarn production ratios. Data for some countries are estimated using historical fiber consumption-to-yarn production ratios.

②Some production data were omitted, when it less than 10000 tons.

资料来源 国际棉花咨询委员会、英国纺织统计局及联合国的纺织调查资料。

Source Textile Surveys conducted by ICAC, The Textile Bureau in the U.K., and the United Nations.

世界棉纱进口量
Imports of Cotton Yarn

单位：千吨
Unit：1000tons

国家(或地区) Country(or Area)	1987	1988	1989	1990
美国 USA	61.01	42.41	47.07	38.58
阿根廷 Argentina	0.52	0.48	0.29	0.17
委内瑞拉 Venezuela	0.04	0.02	0.03	0.62
南非 South Africa	3.00	1.00	1.00	5.70
比利时 Belgium	60.03	51.55	52.63	56.20
丹麦 Denmark	20.22	16.00	15.63	20.14
法国 France	62.58	51.84	61.62	66.20
德国(西部) Germany(West)	147.91	128.46	134.01	134.96
希腊 Greece	20.83	14.08	12.70	18.49
爱尔兰 Ireland	5.06	6.74	9.32	12.59
意大利 Italy	129.37	98.97	95.33	99.02
荷兰 Netherlands	17.52	15.84	16.50	16.64
葡萄牙 Portugal	28.60	32.70	30.36	37.40
西班牙 Spain	11.47	7.18	9.57	10.66
英国 UK	68.53	66.70	66.26	76.00
澳地利 Austria	30.26	30.26	30.26	
芬兰 Finland	8.14	5.88	5.67	4.43
马尔他 Malta	0.35	0.31	0.13	0.11
匈牙利 Hungary	6.70	6.70	8.10	
挪威 Norway	3.19	2.89	2.03	2.30
瑞典 Sweden	8.07	7.13	5.69	4.88
瑞士 Switzerland	9.37	9.57	8.79	9.87
原苏联 USSR	25.35	22.00	25.00	28.00
南斯拉夫 Yugoslavia	2.86	2.78	6.53	9.94
香港 Hong Kong	251.05	205.31	222.73	242.39
澳大利亚 Australia	8.07	9.39	9.42	9.57
日本 Japan	186.72	199.61	208.88	189.35
韩国 Korea,Rep. of	55.58	54.75	55.50	
菲律宾 Philippines	2.06	3.26	4.51	7.27
斯里兰卡 Sri Lanka	2.20	1.75	0.99	2.88
总计 Total Above	1506.26	1351.39	1455.60	1550.72

资料来源　纺织调查是由国际棉花咨询委员会和联合国进行的。1989、1990年的总计和小计是基于表中所示实际数据以及某些没有外贸统计的国家在过去几年中的平均出口增长率。

本表摘自：《棉花：世界统计》1991.10。

Source　Textile Survey conducted by ICAC and the United Nations.

Totals and subtotals for 1989 and 1990 are based on the actual data shown and the average growth rates of imports in past years for countries where data are not available.

This table is extracted from "Cotton：World Statistics" Oct. 1991.

世界棉纱出口量
Exports of Cotton Yarn

单位:千吨
Unit:1000tons

国家(或地区) Country(or Area)	1987	1988	1989	1990
墨西哥 Mexico	8.33	3.04	1.62	1.56
美国 USA	8.89	12.34	7.17	10.07
危地马拉 Guatemala	2.21	0.71	2.47	2.43
阿根廷 Argentina	7.95	7.16	9.60	11.34
巴西 Brazil	73.13	62.63	56.03	
埃及 Egypt	101.33	66.20	126.61	79.18
南非 South Africa	4.00	3.00	4.00	4.00
比利时 Belgium	32.63	27.62	31.00	27.83
丹麦 Denmark	1.81	1.45	1.16	1.68
法国 France	29.96	24.64	24.80	20.97
德国(西部) Germany(West)	72.77	55.33	67.95	62.26
希腊 Greece	65.77	50.99	55.20	43.63
爱尔兰 Ireland	4.50	4.49	3.43	3.99
意大利 Italy	39.87	45.47	54.20	54.97
荷兰 Netherlands	4.90	5.67	6.30	5.75
葡萄牙 Portugal	8.97	7.77	7.90	7.88
西班牙 Spain	29.00	41.86	36.18	42.82
英国 UK	7.07	5.00	3.90	7.00
芬兰 Finland	0.16	0.05	0.05	0.04
挪威 Norway	1.00	0.63	0.67	0.92
瑞士 Switzerland	33.02	33.18	36.30	34.68
原苏联 USSR	12.00	12.00	11.00	9.60
南斯拉夫 Yugoslavia	15.61	7.25	8.74	13.57
中国 China	242.80	205.72	183.70	
香港 Hong Kong	10.01	9.28	16.63	16.44
日本 Japan	5.17	3.61	5.24	6.01
韩国 Korea, Rep. of	51.73	53.14	53.90	
泰国 Thailand	20.31	16.23	16.26	
印度 India	85.63	43.49	54.71	
巴基斯坦 Pakistan	243.44	235.53	331.32	436.05
叙利亚 Syria	6.72	6.44	4.90	5.01
土耳其 Turkey	101.29	107.39	89.85	68.10
总计 Total Above	1459.81	1293.37	1469.05	1511.64

资料来源 纺织调查是由国际棉花咨询委员会和联合国进行的。1989、1990年的总计和小计是基于表中所示实际数据以及某些没有外贸统计的国家在过去几年中的平均出口增长率。

本表摘自:《棉花:世界统计》1991,10。

Source Textile Survey conducted by ICAC and the United Nations.

Totals and subtotals for 1989 and 1990 are based on the actual data shown and the average growth rates of exports in past years for countries where data are not available.

This table is extracted from "Cotton: World Statistics." Oct. 1991.

世界棉布产量
Production of Cotton Fabric

单位:千吨
Unit:1000 tons

国家(或地区) Country(or Area)	1987	1988	1989	1990 初算 Prel.	1991 估计 Est.	1992 估计 Est.
美洲 Americas						
阿根廷 Argentina	87.10	88.17	80.00	88.00	92.58	99.15
智利 Chile	51.18	32.50	121.95	117.50	120.62	125.96
哥伦比亚 Colombia	29.19	36.90	36.79	39.76	44.71	49.52
古巴 Cuba	26.61	26.77	25.16	23.44	20.92	17.06
厄瓜多尔 Ecuador	21.23	25.48	28.44	29.00	30.25	31.76
墨西哥 Mexico	55.80	83.14	86.57	86.01	89.51	94.42
秘鲁 Peru	30.78	25.33	24.57	23.19	23.20	24.42
美国 USA	753.37	731.28	724.56	701.35	762.44	792.21
美洲合计 Sub. Total	1060.38	1056.61	1135.31	1115.66	1191.84	1242.21
非洲 Africa						
埃及 Egypt	66.37	68.15	68.57	70.98	71.46	71.49
埃塞俄比亚 Ethiopia	15.75	15.54	16.38	16.24	14.43	13.87
摩洛哥 Morocco	31.87	32.50	36.03	38.94	38.52	38.62
南非 South Africa	32.00	30.00	35.00	33.00	34.77	34.99
坦桑尼亚 Tanzania	25.71	23.72	31.76	33.47	32.05	34.03
赞比亚 Zambia	18.37	27.08	30.75	30.93	33.13	34.41
非洲合计 Sub. Total	226.62	233.75	254.20	260.67	261.16	264.96
欧洲 Europe						
比利时 Belgium	49.83	44.54	42.68	39.53	36.51	36.30
芬兰 Finland	9.88	8.80	7.15	6.50	4.32	4.46
法国 France	113.57	111.18	111.08	107.76	91.17	90.48
德国(西部) Germany(West)	193.87	182.67	176.14	169.75	184.14	185.83

续

国家(或地区) Country(or Area)	1987	1988	1989	1990 初算 Prel.	1991 估计 Est.	1992 估计 Est.
希 腊 Greece	59.86	57.35	57.26	53.99	51.75	52.78
意大利 Italy	172.96	164.75	178.01	179.80	185.21	187.31
荷 兰 Netherlands	9.70	8.26	10.35	10.53	7.88	8.23
葡萄牙 Portugal	80.00	86.80	85.67	86.47	88.71	91.37
西班牙 Spain	85.20	78.96	79.51	83.67	82.58	82.84
瑞 典 Sweden	9.87	9.25	8.03	7.64	7.85	7.81
瑞 士 Switzerland	24.70	20.85	22.07	19.98	17.31	17.74
英 国 UK	36.60	31.25	30.00	27.00	19.64	19.77
保加利亚 Bulgaria	42.76	43.73	43.23	39.42	29.05	26.14
捷克和斯洛伐克 Czecho and Slovakia	80.10	80.18	80.56	78.96	58.03	54.66
德国(东部) German(East)	49.57	52.03	53.57	19.12		
匈牙利 Hungary	41.38	41.32	35.49	28.45	23.44	22.27
波 兰 Poland	100.53	98.81	84.89	63.16	53.81	55.38
罗马尼亚 Romania	93.80	91.65	91.50	89.48	82.82	74.54
原苏联 USSR	1078.81	1100.67	1098.77	1065.78	1010.62	939.90
南斯拉夫 Yugoslavia	68.02	65.15	62.68	49.59	42.04	41.73
欧洲合计 Europe Total	2411.18	2387.66	2367.52	2235.70	2086.17	2008.95
亚洲、大洋洲 Asia/Oceania						
中 国 China	2025.71	2183.66	2223.06	2201.75	2302.89	2420.97
台湾省 Taiwan	265.52	280.72	282.99	262.78	236.04	243.91
香 港 Hong Kong	113.11	106.88	108.64	108.69	110.74	110.74
以上合计 Subtotal	2404.35	2571.26	2614.69	2573.23	2649.68	2775.62
印度尼西亚 Indonesia	324.29	389.02	465.68	539.79	627.61	694.24

续

国家(或地区) Country(or Area)	1987	1988	1989	1990 初算 Prel.	1991 估计 Est.	1992 估计 Est.
日本 Japan	313.18	338.59	331.44	301.14	306.00	306.00
韩国 Korea, Rep. of	87.81	87.78	87.91	85.69	83.36	87.57
菲律宾 Philippines	42.34	64.61	70.78	64.41	60.29	62.62
泰国 Thailand	181.09	181.61	195.43	207.55	227.01	245.17
澳大利亚 Australia	10.53	13.83	13.81	15.12	17.64	18.58
孟加拉 Bangladesh	7.26	7.55	7.84	9.95	10.46	10.92
缅甸 Burma	4.76	2.80	3.59	3.53	3.91	4.10
印度 India	1277.86	1209.97	1229.23	1326.05	1376.92	1418.23
伊朗 Iran	85.70	81.89	83.70	89.60	93.26	97.22
巴基斯坦 Pakistan	389.61	463.79	498.05	584.80	698.16	731.77
亚大合计 Asia/Oceania	5474.55	5732.71	5936.26	6156.45	6507.87	6819.79
世界总计 World Total	9342.81	9599.33	9891.47	9954.30	10238.08	10534.47

注 ①1991年和1992年多数国家的数字是根据上年的纤维消费量与纱产量,纱与布产量比估算出来的。某些国家和世界总计的数字是根据历年的纤维消费量以及纱、布产量的比率估算而得。大多数国家的数字根据国际贸易标准分类(SITC)和联合国分类法的规定,包含棉占50%以上的混纺纱在内。

②总计栏仅是原表中所列出的数字之和。

③小于万吨的栏目已略去。

Note ①Some date for 1991 and 1992 date for most countries are estimated using previous year fiber consumption-to-yarn production and yarn-to-fabric production ratios. Data for some countries and world total are estimated using historical fiber consumption-to-yarn production and yarn-to-fibric production ratios. For most countries data include blends of 50% or more cotton by weight, which correspond to the SITC and United Nations classifications.

②Subtotals refer only to the data shown.

③Some data were omitted which less than 10000tons.

资料来源 国际棉花咨询委员会、纺织统计局、联合国资料。

本表摘录自《棉花:世界统计》1990.10。

Source Textile Survey conducted by ICAC, Textile Statistics Bureau, and United Nations.

Condensed from "Cotton: World Statistics" October, 1990.

世界棉布进口量
Imports of Cotton Fabric

单位：千吨
Unit：1000 tons

国家(或地区) Country(or Area)	1987	1988	1989	1990
美国 USA	303.95	221.63	263.72	255.37
阿根廷 Argentina	1.14	0.51	0.20	0.52
南非 South Africa	7.00	6.00	5.40	6.00
比利时 Belgium	49.06	46.62	41.80	52.05
丹麦 Denmark	15.54	13.85	13.59	15.88
法国 France	108.92	99.43	110.17	116.34
德国(西部) Germany(West)	93.68	84.23	96.39	113.27
希腊 Greece	6.19	8.71	9.50	11.20
爱尔兰 Ireland	9.64	8.61	7.89	8.36
意大利 Italy	151.76	124.95	143.70	150.10
荷兰 Netherlands	67.76	54.63	56.05	65.84
葡萄牙 Portugal	11.40	10.78	16.80	20.92
西班牙 Spain	9.39	10.98	14.52	14.01
英国 UK	115.00	120.00	111.00	145.00
芬兰 Finland	12.92	9.90	9.87	9.18
挪威 Norway	4.86	4.60	4.53	5.95
瑞典 Sweden	14.76	13.69	13.45	14.06
瑞士 Switzerland	10.07	8.32	9.35	9.74
波兰 Poland	22.47	35.29	33.40	5.50
捷克和斯洛伐克 Czecho and Slovakia	6.20	13.85	5.89	5.50
罗马尼亚 Romania	1.54	3.89	2.55	0.70
原苏联 USSR	34.11	30.82	25.66	29.33
南斯拉夫 Yugoslavia	15.93	15.01	14.42	7.36
香港 Hong Kong	305.74	316.55	350.40	245.02
日本 Japan	78.76	98.00	114.15	88.82
韩国 Korea, Rep. of	22.32	19.38	24.83	
菲律宾 Philippines	20.29	26.82	42.42	35.57
泰国 Thailand	10.09	12.87	14.21	
斯里兰卡 Sri Lanka	12.91	4.55	5.36	
土耳其 Turkey	5.80	6.33	7.17	16.52
总计 Total Above	1809.77	1731.93	1892.78	1881.03

资料来源　纺织调查是由国际棉花咨询委员会和联合国进行的。

1989年、1990年的总计和小计是基于表中所示实际数据以及某些没有外贸统计的国家在过去几年中的平均进口增长率。

本表摘自：《棉花：世界统计》1991.10。

Source　Textile Survey conducted by ICAC and the United Nations.

Totals and subtotals for 1989 and 1990 are based on the actual data shown and the average growth rates of imports in past years for countries where trade data are not available.

This table is extracted from "Cotton: World Statistics" Oct. 1991.

世界棉布出口量
Exports of Cotton Fabric

单位:千吨
Unit:1000 tons

国家(或地区) Country(or Area)	1987	1988	1989	1990
美国 USA	48.67	43.86	72.21	99.43
埃及 Egypt	22.14	18.98	64.87	40.18
比利时 Belgium	62.36	58.67	42.80	58.21
丹麦 Denmark	6.71	5.74	5.69	6.76
法国 France	74.72	71.35	82.29	84.26
德国(西部) Germany(West)	134.61	126.23	135.60	139.15
希腊 Greece	21.77	17.55	14.15	10.48
爱尔兰 Ireland	15.77	14.66	15.44	14.02
意大利 Italy	47.59	49.19	53.91	60.63
荷兰 Netherlands	38.24	36.55	38.43	41.68
葡萄牙 Portugal	10.20	8.29	12.30	11.23
西班牙 Spain	7.82	8.36	28.28	21.30
英国 UK	25.42	22.10	26.50	35.00
瑞典 Sweden	5.01	4.54	4.07	4.07
瑞士 Switzerland	24.01	21.53	20.26	21.09
捷克和斯洛伐克 Czecho and Slovakia	21.50	32.51	31.49	30.04
匈牙利 Hungary	14.20	14.36	11.60	
波兰 Poland	20.89	27.73	23.30	
罗马尼亚 Romania	24.80	24.46	19.76	5.94
原苏联 USSR	42.33	51.06	60.02	64.63
南斯拉夫 Yugoslavia	10.76	9.69	7.98	20.29
台湾省 Taiwan	73.19	62.11		
香港 Hong Kong	166.17	150.77	164.68	160.77
日本 Japan	67.28	54.24	55.71	69.68
韩国 Korea, Rep. of	49.50	31.52	30.54	
泰国 Thailand	26.33	26.20	28.27	
印度 India	103.55	104.27	121.83	
巴基斯坦 Pakistan	122.81	123.82	139.04	156.34
叙利亚 Syria	9.53	7.51	5.15	2.37
土耳其 Turkey	28.59	27.67	31.40	28.57
总计 Total Above	2065.86	2024.49	2239.44	2312.25

资料来源 纺织调查是由国际棉花咨询委员会和联合国进行的。

1989年、1990年的总计和小计是基于表中所示实际数据以及某些没有外贸统计的国家在过去几年中的平均出口增长率。

本表摘自:《棉花:世界统计》1991.10。

Source Textile Survey conducted by ICAC and the United Nations.

Totals and subtotals for 1989 and 1990 are based on the actual data shown and the average growth rates of exports in past years for countries where trade data are not available.

This table is extracted from "Cotton: World Statistics" Oct. 1991.

1990 年日本棉纱质量水平

Japanese Cotton Yarn Quality Level in 1990

试验项目 Test Item \ 纱类别 Yarn type / 支数(英支) counts(EC)		纯棉纱 pure cotton / 环锭纺 ring spinning 7	10	16	20	30	精梳 comb 30	针织 knit 精梳 comb 30	40	精梳 comb 40	针织 knit 精梳 comb 40	精梳 comb 50	精梳 comb 60	精梳 comb 80	转杯 O. E. 20	65/35 涤棉 E/C 环锭 ring 34	45
纱长变异系数 Length C. V.	%	0.4 0.2	0.3 0.2	0.3 0.1	0.2 0.2	0.2 0.2	0.2 0.2		0.2 0.1	0.2 0.2		0.2 0.2	0.2 0.2	0.2 0.1	0.2 0.2	0.2 0.1	0.2 0.2
最低纱长偏差率 Lewest length deviation	%	+0.5 0.7	+0.4 0.8	+0.8 0.5	+0.8 1.1	+0.5 0.5	+0.4 0.5	+0.6 0.6		+0.4 0.4	+0.6 0.5		+0.4 0.6	+0.3 0.7	+0.4 0.7	+0.4 0.8	+0.2 0.5
纱长偏差率 Length deviation rate	%	+1.0 0.6	+1.1 0.6	+1.2 1.0	+0.8 0.4	+0.7 0.4	+0.9 0.6		+0.6 0.3	+0.9 0.5		+0.7 0.6	+0.9 0.7	+0.9 0.7	+0.8 0.7	+0.5 0.5	+0.8 0.6
重量偏差率 Weight deviation rate	%	+1.3 1.0	+1.3 0.8	+1.4 0.8	+1.3 0.8	+1.0 0.8	+1.2 0.7	+1.3 0.6	+1.1 0.8	+1.1 0.7	+1.5 0.8	+1.3 0.9	+1.1 0.7	+1.1 0.9	+1.4 0.7	+1.1 0.7	+0.7 0.9
支数偏差率 Count deviation	%	+0.0 0.8	−0.3 1.2	−0.1 1.0	−0.1 0.7	−0.5 0.8	−0.4 0.9	−0.3 0.7	−0.9 0.8	−0.4 0.8	−0.2 0.7	−0.7 0.9	−0.6 0.9	−0.2 0.8	−0.2 1.0	−0.6 0.9	−0.6 0.2
支数变异系数 Count C. V.	%	2.2 0.4	1.7 0.3	1.7 0.6	1.7 0.4	1.9 0.4	1.6 0.3	1.4 0.3	1.9 0.2	1.7 0.4	1.5 0.4	1.7 0.4	1.8 0.4	1.7 0.4	1.4 0.4	1.8 0.4	1.8 0.4
单纱强力 Single yarn tencile strength	克力 gf	1274 69	827 44	521 32	423 28	263 25	307 33	300 22	208 13	219 16	220 17	205 19	180 14	135 9	301 11	380 15	272 19
强力变异系数 Tencile strength C. V.	%	7.6 1.3	7.8 1.5	8.3 1.5	8.9 1.3	10.0 1.2	8.0 1.5	8.5 1.4	10.2 1.3	9.4 1.4	9.3 1.3	9.0 1.1	9.4 1.1	10.3 1.0	9.6 1.1	10.1 1.2	10.9 1.2
最低强力 Lowest tencile strength	克力 gf	1130 100	717 43	450 41	360 26	219 21	243 111	256 22	173 13	184 15	186 17	173 17	151 13	111 8	252 12	314 17	222 17
断裂伸长率 Break elongation	%	8.3 0.4	7.7 0.4	6.8 0.5	6.5 0.5	5.9 0.4	6.0 0.5	5.6 0.5	5.5 0.4	5.6 0.4	5.2 0.5	5.7 0.4	5.7 0.4	5.4 0.4	7.4 0.7	10.1 1.2	9.2 0.7
外观疵点 Visible faults(board)	纱不匀 Irregularation	99 3	96 4	95 3	94 4	87 5	95 2	143 8	86 4	94 2	142 9	95 2	95 3	96 2	94 2	90 4	88 4
	棉结杂质 Neps trashes	100 0	100 0	97 3	97 5	89 4	98 3	96 4	87 5	97 3	97 4	96 3	96 3	96 4	93 3	98 3	97 4
纱条干 Unevenness	±100,U%	10.3 0.6	11.7 1.0	12.4 0.7	13.0 1.0	14.9 0.7	11.6 0.6	10.9 0.5	15.1 0.7	12.6 0.6	11.7 0.7	12.2 0.7	12.7 0.5	13.6 0.5	11.7 0.4	11.9 0.6	13.0 0.5

续

纱类别 Yarn type / 支数(英支) counts(EC) / 试验项目 Test Item			纯棉纱 pure cotton 环锭纺 ring spinning 7	10	16	20	30	精梳 comb 30	针织 knit 精梳 comb 30	40	精梳 comb 40	针织 knit 精梳 comb 40	精梳 comb 50	精梳 comb 60	精梳 comb 80	转杯 O. E. 20	65/35 涤棉 E/C 环锭 ring 34	45
千米纱疵 Imperfects 1000m (IPI)	细节 Thin	−50		2 2	8 4	19 18	70 47	5 4	1 4	85 44	25 12	12 10	34 34	35 20	93 30	6 5	14 12	52 26
	粗节 Thick	+50		43 21	83 43	103 87	314 148	22 9	12 6	338 105	65 25	40 17	79 50	67 26	126 44	10 7	39 22	96 35
	棉结 Nep	+200		35 27	59 13	153 102	463 139	25 13	18 11	556 165	78 36	46 34	110 52	98 60	124 55	397 295	58 22	99 48
UT、千米纱疵 Imperfects 1000m By UT tester (UT,IPI)	细节 Thin	−50	1 3	1 0	12 10	33 28	129 62	15 8	7 5	168 78	47 30	21 16	31 17	70 33	147 55	15 9	15 5	62 18
	粗节 Thick	+50	48 40	32 9	181 56	273 103	729 208	86 35	56 33	834 190	179 89	119 76	122 63	170 49	244 55	60 20	85 29	193 63
	棉结 Nep	+200	32 12	67 24	118 15	166 45	580 181	62 36	47 22	813 187	124 46	81 61	115 62	147 53	198 53	329 110	95 41	184 117
纱条干变异系数 Unevenness C. V.		%								3.3 0.3			3.4 0.3					
超±5%的偏移率 D. R. extra ±5%		%								16.6 3.4			17.9 4.2					
英寸捻度 Twist per inch		捻(t)	21.9 1.1	11.2 1.1	13.0 0.8	15.9 1.0	17.9 1.4	21.6 0.8	20.2 1.1	19.3 0.8	24.6 0.9	24.0 1.1	22.2 1.0	25.8 1.5	28.1 1.6	31.2 1.7	20.6 1.6	19.4 1.3
捻度变异系数 Twist C. V.		%	6.1 0.7	4.6 0.5	5.0 0.6	5.4 0.6	5.3 0.9	5.2 0.6	4.7 0.7	4.3 0.7	5.1 0.6	5.3 0.7	4.6 0.8	5.2 0.8	5.5 0.7	5.7 0.8	4.0 0.8	5.8 0.9
十万米残留纱疵 Slub number 10^5m yarn lenth Remained	大疵点 A_4B_4…		3 3	2 2	2 2	2 2	1 1	0.3 0.7	0.7 1.1	2 2	0.4 0.9	0.5 0.8	0.4 0.5	0.5 0.7	0.8 1.7	3 2	0.6 0.9	1.3 1.4
	中疵点 A_3B_3…							3 3	1 2		3 3	2 2	5 5	6 5	10 10		5 4	7 4
毛羽指数 Hairness		(3mm/10m)	133 36	365 120	246 41	206 71	191 49	187 47	215 58	238 69	194 44	204 57	213 57	168 52	152 35	150 32	43 13	149 43
蜷缩指数 Snarl index		有:经定捻 无:未定捻	有 无 0.9 4.5 1.1 0.5	5.3 0.4	4.8 0.2	4.8 0.2	4.5 0.4	4.4 0.4	4.1 0.4	3.4 0.4	4.3 0.4	4.1 0.5	3.3 0.4	3.8 0.5	3.6 0.5	3.1 0.7	3.8 0.5	有 无 1.1 4.7 0.9 0.3

资料来源 ①日本纺绩检查协会《纺研报告》1991。
②各组数中上面的是试验数据，下面的是它的标准误差。

Source ①"ボーゲニ Report"1991.
②Every data set, the apper is test datum, the lower is its standerd lrror.

巴基斯坦出口日本的棉纱质量水平

Pakistanis Cotton Yarn Quality Level Which Exports to Japan

年　　份 Year			1989	1989	1990	1989	1990	1989	1990	1990
纱支类型 （英支） Countsyarn type			16^s	20^s	20^s	30^s	30^s	30^s 精梳 comb	30^s 精梳 comb	40^s
批数 Pieces number		批	1	57	34	7	5	13	4	1
纱长偏差率 Length deviation rate		%	−1.4	+1.5 (1.7)	+1.3 (1.6)	+0.4 (0.8)	+1.8 (1.2)	−0.1 (0.9)	+0.4 (1.7)	+2.8
重量偏差率 Weight deviation rate		%	+3.3	+2.9 (1.3)	+2.9 (1.4)	+2.5 (1.3)	+4.2 (1.0)	+3.1 (1.2)	+2.8 (1.3)	+5.0
支数偏差率 Count deviation rate		%	−4.8	−1.4 (1.5)	−1.6 (1.8)	−2.1 (0.9)	−2.0 (1.2)	−3.0 (1.2)	−2.4 (0.8)	−2.2
支数变异系数 Count C. V.		%	2.2	2.1 (0.7)	1.8 (0.5)	1.7 (0.6)	1.9 (0.4)	2.0 (0.5)	1.9 (0.3)	1.5
单纱强力 Single yarn tencile strength		克力 gf	584	439 (27)	424 (29)	281 (15)	265 (11)	289 (17)	294 (18)	185
强力变异系数 Tencile strength C. V.		%	8.7	9.1 (1.5)	9.5 (2.6)	9.7 (1.4)	9.6 (0.8)	9.1 (1.1)	8.7 (0.8)	10.0
最低强力 Lowest strength		克力 gf	500	371 (28)	357 (37)	235 (17)	223 (12)	244 (17)	247 (11)	157
断裂伸长率 Break elongation		%	6.7	6.1 (0.5)	5.9 (0.5)	5.1 (0.3)	5.3 (0.5)	5.3 (0.5)	5.1 (0.2)	4.8
英寸捻度 Twist per inch		捻 t	16.2	17.8 (0.5)	17.9 (0.7)	21.0 (1.0)	21.9 (0.3)	20.8 (0.6)	20.8 (1.3)	24.2
捻度变异系数 Twist C. V.		%	3.8	4.6 (0.8)	4.4 (0.7)	5.4 (0.7)	5.0 (1.0)	4.7 (1.1)	4.8 (0.7)	5.0
外观疵点 Board Faults	纱不匀 Irregularations		94	97 (4)	97 (5)	95 (4)	97 (3)	93 (3)	94 (2)	97
	棉结、杂质 Neps、Trashes		91	95 (5)	97 (6)	89 (8)	92 (6)	89 (13)	98 (3)	91
纱条干不匀 Unevenness		U%	12.0	11.5 (0.9)	11.4 (0.9)	12.9 (1.2)	13.0 (0.5)	11.2 (0.3)	11.1 (0.4)	13.9
千米纱疵 Imperfects 1000m (IPI)	细节 Thin	−50	4	2 (5)	3 (5)	18 (11)	16 (12)	3 (3)	2 (2)	41
	粗节 Thick	+50	48	34 (34)	31 (39)	74 (29)	62 (24)	10 (5)	8 (3)	94
	棉结 Nep	+200	177	131 (73)	123 (94)	284 (94)	229 (79)	36 (15)	27 (11)	320
十万米残留疵点 Slub number，10^5m、yarn remained			15	6 (6)	5 (3)	3 (2)	2 (2)	1 (1)	0 (0)	1
蜷缩指数 Snarl index			4.6	4.3 (0.4)	4.3 (0.3)	3.7 (0.4)	4.1 (0.5)	3.9 (0.2)	3.8 (0.3)	4.2
毛羽指数 Hair ness		3mm/10m	356	255 (74)	271 (108)	194 (46)	228 (51)	252 (38)	284 (42)	197
纱长变异系数 Length C. V.		%	1.8	0.6 (0.4)	0.6 (0.4)	0.6 (0.4)	1.0 (0.4)	0.5 (0.2)	1.7 (1.4)	0.7
最短纱长的偏差率 Deviation of lowest length		%	−4.0	0.6 (1.7)	+0.5 (1.8)	−0.5 (0.8)	0.9 (1.1)	−0.7 (0.9)	−2.4 (3.2)	+2.1

资料来源　①日本纺绩检查协会《纺研报告》1990年和1991年。
　　　　　②数据下面括号内的数字是该数据的标准偏差。

Source　①"ボーゲニ　Report"1990、1991.
　　　　②The number in parenthesis is standerd error of datum above it.

国外纺纱公斤成本比较(一)

Main Country kg. Yarn Costs Comparation Ⅰ

单位:美元/公斤 棉纱

Unit:U. S. dollar/kg. Cotton Yarn

成本项目 Item	年 份 year	巴 西 Brazil	德国(西部) Germany(West)	印 度 India	日 本 Japan	韩 国 Korea, Rep. of	美 国 USA
下脚落物成本 Waste	1983	0.1510	0.1510	0.1510	0.1510	0.1510	0.1510
	1985	0.1023	0.1253	0.0858	0.1134	0.1144	0.0970
	1987	0.1058	0.1199	0.1015	0.1195	0.1214	0.1039
	1989	…	…	…	…	…	…
工资 Wage	1983	0.1730	0.3400	0.0680	0.1680	0.0760	0.2570
	1985	0.1225	0.3386	0.0669	0.2156	0.0914	0.3368
	1987	0.1194	0.7414	0.0395	0.4079	0.1145	0.3591
	1989	0.18	0.27*	0.08	0.48	0.14	0.44
电力 Power	1983	0.0470	0.1390	0.1690	0.1820	0.1650	0.0970
	1985	0.0463	0.1242	0.1470	0.1797	0.1560	0.0988
	1987	0.0383	0.2387	0.2219	0.3080	0.1690	0.1357
	1989	0.08	0.18*	0.18	0.27	0.19	0.13
辅助物料 Auxiliaries	1983	0.0640	0.0370	0.0530	0.0510	0.0430	0.0405
	1985	0.0498	0.0323	0.0455	0.0438	0.0362	0.0358
	1987	0.1216	0.0745	0.1040	0.1030	0.0861	0.0752
	1989	0.12	0.08*	0.09	0.09	0.08	0.07
资金折旧及利息 Capital、depraciation、interest	1983	0.6990	0.3470	0.3240	0.4110	0.2660	0.3230
	1985	0.7071	0.3718	0.3615	0.3997	0.2564	0.3568
	1987	0.9679	0.6601	0.7059	0.7383	0.4806	0.4955
	1989	0.95	0.46*	0.69	0.71	0.55	0.63
纺织加工成本小计 Sub total	1983	1.1340	1.0140	0.7650	0.9630	0.7010	0.8670
	1985	1.0280	0.9922	0.7067	0.9522	0.6544	0.9252
	1987	1.3533	1.8385	1.2266	1.6769	0.9716	1.1694
	1989	1.33	0.99*	1.38	1.55	0.96	1.27
原料 Material	1983	1.3820	1.8410	1.4550	1.7560	1.7670	1.4800
	1985	1.4070	1.6870	1.2070	1.5440	1.5550	1.3450
	1987	1.3000	1.4550	1.2500	1.4500	1.4700	1.2800
	1989	1.43	1.57*	1.38	1.49	1.50	1.33
总成本 Total	1983	2.5160	2.8550	2.2200	2.7190	2.4680	2.3470
	1985	2.4350	2.6792	1.9137	2.4962	2.2094	2.2702
	1987	2.6530	3.2896	2.4768	3.1267	2.4416	2.4494
	1989	2.76	2.56*	2.42	3.04	2.46	2.60

* 1989 年德国(西部)数据为 OE 纺数据,其余均为环锭纺数据。

The dala of Germany in 1989 only, are rotor spinning. All of others are ring spinning.

国外纺纱公斤成本比较(二)

Main Country kg. Yarn Costs comparation Ⅱ

成 本 项 目 Item		巴 西 Brazil	印 度 India	韩 国 Korea, Rep. of	德国(西部) Germany (West)	日 本 Japan	美 国 USA	瑞 士 Switzerland
本国货币名称 Nation money		NCzs	Rs	W 铢	DM	¥丹	US $	Fr (1988)
小时劳务成本 Labour cost/h								
挡车 Operaters	本币 n. m.	3.28	14.68	2578	28.10	2462	11.14	20.75
	美元 US $	3.25	0.92	3.87	14.95	18.32		14.21
保全 Mechanics	本币 n. m.	3.20	12.50	1235	26.25	1212	8.76	22.00
	美元 US $	2.18	0.78	1.85	13.96	9.02		15.07
熟练工 Aux. Persons	本币 n. m.	1.85	11.64	953	24.85	1098	7.14	18.00
	美元 US $	1.83	0.73	1.43	13.21	8.17		12.33
年运转小时数 Operating Hours		8460	7898	8440	6700	6178	7000	5500
电费 美元/度 Electrc Cost US $ /kWh		0.026	1.044	49.87	0.16	14.00	0.05	0.1
建筑成本 美元/平方米 Building Cost US $ /m²		933	3000	179000	1100	152000	608	110
厂房维修费 % House Main tain %		1.0	1.0	1.0	1.0	1.0	1.0	1.0
设备折旧,年 Machinery Depreciation year		10	9	9	10	10	11	10
厂房折旧 Building Depreciation		25	30	40	30	35	30	30
辅机折旧,年 Accessories Depreciation year		5	5	9	5	7	5	5
资金利率 % Interest Rate %		17.5	14.0	11.5	7.5	5.7	11.5	8.0
棉价 美元 Cotton Price US $		1.43	1.38	1.50	1.57	1.49	1.33	

资料来源 引自日本《纺绩月报》。

Source Quoted from Japan "Spinning Monthly".

各国织布总成本费
Fabrics Weaving Cost by Country

单位:美元/码
Unit:US dollar/Yard

名称 Name	年份 year	巴西 Brazil	德国(西部) Germany(West)	印度 India	日本 Japan	韩国 Korea, Rep. of	美国 USA
落物 Waste	1983	0.028	0.028	0.028	0.028	0.028	0.028
	1985	0.019	0.023	0.016	0.021	0.021	0.018
	1987	0.020	0.022	0.019	0.022	0.023	0.019
	1989						
工资 Wage	1983	0.094	0.226	0.037	0.117	0.044	0.166
	1985	0.058	0.204	0.037	0.126	0.046	0.197
	1987	0.055	0.351	0.044	0.206	0.049	0.190
	1989	0.080	0.262	0.047	0.232	0.078	0.215
电力 Power	1983	0.025	0.067	0.084	0.083	0.079	0.048
	1985	0.027	0.060	0.071	0.080	0.071	0.047
	1987	0.017	0.100	0.090	0.120	0.068	0.056
	1989	0.032	0.088	0.068	0.110	0.080	0.056
辅助物料 Auxiliaries	1983	0.043	0.042	0.063	0.041	0.060	0.052
	1985	0.044	0.036	0.053	0.042	0.056	0.042
	1987	0.058	0.068	0.070	0.067	0.067	0.056
	1989	0.086	0.070	0.077	0.076	0.083	0.068
资金 Capital	1983	0.387	0.200	0.206	0.205	0.156	0.203
	1985	0.341	0.196	0.199	0.207	0.151	0.200
	1987	0.443	0.363	0.329	0.371	0.245	0.240
	1989	0.393	0.257	0.313	0.340	0.233	0.274
原料 Material	1983	0.257	0.343	0.271	0.327	0.325	0.276
	1985	0.262	0.314	0.225	0.288	0.290	0.251
	1987	0.242	0.271	0.232	0.270	0.273	0.238
	1989	0.266	0.292	0.257	0.277	0.279	0.247
合计 Total	1983	0.834	0.906	0.689	0.801	0.692	0.773
	1985	0.751	0.833	0.601	0.764	0.635	0.755
	1987	0.835	1.175	0.784	1.056	0.725	0.799
	1989	0.857	0.969	0.757	1.035	0.753	0.860

资料来源 引自日本《纺织月报》。

Source Extracted from Japan "Textile Monthly".

各国织布生产成本及总成本比较(一)
Main Country Weaving Costs Comparation 啊

项目 Item		巴西 Brazil 1985	1987	1989	德国(西部) Germany(West) 1985	1987	1989	印度 India 1985	1987	1989
生产成本 Manufacturing cost	费用(美元/码) Cost	0.297	0.340	0.343	0.336	0.562	0.492	0.247	0.324	0.311
	相对成本指数 Relative cost index	89	60	70	100	100	100	74	58	63
	结构:Constitute:									
	工资(%) Wage (%)	12	10	14	42	38	43	10	8	10
	资金(%) Capital (%)	70	77	62	38	42	35	54	61	60
	其它(%) Others (%)	18	13	24	20	20	22	36	31	30
	合计(%) Total (%)	100	100	100	100	100	100	100	100	100
总成本 Cost	费用(美元/码) Cost	0.751	0.835	0.857	0.833	1.175	0.969	0.601	0.784	0.757
	相对成本指数 Relative cost index	90	71	88	100	100	100	72	67	78
	结构:原料(%) Material (%)	35	29	31	38	23	30	37	29	34
	工资(%) Wage (%)	8	7	9	25	30	27	6	6	6
	资金(%) Capital (%)	45	53	46	24	31	27	33	42	41
	其它(%) Others (%)	12	11	14	13	16	16	24	23	19
	合计(%) Total (%)	100	100	100	100	100	100	100	100	100
条件 Condition	资金利率(%) Interest rate (%)	28	28	17.4	7.2	6.7	7.5	18	18	14
	设备折旧年限(年) Equipment depreciation(year)	10	10	10	10	10	10	10	10	9
	辅机折旧年限(年) Accessory depreciation(year)	5	5	5	5	5	5	5	5	5
	建筑物折旧年限(年) Building depreciation(year)	25	25	25	30	30	30	25	25	30

各国织布生产成本及总成本比较(二)
Main Country Weaving Costs Comparation 啊

	项目 Item	日本 Japan			韩国 Koria, Rep. of			美国 USA		
		1985	1987	1989	1985	1987	1989	1985	1987	1989
生产成本 Manufacturing cost	费用(美元/码) Cost	0.300	0.474	0.469	0.223	0.271	0.295	0.333	0.344	0.377
	相对成本指数 Relative cost index	89	84	95	66	48	60	99	61	77
	结构:Constitute:									
	工资(%) Wage (%)	29	28	30	13	10	18	40	36	35
	资金(%) Capital (%)	44	49	44	46	58	44	40	43	42
	其它(%) Others (%)	27	23	26	41	32	38	20	21	23
	合计(%) Total (%)	100	100	100	100	100	100	100	100	100
总成本 Cost	费用(美元/码) Cost	0.764	1.056							
	相对成本指数 Relative cost index	92	90	107	76	62	78	91	68	89
	结构:原料(%) Material (%)	38	26	27	46	37	37	33	30	29
	工资(%) Wage (%)	17	19	22	7	7	10	26	24	25
	资金(%) Capital (%)	27	35	33	24	34	31	27	30	32
	其它(%) Others (%)	18	20	18	23	22	22	14	16	14
	合计(%) Total (%)	100	100	100	100	100	100	100	100	100
条件 Condition	资金利率(%) Interest rate (%)	7.4	5.8	5.7	11.5	11.5	11.5	10.5	7.5	11.5
	设备折旧年限(年) Equipment depreciation (year)	10	10	10	10	10	9	11	11	11
	辅机折旧年限(年) Accessory depreciation (year)	10	10	7	10	10	9	7	5	5
	建筑物折旧年限(年) Building depreciation (year)	35	35	35	55	55	40	30	30	30

资料来源　引自日本《纺织月报》。

Source　Extracted from Japan "Textile Monthly".

纺织品及服装的国际工业品标准代号和外贸品标准代号对照表

Preliminary Correspondence Table Between ISIC-Based Codes and SITC Revised and Rev. 2 Codes

商品名称 Commodity name	国际工业品标准分类的基础代号 ISIC—basic code (CTCI 法文)	国际外贸商品标准分类代号(修订) SITC, Revised code (CTCI 法文)	国际外贸商品标准分类代号(第二次修订) SITC, Rev. 2 code (CTCI Rev. 2)
棉短绒 Cotton linters	321101		
毛纱、纯纺混纺合计 Wool yarn, pure and mixed (total)	321103		
毛纱、混纺 Wool yarn, mixed	321104		
毛纱、纯纺 Wool yarn, pure	321107	Parts 65121, 65122, 65125	Parts 65126, 65129 65122, 65123, 65127, 65128; Parts 65126, 65129
棉纱、纯纺混纺合计 Cotton yarn, pure and mixed (total)	321109	65130—0	Part 65130
棉纱、混纺 Cotton yarn, mixed	321110	65130—1	Part 65130
棉纱、纯纺 Cotton yarn, pure	321113	65130—2	Part 65130
亚麻、苎麻、大麻纱 Flax, ramie and true hemp yarn	321116	65150—1	65196, 65197, 65199[a]
化纤短纤纱(含废纺) Yarn of discontinuous (or waste) man-made staple	321119	Parts 65164, 65165, 65174, 65175	65148, 65152, 65166, 65167, 65168, 65169 65174, 65175, 65176, 65177, 65182
黄麻纱 Jute yarn	321122	65192—1	Part 65198
其它韧皮纤维纱 Yarn of other vegetable textile fibres	321125	65193—0	65198; Part 65199
梭织棉布(百万米^2) Woven cotton fabrics (million square metres)	321128	65210—0	65210
梭织棉布(千米长) Woven cotton fabrics (thousand metres)	321128A	65210—A	65210
梭织棉布(吨) Woven cotton fabrics (metric tons)	321128B	65210—B	65210
丝织物(百万米^2) Silk fabrics (million square metres)	321131	65310—0	65410, Part 65499

续

商 品 名 称 Commodity name	国际工业品标准分类的基础代号 ISIC—basic code (CTCI 法文)	国际外贸商品标准分类代号(修订) SITC, Revised code (CTCI 法文)	国际外贸商品标准分类代号(第二次修订) SITC, Rev. 2 code (CTCI Rev. 2)
丝织物(千米长) Silk fabrics(thousand metres)	321131A	65310—A	65410, Part 65499
丝织物(吨) Silk fabrics(metric tons)	321131B	65310—B	65410, Part 65499
毛织物(百万米²) Woven woollen fabrics(million square metres)	321134	65320—0	Parts 65420, 65430
毛织物(千米长) Woven woollen fabrics(thousand metres)	321134A	65320—A	Parts 65420, 65430
毛织物(吨) Woven woollen fabrics(metric tons)	321134B	65320—B	Parts 65420, 65430
亚麻布(百万米²) Linen fabrics(million square metres)	321137	65331—0	65440
亚麻布(千米长) Linen fabrics(thousand metres)	321137A	65331—A	65440
亚麻布(吨) Linen fabrics(metric tons)	321137B	65331—B	65440
黄麻布(百万米²) Jute fabrics(million square metres)	321140	65340—0	Part 65450
黄麻布(千米长) Jute fabrics(thousand metres)	321140A	65340—A	Part 65450
黄麻布(吨) Jute fabrics(metric tons)	321140B	65340—B	Part 65450
人棉布(百万米²) Woven fabrics of cellulosic fibres(million square metres)	321143	Parts 6535, 6536	Part 65300
人棉布(千米长) Woven fabrics of cellulosic fibres(thousand metres)	321143A	Parts 6535, 6536	Part 65300
人棉布(吨) Woven fabrics of cellulosic fibres(metric tons)	321143B	Parts 6535, 6536	Part 65300
合纤布(百万米²) Woven fabrics of non-cellulosic fibres(million square metres)	321146	Parts 6535, 6536	Part 65300
合纤布(千米长) Woven fabrics of non-cellulosic fibres(thousand metres)	321146A	Parts 6535, 6536	Part 65300
合纤布(吨) Woven fabrics of non-cellulosic fibres(metric tons)	321146B	Parts 6535, 6536	Parts 65300

续

商品名称 Commodity name	国际工业品标准分类的基础代号 ISIC—basic code (CTCI 法文)	国际外贸商品标准分类代号(修订) SITC, Revised code (CTCI 法文)	国际外贸商品标准分类代号(第二次修订) SITC, Rev. 2 code (CTCI Rev. 2)
毛毯 Blankets	321201	65660—0	65830,77585
麻上纺织品(床单、枕头、床垫、床罩) Bed linen, articles(e. g. bed sheets, pillow cases, mattress covers etc.)	321204	65691—1	65841,65842
毛巾类 Towelling	321207	65691—2	Parts 65845,65846 65848,65849
针织坯布 Knitted fabrics	321301	65370—0	65510,65520
短袜,其它长袜 Socks and other stockings	321304	84142—1	Part 84722
女式长袜 Women' s stockings	321307	84142—2	Part 84722
针织内衣(弹力丝除外) Knitted undergarments, excluding elastic	321310	84143—1	84610,84620, 84630,84640
针织运动衫 Knitted sports shirts	321313	84144—1	Part 84590
毛衣 Knitted sweaters	321316	84144—2	Part 84510
其它针织外衣 Other knitted outer garments	321319	84144—3	Part 84510
打结的大小羊毛地毯 Carpets and rugs of wool, knotted	321401	65750—0	65920
其它大小地毯 Carpets and rugs, other	321404	65760—0	65930,65940,65950, 65961,65962
绳缆、麻线 Cordage, rope and twine	321501	65561—0	65751
铺地织物 Floor covering	321901	65740—0	65910
男、童茄克衫 Jackets, men' s and boys'	322001	84111—1	84240
男、童外衣 Overcoats, men' s and boys'	322004	84111—2	84210
男、童雨衣 Raincoats, men' s and boys'	322007	Parts 84111,8930	Parts 84210,84821
男、童西装 Suits, men' s and boys'	322010	84111—4	84220

续

商品名称 Commodity name	国际工业品标准分类的基础代号 ISIC—basic code (CTCI 法文)	国际外贸商品标准分类代号(修订) SITC, Revised code (CTCI 法文)	国际外贸商品标准分类代号(第二次修订) SITC, Rev. 2 code (CTCI Rev. 2)
男、童裤子 Trousers, men' s and boys'	322013	84111—5	84230
女、女童长袖衫 Biouses, women' s and girls'	322016	84112—1	Part 84350
女、女童上衣 Coats, women' s and girls'	322019	84112—2	Part 84310
女、女童套装 Dresses, women' s and girls'	322022	84112—3	84330
女、女童雨衣 Raincoats, women' s and girls'	322025	84112—4	Part 84310
女、女童裙子、裙裤、短裤 Skirts, slacks and shorts, women' s and girls'	322028	84112—5	84340
女、女童西装 Suits, women' s and girls'	322031	84112—6	84320
男、童衬衫 Shirts, men' s and boys'	322034	84113—1	84410
男式内衣 Underwear, men' s and boys'	322037	Parts 84113, 84143	84410, 84420
女式内衣 Underwear, women' s and girls'	322040	Parts 84114, 84143	84430
合纤短纤、散纤 Non-cellulosic staple and tow	351304	26620—1	26650, 26660; Part 26670
人纤(纤维素纤维)短纤、散纤 Cellulosic staple and tow	351307	26630—1	26711, 26712; Part 26713
合纤长丝 Non-cellulosic continuous fibres	351337	65160—1	65141, 65142, 65143, 65144, 65145, 65147, 65149, 65151, 65146
人纤长丝 Cellulosic continuous filaments	351340	65170—1	65171, 65172, 65173, 65178, 65181

资料来源 ①联合国《工业年鉴》。
②联合国《贸易年鉴》。

Source ①UN"Industrail Statistics Yearbook".
②UN"International Trade Yearbook".

世界主要国家（地区）货币对美元汇率(年平均价)

Exchange Rates(Annual Averages)

1美元合该国货币数
National Currency per US $

国家(或地区) Country(or Area)	1987	1988	1989	1990	1991*
加拿大 Canada	1.33	1.23	1.18	1.17	1.16
墨西哥 Mexico	1378.18	2273.10	2461.30	2813.35	2965.00
阿根廷 Argentina	2.14	8.75	423.34	4876.00	8444.00
巴西 Brazil	0.04	0.26	2.83	68.30	215.01
哥伦比亚 Colombia	242.61	299.20	382.57	502.26	582.90
巴拉圭 Paraguay	550.00	550.00	1056.22	1229.80	1320.80
秘鲁 Peru	16.84	128.83	2666.19	187886.00	546667.00
埃及 Egypt	1.52	2.22	2.52	2.71	3.06
喀麦隆 Cameroon	300.54	297.85	319.01	272.26	260.50
尼日利亚 Nigeria	4.01	4.50	7.36	8.04	9.47
南非 South Africa	2.04	2.26	2.62	2.59	2.58
坦桑尼亚 Tanzania	64.26	96.62	143.38	195.06	197.37
比利时 Belgium	37.33	36.77	39.40	33.42	31.52
法国 France	6.01	5.96	6.38	5.45	5.21
德国(西部) Germany(West)	1.80	1.76	1.88	1.62	1.53
希腊 Greece	135.43	141.86	162.42	158.51	163.71
意大利 Italy	1296.10	1301.65	1372.10	1198.10	1148.30
荷兰 Netherlands	2.03	1.98	2.12	1.82	1.73
葡萄牙 Portugal	140.88	143.95	157.46	142.55	134.72
西班牙 Spain	123.48	116.49	118.38	101.93	95.71
英国 UK	0.61	0.56	0.61	0.56	0.52
瑞典 Sweden	6.34	6.13	6.45	5.92	5.68

续

国家(或地区) Country(or Area)	1987	1988	1989	1990	1991*
瑞士 Switzerland	1.49	1.46	1.64	1.39	1.31
匈牙利 Hungary	46.97	50.41	59.07	63.21	70.26
原苏联 USSR **	0.60	0.62	0.63	0.60	1.63
中国 China	3.72	3.72	3.77	4.78	5.22
台湾省 Taiwan	31.85	28.59	26.41	26.89	27.19
澳大利亚 Australia	1.43	1.28	1.26	1.28	1.28
印尼 Indonesia	1643.85	1685.70	1770.08	1842.83	1916.20
日本 Japan	144.64	128.15	137.96	144.79	133.85
韩国 Korea, Rep. of	822.57	731.47	671.46	707.77	721.61
菲律宾 Philippines	20.57	21.10	21.74	24.31	28.00
泰国 Thailand	25.72	25.29	25.70	25.59	25.26
印度 India	12.96	13.92	16.23	17.50	18.81
巴基斯坦 Pakistan	17.40	18.00	20.54	21.71	22.24
伊朗 Iran	71.46	68.68	72.01	68.10	65.20
土耳其 Turkey	857.21	1422.30	2121.70	2608.60	3218.60

注 *1991年1季度

**非商品汇率数据

Note */1st Quarter of 1991.

**/Data refer to non-commercial rates.

资料来源 国际货币基金组织,世界银行,联合国等。

Source International Monetary Fund, World Bank, United Nations, ect..

第九篇　企业名录

Chapter 9　Names of Enterprises

一、纺织行业集团、公司名录

北京达美纺织集团公司

地址：北京市朝阳区十里堡
邮政编码：100025
电话：5003993　电报：1861
电传：210362　FRHTL　CN
传真：(01) 5004271
董事长：徐孝纯
总经理：徐孝纯
成员企业：436 家
核心成员：北京印染厂
经营范围：各类纺织品、服装、纺织原料、辅料、染化料及助剂；纺织专用设备，电子软硬件开发；纺织技术和经济技术咨询服务；自产纺织品和纺织机件的出口及自用原辅料、设备进口
名优产品："达美"牌纯棉印花布、皱纹布等
出口产品：纯棉漂、色、印花布；T/C 漂、色、印花布，提花装饰布、床单；T/A 产品；针织、梭织服装等

石家庄常山纺织集团公司

地址：河北省石家庄市和平中路
邮政编码：050011
电话：645818、645726
电报：1551　电传：26231
传真：(0311) 645945
总经理：张锡民
副总经理：刘克义　康明正
　　　　　王绍元　刘祥谦
成员企业：44 家
核心成员：石家庄第一棉纺织厂、石家庄第二棉纺织厂、石家庄第三棉纺织厂、石家庄第四棉纺织厂、石家庄第五棉纺织厂、石家庄第六棉纺织厂、石家庄第一印染厂、石家庄第二印染厂、石家庄化工化纤厂、石家庄纺织经编厂、石家庄市针织厂
经营范围：纺织、印染、针织、服装、化纤原料、纺织机械配件、纺织器材、纺织技术开发、服务、咨询，提供技术信息、市场信息
名优产品：1979 年来共创名优产品 385 个，其中金牌 2 个（纺织、印染各 1 个）、银牌 19 个、部优 99 个、省优 265 个，40s 府绸获国际金马奖
出口产品：纯棉、涤棉、涤富坯布，印染布、色织布，服装，针织衫裤，针织坯布，床单、毛巾、袜子、毛毯、羊毛衫，丝织品，聚乙烯醇，纺织机械、器材

石家庄旅游装饰（集团）公司

地址：河北省石家庄市中华南大街 2 号
邮政编码：050091
电话：333842、334559
电报：1137
电传：26279　STDPM　CN
传真：(0311) 335321
总经理：翟　富
成员企业：11 家
核心成员：石家庄市旅游用布印染厂、石家庄市旅游用布印染厂棉纺织分厂、石家庄市旅游用布印染厂装饰品分厂、石家庄旅游装饰（集团）进出口公司、石家庄市旅游印染研究所、石家庄市旅游宾馆、深圳宏孚纺织装饰用品有限公司
经营范围：生产、销售和自营出口棉（涤）纱，宽幅坯布、宽幅印染装饰布、成套室内装饰品和床上用品，各种产业用布；研制和销售纺织用染料和助剂，新产品技术转让，为集团公司内企业进口成套设备、零备件以及各种原材料；接待国内外旅游宾客
名优产品：21－6 宽幅漂白布（国家银牌）、纯棉 32/2×21 漂白提花布（部优）、涤棉 40×40 漂白府绸（部优）、涤棉 30×30 印花布（部优）
出口产品：纯棉或涤棉宽幅漂白染色、印花布；成套室内装饰品和床上用品，涂层、阻燃、防油污等特种整理布，各种产业用布

沈阳东毛实业有限公司

地址：辽宁省沈阳市沈河区十三纬路 111 号
邮政编码：110014
电话：222289
电传：804037　SMTIB　CN
传真：(024) 730253、228177
总经理：刘铁成
副总经理：郇全模　于志静
　　　　　宋鸿基　张银川
成员企业：8 家
经营范围：沈阳市纺织系统企业生产产品的出口业务；沈阳纺织系统生产所需原材料、设备的进口业务；承办中外合资经营、

合作生产业务；承办来料加工、来样加工业务；开展补偿贸易业务

东北利美达化纤毛纺织企业集团公司

地址：辽宁省鞍山市铁西区四方台路62号
邮政编码：114012
电话：573074　电报：4791
传真：(0412) 573417
董事长：王忠懿
副董事长：刁坤　刘文发　李胜元　孙明　曲珊堂
总经理：王忠懿
副总经理：方建群
成员企业：38家
核心成员：鞍山化纤毛纺织总厂、富拉尔基纺织印染厂、长春印染厂、营口出口加工区、牡丹江色织床单厂等
经营范围：各种涤粘、涤毛、涤麻、涤棉、混纺产品，各种坯布、色布、装饰布等。经营各种化纤原料、合纤原料、纺织原材料、亚麻及苎麻原料，涤纶长短丝、人造粘胶长短丝等
名优产品：中长将校呢1990年获国家银质奖，中长18.5# 售纱1988年获国家银质奖，华美呢获辽宁省名牌产品、金鹰奖，匹染仿色织产品获辽宁省金鹰奖
出口产品：集团厂家生产的“千峰”系列中长T/R仿毛织物，采用中长涤纶纤维和粘胶纤维织造、T/R混比为65/35，产品有华达呢、平纹呢、隐条呢、将军呢、单纱平纹呢等

上海益丰帆布联合公司

地址：上海市保屯路26号
邮政编码：200011
电话：3772660、3773811
电报：81121
董事长：饶文玺
副董事长：倪郭清　吴成忠
总经理：倪郭清
副总经理：李明华　叶湘玲　单爱香　吴伟铭
成员企业：13家
核心成员：上海第三棉纺厂、上海第二十一漂染厂、上海第一帆布厂、上海第五帆布厂、上海第六帆布厂、上海第十三帆布厂、上海第三十帆布厂、上海棉纺织印染联合公司工业用布经营部
经营范围：主营：各类纯棉、化纤的橡胶、过滤、蓬盖、鞋用、箱包、风帆、服用帆布及各类印染、印花帆布；兼营：各类棉纱、化纤纱、服装及纺织品
名优产品：“海关钟牌”漂白、印染帆布、“双剑牌”、“六鹤牌”工业帆布、“双雁牌”、“三菱牌”、“三鹤牌”鞋用帆布

上海新联纺织品进出口公司

地址：上海市愚园路1341号
邮政编码：200050
电话：2511532
传真：(021) 2510701
电传：33370　NUTEX　CN
总经理：陈能方
副总经理：王少明　王德元　沈义民　张金福
成员企业：36家
经营范围：纺织品、服装等出口业务；纺织品、服装面料和自用原辅料、染化料、包装材料、纺织机械零部件进口业务；承办国外来料加工、来样加工、补偿贸易等业务
出口产品：色织布、漂色花布、服装、针织品、茶巾等纺织品

上海申达纺织服装（集团）公司

地址：上海市北京西路1700号7楼
邮政编码：200040
电话：2550500（总机）
电报：5279
传真：(021) 2553400
总经理：刘宗泰
副总经理：董宁祥　张惠民
成员企业：51家
核心成员：上海第二棉纺织厂、上海第六棉纺织厂、上海新光内衣染织厂、上海第十四织布厂、上海第三十六织布厂、上海火炬工业用布厂
经营范围：集团成员单位产品及相关技术出口，集团成员单位生产所需原辅材料设备技术进口，中外合资合作生产业务
名优产品：拥有获国家金质奖的荷叶牌60/2ˢ府绸、国家银质奖的荷叶牌84/2ˢ精梳线、新光牌细纺府绸，部优质奖的荷叶牌60ˢ手帕纱、45ˢ13372T/C布，蓝风牌45ˢT/C纱、45ˢ11076T/C布等名优产品28只
出口产品：棉漂布、色布、花布、色织布、T/C漂色花布、色织布、人棉坯布、花色布，T/C衬衫，针织汗布、服装等

常州灯芯绒（集团）股份有限公司

地址：江苏省常州市劳动东路33号
邮政编码：213001
电话：442061（总机）　电报：0046
传真：(0519) 609344
总经理：王佰元
成员企业：22家
核心成员：常州灯芯绒厂、常州市第七织布厂、常州市第五织布厂、常州市第八织布厂、常州市第六织布厂、常州市第十一织布厂
经营范围：销售集团成员单位的产品，采购供应本集团公司成员单位所需原材料及辅助材料（如有多余，按政策规定销售或串换）
名优产品：“月夜”牌灯芯绒1979年、1988年、1991年获国家金质奖。主要产品有染色、条绒、提花、印花灯芯绒等200多个品种、近2000余种花色
出口产品：“月夜”牌（出口为“节日”牌）灯芯绒是我国纺织出口的拳头产品，品种繁多、门类齐全、穿着舒适、能充分体现绒类织物特色，畅销世界76个国家和地区

蝶球纺织印染企业集团（常州）

地址：江苏省常州市延陵东路 65 号
邮政编码：213003
电话：442852　电报：1214
电传：361033　传真：(0519)601753
董事长：胡效应
副董事长：王效众　孙玉年
总经理：严春荣
副总经理：王惠生　孙玉年
成员企业：38 家
核心成员：常州蝶球纺织印染集团公司
经营范围：纺织品，棉布服装制造，采购供应本集团公司成员企业生产用纺织机械、纺织机械配件及器材、化工原料、化工产品、纺织原料、纺织机械修理、纺织技术服务
名优产品：金质奖（二只）：蝶球牌涤棉浅色印花布、三方牌 11076 涤棉坯布，银质奖（六只）：蝶球牌纯棉印花双面绒布、蝶球牌涤棉包芯纱烂花布、陵鹤牌 10ˢ 起绒纱、双双牌 11060 涤棉细布、精梳针织用纱、纬长丝仿菱绸
出口产品：纱、原色布、印染布、服装

常州东方水月纺织印染公司

地址：江苏省常州市关河中路 87 号
邮政编码：213002
电话：634854　电报：4135
电传：361034　DPDCZ　CN
传真：(0519) 601922
董事长：许欢平
副董事长：姚福成　姚卫平
副总经理：张汉登
成员企业：26 家
核心成员：常州东方印染厂
经营范围：主营：组织坯布印染及服装生产，组织纺织原料、染料、中间体、印染助剂、颜料、染料、纺织印染机械专用配件和器材的加工、供应、批发、零售；兼营：技术咨询和技术服务
名优产品：“丹阳牌”21ˢ 纯棉纱，“象船牌”仿羽绒踏花被，“水月牌”2020 什色纱卡，“狮王牌”60/2×30 什色涤卡等 4 只产品获国家金、银质奖；另 29 只产品获部优和省优
出口产品：出口产品产值占全厂工业总产值的 80%以上，出口创汇每年以 16%的速度增长，人均创汇名列全市第一

无锡市纺织机械器材公司

地址：江苏省无锡市健康路 164 号
邮政编码：214031
电话：222940　电报：0039
传真：(0510) 200792
总经理：史传宾
副总经理：马继乐　韩刚鸿
经营范围：主营：纺织机械、器材、专件、配件、仪器，采购直供本市纺织机械器材生产用原辅材料；兼营：纺织机械、器材、专配件技术咨询，纺织机械安装调试设备，纺织机械工艺性协作加工
出口产品：各类纺织机械、器材及专配件

无锡宏源纺织机械制造集团公司

地址：江苏省无锡市梁溪路 11 号
邮政编码：214062
电话：667456、666847、602082
电报：4791
传真：(0510) 602082
总经理：浦全甫
副总经理：殷俊德　浦盘兴
成员企业：40 家
核心成员：无锡市纺织机械厂、无锡市第三纺织机械厂、无锡市第五纺织机械厂
经营范围：主营：纺织机械，专用配件及器材制造，电机制造，为成员单位采购原辅材料；兼营：纺织品及机械加工，纺机技术、管理咨询及培训，纺织机械、专用配件及器材
名优产品：FK6-700 型高速弹力丝机（部优）、FK6-900 型高速弹力丝机（国际 90 年代初水平）、FK6-12 型高速锦纶弹力丝机（国际 90 年代初水平）
出口产品：SFA406 型棉纺高速粗纱机、SFA311 型棉纺高速并条机

河南嵩岳纺织工业集团

地址：河南省郑州市桐柏路 178 号
邮政编码：450007
电话：774917　电报：0603
传真：(0371) 774944
董事长：相永杰
副董事长：李鸿猷　袁鸿岗　王效众　张大岭　李国松
总经理：田永钊
副总经理：袁鸿岗　王效众　李鸿猷
成员企业：23 家
核心成员：郑州第一棉纺织厂、郑州第三棉纺织厂、郑州第四棉纺织厂、郑州第五棉纺织厂、郑州第六棉纺织厂、郑州印染厂、郑州色织印染厂、郑州纺织实业公司
经营范围：纺织品、针织品、服装、纺织机械的销售及设备安装调试。纺织技术服务、咨询服务
名优产品：7×6 靛蓝防缩牛仔布，23×21 纯棉花布，29/29 236×236 142 纯棉大鹏平布，J T/C11.8×2/26 96.5 精梳涤棉平线提花卡普呢，J T/C 13/13 96.5 精梳涤棉府绸、细布，J18.2 棉精梳针织纱，13×100D 涤棉纬长丝仿菱绸
出口产品：23×21 纯棉花布、45×45 涤棉什色细纺、40×40 什色纯棉府绸、J T/C 13/13 涤棉细布、27.8/27.8 160 纯棉宽幅平布、29D 纯棉出口筒子纱、40×40 什色纯棉府绸、21×21 纯棉印花哔叽

湖南华升苎麻纺织企业集团公司

地址：湖南省长沙市建湘南路 223 号
邮政编码：410005
电话：447488　电报：4246

电传：982018　HSRGC　CN
传真：(0731) 447445
总经理：徐春生
副总经理：匡伯圻　丁镇华
何静怡
成员企业：9 家
核心成员：湖南株洲苎麻纺织印染厂、湖南益阳苎麻纺织印染厂、湖南洞庭苎麻纺织印染厂
经营范围：主营：苎麻系列产品的联营开发、生产和销售，经销联营单位生产的纺织品、苎麻纱线等四类商品出口和为本集团公司生产组织原材料、设备进口；兼营：供应本集团成员单位政策允许的纺织原料、染化料、设备配件，提供纺织生产的设计、科研和咨询
名优产品：雪松牌 9.5 支/6 苎麻线、36 支×36 支苎麻坯布、36 支×32 支棉麻交织坯布、36 支苎麻售纱、48 支麻售纱、36 支×36 支苎麻漂白细布、60 支×60 支纯苎麻爽丽纱，资江牌 36NM×36NM 纯麻坯布、纯麻漂白布、纯麻色布、36NM×32NM 棉麻交织坯布，洞庭牌 36NM 纯苎麻纱
出口产品：苎麻纱线及混纺纱线，苎麻纯麻、交织、混纺坯布，苎麻纯麻、交织、混纺漂白、染色、印花布，苎麻纯麻、交织、混纺色织布、复制品（不含抽纱制品）

湖南南华纺织机械联合公司

地址：湖南省长沙市枫林路 40 号
邮政编码：410006
电话：83614　电报：0491
董事长：张电生
副董事长：肖月球　梁美兰
总经理：靳玉馨
副总经理：王成武
成员企业：24 家
核心成员：邵阳第二纺织机械厂、广州针织机械厂、湖南省纺织机械厂、长沙纺织机械厂、江苏无锡县纺织印染设备厂、湖北襄樊纺织机械厂、湖北沙市第二纺织机械厂、浙江宁波纺织器材机械厂、中国纺机总公司设计研究院、无锡纺织机械研究所、常州印染机械试验中心、湖北纺织设计院、湖南省苎麻研究中心等
经营范围：各种型号的纺织、化纤、印染机械产品、配件和专件，向用户提供产品开发、工程设计、设备成套、安装调试、技术咨询等服务
名优产品：BJ 系列摆线针轮行星减速器、MH773 系列热定型机、MB031 两用煮呢机、MHU 系列热油加热炉等
出口产品：MH773 系列热定型机，各种纱线、针织、棉布、化纤织物染整机械

深圳新旅工贸公司

地址：广东省深圳市人民南路熙龙大厦 16 楼 E、F 座
邮政编码：518001
电话：252267、235054
电报：3582、2660
图文传真：235054
董事长：张高琳
副董事长：韩日清
总经理：黄安邦
副总经理：朱振金　林强
经营范围：主营：纺织品、针织品，仪器仪表、电子元器件，五金工具、副食品；兼营：日用百货、家用电器、机电设备及其配件，金属材料，土产品，糖果糕点、烟酒、干鲜果品

恩平广联泰纺织企业有限公司

地址：广东省江门市恩平县恩城新平南路 21 号
邮政编码：529421
电话：725520　电报：4930
传真：728511
董事长：邝　仍
副董事长：李　长　李光辉
李平光
总经理：罗松辉
副总经理：冯惠平
经营范围：纯棉纱、混纺纱、气流纺纱配套之牛仔布、色纱、色布、针织坯布
名优产品：八达牌：32 支、45 支涤棉精梳纱荣获纺织工业部优质产品，其中 7×6 纯棉靛蓝牛仔布荣获国家质量银质产品奖
出口产品：八达牌：优质纯棉精梳纱、涤棉纱、针织坯布、牛仔布、色纱、色布

成都九星纺织集团公司

地址：四川省成都市二环路东三段 8 号
邮政编码：610053
电话：442912　电报：0002
电传：(TEIEX) 600082　SCTPD CN
传真：(FAX) 447104
总经理：刘云生
成员企业：27 家
核心成员：核心企业：四川第一棉纺织印染厂、川棉一厂针织分厂、川棉一厂九分厂；紧密层企业：川双化纤纺织厂、川棉双流八分厂、川棉劳服司；半紧密层企业：川棉广汉十分厂、川棉彭山十一分厂、川棉青神十二分厂、川棉仁寿十三分厂、川棉井研十四分厂
经营范围：针织、纺织、印染、服装、纺织器材产品的生产制造和销售
名优产品：国优产品：金川牌 14.5/14.5 纯棉漂白府绸；部优产品：纯棉 $30^s\times36^s$ 漂白布、精梳涤棉 $45^s\times45^s$ 系列等共 25 个；省优产品：纯棉网印装饰布、$32^s\times32^s$ 浅花细布等共 20 个
出口产品：针织内衣、纯棉棉纱、纯棉坯布、印染布、工装和床上装饰用品

四川省南充嘉陵府绸集团公司

地址：四川省南充县龙门镇
邮政编码：637103
电话：24868、22456　电报：9652
传真：(0817) 24868

总经理：何国清
副总经理：姚明全　卡少伟
　　　　　上官秀伦　张文元
成员企业：11家
核心成员：南充嘉陵府绸集团公司棉纺织厂、南充嘉陵府绸集团公司印染厂、南充嘉陵府绸集团公司锦纶厂
经营范围：棉纱、棉布、印染布、针纺织品、锦纶切片、锦纶长丝、服装、鞋帽、床上用品、印染原料、纺织设备、仪器等
名优产品："龙门牌"$40^s \times 40^s$纯棉纱府绸，及其它纱、布、印染布
出口产品："龙门牌"各种规格纱、布、印染布，服装、床上用品，年出口创汇达1000万美元

二、纺织行业企业名录

北京涤纶实验厂
地址：北京市顺义县牛栏山
邮政编码：101301
电话：9441180　　电报：9174
传真：(01) 9441187
厂长：姚效俭　　职工：1044 人
主要产品：涤纶低弹丝（白色）、涤纶网络丝、涤纶变形丝、涤纶复丝、锦纶长丝、丙纶复丝

北京第二手套厂
地址：北京市崇文区桃杨路北里 12 号
邮政编码：100075
电话：7212152
厂长：左双进　　职工：357 人
主要产品：弹力尼龙手套、腈纶手套、兔毛手套、服装罗口及尼棉交织袜。1988 年获得出口产品生产许可证和出口产品质量许可证

天津市毛条厂
地址：天津市河东区津塘公路一号桥 119 号
邮政编码：300180
电话：490471　　电报：2742
厂长：王全生　　职工：1730 人
主要产品：国毛、外毛毛条，化纤毛条，国毛、外毛洗净毛

廊坊市第一棉纺织厂
地址：河北省廊坊市解放道 8 号
邮政编码：102800
电话：213534　　电报：4791
厂长：刘宝镩　　职工：1048 人
主要产品：纯棉纱类：20^{s}C、21^{s}C、32^{s}C、J32^{s}C；化纤类：20^{s}T、40^{s}T、65/35 45^{s}T/C；布类：27.8/27.8 425/228 97.7 纱卡，27.8/27.8 236/220 90.5 和 27.8/27.8 236/228 97.7 平布

泊头市棉纺厂
地址：河北省泊头市安顺街 48 号
邮政编码：062150
电话：2377、2378、2558
电报：2758
厂长：孙玉成　　职工：1268 人
主要产品：10～44 支纯棉精、普梳棉纱，16～24 英寸纯棉针织布及棉毛布汗布，质量均达到部颁标准

保定市毛纺织厂
地址：河北省保定市西郊建设南路
邮政编码：071051
电话：36571　　电报：4791
厂长：高宝贵　　职工：3000 人
主要产品：全毛、毛涤混纺啥味呢、华达呢、马裤呢、单面花呢、中厚花呢、薄花呢、凡立丁、派力斯以及毛腈斜绒，混纺粗花呢及混纺毛毯，各种面料的服装

保定纺织机械厂针织器材分厂
地址：河北省保定市五四西路 2 号
邮政编码：071051
电话：436037　　电报：0202
厂长：徐树玉　　职工：182 人
主要产品：进口纬编圆机用织针、器材（挺针片、花梳片、沉降片）及三角、导纱器等配件，获奖产品：5625 OVJA RMT 圆机针、LRB 罗纹针

涿州市轻纺机械厂
地址：河北省涿州市松林店镇火车站东侧
邮政编码：072761
电话：336902　　电报：0491
厂长：佟连胜　　职工：320 人
主要产品：HEFA304、A272F 型并条机及 A272、FA302、FA304 备件；A272 型改造成 HEFA304 型；ZD4/45-1 型高速无梭织带机；TY420、TY1600 型彩色烫印机

国营先锋机械厂
地址：河北省曲阳县 105 信箱
邮政编码：073106
电报：0341
厂长：刘谦光　　职工：2544 人
主要产品：YJZ-142 型细纱机摇架，YJZ-120 型细纱机摇架

河北省泊头市齐桥齿轮胶带厂
地址：河北省泊头市北郊齐桥市场
邮政编码：062153
电话：2014　　电报：5231
厂长：齐相才　职工：54 人
主要产品：各种型号聚氨酯同步齿形带，部分氯丁橡胶同步齿形

带，各种聚氨酯零件、配件、纺织机械塑料、尼龙配件等

山西省临汾纺织厂
地址：山西省临汾市解放东路105号
邮政编码：041000
电话：6920　电报：4930
厂长：杜刚　职工：6300人
主要产品：纯棉、化纤和混纺高、中、低支筒、绞纱（线）及68英寸以下多种幅宽坯布、市销白布、工业用布。年生产售纱4000吨，坯布5000万米

国营经纬纺织机械厂
地址：山西省榆次市经纬路150号
邮政编码：030601
电话：22822、22878　电报：2894
厂长：陈宏耕　职工：7600人
主要产品：棉、毛、麻环锭细纱机，转杯纺纱机，精梳机。粘胶、腈纶纺丝机，锦、涤、丙纶牵伸加捻机。棉纺、化纤专件

内蒙古包头市印染厂
地址：内蒙古包头市钢铁大街东段
邮政编码：014030
电话：57733　电报：3016
厂长：张斌　职工：1500人
主要产品：纯棉、涤棉、化纤、人棉、麻混纺印染布、含服装用布、装饰用布和产业用布及时装产品

海城丝绸厂
地址：辽宁省海城市青年路
邮政编码：114200
电话：22026　电报：1105
厂长：吕德胜　职工：4000人
主要产品：柞蚕丝、各类真丝绸及真丝砂洗绸，各种合纤绸及提花被面、衣料等500多个品种。年出口量150万米左右，5037千山绸获国优银奖

上海第三十四织布厂
地址：上海市虹桥路417弄15号
邮政编码：200030
电话：4811084
厂长：边云法　职工：260人
主要产品：大提花装饰布，各式花型的窗帘、台布、餐巾、床单等系列产品，专供各大宾馆、饭店、家庭装饰，欢迎订购

纺织工业新型纺纱技术开发中心
地址：上海市肇嘉浜路389弄内
邮政编码：200032
电话：4371185　电报：5349
厂长：沈耀华　职工：184人
主要产品：棉、毛、丝及其化纤混纺纱，工业用布，粗纺呢绒，印花羊毛衫，涂料染色粘合剂。新型转杯、摩擦纺纱机，CR_2纺纱器及分梳辊，转杯，阻捻盘；P_2型自动清洁器

上海大华纺织装饰用品厂
地址：上海市张家浜路37号
邮政编码：200120
电话：8871480
厂长：贺萍　职工：743人
主要产品：2800～3200毫米的涤棉、纯棉、涤纶布的漂白、染色、印花。
床单、床罩、窗帘、毛巾等纺织室内装饰系列产品

上海五燕针织厂
地址：上海市金山卫纬二路
邮政编码：200540
电话：7943681　电报：7685
厂长：屠坚虹　职工：400人
主要产品：腈纶、腈棉混纺、腈棉交织薄绒坯布，汗布及运动衫裤。产品远销美、澳、日本、香港等国家及地区

上海联华合纤有限公司（中外合资）
地址：上海市嘉定县西门徐塘桥
邮政编码：201800
电话：9534839　电报：86250
传真：（021）9528433
总经理：相凤祁　职工：513人
主要产品：各种不同规格品种的"彩虹牌"涤纶牵伸丝，"联华牌"涤纶低弹丝，高收缩丝.异形丝、网络丝，有色丝等差别化纤维及涤纶切片

上海市枫新化纤厂
地址：上海市金山县枫泾镇枫围乡
邮政编码：201501
电话：7321744　电报：88868
厂长：俞木金
经营厂长：郁永庆
职工：268人
主要产品：涤纶短纤维：白色丝、颜色丝、高收缩丝、异形丝，规格：2D、2.5D、3D、6D、9～18D，长度：38～110mm，质量可靠、欢迎洽谈

上海纺织设备器材工业联合公司
地址：上海市江苏路132弄26号
邮政编码：200050
电话：2512179　电报：1464
经理：王世龙　职工：17000人
主要产品：气流纺、卷染、并条、槽筒、络筒、螺纹机、多臂装置静变器，同步电机；锭子、钢领、罗拉、摇架；针布，针织用针，综、筘、片、框、管、梭，纺瓷、辊筒、镍网、五金杂料

上海第七纺织机械厂
地址：上海市延安西路678号
邮政编码：200050
电话：2524309　电报：4460
厂长：汤辅国　职工：2400人
主要产品：单、双面圆型纬编机、棉毛机、人造毛皮机、提花袜机、绣花袜机和毛巾运动袜机

常州市第五棉纺织厂
地址：江苏省常州市采菱路51号
邮政编码：213001
电话：443853
厂长：汤建平　职工：1663人
主要产品：各类不同规格的"宇宙"牌棉纱、棉布，主要有T/C、T/R、FB及纯棉四大系列，首创的涤粘仿真丝具有逼真

的丝绸感

江苏省昆山市布厂（昆山市化纤纺织厂）

地址：江苏省昆山市环城北路 32 号
邮政编码：215300
电话：552509　电报：1580
厂长：都尧青　职工：1200 人
主要产品：纺纱类：各类中、粗支腈纶化纤纱及针织用纱；织布类：各种规格的纯棉布、化纤布

南通市色织一厂

地址：江苏省南通市文峰路 3 号
邮政编码：226001
电话：518178（总机）
电报：1105
厂长：孙沄　职工：1515 人
主要产品：长丝交织物、高密纯棉织物、精纺毛织物、合纤长丝织物、全毛机织纱及针织绒五大系列

苏州新苏丝织厂

地址：江苏省苏州市西北街 47 号
邮政编码：215001
电话：774611　电报：1154
电传：TLY：363071XI NSU CN
传真：FAX：（0512）773832
厂长：吴延龄　职工：3200 人
主要产品：各类真丝绸、人丝绸、合纤绸和交织绸等系列产品 40 多种，产品畅销世界 100 多个国家，享有一定声誉

江都丝织厂

地址：江苏省江都县浦头镇北路
邮政编码：225218
电话：550185　电报：4848
厂长：袁苏生　职工：856 人
主要产品：各种电力纺、双绉、素绉缎等真丝绸，合纤绸以及里子绸、富春纺、仿真丝等交织绸

国营吴江新生丝织总厂

地址：江苏省吴江县盛泽镇舜新南路 112 号
邮政编码：215228
电话：51018、421132　电报：2802
厂长：张正昌　职工：4150 人
主要产品：真丝绸、合纤绸、交织绸、人丝绸四大类 50 多种，花型花号近 200 种

常州市羊毛衫毛条厂

地址：江苏省常州市采华路 3 号
邮政编码：213014
电话：444752（总机）
电报：5017
厂长：范银良　职工：1200 人
主要产品：各种款式的男、女、童装羊毛衫，58^s～70^s 的各种粗纺梳条毛条、化纤条、混纺条，12^s～32^s 精纺羊毛针织绒、粗纺呢绒

南通印染厂

地址：江苏省南通市人民西路 64 号
邮政编码：226005
电话：513144（总机）
电报：2676
厂长：胡炳祺　职工：1552 人
主要产品：纯棉、涤棉泡泡纱，各种规格的纯棉、涤棉漂白、染色、印花布，各种色织加工布及特种整理产品

南通第二印染厂

地址：江苏省南通市外环西路 12 号
邮政编码：226005
电话：512562、517141
电报：5300
厂长：张国钧　职工：1113 人
主要产品：涤棉、中长、纯棉、苏春纺等四大系列，“山羊”牌中长华达呢、“映山红”牌涤棉府绸、涤棉印花布、苏春纺印花布等获部优称号

国营清江印染厂

地址：江苏省淮阴市淮海南路 180 号
邮政编码：223002
电话：362809　电报：2676
厂长：贺传胜　职工：1540 人
主要产品：纯棉、涤棉、涤粘、涤腈等织物的漂白、染色、印花布，单、双面绒，服装辅料布，牛仔布及特种整理织物

国营如皋染织厂

地址：江苏省如皋市环城西路 8 号
邮政编码：226500
电话：713411　电报：8572
厂长：贾宝生　职工：1586 人
主要产品：色织大提花沙发布，大、小提花、印花窗帘布，室内配套装饰用布，产业配套装饰用布，服装面料及花式线等产品

盐城化纤厂

地址：江苏省盐城市人民中路 122 号
邮政编码：224002
电话：225586（总机）
电报：0404
厂长：卫振逵　职工：947 人
主要产品：涤纶长丝系列：低弹丝、网络丝、空气变形丝、仿真丝；各种色谱的有色、混色产品及各种规格的异形丝

靖江县涤纶厂

地址：江苏省靖江县江平路 344 号
邮政编码：214500
电话：834203　电报：6930
厂长：朱适安
主要产品：涤纶牵伸丝、低弹丝、高弹丝、网络丝、空气变形丝；涤纶提花装饰布，涤纶仿毛、仿丝织物

南通市美尔丽制衣厂

地址：江苏省南通市唐闸西市街后巷 2 号
邮政编码：226002
电话：544437　电报：0202
厂长：蔡建华　职工：500 人
主要产品：男女高档时装、西装、茄克衫、高级衬衫，各种制服、厂服、校服、安全卫生服、装饰产品及具有民族特色的中西式驼毛棉衣，旗袍等

国营昆山纺织机械厂

地址：江苏省昆山市朝阳路 77 号
邮政编码：215300
电话：552371、552165
电报：6639
厂长：顾龙明　　职工：1400 人
主要产品：短环烘燥定型机，平幅针织物热定型机，多功能涂层联合机，喷胶棉烘燥联合机，罐蒸机，环锭细纱机，气流纺纱机，拉幅呢毯整理机，热风布铗拉幅机，钢针拉毛机

浙江省浦江县棉纺织厂

地址：浙江省浦江县城人民东路 167 号
邮政编码：322200
电话：411501　　电报：4791
厂长：于崇庭　　职工：2626 人
主要产品：各种号数的纯棉纱、化纤纱、股线及门幅 127 厘米以内的细布、经编产品、各种规格的针织坯布，成衣、服装

浙江省天台棉毛纺织厂

地址：浙江省天台县丰泽路 22 号
邮政编码：317200
电话：22660　　电报：2758
厂长：季善魁　　职工：530 人
主要产品：各种纯棉布、呢绒、针织毛纱、羊毛衫、太空棉面料和造纸毛毯。产品花色品种繁多，规格齐全

宁海布厂

地址：浙江省宁波市宁海县东郊路 67 号
邮政编码：315600
电话：562506
厂长：金良景　　职工：887 人
主要产品：涤棉布、全棉布、工业用布、大提花贡缎、装饰布和其它用途的白坯布，其中涤棉纱卡、T/C 府绸布是出口创汇产品

浙江省嘉兴市第二毛纺织厂

地址：浙江省嘉兴市纺工路 2 号
邮政编码：314000
电话：280291（总机）
电报：4791
厂长：曹启蒙　　职工：2400 人
主要产品：全毛、混纺、单面花呢、贡呢、马裤呢、缎条花呢、啥味呢、薄花呢、凡立丁等精纺呢绒产品，各种规格的针织毛纱

温州呢绒厂

地址：浙江省温州市三板桥纺织路 109 号
邮政编码：325003
电话：234331　　电报：5389
厂长：谢龙　　职工：622 人
主要产品：麦尔登、大衣呢、海军呢、女式呢、法兰绒、学生呢、粗纺呢等八种粗纺呢绒及粗纺针织绒

温州麻纺织二厂

地址：浙江省温州市飞霞南路 68 号
邮政编码：325003
电话：334713、334658
电报：1515
厂长：缪鼎钧　　职工：490 人
主要产品：各种规格双经、单经平纹麻袋、出口轻袋、海蓝袋、麻塑袋、塑料网眼袋，并提供麻纱线、电揽麻纱、工艺鞋麻纱线

杭州新华丝厂

地址：浙江省杭州市余杭县塘栖镇
邮政编码：311106
电话：(0571)558610、(0581l)72477
电报：9261
厂长：吕宝福　　职工：2870 人
主要产品：各种规格白厂丝；涤纶低弹丝、牵伸丝、网络丝；各类真丝绸缎；丝织地毯

杭州富阳丝绸总厂

地址：浙江省富阳县环山路花坞口
邮政编码：311400
电话：23132、22488
电报：8684
厂长：陆张勋　　职工：1208 人
主要产品：各种规格部优厂丝，各类真丝及真丝化纤交织织物，真丝服装等，为浙江省丝绸公司定点出口企业和省级先进企业

浙江省临安丝绸总厂

地址：浙江省临安县西墅街 19 号
邮政编码：311300
电话：23781、21379
电报：4828
厂长：汪掌富　　职工：1700 人
主要产品：梅花牌白厂丝（部优）。真丝绸缎：染色花素绉缎（国家银奖），练白提花绸（部优），练白、染色、印花电力纺（部优）。各式交织被面及面料

嘉兴绢纺厂

地址：浙江省嘉兴市南湖路 48 号
邮政编码：314000
电话：280951　　电报：4831
厂长：陈连伟　　职工：3618 人
主要产品：红梅牌 210～60dtex/1、2 单、双股桑蚕绢丝，皇后牌 27dtex/1 单股䌷丝，金龙牌 11380、11378 绢纺绸和 13587 绵绸，烟雨楼牌绢、䌷丝及各种绢、䌷混纺丝针织绸

浙江省金华市针织一厂

地址：浙江省金华市龙渎路 22 号
邮政编码：321000
电话：324934
厂长：赵国雄　　职工：530 人
主要产品：省优名牌“佛手”系列男女 T 恤衫、针织时装，“佛手”牌运动袜、锦丝袜、弹力尼龙袜，“金鹿”牌涤纶宝塔线及各类工业、民用缝纫线

绍兴新建染织厂

地址：浙江省绍兴市解放南路 17 号
邮政编码：312000
电话：533416　　电报：0266
厂长：徐双喜　　职工：1616 人
主要产品：“绍新”牌医用纱布（外贸产品），“双艇”牌仿毛、仿绸化纤布，化纤丝、化纤织物染整加工

地方国营象山县合成纤维厂

地址：浙江省象山市丹城城西路20号
邮政编码：315700
电话：723235、723475
电报：8928
厂长：欧保灵　职工：690人
主要产品：本厂化纤年产3000吨，产品有：丙纶长丝白色、有色100～166.7dtex，涤纶长丝75.6～166.7dtex，涤纶低弹丝75～166.7dtex

温州市纺织机械厂

地址：浙江省温州市牛山北路45号
邮政编码：325003
电话：224593、224147
电报：2825
厂长：徐剑雄
主要产品：ZG193型卷纬机，ZG193C型卷纬机（专利产品），ZG193E型卷纬机（32锭），ZNC038型针布起毛机，ZJFA721型上行式捻线机，ZJFA701型并纱机

绍兴市纺织机械厂

地址：浙江省绍兴市山阴路
邮政编码：312049
电话：539513　电报：5592
厂长：许钦槎　职工：500人
主要产品：D203型立缫机，GD203（K70）型整经机，GD103（Z）型无捻并丝机，真丝倍捻机，各类中、低速丝棉多臂装置

安徽省蚌埠第三毛纺织厂

地址：安徽省蚌埠市朝阳路8号
邮政编码：233000
电话：45970、46676
电报：0455
厂长：姚春琪　职工：1151人
主要产品：黄山、公主、澳利辉牌各式绒线、团绒、花式线、马海毛、羊毛衫，以及制条，染色的外加工

安徽针织厂

地址：安徽省合肥市铜陵路180号
邮政编码：230011
电话：483445（总机）
电报：2759
传真：（0551）483445
厂长：任清德　职工：2358人
主要产品：各种纯棉T/C精梳纱，精梳中、高档汗衫、背心，防缩棉毛衫裤，T恤系列产品，T/C薄绒产品，发泡、转移、珠光、胶浆印花针织产品及各种纯棉、化纤针织面料

福建省上杭县针织内衣厂

地址：福建省上杭县解放路685号
邮政编码：364200
电话：42131　电报：0355
厂长：丁华先　职工：300人
主要产品：拥有织造、染整、成衣全套工艺，设备先进，对外加工
产品有各式针织内衣、印花童装、运动衫裤、腈绒外套，各色纯棉、化纤等坯布

福建省南平化纤厂

地址：福建省南平市东溪路104号
邮政编码：353000
电话：24723（总机）
传真：（0599）31149
电报：4960
厂长：王意通　职工：1300人
主要产品：普通粘胶纤维（百合牌）1.67dt×38mm（省优）、2.78dt×51mm、2.78dt×65mm（省优）、5.5dt×76mm，差别化粘胶纤维，高卷曲高湿模量纤维，阻燃粘胶纤维，细旦粘胶纤维
精制二硫化碳，芒硝

南昌星火纺机厂

地址：江西省南昌市安义县文峰路194号
邮政编码：330500
电话：22374　电报：0066
厂长：魏敬耀　职工：375人
主要产品：各种细纱机配件、槽筒机配件，仿捷克气流纺纱机配件和纺杯刺棍轴承结合件，仿意大利、西德剑杆织机配件以及各种纺机专用橡胶杂件

济南第二棉纺织厂

地址：山东省济南市济泺路114号
邮政编码：250031
电话：553131　电报：2179
厂长：贾　罗　职工：6248人
主要产品：纯棉、涤棉、涤纶16ˢ～120ˢ精、普梳纱线及纯棉、涤棉卡其、细平、府绸、仿羽绒等系列38.5英寸～102英寸各类坯布、服装面料

潍坊第四棉纺织厂

地址：山东省潍坊市跃进路29号
邮政编码：261041
电话：236991　电报：0476
厂长：王崇德　职工：5100人
主要产品：各种号数的普梳、精梳纯棉、涤棉、化纤、麻棉和氨纶包芯纱、线，纱卡、华达呢、涤平，粗、特细条灯芯绒坯布和2.4米以上宽幅纯棉、涤棉高档府绸、防羽布、装饰布和服装面料

青岛第六针织厂

地址：山东省青岛市嘉祥路99号
邮政编码：266002
电话：279723　电报：0530
厂长：王焕文　职工：1004人
主要产品：纯棉类：文化衫、T恤衫、棉毛衫裤、儿童套装、绣花衫；运动装类：光丝系列、涤盖棉系列；时装类：西服套装、时装裤、夹克衫、彩条T恤衫

烟台新华印染厂

地址：山东省龙口市
邮政编码：265705
电话：561364、561365
电报：龙口市6666
厂长：王景胜　职工：1780人
主要产品：纯棉、涤棉漂白、染色、印花，泡泡沙，涤黛绸，人造棉，防水阻燃、防雨防绒，装饰布、床上用品布，仿丝绸、仿毛等7大系列数百个品种

烟台光明染织厂
地址：山东省烟台市西大街 40 号
邮政编码：264000
电话：246406（总机）、245201
电报：1512
厂长：姜远棠　职工：1315 人
主要产品：鲁光牌系列色织布。各种天然、人造纤维、混纺、中高支府绸、花呢等 8 次荣获部优、省优；中高支泡泡纱风格独特，享誉海内外

济南市纺织科学研究所
地址：山东省济南市天桥区无影山北路
邮政编码：250031
电话：553712
所长：张钟蕙　职工：120 人
主要产品：JP-190 喷气织机、JAF-1 型摩擦纺纱机，毛下脚产业用呢，有梭织机防稀密路装置，无梭织机纱罗绞边器

山东省海阳纺织机械厂
地址：山东省烟台市海阳县海阳路 41 号
邮政编码：265100
电话：872478　电报：2750
厂长：孙江涛　职工：651 人
主要产品：LMH631、LMH641 本幅显色皂洗机，LMH101 型、LMH131 型开幅轧水烘燥机，LMH201 型、LMH201A 型布铗丝光机，MZ143B 型绞纱丝光机，Z851 型钢针拉毛机

昌邑县纺织机械厂
地址：山东省昌邑县新兴街 29 号
邮政编码：261300
电话：211692、211574
电报：6593
厂长：张寿千　职工：1230 人
主要产品：棉细纱机，毛细纱机，烧毛机，K144 型浆丝机，平洗机，圆网涤浆机，JZW 系列光电整纬机。15～155 目 8 种规格镍网、塑料铝合金门窗，空腹钢窗等

山东诸城纺织机械厂
地址：山东省诸城市兴华西路棉织街 4 号
邮政编码：262200
电话：643702、642916
电报：4930
厂长：王锦　职工：500 人
主要产品：针织整纬、超喂轧光机，染整轧车，1.2～3.6m 轧光机，棉纺并条机，毛纺起毛机，轻重型缩绒机，麻纺轧光机，圆网印花机，各种规格材质轧辊

山东省牟平县纺织机械厂
地址：山东省牟平县西关路西二街 12 号
邮政编码：264100
电话：212919　电报：2623
厂长：赵善成　职工：285 人
主要产品：A631E 型捻线机及配件，A631 改进型卷纬机及配件

山东省济宁纺织机械厂
地址：山东省济宁市太白楼西路
邮政编码：272121
电话：213815　电报：2229
厂长：罗振海　职工：861 人
主要产品：D12、15、32、13 系列纺纱锭子，FA704 系列槽筒式高速并纱机，A454 粗纱机，GD101 并丝机，各种纺机配件

国营郑州第四棉纺织厂
地址：河南省郑州市棉纺路 2 号
邮政编码：450007
电话：446035　电报：4693
厂长：张大岭　职工：9800 人
主要产品：J T/C96.5cm 13/13 377.5/283 精梳涤棉细布（1990 年获国家银奖），J T/C119.4cm 13/13 433/299 精梳涤棉细布（1990 年获部优），119.4cm 41.7/41.7 252/228 纯棉粗平布（省优产品）

国营郑州第五棉纺织厂
地址：河南省郑州市棉纺西路 1 号
邮政编码：450007
电话：448562　电报：5115
厂长：李国松　职工：9700 人
主要产品：123.2 29/29 大篷布，152.4 85/98 纯棉靛蓝防缩牛仔布（国优），160 J T/C13/13 涤棉细布（省优），27.8 号售纱和 58.3 号气流纱（部优），牛仔系列服装（省优）

河南省新野棉纺织厂
地址：河南省新野县书院路 15 号
邮政编码：473500
电话：221701　电报：2758
厂长：魏学柱　职工：6000 人
主要产品：10 支～60 支纯棉、混纺纱、线，21×21 平布、哔叽、纱卡等纯棉布，T/C 42/2×21 半线平布、45×45 涤细，满植、圆网静电植绒布

河南省周口市毛纺织厂
地址：河南省周口市后太平街 16 号
邮政编码：466001
电话：4038　电报：0603
厂长：康金义　职工：484 人
主要产品：精梳绒线、粗纺呢绒、化纤毛毯

河南省新乡市制线厂
地址：河南省新乡市西干道 122 号
邮政编码：453000
电话：221305　电报：3240
厂长：武声亮　职工：648 人
主要产品：9.5tex×2×3 蜡塔工业用线，9.8tex×3 涤塔工业用线及民用线，各种抽纱工艺线，涤线芯，纸板线（出口），纸线团

河南省济源纺织机械厂
地址：河南省济源市克井镇
邮政编码：454661
电话：2962　电报：3357
厂长：郑立俊　职工：1500 人
主要产品：A036BS 型、FA106 型豪猪开棉机，A036CS 型、FA106A 型梳针开棉机，XYFA201 型梳棉机。我厂产品畅销全国，并出口东南亚 13 个国家和地区

郑州纺织工学院工厂

地址：河南省郑州市中原西路144号
邮政编码：450007
电话：773649　电报：0455
厂长：周永发　职工：215人
主要产品：各系列织机，清，钢，并，粗，细，筒，捻的纺机专用工具及多用校直机，可和国内部分主机厂配套
单、双面印刷线路板

郑州纺机工具厂

地址：河南省郑州市中原西路144号
邮政编码：450007
电话：446728　电报：0455
厂长：王小槐　职工：120人
主要产品：清花、精梳、条卷、粗纱、细纱、捻线、络筒等装车、保全工具，摇架、罗拉、锭子、梭子等修整工具，数显锭翼动平衡机等

湖北省仙桃市纺织工业供销公司

地址：湖北省仙桃市勉阳大道119号
邮政编码：433000
电话：22445、22467
电报：6525
经理：彭国棋　职工：50人
经营范围：棉纺、麻纺、丝绸、化纤的原辅料、器材的供应及销售。生产加工各种规格的纱布

湖北省随州棉纺织厂

地址：湖北省随州市青年路103号
邮政编码：441300
电话：23723　电报：1581
厂长：张学廷　职工：4948人
主要产品：各号纯棉纱、涤棉纱、维棉纱、转杯纺纱线和各种规格的橡胶布，篷盖帆布，工业和民用帆布，服装面料细帆布、卡布坯

湖北省襄樊棉纺织印染厂

地址：湖北省襄樊市人民路229号
邮政编码：441002
电话：223601　电报：4791
厂长：余云先　职工：10313人
主要产品：各种规格、支别的棉纱、涤棉纱，纯棉、涤棉坯布，漂白、染色、印花布和绒布

武汉纺织机械厂

地址：湖北省武汉市武昌杨园纺机路20号
邮政编码：430063
电话：611241、612106
电报：4791
厂长：田兹斌　职工：1500人
主要产品：适应棉、涤棉和化纤织物的染色、印花及其后整理成品的成套设备与配件，并生产苎麻脱胶设备

武汉市第二纺织机械厂

地址：湖北省武汉市武昌区中山路280号
邮政编码：430061
电话：873073　电报：5570
厂长：刘水平　职工：826人
主要产品：1515-135型、180型棉织机，GA611型、615型棉织机，WG801-50型纱布织机，WG-1型（榻榻米）帘席织机及成套设备，立式机外送经装置

国营黄石纺织机械厂

地址：湖北省黄石市老下陆
邮政编码：435004
电话：222093　电报：1000
厂长：周忠明　职工：2200余人
主要产品：丝光机、圆网印花机、高速平幅退煮漂联合机、绳状练漂机、烘燥机、皂洗机、打底机等近百个品种及各种印染机械设备配件

湖南龙洲苎麻纺织厂

地址：湖南省益阳市石壁湖
邮政编码：413000
电话：222665、224822
电报：0999
厂长：符良辉　职工：1500人
主要产品：各种支别的棉麻混纺、化纤混纺、纯棉、纯麻纱线，各种规格的交织、混纺、纯麻布等系列产品

湖南省湘潭纺织印染厂

地址：湖南省湘潭市板塘铺
邮政编码：411102
电话：62799、21211
电报：4784
厂长：刘益山　职工：11120人
主要产品：纯棉、涤棉、麻棉纱、线、坯布、印染布，其中纯棉14.5/14.5 484/264 120.65cm坯布出口日本、香港等国家和地区
“中国虎”牌涤棉什色卡其获国家银奖

湖南省邵阳市化纤厂

地址：湖南省邵阳市龙须圹
邮政编码：422001
电话：223816　电报：3811
厂长：熊国安　职工：2146人
主要产品：粘胶人造丝（长丝）、3000吨/年，规格：100D、120D、150D、250D、300D。棉浆粕、4800吨/年

国营邵阳第二纺织机械厂

地址：湖南省邵阳市宝庆西路56号
邮政编码：422000
电话：223323　电报：6811
厂长：张电生　职工：4300人
主要产品：腈纶、丙纶、涤纶和粘胶纺丝机，各类染色机和毛染整设备，系列拉幅定型机和载热油加热炉，各类行星减速器

湛江市棉织三厂

地址：广东省湛江市椹川大道
邮政编码：524044
电话：314002、334025
电报：1464
厂长：张益申　职工：450人
主要产品：印花毛巾、枕巾、大浴巾、餐巾、提花毛巾被，各种规格优质棉胎、蚊帐布

广东揭阳棉纺厂

地址：广东省揭阳市榕城榕华大道

南端
邮政编码：515500
电话：622161、622301
电报：8362
厂长：王绿雄　　职工：2510 人
主要产品：各种纯棉、纯涤纶、涤棉混纺纱线，中长涤粘混纺纱线及各种纱线来料加工。各种棉麻纱线、人造毛、羊毛等漂染

广东新会工业用布厂

地址：广东省新会县城西二路 11 号
邮政编码：529100
电话：663828　电报：6644
厂长：谭健辉　　职工：620 人
主要产品：化纤过滤布（包括复丝、单根纤维过滤布）、土工布等，适用于选矿、冶金、化工、炼油、环保、水泥、陶瓷、制糖等行业

广州利工民针织厂

地址：广东省广州市光孝路旦花巷2号之1
邮政编码：510180
电话：3341804
传真：(020) 3342686
厂长：刁国良　　职工：1919 人
主要产品：针织类：汗衫背心、T 恤、针织时装、纯棉丝光内外衣等；棉织类：方巾、面巾、浴巾、枕巾、毛巾被、宾馆配套巾及各类色织布

广州市名格针织厂

地址：广东省广州市增槎路 8 号
邮政编码：510160
电话：8811962　电报：0778
厂长：石宝民　　职工：1000 人
主要产品：各类针织坯布，棉毛、化纤类的运动服，卫衣套装，睡衣套装，名格系列高级 T 恤和各款提花、绣花、印花针织时装

深圳帝业针织有限公司

地址：广东省深圳市八卦岭 523 栋5-8 楼
邮政编码：518029
电话：262353、264416
电报：1952
传真：(0755) 261100
厂长：吴沅坤　　职工：840 人
主要产品：全棉或涤棉针织坯布、色布及针织服装，产品全部出口，属深圳目前规模最大的针织企业。1988～1990 连续 3 年荣获"全国外商投资双优企业"

鹤山县健美针棉织造总厂

地址：广东省江门市鹤山县沙坪镇人民路 7 号
邮政编码：529700
电话：82647、98587
电报：0256
厂长：赵明　　职工：560 人
主要产品：经编通花装饰布、丝绒面料布、毛毯包边布、素染面料布、玩具和鞋用面料布，涤纶蚊帐，成衣，纬编针织布、色织棉布、混纺布等

广州合成纤维厂

地址：广东省广州市白云区增槎路松溪
邮政编码：510160
电话：8814647、8814747
电报：4167
厂长：周忠仁　　职工：800 人
主要产品：各种规格的原色及有色低弹丝、复丝、网络丝、空气变形丝、有光异形丝、高收缩丝、PBT/PET 复合丝等天鹅牌涤纶长丝系列产品

中山涤纶厂有限公司

地址：广东省中山市中山港经济开发区
邮政编码：528436
电话：596224
厂长：余兆斌　　职工：520 人
主要产品：我公司是由中国丝绸进出口总公司、广东省丝绸公司、中山市贸易发展总公司和香港外商合资兴建的化纤企业，年产 1 万吨各种规格的本色及有色涤纶低弹丝

广东新会锦纶厂

地址：广东省新会县江会路上浅口
邮政编码：529100
电话：669328　电报：8644
厂长：陈柏森　　职工：1200 人
主要产品：锦纶 6 干切片、锦纶 6 复丝（国优银奖、部优、省优）、锦纶 6 弹力丝（部优、省优）、宽幅晴雨伞绸（省优）、羽绒布、服装面料等

梅州市梅县涤纶厂（中外合作梅州市丽丝纺织有限公司）

地址：广东省梅州市江南八号工业区
邮政编码：514021
电话：242182、243840
电报：3321
厂长：陈杰　　职工：714 人
主要产品：引进德国、瑞士、英国先进技术和设备，生产各种规格原色和有色涤纶低弹丝、网络丝、异型丝及 40～100D 涤纶 FDY 仿真丝

广东省佛山市星火纺织机械厂

地址：广东省佛山市厚源路 65 号
邮政编码：528000
电话：325902、337195
电报：2502
厂长：梁锡昌　　职工：300 人
主要产品：GD103 型并丝机、K091 型捻丝机、K091D 大卷型捻丝机及改装套件、TK233 型丝多臂，K251 型、K251A 型、K251G 型、K252P 型系列丝织机配件

深圳市申光纺织器材制针有限公司

地址：广东省深圳市华强路工业区204 栋
邮政编码：518045
电话：365216　电报：6999
厂长：赵维昌　　职工：64 人
主要产品：各种大圆机、横机、袜机钢皮织针，并经销各类织针、纺织机、针织机配件

华溪纺织橡胶器材厂

地址：广东省深圳市华强路上步工业区 204 幢东部五楼
邮政编码：518045
电话：365218　　电报：3305
厂长：杨金生　　职工：19 人
主要产品：产销各类纺、织、印染工业用胶辊、胶圈、锭带、搓皮板、皮带丝、清洁绒辊、齿形带、变速带，各种橡胶滚筒

广西南宁麻纺织厂

地址：广西南宁市亭子白沙路 2 号
邮政编码：530031
电话：224587、227755
电报：5594
厂长：黄华英　　职工：1901 人
主要产品：本厂 1988 年起评为国家二级企业，生产各种规格麻袋、麻布、麻纱（线），IC 建筑用布，宇航棉，复合水泥袋及电缆、钢丝绳芯油麻绳

广西壮族自治区南宁合成纤维厂

地址：广西壮族自治区南宁市亭洪路 59 号
邮政编码：530031
电话：220293、220294
电报：4960
厂长：张明昌　　职工：1500 人
主要产品：各种规格和颜色的涤纶棉型、绢型、中长、毛型、异型纤维，涤纶弹力丝、复丝，丙纶丝，化纤针刺地毯、衬里布、贴墙布、土工布等

重庆红旗棉纺织厂

地址：四川省重庆市沙坪坝区上桥三村 13 号
邮政编码：630037
电话：664320
厂长：彭隆明　　职工：896 人
主要产品：棉维纱、纯棉纱，棉麻纱 21^s、24^s、26^s、32^s、21^s、24^s、26^s、32^s 平布及纱卡、帆布

德阳市第一棉纺织厂

地址：四川省德阳市中江县公园街 95 号
邮政编码：618100
电话：22624、22626
电报：7202
厂长：郭志泓　　职工：2464 人
主要产品：C18R　C18D　C28R　C28D　J14.5D　V/C18T　V/C18W　T/C14T　T/C14W　T/C14R　T/C14×2T　V/C28W　C28T　C28W　C32T　C32W　C27.8T　C27.8W　C27.8R　C27.8D

四川省江油棉纺织厂

地址：四川省江油市顺江路 46 号
邮政编码：621701
电话：21636、21592
电报：2172
厂长：邓显贵　　职工：3000 人
主要产品：普、精梳纯棉、涤棉、维棉、麻棉及中长纤维等各类单纱、股线、坯布

四川省南部棉纺织厂

地址：四川省南部县二环路 1 号
邮政编码：637300
电话：22357　　电报：2758
厂长：刘恩浦　　职工：2179 人
主要产品：各种支别的普梳、精梳纯棉、混纺纱、布，各种支别的䌷丝、桑绢丝纱、线，27.8tex、18.2tex 单、双股纯棉针织坯布及服装

重庆丝纺厂

地址：四川省重庆市磁器口金沙正街 131－9 号
邮政编码：630031
电话：961305、961465
电报：6623
厂长：陈俊良　　职工：3500 人
主要产品：部优产品：峨嵋牌桑绵球、盛华牌 11378 绢绸；市优产品：红梅牌桑绢丝、鹿牌 25 公支/1 桑䌷丝、梅花牌 20/22 桑蚕丝、盛华牌 11209 电力纺

绵阳绢纺织厂

地址：四川省绵阳市绵绢路 2 号
邮政编码：621000
电话：23754　　电报：4831
厂长：许成林　　职工：2000 人
主要产品：绢纺织系列：桑茧精干品、桑绵球、桑䌷丝、桑绢丝、桑䌷绸、桑绢绸、绢䌷交织绸、绢丝地毯

四川省遂宁丝绢厂

地址：四川省遂宁市和平路 81 号
邮政编码：629000
电话：24980　　电报：4828
厂长：陆寿荣　　职工：2700 人
主要产品：桑蚕白厂丝、桑绵球、桑䌷丝、桑绢丝、丝织品，优级土丝等六大类系列产品，以及丝绸服装、羽绒制品

四川省南充绸厂

地址：四川省南充市石油南路 1 号
邮政编码：637000
电话：22234（总机）、22581、22214（办）
电报：0671
图文传真：（0817）23653
厂长：李永坤　　职工：3585 人
主要产品：绫、罗、绸、缎、绉、绵、纱、纺、绡、绨、葛、绢等 12 大类 50 多个品种，上千个花色，并有两条服装生产线，生产各式高、中档服装

重庆第二纺织器材厂

地址：四川省重庆市江北区福宁村 1 号
邮政编码：630020
电话：754439、754535
电报：4245
厂长：黄县富　　职工：539 人
主要产品：各类胶辊、胶圈，各式丁腈、皮革投梭结、缓冲圈、橡胶拉圈、缓冲圈、R 件及搓板，各式轻型橡胶输送带，各型皮碗、皮杂件，高速强力尼龙带等

重庆纺织金属器材厂

地址：四川省重庆市南岸区石溪路 15 号

邮政编码：630062
电话：271221、273332
电报：8008
厂长：杨崇明　　职工：400 人
主要产品：纺纱钢丝圈（钩）、织机钢筘（棉织钢筘、丝织钢筘及剑杆、片梭、喷水织机钢筘），织机钢丝综（棉织、丝织），金属针布（新型针布）

国营西北第三棉纺织厂

地址：陕西省西安市东郊纺织城纺西街
邮政编码：710038
电话：364832　　电报：4693
厂长：荣煜忠　　职工：6602 人
主要产品：T/JC45×45 11076 63 英寸、T/JC45×45 9672 47 英寸等涤细，40×40 11060 47 英寸、40×40 12367 38 英寸等府绸，20×20 6060 48.5 英寸和63英寸中平，T/C42/2×21 12469 36 英寸涤卡等 20 多种产品，纯棉纱 32^{s}D、OE10^{s}D 等年生产能力：棉纱 9500 吨、布 5000 万米

国营陕西第一针织厂

地址：陕西省西安市西郊未央二路
邮政编码：710086
电话：742882—5　　电报：5902
传真：(029) 715107
厂长：魏书庆　　职工：1860 人
主要产品：纬编薄细绒服装，棉毛衫裤、汗衫背心，经编涤纶装饰织物。新苗牌 17tex 文化衫获国优，其它产品均获部、省优

国营长岭机器厂

地址：陕西省宝鸡市清姜路 75 号
邮政编码：721006
电话：314433　　电报：7892
厂长：王大中　　职工：5000 人
主要产品：纺电、家电、军电。纺电：DQS 电子清纱监测系列、自动络筒机综合监控系统、喷气纺、织机电控系列、YG-131、YG-131C 条干仪、电子定长仪系列、羊毛净毛率速测仪系列等 30 余种产品

兰州第三毛纺织厂

地址：甘肃省兰州市西固区玉门街 82 号
邮政编码：730060
电话：56841　　电报：5706
厂长：任俊亭　　职工：6000 人
主要产品：本厂是毛精纺全能综合性企业，年产 500 多万米精纺呢绒、600 吨针织绒线及近千万元的纺专器材，拥有年产 80 万件羊毛衫和 20 万件服装的引进生产线

甘肃省纺织研究所

地址：甘肃省兰州市段家滩 59 号
邮政编码：730020
电话：498085、498979
电报：4708
所长：魏景山　　职工：600 人
主要产品：年产丙纶低弹丝 300 吨，精纺呢绒 23 万米，粗纺呢绒 20 万米，特种纤针织绒 100 吨，腈纶膨体针织绒 170 吨，针织布 22 万米

国营白银纺织机械针布厂

地址：甘肃省白银市纺织路 34 号
邮政编码：730900
电话：222461—3　电报：9909
厂长：许典钦　　职工：1475 人
主要产品：各种规格型号的棉、毛、麻、绢纺、化纤金属针布，弹性针布，刺辊齿条，精梳整体锡林针布，落棉帘子带等纺织橡胶件，共 93 个品种 815 个规格

甘肃省轻纺工业设计院

地址：甘肃省兰州市五泉路 72 号
邮政编码：730000
电话：466517　　电报：7036
院长：王　祯　　职工：70 人
业务范围：本院专业配套，重质量、讲信誉，承担棉、毛、麻纺、化纤工程及轻工业各类工程设计、咨询业务

银川第二毛纺织厂

地址：宁夏回族自治区银川市新市区同心南路 4 号
邮政编码：750021
电话：77601　　电报：0059
厂长：刘汇川　　职工：1492 人
主要产品：全毛及毛混纺花呢、华达呢、啥味呢、凡立丁、派力司、贡呢、哔叽、凉爽呢和其它精纺面料计 8 大类 200 多个品种

上海第一毛纺织厂

上海第一毛纺织厂系中国著名的粗纺呢绒老厂，建于1925年，1938年改为毛纺织染整厂。抗战胜利后，隶属于中国纺织建设股份有限公司，解放后，改称为国营上海第一毛纺织厂。

本厂现有职工3000人，占地面积37000平方米，建筑面积46000平方米。设洗毛、炭化、纺纱、织造、染整和动力修配等车间，另有一个织造分厂和一所技工学校。拥有纺锭7428枚，织机188台及全套后整理设备。本厂设备齐全，技术力量雄厚，年产呢绒300万米，针织纱240吨。工业总产值9000万元，年利润600万元，年创汇500万美元。

近年来，本厂坚持质量第一，加强管理，以经济效益为中心，推进外向型经济发展，1985年被评为质量信得过企业，1986年被评为纺织工业部质量管理先进企业，1988年被评为国家二级企业。

本厂主要生产粗纺呢绒，工业用呢，针织纱等产品。1989年，本厂生产的拷花大衣呢、羊绒大衣呢、法兰绒、学生呢、粗花呢、海军呢等17个品种被评为纺织工业部优质产品，其中SL02410，SL020257短顺毛、兔毛银枪大衣呢2个产品获国家银质奖。本厂不断采用新技术、新工艺，开发新品种，1985年和1987年，兔毛、羊绒大衣呢实行市500项赶超，特别是羊绒大衣呢质量达到国际水平。

目前，本厂已从德国阿尔玛公司引进一台花式捻线机，从意大利引进10台TP500剑杆织机，用于开发花式线呢绒等产品以扩大产品种类，提供新型花式产品。现在本厂正在全面进行技术改造，今后的生产能力会进一步扩大。

厂　长	陈烈	**邮政编码**	200042
厂　址	上海余姚路698号	**电　话**	2582600
		电报挂号	3443

第十篇 附　录

Chapter 10 Appendixes

纺织工业部机构设置及负责人

（截止1991年12月31日）

部　长：吴文英

副部长：季国标　杜钰洲　王曾敬　刘　珩

办公厅：

主　任：林乃基

副主任：陶洪炳（任职到1991年7月）　金　余

政策法规司

司　长：周玉成

副司长：栾忠信

综合计划司

司　长：许坤元

副司长：赵鼎勋（任职到1991年6月）　刘春年　王超鲁　沈兰珍

生产协调司

司　长：蔡祖琨

副司长：张炳城　吴国强

经济调节司

司　长：王春德

副司长：杨东辉

科技发展司

司　长：华用士

副司长：王天凯　谢应安　钱言信

人事劳动司

副司长：顾　佩　常俊传

教育司

司　长：韩恩业

副司长：梁　善

国际合作司

司　长：贝聿泷

副司长：季　军

体制改革司

司　长：徐晋昶

副司长：马玉良　朱仲山

技术装备司

司　长：凌宝银

副司长：柳仁德　张怀良

化纤工业司

司　长：诸祥坤

副司长：沙福浩　王招玲　陈冠庆

行政司

副司长：满占九　吴桂英　吕来增

老干部局

局　长：周文成

副局长：马庆福

监察局

局　长：胡　桐

副局长：张松芳

审计局

局　长：韩锡贞

副局长：刘业超

机关党委

书　　记：杜钰洲(兼)

副 书 记：方玉根

纪委书记：冯士纯

部直属企事业单位

纺织工业部经济研究中心

主　任：吴鹤松

副主任：张国和(任职到1991年1月)　程振华　马国富

中国纺织报社

社　　长：吴鹤松

总 编 辑：陈义方

副 社 长：王　烈

副总编辑：薛庆时

秘 书 长：张　东

纺织工业出版社

社　长：韩耀民

副社长：郝东晋　王文浩　王润安

总编辑：张永康

纺织工业部设计院

党委书记：孙国梁(任职到1991年3月)　郭开宇

院　　长：王广鎏

副 院 长：蒋士成(兼总工)　赵学珍　郑世光

纺织工业部科学研究院

党委书记：孙惠敏

院　　长：徐　朴

副 院 长：陈德裕(任职到1991年12月)　高志鸿　吴慧莉

纺织工业部建设规划院

院　　长：赵鼎勋(任职到1991年7月)

副 院 长：刘兴武　张　健　陈　政　郑世光(兼)　王超鲁(兼)

纺织工业部纺织技术组织开发中心

主　任：李　森

副主任：张仲兰

中国服装研究设计中心

主　任：朱秉臣

副主任：盛中鹏　谭　安

纺织工业部科学技术情报研究所

书　记：刘树梅

所　长：陈重希

副所长：刘树梅　施雍西　张延恺

纺织工业部纺织机械研究所

书　记：朱　彬

所　长：郑锡荣

副所长：张锡山　高孝纲

中国国际贸易促进委员会纺织行业分会

会　长：季国标(兼)

副会长：陈宝鑫　王海南(兼秘书长)

中国纺织机械工业总公司

宏大纺织机械制造(集团)公司

董 事 长：曹东升

总 经 理：梅在森

副总经理：张天枢　陈希深　王家禄　张传海

中国丝绸工业总公司

总 经 理：李世娟

副总经理：黄祖兴　谢昭月　李光添

总工程师：张林泉

中国服装工业总公司

总 经 理：于宗尧

副总经理：王中辉　廉乐英

纺织工业部北京华诚纺织公司

总 经 理：何成杰

副总经理：周涵春

中国纺织物资总公司

总 经 理：李洪福

副总经理：王四维　徐庚生　黄兴昌

中国纺织工业对外经济技术合作公司

中国纺织机械和技术进出口公司
总 经 理:杨承恺
副总经理:钱伟一　章睿骏

中国纺织装饰总公司
总 经 理:王嗣
副总经理:吴焕新　李艾田

中国化纤公司
总 经 理:王玉耀
副总经理:耿仁彭　王宏奎

中国化纤工程公司
经　理:赵渊禄
副经理:谢宝康　郜竞人

中国纺织器材工业公司
经　理:孙　绳
副经理:林锦晖　朱彩珍

中国华诚财务公司
经　理:周郑生

仪征化纤工业联合公司
书　　记:朱恪礼
总 经 理:任传俊(兼副书记)
副总经理:沈云飞　宣惠金　凌爱宝
陈锦芳　郑大中　蒋士明

华联纺织(集团)有限公司
总 经 理:周和文
副总经理:田志俊　朱金大　陆益桐　徐赐书

中国纺织大学
书　记:丁证青
校　长:周永元
副书记:金家友　徐佩莉
副校长:孙俊康　陈瑞琪　朱介民　孟广甫
金家友(兼)

天津纺织工学院
书　记:杨希禄
院　长:贾路桥
副书记:何致瑜
副院长:邱冠雄　张振生　崔永芳　何致瑜(兼)

浙江丝绸工学院
书　记:金邦炉
院　长:袁观洛
副书记:万士明
副院长:康　泰　董炳根

苏州丝绸工学院
书　记:王书昭
院　长:王书昭(兼)
副书记:施明千(兼)　关亨良
副院长:施明千　吴融如　陆匡宙(任职到1991年12月)

武汉纺织工学院
书　记:章默英
院　长:贺经平
副书记:罗　兵
副院长:沈钧平　陈克强　徐冬青

郑州纺织工学院
书　记:吴法荀
院　长:凌德麟
副书记:薛志强
副院长:田智喜　郭录燕

西北纺织工学院
书　记:张瑞宝
院　长:张乐善
副书记:王享海(兼副院长)
副院长:李宝德　胡宗德　朱宝瑜

北京服装学院
书　　记:钟国治
院　　长:周亚夫
副 书 记:王　健
副 院 长:王蕴强　赵　亮

纺织工业部管理干部学院
书　记:李霞影
副书记:诸镇南
副院长:夏秀英　顾　钧

中国纺织政治函授学院
院　长:吴文英(兼)
副院长:吴鹤松(兼)　林乃基(兼)　凌侠锋

各省市纺织（轻、丝绸）工业厅（局、公司）负责人

（截止1991年12月31日）

北京市纺织工业总公司

书　　记：孙建勋
总 经 理：徐青伟
副 书 记：王金玲
副总经理：张培华　蒋志民　范兴华

天津市纺织工业局

书　记：李树蓬
局　长：于广才
副书记：胡惠民　高德云
副局长：徐其德　张立业　陆铁栋　宗国栋
　　　　吴泽泗

河北省纺织工业总公司

经　理：徐功敷（任职到1991年8月）　孙为伦
副经理：贾庆昌　贵新喜　刘文宪

山西省纺织工业厅

厅　长：李小货
副厅长：申桂英　霍志钧　佟慧茹　滑　仁

内蒙古自治区轻工业厅

厅　长：张健民
副厅长：王俊玉　吴一微　丁翔文　梁振廷

辽宁省纺织工业厅

厅　长：张自栖
副厅长：芮克有　朱光武　朱玉书　钟文龙

吉林省纺织工业厅

厅　长：蒋明田
副厅长：轧希贤　张齐云　杨湘岚　韩绍霖

黑龙江省纺织工业厅

厅　长：张运琪
副厅长：沈克俭　肖耀斌　孙岫琴

上海市纺织工业局

书　记：邹木法
局　长：梅寿椿
副书记：朱匡宇
副局长：刘　勤　丁　力　姜光裕
　　　　杜双信　李克让　肖义家

江苏省纺织工业厅

厅　长：林庆生
副厅长：奚锦昌　谢　明　窦　钰　胡上治

浙江省轻工业厅

厅　长：戴大鸣
副厅长：周云栋　赵万兴　冯鞠初

安徽省纺织工业厅

厅　长：张有信
副厅长：韩翠英　钱　凌　吴云生

福建省轻工业厅

厅　长：张家坤
副厅长：王能光　高晓山　林凤金　王学鼎

江西省纺织工业局

局　长：丘善道
副局长：辛　萍　郑本纯　周立文

山东省纺织工业厅

厅　长：平茅芦
副厅长：刘寿北　张荷弟　张立功　戴顺林

河南省纺织工业厅

厅　长:姜书之

副厅长:张春德　李书勤　高体尧

湖北省纺织工业总公司

经　理:熊起业

副书记:宋杏珍

副经理:丁启秀　李丰均　谢宗林(任职到1991年9月)

湖南省纺织工业厅

厅　长:王昌舜(任职到1991年11月)　刘慧芳

副厅长:刘清林(任职到1991年11月)　杜负薪(任职到1991年11月)　徐春生(任职到1991年11月)　王逸时　曾昭宣　高佩琪　束立虹

广东省纺织工业总公司

总经理:李　炽

副总经理:谢城萩　张望曙　陈乃承

广西壮族自治区纺织工业厅

厅　长:董秀兰

副厅长:邹虎林　姚国政

海南省纺织工业局

书　记:谢宗林

副总经理:陈绍栋　曾凡玉　李庆普

四川省纺织工业厅

厅　长:杜世弘

副厅长:冯杰人　唐桥星　陈南园

贵州省轻纺工业厅

厅　长:邱栋臣

副厅长:葛长瑞　杨启云

云南省纺织工业局

局　长:薛惠新

副局长:沙惠珍　韩长旺

西藏自治区电力工业厅

副厅长:旺　姆

陕西省纺织工业总公司

总经理:郭立志

副总经理:邬醒华　殷志尧　朱恒耀

甘肃省轻纺工业厅

厅　长:陆　江

副厅长:吴　敏　王国礼　韩桂生　赵　俊

青海省轻纺工业厅

厅　长:林世亭

副厅长:芦惠敏　朱太秀　郑明杰

宁夏回族自治区轻纺工业厅

厅　长:杨继立

副厅长:张仁杰　张觉悟　张俊平

新疆维吾尔自治区纺织工业局

局　长:刘宏基(任职到1991年3月)

副局长:邢自然　茹克娅　吴楚才(任职到1991年3月)　石明章　初盈州

沈阳市纺织工业管理局

局　长:丛福玮

副局长:耿秀清　李学舜　赵丽娟　刘铁成　郎欢丰

大连市纺织工业管理局

局　长:戴树基

副书记:许丽烨

副局长:刘润波　马东升　戚永成　王宝林

长春市纺织工业局

局　长:孙玉芝

副局长:王佐政　董会维　楚忠义

哈尔滨市纺织管理局

局　长:周楠林

副局长:柏仁忠　崔永祝　林友发

南京市纺织工业公司

经　理:戴文华

副书记:周美玉

副经理:王家声　季君良

宁波市纺织工业局

局　长:吕国荣

副书记:卓祥骕

副局长:袁珊珊　朱瑞康

厦门市经委纺织工业处

处　长:杨佳香

青岛市纺织工业总公司

总经理:刘泽清

副书记:徐淑贞

副总经理:李令言　江崇梅　周长根　刘善起

武汉市纺织工业局

书　记:熊昌发

局　长:凌寿卿

副书记:万邦恩

副局长:李敬忠　李　勇　胡仰先　郑明陆

广州市纺织工业总公司

书　　记:贾凯明

总 经 理:萧良软

副 书 记:崔玉光

副总经理:倪福珍　许锦初　古和基

深圳市纺织工业公司

总 经 理:张应学

副总经理:罗传钦(任职到1991年10月)　陈　放　管同科

成都市纺织工业局

书　记:刘志树

局　长:刘云生

副局长:徐复兴　卢茂林

重庆市纺织工业局

局　长:吴国强(任职到1991年4月)　谭德树

副书记:曹绍基

副局长:雷善祥(任职到1991年9月)　吴授铭　张光逊

西安市纺织工业公司

书　记:汪精文

经　理:张裕民

副经理:李继庚　方宝谭

江苏省丝绸总公司

总 经 理:宋顺才

副总经理:傅诚衍　沈培根　周苏明

浙江省丝绸联合公司

经　理:凌人才

副经理:何祥林　王象礼　赵洪其

安徽省丝绸公司

书　　记:周世忠

总 经 理:张开慧

副总经理:蒋忠奎　葛德琨　王业勤　古国栋

山东省丝绸公司

书　记:左淑美

经　理:石金昌

副经理:倪孔宣　王樽远　赵学德

广东省丝绸公司

总 经 理:谢子擢

副总经理:刘耀崧　黄杏荣　杨筱兰　罗玉先

四川省丝绸总公司

总 经 理:吴继生

副总经理:何永刚　辜硕权　王　碧　竺立根　李志民

宁波市丝绸工业公司

经　理:方祥嘉

副经理:石英均　朱爱娣

成都市蚕丝绸公司

书　记:张南勋

经　理:鄢述尧

副经理:白光长　姜玉珊　齐纪全

重庆茧丝绸集团公司

总 经 理:王瑞恩

副总经理:蒋化春　李良和　李国良　易正岗

天津市服装联合总公司

书　　记:周德恩

总 经 理:牟怀善

副 书 记:刘洪起

副总经理:费永泉　崔鹤鹿　龚文林　赵为雄

纺织行业有关管理和经营机构

机构名称	地址	电话	电报挂号	邮政编码
纺织工业部	北京市东长安街12号	5126633	4791	100742
中国纺织工业对外经济技术合作公司	北京市朝内大街75号	4011880		100010
中国纺织机械和技术进出口公司	北京市朝内大街75号	4011880		100010
中国纺织物资总公司	北京市东华门韶九胡同甲15号	5138282		100006
中国服装工业总公司	北京市西单后牛肉湾甲2号	6015552 657621		100031
中国纺织装饰总公司	北京市朝外红庙针织公司4楼	5023361—302	3607	100026
中国丝绸工业总公司	北京市东直门外幸福二村25号	4663355—2112	1992	100027
纺织技术组织开发中心	北京市朝内大街75号	4011092		100010
中国纺织工程咨询公司	北京市百万庄西路1号	8395212		100037
中国纺织化纤工程公司	北京市工人体育场东路15号	5004422—2616		100027
宏大纺织机械制造（集团）公司	北京市崇文区天坛路85号	7012223	5981	100050
中国纺织机械工业总公司	北京市崇文区天坛路85号	7012223	5981	100050
中国纺织器材工业公司	北京市工人体育场东路15号	5004422—2617	9132	100027
华诚纺织联合公司	北京市东交民巷正义路4号	5137143		100006
中国华诚财务公司	北京市东交民巷正义路4号	5139056	4791	100006
中国化纤公司	北京市朝内大街75号	4016338		100010
仪征化纤工业联合公司	江苏省仪征市胥浦	23225	4960	211451
华联纺织（集团）有限公司	广东省深圳市深南中路华联大厦	351000 360077	4921	518031
上海经济区东纺联合开发总公司	上海市长寿路427号	3175107	3357	200060
中国石油化工总公司	北京市朝阳区惠新东街甲6号	4225533 4216731	0029	100029
上海石油化工总厂	上海市金山卫	7941941	7608	200540
辽阳石油化纤公司	辽宁省辽阳市宏伟区	52589	4258	111003
天津石油化工公司	天津市大港区	756622	9997	300271
四川维尼纶厂	四川省重庆市长寿县	812844	2101	631254
中国纺织品进出口总公司	北京市东安门大街82号	5136229		100747
中纺纱布进出口公司	北京市东安门大街82号	5127788—329		100747
中纺化纤毛麻进出口公司	北京市东安门大街82号	5127788—304		100747
中纺原料进出口总公司	北京市东安门大街82号	5129869		100747
中纺棉花进出口公司	北京市东安门大街82号	5124024		
中纺东方贸易进出口公司	北京市东安门大街82号	5127788—302		100747
中纺服装进出口公司	北京市东安门大街82号	5127788—320		100747
中纺针棉毛织品进出口公司	北京市东安门大街82号	5136210		100747
中纺辅料进出口公司	北京市东安门大街82号	5125958		100747

续

机　构　名　称	地　址	电　话	电报挂号	邮政编码
商业部日用工业品管理司	北京市复兴门内大街45号	6022821 6038581—2630	7939	100801
中国百货纺织品公司	北京市复兴路17号	8014442—3416	4898	100036
北京市针棉织品批发公司	北京市复兴路17号	8014442—3421	7337	100036
北京市纺织品公司	北京市珠市口东大街64号	755131	9500	100006
天津市纺织品公司	天津市河北区三经路10号	240738	1580	300010
天津市针棉织品公司	天津市和平区大沽路109号	304707	6859	300040
天津纺织品采购供应站	天津市和平区滨江道32号	704842—4844	3399	300041
天津针织品采购供应站	天津市和平区长春道2号	704020	2758	300041
河北省纺织品公司	河北省石家庄市建设南大街10号	649717	3865	050011
山西省百货纺织品公司	山西省太原市迎春街59号	384873	4885	030013
内蒙古自治区纺织品公司	内蒙古呼和浩特市中山西路16号	26333	2681	010020
辽宁省百货纺织品总公司	辽宁省沈阳市沈河区市府大路五段36号	723151	2299	110013
吉林省百货公司	吉林省长春市重庆路1号	822903	1061	130041
黑龙江省纺织品公司	黑龙江省哈尔滨市南岗区建筑街1号	33357	8152	150001
上海纺织品公司	上海市宁波路40号	3213480	0049	200002
上海针织品批发公司	上海市南京东路233号	3211180	0900	200002
江苏省纺织品公司	江苏省南京市中山北路101号	433887	6859	210009
浙江省百货公司	浙江省杭州市惠民路56号	771624—445	3900	310002
安徽省纺织品公司	安徽省合肥市芜湖路13—1号	247042	1580	230001
福建省纺织品公司	福建省福州市中山路23号	551974	7387	350003
江西省百货纺织品公司	江西省南昌市省府大院	222762	4102	330046
山东省纺织品公司	山东省济南市山大路147号	45238	2237	250014
河南省纺织品公司	河南省郑州市经七路6号	331949	6375	450003
湖北省纺织品公司	湖北省武汉市汉口解放大道491号	551039	2770	430030
湖南省纺织品公司	湖南省长沙市韶山路61号	31040	5993	410007
广东省纺织品公司	广东省广州市长堤大马路171号	8883086	0319	510120
广州针纺织品采购供应站	广州市大德路308号	3356789	1745	510120
广西壮族自治区百货公司	广西南宁市桃源路59号	203238	4846	530021
海南省纺织品公司	海南省海口市中山路44号	333153	4791	570001
四川百货公司	四川省成都市人民中路三段6号	25951	8277	610031
贵州省纺织品公司	贵州省贵阳市瑞金中路73号	524806	4875	550003
云南省纺织品公司	云南省昆明市吴进路238号	33641	3052	650041
陕西省纺织品公司	陕西省西安市自强西路27号	723381—5	4791	710014
甘肃省百货公司	甘肃省兰州市民主东路144号	26123	4102	730000
青海省纺织品公司	青海省西宁市西关大街90号	75582	4791	810001
宁夏回族自治区纺织品公司	宁夏银川市解放东街232号	22160	0756	750001
新疆维吾尔自治区纺织品公司	新疆乌鲁木齐市新华南路17号	22901—275	3984	830002
北京市纺织工业总公司	北京市东单三条33号	5127929	5541	100005
北京市纺织工业物资供应公司	北京市朝阳区八里庄	5015554	4647	100025
北京市纺织工业总公司销售公司	北京市朝阳区八里庄	5025031		100025
北京市毛纺织开发服务公司	北京市海淀区清河镇	2913803	7802	100085

续

机　构　名　称	地　址	电话	电报挂号	邮政编码
北京市棉纺织印染技术经济合作公司	北京市朝阳区八里庄	5024831	2442	100025
北京市纺织机械器材开发服务公司	北京市朝阳区八里庄	5025031	2002	100025
中技北京市公司纺织分公司	北京市朝阳区八里庄	5024831	2442	100025
北京三环毛纺针织集团公司	北京市东城区嵩祝院	4014488	0014	100009
北京针织工业集团公司	北京市朝阳区红庙	5023361	9633	100026
北京五洲染织集团公司	北京市朝阳区公园路	5023337—2218	5059	100025
北京京工服装工业集团公司	北京市宣武区珠市口	3014979	6528	100050
北京鞋帽工业集团公司	北京市崇文区天坛路	755219	4755	100050
天津市纺织工业局	天津市和平区赤峰道 33 号	392755	4791	300041
天津市色织工业公司	天津市红桥区西关外大街 178 号	753606	7503	300121
天津市丝绸集团公司	天津市河西区徽州道 27 号	284143 284133	4831	300203
天津市纺织工业局产业用纺织品管理处	天津市河西区大沽南路 975 号	806243		300220
天津市针织集团公司	天津市红桥区大丰路太平街 4 号	752139		300121
天津市纺织工业局毛纺管理处	天津市和平区新华南路 255 号	314719	6258	300050
天津市纺织机械器材管理处	天津市河西区闽侯路 14 号	282637		300202
天津市纺织工业局化纤行业处	天津市南开区南马路西南角大水沟长生巷 4 号	250598	9229	300101
天津市纺织工业局印染管理处	天津市河北区粮店后街 10 号	241780		300010
天津市飞天纺织装饰品联合公司	天津市河北区狮子林大街盐官厅西胡同 5 号	262525	8731	300143
河北省纺织工业总公司	河北省石家庄市合作路 32 号	744323	6868	050051
河北省服装鞋帽工业公司	河北省石家庄市南马路 261 号	24903	1281	050051
河北省丝绸公司	河北省石家庄市合作路 32 号	741586	6868	050051
石家庄纺织集团总公司	河北省石家庄市和平中路 60 号	645530	1551	050011
石家庄地区纺织工业公司	河北省石家庄市工农路 14 号	24237	3755	050000
邯郸纺织集团总公司	河北省邯郸市中华北大街 61 号	25981	6779	056002
邯郸地区纺织工业公司	河北省邯郸市邯山街 7 号	23554		056001
邢台市纺织工业局	河北省邢台市东关阁外	336712	6960	054001
邢台地区工业公司	河北省邢台市西马路街 12 号	223234		054001
保定市纺织工业局	河北省保定市东风西路 1 号	436620		071052
保定地区轻纺工业公司	河北省保定市环城东路 31 号	224142		071004
唐山市纺织工业局	河北省唐山市北新道	226685		063000
承德市纺织工业管理局	河北省承德市西大街路北 64 号	223082		067000
承德地区轻工业公司	河北省承德市大佟沟 5 号	224234		067000
秦皇岛市轻纺工业局	河北省秦皇岛市海港区河北大街 2 号	332138		066000
沧州市纺织工业局	河北省沧州市光荣路 28 号	224910		061001
沧州地区轻纺工业局	河北省沧州市新华中路 54 号	225343		061000
张家口市纺织工业公司	河北省张家口市桥东区解放大街 11 号	217741	2397	075000
张家口地区轻纺工业公司	河北省张家口市桥西区新华后街 1 号	214923	1562	075000
廊坊市轻化工业局	河北省廊坊市新华路 26 号	212628		102800
衡水地区轻纺工业局	河北省衡水市自强街 106 号	223347 223151（办）		053000

续

机构名称	地址	电话	电报挂号	邮政编码
山西省纺织工业厅	山西省太原市桃园北路9号	440111	2811	030002
山西省纺织经销总公司	山西省太原市桃园北路9号	441415		030002
山西省纺织服装鞋帽工业公司	山西省太原市平阳路8号	774789	1407	030006
山西省纺织机械器材公司	山西省太原市桃园北路9号	442505	0813	030002
山西省纺织工业供销公司	山西省太原市桃园北路9号	442098	4791	030002
太原市纺织工业局	山西省太原市晋祠路小王村	663461		030024
晋中地区轻纺工业公司	山西省榆次市迎宾路22号	23757	7230	030600
临汾地区轻纺工业公司	山西省临汾市解放东路20号	4149		041000
运城地区轻纺工业局	山西省运城市河东路经委大楼	220347		044000
大同市工业局	山西省大同市新建南路	223583		037006
阳泉市纺织工业公司	山西省阳泉市新建路	23149		045000
长治市纺织工业公司	山西省长治市八一路	21004	4502	046011
晋城市轻纺工业联合公司	山西省晋城市新市东街小东关74号	222139		048000
忻州地区轻纺工业公司	山西省忻州市长征路工交大楼	22707	3565	034000
吕梁行署工业局	山西省离石县文化路8号	2808		033000
雁北行署工业局	山西省大同市雁同东路	232292		037044
内蒙古自治区轻工业厅	呼和浩特市内蒙古自治区人民政府大院5号楼	664762	4791	010055
内蒙古自治区纺织工业公司	内蒙古呼和浩特市中山东路1号	22813	1964	010010
呼和浩特市纺织工业局	内蒙古呼和浩特市三里营南路	672589		010020
包头市轻纺工业局	内蒙古包头市东河区巴彦塔拉大街	41673		014040
伊盟纺织工业公司	内蒙古东胜市解放南路	3129		017004
赤峰市轻工局	内蒙古赤峰市解放街	33124		024000
辽宁省纺织工业厅	辽宁省沈阳市和平区南四马路28号	363872	0346	110001
辽宁省纺织工业供销公司	辽宁省沈阳市中华路49号	369610	0220	110001
辽宁省纺织机械器材工业公司	辽宁省沈阳市南五马路148号	367828	0073	110001
辽宁省纺织品联合进出口公司	辽宁省沈阳市中华路198号	373824	0109	110001
辽宁省服装工业公司	辽宁省沈阳市岐山中路50号	663492	0273	110031
辽宁省丝绸实业公司	辽宁省沈阳市黄河南大街96号	460571	0670	110031
辽宁省丝绸进出口公司	辽宁省大连市中山区杏林街68号	235262	4846	116001
营口市纺织工业管理局	辽宁省营口市渤海大街迎宾里6号	33412	4791	115002
锦州市纺织工业局	辽宁省锦州市解放路三段33号	24278		121000
鞍山市纺织工业管理局	辽宁省鞍山市胜利路一段92号	27655		114031
抚顺市纺织工业管理局	辽宁省抚顺市东三路	22769		113008
辽阳市纺织工业局	辽宁省辽阳市民主路二段	24390		111000
丹东市丝纺工业局	辽宁省丹东市县前街88号	223143		118000
阜新市纺织工业局	辽宁省阜新市解放大街	25524		123000
本溪市纺织工业局	辽宁省本溪市明山区解放路二段	24844		117000
朝阳市纺织工业局	辽宁省朝阳市双塔区市政府院	313232		122000
铁岭市纺织工业局	辽宁省铁岭市银州区文化街	23377		112000
盘锦市轻纺工业局	辽宁省盘锦市兴隆台区市政府大楼	224127		124000
锦西市轻工业局	辽宁省锦西市莲山区水泥街	222884		121500
沈阳市纺织工业管理局	辽宁省沈阳市沈河区十三纬路111号	228606 225049		110014
沈阳市纺织工业供销总公司	辽宁省沈阳市和平区同泽北街33号	332761	0530	110001
沈阳市纺织工业联合销售公司	辽宁省沈阳市沈河区朝阳街202号	852451	4888	110011
沈阳服装公司	辽宁省沈阳市和平区中山路140号	723771	2008	110002

续

机构名称	地址	电话	电报挂号	邮政编码
东北纺织原材料联营公司	辽宁省沈阳市和平区十一纬路70巷3号	225050	4552	110003
沈阳东毛实业有限公司	辽宁省沈阳市沈河区十三纬路111号	222289		110014
大连市纺织工业管理局	辽宁省大连市中山区天津街70号	237292	2727	116001
大连市纺织工业管理局供销公司	辽宁省大连市西岗区中山路141—6号楼	332153	4858	116011
大连纺织品联合进出口公司	辽宁省大连市沙河口区工华街17号	403996	1357	116021
吉林省纺织工业厅	吉林省长春市斯大林大街60号	825800	1978	130051
吉林省纺织工业进出口公司	吉林省长春市北安路50号	823929		130061
吉林省纺织工业物资公司	吉林省长春市西四道街41号	822085		130041
吉林省服装鞋帽工业公司	吉林省长春市同志街7号	826625		130061
吉林省纺织产品经销公司	吉林省长春市新发路1号	868828		130051
吉林省纺织工业厅劳动服务公司	吉林省长春市同志街34—3号216房间	640638		130021
吉林市纺织工业局	吉林省吉林市松江路56号	221393		132001
四平市纺织工业局	吉林省四平市英雄大街59号	222935		136000
白城地区轻化工业局纺织科	吉林省白城市文化东路1号	24061		137000
辽源市纺织工业局	吉林省辽源市西宁大路11号	225921		136200
延边朝鲜族自治州轻纺工业局	吉林省延吉市河南街天池路77号	514355		133001
通化市纺织工业局	吉林省通化市新华大街73号	213100	4791	134001
浑江市轻化纺工业局	吉林省浑江市八道街区浑江大街184号	225580		134300
公主岭市轻化工业局	吉林省公主岭市东二马路8号	214680		136100
梅河口市轻化工业局	吉林省梅河口市梅河区解放街	2474		135000
长春市纺织工业总公司	吉林省长春市斯大林大街51号	824998		130051
黑龙江省纺织工业厅	黑龙江省哈尔滨市南岗区花园街22号	342635	2256	150001
黑龙江省丝绸公司	黑龙江省哈尔滨市南岗区辽阳街8号	342225		150001
黑龙江省亚麻公司	黑龙江省哈尔滨市南岗区花园街22号	341033		150001
黑龙江省纺织工程承包公司	黑龙江省哈尔滨市南岗区花园街22号	338287		150001
黑龙江省服装鞋帽公司	黑龙江省哈尔滨市南岗区花园街22号	343428		150001
黑龙江省纺织工业供销公司	黑龙江省哈尔滨市南岗区光芒街86号	228954	5229	150001
黑龙江省服装研究设计中心	黑龙江省哈尔滨市道里区新阳路130号	483601		150016
黑龙江省纺织工业贸易公司	黑龙江省哈尔滨市动力区亚麻街28号	243305	5229	150040
齐齐哈尔市纺织工业局	黑龙江省齐齐哈尔市龙华路怡安街1号	427335		161000
牡丹江市纺织工业局	黑龙江省牡丹江市东地明街	28901	0674	157011
佳木斯市纺织工业局	黑龙江省佳木斯市站前街	23157		154002

续

机构名称	地址	电话	电报挂号	邮政编码
鹤岗市纺织工业局	黑龙江省鹤岗市工农区	4685		154100
双鸭山市纺织工业局	黑龙江省双鸭山市尖山区站前街	23651		155100
伊春市纺织工业局	黑龙江省伊春市育林路	3417		153000
鸡西市纺织工业局	黑龙江省鸡西市鸡冠区红军路	54387		158100
绥化地区行署纺织工业局	黑龙江省绥化市行署街 2 号	226596		152054
哈尔滨市纺织管理局	黑龙江省哈尔滨市道里区中医街 72 号	413863	4894	150010
上海市纺织工业局	上海市中山东一路 24 号	3218000	1323	200002
上海棉纺织印染联合公司	上海市江西中路 421 号	3219620	4286	200002
上海化学纤维公司	上海市中山东一路 24 号	3218000	1985	200002
上海线带公司	上海市愚园路 470 弄 15 号	2520587	7255	200040
上海手帕进出口公司	上海市陕西北路 80 号	2536490	1303	200041
上海丝绸公司	上海市延安东路 2 号	3217328	0784	200002
上海市服装公司	上海市宁波路 74 弄 4 号	3215450	1988	200002
上海毛麻工业联合公司	上海市中山东一路 24 号	3218000	3399	200002
上海新联纺织品进出口公司	上海市愚园路 1341 号	2511532	1844	200050
上海针织工业联合公司	上海市云南南路 15 号	3202658	0659	200021
上海毛巾被单工业联合公司	上海市中山东一路 24 号	3218000	2111	200002
上海纺织机械（集团）公司	上海市中山东一路 24 号	3218000	1462	200002
上海纺织设备器材工业联合公司	上海市江苏路 132 弄 26 号	2512179	1464	200050
上海康达纺织印染服装（集团）公司	上海市长安路 1001 号 1 号楼 10 层	3171371		200070
上海申达纺织服装（集团）公司	上海市北京西路 1700 号 7 楼	2550500	5279	200040
上海华申纺织印染（集团）公司	上海市平凉路 629 号	5430220	5252	200082
上海八达纺织印染服装公司	上海市浦东南路 2111 号 406 室	8849888		200127
上海针织内衣（集团）公司	上海市马当路 477 号	3737888	5487	200025
上海纺织装饰（集团）公司	上海市延安西路 1303 号 11 楼	2521969	1010	200050
上海市纺织原料公司	上海市长寿路 652 号	2564535	3333	200060
上海市纺织建筑工程公司	上海市江宁路 931 号	2534370	2810	200040
上海市纺织运输公司	上海市紫华路 50 号	3263870		200010
上海纺织工业经营开发公司	上海市塘沽路 930 号	3207960	1310	200085
上海纺织咨询公司	上海市香港路 58 号	3233860		200002
江苏省纺织工业厅	江苏省南京市中山东路 482 号	400099	6274	210002
苏州市纺织工业公司	江苏省苏州市道前街 170 号	223540	3540	215002
无锡市纺织工业局	江苏省无锡市健康路 122 号	201630	2949	214031
常州市纺织工业局	江苏省常州市吊桥路 1 号	442364	4242	213001
镇江市纺织工业公司	江苏省镇江市解放路 434 号	232440	9021	212002
南通市纺织工业局	江苏省南通市人民西路 3 号	513031	4434	226001
扬州市纺织工业公司	江苏省扬州市三元路 98 号	347028	1358	225002
淮阴市纺织工业公司	江苏省淮阴市健康东路	343604	4930	223001
盐城市纺织行业管理办公室	江苏省盐城市建军东路 31 号	334214	6043	224002
徐州市纺织工业局	江苏省徐州市中山南路 129 号	38672	4930	221003
连云港市纺织工业公司	江苏省连云港市市场路 1 号	452045	5594	222004
江苏省丝绸总公司	江苏省南京市中山东路 472 号	415585	2809	210002
苏州市丝绸公司	江苏省苏州市人民路 537 号	771626		215005
无锡市丝绸公司	江苏省无锡市健康路 118 号	228551		214031
常州市丝绸公司	江苏省常州市怀德北路 2 号	601401		213002

续

机　构　名　称	地　　址	电话	电报挂号	邮政编码
镇江市丝绸公司	江苏省镇江市解放路 211 号	237038		212001
南通市丝绸公司	江苏省南通市人民路西路副 97 号	511922		226005
盐城市丝绸公司	江苏省盐城市曹家巷 1 号	323333		224001
南京市纺织工业公司	江苏省南京市洪武路 115 号	405166	1770	210005
南京市纺织工业供销公司	江苏省南京市石鼓路 43 号	403527	1769	210005
南京纺织工贸开发总公司	江苏省南京市洪武路 115 号	406879	1770	210005
南京服装装饰用品开发中心	江苏省南京市洪武路 115 号	404551		210005
浙江省轻工业厅	浙江省杭州市梅花碑 8 号	774971	1562	310009
浙江省化纤工业公司	浙江省杭州市体育场路 181 号	577069	4850	310006
浙江省服装工业公司	浙江省杭州市梅花碑 8 号	774971		310009
浙江省纺织机械器材工业公司	浙江省杭州市体育场路 80 号东门	553396	4118	310004
浙江省纺织工业集团公司	浙江省杭州市上仓桥路 11 号	775755	0740	310002
杭州市纺织工业局	浙江省杭州市延安路市府综合楼	559101	6644	310006
嘉兴市纺织工业公司	浙江省嘉兴市新马路 33 号	84850		314000
绍兴市纺织工业公司	浙江省绍兴市延安路小禅法弄 4 号	53918	8113	312150
温州市纺织工业总公司	浙江省温州市瓦市巷 86 号	222706		325000
金华市纺织工业公司	浙江省金华市八一路 181 号	323235		321000
浙江省轻纺工业供销公司	浙江省杭州市梅花碑 8 号	779726		310009
浙江省越华轻纺股份有限公司	浙江省杭州市解放路 7 号	773299		310009
浙江省轻纺开发咨询公司	浙江省杭州市梅花碑 8 号	773304		310009
浙江省国际经济技术合作公司轻纺分公司	浙江省杭州市梅花碑 8 号	774971（转）		310009
浙江省轻工业厅纺织测试中心	浙江省杭州市长明寺巷 24 号	771802		310009
纺织工业部纺织服装技术开发中心	浙江省杭州市长明寺巷 24 号	889063		310009
浙江省丝绸联合公司	浙江省杭州市体育场路 55 号	554249	3434	310004
杭州市丝绸公司	浙江省杭州市新华路	553524		310003
嘉兴市丝绸公司	浙江省嘉兴市	284572		314000
湖州市丝绸公司	浙江省湖州市	24386 222431		313000
绍兴市丝绸公司	浙江省绍兴市	533554		312000
金华市丝绸公司	浙江省金华市	323795		321000
衢州市丝绸公司	浙江省衢县	23343 26993		324000
宁波市丝绸公司	浙江省宁波市	361656		315000
上虞县丝绸公司	浙江省上虞县	22135		312300
海盐县丝绸公司	浙江省海盐县	23130		314300
桐乡县丝绸公司	浙江省桐乡县	22685		314500
海宁市丝绸公司	浙江省海宁市长安镇	22340		314400
德清县茧丝绸联合公司	浙江省德清县	23169		313200
宁波市纺织工业局	浙江省宁波市开明街 207 号	362861（总机）	4433	315000
宁波纺织品联合进出口公司	浙江省宁波市白龙巷 33 号	362253		315000
宁波市服装经营公司	浙江省宁波市中山东路 39—41	362293		315000
宁波市服装联合进出口公司	浙江省宁波市中山东路 39—41 号	365135		315000
宁波市服装工业公司	浙江省宁波市宁穿路	339834		315040
宁波市纺织工业供销公司	浙江省宁波市江东大河路 120 号	334031		315040

续

机 构 名 称	地 址	电 话	电报挂号	邮政编码
宁波市纺织经营开发公司	浙江省宁波市开明街207号	362861		315000
安徽省纺织工业厅	安徽省合肥市长江路85号	251145—858	4784	230001
安徽省纺织品公司	安徽省合肥市长江路85号	257447		230001
安徽省服装鞋帽工业公司	安徽省合肥市庐江路52号	251145—851		230061
安徽省纺织物资公司	安徽省合肥市金寨路	254577		230061
安徽省纺织机械设备公司	安徽省合肥市庐江路52号	253682	0209	230061
深圳安徽纺织原材料公司	安徽省合肥市金寨路九州大厦	251980		230061
合肥市纺织工业公司	安徽省合肥市和平路	482396		230011
安庆市纺织工业局	安徽省安庆市	514331		246000
蚌埠市纺织工业公司	安徽省蚌埠市中荣街天桥西下	46898		233000
芜湖市纺织工业公司	安徽省芜湖市	33391		241000
马鞍山市纺织局	安徽省马鞍山市	74832		233000
淮南市纺织工业公司	安徽省淮南市	22189		232007
淮北市纺织工业公司	安徽省淮北市	23187		235000
阜阳市纺织工业公司	安徽省阜阳市	263024		236000
六安市轻纺局	安徽省六安市			237000
滁州市纺织工业公司	安徽省滁州市	22667		239000
铜陵市纺织局	安徽省铜陵市	33468		244000
宿县地区纺织工业局	安徽省宿州市	23086		234000
六安地区纺织工业局	安徽省六安市	4730		237000
阜阳地区工业局	安徽省阜阳市	263827		236000
滁县地区工业局	安徽省滁州市	25434		239000
池州地区轻纺工业局	安徽省贵池市	2971		247100
宣城地区纺织工业局	安徽省宣州市	22867		242000
黄山市轻纺局	安徽省黄山市屯溪区	212533		245000
巢湖地区轻纺局	安徽省巢湖市	3737		238000
安徽省兴达纺织（集团）公司	安徽省合肥市寿者路8号	274065	0039	230011
安徽省针机（集团）公司	安徽省合肥市庐江路	255983—164		230061
安徽省纺织服务公司	安徽省合肥市庐江路52号	257697		230061
安徽省纺织科学研究所	安徽省合肥市铜陵路	482826		230011
安徽省纺织工业学校	安徽省合肥市南门五公里外	331197		230051
安徽省丝绸公司	安徽省合肥市金寨路283号	256448	4846	230061
安徽省丝绸公司合肥采供站	安徽省合肥市金寨路276号	252183	4846	230061
安徽省丝绸公司芜湖采供站	安徽省芜湖市劳动路1—2号	33027	4846	241000
安徽省丝绸公司蚌埠采供站	安徽省蚌埠市中荣街	47863	2826	233000
金寨县丝绸公司	安徽省金寨县城内	2589	4942	237300
青阳县丝绸公司	安徽省青阳县城内	550	540	248900
歙县丝绸公司	安徽省歙县城东路42号	2779		245200
绩溪县丝绸公司	安徽省绩溪县城内	县总机转		245300
福建省轻工业厅	福建省福州市省府路1号	556552	8666	350001
福建省纺织工业公司	福建省福州市省府路1号	534905 554956	8150	350001
福州市纺织工业公司	福建省福州市乌山路15号	553402 554484	8100	350001
福州纺织企业联合进出口公司	福建省福州市花园街1—1号	550871 550879	8337	350001
南平地区轻工业局	福建省南平市八一路109号	31087		353000

续

机构名称	地址	电话	电报挂号	邮政编码
三明市纺织工业公司	福建省三明市列东街东新四路	223115 223116	4791	365000
龙岩地区纺织工业公司	福建省龙岩市溪南	320602	2676	364000
漳州市纺织工业公司	福建省漳州市新华北路中段	223139	4791	363000
泉州市轻工局	福建省泉州市东大路	233301	8130	362000
宁德地区工业局	福建省宁德市署前路10号	22294		352100
莆田市轻工业局	福建省莆田市仓后路	22259		351100
厦门市经济委员会纺织处	福建省厦门市湖滨北路市政府大楼	561605	传真 552409	361012
厦门市纺织工业公司	福建省厦门市福华里7号	221416	4858	361003
江西省纺织工业局	江西省南昌市北京东路25号	332610	4412	330029
江西省纺织工业供销公司	江西省南昌市北京东路25号	332249		330029
江西省丝绸公司	江西省南昌市北京东路25号	333171		330029
南昌市纺织工业局	江西省南昌市民德路市经济大楼	784468	5460	330008
九江市纺织工业公司	江西省九江市人民路190号	224663	7819	332000
抚州地区纺织工业局	江西省抚州市	224178		
上饶地区轻化纺工业局	江西省上饶市中山路36号	225201	6535	334000
赣州地区轻化纺工业局	江西省赣州市青年路17号	222323		341000
宜春地区轻化工业局	江西省宜春市秀江路1号	223382		336000
萍乡市轻化工业局	江西省萍乡市八一街交通路6号	333616		337000
吉安地区轻纺局	江西省吉安市阳明路	223296		343000
新余市纺织局	江西省新余市东风西路76号	442425		336500
鹰潭市经委	江西省鹰潭市	221910		335000
景德镇市轻化局	江西省景德镇市	221203		333300
江西省服装鞋帽工业公司	江西省南昌市北京东路25号	332454	1615	330029
山东省纺织工业厅	山东省济南市文化东路145号	655911	1577	250014
山东省纺织供销公司	山东省济南市民生大街58号	616290		250001
山东省纺织机械公司	山东省济南市朝山街2号楼	616821		250011
山东省纺织经济技术开发公司	山东省济南市文化东路145号	46851		250014
山东省纺织工业对外发展公司	山东省济南市文化东路145号	615674		250014
山东省纺织工业电脑技术咨询服务中心	山东省济南市文化东路145号	615675		250014
山东省纺织品公司	山东省济南市山大路147号	45127		250014
山东省服装鞋帽工业公司	山东省济南市文化东路145号	45911—275	1173	250014
济南市纺织工业局	山东省济南市工商河西路33号	552621		250031
烟台市纺织工业公司	山东省烟台市南大街27号	245790	2814	264001
潍坊市纺织工业局	山东省潍坊市跃进路6号	232351	4971	261041
淄博市纺织工业公司	山东省淄博市张店区人民东路1号	225821		255020
惠民地区纺织工业局	山东省惠民地区滨州市黄河三路732号	25256	4930	256617
德州地区纺织工业公司	山东省德州市新湖北路23号	21253	4791	253016
聊城地区纺织工业局	山东省聊城市兴华西路44号	224844	6060	252057
泰安市纺织工业局	山东省泰安市北新街61号	222706		271000
济宁市纺织工业公司	山东省济宁市红星东路	317345	0112	272117
枣庄市纺织工业局	山东省枣庄市文化路38号	314157	420	277139
临沂地区纺织工业局	山东省临沂市红旗路	226972	4791	276003
菏泽地区纺织工业局	山东省菏泽市中华东路15号	24801	4930	274010

续

机构名称	地址	电话	电报挂号	邮政编码
东营市纺织工业局	山东省东营市东城区	331380		257091
威海市纺织工业公司	山东省威海市解放路4号	222872	0701	264200
日照市轻工纺织工业局	山东省日照市丽阳路6号	221335		276800
山东省丝绸公司	山东省济南市永庆街2号	612142	5729	250001
山东省丝绸供销公司	山东省济南市永庆街2号	614185	5729	250001
山东丝绸进出口公司	山东省青岛市湛流干路55号	367266	4846	266071
青岛市丝绸公司	山东省青岛市台东宁夏路97号	515392	4986	266071
烟台市丝绸公司	山东省烟台市太平街9号	225535	4828	264001
淄博市丝绸公司	山东省淄博市周村区丝绸路13号	611956	1579	255300
潍坊市丝绸公司	山东省潍坊市潍城区道口东路8号	222221	5729	261041
济宁市丝绸公司	山东省济宁市申家口街	217411	4828	272129
临沂地区丝绸公司	山东省临沂市开阳路2号	315094	4846	276003
泰安市丝绸公司	山东省泰安市御碑街8号	223899	4846	271000
德州地区丝绸公司	山东省德州市迎宾南路	23536		253003
菏泽地区丝绸公司	山东省菏泽市丹阳路134号	24553		274012
滨州地区丝绸公司	山东省滨州市黄河五路522号	25713	5729	256613
聊城地区丝绸公司	山东省聊城市向阳路	223746	5729	252000
山东省丝绸公司枣庄办事处	山东省枣庄市台儿庄区	611462		277400
威海市丝绸公司	山东省威海市统一路商业街南端东侧	225908	3252	264200
济南市丝绸公司	山东省济南市解放路芳苑宾馆	642305	1423	250013
青岛市纺织工业总公司	山东省青岛市馆陶路3号	224833	4930	266011
青岛纺织品联合进出口公司	山东省青岛市牟平路16号	261065	4930	266003
河南省纺织工业厅	河南省郑州市建设路市场街	446433	4960	450007
河南纺织原材料公司	河南省郑州市建设路市场街	446433—326	0007	450007
河南纺织机械器材公司	河南省郑州市建设路市场街	446433—370	6201	450007
河南省服装公司	河南省郑州市建设路市场街	771683		450007
河南省纺织工业厅机械安装公司	河南省郑州市中原路西段	447685	5380	450007
郑州市纺织工业局	河南省郑州市委北院	446995		450006
开封市纺织工业局	河南省开封市自由路中段	550817		475000
平顶山市纺织工业局	河南省平顶山市矿工路中段	223681 225200		467000
洛阳市轻纺工业局	河南省洛阳市八一路	337364 337109		471000
焦作市纺织工业局	河南省焦作市解放中路	333758		454100
鹤壁市轻化局	河南省鹤壁市	25136		456600
新乡市纺织工业公司	河南省新乡市人民路东头	223784		453000
安阳市纺织工业总公司	河南省安阳市友谊路	422014		455000
濮阳市轻工局	河南省濮阳市	415820		457000
漯河市经委轻纺办公室	河南省漯河市交通路	34876		462000
许昌市轻纺办公室	河南省许昌市七一路	224504		461000
三门峡市经委轻纺办公室	河南省三门峡市	221643		472000
南阳地区轻工局	河南省南阳市中州路	336208		473000
商丘地区纺织局	河南省商丘市	22907		476100
周口地区工业局	河南省周口市	3057　3045		466000
信阳地区经委纺织办公室	河南省信阳市西关	222319 221543		464000

续

机 构 名 称	地 址	电话	电报挂号	邮政编码
驻马店地区轻纺局	河南省驻马店市解放路西段	2836 3264		463000
湖北省纺织工业总公司	湖北省武汉市武昌徐东路52号	612177 613935	0589	430077
湖北省丝绸工业公司	湖北省武汉市武昌徐东路52号8楼	613892	0589	430077
湖北省服装鞋帽工业公司	湖北省武汉市保成路4号楼（4—1）	212790	4026	430020
湖北省纺织工业经销公司	湖北省武汉市广埠屯邱家湾特1号	715531	4930	430072
湖北省纺织机械器材公司	湖北省武汉市中华路	875801	5438	430061
湖北省纺织工业物资公司	湖北省武汉市中华路	875801	5261	430061
湖北省纺织工业贸易公司	湖北省武汉市保成路1号楼	235272	1672	430013
湖北省纺织企业联合（集团）公司	湖北省武汉市武昌徐东路52号10楼	613904		430050
黄石市纺织行业办公室	湖北省黄石市老虎头	224646		435000
十堰市轻纺工业局	湖北省十堰市江汉路2号	51921	6535	442000
沙市市纺织工业公司	湖北省沙市市白云路	213977	1122	434002
襄樊市纺织工业公司	湖北省襄樊市春风巷36号	441590		441000
宜昌市纺织工业公司	湖北省宜昌市东山大道104号	446954	2455	443000
荆门市纺织工业公司	湖北省荆门市象山大道北段	32258		434500
鄂州市纺织工业局	湖北省鄂州市城区武昌大道中段	23244		436000
黄冈地区纺织工业局	湖北省黄州市黄州镇考棚街	54372	0674	436100
孝感地区纺织工业公司	湖北省孝感市文化路	223871		432100
咸宁地区纺织工业公司	湖北省咸宁市温泉路	56610		437100
荆州地区纺织工业局	湖北省江陵县荆州镇荆东路48号	467875		434100
郧阳地区轻纺工业局	湖北省十堰市人民路86号	65921		442000
鄂西土家族苗族自治州轻纺工业局	湖北省恩施市午阳大街204号	22003		445000
武汉市纺织工业局	湖北省武汉市汉口江汉路8号	231407	2505	430014
武汉市针织工业联合公司	湖北省武汉市中山大道多福巷88号	355415		430031
武汉市色织布工业联合公司	湖北省武汉市汉阳区琴台路特1栋1号	443976	0274	430050
湖南省纺织工业厅	湖南省长沙市建湘南路158号	426950	3987	410005
湖南省纺织物资设备公司	湖南省长沙市环城堤202号	446543	8995	410005
湖南省纺织销售总公司	湖南省长沙市中山西路附92号	446257	2027	410005
湖南省丝绸公司	湖南省长沙市古稻田新80号	45293	9084	410005
湖南省服装工业公司	湖南省长沙市韶山路雨花亭108号	552041		410007
湖南省苎麻技术研究中心	湖南省长沙市赤岗南路60号	553129	4300	410007
华升苎麻纺织企业集团公司	湖南省长沙市建湘南路223号	447488	4246	410005
长沙市纺织工业局	湖南省长沙市韶山路44号	441893		410011
株洲市纺织工业局	湖南省株洲市钟鼓岭	23891		412000
湘潭市纺织工业局	湖南省湘潭市雨湖路69号	21946		411100
岳阳市纺织工业局	湖南省岳阳市新胜路	223725		414000
衡阳市纺织工业局	湖南省衡阳市中山北路进步巷26号	25762		421001
邵阳市纺织工业局	湖南省邵阳市昭陵西路248号	222785	8403	422000
常德市纺织工业局	湖南省常德市东郊楠竹山	225565		415003
益阳地区纺织工业局	湖南省益阳市长益路58号	24654		413000
娄底地区轻纺工业局	湖南省娄底市星平路	3962		417000
零陵地区轻纺工业局	湖南省永州市钟楼街	412031		425000
郴州地区轻纺工业局	湖南省郴州市苏仙北路27号	224753	4592	423000
怀化地区轻纺工业局	湖南省怀化市	233618		418000

续

机构名称	地址	电话	电报挂号	邮政编码
湘西土家族苗族自治州轻纺工业局	湖南省吉首市	223347		416000
大庸市工业局	湖南省大庸市何家山航校招待所一楼	222444		416600
湖南省纺织工业专科学校	湖南省湘潭市东湖路 18 号	61599		411104
广东省纺织工业总公司	广东省广州市环市东路 360 号珠江大厦东楼 3—5 层	3335066	1036	510030
佛山市纺织工业公司	广东省佛山市建新路凿石街 45 号	350281	5700	528000
江门市纺织工业公司	广东省江门市江边里 213 号 2 楼	334691	1195	529000
韶关市纺织工业总公司	广东省韶关市东堤中路 49 号	881306	0040	512000
汕头市纺织工业公司	广东省汕头市中山路 100 号	257148	0101	515000
汕头经济特区纺织工业联营公司	广东省汕头市龙湖加工区 11 幢东侧二楼	60046	4750	515000
珠海市工委纺织工业办公室	广东省珠海市香洲区中心里 8 号	228244	3444	519000
珠海市纺织工业集团有限公司	广东省珠海市九洲大道华厦大楼三楼	333783	4846	519000
梅县地区一轻工业公司	广东省梅县市	23772	4574	514000
惠阳地区轻工业总公司	广东省惠州市环城西路 64 路			516000
湛江市纺织企业集团公司	广东省湛江市霞赤四路北站口	332698	1688	524000
茂名市轻纺工业总公司	广东省茂名市油城三路 289 号	63682	2621	525011
肇庆市纺织工业公司	广东省肇庆市芹田路 6 号	224025	6534	526040
阳江市纺织工业公司	广东省阳江市牛墟经委工业大楼			529500
汕尾市经委	广东省汕尾市城区车站招待所	32470		516600
河源市纺织工业公司	广东省河源市中堤路 4 号	33753	8907	517000
东莞市纺织工业总公司	广东省东莞市莞城运河东路 21 号工业大楼五楼	226954	5281	511700
中山市纺织丝绸工业公司	广东省中山市石岐华柏路花园新村 18 号	825390		528403
广东省丝绸公司	广东省广州市东风西路 198 号	3337448	1264	510180
番禺县丝绸公司	广东省番禺县市桥环城东路 30 号	23735	6511	511400
深圳对外贸易（集团）丝绸、纺织品进出口公司	广东省深圳市木头龙一街 1 号六楼	232252	4791	518003
珠海市丝绸公司	广东省珠海市香洲凤凰路海城街 111 号	227817	4791	519000
汕头市丝绸公司	广东省汕头市外马路 201 号	275393	4828	515031
潮州市丝绸公司	广东省潮州市城新路 28 号	221521	5468	515600
韶关市丝绸公司	广东省韶关市环园东路 4 号	885891	0175	512000
翁源县丝绸公司	广东省翁源县龙仙镇建设路一路 59 号	275429		512600
紫金县丝绸公司	广东省紫金县城秋江路 88—19	22827	4942	517400
东莞市丝绸公司	广东省东莞市莞城镇运河东一路外贸中心四楼	226541	4791	511700
中山市丝绸公司	广东省中山市石悦来南路	822814	8390	528400
江门市丝绸公司	广东省江门市江华路 42 号	351270	9115	529051
新会县丝绸公司	广东省新会县城爱民路 9—13 号	663637	4828	529100
台山县丝绸公司	广东省台山县城平湖路 1 号	22061	4828	529200
佛山市丝绸公司	广东省佛山市汾江中路 53 号	223016	4788	528000
南海县丝绸公司	广东省佛山市南桂西路 4 号 1 座	637228		528000
顺德县丝绸公司	广东省顺德县容奇镇长堤路 26 号	683364	0960	528303

续

机　构　名　称	地　址	电话	电报挂号	邮政编码
三水县丝绸公司	广东省三水县西南文锋东路14号	731743	4846	528100
阳春县丝绸公司	广东省阳春县城河西	76181	5729	529600
湛江市丝绸公司	广东省湛江市霞山人民大道一路1号	284255	8208	524001
廉江县丝绸公司	广东省廉江县城中山三路46号	24840		524400
茂名市丝绸公司	广东省茂名市人民南路	88739	9115	525011
高州县丝绸公司	广东省高州县附城解放路	662482	4930	525200
化州县丝绸公司	广东省化州县城河东路97号	22379	1234	525100
肇庆市丝绸公司	广东省肇庆市正西路6号	224568	4846	526020
高要县丝绸公司	广东省肇庆市康乐北路	232137		526020
罗定县丝绸公司	广东省罗定县城保定路19号	22585	4846	527200
云浮县丝绸公司	广东省云浮县城星岩路113号	823919		527300
德庆县丝绸公司	广东省德庆县环城路外经大楼	762469	4846	526600
郁南县丝绸公司	广东省郁南县都城镇大堤路2号	2785		527100
清远市丝绸公司	广东省清远市城下濠巷30号	339748	4828	511500
英德县丝绸公司	广东省英德县城建设路	22025	4846	513000
阳山县丝绸公司	广东省阳山县城北松荣路1号	84754		513100
遂溪县丝绸公司	广东省遂溪县遂城镇新风路	63148		524300
河源市丝绸公司	河源市长塘路12号		3063	517000
曲江县丝绸公司	曲江县马坝狮岩路	66076		512100
广东省服装工业公司	广东省广州市署前路33号	7765834	4178	510080
佛山市服装工业公司	广东省佛山市祖庙路3号之一	285716	1684	528000
惠州市服装集团公司	广东省惠州市中山西路36号	224805	0059	516001
广州市纺织工业总公司	广东省广州市广卫路18号	3332360 3335518	0064	510030
广州市纺织工业联合进出口公司	广东省广州市连新路145号	3335902	5723	510030
深圳市纺织工业公司	广东省深圳市上步中路振华路3号	360127	4784	518031
广西壮族自治区纺织工业厅	广西南宁市民族大道55号	201825	4791	530022
广西壮族自治区纺织工业供销公司	广西南宁市民族大道55号	207432	3232	530022
广西丝绸公司	广西南宁市园湖路	221456	4828	530022
南宁市纺织工业总公司	广西南宁市古城路28号	202110	6855	530023
柳州市纺织工业局	广西柳州市解放南路86号	225706	4784	545001
桂林市纺织工业公司	广西桂林市叠彩路4号	223557	4930	541000
梧州市纺织工业公司	广西梧州市大中路47号	24976	4930	543000
北海市纺织工业总公司	广西北海市长青路老干部局大院内	24896	3066	536000
北海市纺织工贸联合进出口公司	广西北海市纺织工业总公司（内转）	24896（转）		536000
广西壮族自治区服装鞋帽工业公司	广西南宁市建政路31号	208925	2156	530023
广西服装鞋帽工业公司经理部	广西南宁市建政路31号	200319—4015	2156	530023
广西服装鞋帽工业公司设备经营部	广西南宁市建政路20号	205696	2156	530023
海南省纺织工业厅	海南省海口市海府路省府大院内	342577	2302	570003
海南省纺织工业局（总公司）	海南省海口市海秀大道28号	772514 772040	0125	570005
海南省纺织工业供销公司	海南省海口市海秀大道28号	778799 772512	7030	570005
海南省纺织工业实业公司	海南省海口市海秀大道28号	772514 772040	0125	570005
海南省纺织原材料公司	海南省海口市海秀大道28号	790942	4299	570005

续

机构名称	地址	电话	电报挂号	邮政编码
海南省纺织服装工业公司	海南省海口市海秀大道28号	795162	0125	570005
海南省纺织企业发展公司	海南省海口市海秀大道28号	776243	0125	570005
海南省纺织建筑安装工程公司	海南省海口市海秀大道28号	796021	0125	570005
海南省纺织丝绸公司	海南省海口市海秀大道28号	772514		570005
海南省纺织设备材料公司	海南省海口市海秀大道28号	772514		570005
海南省纺织兴业聚酯有限公司	海南省海口市港澳工业开发区翠玉园A座	664042 664045		570011
四川省纺织工业厅	四川省成都市东华正街	625215	0707	610015
自贡市纺织工业局	四川省自贡市	223371		643000
南充地区纺织工业局	四川省南充市	2205	4930	637000
内江市纺织工业局	四川省内江市	224722	0030	641000
乐山市轻纺化工业局	四川省乐山市	22236		614000
绵阳市纺织工业局	四川省绵阳市	23438	4930	621000
达县地区纺织工业局	四川省达县市	24091		635000
涪陵地区轻纺工业局	四川省涪陵市	22159		648000
万县地区工业局	四川省万县市	23570	6906	634000
遂宁市纺织工业局	四川省遂宁市	24776	4792	629000
广元市纺织工业局	四川省广元市	22350	6535	628000
德阳市轻纺工业局	四川省德阳市	2680		618000
泸州市轻纺工业局	四川省泸州市	3805		646000
宜宾地区轻纺工业局	四川省宜宾市	226636	4619	644000
黔江地区纺织工业局	四川省黔江县	22592		648700
阿坝州工业局	四川省马尔康县	2119	2017	624000
雅安地区工业局	四川省雅安市	2710		625000
攀枝花市轻工业局	四川省攀枝花市	22333		617000
四川省丝绸公司	四川省成都市太升北路24号	671257 678111	5729	610017
成都市蚕丝绸公司	四川省成都市红星路一段35号	679950	4846	610017
德阳市丝绸公司	四川省德阳市长江西路146号	223310	4248	618000
泸州市丝绸公司	四川省泸州市江阳南路	33205	4828	646000
自贡市丝绸公司	四川省自贡市五星街242号	223341	5729	643000
南充地区丝绸公司	四川省南充市嘉陵路57号	22315 22086	4942	637000
绵阳市丝绸公司	四川省绵阳市富乐路138号	22392 24682	5729	621000
万县地区丝绸公司	四川省万县市新城路87号	222774	0433	634000
宜宾地区丝绸公司	四川省宜宾市小北街19号丝绸大厦二楼三楼	224841 224178	5729	644000
涪陵地区丝绸公司	四川省涪陵市高笋塘6号	224174 224066	4828	648000
达县地区丝绸公司	四川省达县市朝阳东路14号	22739	4942	635000
乐山市丝绸公司	四川省乐山市兑阳湾24号	34439 23716	5729	614000
内江市丝绸公司	四川省内江市大西街82号	223291	4828	641000
广元市丝绸公司	四川省广元市商业街	222532	6424	628000
遂宁市丝绸公司	四川省遂宁市遂州北路	23983	4846	629000
黔江地区丝绸公司	四川省黔江县西沙南路2号	23565	4828	648700

续

机　构　名　称	地　　址	电　话	电报挂号	邮政编码
攀枝花市丝绸公司	四川省攀枝花市大河北路三村280号	22587	4828	617067
成都市纺织工业局	四川省成都市马道街75号	25190 27538（传真）		610015
成都市纺织工业局供销处	四川省成都市西玉龙街玉龙综合大楼三楼东座	665919 767220	2792	610015
重庆市纺织工业局	四川省重庆市中区七星岗领事巷11号	46636	1421	630013
重庆市纺织工业总公司	四川省重庆市中区七星岗领事巷11号	46636	1421	630013
重庆市纺织工业局供销公司	四川省重庆市中区上清寺	350179	4135	630015
重庆市服装工业公司	四川省重庆市中区解放西路	341089	4139	630012
重庆市鞋帽工业公司	四川省重庆市沙坪坝区陈家湾	962303		630030
重庆色织复制工业公司	四川省重庆市江北区观音桥	750246	4146	630020
重庆纺织机械器材工业公司	四川省重庆市沙坪坝区石桥铺	813093	4127	630039
重庆针织工业公司	四川省重庆市沙坪坝区石桥铺	810542	4114	630039
重庆茧丝绸集团公司	四川省重庆市江北区建新北路72号	754341	4454	630020
贵州省轻纺工业厅	贵州省贵阳市花溪大道	522475	6535	550003
贵州省纺织工业公司	贵州省贵阳市兴关路24号	28800	4930	550002
贵州省鞋帽服装工业公司	贵州省贵阳市延安东路39号	27466	7104	550001
贵阳市纺织工业公司	贵州省贵阳市延安中路	622254		550001
贵州省纺织工业公司展销部	贵州省贵阳市兴关路22号	24426	4930	550002
黔东南州轻纺工业局	贵州省凯里市韶山北路8号	22707		556000
黔南州轻纺工业局	贵州省都匀市剑江路96号	2167		558000
遵义地区轻纺工业局	贵州省遵义市老城	2614		563000
安顺地区轻纺局	贵州省安顺市中华北路202号	22448		561000
毕节地区轻纺工业局	贵州省毕节县威宁路5号	23135	5393	551700
云南省纺织工业局	云南省昆明市董家湾大厦	63577	4791	650041
昆明市轻纺工业局	云南省昆明市拓东路655号	61810		650011
大理市纺织工业局	云南省大理市下关	25123		671000
曲靖行署轻纺工业管理处	云南省曲靖市	22632		655000
楚雄州轻纺化工公司	云南省楚雄市	23826		675000
西藏自治区轻纺手工业局	西藏拉萨市林廓北路16号	22513	6535	850000
西藏毛纺厂	西藏林芝八一镇川藏路22号	22909	4791	850400
陕西省纺织工业总公司	陕西省西安市西八路29号	713789 713769	4861	710004
陕西省纺织工业供销公司	陕西省西安市东七路25号	713146 26991	0195	710005
陕西省纺织机械器材工业公司	陕西省西安市东七路25号	713146 26991	0195	710005
陕西省纺织对外经济办公室	陕西省西安市东七路25号	719325 28245	0195	710005
陕西省纺织品公司	陕西省西安市自强西路27号	723381	4791	710014
宝鸡市纺织工业办公室	陕西省宝鸡市中山西路63号	214237		721001
咸阳市轻纺工业局	陕西省咸阳市人民东路39号	213596	1358	712000
渭南地区轻纺工业局	陕西省渭南市西南京路29号	214763		714000
铜川市轻纺工业局	陕西省铜川市七一路	212987		727000
汉中地区轻纺工业局	陕西省汉中市川前街	213319		723000
安康地区轻纺工业局	陕西省安康县南大街	2858 3904		725000

续

机构名称	地址	电话	电报挂号	邮政编码
商洛地区轻纺工业局	陕西省商县北新街	2224 2277		726000
延安地区轻纺工业局	陕西省延安市七里铺	213756		716000
榆林地区经委	陕西省榆林县地区行署院内	22948		719000
陕西省服装鞋帽工业公司	陕西省西安市和平路西三道巷5号	27790		710001
西安市纺织工业公司	陕西省西安市西一路105号	715641	1465	710004
西安市纺织工业供销公司	陕西省西安市南新街南长巷3号	714101	1410	710004
甘肃省轻纺工业厅	甘肃省兰州市和政东街2号	418321	1562	730000
甘肃省服装鞋帽公司	甘肃省兰州市城关区秦安路38号	28014—17	7256	730030
甘肃省轻纺供销公司	甘肃省兰州市交通饭店4楼	417811—427	1766	730000
甘肃省轻纺工业企业公司	甘肃省兰州市和政东街2号	418321	1562	730000
甘肃省深圳陇轻纺股份有限公司	深圳市春风路锦星楼4座18号102室	200204	3919	518002
甘肃省天水针织绒线公司	甘肃省天水县社棠	县总机转	4848	741024
甘肃省武威绒线针织公司	甘肃省武威市西关路	3479 3500	7802	733000
青海省轻纺工业厅	青海省西宁市同仁路8号	45597 45893	6535	810001
西宁市经委纺织办公室	青海省西宁市七一路172号	75753		810000
青海毛纺织工业公司	青海省西宁市韵家口	49951	3029	810015
宁夏回族自治区轻纺工业厅	宁夏银川市西门桥229号	43979	6535	750001
宁夏回族自治区服装鞋帽工业公司	宁夏银川市西桥巷36号	44249	1603	750001
银川纺织工业公司	宁夏银川市解放东街南口	31182	2501	750001
银川市服装鞋帽工业公司	宁夏银川市东环北路6号	31304	1640	750004
新疆维吾尔自治区纺织工业局	新疆自治区乌鲁木齐市友好南路177号	440237 440092	4826	830000
新疆纺织工业供销公司	新疆自治区乌鲁木齐市中山路97号	210676 210667	5017	830002
新疆服装工业公司	新疆自治区乌鲁木齐市建国路73号	219295	0200	830002
新疆天山毛纺有限公司	新疆自治区乌鲁木齐市银川路1号	218266	3029	830000
乌鲁木齐市纺织工业公司	新疆自治区乌鲁木齐市新华南路24号	225127	5127	830002
喀什地区纺织工业局	新疆自治区喀什市解放南路119号	23444	4795	844000

纺织工业系统主要技术经济研究机构

机构名称	主管单位	地址	电话	邮政编码
纺织工业部政策法规司	纺织工业部	北京市东长安街12号	5126633—205	100742
纺织工业部纺织经济研究中心	纺织工业部	北京市东长安街12号	5126633转	100742
其中：编辑出版部（设在常州）		江苏省常州市吊桥路1号	605054	213001
纺织工业部中国服装研究设计中心	纺织工业部	北京工人体育场	5016655转	100022
纺织工业部纺织科学研究院技术经济研究室	纺织工业部纺织科学研究院	北京市朝阳门外英家坟	5014466转	100025
北京市纺织工业总公司调研室	北京市纺织工业总公司	北京市东单三条33号	5127369	100006
北京市纺织工业总公司技术经济咨询委员会	北京市纺织工业总公司	北京市东单三条33号	5127369	100006
天津市纺织工业局经济研究室	天津市纺织工业局	天津市和平区赤峰道33号	314545	300041
天津纺织软科学研究所	中国管理科学研究院、天津纺织工学院	天津市河东区程林庄道63号	390330，243251	300160
河北省纺织工业总公司经济研究室	河北省纺织工业总公司	河北省石家庄市合作路10号	744323	050051
山西省纺织工业厅经济研究室	山西省纺织工业厅	山西省太原市桃园北路9号	440111	030002
内蒙古自治区轻工业厅调研室	内蒙古自治区轻工业厅	内蒙古呼和浩特市自治区人民政府大院5号楼	23251—3371	010055
辽宁省纺织工业厅经济研究中心	辽宁省纺织工业厅	辽宁省沈阳市和平区南四马路28号	363872	110001
沈阳市纺织工业局经济研究室	沈阳市纺织工业局	辽宁省沈阳市十三纬路1号门	23031	110001
大连市纺织工业管理局经济研究室	大连市纺织工业管理局	辽宁省大连市中山区天津街70号	235958	116001
吉林省纺织工业厅	吉林省纺织工业厅	吉林省长春市斯大林大街60号	825800	130051
哈尔滨市纺织工业管理局经济研究中心	哈尔滨市纺织工业管理局	黑龙江省哈尔滨市道里区地段街118号	43863	150010
上海市纺织工业局经济研究中心	上海市纺织工业局	上海市江西中路105号302室	3213744	200002
上海纺织咨询公司经济研究部	上海市纺织工业局	上海市香港路58号	3233860	200002
江苏省纺织工业厅经济研究室	江苏省纺织工业厅	江苏省南京市中山北路32号	364049	210008
浙江省轻工业厅经济研究室	浙江省轻工业厅	浙江省杭州市梅花碑8号	774971—619	310009

续

机构名称	主管单位	地址	电话	邮政编码
安徽省纺织工业厅调研室	安徽省纺织工业厅	安徽省合肥市长江路85号省府大院	51145—881	230001
福建省轻工业厅经济研究中心	福建省轻工业厅	福建省福州市省府路1号	534905	350001
江西省纺织工业局调研室	江西省纺织工业局	江西省南昌市北京东路25号	332610	330029
山东省纺织工业厅调研室	山东省纺织工业厅	山东省济南市文化东路69号	45911—215	250014
青岛市纺织工业总公司办公室调研组	青岛市纺织工业总公司	山东省青岛市馆陶路3号	224833	266011
河南省纺织工业厅经济研究中心	河南省纺织工业厅	河南省郑州市建设路市场街26号	446433—257	450007
湖北省纺织工业公司办公室调研科	湖北省纺织工业公司	湖北省武汉市武昌徐东路52号	813342	430071
武汉市纺织工业经济研究中心	武汉市纺织工业总公司	湖北省武汉市江汉路8号	24904	430014
湖南省纺织工业经济研究中心	湖南省纺织工业厅	湖南省长沙市建湘南路158号	26950	410005
广东省纺织工业公司办公室调研信息科	广东省纺织工业公司	广东省广州市环市东路360号珠江大厦东塔楼5层	335066转	510060
广州市纺织工业总公司调研室	广州市纺织工业总公司	广东省广州市广卫路18号	335518转	510030
四川省纺织工业厅经济研究中心（调研室）	四川省纺织工业厅	四川省成都市东华正街	25215	610016
重庆市纺织工业局调研室	重庆市纺织工业局	四川省重庆市市中区领事巷11号	46943	630013
贵州省轻工业厅调研室	贵州省轻工业厅	贵州省贵阳市瑞金路20号	23805	550003
陕西省纺织工业公司调研室	陕西省纺织工业公司	陕西省西安市西八路29号	715000	710004
甘肃省轻工业厅经济研究室	甘肃省轻工业厅	甘肃省兰州市和政东街2号	418321	730000
青海省轻纺工业厅调研信息处	青海省轻纺工业厅	青海省西宁市同仁路8号	45893	810001
宁夏自治区轻纺工业厅调研室	宁夏自治区轻纺工业厅	宁夏银川市解放西街229号	33209	750001
仪征化纤工业联合公司经济研究中心	仪征化纤工业联合公司	江苏省仪征市胥浦	胥浦32235	211451
进行经济研究工作的还有下列学术团体：				
中国纺织工业技术经济和管理现代化研究会	纺织工业部	北京市东长安街12号	5126633转	100742
中国纺织工业企业管理协会	纺织工业部	北京市东长安街12号	5126633转	100742
中国纺织工业会计学会	纺织工业部	北京市东长安街12号	5126633转	100742
纺织工业劳动学会	纺织工业部	北京市东长安街12号	5126633转	100742
纺织计划统计学会	纺织工业部	北京市东长安街12号	5126633转	100742

纺织工业科学研究与开发机构

机构名称	机构地址	电话	邮政编码
纺织工业部纺织科学研究院	北京市朝阳区英家坟延静里中街3号	5014466	100025
纺织工业部科学技术情报研究所	北京市东直门南大街4号	4662949	100027
纺织工业部北京纺织机械研究所	北京市朝阳区英家坟延静里中街3号	5001884	100025
中国服装研究设计中心	北京市工人体育场中国服装研究设计中心	5016655—3097	100027
纺织工业部电子计算中心	北京市朝阳区英家坟	5001866	100025
中国出口服装研究中心	北京市东安门大街82号	5125580	100006
北京纺织科学研究所	北京市朝阳区金台路甜水园东街道10号	5025061	100026
北京化学纤维研究所	北京市朝内大街75号	445635	100010
北京毛纺织科学研究所	北京市朝阳区和平西街小黄庄路1号	4215061	100013
天津市纺织工业研究所	天津市和平区河北路202号	390451	300040
天津市化学纤维研究所	天津市河东区红星路180号	441605	300160
天津市针织技术研究所	天津市南开区长江道断桥南路	710251	300193
天津市毛纺织技术研究所	天津市红桥区三条石横街大王庙后19号	251150	300092
天津市纺织机械器材研究所	天津市河西区福建路160号	801623	300202
天津市纺织装饰品工业研究所	天津市红桥区侯家后中街19号	252538	300091
天津市丝绸技术研究所	天津市南开区广开中街90号	252820	300102
天津市服装研究所	天津市南开区王顶堤	331844	300191
河北省纺织科学研究所	河北省石家庄市长安区长安东路1号	552363	050031
石家庄纺织研究所	河北省石家庄市桥东区建设北大街25号	46076	050011
唐山市彩色蜡染研究所	河北省唐山市路南区	23854	063000
邯郸市纺织研究所	河北省邯郸市丛台区青年路15号	27931 27932	056004
山西省化学纤维研究所	山西省太原市和平北路5号	663902	030027
山西省纺织科学研究所	山西省太原市解放南路20号	227240	030001
山西省丝绸研究所	山西省长治市英雄南路168号	长治 32425	046000
山西省服装研究所	山西省太原市南城区平阳路8号	775229	030012
太原市纺织科学研究所	山西省太原市河西区		030000
呼和浩特市纺织科学研究所	内蒙古呼和浩特市玉泉区	672140—280	010020
包头市服装鞋帽设计研究所	内蒙古包头市东河区	43494	014000
纺织工业非织造布技术开发中心	辽宁省沈阳市东陵区南塔路124号	393815	110015
沈阳市纺织科学技术研究所	辽宁省沈阳市大东区北关街29号	851446	110041
沈阳市服装研究所	辽宁省沈阳市和平区中山路140号	23344	110002
大连合成纤维研究所	辽宁省大连市沙河口区鞍山路71号	443224	116021
大连市纺织研究所	辽宁省大连市西岗区西岗街48号	332523	116011
大连服装研究所	辽宁省大连市沙河口区长江路889号	444719	116021
抚顺市纺织工业研究所	辽宁省抚顺市新抚区高山路	76408	113008
抚顺市服装研究所	辽宁省抚顺市新抚区常动路2-3号	25573	113006
辽宁柞蚕丝绸科学研究所	辽宁省丹东市元宝区平安街500号	43275	118000

续

机构名称	机构地址	电话	邮政编码
锦州纺织工业研究所	辽宁省锦州市凌河区解放东路七段30号	23676	121003
营口市针织研究所	辽宁省营口市西市区西大庙里71号	37636	115001
丹东市特种防护织品研究所	辽宁省岫岩县岫岩镇	23921	118400
吉林省化学纤维技术研究所	吉林省长春市宽城区青龙路4号	74350	130062
吉林省纺织工业设计研究院	吉林省长春市宽城区青龙路4号	75956—9	130062
吉林市服装鞋帽研究所	吉林省吉林市船营区光华路昆明街安前胡同1—1号	26451	132000
长春市纺织服装工业技术研究所	吉林省长春市南关区西三马路7号	864150	130042
黑龙江省亚麻原料工业研究所	黑龙江省双城市工农街	3575 3411	150111
牡丹江化学纤维研究所	黑龙江省牡丹江市阳明区光华街	32428	157013
黑龙江省纺织工业研究所	黑龙江省哈尔滨市南岗区辽阳街8—10号	342098 342108	150001
哈尔滨纺织科学研究所	黑龙江省哈尔滨市道外区太古街194号	887804	150020
哈尔滨市服装工业研究所	黑龙江省哈尔滨市道外区北九道街211号	882304	150020
黑龙江省服装研究设计中心	黑龙江省哈尔滨市道里区新阳路130号	481798	150016
牡丹江市服装研究所	黑龙江省牡丹江市西安区西三条路长安路南	27077	157000
上海市纺织科学研究院	上海市杨浦区兰州路545号	5460011	200082
上海市合成纤维研究所	上海市长宁区天山路350号	2598842	200335
上海市针织科学技术研究所	上海市卢湾区淡水路442弄7号	3263810	200025
上海市织布科学技术研究所	上海市普陀区新会路255号	2561840	200060
上海市色织科学技术研究所	上海市卢湾区瞿溪路691号	3771779	200023
上海市丝绸科学技术研究所	上海市卢湾区永嘉路35号	4336959	200020
上海市毛麻纺织科学技术研究所	上海市卢湾区斜土路791号	4314490	200023
上海市印染技术研究所	上海市静安区西康路266号	2475170	200040
上海市纺织机械研究所	上海市长宁区延安西路1234号	2511149	200052
上海市纺织器材研究所	上海市杨浦区翔殷路165号	5491271	200433
上海纺织标准计量研究所	上海市静安区江宁路931号	2535315	200040
上海市服装研究所	上海市静安区南京西路1535号	2475930	200040
上海市纺织装饰用品科技研究所	上海市长宁区定西路1232号	2525085	200050
纺织工业部印染行业技术开发中心	上海市杨浦区兰州路545号	5461655	200082
纺织工业新型纺纱技术开发中心	上海市徐汇区肇嘉浜路389弄	4371185	200032
南京市纺织研究所	江苏省南京市白下区御道街53号	641910	210007
南京市服装设计研究所	江苏省南京市鱼市街51号	635155	210008
无锡纺织机械研究所	江苏省无锡市河埒口上里东227号	667531	214062
江苏省纺织研究所	江苏省无锡市南长区俭德路26号	226061	214031
无锡市纺织产品品种研究所	江苏省无锡市崇安区健康路110号	222434	214001
徐州市服装研究所	江苏省徐州市和平路15号	22769	221009
常州印染科学研究所	江苏省常州市天宁区凤凰路4号	444876	213018
常州纺织产品开发研究所	江苏省常州市天宁区和平南路98号	446460—363	213001
江苏纺织器材研究所	江苏省常州市天宁区丽华路6号	441022	213014
常州服装设计研究所	江苏省常州市钟楼区南大街54号	602442	213003
苏州丝绸科学研究所	江苏省苏州市沧浪区公园路1号	221029	215006
苏州纺织产品研究所	江苏省苏州市金阊区外北浩弄16号	331454	215008
南通市纺织科学研究所	江苏省南通市工农路5号	516129	226007
南通市服装研究所	江苏省南通市城区盐仑坝后街31号	516312	226000

续

机构名称	机构地址	电话	邮政编码
盐城市纺织研究所	江苏省盐城市建军东路 62 号	22195	224002
扬州市纺织研究所	江苏省扬州市观巷 19 号	232571	225001
镇江市纺织工业研究所	江苏省镇江市解放路 434 号	222774	212001
纺织工业部纺织服装技术开发中心	浙江省杭州市解放路长明寺巷 24 号	889063	310009
浙江省丝绸科学研究所	浙江省杭州市莫干山路 121 号	888414	310011
杭州市纺织科学研究所	浙江省杭州市朝晖一区	551937	310014
杭州市丝绸科学研究所	浙江省杭州市下城区青云街 4 号	554834	310003
温州市纺织研究所	浙江省温州市三板桥纺织路	227165	325003
宁波市纺织科学研究所	浙江省宁波市望京路 10 号	343916	315010
安徽省纺织工业科学研究所	安徽省合肥市铜陵路 27 号	482826	230011
安徽省纺织服装研究所	安徽省合肥市庐江路 52 号	276179	230061
安徽省丝绸研究所	安徽省合肥市西园新村	337512	230031
合肥市服装鞋帽工业研究所	安徽省合肥市长江路 54 号	253041	230001
蚌埠市纺织科学研究所	安徽省蚌埠市大庆路南段	81626	233010
芜湖市纺织科研所	安徽省芜湖市劳动路 77 号	34625	241000
福州市服装鞋帽工业研究所	福建省福州市仓山区仓前路 246 号	541248	350007
福州市纺织工业科学技术研究所	福建省福州市鼓楼区古西路 281 号	531787	350001
福建省纺织工业研究所	福建省福州市鼓楼区福马路浦东	660647	350014
九江市纺织产品研究所	江西省九江市人民路 194 号	224166 转	332000
江西省服装鞋帽研究所	江西省南昌市福州路 41 号	221598	330006
江西省纺织工业研究所	江西省南昌市四交路 185 号		330000
山东省合成纤维研究所	山东省潍坊市潍城区烟潍路 12 号	225226	261031
山东省丝绸研究所	山东省济南市永庆街 2 号	616672	250001
济南市纺织科学研究所	山东省济南市天桥区无影山路北首	553712	250031
烟台市纺织科学技术研究所	山东省烟台市北大街 121 号	223979	264001
潍坊市纺织科学研究所	山东省潍坊市潍城区	225461	261041
济宁市纺织研究所	山东省济宁市红星东路	212453	272149
淄博服装研究所	山东省淄博市张店区中心路 109 号	223806	255023
泰安市大麻纺织科学研究所	山东省泰安市泰山区涝洼西	337958	271000
泰安市服装研究所	山东省泰安市奈河西路 6 号	335301	271000
山东省纺织科学研究所	山东省青岛市四方区山东路 191 号	333473	266032
青岛市印染科学研究所	山东省青岛市台东八路 60 号	332843	266021
青岛市服装研究所	山东省青岛市市南区中山路 91 号	285626	266001
河南省纺织科学技术研究所	河南省郑州市中原区西站路 62 号	449013	450007
安阳市纺织科学研究所	河南省安阳市北关区	24547	455000
新乡纺织科研所	河南省新乡市红旗区胜利路 164 号	23770	453000
开封市纺织科学研究所	河南省开封市鼓楼区大袁坑沿街 27 号	24653	475000
平顶山市服装研究所	河南省平顶山市中心路		467000
河南省服装研究所	河南省郑州市中原区市场街 70 号	446433—2005	450007
沙市市纺织科学研究所	湖北省沙市市白云路区	4187	434000
襄樊市纺织产品研究所	湖北省襄樊市松鹤路 1 号	42572	441002
湖北省纺织工业科学研究所	湖北省武汉市汉阳区七里庙唐家湾 50 号	441267	430051
武汉市纺织科学研究所	湖北省武汉市武昌区杨园纺机路 37 号	662403	430063
中国长沙苎麻技术开发中心	湖南省长沙市东塘区赤岗南路附 1 中	53129	410007
长沙市纺织工业研究所	湖南省长沙市书院路向家湾 66 号	35915	410002
广东省化学纤维研究所	广东省广州市海珠区新港西路 36 号	4449490	510260

续

机构名称	机构地址	电话	邮政编码
广州市纺织工业研究所	广东省广州市海珠区昌岗东路 271 号	4446122	510260
广州市服装研究所	广东省广州市越秀区中山五路 7 号	3331795	510030
深圳服装研究所	广东省深圳市八卦岭工业区 521 楼 3 层	262675	518000
广西壮族自治区绢麻纺织科学研究所	广西南宁市江南区亭洪路 43 号	27238	530031
广西壮族自治区化学纤维工业研究所	广西南宁市新城区星湖路 11 号	42131 43743	530022
广西壮族自治区纺织服装研究设计研究所	广西南宁市新竹路 5 号	42843	530022
海南黎族苗族自治州民族织锦工艺研究所	海南省通什市	222266	522200
四川省纺织工业研究所	四川省成都市西城区通惠门十二桥街 2 号	660677	610072
四川省丝绸工业研究所	四川省成都市金仙桥下街 42 号	668668	610031
重庆纺织工业研究所	四川省重庆市沙坪坝区天星桥晒光坪 70 号	663792	630038
重庆服装研究所	四川省重庆市市中区凯旋路 51 号	42573	630012
重庆鞋帽研究所	四川省重庆市沙坪坝区		630030
云南省纺织科学研究所	云南省昆明市莲花池教场东路口	54119	650223
陕西省纺织科学研究所	陕西省西安市灞桥区纺织城西街	39327	710038
陕西纺织器材研究所	陕西省咸阳市秦都区渭阳西路 37 号	2216 2217	712000
西安市纺织科学研究所	陕西省西安市碑林区金花南路	332092	710048
西安市服装研究所	陕西省西安市北大街 88 号	26807	710003
甘肃省纺织研究所	甘肃省兰州市城关区段家滩 59 号	498979	730020
甘肃省服装鞋帽研究所	甘肃省兰州市城关区秦安路 38 号	25994	730000
青海省纺织工业研究所	青海省西宁市城西区西关大街 68 号	43127	810001
新疆纺织科学研究所	新疆乌鲁木齐市新华南路 34 号	210196 224963	830001
新疆羊毛研究所	新疆乌鲁木齐市新华南路 34 号	210196 224963	830001
中国服装研究设计中心新疆民族服装分中心	新疆乌鲁木齐市友好南路 177 路	413715	830000

纺织工业系统主要新闻出版机构

名称	地址	电话	邮政编码
纺织工业出版社	北京市东直门南大街 4 号	4678225	100027
中国纺织报社	北京市东交民巷正义路 4 号	5129157	100006
中国纺织杂志社	上海市江西中路 105 号 302 室	3213744	200002
中国服装杂志社	北京工人体育场内京都宾馆（18 台）中国服装研究设计中心	5016655	100027
丝绸杂志社	杭州市莫干山路 121 号	81769	310012

纺织（轻纺）工业主要设计机构

单　　　位	地　　址	邮政编码	电　话	电报挂号
纺织工业部建设规划院	北京市东长安街12号245室	100742	5126633—245 547441	4791
纺织工业部设计院	北京市阜外甘家口	100037	890741	4930
北京市纺织工业设计院	北京市朝外道家村1号	100025	583331	2089
中国纺织化纤工程公司	北京市朝外体育场东路15号	100027	5124946	2735
上海纺织工业设计院	上海市长寿路130号	200060	2583020	5938
上海市纺建工程公司设计室	上海市江宁路931号	200040	2534370	2810
中国纺织大学建筑设计室	上海市延安西路1882号	200051	2599800	2333
天津市纺织工业设计院	天津市南开区白堤路5号	300193	710237	4101
内蒙古轻化工设计院	呼和浩特市乌兰察布西路	010010	42646	6060
河北省纺织工业设计院	石家庄市合作路32号	050051	746769	6868
山西纺织工业设计院	太原市水西关南街18号	030002	440111	4705
辽宁省纺织工业规划设计院	沈阳市松花江东街45号	110032	460328	6580
吉林省纺织工业设计研究院	长春市西安广场青龙路4号	130062	74350	7969
黑龙江省纺织工业设计院	哈尔滨市南岗区永和街39号	150001	221281	5828
江苏省纺织工业设计院	南京市中央路117号	210009	306726	2257
安徽省纺织设计院	合肥市长江路85号（省政府内）	230001	277195	0815
山东省纺织设计院	济南市历山路48号	250013	45743	1358
浙江省轻纺工业设计院	杭州市省府路3号	310007	552943	0701
福建省轻工业设计院	福州市东大路23号	350001	557803	8050
江西省纺织工业科研设计院	南昌市北京东路25号	330029	331450	5006
仪征化纤工业联合公司设计院	江苏省仪征市胥浦	211451	32583	4960
湖南省轻工业设计院	长沙市解放四村362号	410002	34647	1507
湖北纺织设计院	武汉市武昌徐东路52号	430077	811372	6711
河南纺织设计院	郑州市建设路市场街	450007	448031	8015
郑州纺织机械厂建筑设计室	郑州市南阳路西街	450053	37251	2750
广东省轻工业设计院	广州市中山一路11号	510600	754852	0985
广西纺织工业厅设计所	南宁市建政路49号	530023	29732	6811
海南省纺织工业设计院	海南省海口市海秀大道28号	570005	772514（总机） 772040	
四川省纺织工业设计院	成都市青莲下街34号	610061	29906	
贵州省轻纺工业设计院	贵阳市瑞金中路20号	550003	22131	0304
云南省轻纺工业设计院	昆明市东风东路1号	650041	24482	6535
陕西省纺织工业设计院	西安市金花南路	710048	332095	0289
甘肃省轻纺工业设计院	兰州市城关区五泉路72号	730000	466511	7036
新疆纺织设计院	乌鲁木齐市友好南路177号	830000	43271	4826
佛山纺织机械厂	广东佛山市汾江北路27号	528000	221252	6639

纺织行业有关专业情报机构

名 称	设 站 单 位	地 址	电 话	邮政编码
全国棉纺织工业科技情报站	陕西省纺织科学研究所	陕西省西安市纺织城	39327	710038
全国毛纺织工业科技情报站	北京毛纺织科学研究所	北京市和平西街小黄庄路1号	4215061—241	100013
全国丝绸工业科技情报所	浙江丝绸研究院	浙江省杭州市莫干山路121号	881769	310011
全国苎麻纺织工业科技情报站	湖南株洲苎麻纺织印染厂研究所	湖南省株洲市建设中路90号	21551	412000
全国针织工业科技情报站	天津针织技术研究所	天津市南开区长江道断桥南路	710251	300193
全国印染工业科技情报站	上海纺织科学研究院	上海市兰州路545号	5460011—325	200082
全国人造纤维工业科技情报站	保定化纤厂	河北省保定市西郊	437941—2914	071055
全国合成纤维工业科技情报站	上海合成纤维研究所	上海市天山路350号	2598842—44	200335
全国服装科技情报站	上海服装研究所	上海市茅台路567号11楼03室	2518598—134，141	200335
全国纺织装饰品工业科技情报站	天津纺织装饰品工业研究所	天津市河东区新开路慧智东里增产巷32号	719175	300011
全国产业用纺织品科技情报站	中国纺织大学	上海市延安西路1882号	2599800—227	200051
全国非织造布科技情报站	上海纺织科学研究院	上海市兰州路545号	5460011—547	200082
全国纺织器材工业科技情报站	陕西省纺织器材研究所	陕西省咸阳市秦都区渭阳西路37号	2216	712000
全国纺织机械工业科技情报站	中国纺织机械器材工业协会	北京市朝阳区呼家楼西里七巷14号	5002943	100026
中国纺织工业企业管理协会情报中心	中国纺织工业企业管理协会	上海市杨树浦路2866号	5434115	200090
全国纺织品情报中心站	上海纺织品公司	上海市宁波路40号	3213480	200002
全国针棉织品情报中心站	天津针织品站	天津市长春道2号	704020	300041
全国服装情报中心站	上海服装公司	上海市宁波路74弄4号	3215450	200002
华北地区纺织品信息联合会	天津纺织品站	天津市滨江道32号	704842	300022
西北地区纺织品信息联合会	陕西省纺织品公司	陕西省西安市自强西路27号	723381	710014
纺织品价格信息中心	天津纺织品站	天津市滨江道32号	704842	300022
针织品价格信息中心	天津针织品站	天津市长春道2号	704020	300041

各地纺织纤维检验机构

机构名称	地址	邮政编码	电话
中国纤维检验局	北京市海淀区北洼路2450信箱	100081	8413192
北京市纺织纤维检验所	北京市东郊八里庄西里甲15号	100025	5014455
天津市纺织纤维检验所	天津市河北区博爱道12号	300010	240775
河北省纤维检验局	河北省石家庄市工农路	050051	332241
山西省纤维检验局	山西省太原市并西街7号	030012	224189
内蒙古自治区纤维检验局	内蒙古呼和浩特市展览馆东路	010010	43168
辽宁省纤维检验所	辽宁省沈阳市和平区永安北路8号	110003	394318
吉林省纤维检验处	吉林省长春市民康路8号	130041	863590
黑龙江省纤维检验所	黑龙江省哈尔滨市司徒街67号	150036	229475
上海市纤维检验所	上海市宁波路80号	200002	3211740
江苏省纤维检验所	江苏省南京市石鼓路227号	210029	643634
浙江省纤维检验所	浙江省杭州市曙光路38号	310007	559688
安徽省纤维检验所	安徽省合肥市西园新村路口	230031	257529
福建省纤维检验所	福建省福州市西门祭酒岭	710801	350002
江西省产品质量检验所	江西省南昌市江大南路3号	330029	332747
山东省纺织纤维检验所	山东省济南市经二路343号	250021	33582
青岛市纤维检验所	山东省青岛市延安三路227号	266071	361670
河南省纤维检验所	河南省郑州市东明路全水河南沿2号	450004	556394
湖北省纤维检验所	湖北省武汉市武昌中山路297号	430061	872867
武汉市纤维检验所	湖北省武汉市汉口台北路72号	430015	211305
湖南省纤维检验所	湖南省长沙市新建西路41号	410007	551260
广州市纤维检验所	广东省广州市八旗二马路38号	510110	3338610
广西壮族自治区纤维检验所	广西南宁市新竹路15号	530022	29795
四川省纤维检验所	四川省成都市蜀都大道少城路7号	610015	28901
成都市纤维检验所	四川省成都市东风路一段17号		
重庆市纤维检验所	四川省重庆市市中区枣子岚垭80号	630015	357229
贵州省纤维纺织品监督检验所	贵州省贵阳市头桥海马冲51号	550003	42084
云南省纤维检验所	云南省昆明市东风东路151号	650021	21707
陕西省纤维检验局	陕西省西安市西八路尚平路10号	710004	712832
西安市纤维纺织品监督检验所	陕西省西安市长安路北段45号	710061	54216
甘肃省纤维检验所	甘肃省兰州市南昌路443号	730030	20287
青海省纤维检验所	青海省西宁市长江路392号副4号楼	810000	45062
宁夏回族自治区纺织纤维所	宁夏银川市康乐巷12号	750001	25871
新疆维吾尔自治区纤维检验所	新疆乌鲁木齐市新华南路32号	830002	217433

纺织工业系统主要检测单位

单位名称	地址	电话	邮政编码
国家棉纺织产品质量监督检验测试中心	北京市朝外英家坟	5004780	100025
国家毛纺织产品质量监督检验测试中心	北京市和平西街小黄庄路1号	4217382	100013
国家纺织器材产品质量监督检验测试中心	天津市河西区福建路160号	283621	300202
苏州丝绸研究所	江苏省苏州市公园路1号	222359	215006
北京市纺织产品质量监督检验测试中心	北京市朝外慈云寺	5024831	100025
天津市纺织产品质量监督检验测试中心	天津市河北区博爱道12号	240803	300010
上海市纺织产品质量监督检验测试中心	上海市江宁路931号	2550296	200040
江苏省纺织产品质量监督检验测试中心	江苏省南京市中山北路601号	805696	210011
陕西省纺织产品质量监督检验测试中心	陕西省西安市纺织城纺织科学研究所内	30266	710038
河北省纺织产品质量监督检验测试中心(2)	河北省石家庄市建设北大街25号	646076	050011
湖北省纺织产品质量监督检验测试中心	湖北省武汉市武昌徐东路52号	613300	430077
贵州省纺织产品质量监督检验测试中心	贵州省贵阳市兴关路24号	26694	550002
广西纺织产品质量监督检验测试中心	广西壮族自治区南宁市亭洪路43号	224275	530031
浙江省纺织产品质量监督检验测试中心	浙江省杭州市长明寺巷24号	771802	310009
云南省纺织产品质量监督检验测试中心	云南省昆明市教场东路	51962	650223
四川省纺织产品质量监督检验测试中心	四川省成都市十二桥路2号	27564、571334	610071
湖南省纺织产品质量监督检验测试中心	湖南省长沙市赤岗南路	553129	410007
广东省纺织产品质量监督检验测试中心	广东省广州市八旗二马路38号	3338610	510110
新疆纺织产品质量监督检验测试中心	新疆乌鲁木齐市友好南路177号	440415	830000
甘肃省纺织产品质量监督检验测试中心	甘肃省兰州市段家滩59号	498389	730020
河北省纺织产品质量监督检验测试中心(1)	河北省石家庄市长安东路1号	551034	050031
安徽省纺织产品质量监督检验测试中心	安徽省合肥市铜陵路南	482378	230011
宁夏纺织产品质量监督检验测试中心	宁夏银川市育新巷10号	25305	750001
黑龙江省纺织产品质量监督检验测试中心	黑龙江省哈尔滨市辽阳街8—10号	31159	150001
吉林省纺织产品质量监督检验测试中心	吉林省长春市和平大路4号	74281	130062
山西省纺织产品质量监督检验测试中心	山西省太原市桃园北路9号	440419	030002

续

单位名称	地址	电话	邮政编码
福建省纺织产品质量监督检验测试中心	福建省福州市省府路1号	660407	350014
河南省纺织产品质量监督检验测试中心	河南省郑州市建设路场街71号	446433—390	450007
重庆市纺织产品质量监督检验测试中心	四川省重庆市土湾钟声村36号	662430	630030
辽宁省纺织产品质量监督检验测试中心	辽宁省沈阳市沈河区盛京路28号	447347	110011
江西省纺织产品质量监督检验测试中心	江西省南昌市北京东路25号	331711	330029
内蒙古纺织产品质量监督检验测试中心	内蒙古呼和浩特市呼纶南路毛纺东小区	27322	010020
青海省纺织产品质量监督检验测试中心	青海省西宁市韵家口	49951	810015
山东省纺织产品质量监督检验测试中心	山东省青岛市山东路191号	337100	266032
天津市针织研究所	天津市南开区断桥南路	710251	300193
上海服装研究所	上海市南京西路1535号	4320641	200040
天津服装研究所	天津市南开区红旗南路203号	366062	330191
无锡纺织机械研究所	江苏省无锡市河埒口	665945	214062
上海毛麻研究所	上海市建国西路296号	4312307	200031
总后军需产品质量监督检验测试中心	北京市东城区禄米仓胡同71号	5135551—24	100010

纺织工业部直属纺织院校

院校名称	地址	邮政编码	电话	专业设置
中国纺织大学	上海市延安西路1882号	200051	2599800 传真(021) 2518971	纺织工程、针织工程、服装、纺织材料、纺织机械、机械制造工艺与设备、计算机及应用、化学纤维、染整工程、纺织品设计、服装设计、供热通风与空调工程、环境工程、应用物理、应用化学、工业外贸、工业管理工程、工艺美术、电气自动化、生产过程自动化、材料工程、会计学
天津纺织工学院	天津市河东区程林庄道63号	300160	444504 传真(022) 444477	机械制造工艺与设备、纺织机械、计算机及应用、工业电气自动化、生产过程自动化、化学纤维、纺织工程、针织工程、服装、染整工程、纺织品设计、服装设计、工业管理工程、统计学、会计学
西北纺织工学院	陕西省西安市东郊金花南路	710048	335671 传真(029) 335677	机械制造工艺与设备、纺织机械、计算机及应用、工业电气自动化、纺织工程、针织工程、服装、染整工程、纺织品设计、供热通风与空调工程、环境工程、工业管理工程、会计学

续

院校名称	地址	邮政编码	电话	专业设置
北京服装学院	北京市朝阳区和平街北口	100029	4218877 传真(01) 4210959	纺织机械、生产过程自动化、精细化工、有机化工、化学化工、化学纤维、工业分析、服装、染整工程、服装设计、工业管理工程、会计学、染织设计、装潢设计
武汉纺织工学院	湖北省武汉市鲁巷纺织路10号	430073	701484 701395 传真(027) 702397	机械制造工艺与设备、纺织机械、工业电气自动化、纺织工程、针织工程、服装、染整工程、供热通风与空调工程、工业管理工程、染织设计、纺织品设计
郑州纺织工学院	河南省郑州市中原西路	450007	772640 447781	机械制造工艺与设备、热加工工艺及设备、纺织机械、计算机及应用、工业电气自动化、纺织工程、染整工程、服装、供热通风与空调工程、工业管理工程、会计学
苏州丝绸工学院	江苏省苏州市相门路14号	215005	221691 传真(0512) 770253	纺织机械、工业电气自动化、化学纤维、丝绸工程、染整工程、纺织品设计、服装设计、工业管理工程、染织设计
浙江丝绸工学院	浙江省杭州市文一路88号	310033	875814 传真(0571) 874072	纺织机械、工业电气自动化、针织工程、丝绸工程、染整工程、服装、纺织品设计、服装设计、工业管理工程、会计学
纺织工业部管理干部学院	江苏省无锡市钱荣路	214064	665081	财务会计、经济管理、公共关系、计划统计、劳动人事、市场营销、审计
中国纺织政治函授学院	北京市朝阳区和平街北口	100029	4215552	党政管理、行政管理

地方纺织院校及综合院校纺织系

院校名称	地址	邮政编码	电话	专业设置
北京联大纺织工程学院	北京市朝外八里庄路南	100025	5001344	纺织工程、针织工程、纺织机械、管理工程、会计、染整工程、电气自动化
山东纺织工学院	山东省青岛市四方区抚顺路33号	266033	335174—176	纺织、针织、纺织机械、染整、会计、外贸、经济法、染织美术、服装设计
南通纺织工学院	江苏省南通市教育路14号	226007	517124	纺织、染整、机械制造、工业自动化
上海工程技术大学纺织学院	上海市普陀区新村路435号	200061	6613660	纺织管理工程、染整、纺织机械、工业自动化、电气技术、服装
成都科技大学纺织工学院	四川省成都市新南门店子桥	610065	581554	化学纤维

续

院校名称	地址	邮政编码	电话	专业设置
上海纺织工业专科学校	上海市长宁区长宁路1187号	200051	2517273	纺织工程、针织工程、染整、纺织品设计、美术设计、服装工艺、服装设计、机织、染整
湖南省纺织专科学校	湖南省湘潭市宝塔岭	411104	23334	机械工程、电气工程、工业会计、针织、染整、纺织
成都纺织工业专科学校	四川省成都市三瓦窑	610063	551396	纺织工程、染整、机电、空调
河南省纺织工业专科学校	河南省郑州市桐柏路62号	450007	446971	纺织工程、染整、化纤、服装、企管、财会
西北纺织工学院惠州分院	广东省惠州市	516015	233955—3753	服装、管理
太原工业大学纺织专科班	山西省榆次市	030600	25804	纺织工程、染整、针织工程、工业自动化、服装、机织、室内织物设计、化学师资、美术师资
丹东纺织工业专科学校	辽宁省丹东市振丹安区蛤蟆塘	118003	51532	纺织机械、纺织工程、纺织管理、服装工程
无锡轻工业学院纺织分院	江苏省无锡市钱荣路	214064	668153	纺织工程、针织工程、产品设计、机织工程、服装设计
无锡轻工业学院纺织系	江苏省无锡市惠河路	214036	660243	纺织工程、针织工程、服装
大连轻工业学院	辽宁省大连市甘井子区辛寨子	116031	552141	化学纤维、纺织、服装
华南理工大学	广东省广州市石牌	510641	511311	化学纤维
新疆工学院纺织系	新疆乌鲁木齐市友好路	830008	413401—215	纺织工程
吉林工学院	吉林省长春市延安大街17号	130012	55521	纺织工程等
安徽机电学院	安徽省芜湖市	241000	33961	纺织工程、服装设计、化学纤维、工业自动化、机械设计与制造
河北轻化工学院	河北省石家庄市裕华中路5号	050018	47946	纺织工程、针织工程、染整、环境工程、管理工程、服装美术
安徽省广播电视大学纺织分校	安徽省合肥市南门外五公里	230051	331197	纺织工程
齐齐哈尔轻工学院	黑龙江省齐齐哈尔市文化大街	161006	72316	化学纤维
鲁迅美术学院	辽宁省沈阳市和平区三好街1段1号	110003	392635	染织美术、服装美术、装璜美术
中央工艺美术学院	北京市三环北路34号	100020	596391	染织设计、装璜设计、服装设计
南京市艺术学院	江苏省南京市虎踞北路15号	210013	631250	装璜设计、染织设计、服装设计
浙江美术学院	浙江省杭州市南山路218号	310002	774348	装璜、染织
广州美术学院	广东省广州市昌岗东路257号	510261	449883	服装设计、染织设计、装璜设计
天津大学纺织分校	天津市河西区琼州道36号	300202	282547	染整工程、纺织机械、纺织工程、针织工程、工业管理工程
嘉兴高等专科学校	浙江省嘉兴市文昌路	314001	5371	纺织工程等

纺织成人高等学校

院校名称	地址	邮政编码	电话	专业设置
北京市纺织职工大学	北京市朝阳区八里庄	100025	5022480	棉纺织、针织、化纤、染整、纺织机械、工业企业电气化、经济管理、毛纺织
天津市纺织局职工大学	天津市河北区小关锦衣卫桥大街裕善里1号	300143	660672	针织工程、环境保护、工业与民用建筑、染染美术、采暖通风、纺织工程、纺织机械、染整工程、工业电气自动化、服装设计
天津市毛纺织职工大学	天津市和平区云南路2号	300051	345210	纺织产品设计、纺织理化分析、审计、会计、企业管理、毛纺、毛织、毛染整
河北省纺织职工大学	河北省石家庄市建华南大街44号	050031	551613	棉纺、机织、染整、纺织机械、纺织企业自动化、纺织管理、纺织机电、染织、美术、针织
邯郸纺织职工大学	河北省邯郸市联纺路99号	056004	27800	棉纺、机织、热能工程
唐山纺织职工大学	河北省唐山市新华东道	063002	25329	棉纺、机织、针织、服装
沈阳纺织职工大学	辽宁省沈阳市皇姑区陵北四台子	110034	460488	毛纺织、棉纺织
大连纺织职工大学	辽宁省大连市凌水刘家村	116023	471089	服装、染整、纺织外贸、棉纺、企管、纺织机械、机织
锦州纺织职工大学	辽宁省锦州市解放路7段28号	121003	23851转	棉纺、机织
金州纺织职工大学	辽宁省大连市金州区五路	116100	4402—436	棉纺、棉织、企管
黑龙江纺织职工大学	黑龙江省牡丹江市东地明街	157011	23467	棉纺、机织、针织、化纤、印染、麻纺织、机械、企业管理、服装设计
哈尔滨市纺织职工工学院	黑龙江省哈尔滨市太平区东风镇七公里	250059	74067	毛纺、麻纺织、企业管理、棉纺织
上海纺织职工大学	上海市长寿路652号	200060	2566636 2584749	财会、统计、纺织外贸、纺织企管、服装工艺与设计
上海纺织职工棉纺分校	上海市万航渡路800号	200042	2525332	棉纺
上海纺织职工棉织分校	上海市常德路545弄43号	200040	2562564	棉织
上海纺织职印染分校	上海市唐山路145号	200080	4630965	染整
上海纺织职大毛麻分校	上海市江阴路172号	200003	535979 3271271	毛纺织、毛针织、毛染整、麻纺
上海纺织职大纺机分校	上海市潘家湾路381号	200061	2536939	纺机、工艺与设计、计算机

续

院校名称	地址	邮政编码	电话	专业设置
上海纺织职大巾被分校	上海市公平路570号	200082	5416446	毛巾被、染织造
上海纺织职大丝绸分校	上海市景星路352号	200082	5414541	丝织
上海纺织职大新联纺分校	上海市斜土路2093号	200032	4311970	机织
上海纺织职大化纤分校	上海市江宁路536弄13号	200041	2583823	化纤、工业自动化
上海纺织职大针织分校	上海市江苏路791弄56号	200050	2524931	针织
苏州纺织职工大学	江苏省苏州市皮市街打线巷14号	215001	771219	丝织工程、制丝工艺、染整工程、丝绸管理
无锡纺织工业职工大学	江苏省无锡市梁溪路97号	214062	607783	染整、机织、纺机、纺织电气、毛纺、棉纺、纺织管理、针织
南通市纺织职工大学	江苏省南通市五一桥东	226007	517980	棉纺、棉织、针织、印染、企管
常州市纺织工业职工大学	江苏省常州市古村1号	213003	22829	棉毛纺、机织、印染、纺织机械
盐城市纺织职工大学	江苏省盐城市盐纺路1号	224001	25040	纺纱、机织、针织
江苏江阴职工大学	江苏省江阴市君巫路	214400	884217	棉纺、机织、工业电气自动化、机械制造工艺与设备
杭州纺织职工大学	浙江省杭州市江干区太庙巷7号	310002	663217	棉纺、棉织、针织、服装
宁波纺织职工大学	浙江省宁波市望京路10号	315000	366108	棉纺、机织、染整
嘉兴毛纺织总厂职工大学	浙江省嘉兴市南捻探花路94号	314000	2934	毛纺、毛织、毛染整
江西省纺织工业职工大学	江西省南昌市塘山乡	330039	333282 331807转	棉纺、机织、染整、机械、企管、经贸、服装、党政管理、马列主义理论基础、采暖通风、纺织工程
郑州纺织职工大学	河南省郑州市互助路中段市纺织局内	450007	773497	纺织、毛纺织、染整、染整机电、纺织机械、空调、服装、财会、纺织品设计
新乡市职工大学	河南省新乡市北干道茹岗	453002	354381 354390	棉纺、机织、纺织、印染、机械、微机、化工、财会、工业经济管理
湖北省纺织职工大学	湖北省武汉市武昌徐东路52号	430077	813452	纺织工程、染整工程、企业管理、机电管理
湖北省纺织职大襄棉分校	湖北省襄樊市人民路218号	441002	2258	空调、服装设计、染织美术
湖南省纺织工业职工大学	湖南省湘潭市扳塘铺	411102	21211	企管、染整、纺织、空调、苎麻、美术设计、服装设计与工艺
武汉市纺织工业职工大学	湖北省武汉市武昌和平道331号	430062	875070	
广州纺织工业职工大学	广东省广州市昌岗东路一巷6号	510260	410667	纺织工程、针织工程、染整工程、纺织机械、企业管理、财会、审计、中文

续

院校名称	地址	邮政编码	电话	专业设置
重庆纺织局职工大学	四川省重庆市沙坪坝区石小路177号	630039	810051	纺织工程、纺织企业管理工程、服装设计、染整工程、染织美术、毛纺织工程
陕西省纺织职工大学	陕西省咸阳市文汇路11号	712000	5335	棉纺、机织、毛纺、针织、染整、管理工程
兰州服装职工大学	甘肃省兰州市泰安路38号	730030	24683 26472	服装设计
新疆纺织职工大学	新疆乌鲁木齐市七道湾路13号	830063	25987	棉纺织、毛纺织、染整、纺织机械（维修）、纺织企业管理
中国纺机总公司职工大学	北京市天坛路85号	100050	7012223—317	纺织机械、机制工艺、企业管理、设备维修与管理、电子技术、电力拖动、电子计算机
杭州丝绸职工大学	浙江省杭州市机场路40—2号	310004	43865	丝绸工艺、丝绸机械

纺织中等专业学校

院校名称	地址	邮政编码	电话	专业设置
北京纺织工业学校	北京市朝阳区八里庄	100025	5022480	棉纺织、染整、经济管理、纺织机械、工业企业电气化、针织、毛纺、采暖通风
天津纺织工业学校	天津市河西区琼州道36号	300202	282547	棉纺织、毛纺织、印染、机械、电气自动化、服装工艺与设计、针织、外语
河北纺织工业学校	河北省石家庄市健康路3号	050011	633479	棉纺、机织、针织、染整、财会、丝织、化纤、服装
山西省纺织工业学校	山西省榆次市迎宾路	030600	25804	棉纺、染整、机织、电气自动化、服装、化纤、财会、微机应用、室内织物设计
内蒙古纺织工业学校	内蒙古赤峰市西大街	024005	24876	毛织、针织、工业企业管理、毛纺、机织、轻工机械、染织美术
辽宁省纺织工业学校	辽宁省大连市金州区吴家屯	116100	4426	棉纺、机织、针织、染整、服装、纺织外贸、化纤
沈阳纺织工业学校	辽宁省沈阳市皇姑区陵北四台子	110034	460625	毛纺、针织、服装、棉纺、机织、机械与器材、服装信息工程、管理等
营口市纺织工业学校	辽宁省营口市金牛山大街	115004	38458	棉纺、机织、针织、染整、服装
吉林省纺织工业学校	吉林省吉林市江南宜山路70号	132011	461225	纺织、服装设计、装璜美术、染织、化纤、针织、染整
黑龙江省纺织工业学校	黑龙江省阿城市	150316	22667	棉纺、机织、印染、毛纺

续

院校名称	地址	邮政编码	电话	专业设置
哈尔滨纺织服装工业学校	黑龙江省哈尔滨市太平区东风镇七公里	150059	74067	棉纺、机织、针织、服装、染整、财会、丝织、化纤
上海第一纺织工业学校	上海市交通路1933号	200061	6612530	棉纺、棉织、毛纺、毛织、财会、工民建
上海第二纺织工业学校	上海市长阳路1389弄75号	200090	5432532	机织、染整、针织、计划与统计、供热与通风
上海市纺织机电工业学校	上海市河间路1193号	200090	5431821	纺织机械、纺织电气
上海市纺织局第二医院护士学校	上海市宁国路236号	200090	5435202	护士
江苏南通纺织工业学校	江苏省南通市易家桥东	226007	517234	纺纱、机织、针织、印染、纺机、电气自动化、劳动工资管理、会计
江苏省常州纺织工业学校	江苏省常州市丽华路2号	213014	441320	纺纱、机织、染整、环保、产品设计、染织美术、服装、科技情报、经济贸易
江苏省盐城纺织工业学校	江苏省盐城市盐纺路1号	224001	24951	纺纱、机织、针织、统计、财会、文秘、纺织品设计
无锡纺织工业学校	江苏省无锡市梁溪路97号	214062	667783	染整、色织、纺机、纺织电气、暖气通风、机械设备管理
苏州纺织工业学校	江苏省苏州市东大街梅家桥弄1号	215007	226834	棉纺织、机织、针织、染整、财会
南京市纺织工业学校	江苏省南京市武定门外17号	210006	625879	纺机、棉纺、麻纺、机织、化纤、管理、染整、财会
浙江纺织工业学校	浙江省宁波市文教路9号	315000	362532	棉纺、机织、染整、经济管理、电子计算机、服装、机电一体化
安徽省纺织工业学校	安徽省合肥市合巢路252号	230051	331197	棉纺、机织、针织、染整、服装、麻纺、化纤、财会
福建省三明纺织工业学校	福建省三明市列东新泉路	365001	22980	棉纺、机织、针织、染整、化纤、工业会计、企业管理
江西省纺织工业学校	江西省南昌市塘山	330039	333282	棉纺、机织、麻纺、染整、化纤、纺化、毛纺、针织、丝织、织染
山东纺织工业学校	山东省潍坊市东风街3号	261041	225036	棉纺、机织、针织、化纤
济南纺织工业学校	山东省济南市经十路东首	250041	44816	棉纺、机织、化纤、染整、纺织机械
青岛市纺织工业学校	山东省青岛市沧口区水清沟萍乡路	266042	325061	棉纺、机织、印染、针织、自动控制、空调、纺织机械
山东德州纺织工业学校	山东省德州市德兴北路35号	253015	21848	棉纺、机织、工业财会、工业统计、纺织机械
河南纺织工业学校	河南省郑州市桐柏路62号	450007	446971	棉纺、机织、印染、财会、针织、空调
湖北省纺织工业学校	湖北省武汉市洪山区关山纺织路22号	430073	701374	棉纺、机织、针织、印染、服装
武汉市纺织工业学校	湖北省武汉市武昌和平道331号	430062	875070	机织、染整、纺织工程、工业会计、服装设计、棉纺、针织、企业管理
湖北黄冈工业学校	湖北省黄州镇	436100	26066	丝织、棉纺、纺织品种、工业企业管理、财务会计

续

院校名称	地址	邮政编码	电话	专业设置
湖南省纺织工业学校	湖南省湘潭市东湖路18号	411104	61599	棉纺、棉织、染整、纺机、工业电气
沙市纺织工业学校	湖北省沙市市江津西路	430061	4463	棉纺、机织、针织、印染、化纤、机电、纺织工程、服装
广东省纺织工业学校	广东省佛山市普澜公路45号	528041	272667	针织、机织、染整、化纤、棉纺
广州市纺织中等专业学校	广东省广州市新港中路399号	510310	451325	机织、企管、针织、染整
广西纺织工业学校	广西壮族自治区南宁市西乡塘陈村路7号	530007	33508	麻纺、机织、染整、财会
广西柳州纺织工业学校	广西壮族自治区柳州市社湾路30号	545005	27351 33395	棉纺、针织、机织、印染、工业会计
贵州二轻工业学校	贵州省贵阳市龙洞堡甘龙洞1号	550012	26814	机织、服装、棉纺、染整
成都纺织工业学校	四川省成都市三瓦窑	610063	551393	棉纺、棉织、制丝、丝织、印染、针织、化纤、器材
昆明纺织工业学校	云南省昆明市莲花池正街44号	650033	52827	棉纺、机织、染整、针织、丝绸、服装设计、图案设计
陕西咸阳纺织工业学校	陕西省咸阳市文汇路11号	712000	5337	棉纺、机织、纺织品设计、毛织、纺织机械、电器
甘肃省纺织工业学校	甘肃省兰州市七里河区龚家湾380号	730050	36602	毛纺、棉纺、针织、染整、机织、财会
甘肃省服装学校	甘肃省兰州市泰安路38号	730030	20064	服装设计、服装工艺
新疆纺织工业学校	新疆乌鲁木齐市七道湾路13号	830063	25987	棉纺、毛纺、机织、印染、针织、工业会计、工业统计
四川蚕丝学校	四川省南充市桂花路15号	637000	23601	蚕桑、蚕茧收烘、制丝、丝织、财会
苏州丝绸工业学校	江苏省苏州市城北公路20号	215008	773281	制丝、丝织、染整
丹东丝绸学校	辽宁省丹东市振安区哈蟆塘	118000	51532	制丝、丝织、印染、品种设计、丝绸机械、财会、染整、工业统计
山东省丝绸工业学校	山东省淄博市周村区	528041	2847	制丝、丝织、印染
嘉兴丝绸工业学校	浙江省嘉兴市东栅大街240号	314021	62001	制丝、丝织、印染

纺织职工中等专业学校

院校名称	地址	邮政编码	电话	专业设置
北京市纺织职工中专学校	北京市朝阳区团结湖五巷7号	100026	581431	企业管理、财务会计、计算机、纺织机械、电气设备维修
天津市纺织局干部中专学校	天津市南开区密云路39号	300111	273160	工业会计、工业统计、企业管理、经营销售
天津市针织职工中专学校	天津市南开区三元村45号	300110	273252	染整、针织、企业管理、统计
天津市纺织装饰品公司中专学校	天津市南开区鼓楼西天瑞胡同21号	300120	251641	染整、机织
天津市棉纺织职工中专学校	天津市河西区解放南路347号	300202	282861	棉纺织、企业管理
石家庄纺织职工中专学校	河北省石家庄市宁安路12号	050000	742435	棉纺、机织、企管、政工、染整
邯郸纺织职工中专学校	河北省邯郸市联纺路99号	056004	27800	棉纺、机织、企管、服装、图案色彩、设备维修
山西省纺织职工中专学校	山西省榆次市晋华纺织厂	030600	26911	纺织工程、纺织机械
呼和浩特市纺织职工中专学校	内蒙古呼和浩特市锡林南路49号	026000	673156	毛纺织
大连纺织服装职工中专学校	辽宁省大连市沙河口庆平街2号	116021	441471	服装、机织、棉纺、黄麻
抚顺纺织职工中专学校	辽宁省抚顺市将军路北沟	113001	74076	棉纺、机织、染整、化纤、针织
营口纺织职工中专学校	辽宁省营口市西市区	115004	32717	棉纺、机织、针织、染整
丹东化纤公司职工中专学校	辽宁省丹东市振兴区纤维街	118002	61811转	化纤工艺、化纤机械
吉林省纺织职工中专学校	吉林省长春市纺织厂技工学校院内	130062	52235—7	纺织、化纤
哈尔滨亚麻厂职工中专学校	黑龙江省哈尔滨市动力区民生路94号	150040	227862	纺织机械、企业管理
牡丹江纺织公司职工中专学校	黑龙江省牡丹江市东地明街	157011	22538	纺织、企业管理
齐齐哈尔纺织总公司职工中专学校	黑龙江省齐齐哈尔市纺织厂内	161002	27932	棉纺、棉织、企业管理
肇东毛纺厂职工中专学校	黑龙江省肇东市北八道街	151100	2851	毛纺、机织
上海纺织服装职工中专学校	上海市茅台路567号	200335	2517867	服装设计、服装工艺

续

院校名称	地址	邮政编码	电话	专业设置
扬州市纺织职工中专学校	江苏省扬州市凤凰桥街140号	225002	346587	纺纱、机织、针织、染织、纺机、服装设计、工业会计
镇江市纺织职工中专学校	江苏省丹阳市阜阳路4号	212300	2211	纺纱、机织
苏州市纺织职工中专学院	江苏省苏州市苏苑街2号	215007	721447	纺织、纺机、设备维修与管理
淮阴市纺织职工中专学校	江苏省淮阴市北京北路20号	223001	34750	纺织、纺机、电气、丝织、印染
江苏省服装职工中专学校	江苏省常州市丽华路2号	213014	41120	服装设计
仪征纺织职工中专学校	江苏省仪征市胥浦	211451	32145	电仪
浙江省化纤职工中专学校	浙江省杭州市莫干山路祥符桥	310011	891025	化纤工艺、化纤设备
杭州纺织职工中专学校	浙江省杭州市萧山杭二棉内	311200	550236—205	工业企业管理、纺织工艺
合肥市纺织职工中专学校	安徽省合肥市和平路6号	230011	482396转	棉纺、机械、管理
蚌埠市纺织职工中专学校	安徽省蚌埠市工农路82号	233000	47025	毛纺、毛染整、棉纺
芜湖市纺织职工中专学校	安徽省芜湖市北莱路57号	241000	33705	染整、针织、管理
南昌市纺织职工中专学校	江西省南昌市青云谱京山	330001	42712	棉纺、机织、针织、丝织、企管、财会、化纤、统计、采暖空调
九江市纺织职工中专学校	江西省九江市浔阳区人民路194号	332000	224664转学校	棉纺、针织、机织、染整、化纤等
济南纺织职工中专学校	山东省济南市经十路东首	250041	44816	棉纺、机织、染整、化纤、纺机
烟台市纺织职工中专学校	山东省烟台市西山路67号	264000	247386	服装、企管、针织、电工、化纤、纺织设备、棉纺织
济宁市纺织职工中专学校	山东省济宁市红星东路	272117	212766	毛纺织、棉纺织、企管、染整、机电
枣庄市纺织职工中专学校	山东省枣庄市秦潭路	277144	224642	棉纺织、麻纺、财会、企管
惠民地区纺织职工中专学校	山东省惠民地区滨州市	256617	23499	棉纺、机织、财会、企管
聊城地区纺织职工中专学校	山东省聊城市嚎车街	252000	224695	棉纺织、染整、企管
青岛服装职工中专学校	山东省青岛市宁夏路中段大尧村东	266071	363464	服装设计、服装管理、服装干部专修班
青岛纺织职工中专学校	山东省青岛市沧口区水清沟萍乡路	266042	325061	棉纺、棉织、企业管理、纺织器材、印染、热能工程、毛染整
河南纺织干部学校中专班	河南省郑州市桐柏南路	450007	446504	企业管理、物资管理
安阳市纺织职工中专学校	河南省安阳市东风路东风胡同	455000	26706	纺织、针织、染整

续

院校名称	地址	邮政编码	电话	专业设置
华新纺织职工中专学校	河南省卫辉市北关	453100	654221	纺织
平顶山帘子布厂职工中专学校	河南省平顶山市建设路	467000	32922	化学纤维
湖北省纺织职工中专学校	湖北省武汉市武昌徐东路52号	430077	813452	纺织工程、(棉、麻、毛)染整、化纤、纺织机械、电气、纺织机电、企管、财会、物资、文秘、针织、服装
蒲圻纺织总厂职工中专学校	湖北省蒲圻市纺织总厂内	437321	22947	纺织工程、企业管理、纺织机械、护士
沙市纺织职工中专学校	湖北省沙市市白云路	434002	3976	纺织工程、(棉毛)企业管理、染整
襄樊纺织职工中专学校	湖北省襄樊市工业区纱布站内	441002	41142	纺织设备维修、染整、财会
武汉市纺织职工中专学校	湖北省武汉市武昌中山路282号	430061	874176	
长沙市纺织职工中专学校	湖南省长沙市河西石岭塘	410013	82068转	纺织工程、机电工程、染整工艺、电子电气工程
汕头市纺织职工中专学校	广东省汕头市汕樟路北墩	515041	230975	机织
成都纺织工业干部学校	四川省成都市白马寺	610081	33648	企业管理、纺织财会
重庆纺织局职工中专学校	四川省重庆市沙坪坝区石小路177号	630039	810051	棉纺织、纺机、针织、服装设计、印染、财会、纺织管理
川棉一厂职工中专学校	四川省成都市麻石桥	610053	442921—820	棉纺、棉织、服装设计
贵阳纺织职工中专学校	贵州省贵阳市遵义路	550002	27974转	机织、棉纺、麻纺、纺织企业管理
西安纺织职工中专学校	陕西省西安市金花南路13号	710048	332092	染整保全
青海省纺织职工中专学校	青海省西宁市韵家口	810015	49915转	纺织机械、毛纺、棉纺、染整、企业管理
宁夏轻纺职工中专学校	宁夏银川市新城西花园福利巷5号	750011	76418	工业财务会计、机械维修与设备管理、制浆造纸工业
天津市丝绸公司职工中专学校	天津市南开区津盐公路养鱼池	300381	319568	丝织、染整
吴江丝绸职工中专学校	江苏省苏州市吴江县盛泽镇	215228	51417	丝织工艺、丝绸机械、产品设计
广州丝绸职工中专学校	广东省佛山市人民路8号	528000	224344	蚕桑、制丝、丝织、染整、服装、财会
杭州丝绸职工中专学校	浙江省杭州市机场路40—2号	310004	543865	丝绸工艺、丝织品种设计、染整
湖州丝绸职工中专学校	浙江省湖州市吉山新村	313000	23013	制丝、丝织、染整、服装

扬州印染厂

扬州印染厂是国营中型企业，扬州银球纺织品（集团）公司的核心企业，位于历史文化名城扬州东郊，占地 9 万平方米，职工 1700 名。近年来，通过挖潜改造先后从日本、德国、意大利、瑞士等国引进了印花、染色、整理和试样等先进设备，与国产设备配套，形成了漂染、印花、整理 5 条生产线，年产能力 7500 万米。1990 年又建成一条年产 300 万米的真丝绸练白线，加工手段日趋完善，成为扬州市出口创汇大户。先后被授于 1989 年度国家二级企业、国家节约能源一级企业、全国节约能源先进企业、国家二级计量合格企业、纺织工业部“三无”企业和双文明建设优秀企业等称号。

获纺织工业部优质产品称号的品种有：

“琼花牌”涤棉什色细纺布、涤棉卡其布、涤棉印花布；

“永字牌”全棉水洗布、涤棉水洗布。

出口产品主要有：

T/C 45^s系列印花布、染色布；

T/C 20×20/108×58 染色布、水洗布；

T/C 60/2×30/156×76 系列迷彩印花布；

20×20/60×60 全棉印花、染色、水洗布；

20×20/108×58 全棉纱卡其漂白、染色布；

12×10/80×50 全棉纱卡染色布；

30×30/68×68 全棉漂白、印花、染色布；

21×21/83×54 全棉纱斜纹染色、印花布。

厂长：陈根强

厂址：江苏省扬州市解放东路 11 号　**邮政编码**：225003

电话：232034　**电报**：2676　**电传**：231764

山西维尼纶厂

山西维尼纶厂是山西省最大的全民所有制化纤化工联合企业，隶属省纺织工业厅，始建于1970年，1984年5月竣工验收，同年7月正式投产，投资1.7亿元，形成固定资产1.1亿元，占地52万平方米，建筑面积14.5万平方米。年产电石36720吨，聚乙烯醇(PVA)17～99 10000吨，PVA17～88 1000吨，甲醛5000吨，乳胶6000吨，1、4丁炔二醇300吨。编制3200人，现有工程技术人员201人。

1987年4月1日，山西维尼纶厂在全省率先试行两权分离综合承包责任制。通过深化企业改革，加强企业管理，加速产品开发，努力提高经济效益，企业的面貌发生了巨大的变化。

从1987年1月1日至1989年12月31日的3年承包期内，共完成工业总产值12923万元，年平均4308万元，平均增长率达11.3％，实现利润2159万元，年平均719.7万元，是1986年的4.7倍。尤其是1989年实现利税2448万元，成为山西省利税大户。

3年承包期间，厂主导产品PVA17～99在全国同类厂中，连续3年夺取产量第一名，质量第二名，单耗先进水平。

企业固定资产1989年末达到13097万元，比1986年末增长1994.7万元，净增18％。

1990年山西维尼纶厂进入第二轮承包，在全省再次率先进行“税利分流、税后定额利润上缴”承包经营责任制试点。在市场疲软、资金紧缺的困难形势下，1990年、1991年连续2年实现利税超2000万元，继续保持了全省盈利大户的地位，主导产品继续保持了高产优质低耗的局面。

自1987年以来，全厂以企业升级为导向，以全面质量管理为重心，抓管理，上等级，抓技改开发，促经济效益，收到了显著成效。

PVA17～99、17～88、丁炔二醇分别于1988、1989、1990年创省优，两个QC小组创部优、六个QC小组创省优，计量工作先后通过三级、二级、一级验收，全面质量管理通过一级达标验收，标准化管理、节能管理、水平衡测试、档案管理通过省级先进验收，安全工作1984～1986年、1989～1990年连续创“安全三无”，设备管理连续3年评为省级优秀，1987～1988年思想政治工作评为省级优秀，1989年9月晋升省级先进企业，1991年3月获“山西省质量管理奖”、5月被评为24个“山西最佳企业”之一，1991年6月PVA17～88产品创部优，1991年8月晋升国家二级企业。1992年5月当选“山西省模范企业”。

技改开发连年取得突破性进展。1988年和1989年分别建成的年产1000吨PVA17～88新项目和年产300吨丁炔二醇新项目，均做到了当年建设，当年投产，一次成功；次年鉴定验收，正式生产，即创省优。其中，1、4丁炔二醇生产线采用了国内最新工艺技术悬浮法进行生产，并有精制系统，能生产98%以上纯度的产品。1987年建成了年产1000吨乳胶生产项目，1990年扩建为年产6000吨，成为我厂第二大支柱产品。此外还开发了年产100万平方米无纺布以及乳胶桶、涂料、乳胶漆等小项目。几年中先后投入380万元进行了循环水、冷却水、石灰窑、锅炉和有机合成、精馏、回收的工艺改造项目共238个，稳定并扩大了生产能力，创造了降耗节能，提高产品质量、产量、改善环境的显著效果。4年开发新产品共创产值2580万元，利税1000万元；技改收效可达2000多万元。

主要产品：

1. 聚乙烯醇17～99F，年产量10000吨，主要用于织物浆纱料、粘合剂、乳化剂、土壤改良剂、保护胶体、维纶纤维等。1988年被评为"山西省优质产品"。

2. 聚乙烯寸树脂17～88，年产量1000吨，主要用于涂料、粘合剂、浆纱料、乳化剂、塑料分散剂、感光胶、土壤改良剂等。1989年被评为"山西省优质产品"，1991年被评为"化工部优质产品"。

3. 乳胶，年产量6000吨，广泛应用于印刷业、木材粘接、胶合板加工、建筑业、砂布、砂纸、粘合、乳胶漆等。

4. 丁炔二醇，年产量300吨，广泛应用于医药、电镀行业，可用作维生素B_6原料和电镀增亮剂。1990年被评为"山西省优质产品"。

5. 甲醛，年产量5000吨，用于农药消毒剂、织物防皱、防水整理剂，可制醋酸塑料、酚醛树脂等。

6. 电石，年产量36720吨，广泛应用于有机合成、金属切割与焊接，还可制造肥料及高级碳黑，并在钢铁冶炼中用作脱硫剂。

7. 醋酸乙烯，年产量2000吨，广泛应用于制造薄膜、粘接剂、涂料、聚醋酸乙烯和橡胶代材等。

厂长：仝立祥

厂址：山西洪洞赵城

邮政编码：031603

电话：2502　　　　**电报挂号**：4850

贵阳棉纺织厂

贵阳棉纺织厂是贵州省最大的纺织、印染、服装加工联合企业，有职工 5000 余人，固定资产 6200 多万元，拥有 5 万纱锭、8060 枚线锭、1000 头捷克气流纺、1200 台布机、两条年产 2000 万米的染色生产线、一条年产 800 万米荷兰圆网印花生产线、一条年产 22 万件(套)日本服装生产线，年产值亿元以上。

我厂生产各类纱、线，漂白布、印染布等纯棉、涤棉系列产品，以及各类服装、工装，并以质量好、品种花色新赢得国内外用户好评。产品畅销省内外，远销欧美、中东、东南亚、非洲、香港等国家和地区，成为贵州省创汇大户之一。

我厂现有工程技术人员 460 多名，管理人员 200 多名，有 2 个产品被评为部优、8 个产品被评为省优，优质产品产值率 50%以上。发表 QC 成果 123 个，其中国优 8 个、部优 2 个、省优 25 个，并获部和省质量管理奖。

几年来，我厂共荣获国家二级企业，计量、档案管理国家二级企业，“双文明”建设、安全生产和环境保护、出口创汇、重合同守信用先进企业等 40 多项荣誉称号。

厂长：叶世昌

厂址：贵州省贵阳市遵义路 95 号　**邮政编码**：550002

电话：522720、27974　**电报挂号**：3360

传真：0851—522720

湖州市湖丰绸厂

浙江省湖州市湖丰绸厂建于 1912 年，是全民所有制中型丝织企业，也是浙江省绸缎出口创汇骨干企业。1990 年实现利税 785.67 万元，创汇 1524 万美元，居省同行业先进行列，当年晋升为国家二级企业，并荣获纺织工业部质量管理奖。

企业现有职工 1800 人，拥有固定资产 1907 万元，国产有梭织机 436 台，意大利 SM92 剑杆织机 16 台，具有年产 700 万米真丝绸的生产能力。

产品以纯桑蚕丝平素织物为主导、熟丝提花交织绸为特色，主要生产电力纺、斜纹绸、双绉、和服绸等全真丝产品，95%以上出口外销，质量上乘，交货迅速，在香港市场被誉为“电力纺大王”。目前有省优产品 5 种，部优产品 5 种，国优产品 2 种，优质产品产值率达 73.5%。

企业大胆开拓创新。近几年，通过兼并、合资、联营等方式，已初具丝绸、印染、服装一体化规模。下属分厂——湖州绸缎练染厂，年印染加工能力达 650 万米；分布在深圳、湖州的 3 家服装合资企业，年产真丝时装 100 多万件。

企业热忱欢迎国内外客商来厂洽谈，愿与各界朋友携手共进。

厂长：袁玉珍

厂址：浙江省湖州市益民路 22 号　**邮政编码**：313000

电话：225966(总机)、223569(直拨)　**电报挂号**：9153

图文传真：(0572)233153

纺织工业部纺
最新科

高效吸血海棉

用于显微外科手术，有吸血速度快、吸血量大、无纤维脱落等优点，并可吸净细微出血，能有效地清洁手术视野，使手术更加精细和准确无误，减少术后感染加速伤口愈合，价格仅为进口的1/10，已在同仁等医院临床使用，完全可以替代进口产品，个别指标如保液率比国外产品高5倍以上。

NBMS-4有机硅卫生整理剂

用该整理剂处理的织物有广谱抑菌、杀菌作用，对革兰氏阳性和阴性菌都有抑菌性能，使织物具有防菌、防霉、防臭、防腐功能。对人体无刺激、无毒、无副作用是一种安全有效的卫生整理剂、在国内属领先水平。用它处理过的袜子、内裤、内衣经37979、37502部队、国家体委田径队试穿，反映良好。

回归反射织物（反光布）

具有将入射光沿入射方向返回到光源处的特殊功能，夜间极易发现可避免事故。目前该产品在夜间能见距离、摩擦牢度、耐洗、抗湿等综合指标处于国内领先、价格只有进口的1/5～1/6。可镶在服装、鞋帽、手套、箱包、风雨衣、自行车座套上。在北京环卫局、京石公路、华北油田等单位穿用，反映良好。

超细纤维

系国家“七·五”科技攻关项目。所有设备国产化，主机为院产KV-461复合纺丝机，研制成的桔瓣形与齿轮形超细纤维喷丝板设计具有独创性，属国内领先水平。单丝纤度达到0.26～0.39分特，已接近八十年代末国际水平。用它作原料制成的人造麂皮、仿丝绸织物、洁净布、针织内衣裤、睡裙、T恤衫等，由于纤度极细，织物不仅舒适美观手感柔软，而且具有吸汗、透湿、透气功能，深受用户欢迎。

TDM系列染色机控温仪

系专门为染色过程控制研制的智能化温度、温度梯度测量控制系统，适用于高温高压和常温常压染色机，可由面板或选择已固化好的工艺曲线控制染色工艺。性能居国内领先水平。

FX系列新型多功能毛纺织油剂（和毛油）

系非离子和阴离子表面活性剂复配而成的无酯油剂，在水中完全溶解，具有良好的润滑性、渗透性、抱合性和抗静电性。经京、津等毛纺厂试用证明可改善可纺性、降低断头率、提高纱绒质量，且用量少损耗低，有利于降低成本。

计算机织物辅助设计系统

用于230×120组织循环，20片综，640根经纬纱色循环的织物辅助设计。可根据织物组织和色纱排列自动模拟混色纱。异色合股纱、花式纱和异支纱线制织的织物。可以模拟起绒起毛整理后的状态，并对各色纱线可以随意调色配色，可代替手工小样机工作。另外还有上机图辅助设计、多梭箱钢板图自动编制。工艺计算、存储和重读文件。此项技术对色织厂、毛纺厂加快产品开发具有重要意义。已在京、鲁、苏、皖、鄂等20余家工厂推广。

丙纶强力丝生产设备及工艺

丙纶强力丝具有比重小、疏水性好、耐腐蚀性强、成本低等特点，是国内、外竞相开发的具有广泛用途的新型工业用纤维。我院利用国产原料和国产设备成功地开发常规纺丝——多锭

织科学研究院
技成果

位牵伸机立式牵伸加捻的丙纶强力丝生产工艺，使用该工艺生产的丙纶强力丝强度大于8g/d，质量达到国际同类产品先进水平。年产1000吨的生产线设备投资仅350万人民币，只有国外同等能力生产设备投资的1/4～1/3，具有较高的经济效益。

YG029型台式全自动单纱强力仪

该仪器是按等速伸长（CRE）测试原理设计的一种新型纱线拉伸试验仪器，它由一台便携式微机控制，能测定各类纱线的断裂强力、断裂伸长、断裂时间、断裂强度等，并能将测试数据进行数理统计分析，由打印机打出结果。该仪器符合国家标准“GB3916—83单根纱线断裂强力和断裂伸长的测定”，完全能满足贯彻GB5324—89涤棉新标准测定单纱强力的需要，可作为试验室或纱线检测机构的常规测试仪器，也可作为科研单位及大专院校研究纱线性能的仪器。

热管式牵伸辊

热管式牵伸辊最高机械速度6000米/秒，采用旋转热管技术，使导丝盘轴向均温性大大提高，可用于涤纶、锦纶、丙纶纺丝牵伸加热过程。导丝盘尺寸：盘长有200、250、300mm三种规格，直径为180mm，导丝盘表面喷涂陶瓷，耐磨、耐腐蚀；导丝盘轴向温差≤±1℃，温度平衡快，生头时热辊温度波动小；高速轴承有水冷却装置，采用脂润滑；电感应加热原理，单相220V，最大冷态功率15kW，并有水冷却装置，加热温度范围60～230℃；感温元件铂电阻Pt100，并随导丝盘一起转动，采用旋转非接触式温度变送器，将Pt100温度信取出；加热器及导丝盘都带有超温检测元件，使工作更加安全可靠；采用二极永磁式同步电机，50Hz，电压125V，功率1.9kW，变频范围9～180Hz。

KV741型纺丝牵伸联合机

该机是经国家鉴定的“七五”重点科技攻关推广应用项目，用于生产民用涤纶全牵伸丝（FDY），也可纺制涤纶POY丝。

本机共8部位，每部位4头。每卷绕筒子净重8～10公斤，纺丝部位间距900毫米，纺制成品纤度55～165dtex，最高机械速度6000米/分，最高工艺速度5100米/分，平均年产量1000吨。

本机可利用国产切片和国产油剂生产FDY，可取代大量机械和原材料进口，节省外汇，本机填补国内生产FDY设备空白。

KV461型复合长丝纺丝机

KV461型复合长丝纺丝机是为了发展我国差别化纤维生产，增加化纤的花色品种，提高纤维的附加值，满足生产建设的需要而研制的系列型、工业化的复合长丝主机设备。以两组加料系统，两组微机分别控温的螺杆挤压机和熔体管道系统，在同一喷丝组件中汇合纺制出多种双组份复合纤维和单组份纤维。该机设计合理，技术先进，为国内领先水平，主要技术性能优于近年来进口的实验复合长丝纺丝机。

热忱欢迎各地工厂、企业来院洽谈科技成果转让。

院长：徐朴
院址：北京朝阳门外英家坟
邮政编码：100025
电话：5014466（总机）
院开发部电话：5010838
电报挂号：9444
传真：（01）5010837

国营西北第四棉纺织厂

国营西北第四棉纺织厂位于古城西安东郊的纺织城，1956年建成投产，目前拥有纱锭13万枚、线锭3.2万枚、织布机3200台，年生产能力为涤棉、纯棉纱约2万吨，涤棉、纯棉布约1亿米，丝绸及丝棉交织物220万米，涤纶长丝2000吨。

西北国棉四厂坚持“质量第一、用户至上”的方针，管理基础扎实，测试手段先进，技术力量雄厚，质量保证体系完整，产品质量稳定可靠，形成了以名优产品和出口产品为主导的产品体系，能生产不同支数的纯棉、涤棉纱和不同幅宽的高档纯棉、涤棉布，具有生产股线斜纹织物的历史经验，工艺技术达到同行业先进水平。灞桥牌45/2×21精梳涤棉卡其获国家银牌奖，还有4个部优产品、12个省优产品，产品销往日本、德国、法国、意大利、波兰、瑞典、香港、东南亚等20多个国家和地区，在国内外市场享有良好的声誉。西北国棉四厂致力于技术进步和技术改造，装备技术水平不断提高，已形成根据市场需要加工各种规格产品的生产能力，企业发展规划确定建立的纯棉、涤棉细薄织物生产线，纯棉、涤棉粗厚织物生产线，真丝绸生产线，涤纶长丝生产线已全部建成投产。西北国棉四厂素以务实著称，脚踏实地，奋力开拓，多年来一直保持先进的荣誉，是国家二级企业，1990年全国500家最大企业之一，1992年5月被纺织工业部和中国纺织品进出口总公司授予“棉纱、棉坯布、棉涤纶纱、棉涤纶坯布出口质量先进单位”称号。

法人代表：林志鹏

厂　　址：陕西西安东郊纺织城

邮政编码：710038

电　　话：364761

电报挂号：5127

传　　真：(029) 364113

电　　传：70169　XBSM　CN

中外合资新疆天山毛纺织品有限公司

Xinjiang Tianshan Woollen TExtile Limited Company, Joint Venture of China and Foreign Countries

天山针织一厂

No. 1 Tianshan Knitting Mill

法人代表：何挺江

新疆天山针织一厂是中、日、港合资企业天山毛纺织品有限公司的直属厂，年生产羊绒衫、羊毛衫等70万件，产品销往美国、日本、原苏联、英国、意大利、德国、瑞士、加拿大、西班牙、比利时、法国、香港等10多个国家和地区及国内20多个省、市。10多年来，由于中外技术密切合作，本厂产品以轻柔保暖，挺括，色彩鲜艳受到中外客户一致好评，1988年经国际羊毛局批准使用纯羊毛标志。1990年共有11类、24个产品被评为纺织部优质产品，1991年21T11044羊绒男开衫获国优银奖，同年本厂技术科被评为全国纺织行业设计工作先进集体。

《天山牌》

Under the direct leadership of the Tianshan Woollen Textile Limited Company, Xinjang Tianshan Knitting No. 1 Mill is a joint venture of China, Japan and Hongkong, with an annual output of 700 thousand cashmere sweaters, woollen sweaters, etc. The products sell well in more than ten countries and areas such as the United states, Japan, former USSR, Britain, Italy, Germany, Switzerland, Canada, Spain, Belgium, France, Hongkong, ect. as well as more than twenty provinces and cities at home. As a result of the close technical cooperations between China and foreign countries in the past ten years or so, the products of the mill are light and soft, stiff and brightly--coloured with good warmth retention which are well praised by all users both at home and abroad. With the approval of the International Wool Bureau in 1988, they are qualified to use the pure wool mark. The products of 11 sorts and 24 kinds were appraised as the High Quality Products of the Ministry of Textile Industry in 1990. The 21 T 11044 men' s cashmere cardigan won the silver prize of State in 1991, and in the same year, the Technical Section of the mill was chosen as an advanced collective in design in the textile industry of China.

地址：中国新疆乌鲁木齐市新华南路二十二号
电话：222290、218815、217554、222303
电报挂号：7098　邮政编码：830002
长途电话地区号：0991

Add: 22, Xinhua South Road, Wulumuchi, Xinjiang, China
Tel: 222290, 218815, 217554, 222303
Cab: 7098　Postcode: 830002
Trunk Call District: 0991

注册商标

丹凤

Danfeng

江阴红星染织厂设备精良，技术力量雄厚，所产“丹凤”牌色织中长仿毛系列产品 、高支府绸、苏格兰花呢等在内销市场声誉鹊起，在外销市场崭露头角．

国营江阴红星染织厂

厂长：张明忠

地址：江苏江阴环城西路 102 号　电话：891423　电报挂号：1800　邮政编码：214400

哈尔滨亚麻纺织厂

哈尔滨亚麻纺织厂是中国最大的专门生产各类亚麻制品的纺织漂染联合企业，占地面积 69 万平方米，职工近万人，拥有亚麻纱锭 28472 枚，各类织机 916 台，固定资产2.5亿元，年综合生产能力 2000 万米亚麻布，1000 吨亚麻纱，产品 95%直接和间接出口，畅销世界 80 多个国家和地区，在国内外享有盛誉，其中双鹤牌101、256两种产品荣获国家金质奖和银质奖。本厂先后荣获哈尔滨市、黑龙江省、纺织工业部全面质量管理奖。“七・五”期间创产值 4.3 亿元，利润 1.3 亿元，创汇 1 亿美元。

厂长：刘书伦

厂址：黑龙江省哈尔滨市动力区和平路

电话：223621　电报挂号：5594　传真：87021　邮政编码：150040

湖北省仙桃市经编毛毯厂

仙桃市经编毛毯厂是湖北省首家从日本全套引进“拉舍尔”腈纶印花毛毯生产线的全民所有制大型企业，1987年建成投产，拥有各种现代化设备277台(套)，固定资产原值3500万元。现有职工605人，其中各种专业技术人员61名，大、中专生110人。生产能力为：年产“拉舍尔”毛毯50万条，精纺毛纱1000吨，年产值5500万元，年利税1200万元，年出口创汇350万美元。投产四年，年年产销两旺，利税过千万元大关，88年至91年，共实现利税4348万元，赚回了2.1个同等规模的工厂，经济效益在全省乃至全国纺织行业名列前茅。特别是91年，人均实现利税2.1万元，人均上缴国家1万元，效益和贡献创历史最好水平。

本厂以“质量第一”为宗旨，生产200余个花型花色的产品，产品绒面丰满，图案新颖，色泽绚丽，格调高雅。在1991年全国行业评比中，单层毛毯名列第一，荣获国优银质奖，同时，单、双层毛毯和童毯均荣获部优称号。目前工厂已经形成了纺、织、染、整“一条龙”的生产格局，并开发出夏用毯、童毯、长绒毯和短绒织物等产品，产品不仅畅销全国各地，而且以高难度素色毛毯，双面双花毛毯、大规格毛毯享誉国外，倍受10多个国家和地区的顾客青睐，是中国“拉舍尔”毛毯返销其技术转让国——日本的首家企业。

本厂坚持社会主义办厂方向，走质量效益型道路，推行全面质量管理，先后荣获省、地、市“双文明单位”、湖北省“省级先进企业”、“经济效益先进单位”、“出口商品生产先进单位”、“承包先进企业”，省纺总公司“质量管理奖企业”等150余项光荣称号。

在产销两旺的大好形势下，本厂正着手进行高档“拉舍尔”纯棉毯的开发，拟定第二期引进工程。该项目实施后，工厂年产拉舍尔毛毯可达100万条，精纺毛纱1000吨，年产值可达10000万元，年利税可达2000万元，年创汇可达700万美元。目前，企业正向管理现代化，经济效益和社会效益同步增长的万向发展。

厂长(兼党总支书记)：叶金堂　　电话：22150　　电报挂号：4882

厂址：湖北省仙桃市勉阳大道131号　　传真：23426　　邮政编码：433000

南通市色织二厂

南通市色织二厂创建于1958年，是江苏省重点色织厂，省级先进企业，也是南通市外贸出口创汇的骨干企业。我厂主要生产11.7tex(50英支)高支、高密柔软府绸，14.5tex(40英支)色织纯棉精梳府绸，27.8tex(21英支)防缩条格布、青年布、纯棉彩格绒；高密细支防羽绒布；各色牛津纺及13tex(45英支)色织涤棉府绸，各色中长等纯棉、化纤两大系列300多个花色品种的产品。其中13tex色织涤棉府绸和14.5tex色织纯棉精梳府绸等产品分别获纺织工业部优质产品称号，产品远销日本、香港、美国、东南亚、西欧等四十多个国家和地区。我厂奉行"重合同，守信用，质量第一，用户至上"的经营宗旨，竭诚为海内外客户服务，并热诚欢迎海内外朋友光临我厂洽谈生意。

厂址：南通市城山路91号　　厂长：周肇和

电话：516171　　电报挂号：6043　　邮政编码：226006

山西省化学纤维研究所

山西省化学纤维研究所的前身是太原合成纤维厂，1979年建所，是以应用研究和技术开发为主的科研单位。全所现有职工1729人，主要科

所长：郭瑜

研、生产设备由西德和日本引进，合成纤维年生产能力达2400吨。建所以来已取得57项科研成果，其中34项获纺织部和山西省科技进步奖，累计完成工业总产值4亿元、创利税5800余万元，开发了20多个新产品和新花色，3个主导产品均被评为省优产品。该所既搞科研又搞生产，集科研和生产于一体，是山西省纺织系统管理优秀企业，太原市文明单位标兵。

地址：山西省太原市和平北路5号　　电报挂号：1441

电话：(0351) 640260　　邮政编码：030027

（京）新登字037号

中国纺织工业年鉴

1992

《中国纺织工业年鉴》编辑委员会　编

*

纺织工业出版社出版

（北京东直门南大街4号）

纺织工业出版社印刷厂印刷

新华书店北京发行所发行

各地新华书店经售

*

787×1092毫米　1/16　印张：29　插页：10　字数：1025千字

1992年12月　第一版第一次印刷

印数：1—3，500　　定价：50.00元

ISBN 7-5064-0828-7/TS·0782

（京）工商广临字166号

《中国纺织工业年鉴》编辑出版人员

编辑主任　王润安

编辑副主任　陈树津　杨建新

编辑顾问　彭　森　俞兆丰

编　　辑　（按姓氏笔划为序）

王云红　任小犀　孙　雷

李万新　黎国滋

责任编辑　杨建新

装帧设计　胡雪萍　李　强　李　歆

校　　对　焦　霞　俞坚沁　陈　虹

崔建红　楼旭红　于　荟

出　　版　常宝淇　隗九洲　许小莉

刘　强

发　　行　程　浩　王学军　王延丰